필링 그레이트

FEELING GREAT

필링 그레이트

우울과 불안을 치료하는
새롭고 혁명적인 방법

데이비드 D. 번즈

DAVID D. BURNS

문예출판사

이 책에 쏟아진 찬사

“강력하고 훌륭하다!!! 이 책은 기쁨과 깨달음에 도달할 도구와 희망을 주는 소금이자 청량제다. 번즈 박사는 우리가 느끼는 고통, 우리의 부정적인 생각과 감정이 정신 장애의 증후가 아니라 우리가 지닌 가장 놀랍고 아름다운 부분의 표현이라고 말한다. 이 책을 그저 눈으로 읽고 인생이 변하기를 기대해서는 안 된다는 점을 주의하라. 독자들은 삶을 근본적으로, 빠르게 변화시키기 위해 가치 있는 연습을 해야 한다. 소매를 걷어붙이고 덤벼들 준비가 되었다면, 《필링 그레이트》는 당신을 위한 독보적인 책이 될 것이다!”

사라 베르두스코 셰인, 결혼 및 가족 문제 상담가

“놀랍기만 하다! 치료 약물 없이, 빠르고 효과적으로 불안과 우울을 치료할 수 있다는 생각은《필링 그레이트》이전에는 쉽게 가질 수 없었다. 이 책은 극히 강력하고 효과적인 치료법을 일반 대중이 쉽게 접근하고 사용할 수 있게 한다는 야심 찬 목표를 실제로 달성했다.”

마이클 D. 그린월드, 박사, 임상 상담가

"번즈 박사의 최신작은 그야말로 획기적이다! 개인 병원 치료사인 나는 이 책에 소개된 방법들을 정규적으로 사용하면서 환자들이 이전보다 빠르게, 지속적으로 좋아지는 모습을 직접 확인하고 있다! 더불어 이 도구들을 내 삶에 적용하자 한 번도 가능하리라 생각해본 적 없던 개인적인 깨달음을 얻는, 즐겁고도 당혹스러운 경험을 하게 되었다. 번즈 박사는 천재다. 그리고 이 책은 모두를 위한 진정한 선물이다."

세라 리노네티 헤스터, 결혼 및 가족 문제 상담가

"당신에게 우울증과 불안증이 있다면 이 책은 필독서다. 《필링 그레이트》는 솔직하고 명확한 언어로, 우리 모두가 어떻게 하면 더 행복하고, 더 건강하며, 더 성공적인 삶을 살 수 있는지 설명한다. 번즈 박사는 정신 건강 분야의 선지자이자, 사람들이 우울증과 불안감을 극복하도록 돕는 천재다."

매슈 메이, 의학 박사

"《필링 그레이트》를 사랑한다. 놀라운 책이다. 《필링 굿》보다 10배는 더 그렇다고 말할 수 있다!"

크리스천 앤더슨

"《필링 그레이트》에는 삶의 우울과 불안을 기쁨과 확신으로 바꾸어줄 도구가 아주 많다. 삶이 아무리 힘들더라도 말이다."

론다 바로프스키, 임상 사회 복지사, 심리학 박사

2016년 가을,

안타깝게도 송석을 감춘 나의 스승이자 가장 친한 친구 오비와

내 최고의 팬 롭에게 이 책을 바친다.

차례

2부 왜곡된 생각 무너뜨리기

3부 영적, 철학적 차원 자아의 네 가지 '큰 죽음'

일러두기

이 책에서 설명하는 개념과 기법들은 자격을 갖춘 건강 전문가와의 상담을 대체하고자 하는 것이 아니다.
이 책에 등장하는 사람들의 이름과 세부적인 신원은 전체적으로 두루 변조했다. 현존 인물이든 고인이든 누군가와 유사성이 있다면 순전히 우연이다.
우울증이나 불안감과 싸우는 누군가의 (변조된) 배경을 묘사하거나 특정 기법이 어떻게 작용하는지 사례를 들 때는 일반적으로 그 인물이 어떻게 회복되었는지를 보여주는 긍정적이고 고무적인 예를 선택했다. 그리고 웬만하면 상당히 빠르게, 큰 폭으로 회복된 사람의 사례를 제시했다. 이런 방법은 학습에 가장 용이하고 희망을 창출하는 데 도움이 된다. 그리고 이야말로 치유에 꼭 필요한 일이다.
하지만 같은 기법이 여러분이나 친구 또는 사랑하는 사람에게 똑같은 효과를 보장한다고 받아들여서는 안 된다. 사람은 모두 고유하고, 제각각의 접근법에 반응한다. 더불어 이 책에서 설명하는 기법들이 강력하긴 하지만, 이 책을 읽는 모든 독자나 전문적인 치료를 받으려는 모든 사람이 빠르고 현저한 변화를 경험하지는 않을 것이다.
더 심각한 어떤 문제들은 더 긴 치료 과정이 필요하다. 나는 한 명의 환자도 포기한 적이 없다. 여러분도 절대 자신을 포기하지 않기를 바란다. 이 가치관은 이루 말할 수 없는 보람으로 돌아온다. 포기하지 않는 사람에게는 언제나 앞으로 나아가는 길이 나타나기 때문이다.

편집자 일러두기

원서에서 이탤릭체, 대문자, 굵은 글씨 등으로 강조된 부분은 모두 굵은 글씨로 표기했다.
본문의 주는 원주이며 옮긴이 주는 뒤에 '(옮긴이)'라고 덧붙였다.

감사의 글

스탠퍼드대학교 화요일 저녁 훈련 그룹 교육과 TEAM-CBT Cognitive Behavioral Therapy, 인지행동치료 개발에 지대한 도움을 주었던 사랑하는 많은 동료, 특히 질 레빗 박사와 매슈 메이 박사, 헬렌 예니 콤샤이안 박사, 다니엘 레비 박사에게 감사를 전한다.

주간 팟캐스트 〈필링 굿〉의 존경하는 진행자 파브리스 나이 박사와 론다 바로프스키에게도 감사를 전한다. 무료로 공개되는 우리 팟캐스트의 애독자인 분들도 있을 것이다. 만약 아직 잘 모른다면, 내 웹사이트(www.feelinggood.com)나 아이튠즈, 유튜브 또는 공개 페이스북 페이지에서 확인해보기 바란다. 여러분이 치료사든 환자든 또는 우울과 불안에 대해 혼자 알아보고 싶은 일반인이든, 이 책의 내용을 더 빠르게 배울 수 있을 것이다.

팟캐스트에 여러 차례 출연한 마이크 크리스텐슨에게도 고맙다는 말을 전한다. 마이크는 캐나다 전역에서 TEAM-CBT 원격 치료를 제공하고, 전 세계 정신 건강 전문가들이 최고의 TEAM-CBT 수업을 듣도록 해주었다.

캘리포니아 마운틴뷰에 있는 필링 굿 연구소Feeling Good Institute의 전체 그룹, 제인 피어스, 데이지 그레이월, 존 그레이엄, 매릴린 커피, 스티븐 플라이더러 등 이 원고 일부에 의견을 내 소중한 도움을 주었던 몇몇 동료를 비롯한 많은 훌륭한 동료에게도 감사 인사를 전한다.

브랜든 반스 박사와 마크 노블 그리고 다니엘 레비는 책 전체를 훑어보고 도움이 되는 피드백을 해주었다. 특별한 감사를 전한다. 페시PESI 출판사에서 각각 이 책의 발행인이자 편집자를 맡은 린다 잭슨과 제네사 잭슨에게도 큰 소리로 감사 인사를 전하고 싶다. 두 사람과 함께 일할 수 있어서 즐거웠다. 그들이 보여준 기술적 지도와 혜안, 따뜻함, 긍정성 그리고 환상적인 팀워크에 무한히 감사한다!

대단히 개인적인 이야기를 나누어준 많은 사람에게도 고맙다고 말하고 싶다. 신원을 숨기긴 했지만, 그들의 이야기는 진짜다. 그들은 내가 메시지를 생생하고 흥미롭게 전할 수 있도록 도와주었다.

마지막으로 사랑과 지지, 인내로 함께해준 사랑하는 아내 멜라니에게 감사의 마음을 전하고 싶다. 아내는 놀랍도록 멋지고 정직한 의견으로 나를 이끌어주었고, 이 책의 편집을 도와주었다.

머리말

그때와 지금

필라델피아에 살던 시절에 아내와 나는 집에서 목공과 칠 작업을 할 일이 있었는데, 완성하기까지 몇 주가 걸렸다. 작업 마지막 날, 목수 프랭크가 우리 집 현관 앞에 무릎을 꿇고 앉아 작업을 마쳤다. 현관을 지나는데 프랭크가 낙담한 듯 보여서 그에게 우리 집을 아름답게 꾸며 주어 아내와 내가 고마워하고 있으며 오늘이 마지막 날이라서 아쉽다고 말했다.

프랭크는 고맙다고 답하며 질문 하나만 해도 되겠느냐고 물었다. 내가 의사라고 들었지만, 강요는 하고 싶지 않다는 것이었다. 나는 대답할 수 있는 문제라면 기꺼이 답하겠다고 말했다. 프랭크는 기분이 우울하다며 우울증에 대해 아는 게 있는지 또는 자신이 약 같은 것을 먹어야 하는지 알고 싶어 했다.

프랭크는 우리를 위해 정말 열심히 일했고 그 결과도 매우 훌륭했기 때문에, 나는 그가 마음에 들었다. 프랭크에게 우울증은 대개 우리가 어떤 대상을 두고 하는 생각에서 비롯된다고 말했고, 기분이 우울할 때 마음에 부정적인 생각이 돌아다니는 걸 느낀 적이 있는지 물었다. 그게 어떤 생각이었는지, 그가 자신에게 어떤 메시지를 던지고 있었는지도 물었다.

프랭크는 자신이 늙어간다는 사실을 생각한다고 말했다. 그는 몸이 조만간 예전 같지 않아지리라 생각했고, 은퇴하면 아내와 함께 생활하기에 돈이 부족할 거라고 걱정했다. 프랭크는 고등학교를 졸업한 뒤로 목공 일 말고는 해본 게 없었다. 60대가 되자 살면서 진정으로 의미 있는 일이나 중요한 일을 해본 적이 없다는 생각이 들었다. 그는 온화하고 겸손한 얼굴이었는데, 금방이라도 눈물이 쏟아질 듯 보였다. 안타까웠다.

나는 프랭크에게 도움이 될지 모르니 이중 기준 기법이라는 것을 함께 해보지 않겠느냐고 물었다. 이 기법의 기본 개념은 사람들 대부분이 이중 잣대를 가지고 움직인다는 데 있다. 사람들은 속상할 때나 목표를 이루지 못했을 때 자신을 가혹하게 비판하며 자책하는 경향이 있다. 하지만 친구와 대화할 때는 똑같은 문제라도 훨씬 더 동정심을 갖고 용기를 주며 현실적인 태도로 행동한다. 일단 이 점을 인식하고 나면, 자신에게도 친구에게 말하듯이 동정심을 갖고 말을 걸 수 있는지 생각해볼 수 있다. 모든 사람에게 효과적인 방법은 없지만 이 방법은 대체로 효과가 좋다.

나는 프랭크에게 오래전 잃어버린 일란성 쌍둥이나 복제 인간처럼 그와 매우 비슷한 친한 친구와 이야기를 나누는 상상을 해보라고 권했다. 이 상상 속 친구도 목수이며 은퇴가 가까워지고 있고, 고등학교를 졸업한 뒤로 꾸준히 목수 일만 해왔다고 하자. 그 친구가 프랭크와 똑같은 이유로 우울하다는 사실을 털어놓았다면 어떤 말을 해주겠느냐고 물었다. 프랭크가 친구에게 이렇게 말할까?

"오, 자네는 늙고 있고, 몸은 얼마 버티지 못할 거야. 그렇다고 은

퇴하면 돈이 바닥나서 아내와 가족을 먹여 살릴 수 없겠지. 자네는 의미 있는 일은 아무것도 해내지 못할 거야."

처음에 프랭크는 이해하지 못했다. 그게 사실이기 때문에 친구에게 그렇게 **말할 거라고** 대답했다.

"좋아요. 그럼 이 상황을 정확히 이해하고 있는지 확인해봅시다. 내가 당신과 친구라고 해보죠. 내 이름은 데이비드인데 그것만 빼면 당신과 똑같다고요. 나도 목수고, 나머지 상황도 모두 당신과 동일하다고 가정하는 거예요. 실제로 내가 오래전 헤어진 일란성 쌍둥이라고 생각할 수 있겠지요. 어서 내게 그 말을 해봐요. 내가 늙고 있고, 내 몸은 얼마 버티지 못할 거라고. 그리고 살면서 의미 있는 일은 못 할 거라는 말도 말이에요."

프랭크는 곤혹스러운 표정으로 10초에서 15초 정도 입을 열지 않았다. 그러더니 말했다.

"선생님, 친구에게 그런 말은 하지 못할 것 같아요."

"왜 못 하죠?"

프랭크는 아끼는 친구를 깎아내리는 건 잔인한 행동이며, 그 말이 옳거나 이치에 맞게 들리지도 않는다고 설명했다.

나는 친구 데이비드에게 어떤 말을 해주겠느냐고 재차 물었고, 프랭크는 이렇게 말하겠다고 대답했다.

"비록 늙고 있지만, 자네는 아직 일을 잘할 능력이 있어. 정말이야. 이제는 일을 조금 줄일 때도 됐고. 그래도 여전히 생산적인 활동을 할 수 있을 거야. 그리고 세상에, 방금 이 집에서 끝마친 아름다운 작품을 보라고. 집주인도 아주 마음에 들어 하는 것 같아. 자네의 작품은 훌륭해! 게다가 어느 시점에 은퇴하기로 결정하더라도 적절한 은퇴 계획이 있으니 자네 부부는 괜찮을 거야. 무엇보다 가장 중요한 건, 그동안 일하면서 사람들을 기쁘게 해주었던 일들을 생각해봐야 한다는 거야. 자네는 한 번도 불평을 듣거나 항의를 받은 적이 없고, 언제나 적정 가격에 좋은 작업을 해왔어. 단 한 번도 누굴 속인 적이 없지. 그건 확실히 **의미 있는** 일이야. 자네는 자랑스러워할 일이 많아!"

나는 프랭크에게 지금 그 말이 도움이 되었다고 말했다. 하지만 그게 사실인지, 아니면 그저 나를 추켜세우려고 하려는 말이었는지 물었다. 프랭크는 그 말이 **틀림없는** 사실이라고 대답했다.

"그럼 내게 한 말이 전부 사실이고, 내가 당신과 똑같다면, 그게 당신 이야기라 해도 사실일까요?"

프랭크는 잠시 머뭇거리더니 말했다.

"그게 내 이야기라 해도 사실인 것 같아요. 맞아요!"

나는 프랭크에게 당신이 우울했던 이유는 늙고 있어서가 아니라, 그 사실을 바라보는 부정적인 사고방식 때문이라고 설명했다. 스스로에게 그렇게 가혹한 메시지를 던지면 누구라도 불행할 터다. 나는 그에게 자신과 똑 닮은 소중한 친구에게 말했듯이 자신에게 말해줄 의향이 있는지 물었다. 갑자기 프랭크의 머릿속이 환해지는 것 같았다. 그는 이렇게 외쳤다.

"아, 그러니까 문제는 내가 생각하는 방식이라는 거죠? 내 부정적인 생각들?"

"그거죠!"

"와, 기분이 훨씬 좋아졌어요! 알겠어요! 고맙습니다, 선생님!"

나는 방금 우리가 했던 종류의 치료를 인지치료라고 하며, 그렇게 부르는 이유는 생각이나 인지를 변화시키는 법을 배우기 때문이라고 프랭크에게 알려주었다. 그리고 더 멋진 사실은 그가 방금 5분 만에 '치료'를 마쳤고, 아무 약도 필요 없을 것이라는 점이라고 덧붙였다.

나는 이런 일이 실현되는 순간을 **사랑**해마지않는다. 내 생에 가장 흥분되는 일 중 하나다. 거의 40년 전, 《필링 굿》을 쓴 이유도 그 때문이었다. 그때 나는 세 가지 문제를 널리 알리고 싶었다.

1. 우리는 **생각**하는 대로 **느낀다**. 다시 말해서, 우울감이나 불안감 같은 부정적인 감정은 우리가 생활하는 환경이 아니라 우리의 생각에서 나온다.

2. 우리를 속상하게 만드는 부정적인 생각은 거의 항상 왜곡되고 뒤틀려 있다. 사실과 다른 것이다. 우울과 불안은 세상에서 가장 오래된 속임수다.

3. **생각**하는 방식을 바꾸면, **감정**도 바꿀 수 있다.

정말 중요한 것은 우울하고 불안한 감정이 심각한 정도라 하더라도 변화가 빠르게 일어날 수 있다는 점이다. 며칠 전 나는 사랑하는 동료 로버트 샥터 박사에게서 환상적인 이메일을 받았다.

> 거의 울 뻔했던 경험이 있어서 들려드리고 싶습니다. 네브래스카 출신의 한 여성이 뉴욕에 사는 20대 중반의 딸을 치료하기 위해 인터넷으로 연락을 취해왔습니다. 딸이 태어난 직후 《필링 굿》을 읽고 깊은 감명을 받았다고 하더군요.
>
> 이 여성은 딸이 유치원에 다닐 때 유치원 보육 교사가 해고를 당해 무척 괴로웠던 적이 있었다고 합니다. 그 교사가 좋았기 때문에 몹시 안

타까웠답니다. 그래서 집으로 찾아갔지만 교사는 문을 열어주지 않았지요. 여성은 다시 집으로 가서 《필링 굿》을 가져와 교사의 집 앞에 두고 왔다고 합니다.

두 사람은 서로 만날 일이 없다가 얼마 뒤 우연히 마주쳤다고 해요. 교사가 여성에게 다가와 말했지요. "고맙다는 말을 하고 싶어요. 당신이 내 목숨을 구했어요! 아버지는 스스로 목숨을 끊으셨고, 당신이 다녀간 날 나도 자살할 계획이었거든요. 그 책 덕분에 목숨을 구했어요. 고마워요." 그러고는 내 환자의 모친이 말했지요. "번즈 박사님에게 축복이 있기를!"

나는 《필링 굿》을 읽은 우울증 환자들에게서 비슷한 증언의 글을 수없이 많이 받았다. 처음에는 《필링 굿》을 자기 계발서로 생각해본 적이 없었기 때문에 이런 현상이 놀라웠다. 나는 다만 앨버트 엘리스 박사와 에런 벡 박사가 개척한 약물 없이 우울증을 치료하는, 당시로서는 흥분될 만큼 새로웠던 인지행동치료cognitive behavioral therapy, CBT를 알렸을 뿐이다. 책이 스스로 우울증 치료제 효과를 발휘하리라고는 전혀 예상하지 못했다.

《필링 굿》의 우울증 치료 효과는 많은 연구에서도 확인되어왔다. 앨라배마대학교의 포레스트 스코긴 박사는 중등도에서 중증 정도의 우울증을 치료하려는 사람들에게 이 책을 건네면, 그중 65퍼센트가 4주 만에 다른 치료 없이 회복되거나 상당한 호전을 보인다고 보고했다. 또한 2년에서 3년 동안 이어진 추적 연구에서는 이들이 심리 치료나 우울증 치료 약물 없이도 자력으로 계속해서 좋아졌다고 나타났다.

다른 많은 연구자도 《필링 굿》 '서지 요법'(독서 치료)이 심리 치료나 우울증 치료 약물과 견줄 만한 치료 효과를 보인다는 것을 확인했다. 이러한 연구 결과들이 흥분되는 이유는 《필링 굿》 문고본이 약물 치료나 심리 치료보다 훨씬 저렴한 데다 부작용도 없기 때문이다!

그런데 여기에는 동전의 뒷면도 있다. 《필링 굿》을 읽고도 회복되거나 개선되지 **않았던** 35퍼센트는 어떻게 할까? 왜 그들에게는 아무런 효과가 없었을까? 그들은 4주 만에 회복된 사람들과 어떤 다른 점을 지녔을까? 그 답을 알아낼 수 있다면, 치료에 또 다른 돌파구가 될 거라고 생각했다.

심각한 우울증과 불안증에 시달리는 사람들과 수천 번의 심리 상담 치료를 진행하고, 무엇이 심리 치료의 성패를 가르는지 알아보는 수많은 연구 조사를 발표한 끝에, 나는 그 답을 발견했다고 믿으며 이 책 《필링 그레이트》를 썼다.

《필링 굿》이 인지 혁명을 중점으로 다루었다면, 이 책은 동기 혁명에 중점을 두었다. 여기에 바탕이 되는 생각은 간단하다. 우리는 때때로 우울감과 불안감에 '고착'되는데, 이는 회복에 양가적인 감정을 갖기 때문이다. 사람들은 고통스러워하며 필사적으로 변화를 바라면서도, 그에 상충하는 강력한 힘 때문에 꼼짝 못 하고 고착된 상태에 머무른다. 이상한 소리로 들릴지 모르지만, 우리는 변화를 갈망하면서도 마음속 한구석에서는 그 변화에 맞서 싸운다. 다른 말로, 저항한다.

프로이트는 정신분석학 초창기에 이를 '저항'이라고 불렀다. 프로이트 이래로 많은 치료사가 이 저항을 언급했으나 말로만 인정할 뿐, **왜** 사람들이 변화에 저항하는지, 어떻게 이 문제를 해결할 수 있는지 설명하는 치료사는 거의 없거나 극소수에 불과했다. 이것이 《필링 그레이트》를 쓴 이유다. TEAM-CBT라는 새로운 접근법을 통해 우리는 저항을 극복하고 빠르게 회복해 앞으로 나아갈 수 있다.

TEAM 접근법은 내가 심리 치료의 실질적인 작용 원리를 연구하고 임상 경험을 쌓아 발전시킨 것이다. 내가 전작에서 설명한 인지행동 치료의 최고 요소들은 그대로 남아 있지만, 훨씬 더 빠르게 작용한다.

TEAM은 약자인데 뜻은 다음과 같다.

T=검사Testing 나와 동료들은 심리 상담 치료를 시작할 때와 종료할 때마다 환자들의 증상을 검사하여 그들이 얼마나 개선되었는지 또는 개선되지 않았는지를 정확히 파악한다.

E=공감Empathy 치료를 시작할 때는 모든 환자의 말을 귀 기울여 듣고, 그들과 연민을 나누는 따뜻한 관계를 형성하려고 노력하며, 환자들을 도우려고 시도하지 않는다.

A=저항 평가Assessment of Resistance 환자를 도우려고 하기 전에 변화에 대한 저항을 깨닫게 하여 녹여 없앤다. 저항이 사라지면 환자는 대체로 매우 의욕을 보인다. 이제 치료사와 환자는 환상적인 **팀**이 되어 협력한다.⁺

M=방법Methods 우울감과 불안감을 기쁨으로 빠르게 전환해줄 방법을 환자에게 보여준다.

여러분이 이 책을 읽는 동안 나는 여러분과 함께 강력한 팀으로 협력하여 '나는 부족해', '나는 피해를 입었어' 등 크나큰 고통을 야기하는

⁺ 과거에는 TEAM의 A를 '의제 설정Agenda Setting'으로 서술했지만 나중에 '저항 평가'로 재정리했다. '저항 평가'가 변화에 저항하는 환자의 무의식적 노력을 녹여 없애는 이 치료 단계를 더 정확하게 반영하기 때문이다.

부정적인 생각을 날려버릴 것이다. 우리가 함께 협력하면 놀랍도록 빠른 속도로 고통의 산을 움직이는 강력한 힘이 생길 것이다.

우리가 나아갈 길을 간략히 소개하고자 한다. 1부에서는 온갖 최신 기법을 이용하여 사고방식과 감정을 변화시키는 법을 보여줄 예정이다. 우리를 '고착'시키는 저항을 녹여 없애는 법도 여기에 포함된다. 2부에서는 우울과 불안, 화를 불러오는 왜곡된 생각을 가장 효과적으로 물리치는 방법들을 소개한다.

3부에서는 우리의 '자아'가 열등하다거나 부족하다는 믿음을 극복하는 법을 보여주고, 자아의 네 가지 '큰 죽음Great Death'을 설명할 것이나. '큰 죽음'은 우울과 불안, 인간관계 갈등, 습관과 중독에서 회복되는 것과 관련이 있다.

누구나 알다시피 사람은 항상 행복하기만 할 수 없다. 인생이라는 길에는 언제나 돌부리가 있기 마련이다. 따라서 4부에서는 회복된 후에 우울과 불안이 재발하더라도 빠르게 떨쳐내고 계속해서 희열의 순간들을 이어갈 방법들을 알려줄 것이다!

마지막으로 5부와 6부에서는 훌륭한 동료인 마크 노블 박사가 TEAM 치료법을 이용하여 어떻게 신경 회로를 수정할 수 있는지, 왜 이 방법이 전통적인 상담 요법이나 우울증 치료 약물보다 훨씬 더 효과적인지 설명한다. 나 역시 우울증과 불안증에 대한 새롭고 흥미로운 연구들을 소개하고, 무료로 사용할 수 있는 엄청나게 많은 추가 자료를 제공할 것이다.

TEAM 치료를 통해, 우리는 우울과 불안에서 이례적인 속도로 회복할 수 있지만 단순히 회복을 넘어서는 변화까지 경험할 수도 있다. TEAM 치료를 거친 많은 사람은 정신적 각성이라고밖에 달리 표현할 수 없는 심오한 기쁨으로 넘쳐흐른다. 나는 이러한 전환에 따라오는 놀라운 관점 이동을 지속적인 정신 건강의 열쇠라고 생각한다.

거창한 말로 들릴지 모르지만, 나는 TEAM-CBT가 거의 50여 년 전 인지치료가 탄생한 이래 가장 큰 치료법의 진전이라고 믿는다. 그리고 이 믿음은 내가 이 책을 여러분과 함께 나누게 되어 이토록 신이 나는 이유다.

두 집단의 타깃 독자를 상상하며 이 책을 썼다. 한쪽은 보다 효과적이고 만족스러운 치료법을 배우길 갈망하는 치료사들이고, 다른 한쪽은 우울 및 불안과 힘겹게 싸우는 개인들이다. 멋지고 새로운 기법들로 여러분이 자기 회의와 절망에서 벗어나고, 그리하여 다시 **최고의 기분**을 느끼는 데 도움받을 수 있기를 바란다!

데이비드 번즈

캘리포니아 로스알토스힐스에서

1부

우울과 불안을 기쁨으로 바꾸는 방법

1장

기분이 어떤가요?

이 책의 핵심은 우리의 감정을 변화시키는 것이다. 그러므로 지금 우리가 어떤 기분인지 알아보도록 하자. 아래 표의 기분과 관련된 항목에 표시한 뒤에 우울감 및 불안감 점수 합계를 맨 아래 빈칸에 적는다. 책을 다 읽고 마지막에 가서 이 검사를 다시 해보기를 권한다. 그러면 점수를 비교하면서 자신이 얼마나 변했는지 확인할 수 있다.

part 1: 기분 검사✣

❖ 모든 항목에 **현재**의 감정을 표시하라.

우울감	전혀 아니다	약간 그렇다	보통이다	자주 그렇다	매우 그렇다
	0	1	2	3	4
1. 슬프거나 우울하다.					
2. 좌절감 또는 절망감이 든다.					
3. 자존감이 떨어지고 열등하거나 쓸모 없다고 느낀다.					
4. 의욕이 없다.					
5. 삶이 즐겁거나 만족스럽지 않다.					
	합계				

✣ ⓒ 데이비드 D. 번즈, 1997. 2002, 2018년에 수정. 이하 이 장에 실린 모든 검사표의 출처는 이와 같다.

불안감	전혀 아니다	약간 그렇다	보통 이다	자주 그렇다	매우 그렇다
	0	1	2	3	4
1. 불안하다.					
2. 겁이 난다.					
3. 걱정이 많다.					
4. 긴장되거나 과민하다.					
5. 신경이 날카롭다.					
	합계				

이 검사는 타당성이 입증된 검사일까, 아니면 그저 믿거나 말거나 하는 검사일까? 미국정신의학회American Psychiatric Association는 자격을 갖춘 정신 건강 전문가만이 정신과 진단을 내릴 수 있다고 주장한다. 어떤 의미에서 이 말은 사실이다. 대개는 공식적인 **정신 장애 진단 및 통계 편람**Diagnostic and Statistical manual of Mental Disorders, DSM-5®의 기준이 지나치게 복잡하고 난해하기 때문이다. 나는 단순하게 가는 편이 더 좋다.

정말 중요한 것, 즉 우리가 실제로 느끼는 속마음이라는 측면에서 방금 여러분이 참여한 위 척도는 세계에서 가장 정확한 도구에 속한다. 통계 분석을 보면 여러분이 방금 완료한 이 검사는 정확도가 약 95퍼센트에 이른다. 그렇다면 우리가 받은 점수로 무엇을 알 수 있을까? 다음 쪽의 점수표를 사용해 알아보자.

기분이 시시때때로 변한다면 어떨까? 기분이란 **원래** 그렇다. 불안감은 우울감보다 더 오락가락하기 마련이다. 예를 들어, 수줍음을 타는 사람이라면 사적인 친목 모임에서 타인과 교류할 때나, 직장 사람들 앞에서 발표해야 할 때 불안감이 높아진다. 만약 공포증이 있다면 고소 공포증이나 비행 공포증, 거미 공포증, 승강기 공포증, 천둥 공포증 등 자신이 두려워하는 상황이나 사물을 맞닥뜨렸을 때 불안감이 급증할 것이다.

번즈 박사의 우울감 및 불안감 척도 점수표

점수	중증도	의미
0	증상 없음	대단하다! 여러분은 아무런 증상이 없는 듯하다.
1-2	경계선	정상에 속하나, 가벼운 조정 기법을 사용할 수 있다.
3-5	경도	엄청나게 높은 점수는 아니지만, 우울증과 불안감이 삶의 기쁨을 앗아가기에 충분하다. 우리가 함께 노력하면 이 점수를 0까지 낮출 수 있다. 그렇게 된다면 얼마나 멋질까!
6-10	중등도	우울증과 불안감이 꽤 높다. 심각한 수준은 아니지만 상당한 불행을 느끼는 점수다.
11-15	중증	상당히 강한 우울감과 불안감을 가지고 있다. 안타까운 일이지만, 방법이 없는 것은 아니다. 이 책에서 제시하는 도구들이 부정적인 감정을 즐거움으로 바꾸는 데 도움을 줄 것이다.
16-20	최중증	점수가 이 범위에 들었다면 고통이 극심하다는 뜻이다. 친구나 가족들은 여러분이 어떤 고통을 겪고 있는지 제대로 이해하지 못할 수 있다. 다행히 개선의 전망은 매우 밝다. 사실 회복감이야말로 인간이 느낄 수 있는 가장 위대한 감정 중 하나다.

시간을 두고 추이를 확인하고 싶다면 이 검사를 하고 싶을 때마다 언제든 해도 좋다. 이는 여러분이 이 책을 읽는 동안 자신의 진척 상황을 따라가 볼 수 있는 좋은 방법이다.

이제 우리의 기분을 알았으니 우리가 다른 사람들과의 관계에서는 어떻게 행동하는지도 살펴보자. 다음 쪽의 분노 및 관계 만족도 검사에 바로 지금 느끼는 감정을 표시한다. 각 검사 점수를 더하여 맨 아래 빈칸에 합산 점수를 넣도록 한다.

우리가 다른 사람을 대할 때도 감정은 시시때때로 요동칠 수 있다. 때문에 이 검사를 하고 싶을 때마다 하더라도, 항상 같은 인물을 기준으로 삼아야 한다. 그렇지 않으면 생각하는 대상에 따라 점수가 오르락내리락할 수 있다. 마지막으로 하나 일러두자면, 누군가에게 극도로 흥분하는 상황이 아니어도 화는 날 수 있다. 예컨대 짜증 나는 일이 생기면 우리는 자기 자신이나 알지도 못하는 누군가에게 화가 나기도 한다.

part 2: 관계 만족도 검사

❖ 모든 항목에 **현재**의 감정을 표시하라.

분노	전혀 아니다	약간 그렇다	보통 이다	자주 그렇다	매우 그렇다
	0	1	2	3	4
1. 답답하다.					
2. 언짢다.					
3. 분하다.					
4. 화가 난다.					
5. 짜증이 난다.					
	합계				

❖ 배우자나 동업자, 친구, 동료, 가족 구성원 등 중요한 관계에 있는 사람을 생각한 뒤, 모든 항목에 해당 관계에 대해 드는 기분을 표시하라.

관계 만족도 척도	매우 불만족	다소 불만족	조금 불만족	중간	조금 만족	다소 만족	매우 만족
	0	1	2	3	4	5	6
1. 소통과 개방성							
2. 갈등 해결							
3. 애정과 배려의 정도							
4. 가깝고 친밀함							
5. 전반적인 만족							
	합계						

다음에 나오는 점수표에서 우리가 얻은 점수가 무엇을 뜻하는지 볼 수 있다.

분노 점수가 높고 관계 만족도 점수가 낮은가? 그렇다면 우리는 모두 같은 처지다. 우리는 시시때때로 그토록 쉽게 다른 사람에게 화가 난다. 나도 그렇다! 더 만족스럽고 사랑 넘치는 인간관계를 만들기 위해, 나는 이 책에서 아주 멋진 도구들을 여러분과 함께 나눌 것이다. 하지만 우리가 모든 사람과 잘 지내도록 노력해야 한다는 규칙은 어디에도 없다.

번즈 박사의 분노 및 관계 만족도 척도 점수표

분노 척도		관계 만족도 척도	
점수	의미	점수	의미
0	화가 나지 않음	0-10	완전 불만족
1-2	약간 화가 남	11-15	매우 불만족
3-5	조금 화가 남	16-20	다소 불만족
6-10	다소 화가 남	21-25	조금 만족
11-15	몹시 화가 남	26-28	다소 만족
16-20	극도로 화가 남	29-30	완전 만족

우리는 기분과 관계를 짚어보았다. 습관과 중독은 어떨까? 해당 사항이 있는가? 대마초를 한다든지, 술을 너무 많이 마시거나 과식하는 버릇이 있는가? 인터넷 쇼핑이나 비디오 게임, 핸드폰 또는 외설물에 중독되어 있는가? 미루기 중독은 없는가?

있다면 이어지는 유혹 검사를 받아보자. 보다시피 검사에서는 지난 한 주 동안 수시로 느낀 갈망과 충동에 대해 묻는다. 표에는 약물이나 알코올이라고 적었지만, 음식이나 외설물 등 각자가 중독된 대상으로 바꾸어 생각해도 된다.

이 검사 역시 신뢰도가 약 97퍼센트에 이를 정도로 매우 높다. 하지만 갈망과 유혹은 때때로 급격히 달라지기도 한다. 예컨대 아침에 잠에서 깰 때 숙취를 느끼는 날이라면 술을 줄여야겠다거나 아예 끊어버리겠다고 마음을 굳게 먹을 것이다. 하지만 몇 시간 뒤 퇴근하고 집에 돌아와서는 다시금 술에 대한 갈망에 휩싸인다. 관심이 있다면, 이 유혹 검사를 자주 해보면서 여러분의 갈망이 종일 또는 매일매일 어떻게 변동하는지 따라가 보는 것도 좋다.

part 3: 유혹 검사, 갈망과 충동

❖ 모든 항목에 대해 오늘을 포함해 지난 한 주 동안 어떻게 느꼈는지를 표시하라.

	전혀 아니다	약간 그렇다	어느 정도 그렇다	매우 그렇다	완전 그렇다
	0	1	2	3	4
1. 나는 가끔 약물이나 알코올을 간절히 바란다.					
2. 나는 가끔 약물이나 알코올에 대한 충동에 휩싸인다.					
3. 나는 가끔 약물이나 알코올을 정말 이용하고 싶다.					
4. 나는 가끔 약물이나 알코올에 대한 충동을 거부하기 힘들다.					
5. 나는 가끔 약물이나 알코올의 유혹과 싸운다.					
	합계				

이 검사에서 나온 점수는 무엇을 의미할까? 답은 **확실히** 간단명료하다. 점수가 높을수록 유혹을 더 많이 느끼고 유혹에 더 쉽게 굴복한다. 그게 전부다! 복잡하지 않다.

이 검사에서 점수가 15점 이상 나왔다면, 갈망 정도가 매우 높아서 거의 확실히 그에 굴복하리라는 뜻이다. 치료를 받고 있거나 12단계 프로그램+에 참여 중인 사람이라면 이 점수를 치료사에게 알려주는 것이 좋다. 그러면 치료 외의 기간에 여러분이 어떤 일을 겪는지 치료사가 훨씬 더 명료하게 이해할 수 있다.

내가 권하고자 하는 검사는 이제 단 두 가지가 남았다. 지금까지는 우울한 기분, 힘든 인간관계, 나쁜 습관 등 부정적인 부분을 이야기했다. 동전을 뒤집어보면 어떨까? 이제는 우리가 얼마나 **행복**한지 살펴보자.

+ 각종 약물 및 행동 중독에서 회복할 수 있도록 지원하는 국제 원조 프로그램으로, 1930년대에 알코올 중독 극복을 돕는 익명의 알코올 중독자 모임에서 최초로 시작되었다. (옮긴이)

part 4: 행복 검사

❖ 모든 항목에 **현재**의 감정을 표시하라.

	전혀 아니다	약간 그렇다	어느 정도 그렇다	매우 그렇다	완전 그렇다
	0	1	2	3	4
1. 즐겁고 행복하다.					
2. 희망과 긍정이 넘친다.					
3. 가치 있다고 느끼고 자존감이 높다.					
4. 의욕적으로 열심히 활동한다.					
5. 삶에 만족하고 즐겁다.					
	합계				

이 검사는 현재 우리가 얼마나 행복한지 말해준다. 이 장의 첫머리에서 보았던 우울증 검사와는 정반대다. 하지만 우울증을 없앤다고 해서 반드시 지고한 행복이나 성취감을 느끼지는 않는다. 그러므로 이 책의 목적은 단지 부정적인 감정을 극복하는 데에만 있지 않다. 자존감을 높이고 삶의 즐거움을 찾도록 돕는 것 역시 우리가 추구하는 바다.

이런 점에서, 나는 행복이 인생의 목표라고 말한 달라이 라마에게 동의한다. 행복이 유일한 목표인지는 모르겠으나 중요한 목표 가운데 하나인 건 확실하다. 동시에, 누구도 항상 완벽하게 행복할 자격을 갖고 있지 않고 그게 바람직하다고 생각하지도 않는다. 때로는 다른 감정, 예컨대 슬픔이나 두려움, 심지어 분노를 느끼는 게 더없이 적절한 순간이 있다. 때때로 누구나 좌절을 겪는다는 사실 역시 모두가 알고 있다.

행복 검사 점수는 책의 마지막에서 다시 확인하여, 우리의 행복감이 얼마만큼 증가했는지 알아보도록 하자. 하지만 시간이 지나면서 우리의 감정이 어떻게 변화하는지 따라가 보고 싶다면, 하고 싶은 만큼 검사를 해보아도 좋다.

이 검사에서 받은 점수는 어떻게 해석해야 할까? 아래의 점수표에서 알 수 있듯이, 역시나 매우 간단명료하다. 점수가 높을수록 행복하다는 뜻이다.

번즈 박사의 행복 검사 점수표

점수	행복 수준	의미
0-1	전혀 행복하지 않음	현재 긍정적인 감정은 전혀 가지고 있지 않은 듯하다. 정말 안타깝지만, 좋은 소식이 있다. 원한다면 우리가 함께 노력해서 해결할 수 있다는 것이다.
2-3	최소한도로 행복함	점수가 여기에 속한다면, 긍정적인 감정이 거의 없다는 뜻이다. 앞으로 좋아질 여지가 많다.
4-5	조금 행복함	긍정적인 감정이 조금 있고, 전망도 밝다. 우리가 협력하면 상황이 훨씬 더 좋아질 것이다.
6-10	어느 정도 행복함	감정이 어느 정도 긍정적인 것으로 보인다. 좋은 일이다! 여러분의 점수가 더 많이 올라가면 좋겠다.
11-15	많이 행복함	여러분은 매우 긍정적이며 행복해 보인다. 하지만 더 행복해질 수도 있다.
16-19	극히 행복함	점수가 이 범위에 있다면 아주 좋다. 여러분은 검사의 다섯 영역 중 최소한 하나에서는 극도로 긍정적인 감정을 가지고 있는 것이다. 잘하고 있다! 그래도 여전히 조금은 더 나아질 여지가 있다.
20	어마어마하게 행복함	훌륭하다!

나는 내 환자들의 점수와 여러분의 점수가 가능한 많이 올랐으면 한다. 바라건대 20점까지. 더 **행복해지고 싶은가**? 내가 나쁜 기분에서 벗어나 사랑이 충만한 관계로 나아갈 방법을 알려준다면, 여러분에게 얼마나 가치 있는 일일까?

머리말에서 언급했듯이, 내 첫 번째 책《필링 굿》을 접한 우울증 환자의 약 65퍼센트가 4주 만에 다른 치료 없이 상당한 호전을 경험했다. 하지만 이들이 호전된 건 책을 읽어서가 아니었다. 책에 있는 구체적인 정보와 도구, 연습 문제 등이 우울증 치료제 효과를 낸 것이었다.

치료받는 환자들도 똑같다. 치료 사이에 심리 치료 '숙제'를 하는 환자들은 현저히 나아지고, 숙제를 하지 않는 환자들은 거의 전부가 나아지지 않거나 치료에서 떨어져 나간다.

그러므로 생각하고 느끼는 방식을 바꾸고 싶다면, 또 더 행복해지고 싶다면, 여러분도 이 책을 읽는 동안 연습 문제를 풀어야 한다. 그렇게 할 의지가 있는가? 함께 알아보자! 아래의 의지력 검사로 가 보자.

part 5: 의지력 검사

❖ 모든 항목에 각각 얼마나 강하게 동의하는지 표시하라.

	동의하지 않는다	약간 동의한다	어느 정도 동의한다	매우 동의한다	완전히 동의한다
	0	1	2	3	4
1. 이 책을 읽으면서 기꺼이 연습 문제를 풀겠다.					
2. 그럴 기분이 아니어도 기꺼이 연습 문제를 풀겠다.					
3. 희망이나 의욕이 없어도 기꺼이 연습 문제를 풀겠다.					
4. 벅차고 피곤해도 기꺼이 연습 문제를 풀겠다.					
5. 첫눈에 어려워 보여도 기꺼이 연습 문제를 풀겠다.					
	합계				

의지력 검사는 단순히 통속 심리학의 속임수 같은 게 아니다. 많은 연구가 이 검사의 점수가 우울증 회복과 강력한 인과적 영향을 갖는다고 말한다. 생각해보면 알겠지만, 점수가 높은 사람은 빠르게 회복하고, 점수가 낮은 사람은 좀 더 더디게 회복하는 경향이 있다.[+] 이제 각자의

✣ Burns, D. D., & Nolen-Hoeksema, S. (1991). Coping styles, homework compliance and the effectiveness of cognitive-behavioral therapy. *Journal of Consulting and Clinical Psychology, 59*(2), 305–311.

Burns, D. D., & Spangler, D. (2000). Does psychotherapy homework lead to changes in depression in cognitive behavioral therapy? Or does clinical improvement lead

점수를 해석할 수 있는 점수표를 살펴보자.

번즈 박사의 의지력 검사 점수표

점수	의지력 수준	의미
0	의지 없음	당장은 책을 읽으면서 연습 문제를 풀 의지가 없어 보인다. 전적으로 이해할 뿐 아니라, 여러분이 이 책을 읽고 있다는 사실에 감사한다! 책을 읽는 것만으로도 변화를 위한 중요한 첫걸음이 될 수 있다. 하지만 강력한 도구에서 모든 유익을 다 얻지는 못할 것이다.
1-5	최소한의 의지 있음	딱히 열심히 연습 문제를 풀 마음은 없어 보이지만, 전적으로 이해한다. 다만 여러분이 몇 가지라도 시도해보기를 바란다. 마음에 든다면 의욕을 내서 좀 더 풀면 된다.
6-10	어느 정도의 의지가 있음	연습 문제를 풀 의지는 어느 정도 있지만, 아마도 약간 하기 싫은 마음도 있을 것이다. 여러분이 연습 문제를 풀 가능성을 열어두었다는 점에 감사한다.
11-15	매우 의지 있음	이 책을 읽으면서 기꺼이 연습 문제를 풀 것으로 보인다. 그러면 이 훌륭한 책을 이해하고 활용하는 능력도 올라갈 것이다.
16-19	강한 의지가 있음	점수가 이 범위에 들었다면 훌륭하다! 여러분은 생각하고 느끼는 방식을 바꾸는 법을 배우기 위해 기꺼이 더 많은 노력을 기울일 것이다.
20	완전 의지 있음	대단하다! 와! 찬사를 보낸다!

의지력은 우울증과 불안감, 관계 문제 그리고 습관과 중독을 벗어날 때 믿기 힘들 만큼 중요하다. 그래서 여러분이 이 책을 읽는 동안 연습 문제를 풀게끔 설득할 수 있으면 좋겠다. 그럴 수 있다면 여러분은

to homework compliance? *Journal of Consulting and Clinical Psychology, 68*(1), 46 – 59.

Burns, D., Westra, H., Trockel, M., & Fisher, A. (2012). Motivation and changes in depression. *Cognitive Therapy and Research, 37*(2), 368 – 379.

Burns, D. D. (March/April, 2017). When helping doesn't help. *Psychotherapy Networker, 41*(2),18 – 27, 60. Retrieved from https://www.psychotherapynetworker.org/blog/details/1160/when-helping-doesnt-help

Reid, A. M., Garner, L. E., van Kirk, N., Gironda, C., Krompinger, J. W., Brennan, B. P., … Elias, J. A. (2017). How willing are you? Willingness as a predictor of change during treatment of adults with obsessive-compulsive disorder. *Depression and Anxiety, 34*(11), 1057 – 1064.

더 많은 것을 배우고 더 빨리 나쁜 기분에서 벗어날 것이다.

연습 문제에서 '정답'은 그리 중요하지 않다. 다만 노력을 기울인다면 중요한 성과를 얻을 수 있다. 이와 같은 철학은 질 레빗 박사와 내가 지역의 정신 건강 전문가들을 위해 매주 무료로 진행하는 표준 심리 치료 훈련 세미나에서도 견지하고 있다. 세미나에는 '즐거운 실패'라는 철학이 있다. 우리가 치료 전문가들에게 참가를 요청하는 훈련 연습들이 그들의 약점을 강조하여 치료 기술을 개선할 수 있게끔 설계된 도전적인 과제이기 때문이다. 연습 문제는 대부분 까다롭고, 치료사들은 처음에는 대부분 실패한다. 때로는 몇 차례나 실패하고 나서야 새로운 기법 몇 가지를 완전히 익힌다.

여러분도 같은 자세로 임해주길 바란다. 책을 읽고 연습 문제를 풀면서 즐겁게 실패하기를 허락한다면 훨씬 더 빨리 배울 수 있다. 피아노를 배울 때와 똑같다. 처음 건반을 두드릴 때는 멋진 소리를 낼 수 없다! 하지만 포기하지 않고 계속한다면 분명 들인 시간만큼 발전한다. 앞으로 살아갈 인생에서 우리가 더 나은 방식으로 감정을 느낄 수 있다는 의미다. 그러니 의지가 있다면 도전하여 연습 문제를 풀고, 즐겁게 실패할 용기를 갖기 바란다.

검사는 여기까지다. 이제 우리의 기분을 알았으니, **감정**을 **변화**시키기 위해 무엇을 해야 할지 알아보자!

2장

15분 만에 희열을 맛보는 법

요약 정리편

이 책에는 우리가 함께 나눌 새롭고 환상적인 정보가 많다. 하지만 집중력이 부족하거나 나처럼 읽는 속도가 느려서 15분 만에 《필링 그레이트》를 파악하고 싶은 사람들을 위해, 여기 요약 정리본을 준비했다. 물론 나는 여러분이 이 책에 통째로 몰두하기를 바란다. 인생이 바뀔 만한 정보와 방법론이 담겼기 때문이다. 하지만 이 장에 담긴 정보만으로도 최소한 시동은 걸 수 있다.

우선 인지 왜곡을 찾아내는 법에 관한 간단한 설명으로 시작해서, 긍정적 재구성이라는 놀랄 만큼 강력한 새로운 치료 도구를 소개하고자 한다. 내 첫 저서인 《필링 굿》을 읽은 독자라면, 인지 왜곡을 어떻게 찾아낼 수 있는지 이미 알고 있을 것이다. 하지만 이 짧은 복습으로 더 깊이 이해하고 어쩌면 자신감도 얻을 수 있으리라 생각한다.

그럼 시작해보자.

인지 왜곡이 뭘까?

인지 왜곡이란 무엇이며, 왜 관심을 둬야 할까? **인지**라는 용어는 조금 어렵기도 하고 너무 지적인 단어로 들리기도 하지만 의미는 단순하다. **인지**란 그저 표현이 어렵게 느껴질 뿐, 생각이라는 뜻이다. 인지는 벌어지는 일에 대해 생각하는 방식이다. 지금 이 순간, 여러분은 아마도 나와 이 책에 대해 어떤 생각을 하고 있을 테고, 어쩌면 당신 자신에 대해서도 이러저러한 생각을 할 것이다. 매일, 매 순간 하는 그런 생각이 감정을 낳는다.

가령 지금 누군가는 나를 사기꾼이라 생각하거나, 이 책이 흔하게 널린 얄팍한 자기 계발서라고 생각할 수도 있다. 그렇다면 아마도 회의가 들거나 미심쩍은 마음이 들 것이며, 심지어 불쾌하기까지 할 것이다.

어떤 사람은 자신의 문제가 너무 심각해서 어떤 방법을 써도 도움이 안 된다고 생각할 것이다. 그런 경우라면 절망이나 낙담하는 마음이 들고, 의기소침해질 수 있다.

또는 내 이야기가 흥미로워 귀가 솔깃해지고, 이 책에서 실질적으로 도움을 받을 수 있겠다는 생각이 드는 사람도 있을 것이다. 그런 사람은 신이 나고 희망을 느낄 수 있다.

무슨 뜻인지 알겠는가? 이 책을 읽는 사람은 모두가 똑같은 단어를 읽지만, 책을 보며 느끼는 감정은 저마다 매우 다를 수 있다. 감정은 **전적으로** 지금 어떤 생각을 하는지에서 나온다. 우리가 처한 삶의 환경이 아니라, 바로 생각에서 모든 감정이 만들어진다. **생각**이 **감정**을 낳는다.

하지만 사람은 가끔 상당히 비논리적이고 심지어 스스로 부당하기까지 한 방식으로 자신과 자신의 삶을 생각한다. 어떤 상황에 대해 왜곡되거나 오해 섞인 해석을 내리면서도, 그렇다는 걸 깨닫지 못한다. 그것이 바로 인지 왜곡, 즉 자신과 세상에 대한 대단히 그릇된 사고방식이고, 스스로를 속이는 방법이다. 그리고 우울감과 불안감을 느낀다면, 이는 거의 **언제나** 자신을 속인 결과다. 다른 말로 하면, 부정적인 생각이 현실을 반영하지 않는다는 의미다. 우울감과 불안감은 세상에서 가장 오래된 속임수다.

다음은 가장 일반적인 인지 왜곡 10가지의 목록이다.

1. 전부 아니면 전무라는 생각 All-or-Nothing Thinking 사물을 절대적인 것, 흑과 백의 범주로 나누어 회색 지대는 존재하지 않는다고 생각하며, 자신은 완벽하게 성공하거나 철저하게 실패했다고 여긴다. 이렇게 이분법적으로 사고하면 삶이 매우 비참해질 수 있고, 자신이 아무것도 아닌 존재, 무가치한 존재처럼 여겨지기도 한다. 게다가 흑과 백의 범주로는 우리 자신도, 세상도 정확하게 묘사할 수 없다. 세상에 완전히 끔찍하기만 하거나 절대 무결하기만 한 것은 존재할 수 없다.

2. 지나친 일반화 Overgeneralization 특정한 결점과 실패 또는 실수 등의 문제를 자기 자신이라는 자아 전체로 일반화한다. 또는 지금 느끼는 감정이나 방금 겪은 부정적 경험을 미래 전체로 일반화하기도 한다.

부정적인 생각에 포괄적인 낙인(**나쁜 엄마** 등) 또는 **항상, 절대** 같은 단어가 포함되어 있다면 지나친 일반화가 아닌지 의심해야 한다. 예를 들어 사랑하는 사람에게 거절당하고 나서 자신이 '사랑스럽지 않다'라거나 영원히 혼자일 거라는 생각이 들 수 있다. 이는 하나의 관계가 깨진 것을 자기 전체로 지나치게 일반화한 것이다. 또한 현재의 사건을 미래 전체로 확대하는 것도 지나친 일반화다.

물론 이 왜곡이 사랑 문제에만 국한되지는 않는다. 만약 무언가를 이루려고 노력하다 실패했다면, 자신이 실패자라고 생각하여 앞으로도 절대 성공하지 못할 것 같은 기분이 들 수 있다. 이 역시 특정한 실패를 자신의 전체 자아로, 현재 순간을 미래 전체로 지나치게 일반화한 것이다.

다음 두 가지 왜곡은 일반적으로 함께 진행된다.

3. 정신적 여과 Mental Filtering 긍정적인 면을 걸러내거나 무시하고 부정적인 면에만 온전히 집중하는 것을 말한다. 잉크 한 방울이 컵에 든 물 전체를 물들이는 현상과 같다.

4. 긍정적인 면 무시하기 Discounting the Positive 이 왜곡은 훨씬 더 인상적인 정신적 오류다. 스스로에게 자신의 긍정적인 자질이나 성공이 중요하지 않다는 메시지를 보내는 것이다. 자신이 완전히 나쁘다거나, 열등하다거나, 쓸모없다고 스스로를 설득한다.

예를 들어 누군가 나를 칭찬하면 '아, 그 사람은 그냥 인사치레로 말하는 거야. 그게 진심은 아니야'라고 생각한다. 아니면 다른 사람들의 성공이나 매력 등 좋은 점은 금방 알아채면서 그들의 결점은 간과하기도 한다. 또한 자신의 결점에 매달려 '키가 너무 작다'라거나 '키가 너무 크다'라고 생각하며 외모에 집착하면서 자신의 긍정적인 자질은 모두 '보통 수준'일 뿐이라고 주장한다.

나조차도 이 두 가지 왜곡에 빠져들 때가 있다. 예를 들면, 감정이 예민하거나 불안정한 기분이 들 때 부정적이거나 비판적인 지적 또는 이메일을 받으면, 그런 생각에 매달려서 칭찬이 가득한 지지자들의 긍정적인 언급은 무시하는 경향이 있다. 부정적인 비판은 타당하고 긍정적인 지적은 별로 중요하지 않다고 느낄 때도 있다. 열등감은 거의 항상 정신적 여과와 긍정적인 면 무시하기에서 비롯된다.

5. 성급한 결론짓기 Jumping to Conclusion 아무런 사실 근거도 없이 고통스럽고 언짢은 결론으로 비약하는 왜곡이다. 이 왜곡에는 흔히 두 가지 형태가 있다.

- a. **예언자적 말하기** Fortune Telling 미래에 관해 근거 없이 불안한 예측을 하는 오류다. 마치 나쁜 일만 보여주는 수정 구슬과 같다.
- b. **독심술 오류** Mind Reading 확실한 증거 없이 다른 사람의 생각이나 마음을 단정 짓는 오류다.

예언자적 말하기는 절망을 일으킬 수 있다. 우울한 기분을 느끼면 상황은 변하지 않을 것이고, 문제는 절대 해결되지 않을 것이고, 자신은 평생 우울할 거라는 메시지를 스스로에게 던질 수 있다. 이런 생각은 절망을 불러일으키고, 때로는 자살 충동으로 이어지기도 한다.

예언자적 말하기는 불안감도 유발할 수 있다. 예컨대 공석에서 말할 때 불안을 느끼는 사람이라면 머릿속이 하얘지며 실수할까 봐, 청중 앞에 서서 바보 같은 짓을 할까 봐 걱정할 것이다.

독심술 오류는 사회적인 불안, 특히 수줍음을 초래한다. 예를 들면, 사교 모임에 참석했을 때 다른 사람들이 내가 긴장한 모습을 보고 좋지 않은 인상을 받아 정작 해야 할 말을 할 때 관심을 보이지 않으리라고 생각하는 것이다. 다른 사람들은 자신감 있고 느긋하며 불안감과 싸우는 일도 없을 거라고 생각하기도 한다.

6. 극대화 Magnification**와 극소화** Minimization 어떤 상황에서 부정적인 면을 과장하고 긍정적인 면을 축소한다. 나는 이를 '쌍안경 속임수'라고 부른다. 극대화는 (모든 사물을 훨씬 더 크게 보여주는) 쌍안경을 통해

보는 것과 같고, 극소화는 (모든 것을 훨씬 더 작게 보여주는) 쌍안경의 반대쪽을 통해 보는 것과 같기 때문이다.

극대화는 불안감을 만드는 데 큰 역할을 한다. 위험을 엄청나게 과장해서 보게 만들기 때문이다. 비행 공포증을 예로 들어보자. 알다시피 민간 항공사의 여객기를 타고 비행하는 중에 사망할 확률은 극히 낮다. 600년 동안 하루도 빠짐없이 종일 비행기를 타야 한다면 매우 큰 위험에 처한 게 맞다. 하지만 비행을 두려워하는 사람들은 실제 위험을 크게 과장하고 비행이 엄청나게 위험하다는 잘못된 믿음을 갖는다.

마찬가지로 공황 발작은 언제나 예언자적 말하기 오류와 결합한 극대화에서 비롯된다. 현기증이나 가슴 조임 같은 정상적인 신체 감각을 잘못 해석하고, 심장 마비처럼 재앙과도 같은 어떤 일이 곧 일어날 거라 비이성적으로 확신한다. 상당히 흔히 일어나는, 해가 되지 않는 신체 감각의 의미를 실제보다 과장할 때 이런 일이 일어난다.

극소화는 그 반대다. 어떤 것이 매우 중요한데도 별로 중요하지 않다는 메시지를 자신에게 보내는 것이다. 예컨대 나는 오늘 '슬로깅slogging'을 했다. 슬로깅이란 아주 느리게 뛰는 조깅을 말하는 나만의 표현이다. 오늘은 고작 3킬로미터 남짓 뛰었다. 다른 사람들은 더 빠르게, 더 긴 거리를 뛰는 마당에 아주 천천히 3킬로미터 남짓 달린 내 '슬로깅'은 중요하지 않다고 생각할 수도 있다. 하지만 내게 슬로깅은 **매우** 중요하며, 나는 밖으로 나가 해야 할 일과를 하는 스스로가 무척 자랑스럽다. 나는 달리기를 즐긴 적은 없지만, 꽤 괜찮은 운동을 거의 매일 하고 있다.

7. 감정적 추리 Emotional Reasoning 이 왜곡에 빠지면 자신이 느끼는 대로 추론한다. 가령 '바보가 된 기분이야. 그러니 나는 바보가 틀림없어'나 '절망적이야. 앞으로도 상황은 절대 나아지지 않을 거야' 같은 생

각을 하는 것이다. 또는 공황 발작이라면 '당장이라도 신경 쇠약이 올 것 같아. 내가 큰 위험에 처한 게 틀림없어'라고 생각할 것이다.

수십 년 동안 정신 건강 전문가들은 환자들에게 감정을 들여다보라고 충고했다. 하지만 감정이 언제나 곧이곧대로 현실을 보여주지는 않는다. 감정은 때때로 엄청난 오해를 만들어내기도 하는데, 우울하거나 불안할 때 또는 화가 날 때 특히 더 그렇다. 감정이 생각에서 비롯되며, 앞에서 말했듯이 부정적인 생각은 흔히 왜곡되어 있기 때문이다. 이런 상황에서는 감정에 반영된 현실이 놀이동산의 구부러진 거울에 비친 왜곡된 심상과 다를 바 없다.

8. 해야 한다는 생각 Should Statements 우리는 무엇을 **해야 하고, 하지 말아야 하고, 그래야 하고, 저래야 하는 것들**로 자신이나 타인을 비판한다. 해야 한다는 생각에는 몇 가지 유형이 있다.

- a. **자신을 향한 해야 한다** 자신이 부과한 기준에 부응하지 못할 때 죄의식과 열등감을 느낀다('내가 망치지 말았어야 했어!').
- b. **타인을 향한 해야 한다** 다른 사람들이 우리의 기대를 충족하지 못할 때 분노와 답답함을 느낀다('그 사람이 그렇게 생각하면 안 되지', '그 사람은 그렇게 말하면 안 돼!'). 타인을 향한 해야 한다는 결혼 문제나 말다툼, 심지어 폭력과 전쟁과도 같은 갈등을 초래한다.
- c. **세상을 향한 해야 한다** 세상이 우리의 기대를 충족하지 못할 때 좌절과 분노가 생겨난다. 예를 들어 나는 이따금 소프트웨어 프로그램이 너무 복잡하고 배우기 어려워서는 **안 된다**고 말한다!
- d. **숨겨진 해야 한다** **해야 한다, 안 된다**와 같은 말로 명쾌하게 표현되지 않지만, 부정적인 생각과 감정으로 은연중에 나타나는 왜

곡이다. 예를 들어 실수할 때마다 자신을 질책한다면, 이는 근본적으로 자신이 완벽해야 하고 절대 실수해서는 안 된다고 스스로에게 메시지를 보내는 것이다.

만약 기분이 언짢은 다른 사람에게서 이런 왜곡들이 보인다면, 아마도 여러분은 그런 왜곡이 얼마나 비현실적이고, 그 사람이 얼마나 자신에게 가혹한지 알 수 있을 것이다. 하지만 여러분이 자신을 향해 그렇게 느껴서는 안 되고, 그런 실수를 저질러서는 안 되고, 지금보다 더 뛰어난 사람이 되어야 한다는 등의 메시지를 보내고 있다면 자기 자신을 속이고 있다는 사실을 알아차리기란 훨씬 더 어렵다.

9. 낙인찍기 Labeling 낙인찍기는 한 단어의 낙인에 자신이나 타인의 '본질'을 담아내려는 지나친 일반화의 극단적 형태다. 예를 들어, 실수하면 "실수했다"라고 말하는 대신 자신을 '멍청이'나 '패배자'라고 부르는 식이다.

낙인찍기가 더 흔하게 나타나는 영역은 정치적 싸움이나 종교 분쟁이다. 우리는 정치적으로 의견이 다른 사람들을 '좌파'니 '우파'니 하며 낙인찍는다. 히틀러가 유대인(과 다른 인종들)을 '쥐새끼'라고 부르고, 아리아인들을 '우월한' 인종이라 주장하면서 독일에서 권력을 잡았을 때도 이런 종류의 낙인찍기를 이용했다.

낙인찍기는 심각한 우울감과 격한 분노 같은 강한 부정적 감정을 일으키는 경향이 있다. 게다가 심술궂다. 자신이나 타인을 낙인찍는 일은 누군가에게 잽을 날리는 것과 같다. 또한 낙인찍기는 중요한 문제에 집중하지 못하도록 방해한다. 우리가 실제로 실수했다고 추정하고 그 실수를 정확히 짚어내 그로부터 배우고 성장할 기회를 얻는 대신, 온 힘을 다해 자신이 얼마나 잘못되었는지만 곰곰이 되씹게 만들기 때문이다.

낙인찍기는 또한 매우 비합리적이다. 사람은 한 가지의 긍정적인 또는 부정적인 낙인에 담아낼 수 있는 물건이 아니다. 세상에 '멍청이'나 '패배자' 같은 사람은 어디에도 없다. 수많은 멍청한 행동이 존재할 뿐이다. 나 역시 아무리 '잘' 하려고 노력해도 종종 '멍청한' 짓을 한다. 만약 내가 겪은 그 모든 손실과 실패(최근의 일을 포함해서)를 여기서 털어놓으려 했다면, 우리에게 꽤 긴 대화가 필요했을 것이다. 그게 내가 '패배자'라는 뜻일까?

10. 자기 비난 Self-Blame 과 타인 비난 Other-Blame 문제를 해결하거나 진짜 원인을 찾는 내신, 자신이니 타인에게서 잘못을 찾아낸다.

- **a. 자기 비난** 자신에게 전적으로 책임이 없는 어떤 일을 두고 자신을 비난하거나, 실수를 저질렀다는 이유로 크게 자책한다. 변호사가 재판에서 패소했다는 이유로 자신을 비난하지만, 사실 그가 변호하려 했던 의뢰인에게 불리한 증거가 압도적으로 많았던 경우를 예로 들 수 있다.
- **b. 타인 비난** 남들을 비난하며, 다른 사람과의 갈등에 자신이 무언가를 기여했을 가능성은 보지 못한다. 예를 들어보자. 한 아내가 남편이 끊임없이 자신을 비판하며 "당신은 내 말을 들은 체도 안 해!" 같은 말을 한다고 불평했다. 아내는 남자들이 왜 그러는지 알고 싶어 했다. 내가 그 아내에게 평소 그런 말에 어떻게 대답하는지 묻자, 그녀는 "아, 그냥 무시하고 대답을 안 해요!"라고 말했다.

  우울하거나 불안한 기분일 때는, 어떤 결점이나 실패를 이유로 자신을 탓하거나 스스로가 쓸모없다는 메시지를 보낼 가능성이 충분하다. 화가 나거나 타인과 관계가 좋지 못할 때라면, 다른 사람에게 갈등의 책임을 전가하고 있을 가능성이 높다.

인지 왜곡을 경험해보기 위해 우울증이나 불안증을 진단받을 필요는 없다. 우리는 **모두** 때때로 불안감과 우울감이라는 블랙홀에 빠진다. 나도 그렇다.

나는 워크숍이 끝날 때마다 참가자들에게 평가서를 작성하게 한다. 이 평가서를 읽는다는 건 두렵고, 때로는 불안한 일이다. 참가자들은 칭찬에 더없이 후하지만 비판을 하는 데도 잔인하리만큼 솔직하기 때문이다. 그러나 내 결점과 오류들에 대해 읽는 일은 때로는 고통스럽지만, 배우고 성장할 수 있는 근사한 기회이기도 하다.

두 해 전 클리블랜드에서 열린 워크숍에서 무언가 진행이 순조롭지 못하다는 느낌을 받았다. 듣는 사람들은 유난히 조용했고 농담을 던져도 두어 번은 반응조차 없었다. 심지어 질문을 받고 대답할 때도 이보다 더 잘 할 수 있었을 텐데 하는 생각이 몇 차례나 들었다.

다음날 데이턴에서 열리는 다른 워크숍에 가기 위해 한 젊은 운전기사를 불렀다. 나는 운전석 옆 보조석에 앉아 워크숍 평가지 100여 장을 손에 든 상태였다. 창피한 마음 때문에 그 평가지를 읽고 싶지 않았지만 억지로 읽어 내려갔다. 내가 얼마나 못났는지 들키지 않으려고 평가지를 운전기사가 보지 못할 각도로 들기까지 했다.

평가 내용은 **실로** 충격적이었는데, 내 예상과 맞아떨어져서가 아니었다. 지금껏 내가 받았던 평가 중에서 가장 높은 편에 속했기 때문이었다. 믿기 어려운 결과였다. 물론 엄청난 안도감이 밀려왔다.

돌이켜보면, 나의 부정적인 생각에는 다음과 같은 몇 가지 인지 왜곡이 포함되어 있었다.

◆ **정신적 여과** 저지른 실수들만 생각하며 내가 효과적으로 전달했던 말은 완전히 무시했다.

◆ **독심술 오류** 사실 증거도 없이 청중석에 앉은 사람들이 나를 얕볼 거라고 추정했다.

◆ **감정적 추리** 나는 내가 느끼는 대로 추론했다. 다시 말해서, 나는 실패한 **기분**이 들었고 그래서 정말로 실패했다고 **추정**했다.

◆ **전부 아니면 전무라는 생각** 나는 모든 것이 완벽하게 진행되지 않았기 때문에 워크숍이 완전한 실패작이었다고 평가하며 흑과 백의 범주로 사고했다.

◆ **숨겨진 해야 한다** 나는 항상 특별히 잘 해내야 하고, 망치거나 실수하면 안 된다는 메시지를 스스로에게 보내고 있었다.

실패했다는 생각이 모두 자신을 속이는 행위라는 뜻은 아니다. 우리는 누구나 진짜 실패를 맛보고 좌절을 겪는다. 확실히 나도 그렇다. 실제로 나는 위의 상황과는 정반대인 경우를 겪을 때도 있다. 워크숍을 기가 막히게 잘 해냈다고 생각했는데, 뒤통수를 치는 평가를 받는 경우 말이다. 상당히 고통스러운 경험이었다.

결국 하고 싶은 말은 감정은 생각에서 비롯된 것이지 실제로 일어난 일이 아니라는 것이다. 우울하고 불안한 기분이 든다면, 거의 어김없이 생각이 부정적으로 왜곡되어 있을 거라는 말이다. 하지만 거듭 말하건대, 좋은 소식이 있다.

생각을 바꾸면, 감정도 바뀐다.

이 과정은 **아주 빠르게** 일어난다. 이런 일이 어떻게 일어나는지 설명하면서 멋지고 새로운 기법 몇 가지를 간단히 소개해보겠다.

바로 지난주에 마리아라는 미용사와 함께 치료를 진행했다. 마리아는 첫 아이를 출산한 뒤 산후 우울증에 시달리고 있었다. 마리아의 분만 과정은 극도로 힘들었다. 이틀 동안 기진맥진하도록 고통스럽게 산고를 겪다가 결국 제왕절개 수술을 받았던 것이다. 회복 과정은 생각보다 훨씬 더 고통스러웠고, 그러는 내내 의사와 간호사들은 격려의 말 한 번 건네지 않으며 일말의 동정심도 보여주지 않았다. 마침내 딸과 함께 집에 돌아온 후에도 모유를 먹이느라 씨름하면서 불안감을 느꼈다. 무능력하고 버거운 기분이 들었다.

때때로 우리는 산후 우울증이 출산 후 급격한 호르몬 변화와 수면 부족 때문에 생기는 생물학적 장애라고 배운다. 대부분의 의사가 산후 우울증을 항우울제 약물과 지지적 상담supportive counseling으로 치료한다. 생물학적, 사회적 스트레스가 분명한 요인이기는 하지만, 산후 우울증과 불안감을 유발하는 것은 언제나 부정적인 생각이다. 그리고 부정적인 생각은 거의 항상 왜곡되어 있다.

모진 소리로 들릴 수 있지만, 사람들이 우울할 때 느끼는 기분에 대해 누구도(특히 엄마들!) 비난할 의사는 없다. 사실은 정반대다. 마리아가 느꼈던 절망은 그에게 어떤 결함이나 정신 장애가 있어서 자라난 게 아니다. 마리아가 인간이자 어머니로서 지닌 핵심적 가치관에서 비롯된, 실로 아름다운 것들의 발현이었다. 좀 더 깊게 들어가 보자.

나는 마리아에게 생각과 감정을 보다 잘 이해할 수 있도록 기분 일지를 써보라고 권했다. 이 도구는 4장에서 좀 더 깊이 들여다볼 예정이다. 간단히 설명하면 속상했던 일을 한 가지 적어 자신의 부정적인 감정을 찾아내고, 그 일에 대해 드는 부정적인 생각을 기록하는 작업이다. 그리고 그러한 부정적인 생각을 얼마나 강하게 받아들이고 있는지 0(전혀 아니다)에서 100(완전히 그렇다)까지의 척도로 나타내면 된다.

마리아가 적은 속상한 일은 "집에서 아기와 함께 지내며 모유 수유를 하기 어려운 점"이었다. 마리아가 설명하기를, 의사와 간호사들은 모유 수유의 중요성을 강조했지만 마리아의 아기는 방법을 찾지 못하고 젖을 물려고 버둥거리는 것 같았다. 마리아는 실패자가 된 기분이 들었으며 모유 수유를 포기하고 분유로 갈아탈 생각을 하고 있었다.

마리아는 몇 가지 부정적인 감정 사이를 맴돌았고, 이 감정은 모두 강렬했다. 표로 정리하면 다음과 같다

감정	현재(%)
슬픔, 울적, 우울, 침울	70
불안, 걱정	80
죄의식, 가책	90
열등감, 무가치감, 부적절감, 결핍감	90
외로움, 환영받지 못함, 고독감, 버림받음	70
절망, 낙담, 비관, 좌절	60
답답함, 갑갑함, 낭패감, 패배감	70
화, 몹시 화가 남, 분개, 짜증, 속상함, 격분	80

다음으로 마리아는 부정적인 생각 몇 가지를 기록하고 각각의 생각을 얼마나 믿는지를 표시했다. 다음 쪽의 표를 보면 마리아가 산후 우울증으로 힘들어한 이유를 알 수 있다. 분명히 마리아가 가진 부정적인 감정은 마리아의 생각, 즉 마리아가 자신에게 던진 부정적인 메시지에서 비롯되었다. 예를 들어, "나는 나쁜 엄마야"라고 말했을 때 마리아는 죄의식과 우울함을 느꼈다. '나는 **행복해야 해**'라는 생각 탓에 자신이 어머니로서 실패자가 된 느낌은 더 강해졌다. 그리고 남편과 자신이 아이

부정적인 생각	현재(%)
1. 나는 모유 수유를 중단하고 싶어 하는 나쁜 엄마야.	90
2. 나는 엄마로서 실패자야.	90
3. 아기와 단둘이 집에 있으면 지루하고 고립된 느낌이야. 이 상황을 즐기지 못한다는 것은 내가 엄마로서 적합한 사람이 아니라는 뜻이야.	85
4. 내가 얼마나 아기를 원했는지를 생각해보면 나는 **행복해야 해**.	100
5. 앞으로 몇 달은 지루하고 힘겹게 지나갈 거야.	100
6. 우리는 경제적으로 감당하기 힘들어질지 몰라.	70

양육을 경제적으로 감당하기 힘들어질 거란 생각 때문에 불안감이 강화됐다.

마리아의 부정적인 생각 중에 10가지 인지 왜곡에 해당하는 내용이 있는지 살펴보자. 그런 다음 마리아에게 도움을 줄 수 있는지 알아보자.

1. 전부 아니면 전무라는 생각 마리아는 모유가 아기의 건강에 더 좋고 아기가 엄마와의 유대감을 형성하는 데에도 좋다고 믿었기 때문에 모유 수유를 몹시 하고 싶어 했다. 하지만 마음대로 되지 않았다. 모유 수유가 힘든 자신을 '나쁜 엄마'이자 '실패자'라고 여겼을 때, 마리아는 전부 아니면 전무라는 생각을 한 것이었다.

세상은 '좋은 엄마'와 '나쁜 엄마'라는 두 부류로 나뉘어 있지 않고 '진짜 엄마'들로 이루어져 있다. 그리고 모든 진짜 엄마(와 아빠들)에게는 약점 **그리고** 강점이 존재한다.

2. 지나친 일반화 마리아가 아기에게 모유 수유를 하는 게 힘들다는 이유로 자신을 '나쁜 엄마'이자 '실패자'라고 결론짓는다면, 이는 지나친 일반화다. 엄마가 된다는 건 단순히 모유 수유 이상의 광범위한 의미를 지닌다. 마리아가 모유 수유를 제대로 하지 못했다는 이유만으로 자신을 가혹하게 비판하는 것은 상당히 비논리적이고 부당해 보

인다.

3. 정신적 여과 마리아의 정신적 여과는 부정적인 일만 곱씹은 것이다. 내내 자신이 어머니로서 부족하다는 생각만 하며, 잘 해낸 일들에 대해서는 스스로를 전혀 인정해주지 않았다.

4. 긍정적인 것 무시하기 처음으로 엄마가 되면 엄청난 스트레스와 부담이 따를 수 있지만, 마리아는 그 역할을 제대로 해내고 있었다. 마리아는 더없이 성실했고 애정이 가득했으며, 아기는 행복하고 건강했다. 하지만 마리아에게 그런 건 전혀 중요하지 않은 듯 보였다.

5. 성급한 결론짓기 아이 양육을 경제적으로 감당할 수 없을 거라는 생각과 앞으로 몇 달은 시무하고 힘겹게 지나갈 거라는 생각은 성급한 결론짓기이며, 그중에서도 예언자적 말하기 오류에 해당한다.

물론 그러한 예측에는 일말의 사실도 분명 들어 있다. 아기가 태어나면 새로 적응해야 할 일도 많아지고 그만큼 힘든 일도 따르기 때문이다. 하지만 마리아는 고립감과 박탈감, 패배감이 앞으로 끝없이 이어질 듯이 말했다. 사실 마리아는 남편과 함께 예산을 짜고 돈을 신중하게 관리하며 잘 해내고 있었고, 근처에 사는 마리아의 부모님도 금전적으로 문제가 된다면 기꺼이 아기를 돌보고 경제적으로 지원하는 등의 도움을 주겠다는 의사를 가지고 있었다.

6. 극대화와 극소화 마리아는 모유 수유와 관련해 소위 '실패'의 부분을 과장하고, 자신이 아기를 위해 희생하며 해내고 있던 다른 모든 일의 중요성을 과소평가했다.

7. 감정적 추리 마리아는 죄의식과 부적절함을 **느껴서** 자신이 부적절하다고 **결론** 내렸다. 하지만 이는 매우 큰 오해다. 마리아가 스스로 부적절하다고 느낀 이유는 자신이 '나쁜 엄마'이자 '실패자'라고 낙인

을 찍어놓았기 때문이다. 이미 확인했듯이, 마리아의 감정은 현실을 반영한 게 아니었다.

8. 해야 한다는 생각 마리아는 우울감을 느껴서는 **안 되고** 행복**해야 한다**고 생각했다. 남편과 함께 간절히 아기를 원해서 2년이 넘도록 실패를 거듭하며 노력한 끝에 임신했기 때문이었다.

해야 한다가 문제인 까닭은 이 생각이 마리아의 고통을 두 배로 크게 만들기 때문이다. 엄마가 된 많은 여성이 힘겹게 노력하며 때때로 낙담하는 일은 일반적이다. 하지만 마리아는 속상해해서는 **안 된다**고만 생각하다가 결국 화가 많아지고, 자신이 속상한 마음을 갖는 상황에 또 속상해질 뿐이었다.

출산이란 믿기 힘들 만큼 커다란 정신적인 충격을 주는 사건이다. 마리아의 경우에는 특히 충격이 더 컸다. 아기를 낳으려고 악전고투를 벌이다가 제왕절개 수술로 넘어가며 어마어마한 고통을 경험했기 때문이다. 그렇게 마침내 아기를 품에 안았는데 상황은 기대했던 만큼 순조롭게 흘러가지 않았다.

마리아는 **속상해야 한다!** 내 아내는 이렇게 말했다.

"아기들이란 귀엽고 예쁘지만, 악을 쓰며 울고 똥을 싸댄다."

9. 낙인찍기 마리아가 자신을 '나쁜 엄마'이자 '실패자'라고 말한 것은 분명한 낙인찍기다.

10. 자기 비난과 타인 비난 마리아는 아기가 모유를 잘 먹지 못하자 자신을 탓했지만, 이는 아기에게 젖을 물리는 엄마라면 누구나 하는 경험이다. 모유를 먹기 어려워하는 아이를 엄마가 어떻게 하기는 어렵다.

긍정적 재구성

지금까지 내가 설명한 것, 즉 부정적인 생각에 들어 있는 왜곡을 찾아내는 법은 강력하고 흥미롭지만 새롭지는 않다. 새로운 것은 부정적인 생각과 감정은 사실 여러분이 지닌 어떤 **문제**에서 비롯되는 것(미국정신의학회의 견해를 믿는다면)이 아니라, 여러분의 **옳은 점**에서 나온다는 점이다.

DSM-5[+]는 불행이나 걱정, 수줍음처럼 인간이 느끼는 다양한 형태의 고통을 일련의 '정신 장애'로 탈바꿈시킨 후 여기에 주요 우울 장애, 범불안 장애, 사회 불안 장애 같은 이름을 붙인다. 이 분류 체계는 우울감이나 불안감을 느끼면 어딘가 결함이 있는 것이고 이를 고쳐야 한다는 인상을 심어준다. 실제로 의사들은 뇌에 '화학적 불균형'이 존재하니, 약을 먹어서 그 불균형을 바로잡아야 한다고 말할지 모른다.[++]

그런데 만약 마리아의 고통이, 그리고 여러분의 고통이 여러분의 **문제**가 아니라 **올바름**에서 나온 것이라면 어떨까? 우울과 불안이 여러분의 부정적이고 어긋난 면이 아닌, 긍정적이고 아름다운 면의 표출이라면 어떨까? 그렇다면 여러분은 부정적인 감정이 수치스럽기보다 자랑스러울 수도 있다. 상당한 변화이지 않은가?

그리고 정말 멋진 사실이 있다. 부정적인 생각과 감정이 지닌 긍정

[+] 미국정신의학협회에서 발행한 정신 장애 진단 및 통계 편람의 다섯 번째 개정판을 말한다. (옮긴이)

[++] 사실 우울과 불안이 '화학적 불균형' 때문에 생긴다는 관념은 입증된 적이 없다. 연구자들은 대부분 이 이론을 완전히 폐기했다. 과학자들은 정신과 장애가 발생하는 원인을 아직 알지 못하지만 유전적, 경험적 요인들이 우리가 느끼고 생각하고 행동하는 방식에 모종의 역할을 하는 것으로 본다. 좋은 소식이 있다면, 아직 원인이 밝혀지지 않은 것과 상관없이 우리에게는 이제 강력한 치료 방법들이 있다는 것이다.

적인 면을 이해하는 순간, 그 부정적인 생각과 감정은 우리에게 더는 필요 없어진다. 그렇게 되면 회복이 눈 깜짝할 사이에 찾아온다. 실제로 많은 사람이 **정말** 빠르게 회복하고 있다!

얼마나 빠를까? 전통적인 대화 요법이나 우울증 치료 약물을 쓸 때처럼 몇 달, 몇 년이 걸리는 게 아니다. 단 몇 분이다.

이상하게 들리는가? 그럴 것이다! 15년 전에 들었다면, 나도 그런 말을 하는 사람을 비웃으며 사기꾼 취급을 했을 것이다. 하지만 현재는 그런 현장을 내내 목격하고 있다. 과정을 설명하면 이렇다.

치료 시작 후 마리아가 최근 몇 달 사이에 얼마나 힘든 시간을 보냈는지 설명하는 동안 그 말에 귀를 기울이며 공감을 나누었다. 공감은 뚜렷한 치유력을 갖지는 않지만, 신뢰와 유대감을 쌓는 데 중요하다. 그런 다음 마리아에게 부정적인 생각과 감정의 문제로 도움받기를 원하는지, 지금이 소매를 걷어붙이고 치료에 뛰어들기 좋은 시점인지 물었다. 마리아는 도움을 원하며, 시작할 준비가 되었다고 대답했다. 다음으로 마리아에게 어떤 기적을 바라는지 물었다.

"만약 오늘 치료 중에 기적이 일어난다면, 당신이 바라는 기적은 무엇입니까?"

마리아는 부정적인 생각과 감정이 사라져서, 갓 태어난 딸과 즐거운 시간을 보내고 초보 엄마라는 역할을 비참한 감정 없이 기쁘게 해내고 싶다고 말했다.

자, 이제 우리 앞에 마법 버튼이 있다고 상상해보자. 그 버튼을 누르면 아무 노력 없이도 순식간에 부정적인 생각과 감정이 사라지고, 당장 기쁨을, 어쩌면 커다란 행복감까지도 느낄 수 있다. 마리아는 버튼을 누를까?

마리아는 버튼을 꼭 누를 거라고 말했다. 거의 모든 사람이 그렇게 말한다!

나는 마리아에게 마법 버튼은 없지만 몇 가지 훌륭한 도구가 있다고 일러주며, 그 도구를 사용하면 치료가 끝날 무렵에는 아마 기분이 부쩍 좋아지고 즐거운 기분도 느낄 수 있을 거라고 예언했다. 하지만 그 도구를 사용하는 게 좋은 생각인지 확신이 서지 않는다고 덧붙였다.

마리아는 깜짝 놀라며 왜 그런지 물었다. 나는 부정적인 생각과 감정이 확실히 당신에게 많은 고통을 주고 있지만, 그녀가 그렇게 생각하고 느끼는 방식에 어느 정도는 실질적으로 이로운 점이나 유익도 있을지 모른다는 의구심이 든다고 설명했다. 그리고 그 부정적인 생각과 감정이 마리아의 가장 아름답고 훌륭한 자질의 표출일 수도 있기에, 치료해서 사라지게 만들기 전에 한 번 들여다보아야 할 것 같다고 덧붙였다.

우리는 마법 버튼을 누를지 말지 결정하기 전에, 각각의 부정적인 생각과 감정에 관해 다음과 같은 질문을 던져보기로 했다.

1. 부정적인 생각 또는 감정에 어떤 유익이나 이로운 점이 있는가? 그게 나와 아기에게 어떻게 도움이 되는가?

2. 부정적인 생각 또는 감정에서 나와 내 핵심 가치관의 아름답거나 긍정적이거나 훌륭한 점을 찾는다면 무엇이 있을까?

우리는 함께 다음과 같은 긍정적인 면의 목록을 생각해냈다. 어떨 때는 내가 한 가지를 생각해내고, 또 어떨 때는 마리아가 한 가지를 보탰다. 이런 종류의 긍정적 재구성을 할 때 중요한 건, 목록에 오르는 모든 문장이 환자가 지닌 부정적인 생각이나 감정 하나하나를 직접적으로 표현한 문장이어야 한다는 점이다. 이는 많은 사람이 사용하는 '무조건적 응원' 접근법과는 근본적으로 다르다. '무조건적 응원' 접근법은 우울이나 불안을 느끼는 사람들을 극도로 짜증 나게 만들 수 있다.

긍정적인 면

1. 불안감 덕분에 아이에게 모유를 먹일 수 있도록 열심히 유축할 동기를 얻었다. 딸이 아프기를 바라지 않는다. 아이에게 최고의 모유를 주고 싶다. 수유 문제로 걱정하고 고민한다는 것은 내가 아기를 사랑한다는 뜻이다.

2. 불안감 덕분에 방심하지 않고 딸을 보호하려고 노력하게 된다. 사람들이 아기를 보러 올 때는 반드시 독감 예방 접종을 하고 오도록 한다. 나는 아기를 보호하고 싶고, 할 수 있는 한 좋은 엄마가 되고 싶다.

3. '나는 나쁜 엄마다'라는 생각은 내가 엄격한 기준을 가지고 있고, 아기에게 가장 좋은 것을 해주고 싶어 한다는 것을 말해준다. 이런 생각을 한다는 건 내가 아기를 굉장히 사랑한다는 뜻이다.

4. 우울감은 내가 아기를 낳기 전 즐겼던 일상에 상실감을 느낀다는 점을 보여준다. 슬픔은 직장에서 매일 느끼는 성취감에 대한 나의 열정을 보여준다. 지금은 출산 휴가 중이어서 그 성취감이 그립다!

5. "나는 아이 양육이 즐겁지 않다"라고 말한 것은, 내가 현재 정직하게, 현실적으로 나 자신과 내 진짜 감정 상태를 바라보고 있다는 뜻이다. 초보 엄마들이 매 순간 즐거워야 한다는 법은 없다. 사실 정말 힘든 시간이 더 많으며, 나도 많은 일을 겪었다.

6. 나는 행복한 기분을 더 많이 느껴야 한다고 말한다. 이는 내가 가능한 최고의 엄마가 되겠다는 다짐이다. 내 아이가 안전하다고 느꼈

으면 좋겠다. 나는 어릴 때 늘 안전하다거나, 사랑받는다거나, 행복하다고 느끼지 못했기 때문에 내 어린 딸만큼은 사랑받는 기분과 행복한 기분을 꼭 느끼게 해주겠다고 굳게 결심했다.

7. 죄의식과 가책 역시 딸을 사랑하는 내 마음을 보여준다. 이런 감정이 동기가 되어 나는 더 행복해지는 법과 더 좋은 엄마가 되는 법을 찾아낸다.

8. 화는 내가 정의와 공정에 대한 의식을 가졌다는 점을 보여준다. 나는 의사와 간호사들이 때로는 동정심이 가장 강력하고 중요한 약이 될 수도 있다는 사실을 돌이켜봐야 한다고 믿는다.

9. 화는 내가 딸을 보호하고 싶어 한다는 사실도 보여준다. 세상은 가끔 매우 냉혹하고 부당하다. 내가 새끼를 보호하는 어미 사자가 된 기분이기도 하다.

10. 절망감이 들면 기대치를 낮게 유지하여 실망하지 않으려고 한다. 나는 많은 실망을 경험했고 그 과정에서 고통도 많이 겪었다. 임신하기까지도 무척 힘들었고, 출산 과정은 엄청나게 고통스러운 데다 복잡하고 무서웠다.

11. 부적절하다는 느낌은 내가 다른 엄마들에게 묻거나 간호사에게 상담 전화를 걸어 정보를 찾게끔 하는 동기가 되었다. 이 감정은 내가 겸손하고 정직하게 부족한 점을 받아들인다는 뜻이기도 하다.

12. 외로움을 느끼는 건 내가 다른 사람과의 관계에 관심이 많고, 사람들에게 부담을 주고 싶어 하지 않는다는 뜻이다. 외로움은 다른 사람들에게 다가가도록 동기를 부여한다.

13. 낙담과 슬픔을 느끼는 건 적절하고 당연하다. 그동안은 정말 힘든 시간이었기 때문이다.

14. 경제적으로 힘들지 모른다고 말한 것은 내가 책임감을 갖고 아기를 제대로 돌보고 싶어 한다는 의미다.

긍정적인 면을 모두 열거한 다음, 마리아에게 이 목록을 있는 그대로라 여기는지 물었다. 마리아는 더없이 사실적이지만, 자신이 생각하고 느꼈던 감정에 긍정적인 부분이 있을 거라고는 생각조차 안 해봤기 때문에 매우 놀랍다고 대답했다. 우울과 불안을 느끼는 게 자신에게 **문제**가 있다는 뜻이라고만 생각했지 **올바름**이 있어서라고는 생각해본 적이 없었던 것이다.

마법 버튼을 누르면 이 모든 긍정적인 면이 부정적인 생각이나 감정과 함께 사라지고 말 텐데, 그래도 여전히 버튼을 누르고 싶으냐고 마리아에게 물었다. 마리아는 고통을 참기 힘든 지경이라, 여전히 기분이 나아지기를 바란다고 고집했다.

이제 마리아는 딜레마를 느꼈다. 기분이 나아지기를 바라지만, 긍정적인 면으로 나열한 저 굉장한 자질들을 없애고 싶지는 않았다. 나 역시 치료사로서 마리아에게 변화해야 한다는 생각을 설득하려 하지 않았다. 오히려 그 반대로 행동했다. 마리아의 부정적인 생각과 감정이 그녀가 지닌 실로 훌륭한 자질을 보여주기에 이들을 포기해서는 **안 된다**고 설득하려 노력했다.

이 딜레마를 풀도록 도움을 주기 위해 마리아에게 마법 버튼 대신 마법 다이얼이 있어서, 부정적인 감정을 좀 더 잘 관리할 수 있는 수준으로 조정할 수 있다고 상상해보자 말했다. 너무 강한 고통은 느끼지 않으면서 그 안에 남긴 유익은 모두 간직할 수 있는 정도로 말이다. 그렇게 하면 마리아는 우리가 적은 모든 아름다운 자질을 잃지 않으면서도 기분을 회복할 수 있었다.

마리아는 우울감을 비롯한 각각의 감정을 어느 수준까지 낮출까? 치료가 끝나는 시점에 마리아는 슬픔과 우울감을 어느 정도로 느끼고 싶어 할까? 마리아가 겪은 그 모든 끔찍한 일을 생각할 때, 우울감의 수준은 어느 정도가 적절할까? 마리아는 우울감이 15퍼센트면 충분하다고 대답했고, 보다시피 기분 일지의 두 번째 칸에 이 수치를 목표로 기록했다. 마리아는 또한 불안감을 80퍼센트에서 20퍼센트로 낮추기로 하는 등의 결심을 했다.

감정	현재(%)	목표(%)	치료 후(%)
슬픔, 울적, 우울, 침울	70	15	
불안, 걱정	80	20	
죄의식, 가책	90	0	
열등감, 무가치감, 부적절감, 결핍감	90	10	
외로움, 환영받지 못함, 고독감, 버림받음	70	15	
절망, 낙담, 비관, 좌절	60	10	
답답함, 갑갑함, 낭패감, 패배감	70	25	
화, 몹시 화가 남, 분개, 짜증, 속상함, 격분	80	30	

마리아와 함께 마법 다이얼을 사용할 때, 사실 내가 한 일은 마리아의 무의식적 저항에 '대처'하는 것이었다. 이렇게 하지 않았다면 마리아는 그녀의 생각과 감정을 바꾸기 위해 내가 도와주려 할 때 저항했을 것이다.

왜 그럴까? 우울과 불안이 주는 유익 때문인지도 모른다. 그 유익을 없앤다는 것은, 아이를 사랑하는 어머니의 사랑을 없앤다는 말과 거의 같다고 볼 수 있다. 사랑이 충만한 어머니라면 그런 일을 내버려 둘 리 없다.

그리고 그런 이유에서 사람들은 치료에 저항하기도 한다. 여러분도 예외는 아니다. 여러분의 부정적인 생각과 감정이 정말 유용하고 적절할 수도 있고, 여기에는 언제나 여러분이 인간으로서 지닌 핵심 가치관이 반영되어 있기 때문이다.

멋지지 않은가?

나는 마법 다이얼을 이용하여 마리아를 통제하에 두고, 그녀의 감정을 스스로 선택한 정도까지만 줄일 거라는 확신을 주었다. 이 말은 내가 마리아를 **위해** 일하고, 마리아가 관리자가 되었다는 뜻이다. 나는 더는 '망가진' 사람을 고치려 하는 '전문가'가 아니었다.

인지 '클릭'

일단 마리아의 생각에서 왜곡을 찾아내고, 부정적인 생각과 감정이 반영하는 그녀의 훌륭하고 긍정적인 면이 무엇인지 밝히고 나자, 우리는 마리아에게 고통을 주는 왜곡된 생각을 반박하고 깨버릴 준비가 되었다.

나는 부정적인 생각을 반박하고 물리치는 데 유용한 기법을 100가지 이상 개발했는데, 이중 기준 기법은 그중 가장 쉬운 기법 중 하나다. 머리말에서 소개한 이야기를 기억할지 모르지만, 여러분과 똑같은 문제를 겪는 친구에게 어떤 말을 해줄지 상상하는 것도 이 기법에 속한다.

이 기법을 사용하여 마리아에게 똑같은 어려움을 겪고 있는 다른 엄마를 만난다면 어떤 말을 해주겠느냐고 물었다. 마리아가 "아, 모유 수유를 포기하고 싶다니, 당신은 정말 나쁜 엄마군요"라고 말할까?

마리아는 말이 떨어지기 무섭게 다른 엄마에게 **절대** 그렇게 말하지 않을 거라고 대답했다. 이유를 묻자, 마리아는 그런 말은 잔인하며 공정하지도 않고 사실도 아니라고 말했다. 그러면 무슨 말을 하겠느냐고 재차 묻자 그녀가 답했다.

"많은 여성이 모유 수유에 어려움을 겪고 있으며, 그건 드문 일도, 끔찍한 일도 아니라고, 우리가 전적으로 통제할 수 있는 일도 아니라고 말해주겠어요. 좋은 엄마가 된다는 건, 단지 모유 수유를 하는 것 이상으로 훨씬 더 많은 의미가 있다는 말도요."

그 말이 사실이냐고 묻자, 마리아는 절대적으로 사실이라고 말했다.

바로 여기서 마법이 일어났다. 마리아에게 다른 여성에게 했던 것처럼 현실적으로, 동정심을 가지고 스스로에게 말해줄 의향이 있느냐고 묻자, 마리아는 얼굴이 환하게 밝아지며 단번에 이해했다.

마리아는 새롭게 깨달은 이 긍정적인 생각을 기분 일지에 기록했고, 이어지는 표를 보면 알겠지만 이 생각에 대한 믿음을 100퍼센트로 표시했다. 다음으로 부정적인 생각에 대한 믿음을 현재를 기준으로 다시 평가해보라고 권하자, 그 수치는 한 번에 0으로 떨어졌다.

나는 신이 나서 같은 기법을 다시 사용했다. 이번에는 다른 엄마에게 얼마나 아기를 가지고 싶었는지 돌이켜 생각하면 지금 행복을 **느껴야 한다**라고 말해줄 것인지 물었다. 마리아는 이렇게 대답했다.

"당연히 아니죠! 아이를 원했다고 해서 힘든 시기가 없을 거라는 뜻은 아니고, 당신도 다른 사람들과 똑같이 느낄 자격이 있다고 말해주겠어요!"

이 시점에 이르자 마리아는 나머지 부정적인 생각에도 쉽게 반박할 수 있었고, 그런 생각에 대한 믿음도 0으로 떨어지거나 0에 아주 가까워졌다.

부정적인 생각	현재(%)	치료 후(%)	왜곡	긍정적인 생각	믿음(%)
1. 나는 모유 수유를 중단하고 싶어 하는 나쁜 엄마야.	90	0	전부 아니면 전무라는 생각, 지나친 일반화, 정신적 여과, 긍정적인 것 무시하기, 극대화, 감정적 추리, 해야 한다는 생각, 낙인찍기, 자기 비난	**많은** 여성이 모유 수유를 힘들어한다. 그건 드문 일도, 끔찍한 일도 아니고, 전적으로 통제할 수 있는 일도 아니다. 좋은 엄마가 된다는 건 모유 수유 이상의 더 많은 의미를 가지고 있다!	100

자, **생각**하는 방식을 바꾸면 **감정**도 달라진다고 한 말을 기억하는가? 그렇게 되었는가? 다음 표에서 볼 수 있듯이, 마리아가 치료 후에 감정을 다시 평가하자 모든 범주에서 목표를 달성하거나 초과하는 결과가 나타났다.

감정	현재(%)	목표(%)	치료 후(%)
슬픔, 울적, 우울, 침울	70	15	5
불안, 걱정	80	20	20
죄의식, 가책	90	20	10
열등감, 무가치감, 부적절감, 결핍감	90	10	0
외로움, 환영받지 못함, 고독감, 버림받음	70	15	15
절망, 낙담, 비관, 좌절	60	10	10
답답함, 갑갑함, 낭패감, 패배감	70	25	20
화, 몹시 화가 남, 분개, 짜증, 속상함, 격분	80	30	30

보다시피 마리아는 분노를 약간 높은 수준인 30퍼센트로 유지하기로 결정했다. 마리아가 정한 목표였다. 마리아는 가끔 병원에서 동정심 없는 치료 행위를 할 때나 사회에서 특정한 메시지를 받을 때, 즉 여성들이 어떤 감정을 느껴야 하거나 느끼면 안 된다는 메시지를 받을 때 어느 정도의 화는 정당하다고 설명했다.

전 과정이 한 시간도 채 걸리지 않았고, 무척 즐거웠다. 마침내 마리아에게 기운이 솟는 모습을 보자니 놀라웠다. 사실상 마리아가 이중 기준 기법을 이용하여 부정적인 생각에 저항했던 마지막 부분은 10분도 채 걸리지 않았다. 우리는 감정을 변화시킬 수 **있고**, 그 과정은 매우 빠르게 일어날 수 **있다**.

한 가지 주의 사항이 있다. 나는 이 과정을 단순해 보이게끔 만들었다. 때로는 **실제로** 단순하다. 하지만 부정적인 생각을 깨버리기 위해 더 큰 화력이 필요할 때가 있다. 스스로 실패자나 가망 없는 패배자라는 생각이 들 때, 그런 생각이 명확하고 단단한 현실처럼 보일 수 있다. 갑자기 자기 자신에 대한 끔찍한 진실을 깨달았다고 느낄 수도 있다.

나도 그런 경험이 있다.

하지만 희망을 놓지 말자! 내가 개발한 많은 강력한 기법이 우울증과 불안감을 즐거움으로 탈바꿈해줄 것이다. 여러분도 기운이 솟아나면 좋겠다. 책을 읽는 여러분에게 이 모든 비법을 알려줄 수 있어 마음이 들뜬다. 여러분도 감정을 변화시킬 수 있도록 함께 노력해보자!

3장

왜 기분이 나빠지고, 인간관계에 갈등이 생기고, 습관과 중독에 빠질까? 어떻게 여기서 벗어날 수 있을까?

거의 모든 사람이 때로는 우울감에 빠지지만, 대개는 금세 나쁜 기분에서 빠져나온다. 하지만 나쁜 기분과 습관은 놀랍도록 강력하고 끈질길 때도 있다.

얼마 전 내게 이메일을 보낸 한 인도인 남성은 자신이 우울감과 절망감에 빠진 지 32년이나 되었다고 했다. 이 남성은 내가 진행하는 주간 팟캐스트 방송 〈필링 굿〉을 이제 막 듣기 시작했는데, 벌써 기분이 나아졌다고 했다.[+] 그 이메일을 읽고 무척 기뻤지만, 그가 안정을 찾기까지 오랜 시간을 고통받아야 했다는 사실이 안타까웠다.

어떤 사람들은 더 심각한 상황에 있기도 하다. 최근에 만난 한 남자는 평생을 통틀어 단 1분도 행복한 순간이 없었다고 말했다. 어린 시절부터 매일, 매 순간 자기혐오와 무가치감, 분노 같은 감정과 씨름해왔다는 것이다.

프로이트 이후로 많은 전문가가 왜 어떤 사람들은 치료사들이 최선을 다해 도우려고 해도 우울증과 불안감을 극복하기가 그토록 힘든지

+ 팟캐스트 〈필링 굿〉은 무료이며 웹사이트 주소는 www.feelinggood.com이다. 〈필링 굿〉 팟캐스트는 아이튠즈와 유튜브, 그 외 다양한 매체를 통해서도 이용할 수 있다.

설명하려고 노력해왔다. 프로이트는 이 문제를 '저항'이라고 명명했다. 많은 환자가 그들을 도우려는 자신의 노력에 무의식적으로 저항한다고 생각했기 때문이다. **저항**이라는 용어가 마음에 들지 않으면 **고착**이라는 표현으로 대신해도 좋다.

하지만 뭐라고 부르든 질문은 같다. 왜 우리는 나쁜 기분과 갈등, 습관에 고착될까? 그리고 분석가의 소파에 앉아 자유 연상을 하며 시간을 보낼 필요 없이, 빠르게 고착을 벗어나는 일은 가능할까?

정신과 의사로 일하면서 회복에 저항하는 듯한 사람을 숱하게 보았다. 초보 의사 시절, 멜린다라는 약사를 치료한 적이 있다. 우울증이 있던 멜린다는 자신의 생활과 친구들, 만났던 남자들에 대해 끊임없이 불평했다. 그들을 '패배자'라고 말했지만, 우울증을 극복하거나 인간관계를 개선하기 위해 내가 개발한 도구들을 활용하는 데에는 아무런 관심이 없어 보였다. 게다가 내가 내준 심리 치료 숙제들도 전혀 하지 않았다.

당시에는 멜린다가 회복보다는 불평하는 데 더 마음이 가 있는 것처럼 보일 정도였다. 나는 멜린다가 좋았고, 멜린다가 노력만 한다면 내가 개발한 도구들에 도움받을 수 있다는 확신이 있었기 때문에 좌절과 당혹감을 느꼈다. 멜린다는 줄 수 있는 게 많은 아름다운 사람이었기에 그런 저항을 보노라면 고통스러웠다.

어느 날, 진료가 없는 기간에 심리 치료 숙제를 이행하는 게 삶을 변화시키는 데 얼마나 중요한 일인지 강조했다. 멜린다는 발끈하며 내게 "그놈의" 심리 치료 숙제 소리를 한 번만 더 하면 확 죽어버리겠다고 말했다. 어떻게 하면 죽을지도 정확히 생각해놨다고 강조하면서, 자기 시체는 자신이 일하는 약국에서 발견될 거라고 설명했다. 내 책《필링 굿》을 가슴에 얹은 채로, 그리고 책에는 "이자가 내 정신과 의사랍니다!"라는 포스트잇 쪽지를 붙인 채로 말이다.

이 말에 덜컥 겁이 나서 한 걸음 물러섰다. 내가 너무 세게 밀어붙이는 거라고, 아마도 가만히 귀를 기울이면서 더 따뜻하게 지지해주면 멜린다도 결국 나아질 거라고 생각했다. 하지만 2년 뒤에도 멜린다는 나를 처음 찾아왔던 날과 다름없이 우울하고 괴로워했다. 나는 멜린다에게 도움을 주지 못하고 있다는 사실을 깨닫고 슬픔에 빠졌다. 내가 무엇을 잘못했을까? 무엇을 놓친 걸까?

수년 동안 심리 치료 숙제를 이행하며 빠르게 회복한 환자를 숱하게 보았고, 그건 내난히 기쁜 일이었다(지금도 여전히 그렇다). 하지만 멜린다와 같은 환자도 상당수 있었다. 그들은 왜 고착을 보였을까? 그들이 우울하고, 불안하고, 화가 나길 **원했던** 걸까?

이 질문에 대답할 수 있다면 내 환자들을 더 빨리, 훨씬 더 효과적인 방법으로 도울 수 있을 듯싶다. 그런데 그 답이라는 게 과연 무엇일까?

이상한 꿈

어느 날 밤, 유난히 생생한 꿈을 꾸다 깨어났다. 꿈에서 다음 네 가지를 대상으로 나타나는 치료 저항의 가장 일반적인 두 원인, 즉 **결과 저항** outcome resistance과 **과정 저항** process resistance을 나열한 표를 보았다.

- 우울감

- 불안감
- 인간관계 문제
- 습관과 중독

표에는 결과 저항과 과정 저항이 서로 완전히 다르다는 사실도 분명히 나타나 있었다. 그런데 이게 무슨 뜻일까?

결과 저항은 회복에 대해 복잡한 감정, 심지어 부정적인 감정이 있다는 것을 의미한다. 예를 들어 우울에 빠져 있다면 여러분은 도움을 주려는 치료사를 비롯한 그 어떤 사람과도 싸울 수 있다. 다시 말해서 좋은 결과를 원하지 않는 것 같기도 하고, 우울증에 매달리는 것처럼 보일 수도 있다.

과정 저항은 결과 저항과 사뭇 다르다. 과정 저항은 회복을 원하면서도, 회복하는 데 필요한 일들을 하기 싫어하는 경우다. 불안함을 느끼지만, 너무 겁이 나서 자신이 지닌 두려움과 마주하려 하지 않는 것이다. 우울해하면서도 진료 외 시간에 주어지는 심리 치료 숙제를 하기 싫어하는 것 역시 마찬가지다.

표에 나타난 정보는 이해하기 쉽고 흥미로웠다. **왜** 사람들이 우울감이나 불안감, 인간관계 문제, 습관과 중독에 '고착'을 보이는지 정확히 설명해주었기 때문이다.

물론 마법처럼 갑자기 그런 꿈을 꾼 것은 아니었다. 그 전부터 저항에 대해 줄곧 생각했지만, 한동안 아무런 진전이 없었다. 내 머리는 종종 이렇게 작동한다. 어떤 문제에 매달리다가 포기하고 잠자리에 들면 한밤중에 답이 떠오를 때가 있다. 상당히 흥미로운 순간이다.

저항 표

대상 감정	회복이 되면?	결과 저항: 회복에 저항하는 이유	과정 저항: 회복의 대가는 무엇인가?
우울감	기쁨과 자존감을 경험한다.	자신이나 세상에 대해 받아들이기 힘든 무언가를 받아들여야 한다.	매일 심리 치료 숙제를 해야 하는데, 숙제는 재미없다.
불안감	두려움이 완전히 사라진다.	불안은 고통스럽지만, 무의식적으로 불안감 덕에 더 나쁜 무언가로부터 나를 지킬 수 있다고 믿는다.	최악의 두려움을 직시해야 하는데, 이는 믿기 힘들 정도로 무서운 일일 수 있다.
인간관계 문제	불화가 있던 사람을 가깝게 느낀다.	상대방을 탓하며, 그 사람이 문제의 원인을 제공했다고 전적으로 믿고 싶어 한다.	이 사람과 가까워지려면, 비난하기를 멈추고 이 문제가 생기는 데 기여한 자신의 역할을 살펴봐야 하는데, 이 과정이 매우 고통스러울 수 있다.
습관과 중독	과식, 과음, 약물 복용, 미루기 등을 그만둔다.	습관이나 중독이 가장 큰 만족감의 원천일 수 있다. 폭식하거나 취하거나 미루고 싶은 충동에 응하면 즉각적인 보상을 받는다.	회복하려면 가장 큰 즐거움의 원천을 절제력 및 박탈감과 맞바꾸어야 한다. 끔찍한 일이다.

우울 고착

우울감 문제에서 고착은 왜 나타날까? 우리는 왜 변화에 저항할까? 저항 표를 보면 알 수 있듯 우울감에서 회복하려면 우리 자신이나 세상과 관련된 어떤 부분을 받아들여야 하는데, 바로 그 부분을 받아들이고 싶지 않기 때문이다. 2,500년 전 부처님 말씀처럼 우리는 행복과 성취감을 느끼려면 특정한 무언가가 **필요하다**고 생각하기 때문에 고통받는다. 행복을 느끼기 위해 어느 정도는 외부의 인정, 이를테면 부나 성공, 사랑, 인기, 명성 같은 것이 필요하다고 믿기도 한다. 또는 완벽을 기하거나 어느 정도의 명망을 쌓아야만 행복이 뒤따른다고 믿을 수도 있다.

동시에 부처님은 이런 것들 없이도 온전히 행복과 성취감을 느낄 수 있다고도 말했다. 하지만 우리는 자신의 결점이나 삶의 현실을 인정하고 싶지 않기 때문에 이런 생각에 맞서 싸우고, 결국 우울해하거나 수치심, 열등감 등을 느낀다.

행복과 성취감을 느끼기 위해 무언가가 **필요하다**고 되뇌는 일은 최면 상태에 드는 것과 아주 비슷하다. 실제로는 사실이 아닌 메시지를 믿는다는 점에서 말이다. 정확히 말하자면, 인생에서 아기나 사랑하는 연인, 돈, 성공, 친구 같은 특정한 대상을 원하는 건 전혀 잘못이 아니다. 하지만 원하는 것을 필요한 것으로 격상시킬 때, 우리는 우울증을 향해 방향을 틀게 된다.

많은 사람, 어쩌면 모든 사람이 자기 모습이 어떻다고 생각하거나 이러저러해야 한다고 믿게 된 뿌리 깊은 사정이 있을 것이다. 그리고 그러한 사정 탓에 행복하지 않다고 느끼기도 한다.

예를 들어, 하버드대학교에 입학한 신입생 비유는 심한 우울 증상 때문에 학생건강센터를 찾아갔다. 홍콩에서 유명한 하드웨어 공학 기술 회사를 경영하는 아버지를 둔 비유는 그곳에서 최상위권 고등학생이었다. 비유는 자신이 하버드에서 전 과목 A 학점을 받고 MIT에서 전자 공학으로 박사 학위를 취득한 뒤, 언젠가 아버지 회사에서 사장으로 일할 거라고 확신했다. 하지만 하버드에 들어가서는 아무리 몸부림쳐도 B 학점과 C 학점을 받는 게 고작이었다. 친구를 사귀기도 어려워서 외로움과 싸워야 했다.

자, 우리가 비유의 치료사고 우리 책상 위에 마법 버튼이 있다고 해보자. 그리고 비유에게 그 버튼을 누르면 아무런 힘도 들이지 않고 단번에 우울증을 치료할 수 있고, 기쁨과 자존감으로 가득 차서 하루 만에 치료를 끝낼 수 있다고 말해보자.

비유는 마법 버튼을 누를까? 빈칸에 대답하고 나서 다음 이야기를 읽어보자.

	(√)
그래, 비유는 마법 버튼을 누를 거야.	
아니야, 비유는 그 버튼을 누르지 않을 거야.	
모르겠어.	

이제, 비유가 마법 버튼을 누르거나 누르지 않을 거라고 생각한 이유가 무엇인지 적어보자. 먼저 자기 생각을 쓰고 난 뒤, 내 대답을 읽기 바란다.

나의 대답

비유는 아마 처음에는 마법 버튼을 누르고 싶다고 대답하겠지만(거의 모든 사람이 그러하다!), 그 선택이 어떤 의미인지 파악하고 나면 버튼을 누르지 않기로 결정할지도 모른다. 이유가 뭘까? 마법 버튼을 누르면 행복을 느끼겠지만, 인생에서는 실제로 아무것도 바뀌지 않을 것이기 때문이다. 본질에 있어 비유는 여전히 평범한 학생이다. 바뀌는 건 오로지 비유가 느끼는 감정뿐이다. 비유는 심각한 우울함이나 무능감이 아니라 즐거움을 느낄 것이다.

하지만 이는 학업에서 최고가 되어야 할 '필요'를 놓아버린다는 의미다. 오늘을 되찾기 위해, 비유는 자신이 그래야 한다고 정한 기대치에 부응하지 못하더라도 스스로를 **있는 그대로** 인정하고 사랑해야 한다. 비유는 간신히 '평균'에 속하는 성적을 받아들이고 싶지 않을 것이다. 이 현실을 인정하면 자신의 핵심 가치관을 포기하고 저버리는 듯이 보일 수 있기 때문이다. 그리고 이 자기 수용 문제를 다루지 않으면, 비유는 자신을 치료하려는 노력에 저항할지도 모른다.

정확히 해두자면, 비유에게 학업 성적을 올리려는 노력을 하지 말라고 주문하는 게 아니다. 다만 자신을 비판하고 비참하게 만드는 행위를 그만두라고 부탁하는 것이다. 이를 수용이라고 한다. 하지만 스스로 '그래야 한다'고 생각하는 모습에 미치지 못하는 자기 자신을 수용하기란 무척 어려운 일이다.

전통적으로 치료사들은 환자의 저항이 그 환자의 어떤 부정적인 측면에서 비롯된다고 생각했다. 예를 들어, 어떤 치료사들은 환자들이 우울증에 매달리는 이유가 불평하기를 좋아해서(멜린다처럼), 또는 관심받고 싶어 해서(이른바 '이차적 이익')라고 믿는다. 또 저항이 있는 환자들은 변화를 두려워하거나 자기 연민에 빠져들고 싶어 한다고 생각하는 치료사들도 있다. 이 입장은 그런 환자를 병리학적으로 비정상이라고 바라본다는 문제가 있다. 그들은 부정적이고 권력을 독섬하며 환자가 칭얼대는 어린아이인 양 색안경을 끼고 본다. 무엇보다도 환자에게 별 도움이 되지 않는다.

비유는 관심을 끌려고 하지 않고 불평하지도 않으며 자신이 안됐다는 기분을 느끼고 싶어 하지도 않는다. 게다가 변화를 두려워하지도 않는다. 오히려 비유의 '고착'은 아름답고 훌륭한 무언가가 작용한 결과다. 이것이 우울감이 말해주는 비유의 모습이다. 이런 종류의 긍정적 재구성은 우울감이나 불안감, 절망감, 무가치감, 외로움 등에 어떤 아름답고 훌륭한 점이 있을 수 있는지 궁금한 사람들에게 놀라운 개념이 될 것이다.

여러분은 비유의 우울증과 불안감이 비유에 대해 말해주는 긍정적이고 훌륭한 면을 일 수 있겠는가? 비유의 고착을 설명해줄지 모를 그 면은 무엇인가? 잠시 멈추고 여러분의 생각 몇 가지를 적은 후, 내 대답을 읽어보기 바란다.

____

____

____

____

____

나의 대답

비유의 우울증은 비유가 지닌 여러 긍정적인 자질에서 비롯한다. 첫째, 비유는 가지고 있는 기준이 높아서 그저 그런 성적에 만족하려 하지 않는다. 게다가 비유의 높은 기준은 지금껏 비유에게 동기를 부여하고 효과적으로 작용했다. 어쨌든 비유가 홍콩에서 고등학교에 다닐 때

최상위권에 속하는 학생이었던 것만 보아도 그렇다.

둘째, 비유의 우울증은 부모님을 기쁘게 하고 가족의 가치관에 충실하고자 하는 강한 욕망을 나타낸다. 비유의 가족이 지닌 가치관은 열심히 노력해서 거둔 성취에 높은 우선순위를 두는 것이었다. 셋째, 우울증을 통해 비유의 진실함과 정직함도 알 수 있다. 비유가 자신이 잘하고 있지 못하고 무언가 적절치 못하다는 사실을 인정할 수 있는 것이다. 생각해보면, 상당히 놀라운 자질이다.

동시에 비유의 우울증은 뼈아픈 상실감을 나타낸다. 즉 비유는 어떤 과제를 맞닥뜨려도 늘 성공하고 남들보다 뛰어난 존재라는 자아상을 상실한 상태다.

여기서 우리는 TEAM-CBT에서 도출한 중요한 통찰과 만난다. 때로는 우리가 우울증에 빠져서 변화에 저항하는 이유가 우리에게 문제가 있어서가 아니라 우리가 올바른 무언가를 가졌기 때문은 아닐까? 이 통찰을 이용하면 치료 과정에서 나타나는 저항을 줄이고 회복 속도를 크게 올릴 수 있을까? 그렇다면 우울증 치료에 획기적인 돌파구를 마련할 수 있다.

비유가 우울감과 열등감, 수치심, 절망감을 정말로 극복하고 싶어 한다고 가정해보자. 하기 싫지만 해야 하는 일들은 무엇이 있을까?

저항 표를 보면 알겠지만, 답은 심리 치료 숙제다. 인지행동치료를 처음 접하는 독자라면, 심리 치료 숙제가 무엇인지도 모를 것이다. 심리 치료 숙제란 치료 외 기간에 기법들을 완전히 익히기 위해 집에서 푸는 연습 문제라고 할 수 있다. 예를 들면, 매일 기분 일지를 작성하고 일지에 나타나는 왜곡을 찾아보는 것도 숙제다. 두려워하는 무언가에 정면으로 부딪치라는 주문을 받을 수도 있다.

숙제를 하는 것은 테니스 실력을 쌓고 싶을 때 코치를 찾는 논리와 비슷하다. 일주일에 한 번 코치를 만나 수업을 받았더라도 수업이 없는 날에 연습하지 않으면 경기 실력이 좋아지기 힘든 것과 같은 이치다.

심리 치료도 다르지 않다. 내 연구와 임상 경험에서도 숙제가 회복의 열쇠라는 사실을 알 수 있다. 우리 병원에서도 꾸준히 심리 치료 숙제를 수행한 환자는 사실상 모두가 상당한 호전을 보였고, 숙제를 거부하거나 '깜박 잊은' 환자는 거의 모두가 진전을 보지 못했다. 사실, 그중 많은 이가 더 악화되거나 결국에는 치료를 중도 포기했다.

왜 어떤 사람들은 심리 치료 숙제를 거부할까? 이유야 많지만 핵심은 노력이 필요하다는 데 있다. 멜린나처럼 병원에 와서 단지 감정을 터뜨리고 지지받기만을 바라는 사람들도 충분히 이해가 간다. 지지받는 일은 중요하기 때문이다. 하지만 회복을 바란다면 잠깐의 심리 치료 과제에도 적극적으로 덤벼들어야 한다!

여러분은 아마도 내가 이미 몇 가지 숙제를 냈다는 사실을 알아차렸을지도 모른다. 1장의 기분 검사나 앞서 비유에 대한 생각을 물었던 질문들 말이다. 숙제를 끝마쳤는가? 혹시 그냥 건너뛰고 읽기만 하고 있지는 않은가?

건너뛰었더라도 너무 속상해하지 않길 바란다. 나는 누구를 꾸짖으려는 게 아니다. 사실 이 책을 읽는 것만으로도 조금은 '숙제 점수'를 주려고 한다. 하지만 이 책을 읽으면서 연습 문제까지 푼다면 그 과정에서 훨씬 더 많은 것을 얻을 것이고, 행복감과 자존감이 기분 좋게 올라가는 멋진 경험도 할 수 있을 것이다.

자, 여러분이 우울감이나 자기 회의, 열등감 같은 감정과 힘겹게 싸우는 중이라면, 나는 이렇게 묻고 싶다. 책을 읽는 동안 변화할 수 있도록 연습 문제 풀이라는 대가를 기꺼이 지불하겠는가? 기쁨, 자존감, 커다란 친밀감 등을 회복하는 일은 여러분에게 얼마나 값진가?

불안 고착

지금까지 우리는 우울증에 관해 이야기했다. 주제를 불안감으로 옮겨보자. 고착은 왜 생길까? 무엇 때문에 변화에 저항하는가?

불안 저항(또는 '고착')은 우울 저항과는 완전히 다르다. 불안감에서 저항은 예외 없이 소위 주술적 사고의 산물이다. 불안감이 고통스럽긴 하지만, 잠재의식에서는 불안감이 우리와 사랑하는 사람들을 더 나쁜 무언가로부터 지켜준다고 믿는 것이다. 불안이 안전하기 위해, 동기부여를 위해 또는 최상의 수행을 위해 치러야 하는 대가라고 생각할지도 모르겠다.

불안에는 다음과 같이 여러 공통 유형이 있다.

- 만성적인 걱정
- 수줍음
- 대중 연설에 대한 불안
- 시험이나 수행에 대한 불안
- 공황 발작
- 특정 공포증(예: 고소 공포증, 동물이나 천둥, 비행, 뱀, 거미 등에 대한 공포)
- 광장 공포증 또는 혼자 집을 떠나는 것에 대한 두려움

• 강박 장애

• 외상 후 스트레스 장애

• 건강 염려증

성공적인 치료란 어떤 형태일까? 불안감이 갑자기 사라지며 마음에 평화와 확신이 찾아오고, 두려움과 근심, 극심한 공포 따위는 전혀 없는 상태일까? 말은 좋지만 우리가 **정말로** 원하는 결과가 그런 상태일까?

내가 지금껏 발견한 가장 의미 있는 진실 가운데 하나는 부정적인 감성 안에는 언제나 우리에 관한 정말 좋은 점, 어쩌면 대단하기까지 한 점이 깃들어 있고, 이들은 거의 언제나 중요한 방식으로 우리에게 도움을 준다는 점이다.

예를 들어보자. 프랜이라는 여성은 종일 걱정에 시달렸다. 아이들 걱정에, 남편 걱정에, 자신의 직장 문제 걱정까지. 그중에서도 특히 아이들은 책임감 강한 10대였는데도 음주 운전 사고로 죽을까 봐 잠시도 걱정을 놓을 수가 없었다. 프랜은 남편의 건강도 걱정이었다. 남편은 신체가 아주 건강하고 최근에는 첫 하프 마라톤까지 완주한 사람이었다. 마지막으로 프랜은 자신이 하는 부동산 중개인 일도 걱정했다. 고객의 기분을 상하게 하지 않을까, 직장을 잃지 않을까 끊임없이 걱정하는 프랜은 사실 실적도 우수하고 고객에게도 좋은 반응을 얻고 있었다.

자, 여기 또 마법 버튼이 있다고 상상해보자. 프랜이 이 버튼을 누르면 단번에 치료가 끝난다. 걱정은 아무 노력 없이도 순식간에 눈 녹듯이 사라져 없어지고, 프랜은 행복하고 평화롭고 미래를 낙관하는 마음으로 하루 만에 치료를 마치고 돌아갈 것이다. 프랜은 마법 버튼을 누를까?

먼저 여러분의 생각을 적은 뒤 다음 내용으로 넘어가 보자.

	(√)
그래, 프랜은 마법 버튼을 누를 거야.	
아니야, 프랜은 그 버튼을 누르지 않을 거야.	
모르겠어.	

이제, 프랜이 마법 버튼을 누르거나 누르지 않을 거라고 생각한 이유를 적어보자. 자기 생각을 쓰고 나서 내 대답을 확인해보기 바란다.

나의 대답

내 생각은 이렇다. 프랜은 처음에는 마법 버튼 누르기를 **매우** 원한다고 말할지 모르지만, 생각을 좀 더 해보고 나서는 마음이 바뀔 가능성이 있다. 무의식적으로 자신의 걱정 덕에 아이들과 남편이 안전하다고 믿기 때문에다. 불안감이 직장에서 훌륭한 실적을 내기 위해 반드시 치러야 할 대가라고도 믿는다.

그리고 이 말은 맞는 듯 보인다! 아이들과 남편은 안전하게 잘 지내며 프랜도 직장에서 탁월한 성과를 내고 있으니 말이다.

비유의 우울증과 프랜의 불안감에는 공통점이 있다. 두 사람의 증상뿐 아니라 변화에 대한 저항 역시 그들에 관한 긍정적이고 훌륭하며 아름다운 어떤 점의 결과라는 사실 말이다. 멋지지 않은가? 프랜의 걱정 역시 분명 가족을 사랑하는 마음과 직장에서 최선을 다하려는 욕망에서 시작된다. 그러므로 만약 프랜이 걱정을 그만둘 수 있도록 응원하는 친구나 치료사에게 저항한다면, 이는 자신의 핵심 가치관을 지키고 가족을 보호하기 위해서지 고집을 부리거나 이차적 이익을 얻기 위해서가 아니다.

주술적 사고는 모든 유형의 불안에서 일어난다. 몇 가지 일반적인 불안 유형은 아래 도표에 예시해놓았다. 왜 이런 유형의 불안감을 가진 사람들이 마법 버튼을 누르고 싶어 하지 않는지 알아보자. 어떤 경우든 사람들은 불안이 위험으로부터 자신을 보호해준다고 믿는 것이 힌트다.

주술적 사고 퀴즈의 답은 이 장의 마지막에서 확인할 수 있다.

주술적 사고 퀴즈

불안의 유형	주술적 사고: 이 불안 유형은 어떻게 나를 돕거나 보호해주는가?
수행 불안 시험을 치르거나, 취업 면접을 보거나, 공연에 오를 때 실수할까 봐 끊임없이 걱정한다.	
공포증 고양이나 강아지, 거미, 뱀, 밀폐 공간, 운전, 폭풍, 비행, 높은 장소, 엘리베이터 등을 무서워한다.	
강박 장애 손을 거듭해서 씻거나, 강박적으로 수를 세거나, 자물쇠, 가스 밸브 등을 반복적으로 확인하거나, 물건들을 특정 방식으로 정렬한다.	
외상 후 스트레스 장애 어떤 충격적인 사건에 대해 끔찍한 플래시백 증상을 겪거나 언짢은 기억을 안고 있다.	
수줍음 사람들 주변에 있을 때 극도로 불안해하거나, 누군가에게 데이트 신청하기를 두려워하거나, 여러 사람 앞에서 발표하는 것을 무서워한다.	
건강 염려증 작은 통증이나 어지럼증 등만 있으면 병원에 가지만, 매번 아무런 문제가 없다는 진단을 받는다.	

이제 우리가 주술적 사고에도 불구하고 간절히 불안감을 극복하고 **싶어 한다**고 가정해보자. 두려움을 넘어서기 위해 해야 할 일(하지만 하고 싶지 않은 일)은 무엇이 있을까? 빈칸에 추측해서 적은 뒤 계속 읽어 보자.

앞에서 언급했던 저항 표를 기억해보자. 어떤 불안감이든 이를 극복하기 위해서는 가장 두려운 대상과 마주해야 한다. 우리는 스스로를 우리가 두려워하는 바로 그 대상 앞에 **노출**시켜야 한다. 그 과정은 더없이 무섭기에 거의 모든 사람은 극심한 두려움을 피하고자 하는 강한 충동을 갖고 있다. 이 회피가 강력하고 즉각적인 이유는 우리 뇌가 그렇게 만들어졌기 때문이다. 사람은 타고나기를 엄청나게 위험하다고 느끼는 건 무엇이든 피하도록 되어 있고, 그렇게 위해로부터 자신을 보호한다.

나는 여러 기법을 이용하여 불안을 치료한다. 여러분이 내 환자라면 그런 기법 대부분이 재미있고 흥미로울 것이다. 하지만 노출은 **항상** 이 기법에 포함되어 있어야 한다. 노출은 재미도 없고, 피해 갈 방법도 없다. 난언하건대 내 임상 연구뿐 아니라 개인적인 경험에서도 그랬다. 나는 어릴 때부터 지금까지 모두 17가지 두려움과 공포증을 극복해야 했다. 그러니 이 문제는 내가 잘 안다.

고등학생 시절 학교에서 연극 〈브리가둔*Brigadoon*〉을 상연할 때 무대 스태프로 참여하고 싶었지만, 그러려면 고소 공포증을 이겨내야 했다. 무대 스태프로 일하려면 사다리를 타고 올라가 천장 바로 밑에서 조명과 커튼을 조절해야 했기 때문이다. 연극 교사였던 크리샥 선생님은 노출과 같은 유형의 기법으로 두려움을 극복하도록 도와주셨다. 선생님은 나를 극장으로 데리고 가서 근처에 붙잡거나 의지할 만한 게 아무것도 없는 무대 한 가운데에 높은 사다리를 놓았다. 두려움이 사라질 때까지 사다리 꼭대기에 서 있기만 하라고도 하셨다. 그러고는 사다리 옆에 서서 기다리겠다고 나를 안심시켰다.

나는 사다리를 한 단 한 단 오르기 시작했고, 점점 더 겁이 났다. 꼭대기에 다다랐을 때는 잔뜩 겁에 질렸다. 내 눈은 바닥에서 5미터는 훌쩍 넘는 높이에 떠 있었다. 사다리가 3.6미터 정도 높이였고, 내 키는 180센티미터 남짓이었기 때문이다. 나는 크리샥 선생님에게 공포심을 토로하며 이제 어떻게 해야 하느냐고 물었다. 내가 어떤 말이나 행동 또는 생각으로 불안감을 떨쳐낼 수 있었을까? 선생님은 고개를 저으며 다 나을 때까지 그냥 서 있으라고 했다.

공포에 휩싸인 채 10분이 넘도록 가만히 서 있었다. 크리샥 선생님에게 아직도 너무 무섭다고 말하자, 선생님은 내가 잘 해내고 있으며 몇 분만 더 그대로 서 있으면 불안감이 사라질 거라고 말했다. 몇 분 뒤, 불안감이 갑자기 사라졌다. 믿을 수 없었다!

"크리샥 선생님, 이제 다 나았어요!"

"잘했다! 이제 사다리에서 내려와도 좋아. 너도 〈브리가둔〉 무대 스태프로 참여하거라!"

나는 무대 스태프가 되어 신나게 일했다. 사다리를 타고 올라가 천장 밑에서 조명과 커튼을 조작하는 일은 정말 즐거웠다. 높은 곳을 왜 그토록 겁냈고, 얼마나 두려워했는지는 기억조차 나지 않았다.

나는 이를 200퍼센트 치료라고 말한다. 100퍼센트 치료란 불안이 말끔히 해소된 상태를 말한다. 200퍼센트 치료란 두려워하던 바로 그 일을 어느덧 즐겁게 할 때 쓰는 말이다.

내 사례로 전달이 되었기를 바라지만, 노출은 불안 치료에 극히 중요하다. 한 마디로 필수다. 용기 내서 자신의 두려움을 마주한다면 치료에서 성공을 거둘 가능성도 한없이 높아진다. 하지만 두려움을 대면하려 하지 않는다면 회복할 승산은 제로에 가깝다. 누구도 자신의 두려움을 직면하여 불안을 견뎌야 하는 상황을 **원하지** 않겠지만, 이는 두려움을 물리치고자 할 때 반드시 치러야 하는 대가다.

노출은 놀라우리만큼 효과가 뛰어난 기법인데도 불안 장애를 치료할 때 이 기법을 사용하는 정신 건강 전문가의 수는 전체의 약 25퍼센트에서 30퍼센트 정도에 불과하다. 노출이 심리 치료에서 가장 검증된 기법이라는 점을 생각하면 놀라운 일이다.

왜 환자들뿐 아니라 치료사들까지 노출에 저항하는 걸까? 역최면 reverse hypnosis 때문이라고 생각한다. 일부 정신 건강 전문가들이 최면을 치료 도구로 활용한다는 건 누구나 아는 사실이지만, 환자가 치료사에게 최면을 걸기도 한다는 점은 잘 알려지지 않았다. 이는 불안증이 있는 환자들이 치료사를 설득하는 경우를 말한다. 노출 기법에 응하기에는 자신이 너무 유약한 상태이며, 두려움을 대면한다면 끔찍한 결과가 발생할 수도 있다는 식이다. 많은 치료사가 그러한 논리를 그대로 받아들여 노출 기법을 사용하지 않는다. 이 실수 때문에 치료가 실패로 끝날 수 있다.

환자들은 두려움을 직면해야 할 때, 매우 단호하고 창의적이기까지 한 방식으로 자신들은 할 수 없다거나 그래서는 안 된다고 주장한다. 사례를 보자. 아르헨티나 출신의 젊은 남성 페드로는 내게 이메일을 보내 조언을 구했다. 페드로는 어렸을 때 우울증과 강박 장애 때문에 힘들었다고 설명했다. 14살 무렵에 누군가 건넨《필링 굿》을 읽고 나서 갑자기 회복되었다고도 했다.

페드로는 고마운 마음에 나이가 더 들면 박사 학위를 취득해서 아르헨티나의 전 국민에게 인지치료를 가르치겠다고 결심했다. 그 계획을 실행에 옮겨 지금은 대학원생으로 교육학 박사 과정을 밟고 있다고 했다.

페드로의 증상이 갑자기 다시 나타난 건 앨버트 엘리스 박사의 책을 읽고 있을 때였다. 엘리스 박사는 논쟁적인 심리학자로 인지치료의 선구자 중 한 명이다. 박사는 자신의 저서에서 예수처럼 가장 위대한 영적 지도자로 일컬어지는 자들이 실은 '별난' 지식도 없는 엉터리 사기꾼이었다고 주장했다. 엘리스 박사는 무신론자였고, 책이나 워크숍에서 강한 어조로 종교에 반하는 논평들을 내세우며 자신의 충격적인 가치관을 뒷받침했다.

엘리스 박사의 주장을 접한 가여운 페드로는 망연자실했다. 그는 독실한 가톨릭 신자였다. 페드로는 극도로 불안해했고, 그의 머릿속에는 예수가 카마수트라Kama Sutra[‡]에 등장하는 온갖 자세로 성모 마리아와 성행위를 하는 상상이 불쑥불쑥 찾아들곤 했다. 그는 당황했고, 자신이 이성을 잃고 가증스러운 인간이 되고 있다는 두려움에 사로잡혔다. 하

‡ 4세기경에 쓰인 고대 인도의 경전으로 성애性愛를 다룬다. (옮긴이)

지만 이러한 성적인 상상은 제어하려고 몸부림치면 칠수록 점점 더 강렬해졌다.

불안이란 그렇게 작동하는 법이다. 통제하려고 하면 어김없이 더 나빠진다.

페드로는 어떻게 해야 하느냐고 물었다. 내가 그를 도울 수 있을까?

내가 페드로에게 해준 대답을 알려주기 전에, 간단한 문제를 하나 내겠다. 페드로가 두려움을 물리치고 강박 장애에서 회복하려면 어떻게 해야 할까(아마도 페드로는 하고 싶지 않은 방식이겠지만)? 여기에 각자의 생각을 적은 뒤 이어서 읽기 바란다.

여러분의 생각이 엉뚱해 보일까 걱정하지 말고, 일단 적어보자.

나의 대답

나는 페드로에게 노출 유형 중 인지 홍수 기법을 사용하여 두려움에 맞서야 할 거라고 말했다. 불쑥 나타나는 상상을 통제하려 들지 말고, 더는 불안하지 않을 때까지 예수가 성모 마리아와 성관계하는 장면을 의도적으로 상상해야 한다고 말이다. 이 과정은 몇 분이 걸릴 수도 있고, 한 시간 이상 걸릴 수도 있다. 하지만 머지않아 그 상상은 재미없고 지루해질 것이다.

이것이 치료법이다. 우리가 두려워하는 대상을 똑바로 마주할 때, 그 대상은 갑자기 우리에게 아무런 힘도 쓰지 못한다.

페드로는 이런 식의 노출 기법을 사용하고 싶어 했을까? 내 제안을 듣고 페드로는 뭐라고 했을까? 답을 읽기 전에 먼저 각자의 생각을 적어보자.

페드로는 뭐라고 했을까? 그 방법은 자신의 종교에 반하는 일이며, 그렇게 하면 자신은 지옥 불구덩이에 떨어질 거라면서 인지 홍수 기법은 **도저히** 쓸 수 없다고 답했다.

대표적인 불안 저항 사례다. 어떤 유형이든 불안에 시달리는 사람이라면 페드로만큼 강하게 저항할 것이다. 노출에 저항하는 이유는 환자마다 다르겠지만, 저항의 강도는 거의 항상 세다.

나는 페드로에게 이 노출 기법을 사용하는 게 가톨릭 신앙을 위배하는 일인지 전혀 모르겠다며 신부에게 확인해보라고 등을 떠밀었다. 나 역시 더 찾아보고 알아보겠다고 했다. 나는 가톨릭 신자인 친구에게 도움을 청했고, 친구는 친절하게도 예수가 카마수트라의 온갖 자세로 성모 마리아와 성관계하는 모습을 상상해도 괜찮은지 가톨릭 신학자 몇 명에게 물어봐주겠다고 했다. 신학자들은 이 주제로 토론한 후 만장일치로 '인지 홍수 기법의 목표가 오락이 아니라 치유라면 괜찮다'고 결론을 내렸다.

이 정보로 무장한 나는 페드로에게 내 환자에게 인지 홍수 기법은 필수 조건이며, 타협의 여지는 없다고 말했다. 가톨릭 신학자들이 알려준 내용을 전해주며, 노출은 효과가 거의 확실한데 이 기법 없이는 치료할 방법을 모르겠다고 설명했다.

페드로는 인지 홍수를 사용한 지 불과 몇 분 만에 금지된 상상이 완전히 지루해지고 심지어는 아예 생각도 나지 않자 놀라워했다. 노출이 항상 이렇게 빨리 효과를 나타내지는 않지만, 성공률은 높다. 다만 노출은 의도적으로 사용해야 하고 불안감을 통제하기보다 더 강하게 느끼려고 노력해야 한다.

인간관계 문제 고착

이제 인간관계에서 나타나는 갈등에 초점을 맞춰보자. 인간관계 문제는 거의 누구에게나 있기 때문에, 여러분도 이 주제에 공감할 수 있을 거라는 감이 온다. 누구나 주변에 짜증 나는 사람이나 별로 마음에 들지 않는 사람, 사랑하지만 마주치기만 하면 말다툼을 하거나 싸움을 벌이게 되는 사람들이 있다.

대부분의 치료사는 인간관계 문제가 있는 사람들이 더 많은 즐거움을 주는 애정 어린 관계를 바란다고 가정한다. 그래서 자연스레 불쑥 끼어들 듯 '도움'을 주고자 노력한다. 하지만 이내 거대한 저항의 벽과

'네, 하지만'이라는 성벽에 가로막힌다. 환자는 치료사가 권하거나 고집하는 방법들은 이미 시도해봤고 도움이 안 될 거라며 불평한다.

이 저항은 다 뭘까? 대부분의 사람이 인간이란 다른 사람과의 관계에서 애정과 보상을 받고 싶어 하는 존재라고 생각한다. 하지만 정말로 그럴까? 한번 알아보자.

자, 여러분의 인생 어느 시점에서든지 정말 마음에 들지 않았던 또는 잘 어울려 지내지 못했던 누군가를 생각해보자. 분한 마음이 드는 상대도 좋다. 생각나는 사람이 있는가? 좋다. 나도 있다! 여러분은 그 사람의 어떤 행동 때문에 등을 돌렸는가? 아마도 그 사람은 다음과 같을 것이다.

- 마음을 열고 감정을 나누려 하지 않는다.
- 나와 말도 섞지 않으려 한다.
- 짜증을 내며 문을 쾅쾅 닫고 다니면서도 끝끝내 자신은 화나지 않았다고 말한다.
- 방어적인 태도를 보이며 내 말을 귀담아듣지 않는다.
- 말다툼을 하면 항상 자기가 옳아야 한다.
- 불평하고 징징거리면서도 항상 내가 하는 좋은 충고를 무시한다.
- 고집이 세고 통제하려 한다.
- 항상 자기 뜻대로 해야 한다.
- 자기중심적이며 내 요구는 전혀 고려하지 않는다.
- 끊임없이 자랑하고, 큰소리치며, 우월한 척한다.
- 나를 가차 없이 비판한다.

- 나를 이용하거나 내게서 득만 보려 한다.
- 내게 요구하는 게 있어도, 고마워하거나 답례하는 일은 거의 없다.
- 적대적이고 비열하다.
- 동정심이나 온정이 부족하다.

떠오르는 사람이 있다면, 다시 한번 마법 버튼이 눈앞에 있다고 가정해보자. 버튼을 누르면 그토록 분한 마음이 들던 상대가 아무런 노력 없이도 한순간에 세상에 둘도 없이 사이좋은 단짝 친구로 변한다. 버튼을 누르겠는가?

아니라고? 이번에는 저 버튼을 누르지 **않겠다는** 건가? 놀랍지 않다. 95퍼센트 이상이 그렇게 답한다! 워크숍에서 똑같은 질문을 하면 사람들은 불안한 웃음소리를 흘리면서 거의 손을 들지 않는다. 마법 버튼을 누르고 싶어 하는 사람은 거의 아무도 없는 듯 보인다. 그러면 나는 청중에게 이렇게 말한다.

"저는 단지 적대적이고 문제가 많으며 폭력적인 인간관계와 즐겁고 애정 어린 관계 중 하나를 선택하라고 말했을 뿐입니다. 그런데 여러분은 뭘 선택한 거죠?"

사람들은 다시 웃음을 터뜨리며 자신들이 적대적이고, 문제가 많으며, 폭력적인 인간관계를 선택했다고 인정한다.

이것이 바로 우리가 인간관계 문제 해결에 저항하는 이유다. 대개 우리는 잘 어울리지 못하는 사람과 가까워지는 일에 복잡한 마음이 들거나 심지어 부정적인 감정을 강하게 느끼곤 하기 때문이다.

이런 식의 관계 저항이 모두 나쁘다는 말은 아니다. 어떤 사람들하고는 거리를 두는 편이 현명할 때가 있고, 모든 사람과 두루 잘 지내야 한다는 법도 없다. 내가 하고 싶은 말은 인간은 평화롭고 즐거우며 애정 어린 관계를 원치 않을 때도 많다는 것이다.

힘든 인간관계를 개선하고자 할 때는 저항이 심하게 나타날 수 있다. 서로에게 화가 난 개인 간 갈등에서뿐 아니라 종교나 민족 집단 간 갈등에서도 이런 저항을 볼 수 있다. 중동에서 대립하는 종교 집단 간의 권력 투쟁은 수백 년, 심지어 수천 년 동안 맹위를 떨치고 있으며 이런 갈등을 해결할 동기는 별로 없어 보인다.

중독이 분명한 듯한 갈등과 적대감을 확인하기 위해 해외까지 눈을 돌리지 않아도 된다. 바로 이곳, 미국에서도 보수와 진보 사이의 정치 싸움이 점점 더 격하고 불인히게 진행되는 모습을 볼 수 있다.

이제 여러분이 잘 지내지 못하는 누군가와 **간절히** 관계를 개선하고 싶어 한다고 가정해보자. 그 사람은 가족일 수도 있고 친구나 직장 동료일 수도 있다. 그 사람과 가까워지기 위해 해야 하는(아마도 여러분은 하고 싶지 않은) 한 가지 일이 있다면 무엇일까?

대답을 돕기 위해 한 가지 질문을 더 해보자. 워크숍에서도 하는 질문이다. 잘 지내지 못하는 사람을 다시 한번 떠올리며 각자의 마음속 깊은 곳에 있는 진심을 생각해보길 바란다. 이 갈등이 누구 탓이라고 생각하는가? 여러분인가? 아니면 상대방인가? 여러분이 생각할 때 누가 더 골칫덩어리인가? 여러분인가 아니면 상대방인가?

진심으로 드는 생각을 말해보자. 정치적으로 '올바른' 대답에는 관심이 없다.

워크숍에서는 참가자의 절대다수가 "상대방이요!"라고 답한다. 자신에게 책임이 있다는 참가자는 별로 없다.

놀라운 일이 아니다. '탓'은 중독성이 강하다. 탓을 하면 우리는 스스로가 도덕적으로 우월하다고 느낄 수 있고, 친구들에게 그 사람을 '패배자'라거나 '끔찍하다'라고 말해도 괜찮은 듯한 마음이 든다. 대개 친구들은 맞장구를 치며 우리 말이 옳다고 할 것이다. 그러면 우리는 변화할 필요가 전혀 없다.

하지만 인간관계 문제에서 남 탓을 하면 문제를 해결할 가능성은 제로다. 내가 아는 기법 중에 인간관계 문제에서 남을 탓하는 사람들에게 도움이 될 만큼 강력한 도구는 없다.

그러니 여러분이 늘 충돌하는 누군가와 거리를 좁히고 싶다면 다음의 세 가지 사항을 염두에 두어야 한다.

1. 문제에서 상대방 비난하기를 멈춘다.
2. 문제에서 내 역할을 정확히 찾아낸다.
3. 상대방을 바꾸려 하지 말고 나를 바꾸려는 노력에만 집중한다.

이 세 단계는 매우 고통스러울 수 있다. 따라서 대다수가 저항하는 것도 별로 놀랍지 않다. 자기 자신을 들여다보며, 나의 어떤 모습이 갈등을 유발하고 부채질하는지 찾아내는 일은 충격적일 수도 있고 심지어 수치스러울 수도 있다. 책임이 상대방에게 있다는 믿음을 지워버리기란 정말 어려운 일이다. 하지만 관계 문제에서 우리 자신의 역할을 정확히 짚어낼 수 있다면, 놀랄 만큼 큰 보람과 해방감을 느낄 수 있다. 왜냐하면 여기에서 친밀감과 신뢰로 향하는 문이 열리기 때문이다. 하지만 그러려면 자존심을 버리고 자아를 묻어둘 필요가 있다.

인간관계 갈등을 해결할 때는 종종 자아를 억눌러야 한다. 예전에 앨리샤라는 여성을 치료한 적이 있다. 이 여성은 평생 심각한 우울증에 시달렸다. 앨리샤는 어린 시절 뉴질랜드에 살 때 오빠들에게 근친 성폭행, 삼촌에게 성 학대를 당한 피해자였다.

부모님에게도 말했지만 부모는 앨리샤의 말을 믿지 않았다. 몇 달 뒤 삼촌은 시드니로 이사 갔지만 오빠들의 학대는 멈추지 않았다. 앨리샤는 우울감과 수치심을 느꼈고, 분노도 치솟았다. 처음에는 치료에 큰 진전을 이루지 못했다. 앨리샤는 자기 삶에 닥친 문제로 다른 사람들을 탓하는 듯 보였고, 내게도 예외는 아니었다. 나는 어느 환자를 대할 때보다 더 열심히 치료에 임했고, 더 많이 헌신했다. 하지만 내가 무슨 말을 하고 어떤 행동을 하든 앨리샤는 부족하다고 느꼈다. 어느 날 치료 중에 앨리샤가 내 눈을 똑바로 쳐다보며 말했다.

"저기요, 번즈 박사님, 이 치료법은 내가 어렸을 때 견딘 근친상간과 학대보다 더 끔찍해요."

나는 두 귀를 의심했다. 분노가 치밀었다. 앨리샤의 말이 믿을 수 없을 만큼 배은망덕하고 비열하게 들렸다. 다행히 이를 악물고 별말 없이 치료를 끝냈다.

그 주 주말에 동네 오솔길에서 조깅을 하다 앨리샤를 생각하며 그녀를 어떻게 대하면 좋을지 고민해보았다. 그 비판에 어떤 진실이 담겨 있는지 찾아내는 게 중요하다고 굳게 믿었다. 하지만 당황스러운 한편 화도 났고, 앨리샤가 한 말에 무슨 진실이 있는지 도무지 알 수 없었다. 앨리샤는 도움을 주려고 그토록 열심인 내게 왜 그런 비열한 말을 한 걸까? 내가 무슨 말을 할 수 있을까?

그러다가 느닷없이, 번개처럼 드는 생각이 있었다. 앨리샤가 하려는 말이 무엇인지 알 것 같다는 확신이 들었다.

앨리샤 입장에서는 내가 자신을 이용해 내가 만든 기법들을 쓰며 만족을 채울 뿐, 자신의 불신, 상처, 분노 같은 감정에는 진심으로 귀 기울이지 않는다고 느꼈을 수도 있겠다는 사실을 깨달았다. 다시 말해, 나는 앨리샤가 절실히 필요로 했던 지지와 따뜻함, 안전감 등을 주지 않았다. 어떻게 보면 이는 앨리샤가 어린 시절에 당했던 근친상간이나 성 학대가 익숙해진 뒤로 줄곧 참아왔던 것과 다를 게 없었다. 다만 이번에는 그 적이 나였다. 나는 치료사로서 앨리샤의 말에 진심으로 귀를 기울여 감정적 진실[+]에 다가서려 하지 않았다. 그저 '잘못'되고 '부당'한 소리 같은 앨리샤의 말을 들리는 대로 들었을 뿐이었다. 하지만 앨리샤가 옳았다. 나는 앨리샤의 이야기를 듣지 않았고, 신뢰가 쌓일 만큼 깊은 관계를 맺지도 않았다.

다음 치료일에 내가 깨달은 내용을 앨리샤에게 설명했다. 이런 모습을 알게 되어 고통스럽지만, 당신이 주장한 그대로 내가 당신을 실망시키고 있었다고, 부끄럽다고, 당신을 무한히 존경하며 그런 당신에게 실망을 주어 무척 속상하다는 사실을 알아주었으면 한다고. 나는 앨리샤가 그동안 느꼈던 좌절과 외로움, 절망, 화, 심지어 맹렬한 분노까지도 모두 표현하도록 격려했다. 나의 자아는 묻어두고, 경청할 준비가 되었다고 말했다.

앨리샤는 흐느껴 울기 시작했고, 몇 년 동안 억눌러 담아두었던 모든 독을 쏟아냈다. 우리 관계는 순식간에 변했고, 한 팀처럼 치료에 협력했다. 몇 달 동안 열심히 노력한 끝에 앨리샤의 우울증도 좋아졌다.

나중에 앨리샤가 말하길, 내가 자신을 실망시켰다고 인정한 그때가 자기 삶이 바뀐 순간이었다고 했다. 그 순간이 엄청나게 도움이 된 까닭은 누군가가 마침내 자신이 하고자 하는 말에 귀 기울이고 이를 믿

[+] 사실적 진실에 대비되는 감정적 믿음 또는 믿고 싶은 바를 말한다. (옮긴이)

었기 때문이었다. 앨리샤의 비판에서 진실을 찾아내자, 비로소 치료가 가능해졌다.

다른 사람의 비판에서 진실을 찾아내기는 효과적인 의사소통의 다섯 가지 비결 중 하나다. 이 기법에 대해서는 뒤에서 자세히 다루겠지만, 무엇보다 중요한 기술 중 하나는 무장 해제 기법이다. 앨리샤에게 사용한 기법도 바로 이 기법이다. 이 기법으로 우리는 부당하거나 거짓으로 보이는 비판에 숨은 진짜 진실을 찾아낼 수 있다. 능숙하게 사용할 수 있다면 무장 해제 기법은 극히 유용하며 때로는 매우 놀라운 효과를 준다.

무장 해제 기법은 반내의 법칙에 비탕을 둔다.

반대의 법칙

틀리거나 부당하거나 거짓인 비판을 받고 자신을 방어할 때,
우리는 그 비판이 절대적으로 타당함을 입증하는 것이며,
비판한 사람은 그 비판이 타당하고 정당하다고 더욱 확신한다.

이것은 역설이다.

반대로, 완전히 부당하거나 과장되거나 틀리게 들리는 비판에서 진실을 찾아 경청할 때,
우리는 즉각 거짓말을 잠재우고, 비판한 사람은 더는 그 비판의 내용을 믿지 않는다!

이 역시 역설이다.

능숙하게 사용하면 무장 해제 기법은 놀라운 효과를 가져다주지만, 만약 그 비판이 전혀 사실이 아니라고 확신한다면 이 기법을 사용하는 게 고통스러울지 모른다. 어떤 문제에서 다른 사람 비난하기를 멈추고 자신의 역할에 집중하기란 쉬운 일이 아니다. 하지만 여러분이 자아가 죽도록 기꺼이 내버려 둔다면 그 보상은 상상 이상일 것이다.

습관과 중독 고착

이제 마지막으로 언급하고 싶은 저항 형태다. 여러분도 여기에 공감하지 않을까 생각한다.

여러분은 괴로울 정도로 끊기 힘든 습관이나 중독이 있는가? 우리 대부분은 그렇다. 과식일 수도 있고, 흡연이나 지나친 음주 또는 마리화나일 수도 있다. 미루는 버릇이나 과도한 인터넷 또는 핸드폰 사용일 수도 있다.

나쁜 습관을 고치는 일은 왜 그토록 어려울까? 이 경우에는 변화에 저항이 따른다는 사실을 아주 쉽게 이해할 수 있다. 우리가 매일 밤 와인을 마시는 습관에 빠졌다고 해보자. 술을 너무 많이 마신다는 기분이 들테니 다시 한번 마법 버튼 앞에 서보자. 마법 버튼을 누르기만 하면, 이제부터 와인은 입에 대지도 않을 것이다. 그야말로 간단하고 빠른 치료다.

마법 버튼을 누르겠는가?

매일 밤 와인 한두 잔 마시기를 정말 좋아한다면, 여러분은 누르지 않을 것이다. 저녁마다 마시는 와인 몇 잔은 여러분이 세상에서 제일 좋아하는 일과일 테니 말이다. 와인은 길고 답답했던 하루의 끝에서 얻는 유일한 위안일 것이다. 그리고 어쩌면 우울감과 사람들과의 관계에서 느끼는 불안, 분노, 외로움 같은 모든 부정적인 감정을 달래는 치료제일지도 모른다.

좋아하는 음식을 폭식하는 등의 다른 중독도 마찬가지다. 마법 버튼을 누르는 순간 달콤한 윤기가 흐르는 도넛도, 따끈한 시나몬 롤도, 그게 뭐든 제일 먹고 싶은 음식과 간식을 영원히 거부할 수 있다. 앞으로 다시는 생각나는 음식을 마지못해 먹는 일이 없을 것이다. 대신 당근이나 셀러리처럼 정말 몸에 좋은 음식을 조금씩 먹을 수 있다. 버튼을 누르겠는가?

안 돼! 당근과 셀러리를 먹고 싶은 사람이 있을까? 여러분은 달콤하고 맛있는 도넛이 생각날 때면 어디서든 도넛을 먹고 싶을 것이다. 내가 바로 짚었는가?

간단히 말하면, 이게 바로 우리가 좋아하는 습관과 중독을 포기하지 않으려는 이유다. 기분이 좋아져서 좋고, 빠져드는 게 좋으니까.

"여러분 중에 살을 빼고 몸을 멋지게 가꾸고 싶은 사람이 얼마나 됩니까?"

워크숍에서 종종 이렇게 묻는다. 일반적으로 앉아 있는 사람의 3분의 2는 손을 든다. 이는 미국인이 과식하는 정도를 반영한다. 그들에게 나는 이렇게 말한다.

"자, 방금 여러분은 실수하신 겁니다. 사실 여러분은 살을 빼고 멋진 몸을 만들고 싶은 마음이 없을 거예요. 왜냐고요? 살을 빼고 멋진 몸을 만들려면 딱 두 가지만 하면 돼요. 식단 조절과 운동이요. 참 답도 없는 것들이죠.

살을 빼고 싶다면, 여러분은 맛있는 걸 포기하고 밖에 나가 뛰어야 합니다. 상태가 아무리 안 좋아도, 밖에 비가 오고 날씨가 춥더라도 말이지요.

여기에는 아무도 훼손할 수 없는 물리학의 기본 법칙이 담겨 있습니다. 살을 뺄 수 있는 유일한 방법은 섭취하는 칼로리를 줄이거나, 운동을 늘리거나, 둘 다 하는 것뿐입니다. 이 방법을 빼면 길이 전혀 없지요.

정말 그렇게 하고 싶은 건가요? 그렇지 않을 거예요. 저도 싫거든요!"

누구나 날씬하고 매력적이길 원하며 멋진 몸을 갖고 싶어 하지만, 우리 대부분은 식단 조절과 운동을 하고 싶어 하지 않는다. 정말 좋아하는 무언가를 먹는 쪽이 훨씬 더 재미있다. 어떤 사람들은 운동하고 나면 기분이 이루 말할 수 없이 좋다고 주장하기도 하고, 또 어떤 사람들은 '러너스 하이runner's high✣'라는 말로 우리를 설득하려고 한다. 하지만 알고 있는가? 얼어 죽을 러너스 하이 같은 건 없다! 적어도 우리 대부분에게는 사기이고, 일종의 신화이며, 가짜에 불과하다.

나는 러너스 하이에 이르려고 열심히 노력했다. 20킬로미터에 가까운 오르막길을 달려본 적도 있다. 그리고 마침내 꼭대기에 도착했을 때 어떤 기분이었을까? 완전히 기진맥진이었다. 물론 러너스 하이를 느끼는 사람들도 있기는 하다. 내 딸도 그중 하나다. 여러분도 그렇다면 건투를 빈다. 운이 좋은 경우다.

하지만 대부분은 이런 결론에 이른다. '우리는 습관과 중독을 포기하는 것에 저항한다. 왜냐하면 이는 엄청난 즐거움과 만족감의 원천을 포기한다는 의미이기 때문이다. 또한 만약 변화를 추구하고자 한다면, 우리는 절제력을 발휘하고 박탈감을 감내해야 하며, 모종의 금단 효과까지 견뎌야 할지 모른다.'

✣ 격렬한 운동을 한 뒤 신체 스트레스로 발생하는 행복감을 말한다. (옮긴이)

썩 좋은 거래로 보이지는 않는데, 이것이 바로 습관과 중독을 치료할 때 실패율이 그토록 높은 이유다. 연구 결과를 보면 단기적으로 살을 빼거나 습관을 버리는 사람들도 있지만, 장기적인 결과는 일반적으로 그리 대단치 못하다.

고착 극복하기

이제 여러분이 내 꿈에 나타난 네 가지 저항 유형에 대해 잘 알게 되었기를 바란다. 지금까지 배운 내용을 확실히 이해하도록 해보자.

아래 표에 왜 여러분이나 다른 사람들이 변화에 저항하고 우울감이나 불안감, 인간관계 문제, 습관과 중독 등에 매달린다고 생각하는지 간략히 서술해보자. 그런 다음 정말로 변화를 원한다면 해야 할 일(하고 싶지 않을 수도 있지만)을 간단히 적는다. 모두 쓰고 나면 앞서 제시한 저항 표를 보며 자신의 답변과 비교해보아도 좋다.

대상 감정	회복이 되면?	변화를 위해 해야 할 일 (하고 싶지 않더라도)은 무엇인가?
우울감		
불안감		
인간관계 문제		
습관과 중독		

저항이 너무 강해도 낙담할 필요는 없다. 좋은 소식이 있다. 내게 치료 저항을 빠르게 줄이거나 없애고 회복 속도를 올려줄 새로운 도구가 많다는 사실 말이다. 사실 내가 이 책에서 설명하는 도구들은 심리치료와 행동 변화의 차세대 혁명에 해당한다. 이 기법들은 강력하다. 특별한 경우가 아니라면, 현재 치료 중인 사람이 아니라도 직접 사용할 수 있을 거라 믿는다.

다음 장에서는 12살 난 딸과 관련하여 충격적인 일을 겪은 후 심각한 우울증과 불안증, 죄의식, 절망, 분노 등에 시달리던 캐런이라는 여성을 도왔던 경험을 설명할 예정이다. 뒤에서 알게 되겠지만, 캐런에게는 변화를 **거부**할 좋은 구실이 많았다. 하지만 더없이 놀라운 일이 벌어졌다.

10장에서는 이 기법들을 여러분이 자신에게 직접 적용할 수 있는 방법을 보여주겠다. 자, 시작해보자!

주술적 사고 퀴즈

불안의 유형	주술적 사고: 이 불안 유형은 어떻게 나를 돕거나 보호해주는가?
수행 불안 시험을 치르거나, 취업 면접을 보거나, 공연에 오를 때 실수할까 봐 끊임없이 걱정한다.	불안감이 우리에게 동기를 부여하고, 어떤 일에 최선을 다하기 위해 치러야 할 대가라고 생각할 수 있다.
공포증 고양이나 강아지, 거미, 뱀, 밀폐 공간, 운전, 폭풍, 비행, 높은 장소, 엘리베이터 등을 무서워한다.	아마도 공포증이 진짜 위험한 무언가로부터 우리를 보호해준다고 믿을 수 있다.
강박 장애 손을 거듭해서 씻거나, 강박적으로 수를 세거나, 자물쇠, 가스 밸브 등을 반복적으로 확인하거나, 물건들을 특정 방식으로 정렬한다.	손을 반복해서 씻는 등의 강박적 의식이 오염 등의 끔찍한 상황에서 우리를 보호해주며, 만약 손 씻기를 멈추면 암에 걸리는 등 무서운 일이 벌어질 거라고 믿는다.
외상 후 스트레스 장애 어떤 충격적인 사건에 대해 끔찍한 플래시백 증상을 겪거나 언짢은 기억을 안고 있다.	경계심을 지속해서 유지해야만 강간, 강도 등 더 나쁜 일에서 자신을 보호할 수 있다고 믿는다.
수줍음 사람들 주변에 있을 때 극도로 불안해하거나, 누군가에게 데이트 신청하기를 두려워하거나, 여러 사람 앞에서 발표하는 것을 무서워한다.	수줍음이 없어지면, 다른 사람들과 대화를 나누거나 사람들 앞에서 발표해야 할 때 바보처럼 굴까 봐 두려운 마음이 든다. 수줍음은 거절이나 창피를 당하지 않도록 우리를 보호해준다.
건강 염려증 작은 통증이나 어지럼증 등만 있으면 병원에 가지만, 매번 아무런 문제가 없다는 진단을 받는다.	크고 작은 통증이 있을 때마다 병원에 가지 않으면, 뇌종양 등 진짜 질병이 생겼을 때도 병원에 가지 않을 수 있다.

4장

캐런 이야기

"나는 나쁜 엄마야."

이 장에서는 **기분 일지**라는 강력한 도구를 이용하는 법을 보여줄 것이다. 이 도구는 여러분의 생활 환경이 어떠한지에 상관없이 기분을 변화시키는 데 유용하게 쓸 수 있다.

기분 일지의 바탕에는 외부 사건이 아닌 우리의 생각이 감정을 낳는다는 오래된 관념이 있다. 생각하는 방식을 바꾸면 감정을 느끼는 방식도 달라질 수 있다! 일지가 어떻게 치료 도구로 작용하는지 설명하기 위해, 샌프란시스코에서 여름 집중 훈련을 하는 동안 실시간 치료 시연에 자원한 한 환자의 실제 사례를 소개해보고자 한다.

캐런이라는 이름의 이 환자는 9년 전 충격적인 사건을 겪은 뒤 우울증과 죄의식, 불안감, 분노 같은 감정에 시달리고 있었다. 나는 질 레빗 박사를 공동 치료사로 초청했다. TEAM-CBT는 보통 치료사 한 명이 진행하지만, 실시간 시연에서는 교육 목적으로 공동 치료사를 두곤 한다. 더욱 깊이 있고 풍부한 경험이 가능하기 때문이다. 레빗 박사와 나는 캐런이 많은 청중 앞에서 용기 내어 극히 개인적이며 고통스러운 경험을 들려주고, 그 이야기를 독자들과도 공유할 수 있도록 허락해준 데 무한한 감사를 느낀다.

캐런은 무슨 일을 겪었을까? 9년 전, 캐런의 12살 난 딸 애슐리가 저녁 식사 후에 밖에 나가서 놀아도 되는지 물었다. 캐런은 늦은 시간이라 내키지는 않았지만 애슐리가 그 시간에 밖에 나가 노는 일이 종종 있었기 때문에 그날도 외출을 허락했다.

하지만 불행히도, 동네 남자아이들 몇 명이 고성능 공기 소총을 들고 살금살금 다가와 애슐리의 얼굴을 쏘았다. 아이들은 총알이 장전되어 있는지 몰랐다고 말했다. 다행히 애슐리는 목숨을 건졌지만 앞니를 뿌리째 잃어버렸다. 애슐리는 비명을 지르고 엉엉 울며, 피를 철철 흘리면서 집으로 뛰어 들어왔다.

그 뒤로 9년 동안 애슐리는 입에 난 상처를 치료하기 위해 여러 번의 치과 수술을 견뎌야 했고, 외상 후 스트레스 장애 탓에 광범위한 심리 치료를 받아야 했다. 이 비극적인 사건으로 캐런 역시 어마어마한 정신적 외상을 입고, 그날 사건을 자책했다. 그날 밤 이후로 캐런은 단 한 순간도 행복감이나 안도감을 느껴보지 못했다.

우리는 캐런에게 기분 일지를 작성하라고 주문했다. 그러면 캐런이 어떤 생각을 하고 어떤 감정을 느끼는지 정확히 알 수 있기 때문이다. 기분 일지의 첫 번째 단계는 자신이 도움받기를 원하는 문제 사건을 간략히 서술하는 것이다. 캐런은 다음과 같이 적었다.

"워크숍에 참가한 지금 이 순간에도 애슐리의 일로 몹시 속상함."

다음으로 캐런은 자신이 느끼는 부정적인 감정에 모두 밑줄을 치고, 각 감정이 얼마나 강한지 0(전혀 아니다)부터 100(완전히 그렇다)까지의 척도로 평가했다. 다음의 기분 일지에 실린 감정 표를 보면 알 수 있듯이 캐런은 슬픔과 불안, 죄의식, 부적절감, 절망, 분개 등을 매우 강하게 느끼고 있었다.

캐런의 기분 일지: 부정적인 감정[✣]

감정	현재(%)	목표(%)	치료 후(%)
슬픔, 울적함, 우울, 침울, 불행	90		
불안, 걱정, 공포심, 과민함, 겁이 남	100		
죄의식, 가책, 불쾌감, 부끄러움	100		
무가치감, 부적절감, 결핍감, 무능감	80		
외로움, 사랑받지 못함, 환영받지 못함, 거절감, 고독감			
창피함, 바보 같은 기분, 수치심, 시선 의식			
절망, 낙담, 비관, 좌절감	75		
답답함, 갑갑함, 낭패감, 패배감	100		
화, 몹시 화가 남, 분개, 언짢음, 짜증 남, 속상함, 격분	90		
그 외의 감정들			

내가 기분 일지를 좋아하는 이유는 그 안에서 환자의 감정을 정확하게 읽을 수 있기 때문이다. 기분 일지에 적힌 감정 평가를 보면 종종 깜짝 놀란다. 여러분이 캐런을 만났다면, 캐런이 마음속으로 그토록 악을 쓰며 몸부림치고 있는지 꿈에도 몰랐을 것이다. 캐런은 용모는 물론 사람 됨됨이가 좋고, 말솜씨도 뛰어나며, 친절하고, 심지어 낙관적이었다. 때때로 사람들은 세상에 드러내는 긍정적인 표정 뒤로 엄청난 고통을 감추고 있다.

우리는 캐런에게 치료의 마지막 단계에서 이 감정들을 다시 평가하여 그녀가 나아졌는지 알아볼 거라고 말했다. 이 단계는 이루 말할 수 없이 중요하다. 환자와 치료사가 막연히 미래의 어느 날이 아니라 **오늘** 치료에서 의미 있고 주목할 만한 변화를 만들어내야 한다는 책임감을 갖게 되기 때문이다.

자, 한번 질문해보자. 캐런은 왜 그렇게 기분이 나빴을까? 무엇 때

✣ ⓒ 데이비드 D. 번즈, 2015/2016. 2018년에 수정.

문에 부정적인 감정이 생겨났을까? 충격적인 사건 때문에? 뇌의 화학적 불균형 때문에? 캐런의 양육 환경이나 유전자 때문에?

여러분의 생각을 적은 다음 계속해서 읽어보자. 머릿속에 떠오르는 생각을 적어보라.

나의 대답

캐런은 왜 그토록 기분이 나빴을까? 어리석은 질문처럼 보인다. 아마 대부분이 이렇게 말할 것이다.

"답이야 명백하지. 딸이 얼굴에 총을 맞았으니까!"

하지만 이는 이유가 **아니다**. 오랫동안 강렬하게 지속된 캐런의 부정적인 감정은 스토아 철학자 에픽테토스Epictetus[+] 시대 이래로 적어도 2,000년간 존재해온 관념의 핵심에 맞닿아 있다. 에픽테토스는 고전이 된 저서 《엥케이리디온*The Enchiridion*》에서 우리가 불안해지는 이유는 사물 때문이 아니라 사물을 바라보는 우리의 견해 때문이라고 말했다.

다시 말해서, 이 세상에 일어나는 사건들은 우리에게 고통을 일으키지 **않는다**. 오히려 사건들을 바라보는 우리의 생각이 부정적이거나 긍정적인 온갖 감정을 만들어낸다. 우리 삶을 바꿀 수도 있는 강력하고

+ 고대 그리스 철학자로 스토아학파 후기를 대표하는 인물이다. (옮긴이)

간단한 개념이지만, 너무 기본적이라 한 번에 이해가 안 될 수도 있고 믿기도 힘들 것이다.

캐런이 겪은 사건은 실로 끔찍하긴 했지만, 그 사건 때문에 캐런이 고통받는 것은 아니었다. 캐런의 고통은 그 사건에 대한 **생각**에서 비롯된 것이었다. 이어지는 기분 일지에 캐런이 기록한 부정적인 생각을 검토해보면 이 말이 무슨 뜻인지 이해할 수 있을 것이다.

다음 쪽에 있는 캐런의 기분 일지를 보면, 캐런은 자신이 나쁜 엄마였고, 애슐리가 나가서 노는 것을 허락해서는 안 되었으며, 더 나은 양육자가 되었어야 한다고, 자신이 딸의 어린 시절을 망쳐놨다고 말했다. 이런 부정적인 생각이 캐런에게 고통스러운 감정을 만들어냈다.

사건의 끔찍함을 극소화하려는 게 아니다. 예쁘고 순진한 딸이 얼굴에 총상을 입은 모습을 본다는 건 실로 끔찍한 일이다. 하지만 캐런이 사건을 두고 하는 생각들이야말로 강렬한 부정적 감정을 유발하는 진짜 원인이다. 캐런이 9년이 지난 후에도 여전히 고통받고 있는 이유는 그녀 마음에 변함없이 똑같은 부정적인 생각이 넘쳐났기 때문이다.

캐런의 부정적인 생각이 적힌 칸 오른쪽을 보면, 0(전혀 아니다)부터 100(완전히 그렇다)까지의 척도를 통해 캐런이 그런 생각을 얼마나 굳게 믿고 있는지 볼 수 있다. 모든 수치가 높다. 그도 그럴 것이 누구나 속상한 상황에서는 부정적인 생각이 모두 사실이라고 확신하기 때문이다.

그리고 여기에서 우리는 감정적 고통의 **필요조건**과 **충분조건**을 본다. 고통이 시작되기까지는 두 가지가 요구된다.

1. **필요조건** 부정적인 생각이 있어야 한다.
2. **충분조건** 부정적인 생각을 믿어야 한다.

캐런의 기분 일지: 부정적인 생각

부정적인 생각	현재(%)	치료 후(%)	왜곡	긍정적인 생각	믿음(%)
1. 아이를 절대 밖에 나가 놀지 못하게 해야 했어. 그러면 심각한 외상 후 스트레스 장애와 우울증을 겪지 않았을 거야.	100				
2. 내가 좀 더 엄격한 보호자가 되어 밖에 못 나가게 했으면 아이가 총에 맞지 않았을 거야.	100				
3. 나는 나쁜 엄마야.	75				
4. 의사들 말만 믿고 정신과 약을 먹이라는 대로 다 먹이는 게 아니었어. 그 약은 상황만 점점 더 악화시켰어.	100				
5. 내 잘못 대문에 아이의 어린 시절을 망쳤어.	100				
6. 나는 남은 인생을 모두 바쳐 아이에게 보상해야 해.	100				
7. 아이가 안정을 찾을지는 아무도 모르고, 그 때문에 나는 결코 진정으로 행복할 수 없어.	90				
8. 객석에 앉아 있는 치료사들이 나를 평가할지도 몰라.	100				
9. 그들은 나를 좋아하지 않을 거야.	100				
10. 사람들은 나를 나쁜 엄마라고 생각할 거야.	80				

논리학이나 철학을 공부하지 않았을 수도 있으니, 이 부분을 좀 더 이해하기 쉬운 방식으로 풀어서 설명해보겠다. 감정적인 고통을 느끼려면 우리는 마음속에 부정적인 생각을 가져야 한다. 이것이 **필요**조건이다. 아울러 그 부정적인 생각이 사실이라고 믿어야 한다. 이것이 **충분**조건이다.

만약 부정적인 생각을 하고는 있지만 그 생각이 사실이라고 믿지 않는다면, 불편한 마음이 들지 않을 것이다. 예컨대 잠깐 이렇게 생각해 보자. '세상은 5초 뒤에 망할 것이다.' 이 생각을 해서 마음이 불편해졌는가? 그렇지 않을 것이다! 여러분은 이 생각을 믿지 않을 테고, 그렇기 때문에 불안하지 않은 것이다.

무슨 뜻인지 알겠는가? 부정적인 생각이 있더라도 이를 믿을 때만 우리 마음은 불편한 상태가 된다. 믿지 않으면 그 생각은 우리에게 아무런 영향도 주지 못한다. 여러분 각자의 부정적인 생각에 반박하고 부정하는 법을 배우는 것이 이 책이 추구하는 가장 중요한 목표 가운데 하나다. 이 개념들은 중요하기 때문에 이 장 뒷부분에 가서 간단한 퀴즈를 낼 것이다. 고통스러운 감정을 유발하는 이 두 조건을 기억해두기 바란다.

캐런의 이야기로 돌아가 보자. 지금 당장은 캐런이 아무리 똑똑하다 하더라도 자신의 고통스러운 감정이 부정적인 생각에서 비롯된다는 점을 이해하지 못할 것이다. 캐런은 여느 사람들과 마찬가지로 여전히 자신의 고통이 실제 사건, 즉 딸이 견뎌야 했던 끔찍한 트라우마에서 온다고 믿는다. 이런 사고방식은 충분히 이해가 가고 실제로 보편적이지만, 그러다 보면 자신이 통제할 수 없는 힘에 희생당하고 만다.

캐런이 실제로 일어났던 일을 바꾸거나 되돌려놓을 수는 없기 때문이다. 캐런의 딸은 얼굴에 총을 맞은 게 맞다. 하지만 캐런이 그 끔찍한 사건을 생각하는 방식에 변화를 줄 수 있다면, 감정을 느끼는 방식도 변할 수 있다.

더 나아가기 전에, 지금까지 배운 내용을 간략히 복습해보자. 무엇이 우울증과 불안감 같은 부정적인 감정을 일으키는가? 다음 퀴즈를 풀어보자. 다 풀고 나면, 이어 읽으면서 답을 찾아보길 바란다. 하지만 퀴즈를 다 풀기 전까지는 엿보면 안 된다.

무엇이 부정적인 감정을 일으키는가?	(√)
1. 뇌의 화학적 불균형	
2. 불우한 어린 시절	
3. 억눌린 감정과 갈등	
4 우리의 생활 환경, 즉 돈이 부족하거나 교육을 못 받았거나 사랑하는 사람에게서 거절당하는 경우	
5. 끔찍한 사건	
6. 부정적인 생각	

나의 대답

정답은 6번, 부정적인 생각이다.

모든 감정은 지금, 이 순간 우리가 하는 생각에서 비롯된다. **우리는 모두 매일 매 순간 자신의 감정 현실**[+]**을 직접 만들어낸다.**

여러분은 이 글을 읽고 있는 지금 이 순간에도 이렇게 하고 있다. 이 책에 대해, 그리고 어쩌면 나나 퀴즈에 대해 이러저러한 생각을 하고 있으며, 이 생각이 지금 이 순간 여러분의 감정을 만들고 있다. 예를 들어, 내가 하는 말이 너무 그럴듯해서 거짓말 같다거나 문제가 너무 심각해서 다 소용없을 거라고 생각하고 있다면, 아마 여러분은 회의적인 마음이 들거나 절망마저 느낄 것이다.

+ 물리적 현실과 달리 개개인의 틀에 따른 정보 필터링으로 창조되는 현실 인식을 말한다. (옮긴이)

또는 만약 내가 사기꾼이거나 거짓말쟁이라고 생각하고 있다면, 아마도 화가 나거나 언짢아질 것이다.

만약 이 내용들이 흥미롭고 실현 가능성도 높아서 도움이 되거나 어쩌면 삶이 바뀔 수도 있겠다고 생각한다면, 여러분은 아마 설레고 희망적인 기분이 들 것이다.

이해가 가는가? 모든 사람이 같은 책을 읽어도 저마다 가진 생각이나 인식에 따라 다른 느낌을 갖는다. 내 말은 여러분에게 영향을 주지 못한다. 오직 여러분의 생각만이 지금 여러분이 느끼는 감정을 만들 수 있다.

우리의 생각이 우리의 기분을 만든다는 관념은 환상적이며 강력한 잠재력을 지녔다. 그리고 40여 년 전 처음 알게 되었을 때는 좀처럼 믿기 힘들었던 환상적인 개념이 하나 더 있다. 바로 고통을 유발하는 부정적인 생각은 대개 왜곡되고 비논리적이며 비현실적이라는 개념이다. 이는 부정적인 생각을 인지 왜곡이라고 부르는 이유다.

인지 왜곡에 관해서는 2장에서 가볍게 언급했다. 기본적으로 인지 왜곡은 자기 자신이나 세상을 크게 오해하도록 만드는 사고방식이다. 뒤쪽의 표는 내 첫 저서《필링 굿》에서 소개했던 10가지 인지 왜곡 목록이다. 이 목록은 모든 기분 일지에서 볼 수 있으며, 이 목록을 이용해 부정적인 생각에 존재하는 왜곡을 쉽게 찾아낼 수 있다.

이제 캐런의 생각에 왜곡이 있는지 살펴보자. 캐런의 부정적인 생각 중 세 번째('나는 나쁜 엄마야')를 보자. 그런 다음 인지 왜곡 대조표를 검토한 후, 이어지는 인지 왜곡 퀴즈 표에서 해당하는 모든 왜곡에 체크 표시를 해보자.

인지 왜곡 대조표

1. **전부 아니면 전무라는 생각**AON 사물을 절대적인 것, 흑과 백의 범주로 바라본다.	6. **극대화와 극소화**MAG/MIN 무언가의 중요성을 과장하여 부풀리거나 축소한다.
2. **지나친 일반화**OG 한 번의 부정적인 사건을 영원히 반복되는 패배처럼 여긴다. "**늘** 이래!"	7. **감정적 추리**ER 자신의 **기분**대로 해석한다. "바보가 된 기분이야. 나는 **정말** 바보인가 봐."
3. **정신적 여과**MF 부정적인 면에 집착하여 긍정적인 부분들을 무시한다.	8. **해야 한다는 생각**SH **해야 한다, 하면 안 된다, 반드시 해야 한다** 등의 말을 사용한다.
4. **긍정적인 면 무시하기**DP 자신의 긍정적인 부분들은 중요하지 않다고 생각한다.	9. **낙인찍기**LAB "내가 실수했어"라고 말하기보다, "나는 얼간이야", "나는 실패자야"와 같이 표현한다.
5. **성급한 결론짓기**JC 뒷받침할 사실 근거도 없이 곧장 결론으로 직행한다. • **독심술 오류**MR 다른 사람들이 자신에게 부정적인 반응을 보일 것이라고 단정한다. • **예언자적 말하기 오류**FT 상황이 나빠질 거라고 예측한다.	10. **비난하기** 문제를 해결하기보다 잘못을 찾아낸다. • **자기 비난**SB 자기 책임이 아닌 일에도 항상 자신을 탓한다. • **타인 비난**OB 남들을 탓하며 자기가 그 문제에 얼마나 책임 있는지는 간과한다.

다음 쪽을 보면 내 대답이 있다. 하지만 스스로 빈칸을 다 채울 때까지는 눈을 돌리지 말도록 하자. 어렵지 않을 것이며 '완벽'하게 할 필요도 없다.

인지 왜곡 퀴즈	(√)
1. **전부 아니면 전무라는 생각** 세상을 흑과 백, 전부 아니면 전무의 범주로 나누어 바라본다. 회색 지대는 존재하지 않는다.	
2. **지나친 일반화** 한 번의 부정적인 사건을 영원히 반복되는 패배처럼 여기면서 **항상**이나 **절대** 같은 표현을 사용한다.	
3. **정신적 여과** 부정적인 면에 집착하여 긍정적인 부분을 걸러낸다. 잉크 한 방울이 비커에 떨어져 물 전체를 검게 물들이는 것과 같다.	
4. **긍정적인 면 무시하기** 좀 더 인상적인 심리적 오류다. 자신의 긍정적인 부분들은 중요하지 않다고 생각한다. 이렇게 하여 일반적으로 부정적인 견해를 유지한다.	
5. **성급한 결론짓기** 뒷받침할 사실 근거도 없이 곧장 결론으로 직행한다. • **독심술 오류** 다른 사람들이 생각하고 느끼는 바를 자신이 안다고 가정한다. • **예언자적 말하기 오류** 미래를 부정적으로 예측한다.	
6. **극대화와 극소화** 무언가의 중요성을 과장하여 부풀리거나 부적절하게 축소한다. 나는 이 왜곡을 쌍안경 속임수라고 부른다. 쌍안경처럼 어느 쪽으로 보느냐에 따라 대상이 훨씬 커 보이기도 하고 작아 보이기도 하기 때문이다.	

7. **감정적 추리** 자신의 기분대로 해석한다. 예를 들어, 자신이 패배자라는 **기분**이 들면, 정말 패배자라고 **추론**한다. 또는 절망적이라는 기분이 들면, 정말로 희망이 없다고 **결론** 내린다.	
8. **해야 한다는 생각** 줄곧 **해야 한다, 반드시 해야 한다** 등으로 자신이나 타인을 불행하게 만든다. 자신을 향한 해야 한다는 죄책감과 수치심, 우울감, 무가치함 등의 감정을 만든다. 타인을 향한 해야 한다는 분노와 관계 문제 등을 촉발한다. 세상을 향한 해야 한다는 답답함과 권리의식을 유발한다.	
9. **낙인찍기** 구체적인 문제에 초점을 맞추기보다 자신이나 남들에게 꼬리표를 붙인다. 낙인찍기는 극단적인 형태의 지나친 일반화다. 자기 자신이나 다른 사람들을 완전히 결함이 있거나 나쁜 존재로 받아들이기 때문이다.	
10. **비난하기** 잘못을 자기 책임으로 돌리거나(자기 비난) 타인의 책임으로 돌린다(타인 비난).	

나의 대답

많은 왜곡, 거의 틀림없이 10가지 모두가 있다고 말할 수 있다. 캐런의 인지 왜곡은 다음과 같다.

1. 전부 아니면 전무라는 생각 캐런은 자신이 100퍼센트('좋은 엄마') 아니면 0퍼센트('나쁜 엄마')라고 생각한다. 하지만 극단적으로 좋거나 나쁘기만 한 어머니나 아버지는 어디에도 없다. 우리는 누구나 그 중간 어딘가에 위치한다.

2. 지나친 일반화 캐런은 부정적인 사건 한 가지(딸이 얼굴에 총격당한 사건)를 자기 자신 전체로 일반화하고 있다.

3. 정신적 여과 캐런은 종일 트라우마에 대해서만 생각하며, 자신이 사고 전이나 후에 딸을 위해 했던 모든 사랑스러운 일은 간과한다.

4. 긍정적인 면 무시하기 캐런은 트라우마 때문에 자신의 사랑이 담긴 행동들을 '중요하지 않다'고 생각한다.

5. 성급한 결론짓기(독심술 또는 예언자적 말하기 오류) 자신이 '나쁜 엄마'라는 생각은 캐런이 타인의 평가를 마음대로 상상하는 게 아니기 때문에 독심술은 아니다. 하지만 객석에 앉아 있는 치료사들이 자신을

평가할 거라고 생각한 것은 독심술 오류에 해당한다. 그리고 '남은 인생을 모두 바쳐 아이에게 보상해야 해'라고 생각할 때는 예언자적 말하기 오류도 작용했다.

6. 극대화/극소화 캐런은 딸에게 보내는 무한한 사랑과 지지의 가치를 극소화하고 있는 것으로 보인다.

7. 낙인찍기 고전적인 왜곡이다. 캐런은 '나쁜 엄마'가 자신의 전체적인 본질이나 정체성인 것처럼 스스로를 낙인찍고 있다.

8. 감정적 추리 캐런은 죄의식을 **느끼기** 때문에 자신이 나쁜 엄마고, 충격 사건에서 유죄가 **틀림없다**고 결론짓는다.

9. 해야 한다는 생각 또렷이 드러나 있지는 않지만, 캐런의 부정적인 생각 중에는 '아이를 내보내지 말았어야 했어', '딸이 고통받는 한 나도 고통받아야 해' 같은 많은 당위적 사고가 숨어 있다.

10. 자기 비난 캐런은 분명히 트라우마에 대해 자신을 탓하고 있고, 모든 게 자기 잘못이라는 확신을 상당히 강하게 갖고 있다.

퀴즈 채점하기

퀴즈를 잘 풀었는지 보려면 인지 왜곡 퀴즈 표의 오른쪽 칸에 체크 표시를 몇 개 했는지 세어본 뒤, 다음의 채점표를 확인하라.

점수	점수의 의미
0	체크를 한 개도 하지 않았다면, 아마도 제대로 해보지 않았거나 책에 체크 표시를 하고 싶지 않아서일 것이다!
1-3	잘했다! 왜곡을 적어도 한 개 이상 찾아냈다. 출발이 좋다! 부정적인 생각에서 왜곡을 하나라도 발견했다면, 더 많은 왜곡도 찾아낼 수 있을 것이다.
4-7	정말 잘했다! 멋지다!
8-10	와! 대단하다! 당신은 인지치료의 천재인지도 모른다! 계속 힘을 내보자!

여러분도 각자가 가지고 있는 부정적인 생각에서 왜곡을 찾으면, 기분 일지의 왜곡 칸에 기록하면 된다. 전부 아니면 전무라는 생각all-or-nothing thinking은 AON, 지나친 일반화overgeneralization는 OG 등으로 기록할 수 있다.

부정적인 생각	현재(%)	치료 후(%)	왜곡	긍정적인 생각	믿음(%)
나는 나쁜 엄마야.	75		AON, OG, MF, DP, JC, MAG/MIN, ER, LAB, SH, SB		

왜 나는 캐런이 부정적인 생각을 기분 일지에 기록하길 원할까? 왜 여러분도 그렇게 하기를 바랄까?

부정적인 생각을 종이에 기록하면, 자신이 곱씹는 생각을 정확하게 확인하기가 훨씬 수월하기 때문이다. 게다가 각각의 부정적인 생각에 들어 있는 왜곡도 훨씬 더 쉽게 찾아낼 수 있다. 종이에 쓰지 않고 머릿속에서 이 작업을 하려고 하면, 부정적인 생각만 고통스럽게 반복하다가 아무 결론에도 이르지 못한 채 끝나고 말 것이다. 하지만 종이에 기록하면, 자기 생각에 반박하고 이를 좀 더 현실적이고 긍정적인 생각으로 대체하는 과정을 시작할 수 있다.

그리고 감정의 변화는 바로 여기에서 일어난다.

감정 변화를 위한 필요조건과 충분조건

감정 변화를 위한 필요조건과 충분조건을 이야기하기 전에, 고통스러운 감정을 불러오는 필요조건과 충분조건을 복습해보자. 이 두 조건을 기억하는가? 다음 쪽의 표에 적어보자.

고통스러운 감정을 부르는 필요조건	고통스러운 감정을 부르는 충분조건

앞에서 우리는 고통스러운 감정을 경험하려면, 우선 부정적인 생각이 있어야 하고(필요조건) **더불어** 그 부정적인 생각을 사실이라고 믿어야 한다(충분조건)고 배웠다. 부정적인 생각을 하되 믿지 않는다면, 우리는 고통스럽지 않다.

이제 동전의 이면인 감정을 변화시키는 데 필요한 조건들을 살펴보자. 감정 변화를 부르는 필요조건을 먼저 알아보자. 부정적인 생각을 긍정적인 생각으로 반박하되, 이 긍정적인 생각은 참이어야 한다.

만약 긍정적인 생각을 온전히 참으로 여기지 않으면 그 생각은 도움이 되지 않는다. 이따금 우리가 화가 날 때, 사람들은 "너는 좋은 사람이야"나 "좋게 생각해" 같이 긍정적이나 설득력 없는 말로 달래며 격려하려고 한다. 이런 말은 대부분 도움이 되지 않으며 심지어는 짜증만 유발할 수도 있다! 합리화나 반쪽짜리 진실은 아무에게도 도움이 안 되기 때문이다. 대다수 사람에게 그런 헛소리는 아무런 힘이 없다.

이제 감정 변화를 부르는 충분조건을 살펴보자. 긍정적인 생각이 부정적인 생각을 밀어내야 한다. 달리 말하면 긍정적인 생각이 부정적인 생각에 대한 믿음을 큰 폭으로 감소시켜야만 한다. 그리고 부정적인 생각이 타당하지 않다는 사실을 깨닫고 더는 믿지 않으면, 고통스러운 감정은 줄어들거나 완전히 사라진다.

다시 말해서, **생각**하는 방식을 바꾸면 **감정**을 느끼는 방식도 바꿀 수 있다. 하지만 이 과정은 직관적으로 일어나야 한다. 똑똑한 헛소리나 진실과 다른 긍정적인 생각이 아니라 진짜여야 한다.

예를 들어, 캐런이 '나는 좋은 엄마야'라는 긍정적인 생각을 하더라도 그 생각을 믿지 않으면 '나는 나쁜 엄마야'라는 부정적인 생각을 반박하고 물리칠 수 없다. 하지만 일단 부정적인 생각의 왜곡을 확인하고 나면, 그 생각을 반박하고 밀어내기가 훨씬 더 쉬워진다.

학습 포인트

1. **감정 변화를 부르는 필요조건** 감정 변화를 꾀하고 싶다면, 100퍼센트 참인 긍정적인 생각으로 부정적인 생각에 반박해야 한다. 긍정적인 생각을 기분 일지에 기록하고, 그 생각을 얼마나 믿는지 0(전혀 아니다)부터 100(완전히 그렇다)까지 점수를 매긴다.
2. **감정 변화를 부르는 충분조건** 긍정적인 생각은 부정적인 생각이 거짓이라고 말해야 한다. 다시 말해서 긍정적인 생각은 부정적인 생각에 대한 믿음을 큰 폭으로 감소시켜야 한다. 이상적으로는 부정적인 생각에 대한 믿음을 0까지 줄여야 하나 꼭 그래야만 하는 것은 아니다. 부정적인 생각을 믿지 않게 되는 순간, 단번에 기분이 나아질 것이다!

핵심은 이렇다. 캐런이 지난 9년 동안 그토록 고통스럽게 안고 있던 왜곡된 부정적인 생각을 믿지 않기로 하는 순간, 부정적인 감정은 단번에 나아지고 심지어 완전히 사라질 것이다. 이는 여러분에게도 마찬가지다.

하지만 캐런이 생각을 바꾸기란 쉽지 않다. 캐런은 영리한 여성으로 9년 동안 우울증과 싸우려고 노력해왔지만 여전히 부정적인 생각이 절대적인 사실이라고 확신했기 때문이다. 아마 여러분도 자신의 부정적인 생각에 대해 그러할 것이다.

레빗 박사와 내가 그날 캐런의 고통을 끝내고자 했기에, 강력한 도구들이 필요했다. 다행히도 나는 놀랍도록 신속하게 효과를 내는 굉장한 도구를 여럿 개발해두고 있었다. 하지만 우리는 덜컥 캐런을 '고치려고' 하기에 앞서 몇 가지 중요한 일에 착수했다.

우선, 캐런에게 공감하며 따뜻한 연민과 지지를 건넸다. 캐런은 눈물을 흘리며 고통스럽게 자기 이야기를 들려주었다. 우리는 그 이야기를 경청하며 그녀에게 힘을 주고, 그녀가 겪은 일을 함께 슬퍼했다. 우리는 온정과 포용의 정신으로 캐런의 부정적인 생각 및 감정을 알기 쉽게 바꾸어 표현했고, 치료사가 환자를 대할 때나 사람들이 화가 난 가족 또는 친구와 대화할 때 흔히 저지르는 실수를 방지할 수 있도록 준비된 몇 가지 지침을 따랐다.

1. 캐런을 돕거나 조언을 하려고 하지 않았다.
2. 캐런을 구출 또는 구조하려고 하지 않았다.
3. 캐런을 격려하려 하지 않았다.
4. 왜곡된 생각에 반박하거나 이를 바로잡으려고 하지 않았다.
5. 캐런에게 힘을 내라 권하지 않았다.
6. 캐런이 문제를 해결하도록 도와주려고 하지 않았다.
7. 캐런을 안심시키거나 그녀가 좋은 엄마라는 주장을 하려고 하지 않았다.

친구나 사랑하는 이가 우울한 기분일 때 이런 실수를 피하기란 의외로 쉽지 않다. 많은 사람이 도움을 주거나 충고를 하고 싶다는 강박적인 충동을 가지고 있다. 안타깝게도, 이런 행동은 대개 기분이 우울한 사람을 짜증 나게 할 뿐이다. 상대에게 가르치려 든다는 인상을 줄 수도 있다. 늘 세상을 고치려고 하는 사람은 세상을 망가진 것으로 본다는 말이 있다. 공감은 귀 기울여 듣는 법을 배우고 상대방이 자신의 이야기를 하게끔 하는 것이다.

레빗 박사와 나는 정중히 귀를 기울이며, 캐런이 편안히 자신의 이야기를 할 수 있는 여건을 만들어주었다. 캐런은 거의 30분 동안 괴로움을 쏟아냈다. 그러고는 캐런에게 우리가 잘 하고 있는지 확인했다. 우리가 캐런의 감정을 정확하게 이해했는지, 온기와 수용, 지지를 보여주었는지 물었다. 캐런은 우리가 아주 잘 하고 있으며 자신이 이해받는 느낌이라고 말했다. 그리고 우리의 공감에 A 점수를 주었다.

다음으로 우리는 치료에서 도움받기를 원하는지, 아니면 아직 이야기할 시간이 더 필요한지 물었다. 캐런은 도움받기를 진심으로 **원하며** 시작할 준비가 **되었다**고 말했다. 그래서 나는 캐런에게 기적 같은 치유에 대해 물었다.

"캐런, 오늘 여기에서 기적이 일어나고, 당신이 기가 막히게 좋은 기분으로 여기를 나선다고 가정해봅시다. 어떤 기적이 일어난다면 좋을까요?"

캐런은 9년이라는 시간을 끔찍하게 보냈으니, 다시 행복하고 평온한 마음을 느꼈으면 좋겠다고 말했다. 나는 여러분도 이미 잘 알고 있는 마법 버튼 질문을 꺼냈다.

"캐런, 당신 앞에 마법 버튼이 있다고 상상해봅시다. 버튼을 누르면 아무 노력을 하지 않아도 부정적인 감정과 생각이 순식간에 사라지고, 당신에겐 기쁨과 자존감이 넘쳐흐를 겁니다. 버튼을 누르시겠습니까?"

내가 치료했던 다른 환자들처럼 캐런도 버튼을 **누르고 싶다**고 대답했다.

이제 우리는 캐런이 놀랄지도 모를 방향으로 움직이려고 한다. 아마 여러분도 놀랄 것이다. 캐런을 괴롭히던 부정적인 생각과 감정을 물리치도록 돕는 대신, 레빗 박사와 나는 정반대 방향으로 나아갔다. 덜컥 도움을 주려 하기 전에, 캐런의 저항 또는 고착을 줄이는 작업 말이다. 그렇게 해서 우리는 그날 기적이 일어날 가능성을 훨씬 더 키웠다.

"캐런, 알다시피 마법 버튼은 없습니다. 하지만 당신이 생각하고 느끼는 방식을 달리하는 데 도움이 될 훌륭한 도구가 몇 가지 있긴 하지요. 장담할 수는 없지만, 오늘 여기에서 작은 기적이 일어날 수도 있습니다. 사실 아마도 기적이 일어나리라고 예상합니다. 하지만 먼저 한 걸음 물러서서, 우리가 정말로 기적을 원하는지 물어봐야 할 것 같습니다. 저는 그게 좋은 생각일지 잘 모르겠습니다."

캐런은 혼란스러운 얼굴로 왜 안 되느냐고 물었다.

레빗 박사와 나는 부정적인 생각과 감정에 캐런의 실로 긍정적이고 멋진 면들이 내포되어 있을 수도 있으며, 그 나름의 중요한 장점이나 유익이 있을지 모르기 때문이라고 설명했다. 무언가를 바꾸려고 하기 전에, 부정적인 생각과 감정이 지니는 장점과 더불어 그러한 생각과 감정을 통해 캐런에 대해 알 수 있는 여러 긍정적이고 멋진 부분을 나열해 볼 수 있을지도 물었다.

2장에서 언급했듯, 이 기법은 이른바 긍정적 재구성이다. TEAM-CBT의 유일무이한 특징이고, 우울증과 불안증 치료에 혁명을 가져온 기법이기도 하다. 우리가 생각한 긍정적인 면의 목록을 보기 전에 여러분도 시도해보았으면 한다. 다시 한번 말하지만, 기꺼이 할 의향이 있다면 나는 '즐겁게 실패하라'고 권할 것이다.

우선 캐런의 죄의식에 대해 생각해보자. 캐런은 자신이 '나쁜 엄마'이고, '내 잘못으로 아이의 어린 시절을 망쳤다'라고 생각했다. 이런 생각이 캐런의 죄의식을 유발했다. 이제 여러분도 다음 두 질문을 생각해보자.

1. 캐런의 죄의식에 어떤 이로운 점이나 좋은 점이 있는가?

2. 죄의식을 통해 캐런과 그녀가 지닌 핵심 가치관의 아름답거나 긍정적이거나 훌륭한 점을 찾는다면 무엇이 있을까?

곰곰이 생각한 후 이를 캐런의 긍정적 재구성 대조표에 나열하라. 이 과제를 '완벽'하게 하지 않아도 괜찮다. 사실 긍정적 재구성은 아주 새로운 개념이기 때문에 생각하기 쉽지 않을 수도 있다. 경험 많은 정신건강 전문가 역시 처음에는 늘 이 연습 문제를 어려워한다.

이 과제가 어렵거나 당혹스럽거나 답답하다는 건 사실 좋은 일이다. 답을 보고 나면 실로 중요하면서도 여러분에게 도움이 될 무언가를 이해하게 될 것이다. 그리고 이야말로 이 책의 주된 목표 중 하나다. 고군분투 노력하는 것이 이 강력한 기법의 작동 방식을 배우는 최고의, 그리고 아마도 유일한 길일 것이다.

긍정적 재구성을 시도할 때 명심해야 할 몇 가지가 있다.

1. 목록에 적는 모든 내용은 긍정적이고 호의적이어야 한다. "캐런은 자신이 피해자라고 생각하고 싶어 하는 것 같다"는 식의 부정적인 언급은 도움이 되지 않는다. 그런 말은 상처가 될 뿐 아니라 정확하지도 않다.

2. 목록에 적는 모든 내용은 현실과 사실에 근거해야 한다. 합리화와 반쪽짜리 진실은 아무에게도 도움이 되지 않는다는 점을 잊지 말라.

3. 목록에 적는 모든 내용은 캐런의 죄의식을 직접적이고 명확하게 표현해야 한다. "캐런은 생존자다" 같이 일반적이고 모호한 칭찬은 핵심에서 벗어나며 도움도 되지 않는다.

생각을 다 적고 나면, 캐런과 내가 생각한 부분을 읽어도 좋다. 하지만 반드시 캐런의 죄의식에 대한 긍정적인 면을 최소한 한 가지는 적은 뒤에 보도록 하자.

캐런의 긍정적 재구성 대조표

생각 또는 감정	**좋은 점** 캐런의 죄의식에 어떤 좋은 점이나 이로운 점이 있는가?	**핵심 가치관** 죄의식을 통해 캐런과 그녀가 지닌 핵심 가치관의 아름답거나 긍정적이거나 훌륭한 점을 찾는다면 무엇이 있을까?
죄의식		

여러분의 생각을 적었는가? 무언가를 적었다면 이미 좋은 출발이다! 하지만 백지 답안을 제출했다 하더라도 걱정하지 말라. 이 연습 문제가 어려운 이유는 대부분이 정신 의학적 증상을 긍정적인 방식으로 생각하는 데 익숙하지 않기 때문이다.

이어지는 캐런의 긍정적 재구성 대조표를 보면, 첫째 줄에서부터 죄의식에 분명한 장점이 있다는 점을 알 수 있다. 또한 죄의식이 어머니이자 인간으로서 캐런이 지닌 핵심 가치관의 표현이라는 점도 볼 수 있다. 죄의식은 캐런이 실로 애정이 넘치고 책임감이 강한 어머니라는 사실을 말해준다. 실제로 죄의식은 캐런이 딸을 극진히 사랑하는 마음의 표현이고, 할 수 있는 일은 무엇이든 하면서 딸을 돕게 하는 동기다.

이런 긍정적인 면은 우리에게는 명백해 보일지 모르지만, 캐런에게는 커다란 놀라움이었다. 캐런은 온통 끔찍한 기분에 빠져 있어서, 죄의식에 긍정적인 면이 있을 수 있다는 생각은 미처 하지 못했던 것이다.

캐런의 긍정적 재구성 대조표

생각 또는 감정 분석하려는 부정적 생각이나 감정을 적으시오.	**좋은 점** 캐런의 죄의식에 어떤 좋은 점이나 이로운 점이 있는가?	**핵심 가치관** 죄의식을 통해 캐런과 그녀가 지닌 핵심 가치관의 아름답거나 긍정적이거나 훌륭한 점을 찾는다면 무엇이 있을까?
죄의식	• 죄의식이 동기 부여가 되어, 지난 9년 동안 육체적으로나 정서적으로 딸을 돕기 위해 가능한 모든 일을 해왔다. • 죄의식 덕에 미래에 비슷한 실수를 반복하지 않을 것이다.	• 죄의식은 딸에 대한 강한 사랑의 표현이다. • 죄의식은 부모로서 나의 책임감을 보여준다. • 죄의식은 내가 엄마 역할을 중요하게 받아들이고 있다는 뜻이다. • 죄책감은 내 도덕적 잣대가 높다는 것을 보여준다.
슬픔	• 내 고통 덕에 고통받는 다른 사람들과 상호 작용할 때 더 많은 동정심을 가질 수 있다. • 고통을 느낀 덕에 딸 그리고 아이가 겪어야 했던 모든 일을 훨씬 더 긴밀히 느낄 수 있다.	• 딸이 큰 고통을 겪었으므로, 내가 슬픔을 느끼는 건 당연하다. • 슬픔을 느끼지 않았다면, 그건 내가 딸이 겪은 고통에 별 관심 없다고 말하는 거나 마찬가지다!
불안	• 불안감 덕분에 경계심을 늦추지 않고 딸을 보호할 수 있다.	• 우리 두 사람 다 보호받아 마땅하므로, 불안을 느끼는 건 내가 딸과 나 자신을 사랑한다는 의미다.

부적절감	• 부적절감을 느끼기 때문에, 어머니로서 그리고 직장인으로서 최선을 다하려고 더 노력한다	• 내게는 많은 결점이 있으므로, 부적절감을 느끼는 건 내가 솔직하고 현실적이라는 뜻이다.
낙담과 절망	• 절망 덕에 희망을 크게 품었다가 실망하기를 반복하지 않도록 나를 보호할 수 있다. 어쨌든 나는 아이의 외상 후 스트레스 장애뿐 아니라 나 자신의 우울증을 극복하는 데 9년 동안 실패했으니까.	• 나의 절망은 내가 문제를 부인하고 모든 게 괜찮다는 폴리애나 Pollyanna[+] 같은 사람이 아니라 사실을 직시하고자 하는 현실주의자라는 점을 보여준다. • 내 아이가 외상 후 스트레스 장애로 받았던 치료(끝없는 알약)가 효과적이지 않았으므로, 나의 낙담은 내가 진실을 직시하고 있다는 점을 보여준다.
답답함	• 아이가 형편없는 치료를 받을 때 내가 느낀 답답함은 포기하지 않도록 동기를 부여해주었다!	• 나의 답답함은 나와 딸이 느낀 불만을 보여주며, 이는 내가 포기하지 않는 투사라는 사실을 말해준다.
화와 분개심	• 분노가 동력이 되어 딸에게 총상을 입힌 아이들의 부모들에게 조치를 취할 수 있었다.	• 나의 분개심과 끈기는 내가 투사라는 점을 보여준다. • 나의 분노는 정당하다. 부모라면 아이들이 장전된 총을 가지고 놀도록 두어서는 안 된다.
"나는 나쁜 엄마야."	• 자신에게 비판적인 생각을 하는 것은 내 기준이 높다는 뜻이다. • 엄격한 기준을 지닌 덕에 지금껏 많은 것을 성취했고 가족을 위해 최선을 다하도록 동기를 부여받았다.	• "나는 나쁜 엄마야"라고 말한다는 건, 내가 신경을 많이 쓴다는 의미이므로 사실 내가 좋은 엄마라는 뜻일지도 모른다! • 나의 자기비판은 내가 교만하지 않고 겸손하다는 점을 보여준다. • 겸손은 영적 자질이고, 나는 영적인 사람이 되고 싶다. 신앙은 내 삶의 중심이다. • 나의 자기비판은 내가 남 탓을 하기보다, 책임감 있게 내 실수를 돌아볼 의지가 있다는 사실을 보여준다.
"객석에 앉아 있는 치료사들이 나를 비난할 거야."	• 비난받는 것에 대한 두려움 덕에 동료들 앞에서 어리석거나 부적절한 말을 하지 않도록 조심할 수 있다.	• 청중석에 있는 치료사들에게 비난받는 것에 대한 두려움은 동료들과 의미 있는 관계를 맺고자 하는 나의 욕구를 보여준다.

만약 우리가 캐런의 죄의식을 없애려고만 하여 그 안에 포함된 여러 긍정적인 부분은 고려하지 않았다면, 캐런은 분명 우리의 노력에 저

[+] 미국 작가 엘리너 포터의 소설로, 주인공 폴리애나는 낙천주의의 대명사로 통용된다. (옮긴이)

항했을 것이다. 캐런이 마법 버튼을 눌러서 죄의식이 한순간에 사라졌다면, 이는 캐런이 죄의식에 포함된 긍정적인 부분에 별로 신경 쓰지 않았다는 말과 다르지 않다.

이해되는가?

부정적인 생각이나 감정이 무엇이든 긍정적 재구성을 할 수 있다. 우리가 긍정적인 면을 계속해서 나열하자 캐런은 금방 익숙해졌고, 우리 세 사람은 긍정적인 면에 관한 인상적인 목록 25개를 생각해냈다. 사실 캐런은 어안이 벙벙할 만큼 놀랐다. 자신에게 문제가 있다는 생각에 익숙해져 있었는데, 그 고통이 사실은 자신이 지닌 **올바름**의 표현이었기 때문이다!

처음에는 긍정적 재구성이 어려울 수 있다. 우리는 부정적인 감정을 이러저러한 '정신 장애' 증상으로 생각하게끔 설계되었기 때문이다. 예컨대 정신과 의사들은 캐런처럼 2주일 이상 우울감을 느끼는 사람들에게 DSM-5에 기재된 기준을 적용하여 주요 우울 장애를 진단할 수 있다. 내가 느끼는 감정이 갑자기 '정신 장애'로 탈바꿈되는 것이다.

이러한 시각은 여러 가지 이유로 이상하다. 첫째, 왜 2주간 우울증을 겪어야 정신 장애로 진단할까? 어째서 1주일이나 3주일은 아닐까? 완전히 자의적이다. 그저 저 사람이 우울감을 느끼고 있고, 증상은 어느 정도고, 기간은 얼마만큼이었다고 하면 왜 안 되는가?

둘째, 정신 장애가 있다는 말을 들으면 우리는 자연히 우리에게 어떤 '문제'가 있다는 결론을 내린다. 바로잡아야 할 결함이 있다고 생각한다. 이런 진단은 환자를 한 단계 아래 입장에 서게 하고 의사에게는 우리에게 없는 특별한 진단 능력이 있는 듯 보이게 한다. 나는 그렇게 생각하지 않는다!

긍정적 재구성은 이런 사고방식을 뒤집는다. 사실 우리는 캐런이 자신의 부정적인 생각과 감정을 **수치스러워**하지 않고 **자랑스러워** 하기를 바란다!

애초에 왜 슬픔을 질병으로 생각해야 하는가? 캐런이 느낀 고통은 딸에 대한 놀라운 사랑의 표현이었다. 사실, 캐런의 부정적인 생각과 감정은 모두 어머니이자 인간으로서 아름다운 캐런 자신과 그녀의 핵심 가치관이 발현된 것이었다.

그래서 캐런이 마법 버튼을 누르는 건 썩 좋은 생각이 아닐 수도 있다. 부정적인 감정은 순식간에 사라지겠지만, 긍정적인 면까지 같이 사라져버릴 테니 말이다.

캐런이 정말 그렇게 되길 바랄까? 여러분이 캐런이라면 그렇게 할까?

캐런이 지난 9년 동안 우울증과 불안감에 시달린 이유는 징징거리거나 투덜대기를 좋아해서가 아니었다. 변화를 두려워해서도 아니고, 다른 부정적인 동기가 있어서도 아니었다. 어떤 유전적 기형이나 뇌의 '화학적 불균형' 때문도 아니었다. 캐런의 부정적인 생각과 감정은 그녀가 지닌 멋지고 아름다운 부분의 표현이었다.

이 말은 여러분에게도 참이다. 이는 10장에서 확인해볼 수 있다.

이제 우리에게는 흥미로운 딜레마가 생겼다. 캐런은 앞으로 9년을 더 고통스럽게 보내고 싶지는 않지만, 마법 버튼을 누르면 모든 아름다운 부분이 함께 사라져버릴 것이다.

이 딜레마를 어떻게 풀 수 있을까? 생각나는 해결책이 있는가?

계속 읽기 전에 각자의 생각을 적어보자. 다시 말하지만, 목표는 '옳은' 답을 쓰는 게 아니라 우리의 뇌 회로가 새롭고 다른 방식으로 작동하도록 하는 것이다. 나는 끊임없이 실수하면서 실수가 종종 새로운 것을 배우는 단초이기도 하다는 사실을 깨닫는다.

나의 대답

2장에서 언급한 마법 다이얼을 기억할 것이다. 레빗 박사와 나는 캐런에게 마법 버튼 대신 마법 다이얼을 상상해보라고 주문했다. 마법 다이얼은 부정적인 생각을 완전히 사라지게 하는 대신, 최적의 양에 맞게 조정할 수 있게 해준다. 그렇게 하면 부정적인 생각과 감정에 담긴 긍정적인 면은 잃지 않으면서 훨씬 더 기분이 나아질 수 있다.

캐런이 슬픔을 느끼는 건 지극히 자연스럽다. 캐런이 마법 버튼을 누르고 갑자기 행복을 느낀다면 얼마나 이상할까? 이는 마치 "아, 내 딸은 입에 총상을 입고 지난 9년 동안 이루 말할 수 없을 만큼 고통을 받았지만, 나는 한껏 행복해!"라고 말하는 거나 마찬가지다.

이 말이 얼마나 괴이하게 들리는가?

딸의 트라우마와 관련하여 캐런이 느끼는 슬픔과 우울함은 더없이 적절하고 바람직하기까지 하다. 하지만 그 슬픔과 우울함이 90퍼센트나 되어야 할까? 만약 마법 다이얼이 있다면, 캐런은 슬픔을 얼마만큼 낮추고 싶어 할까?

캐런은 10퍼센트면 충분하다고 판단했고, 다음과 같이 기분 일지의 '목표(%)'란에 10을 적었다. 또 불안은 100에서 20으로, 절망과 낙담은 75에서 10으로, 다른 모든 부정적인 감정은 0으로 낮추고 싶어 했다.

감정	현재(%)	목표(%)	치료 후(%)
슬픔, 울적함, 우울, 침울, 불행	90	10	
불안, 걱정, 공포심, 과민함, 겁이 남	100	20	
죄의식, 가책, 불쾌감, 부끄러움	100	0	
무가치감, 부적절감, 결핍감, 무능감	80	0	
외로움, 사랑받지 못함, 환영받지 못함, 거절감, 고독감	0	0	
창피함, 바보 같은 기분, 수치심, 시선 의식	0	0	
절망, 낙담, 비관, 좌절감	75	10	
답답함, 갑갑함, 낭패감, 패배감	100	0	
화, 몹시 화가 남, 분개, 언짢음, 짜증 남, 속상함, 격분	90	0	

마법 다이얼을 이용하여 우리는 캐런의 무의식과 본질적으로 타협했다. 우리는 캐런에게 부정성을 어느 정도까지 편안하게 받아들일 수 있는지 물었다. 그러자 캐런은 통제력을 가지고 스스로 배를 몰기 시작했다. 우리는 캐런에게 무언가를 설득하려고 애쓸 필요가 없었고, 캐런은 저항할 필요가 없었다. 마법 다이얼 덕에 캐런의 잠재의식에 숨어 있던 저항의 힘을 뺄 수 있었다. 우리가 부정적인 생각과 감정을 '정신 장애'로 낙인찍지 않고, 좋은 성질이 표현된 것이라 존중해주었기 때문이다.

이것이 바로 긍정적 재구성의 뛰어난 점이다. 자신에게 공감하는 능력을 키우는 데 도움이 된다는 것. 이를 통해 우리는 자신을 미워하고 '손상'되거나 '결함'이 있다고 부끄러워하는 대신, 자신이 지닌 여러 아름다운 면을 깨닫게 해주는 모든 부정적인 감정을 자랑스러워할 수 있다. 그리고 그런 유형의 내적 수용, 즉 '자기 공감'이야말로 회복에서 가장 중요한 열쇠다. 이는 남이 줄 수 있는 게 아니라, 내가 스스로에게 줄 수 있는 열쇠다.

마법 버튼과 긍정적 재구성, 마법 다이얼 같은 도구를 사용할 때, 나는 치료사로서 근본적으로 다른 역할을 맡는다. 우리는 보통 치료사가 변화를 돕는 사람이라고 생각한다. 치료사들은 통상 이러저러한 치료법을 사용하여 환자가 부정적인 생각과 감정을 극복하도록 납득시키려고 한다. 사실 이것이야말로 여러분이 이 책을 읽는 이유일 수도 있다. 불안정과 자기 회의 같은 감정을 극복하는 법을 배워, 더 큰 기쁨과 자존감과 생산성을 느끼고, 다른 사람들과 더 애정 충만한 관계를 맺고 싶어서 말이다.

하지만 이 새로운 도구 덕분에, 나는 환자에게 더는 변하라고 설득하지 않는다. 대신 변하지 **않아도** 좋을 이유를 존중해준다. 이건 역할 바꾸기나 다름없다. 이제 환자가 변화를 주장해야 하고, 나는 환자의 잠재의식에 있는 저항의 목소리가 되기 때문이다. 많은 치료사, 어쩌면 대부분의 치료사가 추구하는 도움 주기 또는 구조하기 접근법과 반대되는 방법이다.

그런데 환자가 "맞아요, 번즈 박사님. 나는 변화하기 **싫어요!**"라고 답한다면 어떻게 해야 할까?

이상하게도, 외부의 강요 때문에 나를 찾아온 환자가 아닌 한 그런 일은 거의 일어나지 않는다. 하지만 환자가 진심으로 변화를 원하지 않을 경우, 이유가 무엇이든 그를 존중한다. 그리고 환자에게 마음이 바뀌면 기꺼이 함께하겠노라고 알려준다. 나는 이를 '두 팔 벌리고 앉아 있기' 기법이라고 부른다.

다행히 캐런은 긍정적 재구성 표를 완성하고 마법 다이얼을 사용하자 놀라울 만큼 열의가 생긴다고 말했다.

지금까지 우리는 TEAM에서 TEA를 완성했다.

T=검사 Test 치료를 시작할 때 캐런의 부정적인 감정을 검사했다는 뜻이다. 우리는 캐런이 심각한 우울감과 불안감을 가지고 있다는 사실을 알게 됐고, 기분 일지를 검토한 결과 그 외에도 많은 부정적 감정이 존재한다는 점을 확인했다.

E=공감 Empathy 캐런이 눈물을 흘리며 자기 이야기를 하는 동안 레빗 박사와 내가 캐런을 '도우려' 하지 않고 귀 기울여 들었다는 뜻이다. 우리는 시시때때로 캐런이 사용하는 표현으로 그녀의 말을 반복하고, 캐런이 느꼈던 감정을 정리해주는 방식으로 귀 기울여 듣고 있다는 사실을 보여주었다. 또 따뜻한 태도와 동정심, 수용의 느낌을 전해주기 위해 노력했다.

A=저항 평가 Assessment of resistance 캐런이 어떤 도움을 받고 싶어 하는지 알아내고, 저항을 의식의 영역으로 끌어올린 뒤, 마법 버튼과 긍정적 재구성, 마법 다이얼을 이용하여 그 저항을 녹여 없앴다는 의미다.

이제 치료에서 남은 **M=방법** Methods의 과정을 어떻게 진행해야 할까?

우울감이나 불안감이 있는 사람들을 상담할 때마다 그들에게 기분 일지에서 가장 먼저 치료하고 싶은 부정적인 생각을 한 가지만 골라달라고 부탁한다. 이 과정은 말할 수 없이 중요하다. 일반적인 유형이나 방식으로는 그 누구도 도울 수 없다. 매우 제한적이고 매우 특정한 방법을 가지고 치료에 임해야 한다! 곧 확인하겠지만 그 영향과 결과는 어마어마할 수 있다.

캐런이 기분 일지에서 선택한 첫 번째 부정적인 생각은 '아이를 절대 밖에 나가 놀지 못하게 해야 했어. 그러면 심각한 외상 후 스트레스 장애와 우울증을 겪지 않았을 거야'였다.

'나는 나쁜 엄마야'라는 생각에서 왜곡을 찾아냈으니, 이번에도 한 번 잘 들여다보자. '아이를 절대 밖에 나가 놀지 못하게 해야 했어'라는 생각에서 알 수 있는 왜곡을 모두 찾아 체크 표시를 해보자.

인지 왜곡 퀴즈	(√)
1. **전부 아니면 전무라는 생각** 세상을 흑과 백, 전부 아니면 전무의 범주로 나누어 바라본다. 회색 지대는 존재하지 않는다.	
2. **지나친 일반화** 한 번의 부정적인 사건을 영원히 반복되는 패배처럼 여기면서 **항상**이나 **절대** 같은 표현을 사용한다.	
3. **정신적 여과** 부정적인 면에 집착하여 긍정적인 부분을 걸러낸다. 잉크 한 방울이 비커에 떨어져 물 전체를 검게 물들이는 것과 같다.	
4. **긍정적인 면 무시하기** 좀 더 인상적인 심리적 오류다. 자신의 긍정적인 부분들은 중요하지 않다고 생각한다. 이렇게 하여 일반적으로 부정적인 견해를 유지한다.	
5. **성급한 결론짓기** 뒷받침할 사실 근거도 없이 곧장 결론으로 직행한다. • **독심술 오류** 다른 사람들이 생각하고 느끼는 바를 자신이 안다고 가정한다. • **예언자적 말하기 오류** 미래를 부정적으로 예측한다.	
6. **극대화와 극소화** 무언가의 중요성을 과장하여 부풀리거나 부적절하게 축소한다. 나는 이 왜곡을 쌍안경 속임수라고 부른다. 쌍안경처럼 어느 쪽으로 보느냐에 따라 대상이 훨씬 커 보이기도 하고 작아 보이기도 하기 때문이다.	
7. **감정적 추리** 자신의 기분대로 해석한다. 예를 들어, 자신이 패배자라는 **기분**이 들면, 정말 패배자라고 **추론**한다. 또는 절망적이라는 기분이 들면, 정말로 희망이 없다고 **결론** 내린다.	
8. **해야 한다는 생각** 줄곧 **해야 한다, 반드시 해야 한다** 등으로 자신이나 타인을 불행하게 만든다. 자신을 향한 해야 한다는 죄책감과 수치심, 우울감, 무가치함 등의 감정을 만든다. 타인을 향한 해야 한다는 분노와 관계 문제 등을 촉발한다. 세상을 향한 해야 한다는 답답함과 권리의식을 유발한다.	
9. **낙인찍기** 구체적인 문제에 초점을 맞추기보다 자신이나 남들에게 꼬리표를 붙인다. 낙인찍기는 극단적인 형태의 지나친 일반화다. 자기 자신이나 다른 사람들을 완전히 결함이 있거나 나쁜 존재로 받아들이기 때문이다.	
10. **비난하기** 잘못을 자기 책임으로 돌리거나(자기 비난) 타인의 책임으로 돌린다(타인 비난).	

여기까지 마쳤으면 나의 답을 검토해보라. 스스로 퀴즈를 다 풀기 전에 보면 안 된다!

나의 대답

왜곡을 찾아내기는 순수 과학은 아니지만, 나는 '아이를 절대 밖에 나가 놀지 못하게 해야 했어. 그러면 심각한 외상 후 스트레스 장애와 우울증을 겪지 않았을 거야'라는 캐런의 생각에서 다음 몇 가지 왜곡을 볼 수 있다.

1. 정신적 여과 캐런은 이 한 가지 사건 때문에 딸의 트라우마만 생각하며 자신을 나쁜 엄마라고 평가하고 있다.

2. 긍정적인 면 무시하기 캐런은 트라우마 이전이나 이후로 자신이 딸에게 베푼 애정은 생각하지 않았다. 그리고 자신의 결정이 끔찍한 사건으로 이어졌기 때문에 긍정적인 부분은 "중요하지 않다"라고 말하고 싶었을 수 있다.

3. 성급한 결론짓기(독심술 또는 예언자적 말하기 오류) 캐런은 소위 '예기에 의한 예언자적 말하기anticipatory fortune telling'를 하고 있다. 자신이 미래를 예측해서 나쁜 일이 일어나는 것을 막을 수 있었기를 바라는 것이다. 내가 이 부분을 짚어주자, 캐런은 그제야 이를 깨달았고 그 누구도 미래를 예측할 수 없다는 사실을 이해했다.

4. 극대화/극소화 처음에는 이 왜곡이 없을 거라 생각했다. 캐런의 딸이 9년 동안 정신적인 고통을 견뎌야 했고, 그 사건은 실제로 끔찍했기 때문이다. 하지만 한 동료가 **캐런이** 그 사건에서 자신의 역할을 극대화하고 가해자와 그 부모들의 역할을 극소화하고 있다고 지적했다. 일단 '눈에 보이자' 이 왜곡이 있다는 점이 매우 분명해졌다(다른 왜곡도 그렇다)!

5. 감정적 추리 캐런이 실제로 어떤 생각을 했는지 물어봐야 하겠

지만, 캐런이 죄의식을 **느꼈기** 때문에 딸의 고통이 자신의 책임이라고 **결론**을 내린 것 같았다.

6. 해야 한다는 생각 명백하고도 전형적인 해야 한다는 생각이다. 캐런은 딸이 총상을 입을 것을 자신이 미리 알았어야 한다고 생각했지만, 이는 불가능하다.

7. 자기 비난 이 역시 전형적인 내 탓의 사례다. 캐런은 딸이 총상을 입었다는 책임이 자신에게 있다고 생각했다.

다음은 캐런의 부정적인 생각에서 내가 찾지 **못한** 왜곡이다.

8. 전부 아니면 전무라는 생각 이 왜곡에 체크 표시하지 않은 이유는 캐런이 특정 생각에서는 자신을 흑백 논리로 바라보지 않았기 때문이다. 캐런은 다만 특정한 실수를 저질러서 끔찍한 결과를 불러왔다고 생각했다. 하지만 다른 부정적인 생각('나는 나쁜 엄마야')에 관련해서는 전부 아니면 전무라고 생각하는 왜곡에 빠져들었다.

9. 지나친 일반화 캐런이 **절대**라는 표현을 사용했으므로 이 왜곡에 체크를 할 수도 있다. 하지만 나는 캐런의 이 부정적인 생각이 지나친 일반화의 틀림없는 사례라고는 생각하지 않는다. 왜냐하면 캐런은 진심으로 그날 저녁에 아이를 밖에 나가 놀지 못하게 했어야 한다고 생각했기 때문이다. 이는 자신이 '항상' 이런 식으로 일을 망친다거나 '한 번도' 뭔가를 제대로 한 적이 없다는 뜻으로 하는 말이 아니었다.

10. 낙인찍기 이 특정한 생각에서는 낙인찍기를 전혀 찾아볼 수 없다. 하지만 앞서 보았듯이 자신을 '나쁜 엄마'라고 한 부분에서는 확실히 낙인찍기를 확인할 수 있다.

여러분은 어땠는가? 대부분의 왜곡은 명백하다. 예를 들어, 캐런의 부정적인 생각에서 '절대로 나가 놀지 못하게 해야 했다'라고 한 부분은 분명히 해야 한다는 생각이다. 또 끔찍한 사건이 자기 때문에 일어났다고 생각하므로 고전적인 자기 비난 사례이기도 하다. 하지만 가장 중요한 왜곡 가운데 하나를 놓친 것이 있다. 이 왜곡은 뚜렷하지 않아서 나도 처음에는 놓쳤다.

레빗 박사와 내가 캐런이 직접 찾아낸 왜곡을 확인했을 때였다. 캐런이 왜곡 칸에 예언자적 말하기 오류(약어는 FT)를 써둔 게 보였다.

부정적인 생각	현재(%)	치료 후(%)	왜곡	긍정적인 생각	믿음(%)
1. 아이를 절대 밖에 나가 놀지 못하게 해야 했어. 그러면 심각한 외상 후 스트레스 장애와 우울증을 겪지 않았을 거야.	100		MF, DP, FT, ER, SH, SB		

캐런의 이 부정적인 생각이 왜 예언자적 말하기의 사례인지 알겠는가? 아래 빈칸에 각자의 생각을 써보자.

알아냈는가? 레빗 박사와 나도 한 번에 이해하지 못했다.

처음에는 어리둥절했다. 우리는 보통 미래에 나쁜 일이 일어날 거라고 부정적으로 생각하는 것을 예언자적 말하기 오류라고 생각하기 때문이다. 예를 들어 우울증이 있는 사람들은 이따금 상황이 절대 변하지 않을 것이고, 그래서 절망을 느낀다고 말한다. 불안도가 큰 사람들은 무언가 끔찍한 일이 곧 일어날 것 같아서 겁이 난다고 말한다. 하지만 캐런은 부정적인 예측을 한 게 아니었다.

갑자기 머릿속에서 불빛이 반짝하는 느낌이었다. 캐런의 부정적인 생각은 예언자적 말하기의 다소 특이한 예라는 생각이 들었다. 캐런은 미래를 예측해 나쁜 일을 미연에 방지했어야 한다고 말하는 것이었다.

하지만 그 누구도 미래를 예측할 수는 없다.

내가 이 부분을 언급하자, 캐런은 눈이 번쩍 뜨인 듯, 자신이 스스로에게 불가능한 것을 기대하고 있었다는 사실을 깨달았다. 그 순간 캐런의 얼굴에서 고통이 빠져나가는 게 고스란히 드러났고, 표정은 한결 편안해 보였다. 치료를 녹화하고 있었던 게 참으로 다행이었다. 그만큼 놀라운 순간이었다.

나는 캐런에게 이 왜곡을 그녀 자신의 말로 설명해달라고 부탁했고, 캐런은 이렇게 말했다.

"나는 미래를 예측할 수 없어요. 그날 밤 아이가 밖에 나가서 총에 맞을지 일 길이 없었죠."

우리의 눈으로 보면 이 말은 당연하게 들리기도 하고, 큰 깨달음까지는 아닌 듯 보일 수 있다. 우리는 캐런이 아니니까 말이다. 하지만 우리가 자기비판이나 자기 회의 같은 **자신**의 감정에 시달릴 때, 우리도 캐런처럼 모든 면에서 부정적인 생각이 사실처럼 설득력 있다고 느낄 것이다.

이는 우울증과 불안감의 정말 놀라운 특성 중 하나다. 우리는 극도로 왜곡되고 부당한 자신의 부정적인 생각이 절대적으로 타당하다고 스스로를 설득한다. 우울증이나 불안감과 싸워본 적이 있는 사람은 내 말이 무슨 뜻인지 정확히 알 것이다. 우리는 캐런의 부정적인 생각이 얼마나 왜곡되어 있는지는 볼 수 있지만, 아마도 자신의 부정적인 생각은 완전한 진실이라고 여전히 믿을 것이다!

레빗 박사와 나는 캐런에게 깨달은 사실을 긍정적인 생각 칸에 적으라고 했고, 그 긍정적인 생각을 얼마만큼 믿는지 알려달라고 말했다. 캐런은 100퍼센트 믿는다고 대답했다. 그런 다음 이에 해당하는 부정적인 생각을 얼마나 믿는지 묻자, 캐런은 더는 믿지 않는다고 답하며 '치료 후(%)' 칸에 숫자 0을 집어넣었다.

캐런의 기분 일지는 이렇게 채워졌다.

부정적인 생각	현재(%)	치료 후(%)	왜곡	긍정적인 생각	믿음(%)
1. 아이를 절대 밖에 나가 놀지 못하게 해야 했어. 그러면 심각한 외상 후 스트레스 장애와 우울증을 겪지 않았을 거야.	100	0	MF, DP, FT, ER, SH, SB	매일 밤에 나가서 노는 것은 아이의 일상이었다. 그날 밤도 다르지 않았다. 아이를 사랑하는 엄마는 아이가 밖에 나가 놀도록 해준다. 나는 몇 년 동안 그렇게 해왔고, 아이가 나가서 총에 맞으리라는 사실을 알 길이 없었다.	100

인지치료 초창기에는 이렇게 놀랄 만큼 빠른 변화를 거의 보지 못했지만, 지금은 일상적으로 본다. 나는 이 변화가 긍정적 재구성의 강력한 효과 때문이라고 확신한다. 일단 부정적인 생각과 감정의 긍정적인 면을 알면, 그 생각과 감정을 반박하고 물리치기가 훨씬 더 쉬워진다.

캐런이 첫 번째 부정적인 생각을 물리친 뒤, 우리는 기분 일지에 적힌 다른 부정적인 생각도 살펴보았다. 아래 표에서 보다시피, 캐런은 그 생각 대부분을 쉽게 물리칠 수 있었다. 다음 장에서는 회복 서클이라는 방법으로 부정적인 생각을 밀어내는 법을 조금 더 배울 예정이지만, 캐런의 경우에는 이 깨달음의 순간이 생각하고 느끼는 방식을 바꾸기 위해 필요한 전부였다.

부정적인 생각	현재 (%)	치료 후 (%)	왜곡	긍정적인 생각	믿음 (%)
1. 아이를 절대 밖에 나가 놀지 못하게 해야 했어. 그러면 심각한 외상 후 스트레스 장애와 우울증을 겪지 않았을 거야.	100	0	SH, AON, MF, FT, SB	매일 밤에 나가서 노는 것은 아이의 일상이었다. 그날 밤도 다르지 않았다. 아이를 사랑하는 엄마는 아이가 밖에 나가 놀도록 해준다. 나는 몇 년 동안 그렇게 해왔고, 아이가 나가서 총에 맞으리라는 사실을 알 길이 없었다.	100
2. 내가 좀 더 엄격한 보호자가 되어 밖에 못 나가게 했으면 아이가 총에 맞지 않았을 거야.	100	0	SH, AON, MF, FT, SB	그 일은 내 잘못이 아니고, 엄격히 훈육하고 말고의 문제가 아니었다. 나는 몇 년 동안 매일 밤 아이가 밖에 나가 놀도록 허락했다.	100
3. 나는 나쁜 엄마야.	75	0	AON, LAB, SH, SB, DP, ER	좋은 엄마도 아이들을 완벽하게 보호할 수는 없다. 나는 아이들에게 많은 사랑과 관심을 주고 지지해주는 엄마다. 아이를 완벽하게 보호할 수 없는 건 사실이지만, 그렇다고 해서 나쁜 엄마인 것은 아니다.	100
4. 의사들 말만 믿고 정신과 약을 먹이라는 대로 다 먹이는 게 아니었어. 그 약들은 상황만 점점 더 악화시켰어.	100	0	SH, SB, MF, AON	나는 자격을 갖춘 전문가들에게서 전문적인 도움을 받기 위해 최선을 다했다. 그중 어떤 것은 상황을 악화시켰지만, 그렇다고 해서 내 탓을 하면 안 된다.	100
5. 내 잘못 때문에 아이의 어린 시절을 망쳤어.	100	0	MF, DP, AON, SB, ER	아이가 우울증과 외상 후 스트레스 장애로 고통받고 병원에서 그렇게 많은 시간을 보내야 했던 것은 내 잘못이 아니다. 다행히 우리는 최고의 치과 진료를 받아서, 아이 얼굴에 흉이 남지 않도록 치료받을 수 있었다. 사실 나는 아이에게 아낌없이 지지와 사랑을 주며, 지난 시간 내내 아이가 최선의 도움을 받을 수 있게끔 노력했다.	100

6. 나는 남은 인생을 모두 바쳐 아이에게 보상해야 해.	100	0	SH, SB, DP, FT, MAG, AON	남은 평생을 죄책감에 빠져 있기보다, 차라리 딸이 살아 있다는 사실에 기뻐하며 아이와의 시간을 즐겁게 보내는 게 낫다.	100
7. 아이가 안정을 찾을지는 아무도 모르고, 그 때문에 나는 결코 진정으로 행복할 수 없어.	90	0	SH, SB, AON, MF, ER, OG	몇 년 동안 짊어지고 있던 죄의식에서 벗어나 마침내 행복을 되찾았다. 나는 충분히 오랜 시간 동안 대가를 치렀다!	100
8. 객석에 앉아 있는 치료사들이 나를 평가할지도 몰라.	100		MR		
9. 그들은 나를 좋아하지 않을 거야.	100		MR		
10. 사람들은 나를 나쁜 엄마라고 생각할 거야.	80		MR		

보다시피 캐런은 기분 일지에 적힌 마지막 세 가지 부정적인 생각에 대해서는 약간의 도움을 받아야 했다. 캐런은 여전히 독심술의 오류에 빠져 있었다. 객석에 앉은 치료사들이 자신을 평가하고 싫어할 거라고, 자신을 나쁜 엄마라 생각할 거라고 확신했기 때문이다.

처음에 캐런은 이런 부정적인 생각에 맞서 다음과 같은 긍정적인 생각으로 싸우고 싶어 했다. '만약 그들이 나를 판단한다면 그건 그 사람들 문제다!' 이 생각은 객석의 환호와 박수를 불러올 만큼 훌륭하게 들렸다!

그런데 여기에는 한 가지 문제가 있었다. 무엇이 문제인지 보이는가? **이 말은 청중이 정말로 캐런을 평가하고 있다는 생각을 믿게끔 한다.** 그런데 청중은 그렇지 않다면 어떡할 것인가?

레빗 박사와 나는 캐런에게 청중이 그녀를 평가하고 있다는 믿음을 검증해볼 방법이 있을지 물었고, 캐런은 "청중에게 물어보는 방법이 있다"고 대답했다.

우리가 이런 방법에 불안감이 드는지 묻자 캐런은 몹시 불안해진다고 대답했다. 캐런은 실제로 두려움 때문에 실신했다.

여러분은 어떻게 생각하는가? 이 방법이 좋은 생각일까, 나쁜 생각일까? 캐런에게 두려움을 직시하고 객석의 사람들에게 자신을 평가하고 있는지 물어보라고 권해야 할까? 그런 생각이 캐런을 그토록 불안하게 만드는데도?

나의 답을 읽기 전에 여러분의 생각을 표시해보자.

	(√)
1. 캐런이 청중으로 앉아 있는 치료사들에게 자신을 재단하고 있는지 물어보는 게 좋을 것 같다!	
2. 좋은 생각이 아니다. 청중인 치료사들이 정말로 캐런을 재단하고 있을지 모르므로, 질문하는 건 위험하다.	
3. 청중이 솔직하게 대답하지 않을 것이므로 질문은 시간 낭비다. 사람들은 캐런에게 거짓말을 할 것이다!	
4. 잘 모르겠다.	

나의 대답

훌륭한 생각이다! 노출은 두려움을 극복하는 열쇠라는 점을 기억할 것이다. 괴물에게 이빨이 없다는 사실을 확인하고 나면, 우리는 정신이 번쩍 드는 즐거운 깨달음을 얻는다.

캐런은 처음에는 이 생각에 저항했다. 생각만 해도 덜컥 겁이 나고, 사람들이 솔직하게 대답하지 않을 거라고 말했다. 나는 우리가 청중을 반대 심문할 수 있고, 그들에게 솔직하게 답하고 있는지 아니면 '친절한 대답'을 하고 있는지 물어도 된다고 말했다. 또 강한 불안을 느낀다는 건 이 일을 꼭 해야 한다는 뜻이라고도 말했다.

캐런은 용기를 내어 마이크 앞으로 나와 자신의 질문에 답해줄 사람이 있는지 물었다. 많은 사람이 앞으로 달려 나와 한 명 한 명 캐런에게 대답했다. 캐런의 용기에 감명받고 자극도 받았으며, 캐런은 그날 밤의 영웅과 다름없다는 내용이었다. 사람들은 대부분 눈물을 흘렸다. 그들의 대답은 감동적이었다.

캐런은 자신이 들은 말을 좀처럼 믿기 힘들어했지만, 마지막 세 가지 부정적인 생각에 대한 믿음은 0까지 떨어졌다. 캐런은 크게 감동받아 넋이 나간 듯 보이기까지 했다.

치료가 도움이 되었는지 알아보기 위해, 레빗 박사와 나는 캐런에게 치료 초반에 했던 것처럼 기분 일지에 열거한 부정적인 감정을 다시 평가해달라고 부탁했다. **T=검사**가 TEAM-CBT의 핵심 특징 중 하나라는 점은 기억할 것이다. 나는 모든 환자에게 예외 없이 치료 시작과 끝에 검사를 진행한다.

'치료 후(%)' 칸에서 보다시피 결과는 경이로웠다. 캐런의 부정적인 감정은 모두 완전히 사라졌다. 사실 그중 두 가지는 단지 사라지기만 한 게 **아니었다**. 캐런은 죄의식과 부끄러움이라는 감정에는 마이너스 1,000점을, 그리고 갑갑함에는 마이너스 1,000,000점을 주었다!

감정	현재(%)	목표(%)	치료 후(%)
슬픔, 울적함, 우울, 침울, 불행	90	10	0
불안, 걱정, 공포심, 과민함, 겁이 남	100	20	0
죄의식, 가책, 불쾌감, 부끄러움	100	0	-1,000
무가치감, 부적절감, 결핍감, 무능감	80	0	0
외로움, 사랑받지 못함, 환영받지 못함, 거절감, 고독감	0	0	-
창피함, 바보 같은 기분, 수치심, 시선 의식	0	0	-
절망, 낙담, 비관, 좌절감	75	10	0
답답함, 갑갑함, 낭패감, 패배감	100	0	-1백만
화, 몹시 화가 남, 분개, 언짢음, 짜증 남, 속상함, 격분	90	0	0

우리는 캐런에게 이런 변화가 진짜로 느껴진 건지, 아니면 단지 '좋은 대답'을 보여준 건지 물었다. 변화가 진짜라면 치유의 요소는 무

엇이었을까? 어쨌든 캐런은 극심한 슬픔과 죄의식, 불안, 분노 같은 감정에 9년이나 시달렸는데, 단 한 번의 심리 상담 치료 만에 완전히 회복된 것처럼 보였으니 말이다. 이게 가능한 일일까? 가능하다면, 왜, 어떻게 그럴 수 있었을까? 캐런이 말했다.

"도대체 어떻게 된 일인지 모르겠어요! 와! 정말 놀라웠어요! 이건 기적이었어요!"

여러분도 이 책을 읽는 동안 자신만의 작은 기적을 만들 수 있을 것이다!

5장

멜라니 이야기

"그 여자가 여기저기
내 소문을 내고 다닐 거야!"

앞 장에서 TEAM-CBT가 얼마나 빠르게 작동하는지와 함께 흔히 단 한 번 심리 상담 치료 만에 끝나기도 한다는 것을 살펴보았다. TEAM-CBT로 확인한 급격하고 극적인 변화는 놀랍고 보람 있다. 누군가의 눈물과 절망이 기쁨과 웃음으로 변화하는 모습을 눈으로 볼 때의 전율은 쉽게 잊기 힘들다. 캐런의 말을 빌리자면 정말 '기적'과 같은 일이다.

캐런의 사례를 읽으면서 몇 가지 새로운 기법, 즉 마법 버튼과 긍정적 재구성, 마법 다이얼이 저항 또는 고착을 녹여 없앤다는 사실을 알았다. 하지만 이런 기법은 극히 중요하긴 하지만 충분하지 않다. 우리는 더욱 강력한 기법들로 부정적인 생각을 반박하고 부수어버려야 한다.

지난 수십 년 동안, 나는 우울증과 불안증, 인간관계 문제, 습관과 중독을 야기하는 부정적인 생각을 부수어버릴 50가지도 넘는 방법을 개발했다. 그 방법의 목록과 설명은 33장(왜곡된 생각을 바로잡는 50가지 방법)에서 볼 수 있다.

하지만 언제 어떤 방법을 써야 할까? 어떻게 하면 내게 가장 도움이 될 만한 방법을 고를 수 있을까?

이 장에서는 멜라니라는 여성의 치료 과정을 설명하면서 이 질문에 답하고자 한다. 멜라니는 그녀가 자신의 개인적, 도덕적 기준에 부응하지 못했다고 믿으며 10년 가까이 자신에게 허물이 있고 부끄럽다는 감정을 느꼈다. 게다가 남들이 자신의 실패를 알게 되어 나쁘게 재단당할까 봐 두려워했다.

여러분도 그런 기분을 느껴본 적이 있는가? 누군가에게 나쁜 평가를 받거나 충분히 잘 해내지 못할 것 같아 걱정한 적이 있는가? 나는 있다! 삶의 세세한 면면은 멜라니와도 다르고 나와도 다르겠지만, 이러한 근심은 누구에게나 거의 보편적으로 존재한다.

멜라니는 TEAM-CBT의 활용 과정을 보여주는 교수 자료를 만들 수 있도록 자신의 상담 치료 과정을 영상으로 촬영하는 일에 자원했다. 이번 치료에서 나와 함께한 공동 치료사는 안젤라 크럼 박사였다. 치료가 시작되자 멜라니는 눈물을 흘리며 며칠 전 같은 교회 신도에게서 속상한 전화를 받았다고 설명했다. 상대 여성은 멜라니의 시어머니가 돌아가신 일로 조의를 표하는 전화를 한 것이었다.

멜라니는 시어머니가 돌아가셔서 우는 게 아니라고 설명했다. 멜라니가 속상했던 이유는 자신의 시어머니는 살아계시고 돌아가신 분은 전 시어머니라는 이야기를 상대 여성에게 전해야 했기 때문이었다.

멜라니는 계속해서 눈물을 흘리며, 사실 이번이 세 번째 결혼이고 전 시어머니가 **두 명** 있다고 털어놓았다. 멜라니는 몹시 부끄러워했고 전화를 건 여성이 자신의 실패한 결혼 생활을 다른 사람들에게 말할까 봐, 그래서 자신의 평판이 땅에 떨어질까 봐 두려워했다.

멜라니는 9년 전에 세 번째로 결혼한 후 남편과 현재까지도 매우 사랑하며 잘 지내고 있지만, 실패한 두 번의 결혼 생활은 거의 모든 사람에게 비밀로 하고 있다고 설명했다. 남편과 외출하여 친구들과 재미

있게 놀 때면, 두어 시간 정도는 이혼 사실을 "잊을 수 있어서" 기분이 좋지만, 갑자기 그 사실이 떠오르면 가슴이 철렁한다고 했다. 사람들이 그 사실을 알아내 자신을 흠잡을까 봐 걱정되기 때문이었다. 멜라니는 이런 우려 때문에 매일이 괴롭고, 자유와 평화, 자존감, 기쁨 같은 감정을 잃어버렸다고 했다.

다음 쪽의 멜라니의 기분 일지를 보면 멜라니가 그 전화 통화를 문제 사건으로 인식했고, 그와 관련된 여러 부정적인 생각과 감정을 극심한 정도로 지니고 있다는 점을 알 수 있다.

멜라니는 스스로를 실패자라 말하고, 이혼 사실을 들키면 사람들이 자신을 좋지 않게 평가할 거라고 생각하며, 자신에게 흠이 있다고 느꼈다. 또한 자신이 관계를 이어 나가지 못하는 사람으로 인식될까 봐 두려워했다. 이런 부정적인 생각에 대한 멜라니의 신뢰는 전체적으로 높았다.

멜라니의 부정적인 생각 중 다섯 번째 생각에 특히 눈길이 갔다. 아이들이 자신의 장례식에서 창피를 당할까 봐 걱정하는 내용이었다. 멜라니는 아픈 곳이 없는데도 자신이 죽었을 때 사람들이 낄낄거리고 험담을 할 거라는 상상에 시달렸다!

크럼 박사와 내가 정말 슬펐던 일 중 하나는, 멜라니가 시민단체상을 수없이 받을 만큼 지역 사회에서 불우한 이웃을 위한 활동을 열심히 했다는 점이다. 때로는 청중 수백 명이 모인 행사에서 그러한 영예를 누리기도 했다.

그런데 멜라니는 이 상들을 어떻게 했을까? 사무실 창고에 숨겼다!

이유가 뭘까? 멜라니는 왜 그랬을까? 여러분의 생각을 적어보라.

멜라니의 기분 일지✣

문제 사건: 전 시어머니가 사망한 뒤 같은 교회 신도에게서 조의를 표하는 전화를 받음.

감정	현재(%)	목표(%)	치료 후(%)	감정	현재(%)	목표(%)	치료 후(%)
슬픔, 울적함, 우울, 침울, 불행	50			**창피함,** 바보 같은 기분, 수치심, 시선 의식	100		
불안, 걱정, 공포심, 과민함, 겁이 남	100			**절망,** 낙담, 비관, 좌절감	25		
죄의식, 가책, 불쾌감, 부끄러움	100			**답답함,** 갑갑함, 낭패감, 패배감	80		
열등감, 무가치감, 부적절감, 결핍감, 무능감	95			**화,** 몹시 화가 남, 분개, 언짢음, 짜증 남, 속상함, 격분	75		
외로움, 사랑받지 못함, 환영받지 못함, 거절감, 고독감, 버림받음				**그 외의 감정들**			

부정적인 생각	현재(%)	치료 후(%)	왜곡	긍정적인 생각	믿음(%)
1. 나는 실패자야.	100				
2. 그 여자가 내 소문을 떠들고 다녀서 사람들이 나를 비판적으로 볼 거야.	100				
3. 내게는 흠이 있어.	85				
4. 사람들은 내가 관계를 유지하지 못한다고 생각할 거야.	95				
5. 내 장례식에서 아이들이 창피를 당할 거야.	90				
6. 사람들은 내가 벌을 받아 마땅하다고 생각할 거야.	95				
7. 나는 버림받을지도 몰라.	100				
8. 내 실패 경험은 결혼에 실패한 다른 사람들과 나누는 게 안전해.	100				

나의 대답

여러분은 멜라니가 자신이 상을 받을 자격이 없다는 생각 때문에 숨겼다고 생각할지 모르겠다. 거의 모든 사람이 그렇게 생각했다.

하지만 멜라니는 그런 이유에서 상을 숨긴 게 **아니다**. 상에 세 가지 다른 이름이 적혀 있어서 숨긴 것이었다. 멜라니는 동료와 학생들이 명판을 보고, "와, 멜라니, 이 상을 다 받았다니 대단해요. 그런데 여기 다른 사람들은 다 누구예요? 왜 상장에 다른 이름 세 개가 적혀 있죠?"라고 물을까 봐 두려워했다. 그러면 자신이 세 번 결혼했다는 '무시무시한' 사실을 고백해야 할 테니 말이다.

슬프지 않은가?

멜라니는 교회의 결혼 사역 활동을 하며 문제가 있는 커플에게 도움을 주는 일도 한다고 했다. 하지만 이 일을 하는 동안 멜라니의 불안감과 수치심은 더 커졌다. 자신이 사기꾼처럼 느껴졌기 때문이다. 나는 아름답고 겸손하며 상냥하고 베풂을 실천하는 멜라니에게 마음이 갔다.

멜라니가 생각하고 느끼는 방식을 바꾸는 데 어떻게 도움을 줄 수 있을까? 연습 문제 몇 개를 함께 풀어가며 차근차근 설명해보겠다. 만약 이 연습 문제를 다 푼다면, 10장에서 여러분의 문제를 풀어나가기 시작할 때 각자의 부정적인 생각에 훨씬 더 쉽게 반박할 수 있을 것이다.

크럼 박사와 내가 제일 먼저 한 일은 치료 시작 후 30분 정도 멜라니가 부정적인 생각과 감정을 이야기하는 동안 그저 귀 기울여 듣고 따뜻하게 반응하는 것이었다. 다시 말하지만 우리는 중간에 '끼어들거나' 멜라니에게 '도움'을 주려고 하지 않았다. 다만 멜라니의 말을 다른 표현으로 돌려주고, 그녀가 느꼈던 고통을 인정했을 뿐이다.

그런 다음 우리는 멜라니에게 불안감과 부끄러움, 불완전함 등에 도움을 받아들일 준비가 되었는지, 아니면 아직 더 이야기할 시간을 갖고 지지받고 싶은지 물었다. 멜라니는 분명히 도움을 바라며, 시작할 준비가 되었다고 말했다.

나는 멜라니에게 어떤 도움을 받고 싶은지 물었다. 오늘 치료에서 기적이 일어난다면, 그게 어떤 기적이길 바라는지에 관한 질문이었다.

멜라니는 자신을 9년 동안 괴롭혔던 불안감과 부끄러움에서 해방되고 싶으며, 두 번의 결혼 실패 사실을 들켜서 사람들에게 좋지 않은 평가를 받을 걱정도 그만하고 싶다고 대답했다. 그리고 사람들이 자신을 나쁘게 바라본다 해도, 더는 그런 일에 신경 쓰거나 걱정하고 싶지 않다고도 했다.

멜라니에게 마법 버튼을 누르기만 하면 아무런 노력 없이도 부정적인 생각과 감정이 순식간에 사라진다고 상상해보라고 했다. 치료를 마치고 최고의 기분으로, 기쁘고 자유로운 마음으로 나갈 수 있을 거라고 말이다.

멜라니는 "다른 노력을 들일 필요가 없다면" 마법 버튼을 **누르겠다**고 말했다. 거의 모든 사람이 버튼을 누르고 싶다고 말하지만, 앞에서도 언급했듯이 때때로 몇몇 사람은 어떤 이유 때문에 의식적, 무의식적으로 고착을 유지하려는 경향이 있다. 그래서 의미 있는 변화를 꾀하고 싶다면 그러한 고착의 일부분을 녹여 없애는 일이 중요하다.

멜라니의 기분 일지를 다시 보면, 부정적인 생각과 감정이 많다는 점을 알 수 있다. 이제 멜라니의 부정적인 생각과 감정에 하나하나씩 집중하면서 다음 두 가지 질문을 생각해보자.

1. 멜라니의 부정적인 생각 또는 감정을 통해 알 수 있는 멜라니와 그녀가 지닌 핵심 가치관의 긍정적이고 멋진 점은 무엇인가?

2. 멜라니의 부정적인 생각 또는 감정이 지닌 유익이나 장점은 무엇인가?

다음 쪽의 긍정적 재구성 표에 여러분이 생각하는 긍정적인 점을 모두 적어보자. 이 연습 문제를 풀 때 멜라니의 부정적인 생각이나 감정은 무엇이든 사용해도 된다. 단, 한 번에 한 가지 생각 또는 감정에만 집중하자.

'완벽'하게 해내지 않아도 된다는 점을 명심하라. 그저 생각나는 내용을 적으면 된다. 다 하고 난 후 멜라니와 내가 생각해낸 장점을 확인해보라. 여러분의 생각이 그 내용과 다르더라도 괜찮다. 여러분이 우리가 놓친 부분을 간파했을 수도 있다. 여러분이 이 연습 문제와 이 책에 실린 모든 연습 문제를 풀며 부끄럼 없이 즐겁게 실패하길 바란다!

멜라니의 긍정적 재구성 표

멜라니가 기분 일지에 적은 부정적인 생각이나 감정	장점과 핵심 가치관

멜라니와 내가 생각한 내용은 아래 표와 같다.

멜라니의 긍정적 재구성 표

부정적인 생각이나 감정	장점과 핵심 가치관
슬픔	• 멜라니의 슬픔은 전 시어머니 중 한 명이 돌아가셨으므로 적절한 감정이다. 멜라니는 이혼 후에도 두 명의 전 시어머니와 친밀한 관계를 이어왔고, 따라서 슬퍼하는 게 정상이다. • 실패한 두 번의 결혼에 대한 슬픔 역시 적절하다. 이는 멜라니의 상실감을 보여준다.
죄의식과 부끄러움	• 이런 감정은 멜라니가 도덕적 기준을 가지고 있고, 사랑과 결혼을 소중히 여긴다는 점을 보여준다.
불안	• 불안감은 사람들에게 실패한 결혼에 대해 말하지 말라고 알려준다. 이 감정은 멜라니뿐 아니라, 친구들과 가족, 학생들 그리고 멜라니를 존경하는 교회 신도들이 그녀를 부끄러워하거나 실망하지 않아도 되도록 지켜준다. 물론 멜라니는 오늘 치료가 끝난 뒤 이 생각을 바꿀 수도 있지만, 지금까지는 실패한 결혼을 비밀로 두는 것이 멜라니의 방침이었다. 불안감은 경계심을 늦추지 않는 데 도움이 된다.
부적절감, 결핍감, 무능감	• 멜라니는 자신에게 결함이 있다고 낙인을 찍는데, 멜라니 역시 다른 사람들처럼 많은 결점과 부족함을 가지고 있기에 현실적인 감정을 느끼는 것이다. • 이러한 감정은 멜라니가 겸손하다는 것을 보여준다. 겸손은 영적인 자실이나. 멜라니가 지닌 따뜻함과 겸손함은 현실이고, 사람들에게 호감을 사는 특징이다. • 이런 감정이 드는 이유는 멜라니가 지닌 기준이 까다롭다는 뜻이고, 까다로운 기준은 멜라니가 많은 것을 성취할 수 있도록 동기를 부여했다.
분노	• 화가 나는 것은 정당하다. 이는 멜라니가 스스로를 방어한다는 뜻이다. 신앙심이 독실하다고 주장하는 일부 교회 신도들을 포함하여 많은 사람이 남에게 비판적이기 때문이다.
절망	• 멜라니는 아주 가볍게 절망을 느끼는데, 이는 좋은 일이다. 절망 덕에 희망을 품었다가 실망하지 않도록 자신을 보호할 수 있다.
'나는 실패자야'	• 이 부정적인 생각은 멜라니가 엄격한 기준을 가지고 있다는 점을 보여준다. 멜라니의 자기비판은, 다른 사람들처럼 남을 탓하기보다 그녀가 책임감을 가지고 자신의 부족한 점을 살펴보고자 하는 의지를 가졌다는 뜻이다.
'사람들은 내가 벌을 받아 마땅하다고 생각할 거야.'	• 비판받기를 두려워하는 것은 멜라니가 친구들과 학생들, 교회 신도들과 의미 있고 다정한 관계 맺기를 소중히 여긴다는 뜻이다. 멜라니는 사람들과 친밀하게 지내고 싶어 하고, 사람들이 자신을 소중히 여기기를 바란다. 이는 좋은 일이다!

여러분이 긍정적인 부분을 더 많이 생각해냈다면 더욱 좋다. 이건 순수 과학이 아니고 답은 주관적이다.

목록을 완성한 다음, 멜라니는 자신의 부정적인 생각과 감정에 그토록 많은 좋은 점이 있다는 사실을 알고 마법 버튼을 누르지 않겠다고 결심했다. 그러고는 부정적인 감정을 더 낮게, 관리하기 쉬운 수준으로 낮추는 편이 낫겠다고 대답했다.

예를 들어, 멜라니는 불안감이 경계심을 유지하고 자신을 보호해 주는 역할을 하므로 40퍼센트라는 건강한 수준으로 유지하고 싶어 했고, 반면 우울감은 0이 될 때까지 낮추고 싶어 했다. 나머지 부정적인 감정도 줄이기를 원했다.

감정	현재(%)	목표(%)	치료 후(%)
슬픔, 울적함, 우울, 침울, 불행	50	0	
불안, 걱정, 공포심, 과민함, 겁이 남	100	40	
죄의식, 가책, 불쾌감, 부끄러움	100	30	
열등감, 무가치감, 부적절감, 결핍감, 무능감	95	10	
외로움, 사랑받지 못함, 환영받지 못함, 거절감, 고독감, 버림받음			
창피함, 바보 같은 기분, 수치심, 시선 의식	100	30	
절망, 낙담, 비관, 좌절감	25	0	
답답함, 갑갑함, 낭패감, 패배감	80	0	
화, 몹시 화가 남, 분개, 언짢음, 짜증 남, 속상함, 격분	75	0	
그 외의 감정들			

하지만 이러한 '목표'는 정해져 있지 않다. 우리가 먼저 멜라니에게 부정적인 생각을 반박하고 밀어내는 방법을 보여주면, 멜라니의 생각에 갑자기 어떤 변화가 일어나 몇몇 부정적인 감정을 더 낮추고 싶어 할지도 모른다.

다음으로 넘어가기 전에 멜라니가 겪고 있는 일을 좀 더 확실하게 이해해두자. 아직은 여러분에게 이 상황이 낯설 수 있기 때문이다. 이런 기법들(마법 버튼, 긍정적 재구성, 마법 다이얼)을 사용하면서, 크럼 박사와 나는 멜라니가 생각과 감정을 바꾸도록 성급하게 '도우려고' 하지 않았다. 우리가 성급하게 굴었다면 멜라니의 저항에 불을 붙였을 것이다. 여기에는 몇 가지 그럴 만한 이유가 있다.

왜 그럴까? 왜 멜라니를 도우려는 시도가 저항에 불을 붙이는 걸까? 글을 더 읽기 전에 여러분의 생각을 여기에 적어보자.

나의 대답

첫째, 멜라니는 자신의 부정적인 생각을 모두 굳게 믿었다. 대부분의 사람이 절대적인 진실로 보이는 생각이나 관념을 포기하려 하지 않는다. 진실은 사람의 마음을 움직이는 엄청난 동기이자 지표이기 때문이다.

둘째, 대부분의 사람은 강권당하는 일을 좋아하지 않는다. 누군가 우리를 이쪽저쪽으로 밀고 가려고 하면 우리는 자기도 모르게 밀쳐내고 싶은 충동을 느낀다.

셋째, 이 부분이 매우 중요한데, 멜라니가 지닌 부정적인 생각과 감정은 그녀가 지닌 핵심 가치관의 표현이다. 자신의 핵심 가치관을 포기하거나 저버리고 싶어 하는 사람은 아무도 없다.

마지막으로, 멜라니가 지닌 부정적인 생각과 감정 중 다수는 멜라니에게 유용했고, 그녀를 보호해주었다. 도움과 보호를 제공하는 것을 기꺼이 포기할 사람은 아무도 없다.

그래서 크럼 박사와 나는 멜라니를 도와주려고 하는 대신 그와 반대 방향으로 갔다. 우리는 치료사로서, 전문가로서 또는 조력자로서의 목소리를 포기하고, 변하지 **말아야** 할 온갖 좋은 이유를 지적하여 멜라니의 무의식적 저항의 목소리 역할을 맡았다.

다른 많은 환자처럼, 멜라니도 우리가 열거한 많은 긍정성과 유익에도 불구하고 여전히 변화를 원한다고 대답했다. 다만 기분 일지의 목표 칸에 직접 기록한 수준까지만 변하고 싶다고 했다.

회복 서클

이제 우리는 멜라니의 잠재의식 속 저항을 처리하여 고착 대부분을 녹여냈다. 이제 멜라니가 생각하는 방식과 감정을 변화시키도록 하기 위해 어떤 도움을 줄 수 있을까? 그리고 여러분이 생각하는 방식과 여러분의 감정을 바꾸게끔 하는 데 내가 어떤 도움을 줄 수 있을까?

지난 장에서 알아보았듯이, 우선 살펴보고 싶은 부정적인 생각 한 가지를 골라야 한다. 멜라니는 일지에 두 번째로 적은 부정적인 생각, '그 여자가 내 소문을 떠들고 다녀서 사람들이 나를 비판적으로 볼 거야'를 선택했다.

다음으로, 회복 서클 표 중심에 이 생각을 집어넣어보자.

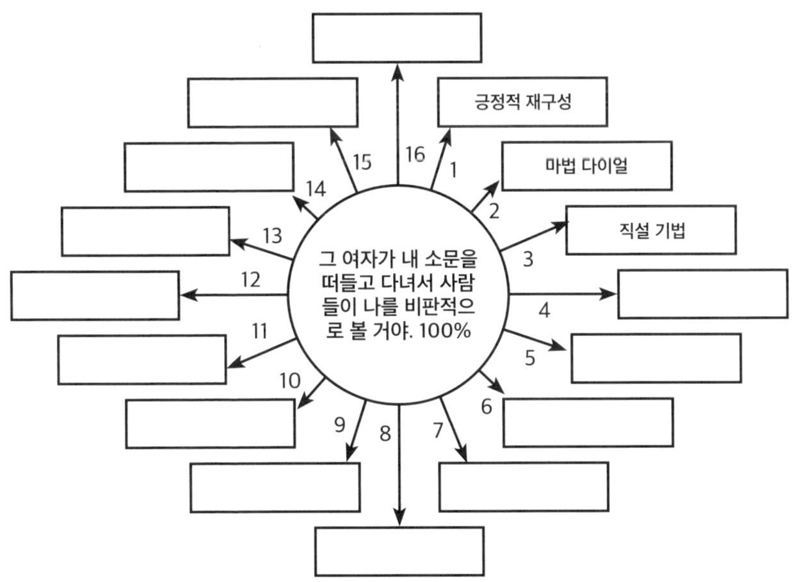

회복 서클은 기분이 우울할 때 갇히는 일종의 함정이나 감옥을 의미하고, 화살표는 이 함정에서 탈출하는 방법을 나타낸다. 탈출하는 방법은 여러 가지가 있다. 화살표 끝에는 상자 16개가 있다. 각 상자는 가운데 적은 생각을 박살내는 데 사용할 수 있는 방법을 나타낸다. 이 방법은 33장 "왜곡된 생각을 바로잡는 50가지 방법"에 자세히 설명해두었다. 상자 세 개는 미리 채워두었는데, 이 세 가지 기법은 항상 동일하기 때문이다.

◆ **긍정적 재구성** 우리에게 이미 익숙한 기법이다. 부정적인 생각에서 엿볼 수 있는 자신의 긍정적이고 멋진 면을 생각하는 방식이다. 부정적인 생각이 어떻게 자신에게 도움이 되는지 자문해보라. 내가 나에게 이 메시지를 보내서 얻는 이점은 무엇인가?

◆ **마법 다이얼** 각각의 부정적인 감정의 크기를 원하는 만큼 낮추면서도 그 감정과 관련된 긍정적인 특성은 유지하게끔 할 수 있는 마법

다이얼이 있다고 상상하는 기법이다.

◆ **직설 기법** 직설 기법은 간단하다. 사실에 근거한 왜곡되지 않은 긍정적인 생각을 떠올리고, 그 생각으로 회복 서클 중앙에 있는 왜곡된 부정적인 생각을 반박하거나 부정하는 기법이다.

이 세 가지 기법은 부정적인 생각에 대한 믿음을 큰 폭으로 감소시키기에 충분할 때도 있지만(4장 캐런의 경우처럼) 언제나 그렇지는 않다. 문제없다! 우리에게는 훌륭한 기법이 아주 많다. 여러분이 할 일은 도움이 될 만한 여러 기법을 더 골라서, 회복 서클을 둘러싼 각각의 상자 안에 한 가지씩 채워 넣는 것이다.

왜 회복 서클을 채워 넣어야 할까? 회복 서클은 한 가지 이상의 긍정적인 생각으로 부정적인 생각을 반박하고 무너뜨릴 지침서다. 하지만 도움받기 위해서는 각각의 긍정적인 생각이 감정 변화를 위한 다음의 두 가지 기본 요건을 반드시 충족해야 한다.

1. 100퍼센트 참이어야 한다(필요조건).
2. 부정적인 생각에 대한 믿음을 대폭 줄이거나 없애야 한다(충분조건).

멜라니가 '두 번의 이혼을 이유로 사람들이 나를 안 좋게 보지는 않을 거야'라는 긍정적인 생각을 적용하여 직설 기법을 시도한다고 해보자.

이 생각이 멜라니에게 도움이 될까? 여러분은 어떻게 생각하는가?

해당 칸에 체크 표시를 해서 여러분의 생각을 표현해보라. 정답은 하나지만, 미리 보지 말고 스스로 생각해보길 바란다!

	(√)
그렇다. 이 긍정적인 생각은 도움이 될 것이다.	
아니다. 이 긍정적인 생각은 도움이 되지 않을 것이다.	
잘 모르겠다.	

나의 대답

긍정적인 생각은 멜라니에게 도움이 되지 않는다. 100퍼센트 참이 아니기 때문이다. 어떤 사람들은 두 번의 결혼 실패를 이유로 그녀를 비난할 것이다. 따라서 사람들이 자신을 비난하지 않을 것이라고 스스로를 설득하려는 노력은 그만둬야 한다. 부처님도 "거짓말로 도움을 받은 사람은 아무도 없다!"라고 말씀하셨다. 그러나 100퍼센트 진실이라는 긍정적인 생각도 도움이 되지 않을 수 있다. 진실은 변화를 위해 필요하지만 이것만으로는 충분하지는 않다. 긍정적인 생각은 부정적인 생각에 대한 믿음 역시 줄여야 한다는 것이 변화의 충분조건이다.

멜라니가 '많은 사람이 결혼 생활에 실패한 경험이 있다'라는 긍정적인 생각을 떠올린다고 가정해보자. 이 생각은 100퍼센트 참이다. 이 긍정적인 생각이 멜라니에게 도움이 될까? 여러분은 어떻게 생각하는가?

	(√)
그렇다. 이 긍정적인 생각은 도움이 될 것이다.	
아니다. 이 긍정적인 생각은 도움이 되지 않을 것이다.	
잘 모르겠다.	

나의 대답

다시 말하지만, 멜라니는 여전히 사람들이 자신을 비판적으로 볼 거라 걱정하기 때문에 도움이 되지 않을 것이다. 달리 말해서, 긍정적인 생각이 100퍼센트 참이라고 해도, 부정적인 생각에 대한 믿음을 감소시켜주지 않으면 효과를 보지 못한다.

멜라니의 비상

이제 우리가 풀어야 할 중요한 연습 문제가 하나 있다. 처음 해보는 것이기 때문에 어렵고 조금 답답할 수도 있다. 그래도 한번 해보자!

때로는 여러분이 이해하기 쉬운 것들을 알려주고자 한다. 또 때로는 처음에는 약간 어렵게 느껴질 연습 문제들도 있다. 인내심을 갖고 이 문제를 풀되, 완벽하게 해야 한다는 걱정은 하지 않길 바란다. 처음에는 조금 헤맬 수도 있지만 비틀거리더라도 많은 것을 배우리라고 약속한다. 부디 부끄러움 없이 헤매고 비틀거리길!

시작하기에 앞서 다음 네 가지 기법을 살펴보고, '그 여자가 내 소문을 떠들고 다녀서 사람들이 나를 비판적으로 볼 거야'라는 멜라니의 부정적인 생각을 반박하는 데 어떤 기법이 도움이 될지 생각해보자. 멜라니의 회복 서클에 포함할 기법에 체크 표시하라.

	(√)
증거 조사 멜라니는 자문할 수 있었다. '이 생각이 사실이라는 증거는 무엇인가?' '이 생각이 사실이 아니라는 증거는 무엇인가?'	
실험 기법/설문 기법 다른 사람들의 생각을 성급하게 결론짓는 대신 직접 물어볼 수 있었다. 만약 사람들이 멜라니를 나쁘게 보지 않는다고 대답하면, 멜라니는 그 대답이 진심인지 아니면 그저 친절하게 행동한 것인지 물어보면 된다.	
재귀인 멜라니는 결혼 실패가 전적으로 자신의 탓이라고 생각하는 듯하고, 다른 사람들이 자신을 안 좋게 보거나 험담하는 일도 기꺼이 자기 탓으로 받아들이는 것 같다. 이에 대해서는 '완전히 공정하고 사실에 부합하는가?'라고 자문해볼 수 있었다.	
비용 편익 분석 멜라니는 이 생각을 믿을 때의 이익과 불이익을 열거해볼 수 있었다. 그 생각이 어떤 도움이 되는가, 어떤 상처를 주는가, 이익과 불이익 중 무엇이 더 큰가 등 말이다.	

여러분은 어디에 체크 표시를 했는가? 이 방법은 모두 유용하므로 전부 다 표시했다면 올바르게 선택한 것이다. 이유를 살펴보자.

◆ **증거 조사**Examine the Evidence 훌륭한 선택이다. 멜라니는 아는 사람 중에 한 번 이상 결혼에 실패한 사람들이 있는지, 여전히 그 사람을 좋아하고 존중하는지, 또는 그런 사람을 좋아하고 수용하는 다른 사람들을 아는지 자문해볼 수 있다.

다른 방식으로 증거를 검토해볼 수도 있다. 치료를 시작할 때 멜라니는 몇몇 친구에게 결혼에 두 번 실패했다고 이야기한 적이 있다고 언급했다. 따라서 멜라니는 '친구들이 어떻게 반응했나? 나를 재단하는 듯 보였나? 내 고백 때문에 우리의 우정에 금이 갔나?' 등을 자문해볼 수 있다. 사실 멜라니가 마음을 열었을 때 친구들은 모두 다정해 보였고, 멜라니의 상황을 받아들이며 힘을 주는 듯했다. 이는 적어도 멜라니가 부정적인 생각에 반박할 때 사용할 몇 가지 증거가 될 수 있다

그러므로 만약 증거 조사 기법을 선택했다면, 이 연습 문제에서 A 점수를 받을 수 있다. 잘했다!

◆ **실험 기법/설문 기법**Experimental Technique/Survey Technique 상당히 대담한 기법으로 믿을 수 없을 만큼 큰 도움이 될 수 있다. 멜라니는 여러 친구나 동료, 교회 신도, 학생들에게 자신이 세 번째 결혼 생활로 매우 행복하지만, 두 번 이혼했던 과거가 부끄러워서 이 사실을 숨겨왔다는 이야기를 할 수 있다. 가령 이렇게 말이다.

"부끄러움을 느끼는 일에 지쳐서 이 사실을 알리기로 했고, 그래서 네게 이야기하는 거야. 나는 항상 네가 아주 좋았고, 그래서 우리가 계속 친구로 지냈으면 좋겠어. 하지만 네 생각과 기분이 어떤지 알고 싶

어. 내게 실망했니?"

여러분이 회복 서클에 실험 기법 또는 설문 기법을 선택했다면, 나도 이 방식이 마음에 든다! 출발이 아주 좋다. 잘했다!

이 사례에서 실험 기법과 설문 기법은 동일하다. 하지만 이 두 기법은 때에 따라서는 다르기도 하다. 설문 기법은 부정적인 생각을 검증할 수 있는 실험 기법의 한 형태일 뿐이지만, 실험 기법에는 조사가 아닌 다른 방법도 있다.

◆ **재귀인** Reattribution 재귀인 기법은 인지 왜곡 중 자기 비난에 많은 도움이 된다. 멜라니는 적어도 두 가지 관점에서 분명히 자신을 탓하고 있다. 우선 멜라니는 사람들이 자신을 좋지 않게 생각하고 험담하는 것이 자기 잘못이고, 자신에게 뭔가 문제가 있다고 생각한다. 그러나 멜라니를 비판적으로 보는 사람들에게 책임을 돌릴 수도 있다.

둘째, 멜라니는 두 번의 이혼이 전적으로 자기 잘못이라고 생각하는 듯 보인다. 갈등이 있을 때 기꺼이 자신의 역할을 돌아보고 스스로에게 책임을 묻는 자세는 분명 칭찬받을 만하다. 하지만 우리는 멜라니의 전남편들이 결혼 생활 문제에서 어떤 역할을 했는지 역시 물어야만 한다. 여러분은 어떻게 생각하는가?

재귀인은 무척 복잡미묘한 방법이어서 회복 서클에 선택하는 사람이 거의 없다. 하지만 재귀인을 고른 여러분의 선택은 전적으로 옳다. 사려 깊은 선택을 한 여러분에게 감사를 전한다!

◆ **비용 편익 분석** Cost-Benefit Analysis 훌륭한 기법이다. 멜라니는 부정적인 생각을 믿을 때의 장단점을 모두 나열할 수 있다. 예를 들어 멜라니의 부정적인 생각은 많은 부분에서 그녀 자신에게 도움이 될 것이다. 일단 실패한 결혼 생활을 비밀로 하면 비판받을지 모를 상황을 모면

할 수 있다. 다른 잠재적인 이점도 있을 것이다. 하지만 동시에 그런 생각 때문에 상처받기도 한다. 과거를 숨기면서 수년 동안 비참한 기분을 느꼈고, '들킬까 봐' 늘 걱정이었기 때문이다. 장단점을 나열해보면, 어느 쪽이 더 큰지 100점 척도로 견주어볼 수 있다.

보다시피 회복 서클에 채워 넣을 방법을 선택하기란 그리 어렵지 않다. 위의 네 가지 기법은 모두 멜라니의 상황에 적합하므로, 다음 쪽에 나오는 멜라니의 회복 서클에 전부 다 넣어도 좋다. 지금 해보자.

다 했는가?

그랬다면 이미 여러분은 '그 여자가 내 소문을 떠들고 다녀서 사람들이 나를 비판적으로 볼 거야'라는 멜라니의 부정적인 생각을 반박할 기법을 일곱 가지나 가진 셈이다.

이제 33장 "왜곡된 생각을 바로잡는 50가지 방법"을 참조하여 멜라니의 회복 서클에 더 추가할 기법이 있는지 알아보자. 이 기법이 어떻게 작동하는지 아직은 명확하게 이해되지 않겠지만, 걱정하지 말라. 2부에서 **어떤 기법이 왜, 어떻게** 작동하는지 설명할 것이다. 여기서는 스스로 생각해보자. 어떤 특정 방법이 효과적으로 보인다면, 멜라니의 회복 서클에 있는 빈칸에 그 기법을 적어보라.

멜라니의 회복 서클[✣]

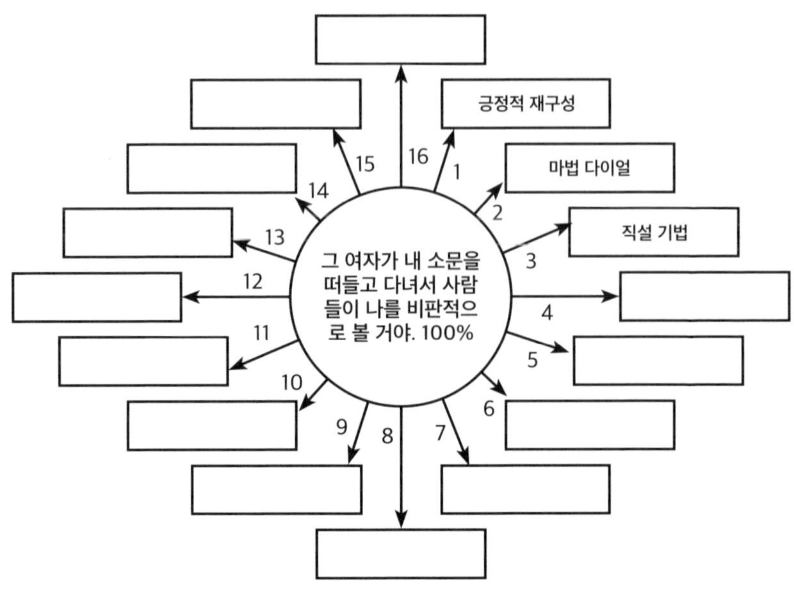

여러분이 추가한 기법이 나중에 보니 최고의 선택이 아니었다 해도 배울 점은 있을 것이다. 그것만으로도 좋다. 회복 서클 경찰에게 체포되지 않을 테니 안심하기를!

그래도 아직 이 연습 문제를 풀기에 겁이 난다면, 문제 풀이를 좀 더 쉽게 할 수 있도록 도와주겠다. 연습 문제를 풀기 전에 여러분이 참고할 수 있는 커닝 페이퍼를 만들었다. 곧 알게 되겠지만, 각각의 왜곡은 서로 다른 기법에 반응을 보이는 경향이 있다. 166쪽에 있는 커닝 페이퍼에는 10가지 왜곡과 50가지 기법을 각각 행과 열로 정리했다. 각 행에는 흰색 체크 표시와 회색 체크 표시가 있다. 흰색 체크 표시는 효

✣ ⓒ 데이비드 D. 번즈, 2004.

과가 확실한 기법이라는 뜻이고, 회색 체크 표시는 해당 왜곡에 효과가 뛰어난 기법이라는 의미다.

커닝 페이퍼를 확인했는가? 부정적인 생각에서 왜곡을 하나 이상 찾아내면, 커닝 페이퍼를 이용하여 회복 서클에 집어넣을 기법을 쉽게, 더 많이 발견할 수 있다.

예컨대 멜라니의 첫 번째 부정적인 생각('나는 실패자야')은 지나친 일반화의 전형이다. 이 경우 회색 체크 표시에 속한 기법, 즉 뛰어난 효과를 기대할 수 있는 기법은 다음과 같다.

- 긍정적 재구성
- 마법 다이얼
- 이중 기준 기법
- 증거 조사
- 구체적으로 생각하기
- 용어 정의
- 목소리 외재화
- 수용 역설
- 개인용 하향 화살표
- 비용 편익 분석
- 잘할 때, 못할 때, 보통일 때

그리고 다음은 일반적으로 효과가 확실한 흰색 체크 표시의 기법이다.

커닝 페이퍼

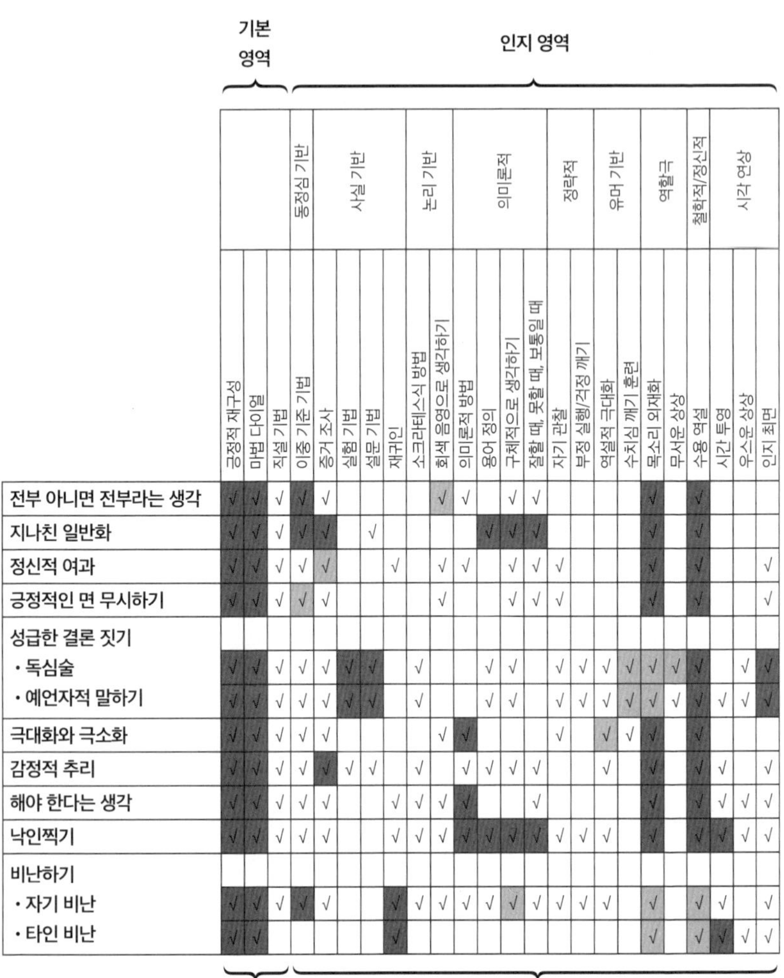

	기본 영역			인지 영역																				
				동정심 기반	사실 기반				논리 기반		의미론적				정량적		유머 기반		역할극		철학적/정신적	시각 연상		
	긍정적 재구성	마법 다이얼	직설 기법	이중 기준 기법	증거 조사	실험 기법	설문 기법	재귀인	소크라테스식 방법	회색 음영으로 생각하기	의미론적 방법	용어 정의	구체적으로 생각하기	잘할 때, 못할 때, 보통일 때	자기 관찰	부정 실행/걱정 깨기	역설적 극대화	수치심 깨기 훈련	목소리 외재화	무서운 상상	수용 역설	시간 투영	우스운 상상	인지 최면
전부 아니면 전부라는 생각	√	√	√	√	√					√	√		√	√					√		√			
지나친 일반화	√	√	√	√	√		√					√	√	√					√		√			
정신적 여과	√	√	√	√	√			√		√	√		√	√	√				√		√			√
긍정적인 면 무시하기	√	√	√	√	√					√			√	√	√				√		√			√
성급한 결론 짓기																								
• 독심술	√	√	√	√	√	√	√		√			√	√		√	√	√	√	√	√	√		√	√
• 예언자적 말하기	√	√	√	√	√	√	√		√			√	√		√	√	√	√	√	√	√	√	√	√
극대화와 극소화	√	√	√	√	√					√	√				√		√	√	√		√			
감정적 추리	√	√	√	√	√	√	√		√		√	√	√	√			√		√		√	√		√
해야 한다는 생각	√	√	√	√	√			√	√	√	√			√					√		√	√	√	√
낙인찍기	√	√	√	√	√			√	√	√	√	√	√	√	√	√	√		√		√	√	√	√
비난하기																								
• 자기 비난	√	√	√	√	√			√	√	√	√	√	√	√	√	√	√		√		√	√		√
• 타인 비난	√	√						√											√		√	√	√	√
	전부			우울 및 불안 장애																				

발견하기 영역				동기 부여 영역							노출 영역											대인 관계 영역			
발견하기				동기 부여							고전적 노출			인지 노출			대인 관계 노출					대인 관계			
개인용 하향 화살표	대인 관계용 하향 화살표	만약에 기법	숨겨진 감정 기법	비용 편익 분석	악마의 변호 기법	자극 통제	의사 결정 도구	일일 활동 시간표	즐거움 예측 표	미루지 않기 표	점진적 노출 및 홍수	반응 저지	주의 분산	인지 홍수	이미지 대체	기억 조정	웃으며 인사하기 연습	토크쇼 진행자	자기 개방	추파 던지기 훈련	거절당하기 연습	비난/관계 비용 편익 분석	인간관계 일지	효과적인 의사소통 비결 다섯 가지	1분 훈련
√	√			**√**																					
√	√			**√**																					
√				√																					
√				**√**																					
√	**√**	**√**	**√**	**√**	√			√	√	√	√	√	√	**√**	√		√	√	**√**	√	√				
√	√	**√**	**√**	**√**	**√**			√	**√**	**√**	**√**	√	√	**√**	√		√	√	√	√	√				
√		**√**		√	**√**				√	√	**√**	√		**√**	**√**	**√**									
√				√	**√**	√	√	√	**√**	**√**	**√**	√							√						
√	**√**			√			√																		
√	√			√																					
√	√			**√**																		√	√	√	
	√			**√**																		**√**	**√**	**√**	√
전부				습관 및 중독							불안 장애											인간관계 문제			

- 직설 기법
- 설문 기법

이제 중심 원에 들어간 부정적인 생각이 지나친 일반화일 때, 회복 서클에 추가할 방법이 많이 생겼다.

'그 여자가 내 소문을 떠들고 다녀서 사람들이 나를 비판적으로 볼 거야'라는 멜라니의 생각은 지나친 일반화인가? 여러분의 생각을 표시해보라!

	(√)
그렇다. 이 부정적인 생각은 지나친 일반화인 것 같다.	
아니다. 이 부정적인 생각은 지나친 일반화가 아닌 것 같다.	
잘 모르겠다.	

나의 대답

어느 쪽이 정답이라고 확정하긴 어려우나, 멜라니는 두 번 이혼했다는 이유로 **모든 사람**이 자신을 비판적으로 여긴다 생각하는 듯하다. 이 생각은 분명히 사실이 아니기 때문에 지나친 일반화라고 주장할 수 있다. 게다가 두 번의 이혼을 이유로 사람들이 자신의 '자아' 전체를 비판적으로 여길 거라는 생각 역시 행동을 '자아'로 지나치게 일반화한 듯 보인다.

특정한 실패를 자신의 '자아'로 확대하는 지나친 일반화는 상당히 고통스러운 감정을 유발한다. 자신이 뭔가 불완전하거나 부족하다고 느끼기 시작하기 때문이다. 우울감이나 불안감을 느끼는 사람들과 상담할 때는 항상 이런 사고의 오류를 목격한다.

이런 함정에 빠져본 적이 있는가? 대부분이 그렇다. 내 학생들도,

내 동료들도 거의 전부가 가끔 이런 감정을 느낀다. 나도 마찬가지다!

지나친 일반화에 빠진 생각에는 다른 왜곡도 다수 작용하고 있을 가능성이 높으므로, 커닝 페이퍼를 이용하여 회복 서클에 추가할 다른 기법을 더 찾아낼 수 있다. '그 여자가 내 소문을 떠들고 다녀서 사람들이 나를 비판적으로 볼 거야'라는 멜라니의 부정적인 생각에서 다른 왜곡이 더 있는지 찾아보자. 여러분이 찾은 왜곡에 체크 표시하라.

인지 왜곡 퀴즈	(√)
1. **전부 아니면 전무라는 생각** 세상을 흑과 백, 전부 아니면 전무의 범주로 나누어 바라본다. 회색 지대는 존재하지 않는다.	
2. **지나친 일반화** 한 번의 부정적인 사건을 영원히 반복되는 패배처럼 여기면서 **항상**이나 **절대** 같은 표현을 사용한다.	
3. **정신적 여과** 부정적인 면에 집착하여 긍정적인 부분을 걸러낸다. 잉크 한 방울이 비커에 떨어져 물 전체를 검게 물들이는 것과 같다.	
4. **긍정적인 면 무시하기** 좀 더 인상적인 심리적 오류다. 자신의 긍정적인 부분들은 중요하지 않다고 생각한다. 이렇게 하여 일반적으로 부정적인 견해를 유지한다.	
5. **성급한 결론짓기** 뒷받침할 사실 근거도 없이 곧장 결론으로 직행한다. • **독심술 오류** 다른 사람들이 생각하고 느끼는 바를 자신이 안다고 가정한다. • **예언자적 말하기 오류** 미래를 부정적으로 예측한다.	
6. **극대화와 극소화** 무언가의 중요성을 과장하여 부풀리거나 부적절하게 축소한다. 나는 이 왜곡을 쌍안경 속임수라고 부른다. 쌍안경처럼 어느 쪽으로 보느냐에 따라 대상이 훨씬 커 보이기도 하고 작아 보이기도 하기 때문이다.	
7. **감정적 추리** 자신의 기분대로 해석한다. 예를 들어, 자신이 패배자라는 **기분**이 들면, 정말 패배자라고 **추론**한다. 또는 절망적이라는 기분이 들면, 정말로 희망이 없다고 **결론** 내린다.	
8. **해야 한다는 생각** 줄곧 **해야 한다, 반드시 해야 한다** 등으로 자신이나 타인을 불행하게 만든다. 자신을 향한 해야 한다는 죄책감과 수치심, 우울감, 무가치함 등의 감정을 만든다. 타인을 향한 해야 한다는 분노와 관계 문제 등을 촉발한다. 세상을 향한 해야 한다는 답답함과 권리의식을 유발한다.	
9. **낙인찍기** 구체적인 문제에 초점을 맞추기보다 자신이나 남들에게 꼬리표를 붙인다. 낙인찍기는 극단적인 형태의 지나친 일반화다. 자기 자신이나 다른 사람들을 완전히 결함이 있거나 나쁜 존재로 받아들이기 때문이다.	
10. **비난하기** 잘못을 자기 책임으로 돌리거나(자기 비난) 타인의 책임으로 돌린다(타인 비난).	

꼭 문제 풀이를 끝낸 뒤에 다음 내용을 읽어야 한다!

나의 대답

10가지 왜곡을 전부 찾을 수 있다.

1. 전부 아니면 전무라는 생각 이 왜곡은 분명 존재한다. 멜라니는 두 번의 결혼 실패 때문에 **모든 사람**이 자신을 완전히 부정적으로 평가한다고 추정하기 때문이다.

2. 지나친 일반화 앞에서 지적했듯이 멜라니는 한 사람이 자신을 나쁘게 평가하면, 모든 사람이 자신을 똑같이 평가할 거라고 생각한다. 사실 사람들은 저마다 다르고 모두 같은 방식으로 사고하지 않는다. 어떤 사람은 멜라니가 힘들어하는 상황을 알면 그녀를 더 좋아하고 더 가깝게 느낄지도 모른다. 치료하는 동안 크럼 박사와 나도 그렇게 느꼈다!

3. 정신적 여과 멜라니는 부족한 점에만 온전히 초점을 맞추고, 좋은 점과 훌륭한 부분은 모두 걸러내고 있다. 멜라니가 여과한 긍정적인 것이 많다!

4. 긍정적인 면 무시하기 멜라니는 현재의 행복한 결혼 생활, 지역사회에서의 봉사 활동, 시민상 수상, 자신의 온정과 관용은 별로 중요하지 않다고 스스로에게 말하고 있다.

5. 성급한 결론 짓기 다른 사람이 자신을 비판적으로 여긴다고 추정하고(독심술), 미래를 부정적으로 예측한다(예언자적 말하기).

6. 극대화/극소화 결혼 생활에 두 번 실패하는 경험을 원하는 사람은 별로 없겠지만, 멜라니는 자신이 끔찍하고 비열한 인간이라도 되는 양 과장하고 있다. 또한 많은 사람이 자신을 사랑한다는 사실뿐 아니라 자기 내면의 아름다움까지 과소평가하고 있다.

7. 감정적 추리 멜라니는 죄의식과 부끄러움을 **느끼고** 있으므로,

자신이 나쁜 게 **틀림없다**고 결론짓는다. 또한 불안감과 두려움을 **느끼고** 있으므로, 자신이 광범위하게 비난받고 판단당하며 거절당할 심각한 위험에 직면해 있다고 추정한다.

8. 해야 한다는 생각 멜라니의 머릿속은 숨겨진 해야 한다는 생각으로 가득하다. 결혼에 실패해서는 **안 되고,** 지금보다 훨씬 **나아야 한다**고 믿기 때문이다.

9. 낙인찍기 "나를 비판적으로 여긴다"라는 말은, 마치 연쇄 살인 혐의로 재판받는 상황에서처럼 감정적으로 격앙된 언어다.

10. 비난하기 멜라니는 자신을 크게 탓하고 있다.

이제는 재료가 풍족하게 쌓였다! 내가 적어준 커닝 페이퍼를 활용하면 멜라니의 회복 서클에 채워 넣을 기법을 많이 발견할 수 있을 것이다. 예를 들어, 멜라니의 부정적인 생각은 전부 아니면 전무라는 생각의 사례이므로 회색 음영으로 생각하기를 넣어볼 수 있다. 또 숨겨진 해야 한다는 생각도 있으므로 수용 역설과 의미론적 방법을 넣어도 된다.

계속 읽다 보면 이 기법들이 어떻게 작동하는지, 어떻게 사용해야 자신의 부정적인 생각을 무너뜨릴 수 있는지 훨씬 더 깊이 이해할 수 있다. 우리가 이제 막 시작했다는 점을 명심하라. 지금 당장 모든 것을 다 이해하겠다는 부담감은 갖지 않아도 된다. 우리는 이제 배에 올라탔고, 배는 우리가 가고자 하는 새로운 목적지를 향해 이제 막 부두를 출발했을 뿐이다.

마지막으로 첨언하자면, 이 연습 문제를 풀 때 커닝 페이퍼를 활용하지 않아도 된다. 원한다면 33장 "왜곡된 생각을 바로잡는 50가지 방법"에서 설명하는 목록을 훑어보며, 각자가 끌리는 기법을 회복 서클에 추가해도 좋다. 후자가 더 좋기는 하지만, 전자의 방식도 괜찮다.

지금 한번 해보라. 아직 시작하지 않았다면 멜라니가 '그 여자가 내 소문을 떠들고 다녀서 사람들이 나를 비판적으로 볼 거야'라는 부정적인 생각을 무너뜨리는 데 사용할 수 있는 기법을 모두 찾아보라. 이 문제를 푸는 데 15분에서 20분 정도 걸릴 텐데, 시간이 더 많이 걸려도 걱정할 필요는 없다. 시간을 들인 보람이 있을 것이기 때문이다. 만약 다양한 기법이 어떻게 작동할지를 생각하는 데 한 시간이 걸린다면, 이 역시 아주 좋은 일이다!

문제를 다 풀고 나면 옆에 있는 멜라니와 크럼 박사, 내가 함께 완성한 회복 서클을 확인해보라. 문제를 다 풀기 전에는 보지 않기를 권한다. 우리는 두 개의 회복 서클을 완성했지만, 여러분은 한 개만 완성해도 되니 부담을 가질 필요는 없다.

우리는 멜라니가 '그 여자가 내 소문을 떠들고 다녀서 사람들이 나를 비판적으로 볼 거야'라는 생각에 반박하도록 도와줄 많은 방법을 생각해냈다.

왜 이렇게 많은 기법을 고안해냈을까?

사람은 모두 다르고, 우리가 어떤 방법으로 회복될지 모르기 때문이다. 여러분이 각자의 부정적인 생각 한 가지를 중심으로 회복 서클을 완성할 때, 성공으로 가는 길은 '최대한 빠르게 실패하기'라는 철학을 따르는 것이다.

왜 최대한 빠르게 실패하라는 걸까? 자, 여러분이 회복 서클에 채운 기법 중 하나가 도움이 되지 않는다는 사실을 깨닫고 여전히 불안과 우울에 빠져 있다고 해보자.

멜라니의 회복 서클

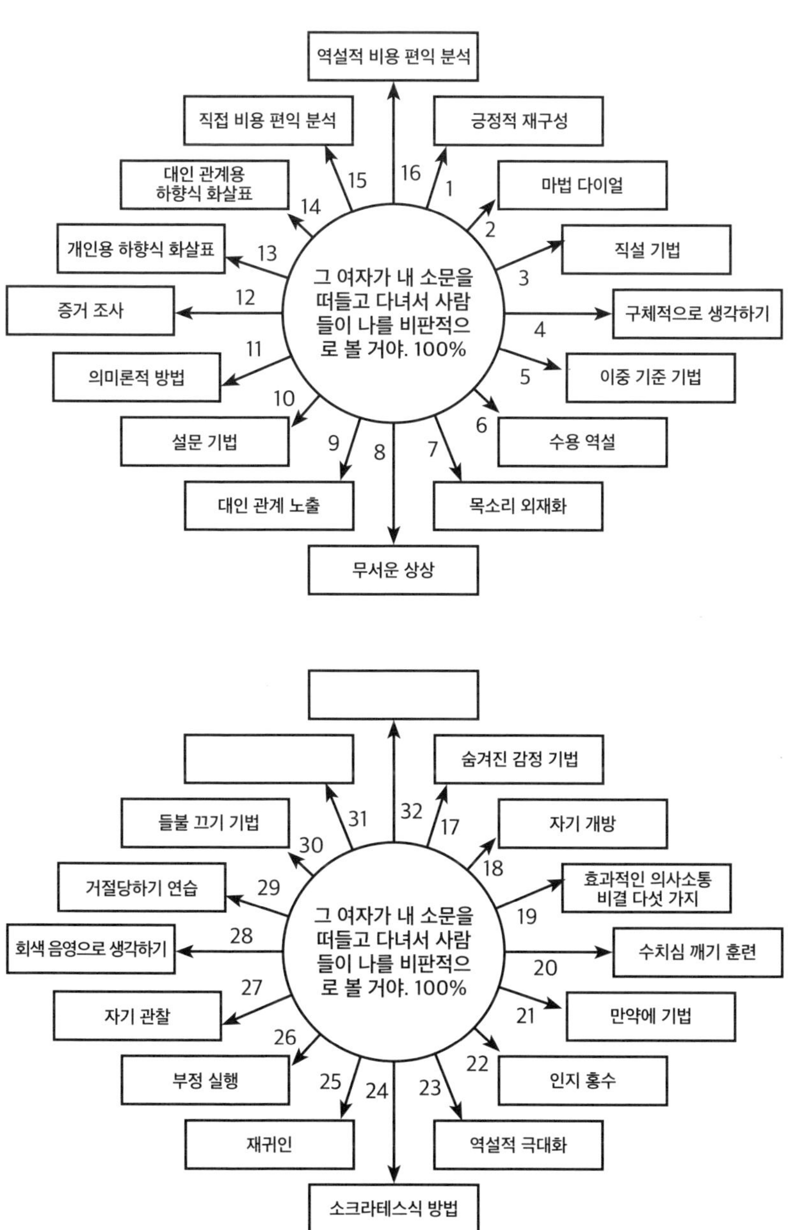

그 여자가 내 소문을 떠들고 다녀서 사람들이 나를 비판적으로 볼 거야. 100%
1 긍정적 재구성
2 마법 다이얼
3 직설 기법
4 구체적으로 생각하기
5 이중 기준 기법
6 수용 역설
7 목소리 외재화
8 무서운 상상
9 대인 관계 노출
10 설문 기법
11 의미론적 방법
12 증거 조사
13 개인용 하향식 화살표
14 대인 관계용 하향식 화살표
15 직접 비용 편익 분석
16 역설적 비용 편익 분석
그 여자가 내 소문을 떠들고 다녀서 사람들이 나를 비판적으로 볼 거야. 100%
17 숨겨진 감정 기법
18 자기 개방
19 효과적인 의사소통 비결 다섯 가지
20 수치심 깨기 훈련
21 만약에 기법
22 인지 홍수
23 역설적 극대화
24 소크라테스식 방법
25 재귀인
26 부정 실행
27 자기 관찰
28 회색 음영으로 생각하기
29 거절당하기 연습
30 들불 끄기 기법
31
32

그래도 괜찮다! 그냥 다음 기법으로 넘어가면 된다. 실패가 빠를수록, 효과적인 기법을 찾는 시간도 빨라진다.

멋지지 않은가? 어떤 환자를 만나든 그들을 도울 수많은 방법이 있기에, 똑같은 접근법을 시도하고 또 시도하지 않아도 된다고 생각하면 언제나 깊은 안도감이 든다. 이 철학은 여러분에게도 도움이 될 것이다. 몇 가지 기법을 시도해서 효과가 없더라도, 여전히 다른 선택지가 아주 많다는 사실을 알 수 있기 때문이다. 목표는 신속하고 실질적이며 지속적인 변화다. 그리고 대개 어떤 기법으로 좋은 결과를 얻을 수 있는지는 별로 상관이 없다.

이 방법은 전부 다르지만, 모든 기법은 여러분이 직관적으로 느끼는 감정을 변화시키기 위해 고안되었다. 그리고 변화는 두 가지 방식으로 증명되어야 한다. 첫째는 갑자기 "와, 이제 기분이 좀 나아졌어. 사실, **희열감**이 들어!"라고 말할 수 있을 때고, 둘째는 기분 일지에 기록한 부정적인 감정의 수치가 현저히 감소할 때다.

회복 서클을 완성하면 여러분이 채워 넣은 기법을 한 가지씩 시도해보라. 각각의 시도를 마친 후에는 감정 변화를 위해 다음 두 가지 요건을 충족하는 긍정적인 생각을 떠올리도록 노력하라.

1. 긍정적인 생각은 100퍼센트 참이어야 한다.

2. 고통스러운 감정의 원천이 되는 부정적 생각에 대한 믿음을 큰 폭으로 감소시켜야 한다.

치료가 진행되는 동안 우리 세 사람은 하나의 팀처럼 협력하여 약 15분에 걸쳐 멜라니의 회복 서클을 채웠고, 덕분에 많은 기법을 선택할 수 있었다. 멜라니가 처음에는 가벼운 기법을 시도하고 싶어 했기 때문에, 우리는 이중 기준 기법을 첫 번째 방법으로 골랐다. 앞 장에서 언급했듯이, 이 기법은 시도할 때는 자신과 같은 조건에 처한 친한 친구가 있다면 어떤 말을 해줄지 생각하고, 자기 자신에게도 똑같은 태도로 말해줄 의사가 있는지 자문해야 한다.

나는 크럼 박사와 함께 실황 중계를 진행하고 있었으므로, 역할극 형식의 이중 기준 기법을 사용하여 약간의 극적인 효과를 추가했다. 우선 크럼 박사가 어릴 때 헤어진 쌍둥이 자매와도 같은 멜라니의 친한 친구 안젤라 역을 맡기로 했다. 우리는 안젤라가 멜라니와 동갑이며 외모도 아주 비슷하고, 장단점도 멜라니와 똑같다고 설명했다. 하지만 안젤라는 멜라니의 친한 친구일 뿐, 멜라니는 아니었다. 멜라니는 이 역할극에서 자기 자신의 역을 맡는 데 동의했다. 크럼 박사는 자신이 멜라니와 아주 비슷한 문제를 가지고 있다고 말했다.

"멜라니, 알고 있는지 모르겠지만 나는 결혼한 지 9년이 되었고 이게 세 번째 결혼 생활이야. 세 번째 결혼 생활은 아주 훌륭해. 비로소 구세주를 만난 기분이야. 하지만 두 번이나 이혼했다는 사실을 숨겨왔어. 정말 부끄럽고 걱정돼. 사람들이 알면 나를 안 좋게 볼까 봐 걱정이야. 네가 보기엔 어때?"

멜라니는 그 즉시 열정을 다해 대답했다.

"일부 사람들은 안 좋게 볼지 몰라도, 대부분은 네가 지닌 아름다운 성품을 먼저 볼 거야. 네게 비판적인 사람도 있겠지만, 오히려 그런 사람들이 더 이상해 보여."

멜라니는 매우 확신에 차 있었고 자신감 있어 보였다. 멜라니의 갑작스러운 태도와 행동의 변화는 놀라웠다.

크럼 박사는 극을 이어가며 멜라니에게 그 말이 용기를 준다고 말했다. 동시에 그게 진심인지 그저 친절한 마음에서 나온 말인지 물었다. 이 대조 질문은 매우 중요했다. 우리는 멜라니가 부정적인 생각이 거짓이라는 점을 설득력 있게 증명하기를 바랐기 때문이다.

멜라니는 자기 말이 **사실**이라고 주장하며, 안젤라를 안 좋게 보는 사람도 일부 있겠지만 대다수는 그렇지 않을 거라고 설명했다. 안젤라 역을 맡은 크럼 박사는 계속해서 멜라니에게 대조 질문을 이어갔다.

"하지만 나를 안 좋게 보는 사람들이 있다면 어떻게 해? 그래도 괜찮고, 나더러 그걸 행복하게 여기라는 거야?"

멜라니는 이번에도 강렬한 대답을 내놓았다.

"너를 안 좋게 보는 사람들이 있다는 게 괜찮고, 그걸 행복하게 여기라는 말이 아니야. 하지만 중요한 건 네가 사랑하는 사람을 만났고 지금 멋진 결혼 생활을 하고 있다는 점에서 마음껏 행복해해도 된다는 거야. 너를 안 좋게 보는 사람들이 있다면 그냥 그러라고 해. 자기들이 그래봐야 집에 가서 팝콘 먹고 살찌기밖에 더 하겠어!"

멜라니는 분명히 아주 잘 해내고 있었다! 안젤라가 반박할 때마다 멜라니는 그 논리를 무너뜨렸다.

멜라니는 분명히 다른 사람이었고, 멜라니의 변화는 역할극 훈련을 시작하자마자 거의 즉각적으로 일어났다. 얼굴과 몸짓에서도 변화를 읽을 수 있었다. 멜라니는 불현듯 자기 안의 강하고 사랑스러운 목소리를 발견했고, 확신과 자신감이 가득해 보였다. 불과 몇 분 전까지 눈물 흘리며 생각하고 느끼던 방식과는 전혀 달랐다.

나는 멜라니에게 그녀와 꼭 닮은 친구 안젤라에게 해준 말을 얼마나 진심으로 믿고 있는지 물었다. 멜라니는 "100퍼센트"라고 대답했다.

"자, 그 말이 안젤라에게 참이라면, 본질적으로 안젤라의 실체라 할 수 있는 당신에게도 참이 되어야 합니다."

멜라니는 수긍했다. 나는 멜라니에게 방금 한 말을 기분 일지의 긍정적인 생각 칸에 적는 게 좋겠다고 말했다. 멜라니는 다음과 같이 적었다.

부정적인 생각	현재 (%)	치료 후 (%)	왜곡	긍정적인 생각	믿음 (%)
2. 그 여자가 내 소문을 떠들고 다녀서 사람들이 나를 비판적으로 볼 거야.	100		AON, OG, MF, DP, MR, FT, MAG, ER, SH, SB	나를 안 좋게 보는 사람들이 있을지도 모른다. 그러나 대부분은 나의 아름다운 성품을 먼저 볼 것이다. 나를 안 좋게 보는 사람이 있다면 오히려 그들이 이상해 보일 것이다.	100

기억하겠지만, 감정 변화의 필요조건은 긍정적인 생각이 100퍼센트 참이어야 한다는 것이다. 한편 충분조건은 긍정적인 생각이 반드시 부정적인 생각에 대한 믿음을 크게 감소시켜야 한다는 것이다.

멜라니에게 부정적인 생각을 지금은 얼마나 믿느냐고 물었다. 멜라니는 이제 별로 신뢰하지 않는다며, 자신의 믿음이 35퍼센트로 떨어졌고 기분 일지의 '치료 후(%)' 칸에도 그렇게 적었다고 대답했다.

부정적인 생각	현재 (%)	치료 후 (%)	왜곡	긍정적인 생각	믿음 (%)
2. 그 여자가 내 소문을 떠들고 다녀서 사람들이 나를 비판적으로 볼 거야.	100	35	AON, OG, MF, DP, MR, FT, MAG, ER, SH, SB	나를 안 좋게 보는 사람들이 있을지도 모른다. 그러나 대부분은 나의 아름다운 성품을 먼저 볼 것이다. 나를 안 좋게 보는 사람이 있다면 오히려 그들이 이상해 보일 것이다.	100

멜라니의 기분 일지[+]

문제 사건: 전 시어머니가 사망한 뒤 같은 교회 신도에게서 조의를 표하는 전화를 받음.

감정	현재(%)	목표(%)	치료 후(%)	감정	현재(%)	목표(%)	치료 후(%)
슬픔, 울적함, 우울, 침울, 불행	50	0	0	**창피함,** 바보 같은 기분, 수치심, 시선 의식	100	30	10
불안, 걱정, 공포심, 과민함, 겁이 남	100	40	5	**절망,** 낙담, 비관, 좌절감	25	0	0
죄의식, 가책, 불쾌감, 부끄러움	100	30	10	**답답함,** 갑갑함, 낭패감, 패배감	80	0	0
열등감, 무가치감, 부적절감, 결핍감, 무능감	95	10	5	**화,** 몹시 화가 남, 분개, 언짢음, 짜증 남, 속상함, 격분	75	0	0
외로움, 사랑받지 못함, 환영받지 못함, 거절감, 고독감, 버림받음				**그 외의 감정들**			

부정적인 생각	현재(%)	치료 후(%)	왜곡	긍정적인 생각	믿음(%)
1. 나는 실패자야.	100	0	AON, OG, MF, DP, MAG, LAB, SH, SB	나는 과거의 실수와 어리석은 선택들에서 다시 일어서는 데 성공했다. 나는 역경을 이겨내고 지난 9년간 행복한 결혼 생활을 이어왔다. 게다가 내가 세 번 결혼했다는 이유로 나를 실패자라고 말하는 사람은 아무도 없다.	100
2. 그 여자가 내 소문을 떠들고 다녀서 사람들이 나를 비판적으로 볼 거야.	100	35	AON, OG, MF, DP, MR, FT, MAG, ER, SH, SB	나를 안 좋게 보는 사람들이 있을지도 모른다. 그러나 대부분은 나의 아름다운 성품을 먼저 볼 것이다. 나를 안 좋게 보는 사람이 있다면 오히려 그들이 이상해 보일 것이다.	100
3. 내게는 허물이 있어.	85	10	AON, OG, MF, DP, MAG, ER, LAB, SB	모든 인간은 불완전하므로, 내가 불완전한 것도 정상이다. 나도 사람이니까.	95

4. 사람들은 내가 관계를 유지하지 못한다고 생각할 거야.	95	0	AON, OG, MF, DP, MAG, SB	나는 처음 두 번의 선택에서 실패했다. 나쁜 관계를 유지하는 것은 건강하지 않다. 세 번째 남편과 결혼한 지 9년이 되었고, 우리는 둘 다 매우 행복하며 사이좋게 지내고 있다. 전남편들과도 좋은 관계를 유지하고 있다. 이 역시 관계 유지다.	100
5. 내 장례식에서 아이들이 창피를 당할 거야.	90	5	AON, MF, DP, MR, FT, ER	아이들도 크면 관계의 복잡성을 이해할 것이다. 잠깐 부끄러워할 수도 있지만 그보다는 슬퍼할 것이다. 아이들은 나를 사랑하고, 내가 이룬 많은 것을 자랑스럽게 생각한다. 아이들은 현재의 남편과도 친하게 지내고, 남편도 여러 가지로 아이들에게 도움을 주었다. 아이들은 "엄마는 멋있었어!"라고 말할지도 모른다.	100
6. 사람들은 내가 벌을 받아 마땅하다고 생각할 거야.	95	0	AON, OG, MR, FT, DP, ER	나는 불행한 결혼 생활로 이미 벌을 받았다. 미리 대가를 치른 셈이다. 그동안 느꼈던 수치심도 벌이었다. 이혼 여성에게 잔인하게 구는 사람보다 동정적인 사람이 더 많다.	100
7. 나는 버림받을지도 몰라.	100	0	AON, MF, MR, FT, MAG, SB, ER	이 때문에 나를 멀리하는 사람은 아직 없다. 사실 두 번의 결혼을 지나면서도 오랜 친구들과 관계를 이어오고 있고, 세 번째 남편의 친구 여럿과도 새로 사귀었다. 나와 연락하지 않는 소수의 사람은 다른 이유로 연락이 끊겼을지 모른다.	100
8. 내 실패 경험은 결혼에 실패한 다른 사람들과 나누는 게 안전해.	100	0	AON, MF, MR, FT, ER, MAG	결혼하지 않은 친구들은 내가 운이 좋다거나 축복받았다고 말한다. 나는 수치스럽다고 생각했지만 그 친구들은 나를 비난하지 않았다. 사실 한 번 결혼한 사람 중 그 누구도 실제로 내게 비난의 말을 한 적이 없다.	100

✣ ⓒ 데이비드 D. 번즈, 1984. 2003년에 수정.

멜라니는 부정적인 생각에 더는 영향을 받지 않는다고 말했다. 대부분의 사람이 자신을 비판적으로 보지 않을 거라고 전적으로 확신했고, 몇몇 사람이 안 좋게 보더라도 별로 무섭지 않다고 했다.

대부분은 한 가지 부정적인 생각을 무너뜨리는 순간, 생각과 감정에 거의 즉각적인 변화가 일어나고 나머지 부정적인 생각도 대체로 쉽게 밀어낼 수 있게 된다.

멜라니가 그랬다. 멜라니가 완성한 기분 일지를 보면 알겠지만, 멜라니는 부정적인 생각을 전부 깨뜨릴 수 있었고, 부정적인 감정 역시 급격하게 바뀌었다.

멜라니는 단 1회의 상담 치료에서 극적으로 회복했다. 앞장의 캐런도 그랬다.

여러분이 지금 무슨 생각을 하는지 안다.

- 이게 진짜일 리 없어. 너무 빨라. 멜라니가 번즈 박사와 크럼 박사를 기쁘게 해주려고 했던 거야. 사실 멜라니의 직관적인 감정은 바뀌지 않았어.
- 너무 좋은 건 사실일 리 없어. 수년간의 우울과 불안, 결핍감, 수치심에서 그렇게 빨리 회복한다는 건 불가능해.
- 멜라니가 잠깐 '건강으로 비상하기flight into health(갑작스러운 회복을 의미하는 프로이트의 표현)'를 했다 하더라도 긍정적인 감정들은 지속될 수 없어.

모두 중요한 우려다. 만약 이런 의심을 했다면, 여러분이 회의적이어서 기쁘다. 나도 정신과 수련의로 있을 때 내가 배운 많은 내용을 의심했고, 그런 회의 덕에 새로운 발견도 했다. 조금도 의심이 들지 않는다면, 아마 너무 귀가 얇은 것일 수도 있다!

여러분이 할 법한 이 우려에 대한 대답은 다음과 같다.

- 멜라니의 갑작스러운 변화는 **진짜**였다. 환자를 치료할 때면 대개 똑같이 극적이고 빠른 변화를 목격한다. 나는 이런 변화가 주로 내가 개발한 새로운 치료 도구 덕분이라고 생각한다. 긍정적 재구성 등의 도구는 우울증과 불안 장애 치료에서 중요한 혁신으로 인정받기 시작했다. 일단 저항이 줄어들거나 사라지면 진짜 기적이 가능하다.
- 우울과 불안, 자기 회의에 수년 동안 시달렸다 해도 빠르게 **회복할 수 있다**. 사실, 부정적인 생각을 거짓말로 여기며 믿지 않는 순간, 감정은 거의 즉시 변화를 맞는다. 내 경험상, 회복은 거의 항상 순식간에 이루어진다.

  하지만 부정적인 감정을 유발하는 부정적인 생각을 무너뜨려야만 하므로, 쉬운 일은 아니다. 합리화와 주지화intellectualizations, 반쯤의 진실은 별 효과가 없다. 왜곡된 부정적 생각으로 자신을 속이고 있었다는 사실을 실제로 파악해야 한다. 책에서 이토록 많은 방법을 소개하는 이유는 이 때문이다. 임무를 완수할 충분한 화력이 있다는 사실을 알려주는 것이다.
- 빠른 회복은 매우 바람직하지만, 부정적인 생각과 감정은 어느 순간 **되풀이된다**. 평생 행복하기만 할 수 있는 사람은 아무도 없다. 멜라니도, 여러분도, 나도 마찬가지다. 사실상 모든 사람이 그렇다. 부정적인 생각과 감정은 인간의 조건을 이루는 한 부분이다.

사람은 누구나 때때로 블랙홀에 빠진다. 문제는 블랙홀에 갇혀 몇 주, 몇 달, 몇 년 동안 빠져나오지 못하는 경우다. 하지만 재발 방지 훈련(이 문제는 4부에서 다룬다)을 하면 재발을 미리 대비할 수 있다. 블랙홀에 빠져도 바로 다시 기분이 좋아지도록, 심지어 **희열**마저 느낄 수 있도록 타고 올라올 사다리를 마련해두는 셈이다.

또한 여러분은 처음 회복할 때 효과가 있는 기법은 언제 사용해도 늘 효과가 있다는 사실 역시 알게 될 것이다. 여러 기법과 우리 마음의 움직임이 흥미로운 이유 중 하나다.

멜라니가 경험한 놀랍도록 빠른 변화가 아직도 의심스럽거나 믿기 힘들 수 있다. 그런 사람들에게 좋은 소식이 있다. 두 명의 전문 촬영 기사가 멜라니의 치료 과정을 녹화했고, 직접 확인해보고 싶은 사람은 누구든 볼 수 있다. 지금까지 녹화한 치료 과정 가운데 가장 극적인 영상에 속하기 때문에, 직접 보면 많은 점을 배울 수 있을 것이다. 영상이 흥미롭다면, 내 웹사이트에서 더 많은 정보를 찾아봐도 좋다.

그래도 여전히 이런 식의 빠른 회복이 자신에게는 불가능하다고 생각할 수 있다. 특히 긴 시간 고통을 겪었다면 더욱 그렇다. 하지만 다음 몇 개 장에서 나는 빠른 치료가 가능하다는 증거를 보여줄 것이다. 심지어 단 한 차례의 치료로 끝날 때도 있다! 이 과정을 증명하기 위해, 나의 치료를 받고 '단일 회차 치료'를 경험한 사람들의 사례 연구를 조금 더 제시할 것이다. 이 사례의 링크도 첨부하여 이들의 회복된 모습을 직접 볼 수 있도록 하겠다.

그러면 이제 본격적으로 여러분을 위해 무엇을 할지 알아보자!

6장

고속 치료는 가능할까? 실속은 있을까?

많은 사람이 우울증이나 불안에서 회복하기까지 걸리는 수년의 시간이 길고 더디게 흘러갈 거라고 믿는다. 사실 나도 정신과 수련의 시절에 그렇게 배웠다. 그리고 경험을 통해 그 배움이 사실이라는 점을 확인하는 듯했다. 아무리 귀 기울여 듣고 아무리 많은 약을 처방해도, 환자 대부분은 천천히 좋아지는 듯 보였다. 그나마도 좋아지면 다행이었지만 말이다.

지금은 전혀 다르다. 이제는 초고속으로 빠른 회복을 꽤 일상적으로 목격한다. 이런 심오한 변화는 이 책에 설명한 기법을 사용한 몇몇 치료에서 흔히 나타났다. 내 환자들은 한 번의 집중 심리 상담 치료에서 부정적인 감정이 현저히 줄어들거나 완전히 없어지는 경험을 여러 번 했다. 우리도 캐런과 멜라니의 이야기에서 빠른 회복 사례를 이미 접했다.

하지만 우울증과 불안증에서 빠르게 회복할 수 있다는 개념은 논란을 불러오기도 하고 일부 치료사에게는 위협이 되기도 한다. 어떤 치료사들은 자기 눈으로 목격한 후에도 빠른 회복이 불가능하다고 믿는다! 해마다 실시하는 4일의 집중 치료 기간 중 심각한 트라우마를 겪었던 한 젊은 여성을 치료한 적이 있다. 그 여성은 한 시간 남짓 만에 환희에 차는 놀라운 회복을 경험했다. 사실 그 여성의 회복이 **너무** 빠른 탓에 치료 시간을 늘리려고 애써야 할 정도였다.

그날 많은 치료사가 화를 내며 평가지에 다소 적대적인 내용을 적어 냈고, 해당 여성이 연기자라고 확신했다. 사람들은 생중계 치료가 꾸며낸 가짜라고 믿었다.

나는 워크숍 둘째 날 아침에 이런 비판을 큰 소리로 읽은 후 환자에게 어떻게 생각하는지 물었다. 환자는 우울증과 트라우마를 겪은 게 **틀림없는** 사실이고, 자신이 오랫동안 고통에 시달렸다고 설명했다. 그리고 지금은 믿을 수 없을 만큼 기쁘고, 이 새로운 감정들은 똑같이 강렬하며 사실적이라고 덧붙였다.

청중이 일어나서 내 환자가 받아 마땅한 기립 박수를 보냈다. 여러분 중에도 미심쩍은 사람이 있다면, 몇 달 후에 이 환자와 함께 찍은 짧은 후속 영상이 있으니 정말 이런 일이 있을 수 있는지 내 웹사이트를 방문하여 확인해봐도 좋다("Was it Real? Or a Hoax?"✣).

여전히 의구심을 거두지 못하는 사람이 있을지 모르니 내 자료를 보며 가장 최근 워크숍에서 치료했던 40여 명의 환자를 분석해보자. 자료는 치료 전과 후의 기분 평가를 정리한 것이다. 보다시피 치료받는 동안 우울감과 불안감, 분노의 감정이 현저히 감소했다.

✣ '진짜인가, 사기인가?'라는 뜻으로, 저자 홈페이지에 해당 문구를 검색하면 영상을 확인할 수 있다. (옮긴이)

치료 중 부정적인 감정의 감소(%)

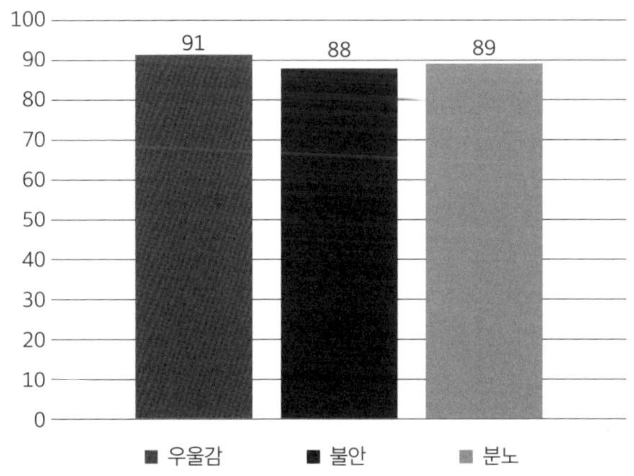

물론 부정적인 감정이 줄었다고 해서 반드시 긍정적인 감정이 커졌다는 뜻은 아니다. 상대적으로 우울감은 덜하지만 여전히 삶이 행복하지 않을 수 있기 때문이다. 하지만 다음 표를 보면 알 수 있듯이, 치료 시작 시점부터 종료 시까지 긍정적인 감정은 똑같이 극적으로 증가했다.

치료 중 긍정적인 감정의 증가(%)

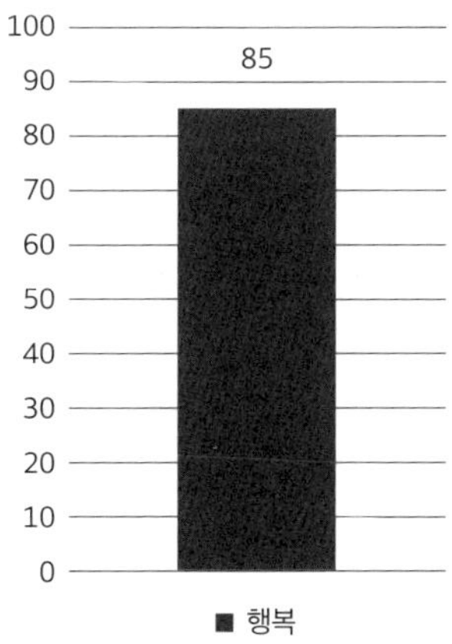

단일 회차 치료에 의한 변화는 다음의 두 가지 사실을 고려할 때 상당히 인상적이다.

1. 거의 모든 사람이 나와 함께 치료하기 전에 몇 년 동안, 어떤 경우에는 몇십 년 동안 우울감과 불안감에 시달렸다.

2. 우울증 치료제나 개별 심리 치료의 효험을 조사하여 발표한 모든 사례 연구를 보면, 일반적으로 50퍼센트 미만의 환자들이 증상 심각도에서 많아야 50퍼센트 정도의 경감 효과를 경험했다.

지난 몇 년 동안 내가 치료한 환자들은 왜 그렇게 빨리 회복되었을까? 여기에는 상반되는 의견이 많기 때문에, TEAM-CBT 연구가 더 많이 진행되어 확실한 결론을 내릴 수 있을 때까지 기다려야 할 것 같다. 하지만 놀랍도록 빠른 변화가 가능했던 몇 가지 이유를 생각해보자면 다음과 같다.

1. 공공장소에서 치료에 임한 환자들은 매우 큰 동기가 생긴다. 어쨌든 낯선 청중 앞에서 개인적인 감정과 문제를 깊이 있게 공유해야 하는데, 여기에는 엄청난 용기와 결단이 필요하다.

2. 나는 어느 정도 인지도가 있기 때문에, 환자들이 내게 상담 치료를 받는다는 사실에 흥분하며 기적을 기대할 가능성이 있다. 이 경우라면 치료가 단지 강력한 플라세보 효과의 결과일 수 있다.

3. 내가 워크숍에서 진료하는 환자들은 상당한 고기능군high functioning[+]에 속하고, 일부는 워크숍에 참석하기 전부터 내 연구에 익숙

[+] 큰 무리 없이 일상생활을 지속하며 필요한 일에서는 뛰어난 성취를 이루는 듯 보이나 경도의 우울증 등을 장기간 겪고 있는 사람들. (옮긴이)

한 상태였다.

4. 나는 지난 40년 동안 진료한 모든 환자에게서 평가 자료를 얻었다. 평가 내용은 고통스러울 때도 있었지만, 그 결과 아주 빠르게 나만의 치료 방식이 만들어졌다. 나는 기술을 갈고닦기 위해 열심히 노력했다.

5. TEAM-CBT가 정말 뛰어난 치료 방식인지도 모른다. 특히 치료 저항을 줄이거나 없애기 위해 내가 개발한 방법들이 지금 목격하고 있는 놀랍도록 빠른 변화를 불러왔을 수 있다.

6. 나는 무료로 진료하기 때문에 치료 기간을 길게 늘일 동기가 없다. 어차피 진료비를 받지 않으니까! 내가 받는 유일한 보상은 환자가 회복되는 모습을 보는 일뿐이다. 대다수의 환자 역시 전국 여기저기서 워크숍이 열릴 때만 나와 만날 수 있으므로, 자신들에게 기회가 딱 한 번뿐이라는 사실을 알고 있다.

나는 이 점이 강력한 요인이라고 믿는다. 나는 환자들에게 진료는 이번 한 번뿐이며, 장담은 못 하지만 완전히 회복되리라 예상한다고 미리 말해준다. 이 대화가 자기 충족적 예언으로 기능할 가능성이 있다.

내 방식은 치료사들이 금전적으로 보상받으며 좀 더 오랜 기간 진료하는 개인 병원의 운영 방식과 대조적이다. 개인 병원에서는 치료사가 환자에게 몇 주나 몇 달 이상 치료를 받아야 한다고 미리 알려주기도 하는데, 이 또한 자기 충족적 예언으로 기능할 수 있다.

7. 내 진료 방식에 사람들에게 특별히 도움이 되는 무언가가 있는지도 모른다. 진료 장면을 녹화한 영상을 보다 보면 놀랄 만큼, 어떤 때는 충격을 받을 만큼 유머가 많은 역할을 한다. 끔찍한 학대나 트라우마를 겪은 환자를 치료할 때조차, 진료 시간의 25퍼센트 정도에서는 낄낄

거릴 만큼의 웃음이 따른다. 그런 모습이 전문가답지 않게 보일지 모르지만, 나는 웃음이 놀라운 치유 효과를 지니며 진실한 온기와 애정을 전달할 수 있다고 생각해 마지않는다.

8. 나는 50분간의 전통적인 심리 상담 치료 시간 내에서만 진료를 시도하지 않는다. 치료 시간을 연장하여 보통 약 2시간 동안 진료한다. 그 정도가 TEAM의 네 단계를 모두 진행하는 데 필요한 시간이다.

9. 나와 함께 청중 앞에서 진료를 보는 많은 사람은 몇 년, 길게는 몇십 년 동안 수치심 때문에 감추었던 지극히 개인적인 정보를 공개한다. 그리고 대부분은 청중이 자신을 비판적으로 생각할 것이라고 꽤 확신한다.

우리는 종종 치료가 끝날 때쯤 설문 기법을 써서 이 믿음을 검증한다. 청중에게 자신을 비판적으로 보고 있는지 직접 묻도록 권하는 것이다. 그때 청중에게서 거부감이 아닌 놀랄 만큼 따뜻한 마음과 존경심을 보면, 환자나 청중 모두가 감동하는 결과를 맞을 수 있다.

내 생각으로는, 아마도 3번을 제외한 모든 요소가 작용하는 듯하다. 사전 정보가 거의 없고 교육 수준이 낮은 사람들을 진료할 때 치료는 특히 더 수월했다. 나는 고기능군에 속하는 사람들의 치료가 쉽다는 이론을 믿지 않는다. 그렇지 않다! 그리고 내 연구에 익숙하지 않은 사람들은 진료할 때도 내 책을 읽은 사람들만큼 진료 반응이 빨랐다.

다른 모든 요소보다 중요한 요소는 5번이다. 내가 개발한 긍정적 재구성 기법은 우울감과 불안에 시달리는 거의 모든 사람에게 놀랍도록 빠르게 변화의 가능성을 열어주는 듯하다.

물론 내가 가르친 치료사들이 TEAM을 진행할 때 얼마나 효과를 거두는지 알아보려면 연구가 더 필요하다. 내가 이 접근법으로 뛰어난 결과를 얻었다고 해서 다른 치료사도 그러리라는 법은 없다. 치료는 반은 예술이고 반은 과학이다. 나는 오랫동안 이 분야에서 일했고, 그사이에 내 기술도 크게 발전했다고 믿는다.

다음 몇 장에서 TEAM 과정으로 빠르게 회복한 환자들의 인상적인 사례를 짧게 설명할 것이다. 물론 장마다 여러분 각자의 긍정적 재구성 실력을 발전시키고 다듬을 수 있는 연습 문제도 함께 있다. 연습 문제는 어렵지도, 푸는 데 오랜 시간이 걸리지도 않는다. 문제를 종이에 직접 풀어보면 여러분에게도 좋은 일이 생길 것이다.

직접 보면 믿을 수 있다. 진료와 관련된 인터넷 링크도 일부 공개하니, 치료 현장을 눈으로 확인하고 결과를 직접 판단해보기 바란다. 시간을 내서 링크로 들어가 보면, 그 시간이 아깝지 않을 것이다. 누군가 내 눈앞에서 회복되는 모습을 보거나 들었을 때, 눈물이 웃음으로 변모하는 장면을 목격했을 때, 여러분도 영감을 받고 그 영향을 받을 수 있다.

때로는 백문이 불여일견이다! 한번 살펴보자.

7장

마크 이야기

"나는 실패한 아버지야."

2017년 4월, 마크와 진행한 심리 치료 실황 팟캐스트를 공개했다. 마크는 자신이 실패한 아버지라고 생각하는 의사였다. 이 진료에서 공동 치료사는 질 레빗 박사였다. 단일 회차 치료였지만, 우리는 이 과정을 더 작은 부분으로 쪼개고 각 부분에 약간의 설명과 해설을 덧붙여, 일곱 편의 〈필링 굿〉 팟캐스트를 만들었다. 이 팟캐스트는 수만 번 다운로드되었다. 7장은 이 주목할 만한 진료를 바탕으로 한다.

진료 과정에서 마크는 좀처럼 가까워지기 힘든 큰아들과의 문제로 수십 년 동안 괴로웠다고 말했다. 마크의 문제가 우리 각자의 문제와는 매우 다를지 모른다. 하지만 실패자라는 기분이 들거나, 자신에게 흠이 있다거나, 단순히 부족하다는 느낌을 갖는 게 무엇인지는 모두 이해할 수 있을 것이다.

마크는 젊은 시절 두 가지 인생 목표를 세웠다고 설명했다. 하나는 사랑이 넘치는 대가족을 거느리는 것이었고 또 하나는 실력과 동정심을 갖춘 의사가 되는 것이었다. 마크는 두 번째 목표는 달성했다고 느꼈지만, 이전 결혼에서 얻은 큰아들과 다정하게 지내지 못해 슬픔과 죄책감을 느꼈다. 그리고 그 일로 수십 년 동안 낙담한 상태였다.

마크의 기분 일지를 보면, 그가 여러 가지 부정적인 생각에 사로잡혀 있다는 사실을 알 수 있다. 예를 들어 그는 자신이 실패자이며 뇌에 문제가 있다고 생각했다. 또 레빗 박사와 내게 충분히 좋은 사례를 보여주지 못하고 있다고 걱정했다. 아마도 우리가 더 심각하거나 극단적인 문제를 지닌 환자를 필요로 한다고 생각하는 듯했다.

마크가 아들과의 문제로 전 부인을 탓하고 있다는 점도 알 수 있다. 드문 일은 아니다. 누군가와 잘 지내지 못할 때면, 전부 다 내 잘못이라는 생각도 들었다가 다시 전부 상대방 잘못이라는 생각도 들었다가 하기 마련이다.

초보 시절이었다면, 마크가 도움을 원한다고 짐작했을 것이다. 어쨌든 그는 오랜 시간 괴로워했고, 치료를 통해 도움을 받으려고 찾아왔기 때문이다. 그래서 곧바로 여러 가지 기법을 시도하며 마크가 부정적인 생각을 반박하도록 도와주려 했을 것이다.

이런 방법도 효과가 없지는 않겠으나 제대로 효과를 거두지 못했을 가능성이 크다. 마크는 진심으로 동의하지 못하는 채로, 결국에는 자신이 **진짜** 실패자라고 고집했을지 모른다.

왜 그럴까? 더 읽기 전에 여러분의 생각을 적어보자. '옳은' 답이 무엇인지는 생각하지 말라.

치료를 시작할 때 마크의 기분 일지[✣]

문제 사건: 큰아들을 위한 아버지 역할.

감정	현재(%)	목표(%)	치료 후(%)	감정	현재(%)	목표(%)	치료 후(%)
슬픔, 울적함, 우울, 침울, 불행	60			**창피함,** 바보 같은 기분, 수치심, 시선 의식	60		
불안, 걱정, 공포심, 과민함, 겁이 남	30			**절망,** 낙담, 비관, 좌절감	80		
죄의식, 가책, 불쾌감, 부끄러움	60			**답답함,** 갑갑함, 낭패감, 패배감	80		
열등감, 무가치감, 부적절감, 결핍감, 무능감	50			**화,** 몹시 화가 남, 분개, 언짢음, 짜증 남, 속상함, 격분	30		
외로움, 사랑받지 못함, 환영받지 못함, 거절감, 고독감, 버림받음	40			**그 외의 감정들**			

부정적인 생각	현재(%)	치료 후(%)	왜곡	긍정적인 생각	믿음(%)
1. 나는 실패자였어.	70				
2. 내 뇌에 어떤 결함이 있어서 아들과 애정 어린 관계를 맺는 데 방해가 됐어.	90				
3. 다른 사람이라면 질과 데이비드가 더 나은 치료에 임할 수 있었을 거야.	70				
4. 나는 배려심이 많은 사람이기 때문에 내게 이런 일이 일어나서는 안 돼.	75				
5. 이 갈등에는 다른 가족 구성원(전 아내)의 책임도 있어.	80				

✣ ⓒ 데이비드 D. 번즈, 2016.

나의 대답

지금까지 우리는 변화에 대한 양가적 감정을 먼저 처리하지 않고 변화를 시도하면 치료가 거의 실패로 돌아간다는 사실을 배웠다. 마크는 비록 고통을 **겪고 있고,** 도움을 **바라고 있지만**, 부정적인 생각과 감정을 멈추는 데에는 복잡한 감정이 들 수 있다.

마크가 자신의 부정적인 생각이 타당하다고 확신하기 때문이다. 여러분도 자신의 부정적인 생각이 옳다고 믿고 있을지 모른다! 우리 대부분은 자신이 절대적 참이라고 여기는 생각이나 믿음을 버리기를 극도로 꺼린다.

그러니 덜컥 마크에게 도움을 주려 들기 전에, 그의 저항을 누그러뜨릴 수 있을지 알아보자. 나는 마크에게 예의 그 마법 버튼 질문을 꺼냈다. 마법 버튼을 누르기만 하면 모든 부정적인 감정이 감쪽같이 사라지고 아무런 노력 없이도 온전한 기쁨을 느낄 수 있을 거라고 말한 후, 버튼을 누르겠느냐고 물었다. 거의 모든 사람이 그렇듯, 마크는 **꼭** 누르겠다고 대답했다. 그런 다음에는 비록 마법 버튼은 없지만 우리에게는 여러 강력한 기법이 있고, 그 기법으로 하루 만에 부정적인 감정을 줄일 수 있다고, 어쩌면 완전히 없앨 수도 있다고 알려주었다.

하지만 그전에, 우리는 마크에게 부정적인 생각과 감정에서 그의 긍정적이고 멋진 면을 엿볼 수 있으며, 부정적인 생각과 감정이 지닌 이점도 살펴봐야 한다고 말했다. 이런 식의 긍정적 재구성은 마크의 잠재의식 속 저항을 누그러뜨리고 빠른 변화로 가는 문을 열 수 있기 때문에 중요하다.

마크가 생각해낸 긍정적인 면을 살펴보기 전에, 여러분도 목록을 생각해보기 바란다. 이 책에서 가장 중요한 기술 중 하나인 긍정적 재구성을 연습하고 다듬을 소중한 기회가 될 것이다.

마크의 기분 일지를 다시 살펴보면서, 각각의 부정적인 생각과 감정마다 다음의 두 가지 질문을 생각해보라.

1. 마크의 부정적인 생각 또는 감정에서 마크와 그가 지닌 핵심 가치관의 아름답고 긍정적인 면을 엿볼 수 있다면 무엇인가?

2. 마크의 부정적인 생각 또는 감정의 유익이나 장점은 무엇인가?

아래의 긍정적 재구성 목록 칸에 여러분의 생각을 기록해보라. 처음에는 긍정적인 면을 여러 가지 생각해내기가 어려울 수 있다. 최선을 다하되, '정답'을 찾아내거나 대단히 잘해야 한다는 걱정은 하지 않기를 바란다. 생각나는 것은 무엇이든 적어라.

긍정적 재구성은 여러 번 연습할수록 점점 더 쉬워진다! 그러면 우리에게 도움이 될 놀라운 도구를 새로이, 더 깊이 이해할 수 있다. 여러분이 우울증, 불안, 부적절감과 싸우는 사람이든지, 치료사든지 말이다.

마크의 긍정적 재구성 목록

1. ______________________
2. ______________________
3. ______________________
4. ______________________
5. ______________________
6. ______________________
7. ______________________
8. ______________________

9. ____

10. ____

11. ____

12. ____

13. ____

14. ____

15. ____

여러분의 생각을 모두 적었다면, 나와 마크의 생각을 읽어도 좋다. 처음에 마크는 긍정적인 면 한 가지를 생각해내기도 어려워했다. 많은 사람과 마찬가지로 마크는 자신의 문제를 일종의 수치스러운 '결함'으로 여기곤 했다. 하지만 약간의 도움을 주자, 상당히 인상적인 목록을 생각해냈다. 여러분도 인상적이라고 생각할 것이다!

마크의 긍정적 재구성 목록

1. 부정적인 생각과 감정은 내가 큰아들과의 애정 어린 관계를 매우 소중하게 여긴다는 점을 보여준다.

2. 부정적인 생각과 감정은 내가 수십 년 동안 실패해도 포기하지 않고 노력을 계속하게 하는 동기다.

3. 부정적인 생각과 감정은 내가 전 아내처럼 남들만 비난하지 않고, 이 문제에서 자신의 역할을 책임지고 살펴볼 의향이 있다는 사실을 보여준다.

4. 자기비판은 내가 결점을 솔직하게 인정한다는 점을 보여준다.

5. 어쩌면 부적절감은 내 겸손함을 보여주는지도 모른다. 겸손은

내 핵심 가치관이다.

6. 겸손은 영적인 자질이다.

7. 자기비판은 내 기준이 높다는 점을 보여준다.

8. 높은 기준을 지닌 덕에, 삶과 의사라는 직업에서 생산적으로 활동하며 많은 것을 성취할 수 있었다.

9. 고통과 슬픔은 큰아들을 행복하게 해주고 싶은 내 강한 욕구를 나타낸다. 슬픔과 우울감은 사실 아들을 사랑하는 마음의 표현이다.

10. 답답함은 내가 큰아들과 좀 더 사랑 넘치는 관계를 맺고자 하는 목표를 아직 포기하지 않았다는 의미다. 답답해하지 않는 것은 내가 별로 신경 쓰지 않는다는 뜻이다.

11. 세 번째 부정적인 생각은 내가 질과 데이비드를 포함한 다른 사람들을 존중한다는 점을 보여준다.

12. 부정적인 생각과 감정은 내가 배우길 원하고, 배움에 열린 마음을 갖고 있다는 점을 보여준다.

13. 절망은 내가 실망하지 않도록 보호해준다. 나는 희망을 가졌다가 실패하기를 반복하는 데 너무 지쳤다.

14. 분노는 내가 공정함과 정의감을 가지고 있으며, 다른 사람들도 이 문제에 책임이 있음을 알고 있다는 사실을 보여준다.

마크는 깜짝 놀라면서도, 우리가 열거한 긍정적인 면이 모두 완전한 사실이고 믿기 어려울 만큼 중요하다는 데 동의했다. 이 지점에서 레빗 박사와 나는 마크에게 마법 버튼을 누르겠느냐고 물으며, 버튼을 누르면 부정적인 생각에 내포된 모든 긍정적인 자질이 사라진다고 설명했다. 현실의 문제는 그대로이고, 그의 생각과 감정만 사라진다고도 덧붙였다. 그렇게 행복을 느낄 수는 있다. 하지만 그가 큰아들과 다정한 관계를 맺지 못한 채로 행복을 느끼길 **원할까**?

역설적이지만, 이 질문은 거의 언제나 변화를 굳게 결심하게 만든다. 마크도 딱 그랬다. 마크는 우울감과 수치심에 빠져 있는 상태가 힘들고, 그런 감정이 아들과 가까워지는 데 아무런 도움도 되지 않을 거라고 대답했다.

여기에서 우리는 마크에게 마법 버튼이 아닌 마법 다이얼을 상상해보라고 권했다. 마크는 마법 다이얼을 이용하여 긍정적인 자질은 모두 그대로 유지하면서 부정적인 생각은 더욱 낮은 수준으로 줄일 수 있었다. 그런데 우울감이나 수치심이나 분노를 조금 더 낮은 수준으로 줄이는 것만으로 충분한 걸까?

보다시피 마크는 각각의 부정적인 감정이 10퍼센트 이하면 충분하다고 생각했다.

감정	현재(%)	목표(%)	치료 후(%)
슬픔, 울적함, 우울, 침울, 불행	60	10	
불안, 걱정, 공포심, 과민함, 겁이 남	30	0-5	
죄의식, 가책, 불쾌감, 부끄러움	60	5	
열등감, 무가치감, 부적절감, 결핍감, 무능감	50	5	
외로움, 사랑받지 못함, 환영받지 못함, 거절감, 고독감, 버림받음	40	10	
창피함, 바보 같은 기분, 수치심, 시선 의식	60	5	
절망, 낙담, 비관, 좌절감	80	5-10	
답답함, 갑갑함, 낭패감, 패배감	80	10	
화, 몹시 화가 남, 분개, 언짢음, 짜증 남, 속상함, 격분	30	5-10	
그 외의 감정들			

이제 마크의 고착을 녹여 없앴으므로, 그의 생각과 감정에 변화를 가져올 준비가 끝났다. 마크는 '내 뇌에 어떤 결함이 있어서 아들과 애

정 어린 관계를 맺는 데 방해가 됐어'라는 부정적인 생각을 가장 먼저 변화시키고 싶어 했다.

기억하는지 모르겠지만 마크는 이 생각을 90퍼센트 믿었다. 그런데 어떻게 이 믿음을 반박할 수 있을까? 그가 이 부정적인 생각에 수십 년 동안 갇혀 있었다는 사실을 명심하자. 단지 힘을 내라거나, 좀 더 긍정적으로 생각하라거나, 당신 머리는 아무 문제 없다고 말할 수는 없다. 이처럼 지나치게 단순한 말은 먹히지도 않을 뿐 아니라, 훈수처럼 들려 마크를 언짢게 할 수도 있다. 심지어 그런 말은 마크에게 그렇게 터무니없는 생각을 믿으면 바보처럼 보인다는 메시지를 줄 수도 있다.

일반적으로 이럴 때는 가장 먼저 부정적인 생각에 든 왜곡을 찾아내는 게 좋다. 그렇게 하면 훨씬 더 쉽게 부정적인 생각에 반박할 수 있다.

'내 뇌에 어떤 결함이 있어서 아들과 애정 어린 관계를 맺는 데 방해가 됐어'라는 마크의 부정적인 생각에서 얼마나 많은 왜곡을 발견할 수 있는지 알아보자.

인지 왜곡 퀴즈	(√)
1. **전부 아니면 전무라는 생각** 세상을 흑과 백, 전부 아니면 전무의 범주로 나누어 바라본다. 회색 지대는 존재하지 않는다.	
2. **지나친 일반화** 한 번의 부정적인 사건을 영원히 반복되는 패배처럼 여기면서 **항상**이나 **절대** 같은 표현을 사용한다.	
3. **정신적 여과** 부정적인 면에 집착하여 긍정적인 부분을 걸러낸다. 잉크 한 방울이 비커에 떨어져 물 전체를 검게 물들이는 것과 같다.	
4. **긍정적인 면 무시하기** 좀 더 인상적인 심리적 오류다. 자신의 긍정적인 부분들은 중요하지 않다고 생각한다. 이렇게 하여 일반적으로 부정적인 견해를 유지한다.	
5. **성급한 결론짓기** 뒷받침할 사실 근거도 없이 곧장 결론으로 직행한다. • **독심술 오류** 다른 사람들이 생각하고 느끼는 바를 자신이 안다고 가정한다. • **예언자적 말하기 오류** 미래를 부정적으로 예측한다.	
6. **극대화와 극소화** 무언가의 중요성을 과장하여 부풀리거나 부적절하게 축소한다. 나는 이 왜곡을 쌍안경 속임수라고 부른다. 쌍안경처럼 어느 쪽으로 보느냐에 따라 대상이 훨씬 커 보이기도 하고 작아 보이기도 하기 때문이다.	

7. **감정적 추리** 자신의 기분대로 해석한다. 예를 들어, 자신이 패배자라는 **기분**이 들면, 정말 패배자라고 **추론**한다. 또는 절망적이라는 기분이 들면, 정말로 희망이 없다고 **결론** 내린다.	
8. **해야 한다는 생각** 줄곧 **해야 한다, 반드시 해야 한다** 등으로 자신이나 타인을 불행하게 만든다. 자신을 향한 해야 한다는 죄책감과 수치심, 우울감, 무가치함 등의 감정을 만든다. 타인을 향한 해야 한다는 분노와 관계 문제 등을 촉발한다. 세상을 향한 해야 한다는 답답함과 권리 의식을 유발한다.	
9. **낙인찍기** 구체적인 문제에 초점을 맞추기보다 자신이나 남들에게 꼬리표를 붙인다. 낙인찍기는 극단적인 형태의 지나친 일반화다. 자기 자신이나 다른 사람들을 완전히 결함이 있거나 나쁜 존재로 받아들이기 때문이다.	
10. **비난하기** 잘못을 자기 책임으로 돌리거나(자기 비난) 타인의 책임으로 돌린다(타인 비난).	

퀴즈를 모두 풀었으면, 나의 대답을 읽어도 좋다.

나의 대답

마크의 부정적인 생각에는 10가지 왜곡이 모두 들어 있다고 볼 수 있다.

1. 전부 아니면 전무라는 생각 마크는 자신의 뇌나 아들과의 관계 문제를 흑과 백의 범주에서 생각하여, 모든 게 완벽하거나 그렇지 않으면 완전히 실패했다고 생각하는 듯 보인다.

2. 지나친 일반화 마크는 큰아들과 오래 갈등해온 문제를 자신의 '자아' 또는 '뇌'의 문제로 일반화하며, 자신에게 전체적이고 돌이킬 수 없는 결함이 있다고 생각한다.

3. 정신적 여과 마크는 아들과 친해지려는 시도가 실패했다는 사실에만 매달려, 자기 뇌에 아무 문제가 없음을 나타내는 다른 정보는 모두 무시한다.

4. 긍정적인 면 무시하기 마크는 자신이 지닌 상당한 수준의 의사소통 능력을 무시한다. 사실 동료들은 그가 화나고 비탄에 빠진 환자들

과 소통할 수 있는 팀 내 유일한 의사라고 여긴다.

5. 성급한 결론 짓기 마크는 아들이 자신을 전혀 사랑하지 않는다고 추정하며(독심술), 상황이 나아지지 않을 거라고 예견한다(예언자적 말하기).

6. 극대화/극소화 아들과의 갈등은 중요하고 고통스러운 문제다. 하지만 마크는 두 사람의 관계에서 자신의 역할을 과장하고, 가까워지려는 그를 거듭해서 거부하는 아들의 역할은 과소평가하는 듯 보인다.

7. 감정적 추리 마크는 확실히 기분을 근거로 추론하고 있다. 결함이 있다고 느끼자, **정말로** 결함이 있다고 생각하는 것이다.

8. 해야 한다는 생각 마크는 아들과 더 좋은 관계를 **맺어야 한다**거나, 문제를 벌써 **해결했어야 한다**고 생각한다.

9. 낙인찍기 마크는 뇌뿐 아니라 자기 자신에게도 결함이 있다고 낙인찍고 있다.

10. 비난하기 마크는 분명히 자신을 비난하고 있다!

마크의 부정적인 생각은 10가지 왜곡에 모두 해당하지만, 그중에서도 네 가지가 특히 두드러진다.

- 지나친 일반화
- 정신적 여과
- 긍정적인 면 무시하기
- 감정적 추리

아들과의 갈등은 사실이었지만, 마크는 그 갈등이 자기 뇌의 오류에서 비롯되었다고 추정하며 상당한 수준의 지나친 일반화를 하고 있었다. 게다가 아들과의 갈등에만 초점을 맞추면서(정신적 여과) 자기 머리에 아무런 오류가 없다는 넘치는 증거는 무시했다! 그리고 분명히 감정을 바탕으로 추론했다. 그는 자신에게 흠이 있다고 **느꼈고**, 따라서 정말로 흠이 있다고 **생각했다**.

왜곡을 확인했다면, 5장의 커닝 페이퍼를 참조하여 부정적인 생각에 반박하는 데 사용할 기법을 비교적 쉽게 고를 수 있다. 마크의 회복 서클을 구성할 기법 몇 가지를 확인해보자.

마크의 회복 서클[+]

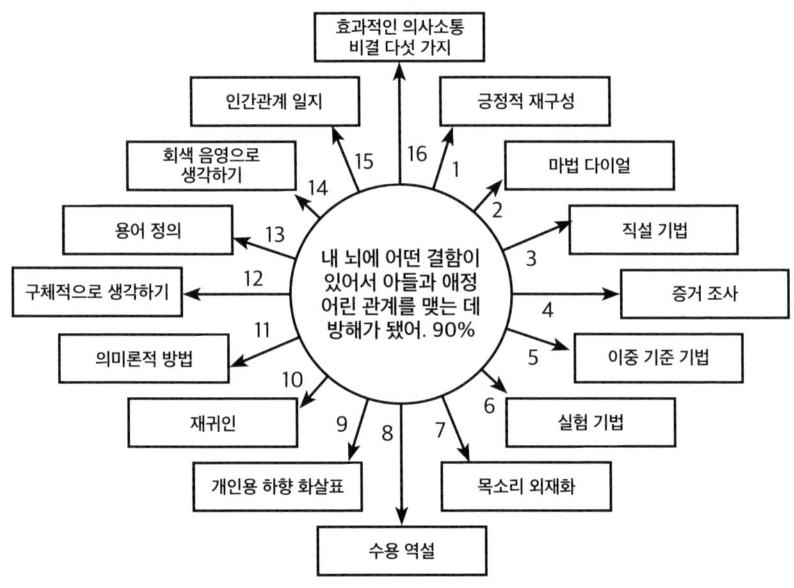

[+] ⓒ 데이비드 D. 번즈, 2017.

마크의 부정적인 생각과 싸우기 위한 다양한 전략을 생각해냈지만, 우리는 결국 두 가지 기법, 즉 증거 조사와 이중 기준 기법만 사용했나. 요즘은 이런 일이 많은데, 이는 거의 확실히 긍정적 재구성 덕분이다. 긍정적 재구성이 신속한 회복의 열쇠다.

우리는 먼저 증거 조사로 시작했다. 증거 조사 기법이 정신적 여과와 긍정적인 면 무시하기에 아주 잘 듣기 때문이다. 우리는 마크에게 '뇌 결함'이 있다는 증거와 없다는 증거를 모두 나열하라고 말했다.

이 과정은 성공이 거의 확실했다. 그가 떠올릴 수 있는 진짜 증거는 큰아들과 다정하게 잘 지내지 못한다는 사실과 그 자신이 결함이 있다고 '느낀다'는 사실밖에 없었기 때문이다. 하지만 아주 많은 엄마와 아빠가 아이들과 갈등을 겪는다. 여기에서 결함이 있다는 느낌은 뇌 장애의 증거가 아니다. 단지 우울증 증세일 뿐이다.

뇌종양을 진단할 때 신경과 의사들은 "뇌에 결함이 있다는 느낌이 들기니 가족 중에 잘 지내지 못하는 사람이 있습니까?"라고 묻지 않는다. 게다가 마크는 실제로 이 문제 때문에 여러 번 전문가에게 상담을 받았지만 뇌에 문제가 있다는 말을 들은 적은 한 번도 없었다고 고백했다. 사실 그의 동료들은 그가 화가 나서 싸우려 드는 환자와 그 가족을 상대하는 기술이 탁월하다며 칭찬하곤 했다.

이 기법을 사용하면 부정적인 생각에 대한 믿음이 현저히 줄어든다. 부정적인 생각을 뒷받침할 설득력 있는 증거가 없다는 사실을 인정할 수밖에 없기 때문이다.

물론 뇌 결함이 있는 사람도 **있다**. 내 화요일 그룹에 속한 한 학생은 최근 뇌종양으로 수술받았고, 또 어떤 학생은 외상성 뇌손상으로 뇌출혈을 겼었다. 하지만 그 학생들은 잘 지내고 있다! 그리고 어머니 말씀에 따르면 나 역시 분만 중에 두개골 오른쪽이 찌그러졌다고 한다. 겸자로 잡아당겨서 빼내야 했기 때문이었는데, 그 때문에 나는 사람들의 얼굴을 알아보고 이름을 기억하는 데 어려움을 겪는 것 같다. 하지만 그게 큰 장애가 된 적은 없었다.

증거 조사를 마친 다음, 우리는 이중 기준 기법을 시도했다. 마크에게 똑같은 상황에 놓인 친한 친구가 있다면 어떤 말을 해주겠느냐고 물었다. 마크가 친구에게 뇌에 결함이 있다고 말할까? 마크는 절대 그렇게 말하지 않겠다고 대답했다.

"네 뇌에 문제가 있다는 확신은 할 수 없어. 너는 여러 전문가와 상담을 했지만 뇌 결함이 있다고 말하는 사람은 아무도 없었어. 게다가 아들과 갈등을 겪는 건 드문 일도 아니고, 들어보니 다 네 탓도 아닌 것 같아. 분명 네 책임도 있겠지만, 모든 걸 네 뇌의 문제로 돌리는 건 옳지 않아!"

마크는 이 새로운 생각을 전적으로 믿는다고 말했고, 우리는 그 생각을 기분 일지의 긍정적인 생각 칸에 기록하라고 권했다. 마크는 부정적인 생각에 대한 믿음도 다시 평가했는데, 점수는 한 번에 0으로 떨어졌다.

그런 뒤에 우리는 마크가 나머지 부정적인 생각을 무너뜨릴 수 있도록 몇 가지 기법을 추가로 사용했다. 시간은 오래 걸리지 않았다. 앞에서 언급했듯이, 부정적인 생각 하나를 무너뜨리고 나면 단숨에 뇌 회로가 변화되고, 나머지 부정적인 생각에 반박하기도 대체로 더 쉬워진다. 마크가 작성한 기분 일지는 이 장 마지막에서 확인할 수 있다.

마크가 부정적인 생각을 무너뜨리는 데 성공하자, 부정적인 감정도 모두 현저하게 줄어들었고 대부분은 완전히 사라졌다.

이 시점에서 우리는 어떤 문제들은 내면적인 해결책뿐 아니라 외부의 해결책도 필요하다고 이야기했다. 우리는 내면적인 해결책을 완료했고, 그 과정에서 마크의 생각과 감정에 변화를 가져왔다. 하지만 외부의 해결책을 찾으려면 그가 아들과 소통하는 방식에 변화를 주어야 했다.

우리는 마크에게 효과적인 의사소통 비결 다섯 가지를 이용하여 다시 아들과 친해지도록 노력해보라는 숙제를 내주었다. 이 기법은 17장에서 좀 더 자세히 다룰 것이다. 우리는 마크가 치료받는 동안 이 기법을 사용했고, 이와 관련하여 좀 더 도움이 필요한 경우를 대비하여 한 번 더 치료 일정을 잡자고 제안했다.

하지만 두 번째 치료는 없었다. 마크의 감정 변화는 빠르고도 경이로웠다. 치료가 끝날 무렵 마크에게 이 평가들이 진짜인지 아니면 몇몇 사람이 의심하는 것처럼 레빗 박사와 나를 기쁘게 해주려고 지어낸 거짓인지 물었다. 놀랍게도 마크는 울음을 터뜨리며 말했다.

"이건 인생이 바뀔 만한 경험이었어요!"

하지만 큰 문제가 남아 있다. 이 변화가 얼마나 갈 것인가? 그가 아들과 친해지려고 노력할 때 어떤 일이 일어날 것인가?

치료 후 2년째 되는 날, 마크와 인터뷰할 기회가 생겼다. 인터뷰는 매우 놀랍고 감동적이었다. 마크는 수년 동안의 고통이 단 한 번의 치료로 뒤바뀔까 싶은 의구심이 들었다고 털어놓았다. 그는 큰아들과 친해지지 못해 오랫동안 곱씹었던 실패의 감정을 떠올리며 눈물을 흘렸다. 나는 마크에게 효과적인 의사소통 비결 다섯 가지 기법을 이용하여 아들에게 다가가려는 노력을 해보았는지 물었다. 노력을 해보았다면 어떻게 됐는지 궁금했다.

마크는 치료 직후에 아들과의 관계에서 거의 즉각적이고도 놀라운 변화가 있었다고 대답했다. 효과적인 의사소통 비결 다섯 가지를 사용하자, 아들이 처음으로 마음을 열었다. 마크는 극도로 행복하고 너무도 기뻤고, 이제는 다른 아이들, 손자들 **모두**와 멋지고 놀라운 관계를 맺고 있다고 답했다.

이번에도 역시 우리 모두에게 놀라운 변화를 경험하고 깨우칠 기회를 선사한 마크에게 그가 얼마나 큰 도움이 되었는지 모르겠다고 말하고 싶다. 아마도 그의 이야기가 비판적인 사람들의 입을 다 다물게 하지는 않겠지만, 여러분 일부에게라도 영감을 주고 도움이 되기를 바란다.

그리고 TEAM-CBT에 여전히 비판적이고 회의적인 사람들에게도 전할 말이 있다. TEAM 치료나 다른 접근법을 평가할 때 계속해서 비판적으로 사고하고 회의적으로 봐주길 바란다. TEAM 치료는 내가 수련의와 임상의로 일하면서 배운 것들을 회의적으로 사고했기에 만들어질 수 있었기 때문이다. 나는 비평가들의 입을 다물게 하고 싶지 않다. 여러분 모두에게 찬사를 보내고 싶다!

마크의 치료 이야기를 직접 듣고 싶다면 다음 쪽의 링크를 참조하라.

팟캐스트	제목	링크
29	소개와 검사	https://feelinggood.com/2017/03/27/029-live-session-mark-introduction-testing-phase-part-1/
30	공감	https://feelinggood.com/2017/04/03/030-live-session-mark-empathy-phase-part-2/
31	저항 평가	https://feelinggood.com/2017/04/10/031-live-session-mark-agenda-setting-phase-part-3/
32	저항 평가(2)	https://feelinggood.com/2017/04/11/032-live-session-mark-agenda-setting-phase-part-4/
33	방법	https://feelinggood.com/2017/04/17/033-live-session-mark-methods-phase-part-5/
34	방법(2)	https://feelinggood.com/2017/04/24/034-live-session-mark-methods-phase-contd-part-6/
35	결론과 검사	https://feelinggood.com/2017/05/01/035-live-session-mark-final-testing-wrap-up-part-7/
141	2주년 후속 인터뷰	https://feelinggood.com/2019/05/20/145-two-year-follow-up-with-mark-ive-been-a-failure-as-a-father/

치료 후 마크의 기분 일지[✣]

문제 사건: 큰아들을 위한 아버지 역할.

감정	현재(%)	목표(%)	치료 후(%)	감정	현재(%)	목표(%)	치료 후(%)
슬픔, 울적함, 우울, 침울, 불행	60	10	0	**창피함,** 바보 같은 기분, 수치심, 시선 의식	60	5	0
불안, 걱정, 공포심, 과민함, 겁이 남	30	0-5	0	**절망,** 낙담, 비관, 좌절감	80	5-10	10
죄의식, 가책, 불쾌감, 부끄러움	60	5	5	**답답함,** 갑갑함, 낭패감, 패배감	80	10	10
열등감, 무가치감, 부적절감, 결핍감, 무능감	50	5	20	**화,** 몹시 화가 남, 분개, 언짢음, 짜증 남, 속상함, 격분	30	5-10	0
외로움, 사랑받지 못함, 환영받지 못함, 거절감, 고독감, 버림받음	40	10	0	**그 외의 감정들**			

부정적인 생각	현재(%)	치료 후(%)	왜곡	긍정적인 생각	믿음(%)
1. 나는 실패자였어.	70	0	AON, OB, MF, DP, MR, MAG/MIN, SH, ER, LAB, SB	내 인생은 실패가 아니었다. 어떤 관계든 두 사람이 맺는 것이다.	100
2. 내 뇌에 어떤 결함이 있어서 아들과 애정 어린 관계를 맺는 데 방해가 됐어.	90	0	OG, MF, DP, JC, FT, MAG/MIN, SH, ER, LAB, SB, OB	내 뇌에 결함이 있다는 증거는 전혀 없고, 내게 문제가 있다고 말하는 전문가도 없었다. 물론 아들과 바라는 만큼 가깝게 지내지는 못하지만, 모든 책임을 뇌 문제로 전가하는 것은 부당하다!	100
3. 다른 사람이라면 질과 데이비드가 더 나은 치료에 임할 수 있었을 거야.	70	0-5	DP, MR, FT, ER, SH, SB	다른 여러 치료도 괜찮겠지만, 내 치료 과정도 나쁘지 않았다!	100
4. 나는 배려심이 많은 사람이기 때문에 내게 이런 일이 일어나서는 안 돼.	75	0	ER, SH, BL	좋은 일도 나쁜 일도 일어날 수 있고 실제로 일어난다. 모든 사람에게 그렇다.	100
5. 이 갈등에는 다른 가족 구성원(전 아내)의 책임도 있어.	80	5-10	OG, MF, MAG/MIN, ER, BL	이 말은 어느 정도 사실이지만, 아내는 몇 년 전 세상을 떠났고 이제 관계는 모두 내가 하기 나름이다. 아이들의 부모는 내가 유일하다.	100

8장

매릴린 이야기

"나는 폐암 4기야."

2017년, 〈필링 굿〉 팟캐스트에 4편으로 이어지는 매릴린의 치료 과정을 실황으로 공개했다. 매릴린은 내 동료로, 당시 막 폐암 4기 진단을 받은 후였다. 동료 치료사는 매슈 메이 박사로, 마음이 따뜻하고 실력이 출중한 정신과 의사이자 좋은 친구다. 8주 후, 암이 갈비뼈 한 대로 전이된 고통스러운 상황에서 매릴린의 후속 치료를 공개했다. 이 장의 중심 이야기는 유독 우울하고 충격적이지만, 매릴린의 이야기가 여러분이 지닌 각자의 문제와 상실, 트라우마에 대면할 용기와 영감을 주리라 믿는다. 해설이 담긴 치료 과정을 직접 듣고 싶다면 이 장 끝에 첨부한 링크를 참조하길 바란다.

매릴린은 담배를 피워본 적이 없다. 그래서 예기치 않게 폐암에 걸렸다는 사실을 알았을 때 큰 충격에 빠졌다. 이 지극히 사적이고도 강렬한 개인의 경험을 우리 모두에게 공개하도록 허락해준 매릴린의 용기와 관용에 무한한 감사를 전한다.

앞에서 인지치료의 바탕에 모든 감정은 외부 사건이 아닌 우리 생각이 만들어낸다는 관념이 있다는 점을 설명했다. 하지만 많은 사람이 실로 끔찍한 어떤 일이 일어났을 때, 가령 말기 암에 걸렸다는 사실을 알았을 때, 이를 잘 받아들이지 못한다. 이런 경우 사람들은 부정적인 감정을 불러일으키는 것이 생각이 **아니라** 사건이라고 주장한다. 끔찍한 일이 일어나면 **불가피하게** 우울감과 불안감에 휩싸인다는 주장이다. 매릴린 이야기를 읽다 보면, 여러분도 나름의 결론을 도출해볼 수 있을 것이다.

여러분도 예상할 수 있겠지만, 치료를 시작할 때 매릴린은 충격에 빠져 있었다. 약식 기분 검사에 나타난 점수에서 알 수 있듯 매릴린의 부정적인 감정은 짐작만큼 심각했고 긍정적인 감정은 사실상 전무했다.

이러한 감정들은 매릴린의 기분 일지에도 반영되어 있다. 매릴린은 여덟 가지 다른 범주의 부정적인 감정들을 100퍼센트로 평가했다. 최악이라고 할 만한 상태였다.

매릴린의 치료 전 약식 기분 검사[+]

❖ 모든 질문에 답변하라.

지금 우울감을 얼마나 느끼고 있습니까?	치료 전					치료 후				
	전혀 아니다	약간 그렇다	보통이다	자주 그렇다	매우 그렇다	전혀 아니다	약간 그렇다	보통이다	자주 그렇다	매우 그렇다
	0	1	2	3	4	0	1	2	3	4
1. 슬프거나 우울하다.					√					
2. 좌절감 또는 절망감이 든다.					√					
3. 자존감이 떨어지고 열등하거나 쓸모 없다고 느낀다.				√						
4. 의욕이 없다.				√						
5. 삶이 즐겁거나 만족스럽지 않다.				√						
	합계				17	합계				

지금 자살에 대해 얼마나 많이 생각하고 있습니까?										
1. 자살을 생각해본 적이 있습니까?	√									
2. 삶을 끝내고 싶습니까?	√									
	합계				0	합계				

[+] ⓒ 데이비드 D. 번즈, 2004.

지금 불안감을 얼마나 느끼고 있습니까?										
1. 불안하다.					√					
2. 겁이 난다.					√					
3. 걱정이 많다.					√					
4. 긴장되거나 과민하다.					√					
5. 신경이 날카롭다.					√					
	합계				20	합계				

지금 화를 얼마나 느끼고 있습니까?										
1. 답답하다.				√						
2. 언짢다.					√					
3. 분하다.				√						
4. 화가 난다.					√					
5. 짜증이 난다.					√					
	합계				18	합계				

긍정적인 감정 조사[✣]

	치료 전					치료 후				
긍정적인 감정: 지금 기분이 어떻습니까?	전혀 아니다	약간 그렇다	보통 이다	자주 그렇다	매우 그렇다	전혀 아니다	약간 그렇다	보통 이다	자주 그렇다	매우 그렇다
	0	1	2	3	4	0	1	2	3	4
1. 가치 있다고 느낀다.	√									
2. 자신에게 만족을 느낀다.		√								
3. 사람들과 친밀하다고 느낀다.		√								
4. 무언가를 성취하고 있는 것 같다.		√								
5. 무언가를 하고 싶은 의욕이 생긴다.		√								
6. 차분하고 편안하다.	√									
7. 다른 사람들과 정신적 유대감을 느낀다.		√								
8. 희망이 있다.		√								
9. 기운이 나고 낙관적이다.		√								
10. 삶이 만족스럽다		√								
	합계				8	합계				

✣ ⓒ 데이비드 D. 번즈, 2004.

매릴린의 기분 일지[✣]

문제 사건: 최근 치유가 힘든 폐암 4기(비흡연자) 진단을 받음.

감정	현재(%)	목표(%)	치료 후(%)	감정	현재(%)	목표(%)	치료 후(%)
슬픔, 울적함, 우울, 침울, 불행	100			**창피함,** 바보 같은 기분, 수치심, 시선 의식			
불안, 걱정, 공포심, 과민함, 겁이 남	100			**절망,** 낙담, 비관, 좌절감	100		
죄의식, 가책, 불쾌감, 부끄러움	100			**답답함,** 갑갑함, 낭패감, 패배감	100		
열등감, 무가치감, 부적절감, 결핍감, 무능감	100			**화,** 몹시 화가 남, 분개, 언짢음, 짜증 남, 속상함, 격분	100		
외로움, 사랑받지 못함, 환영받지 못함, 거절감, 고독감, 버림받음	100			**그 외의 감정들**			

부정적인 생각	현재(%)	치료 후(%)	왜곡	긍정적인 생각	믿음(%)
1. 사실일 리 없어. 나는 담배를 피운 적도 없는데.	100				
2. 나는 조만간 죽을 거야.	100				
3. 죽는 게 무서워.	100				
4. 죽은 뒤에도 생이 있을까? 죽으면 끝이야.	100				
5. 내가 암이라니 믿을 수 없어.	100				
6. 알코올 중독 때문에 인생을 많이 낭비했어.	100				
7. 종교에 속아왔어.	100				
8. 암에 걸리고 싶지 않아.	100				

9. 인생의 동반자가 없고 앞으로도 없을 거야. 나는 불완전해.	100				
10. 다른 사람들만큼 영적이지 않아.	100				
11. 다른 사람들에게 짐이 될 거야.	100				
12. 육체의 통증으로 힘들 거야.	100				
13. 죽은 뒤에는 생이 없을 거야.	100				
14. 나는 충분히 영적이지 않아.	100				

인지 왜곡 대조표

1. **전부 아니면 전무라는 생각** AON 사물을 절대적인 것, 흑과 백의 범주로 바라본다.	6. **극대화와 극소화** MAG/MIN 무언가의 중요성을 과장하여 부풀리거나 축소한다.
2. **지나친 일반화** OG 한 번의 부정적인 사건을 영원히 반복되는 패배처럼 여긴다. "늘 이래!"	7. **감정적 추리** ER 자신의 기분대로 해석한다. "바보가 된 **기분**이야. 나는 **정말** 바보인가 봐."
3. **정신적 여과** MF 부정적인 면에 집착하여 긍정적인 부분들을 무시한다.	8. **해야 한다는 생각** SH **해야 한다, 하면 안 된다, 반드시 해야 한다** 등의 말을 사용한다.
4. **긍정적인 면 무시하기** DP 자신의 긍정적인 부분들은 중요하지 않다고 생각한다.	9. **낙인찍기** LAB "내가 실수했어"라고 말하기보다, "나는 얼간이야", "나는 실패자야"와 같이 표현한다.
5. **성급한 결론짓기** JC 뒷받침할 사실 근거도 없이 곧장 결론으로 직행한다. • **독심술 오류** MR 다른 사람들이 자신에게 부정적인 반응을 보일 것이라고 단정한다. • **예언자적 말하기 오류** FT 상황이 나빠질 거라고 예측한다.	10. **비난하기** 문제를 해결하기보다 잘못을 찾아낸다. • **자기 비난** SB 자기 책임이 아닌 일에도 항상 자신을 탓한다. • **타인 비난** OB 남들을 탓하며 자기가 그 문제에 얼마나 책임 있는지는 간과한다.

매릴린의 기분 일지를 검토하면, 부정적인 생각이 다음과 같은 몇 가지 주제로 집중되어 있다는 점을 알 수 있다.

- 암과 통증, 죽음에 대한 두려움
- 영적인 부적절감에 대한 느낌
- 신과 내세의 존재에 대한 의심
- 종교에 속았다는 기분이 들 때의 분노
- 인생의 동반자를 찾지 못한 자신에 대한 불안전함과 패배감
- 과도한 음주에 대한 자책감

매릴린에게 도움을 주기 전에, 메이 박사와 나는 매릴린이 변화에 가진 양가적 감정을 처리해야 했다. 비록 매릴린이 지닌 부정적인 생각과 감정은 참기 힘든 것이어서 매릴린이 겪는 고통을 더 무겁게 짓눌렀지만, 그 안에도 실로 매릴린과 그녀가 지닌 핵심 가치관의 긍정적인 면이 반영되어 있었다.

메이 박사와 나는 매릴린에게 우리가 기분 일지에 적힌 그녀의 부정적인 감정 중에서 긍정적인 감정을 찾아봐도 괜찮은지 물었다. 우리가 생각한 긍정적 부분을 공유하기에 앞서, 여러분이 먼저 시도해보기를 권한다. 여러분에게 이 연습 문제를 권하는 이유는, 여기에 이 책에서 전하고자 하는 가장 중요한 메시지 중 하나가 담겨 있기 때문이다. 기본 개념을 명심하자.

우리의 고통이 우리의 잘못이 아니라 올바름의 결과라면 정말 멋지지 않은가?

이런 생각은 삶을 바꿀 수도 있지만, 처음에는 이렇게 생각하기가

쉽지 않다. 이 책에 여러분이 풀 연습 문제를 많이 준비한 이유는 이 때문이다. 연습을 반복하다 보면 우리 뇌에 새로운 치유의 네트워크가 만들어질 것이다!

그러면 소매를 걷어붙이고 매릴린의 부정적인 감정 각각에 대해 이제는 익숙한 두 가지 질문을 던져보자.

1. 매릴린의 부정적인 생각 또는 감정에서 매릴린과 그녀의 핵심 가치관의 아름답고 긍정적이며 훌륭한 일면을 엿볼 수 있다면 무엇인가?

2. 매릴린의 감정이 매릴린에게 어떤 도움이 될까? 이런 감정에 잠재적인 유익이 있다면 무엇인가?

아래의 긍정적 재구성 표에 각자의 답을 적으면 된다. 답을 적고 나면 매릴린과 메이 박사와 내가 생각한 목록을 검토해보라.

매릴린의 긍정적 재구성 표

감정	긍정적인 면
슬픔, 울적함, 우울, 침울, 불행	
불안, 걱정, 공포심, 과민함, 겁이 남	

죄의식, 가책, 불쾌감, 창피함	
열등감, 무가치감, 부적절감, 결핍감, 무능감	
외로움, 사랑받지 못함, 환영받지 못함, 거절감, 고독감, 버림받음	
절망, 낙담, 비관, 좌절감	
답답함, 갑갑함, 낭패감, 패배감	
화, 몹시 화가 남, 분개, 언짢음, 짜증 남, 속상함, 격분	

다음은 우리가 치료 중 매릴린과 함께 생각한 긍정적인 면이다.

감정	긍정적인 면
슬픔, 울적함, 우울, 침울, 불행	이런 감정들은 • 내가 매우 세심하다는 뜻이다. • 내가 삶에 경외감을 가지고 깊이 감사하며 그 소중함과 아름다움을 잘 알고 있다는 점을 보여준다. • 내게 일어난 일을 생각하면 적절하다. • 살아 있다는 느낌을 준다.
불안, 걱정, 공포심, 과민함, 겁이 남	이런 감정들은 • 나를 보호해준다. • 자기애의 한 형태다. • 나에 대한 동정심을 보여준다. • 현실을 직시하는 용기와 지혜를 보여준다. • 내가 현실에 직면하여 매일 밤을 술로 지새고 있지 않다는 것을 보여준다.
죄의식, 가책, 불쾌감, 창피함	이런 감정들은 • 내가 했던 일들에 신경을 쓰며 기꺼이 모든 것을 인정한다는 뜻이다. • 내가 좋은 가치 체계를 가지고 있다는 뜻이다. • 사회 정의에 참여할 동기를 준다. • 내가 기꺼이 책임질 의지가 있다는 점을 보여준다.
열등감, 무가치감, 부적절감, 결핍감, 무능감	이 감정들은 • 내 기준이 까다롭다는 것을 보여준다. 이 기준이 동기가 되어 많은 것을 성취했다. 나는 박사 학위와 네 개의 석사 학위를 가지고 있다! • 고통받는 다른 사람들에게 공감과 연민을 느끼게 해준다. • 내가 겸손하다는 뜻이다. 겸손은 영적인 자질이다. • 내가 배우고 성장해야 한다는 사실을 상기해준다. • 내게 통제력을 준다. • 내게는 많은 결함이 있으므로, 내가 솔직하다는 뜻이다. • 내가 책임감 있고, 남 탓만 하지 않는다는 뜻이다.
외로움, 사랑받지 못함, 환영받지 못함, 거절감, 고독감, 버림받음	내 외로움은 • 내가 사람들에게 봉사하고 무언가 기여하고 싶어 한다는 점을 보여준다. • 내가 다른 사람들과 함께라는 데 감사한다는 뜻이다. • 내가 다른 사람들과 애정 어린 관계를 갈망한다는 뜻이다.

절망, 낙담, 비관, 좌절감	내 절망은 • 동기 부여가 된다. • 안도감을 준다. • 실망하지 않도록 나를 지켜준다. • 지금 매우 끔찍한 일이 벌어지고 있으므로, 내가 솔직하다는 점을 보여준다.
답답함, 갑갑함, 낭패감, 패배감	내 답답함은 • 내게 기도할 동기를 준다. • 내가 포기하지 않았다는 점을 보여준다.
화, 몹시 화가 남, 분개, 언짢음, 짜증 남, 속상함, 격분	내 분노는 • 내가 정말로 마음을 쓰며 상황이 달라지기를 원한다는 점을 보여준다. • 내 힘의 원천이다. 나는 그것을 느낄 수 있다. • 싸울 용기를 준다. • 내가 좋은 가치 체계와 도덕적 기준을 지니고 있다는 뜻이다. • 양심 없는 영적 스승들에게 속고 이용당한 사람들을 사랑한다는 점을 보여준다.

매릴린은 우리가 부정적인 감정에서 찾아낸 그 많은 긍정성을 보고 놀랐다. 우리는 부정적인 생각으로 긍정적 재구성을 할 수도 있었지만, 그랬다면 역효과가 났을 것이다. 소위 '증상'이라고 부르던 것이 실은 우리의 가장 아름답고 긍정적인 면에서 비롯되었다는 점을 깨닫고 나면, 변화에 대한 저항은 보통 극적으로 줄어든다. 매릴린이 꼭 그랬다.

우리는 매릴린에게 마법 다이얼이 있다면 부정적인 감정을 어떤 수준으로 조절하고 싶은지 물었다. 보다시피, 매릴린은 우울증을 상당히 높게(45%) 유지하고 싶어 했고, 불안과 죄의식, 분노도 다소 높게(20%) 지니려고 했다. 하지만 나머지 부정적 감정은 아주 낮은 수준(5-15%)으로 낮추어도 좋겠다고 생각했다.

이 '목표'가 고정불변이 아니라는 점을 명심하자. 여러분이 바뀌기 시작하면 목표도 바뀔 수 있다. 우리가 한 일은 배를 어디로 몰고 갈지를 매릴린에게 맡긴 것뿐이었다. 그리고 우리는 매릴린이 부정적인 감정을 자유롭게 줄일 수 있도록 그녀의 무의식적인 생각과 타협을 보았다.

감정	현재(%)	목표(%)	치료 후(%)
슬픔, 울적함, 우울, 침울, 불행	100	45	
불안, 걱정, 공포심, 과민함, 겁이 남	100	20	
죄의식, 가책, 불쾌감, 부끄러움	100	20	
열등감, 무가치감, 부적절감, 결핍감, 무능감	100	15	
외로움, 사랑받지 못함, 환영받지 못함, 거절감, 고독감, 버림받음	100	10	
창피함, 바보 같은 기분, 수치심, 시선 의식			
절망, 낙담, 비관, 좌절감	100	5	
답답함, 갑갑함, 낭패감, 패배감	100	5	
화, 몹시 화가 남, 분개, 언짢음, 짜증 남, 속상함, 격분	100	20	
그 외의 감정들			

이 과정은 상식에 바탕을 둔 것으로 매우 중요하다. 만약 최근 폐암 4기 진단을 받은 사람에게 앞으로 정말 행복하게 해주겠다고 말한다면, 그 사람은 우리를 미친 사람 혹은 동정심은 눈곱만큼도 없는 인간으로 치부할 것이다. 기분 일지에서 '목표(%)' 칸은 TEAM-CBT가 내포한 많은 혁신 중 하나일 뿐이지만 믿을 수 없을 만큼 유용하다!

이제 매릴린의 저항이 줄었기에, 치료 기법들을 사용하여 매릴린을 엄청난 고통으로 몰고 가는 부정적인 생각을 반박하고 무너뜨릴 차례였다. 부정적인 생각에서 왜곡을 찾아내기로 시작하는 것이 대체로 가장 좋다.

매릴린은 '나는 다른 사람들만큼 영적이지 않아'라는 부정적인 생각을 가장 먼저 치료하고 싶어 했다. 다음의 체크 리스트를 보고 이 부정적인 생각에서 얼마나 많은 왜곡을 찾아낼 수 있는지 알아보자. 모두 찾은 다음 우리가 생각해낸 왜곡을 참고하길 바란다. 퀴즈를 완성하기 전까지는 엿보지 말라. 별로 어렵지 않다. 즐겁게 풀다 보면 이해가 깊어질 것이다.

인지 왜곡 퀴즈	(√)
1. **전부 아니면 전무라는 생각** 세상을 흑과 백, 전부 아니면 전무의 범주로 나누어 바라본다. 회색 지대는 존재하지 않는다.	
2. **지나친 일반화** 한 번의 부정적인 사건을 영원히 반복되는 패배처럼 여기면서 **항상**이나 **절대** 같은 표현을 사용한다.	
3. **정신적 여과** 부정적인 면에 집착하여 긍정적인 부분을 걸러낸다. 잉크 한 방울이 비커에 떨어져 물 전체를 검게 물들이는 것과 같다.	
4. **긍정적인 면 무시하기** 좀 더 인상적인 심리적 오류다. 자신의 긍정적인 부분들은 중요하지 않다고 생각한다. 이렇게 하여 일반적으로 부정적인 견해를 유지한다.	
5. **성급한 결론짓기** 뒷받침할 사실 근거도 없이 곧장 결론으로 직행한다. • **독심술 오류** 다른 사람들이 생각하고 느끼는 바를 자신이 안다고 가정한다. • **예언자적 말하기 오류** 미래를 부정적으로 예측한다.	
6. **극대화와 극소화** 무언가의 중요성을 과장하여 부풀리거나 부적절하게 축소한다. 나는 이 왜곡을 쌍안경 속임수라고 부른다. 쌍안경처럼 어느 쪽으로 보느냐에 따라 대상이 훨씬 커 보이기도 하고 작아 보이기도 하기 때문이다.	
7. **감정적 추리** 자신의 기분대로 해석한다. 예를 들어, 자신이 패배자라는 **기분**이 들면, 정말 패배자라고 **추론**한다. 또는 절망적이라는 기분이 들면, 정말로 희망이 없다고 **결론** 내린다.	
8. **해야 한다는 생각** 줄곧 **해야 한다, 반드시 해야 한다** 등으로 자신이나 타인을 불행하게 만든다. 자신을 향한 해야 한다는 죄책감과 수치심, 우울감, 무가치함 등의 감정을 만든다. 타인을 향한 해야 한다는 분노와 관계 문제 등을 촉발한다. 세상을 향한 해야 한다는 답답함과 권리의식을 유발한다.	
9. **낙인찍기** 구체적인 문제에 초점을 맞추기보다 자신이나 남들에게 꼬리표를 붙인다. 낙인찍기는 극단적인 형태의 지나친 일반화다. 자기 자신이나 다른 사람들을 완전히 결함이 있거나 나쁜 존재로 받아들이기 때문이다.	
10. **비난하기** 잘못을 자기 책임으로 돌리거나(자기 비난) 타인의 책임으로 돌린다(타인 비난).	

나의 대답

아래를 보면 알겠지만, 매릴린은 10가지 왜곡에 모두 빠져 있다.

1. 전부 아니면 전무라는 생각 매릴린은 영성을 흑백 논리로 생각하는 듯 보인다. 영적인 감정은 다른 모든 감정과 같이 시간이 흐름에 따

라 오가고 크게 변화한다. 유명한 종교 지도자들을 비롯하여 대부분의 인간은 신의 존재나 사후 세계에 대한 믿음에 잠깐이든 상시로든 물음을 던져왔다.

2. 지나친 일반화 처음에는 이 왜곡을 염두에 두지 않았는데, 포함해도 괜찮을 듯싶다. 매릴린은 자신이 현재 겪는 신앙의 위기가 영구적이며 고정된 것이어서 영원히 지속된다고 생각하는 듯하다. 게다가 자신이 충분히 영적이지 않은 '자아'를 가지고 있다고 생각하는 듯 보인다.

3. 정신적 여과 매릴린은 현재의 순간을 포함하여, 신의 존재와 자신의 믿음을 의심했던 매 순간을 곱씹고 있다.

4. 긍정적인 면 무시하기 매릴린은 명상 등을 할 때 자신이 심오한 영성을 많이 느낀다는 사실을 간과하거나 무시한다. 또 자신이 신학 석사 학위를 지녔다는 사실과 가톨릭교회의 독실한 신도로서 거의 매일 아침 예배에 참석했다는 사실을 무시하고 있다.

또 매릴린은 자신의 비판적 사고가 지닌 가치와 중요성뿐 아니라, 갑작스러운 '상실'의 느낌이 갖는 종교적 중요성도 간과하고 있다. 실제로 많은 종교적 신비주의자가 '영혼의 어두운 밤'이 깨달음의 길로 나아가는 중요한 단계라고 가르쳐왔다.

5. 성급한 결론 짓기 매릴린은 다른 종교인들은 믿음에 의문을 가지거나 믿음 자체를 상실했다고 의심하는 순간이 전혀 없을 거라 추정하는 독심술의 오류를 범하고 있다.

6. 극대화/극소화 매릴린의 부정적인 생각이 이 왜곡의 전형적인 사례로 보이지는 않는다. 하지만 그녀가 일시적으로 신앙을 상실한 '끔찍함'을 극대화하고, 어린 시절부터 줄곧 교회에 다녔던 엄청난 헌신은

과소평가한다고는 말할 수 있다.

7. 감정적 추리 매릴린은 분명히 느끼는 대로 추리하고 있다. 길 잃은 죄인이 된 기분이 들자, 자신이 정말로 그런 존재라고 추정했다.

8. 해야 한다는 생각 매릴린은 확실히 자신의 믿음이 더 **강해야 하고,** 사후 세계의 존재를 **의심해서는 안 된다**고 생각하고 있다.

9. 낙인찍기 이 생각만 본다면 낙인찍기가 아니다. 그러나 만약 스스로를 '죄인'이나 '나쁜 사람'이라고 한다면 자신을 낙인찍는 것이다.

10. 비난하기 매릴린은 의심을 느낀 일에 대해 자신을 탓하고 있다.

보다시피 우리는 이 생각에서 많은 왜곡을 발견했다. 좋은 결과였다. 왜냐하면 그만큼 많은 기법을 사용하여 부정적인 생각에 반박할 수 있고, 매릴린에게도 조금은 안도감을 줄 수 있다는 뜻이었기 때문이다.

우리는 제일 먼저 이중 기준 기법을 사용하여 매릴린에게 같은 상황에 놓인 친한 친구가 있다면 어떤 말을 해주겠느냐고 물었다. 그 친구도 방금 암 진단을 받았고, 신앙과 사후 세계에 대한 믿음을 의심하기 시작했다고 말이다. 매릴린은 과연 친구에게 "너는 좀 더 영적인 감정을 가져야 해"라거나 "너는 신앙심이 충분치 않아"라고 말할까?

매릴린은 아끼는 친구에게 **절대** 그렇게 말하지 않겠다고 했다. 그런 말은 심술궂은 데다, 세상에서 가장 유명한 종교 지도자라도 때로는 신의 존재를 의심하는 심오한 경험을 할 터이기 때문에 현실적이지 않다고도 했다. 매릴린은 친구에게 다음과 같이 말해주겠다고 했다.

"너는 심오한 영적 경외감을 여러 차례 느꼈어. 게다가 믿음을 의심한다는 건 네가 비판적 사고를 할 줄 아는 진정성 있는 사람이라는 뜻이야. 의심은 종교 체험의 일부야."

베이 박사와 나는 매릴린에게 그 말이 참인지, 아니면 그저 합리화를 한 것인지 물었다. 매릴린은 전적으로 참이라고 말했다. 우리는 매릴린에게 가혹한 자기비판 대신 연민과 수용의 마음으로 자신에게 똑같이 관대한 말을 해줄 의향이 있는지 물었다. 매릴린은 동정심이 매우 많은 사람이었기 때문에 불현듯 깨달은 바가 있는 듯했고, 그 즉시 부정적인 생각을 무너뜨릴 수 있었다.

다음으로는 내 이야기를 들려주었는데, 매릴린도 좋아하는 듯 보였다. 필라델피아에 있을 때 집에서 기차역까지 조깅하던 중 하느님과 대화를 나누었던 경험이었다. 그때 내가 어디에 있었는지도 생생하게 기억난다. 그곳은 집에서 약 800미터 남짓 떨어진 콘쇼호켄 주 도로의 가파른 언덕 위였다. 하느님이 말씀하셨다.

"데이비드, 네가 나를 믿는다면 크게 실망할 것이다."

"걱정 마세요, 높으신 양반, 내가 도와줄게요!"

매릴린은 이 이야기가 무척 마음에 든 듯 웃음을 터뜨렸다. 치료 시간에 웃는 건 내가 아주 **좋아하는** 일이다. 말기 암 같은 암울한 문제를 다루고 있을 때라도 말이다.

이 시점에서 매릴린의 감정에 거의 즉각적인 변화가 생긴 듯 보였다. 매릴린은 자기 회복의 강력한 협력자로 떠올랐고, 처음에는 현실적이고 파괴적이며 압도적으로 여겼던 나머지 부정적인 생각도 쉽게 무너뜨릴 수 있었다.

다음 쪽에 나오는 표는 매릴린이 일부 부정적인 생각에 반박한 내용이다.

부정적인 생각	현재 (%)	치료 후 (%)	왜곡	긍정적인 생각	믿음 (%)
11. 다른 사람들에게 짐이 될 거야.	100	5	MR, FT, MAG, ER, SH, LAB, SB	고통스럽고 힘겹게 싸우는 많은 사람을 돕는 일이 대체로 내게 영광이었던 것처럼, 다른 사람들의 도움을 받는 것도 영광일 수 있다. 아마 대부분의 사람이 나를 '짐'이 아니라 깊이 사랑하고 아끼는 존재로 여길 것이다. 살다 보면 누구나 어느 시점에는 다른 사람에게 짐이 될 때가 있다.	100
12. 육체의 통증으로 힘들 거야.	100	15	AON, MF, DP, FT, MAG/MIN	나는 과거에 육체적인 고통을 겪었고 잘 이겨냈다. 훌륭한 의료 서비스를 받을 수 있다는 사실은 축복이다.	100
13. 죽은 뒤에는 생이 없을 거야.	100	10	FT	사후 세계가 없다면 말 그대로 두려울 게 없다. 사후 세계가 있다면 꽤 멋질 것이다! 멋지고도 놀라운 일이다!	100

치료 결과는 굉장해 보였지만, 앞서 언급했듯이 치료사들이 받는 인상은 종종 틀릴 때도 있다. 따라서 매릴린이 상당히 극적인 변화를 겪은 듯 보이긴 했지만 치료를 끝낸 후 매릴린의 기분 일지를 살펴보기 전까지는 결과를 확실히 알 수 없었다.

다음 쪽의 표에서 보듯이 매릴린은 목표치를 넘어섰고, 부정적인 감정은 전부 놀라운, 사실상 거의 불가능한 수준으로 뚝 떨어졌다.

이 치료는 강력한 심리적 경험으로 볼 수 있다. 매릴린은 이 경험을 "감동적"이라고 표현했다. 심오한 영적 경험이라고도 볼 수 있다. 매릴린은 종교 신비주의자들이 '영혼의 어두운 밤'이라고 말하는 상태에서 갑작스레 벗어나 영적으로 거듭나는 심오한 경험을 했다.

엄밀히 말하면 매릴린이 경험한 변화의 열쇠는 자기 수용이었다. 매릴린의 회복은 '자아'의 죽음과 관련된다. 매릴린은 자신에게 지금의

감정	현재(%)	목표(%)	치료 후(%)
슬픔, 울적함, 우울, 침울, 불행	100	45	5
불안, 걱정, 공포심, 과민함, 겁이 남	100	20	2
죄의식, 가책, 불쾌감, 부끄러움	100	20	0
열등감, 무가치감, 부적절감, 결핍감, 무능감	100	15	0
외로움, 사랑받지 못함, 환영받지 못함, 거절감, 고독감, 버림받음	100	10	0
창피함, 바보 같은 기분, 수치심, 시선 의식			
절망, 낙담, 비관, 좌절감	100	5	1
답답함, 갑갑함, 낭패감, 패배감	100	5	1
화, 몹시 화가 남, 분개, 언짢음, 짜증 남, 속상함, 격분	100	20	1
그 외의 감정들			

모습보다 훨씬 더 '나아야 한다'는 메시지를 던지고 있었고, 암이 아니라 바로 이 생각 때문에 훨씬 더 고통스러웠다. 자신의 결점을 받아들이는 순간 일종의 기적이 일어났다.

첫 치료 후 8주가 지난 뒤, 처음으로 갈비뼈에 전이가 발생했다. 이 때문에 매릴린은 고통과 공황에 빠졌고 우울증과 분노, 불안의 증상들이 다시 나타났다. 부정적인 감정은 취약해지는 순간, 자기 회의에 빠지는 순간에 다시 살금살금 돌아온다. 회복 후 재발 방지 훈련이 극히 중요한 이유다. 이 훈련을 미리 해둔다면, 부정적인 감정이 재발해도 신속하게 벗어나는 법을 배울 수 있다. 매릴린도 그 과정을 겪었다. 그녀는 조정tune-up 치료를 받았고, 이번에도 생각과 감정에 똑같이 감동적인 변화를 맞았다.

이제 매릴린의 이야기를 다 들었으니, 이 장 첫 부분에서 언급했던 매우 논란이 많은 이론을 다시 꺼내보자. 감정적 고통은 삶의 상황이 아니라 생각에서 비롯된다는 이론 말이다. 매릴린의 극적인 치료 과정을 통해 여러분에게도 이 주제가 명확하게 이해되었기를 바란다. 우리는 **정말로** 매일 매 순간 자신만의 감정 현실을 창조해낸다. 그리고 실제로

생각하는 방식을 바꾸면 **감정**을 느끼는 방식도 **바꿀 수 있다!**

매릴린의 치료 과정을 직접 듣고 싶다면 아래의 링크를 참조하기 바란다. 이 치료 기록들은 지금까지 거의 2만 회 다운로드되었는데, '행복'이나 '삶의 의미 찾기'와 관련된 보다 긍정적인 제목의 팟캐스트만큼 인기를 끌지는 못했다. 말기 암과 싸우는 암울한 주제에 겁을 먹어서 그런 것 같다.

하지만 매릴린에게 깊은 감사와 존경을 표하는 청취자들의 이메일이 홍수처럼 쏟아져 들어왔다. 희한한 일이지만, 사람들은 매릴린이 정직하고 진실하며 취약한 상태이기 때문에 그녀를 영적인 영웅으로 바라보게 되었다는 사실을 알려주고 싶어 했다! 매릴린의 이야기가 여러분에게도 감동과 용기를 준다면 좋겠다.

팟캐스트	제목	링크
49	라이브 세션(1)	https://feelinggood.com/2017/08/07/049-live-session-marilyn-testing-empathy-part-1/
50	라이브 세션(2)	https://feelinggood.com/2017/08/14/050-live-session-marilyn-agenda-setting-part-2/
51	라이브 세션(3)	https://feelinggood.com/2017/08/22/051-live-session-marilyn-methods-relapse-prevention-part-3-2/
52	매릴린에 대한 당신의 응답	https://feelinggood.com/2017/09/11/052-your-responses-to-the-live-work-with-marilyn-are-people-honest-in-their-ratings-and-do-the-improvements-stick/
59	라이브 세션(4)	https://feelinggood.com/2017/10/26/059-live-session-marilyn-the-tune-up/
159	라이브 세션(5)	https://feelinggood.com/2019/09/23/159-live-therapy-with-marilyn-what-if-i-die-without-having-lived-a-meaningful-life/
35	결론과 검사	https://feelinggood.com/2017/05/01/035-live-session-mark-final-testing-wrap-up-part-7/
141	2주년 후속 인터뷰	https://feelinggood.com/2019/05/20/145-two-year-follow-up-with-mark-ive-been-a-failure-as-a-father/

9장

사라 이야기

"세균이 무서워!"

극도로 심각한 장애를 가진 사람이 TEAM-CBT로 빠르게 도움받을 수 있을까? 혹시 이 새로운 접근법이 비교적 덜 심각한 문제를 지닌 사람들에게만 쓸모 있는 건 아닐까?

강박 장애는 일반적으로 치료가 가장 어려운 심각한 정신 장애로 여겨진다. 정신과 의사들은 흔히 약물과 심리 치료를 밀어붙이지만 효과에 한계가 있고, 결국 많은 환자는 수년, 심지어 수십 년 동안 강박 관념과 강박 의식에 시달린다.

강박 장애는 심각한 형태의 불안증으로 강박 관념과 강박 의식이 특징이다. 침대에 누워 있을 때 부엌 가스 불을 껐는지 의구심이 들면서 집이 다 타버릴까 두려움을 느낀다고 해보자(강박 관념). 그래서 침대에서 일어나 불을 껐는지 확인하며, 불을 껐다는 걸 확실히 해둔다(강박 의식). 그렇게 잠시 안도감을 얻는다. 하지만 곧 같은 생각이 반복되고, 다시 침대에서 일어나 가스 불을 확인한다… 다시, 또다시! 이는 전형적인 강박 장애다. 강박 장애는 우리의 삶과 정서적 안녕에 큰 장애로 작동한다.

심한 강박 장애는 주체가 안 된다. 강박 관념과 강박 의식이 너무 심해지면 종일 걱정하고 확인하느라 시간을 소모하기도 한다. 사라라는 여성이 바로 이런 경우였다. 사라는 고맙게도 화요일 저녁 스탠퍼드 훈련 그룹을 찾아와 학생과 동료 의사들이 참관할 수 있도록 TEAM-CBT를 생중계로 시연하는 데 동의해주었다.

사라는 심신이 축나도록 고통스러운 세균 공포증에 20년 넘게 시달린 이야기를 들려주었다. 아는 사람도 있겠지만, 작고한 억만장자 사업가 하워드 휴즈도 생전에 같은 문제로 괴로워했다. 휴즈는 세균 공포증이 있었는데, 한동안 라스베이거스 한 호텔의 고급 스위트룸에서 사실상 다른 사람들과 접촉을 모두 차단한 채 세균으로부터 자신을 보호하기 위해 강박 의식에 사로잡혀 생활했다.

사라는 매일 한 시간 동안 샤워했고, 빈틈없이 청소 의식을 행했으며, 하루에도 몇 번씩 반복해서 손을 씻었다. 손이 트고 아팠지만 멈추지 않았다. 집에서 통조림을 열 때는 종이 타월을 사용했다. 가족에게도 많은 요구를 했다. 아이가 '불쾌한' 물건을 만질 때마다 손을 씻게 했고 집, 학교, 파티에서도 바닥에 못 앉게 했다.

사라의 기분 일지는 다음 표와 같다. 사라는 정신과 건물에 들어가기 위해 문을 열 때 극심한 공포와 역겨움을 느끼는 것을 문제 사건으로 생각했다. 문손잡이가 구역질 나고 오염되었다고 생각해서 냅킨으로 감싸 쥐었다고 했다. 하지만 이런 행동을 아무도 보지 않을 때, 남모르게 하려고 애썼다. 부끄럽고 창피했기 때문이다.

이런 종류의 수치심은 불안도가 높은 사람에게 흔히 존재한다. 그들은 자신에게 무언가 심각한 문제가 있다고 여기고, 남들이 그런 증상을 알면 안 좋게 볼 거라고 생각한다. 사라가 20년 동안 그랬듯, 부끄러움 때문에 증상을 숨기려는 것이다.

사타의 기분 일지[+]

문제 사건: 정신과 건물에 들어가기 의해 문을 열 때 극심한 공포와 역겨움을 느끼는 것.

감정	현재(%)	목표(%)	치료 후(%)	감정	현재(%)	목표(%)	치료 후(%)
슬픔, 울적함, 우울, 침울, 불행				**창피함,** 바보 같은 기분, 수치심, 시선 의식	100		
불안, 걱정, 공포심, 과민함, 겁이 남	100			**절망,** 낙담, 비관, 좌절감	50		
죄의식, 가책, 불쾌감, 부끄러움	100			**답답함,** 갑갑함, 낭패감, 패배감	30		
열등감, 무가치감, 부적절감, 결핍감, 무능감	40			**화,** 몹시 화가 남, 분개, 언짢음, 짜증 남, 속상함, 격분	30		
외로움, 사랑받지 못함, 환영받지 못함, 거절감, 고독감, 버림받음				**그 외의 감정들** 역겨움	100		

부정적인 생각	현재(%)	치료 후(%)	왜곡	긍정적인 생각	믿음(%)
1. 현관 손잡이에 뭐가 있을지 누가 알겠어?	100				
2. 그걸 누가 만졌는지 알고? 오염된 손으로 만졌는지도 모르잖아!	100				
3. 냅킨 없이 만지면 병에 걸릴 거야.	100				
4. 거기에 뭐가 있는지 정말 모르겠어.	100				
5. 누군가 화장실에 다녀와서 손을 안 씻고 만졌을지도 몰라.	100				
6. 역겨워!	100				
7. 그걸 만지면 나도 오염될 거야. 정말 더러워 보여!	100				

사라가 그토록 오랜 시간 고통스러워했다는 걸 알고 나니 마음이 아팠다.

이야기를 다 듣고 난 후 사라에게 도움을 원하는지 물었다. 이는 뻔한 질문이 아니다. 강박 장애를 지닌 사람은 거의 모두가 변화를 원하느냐는 질문에 몹시 양가적인 감정을 느끼기 때문이다. 이들은 자신이 피하고자 하는 위험이 분명히 현실에 존재한다고 믿는다.

기쁘게도 사라는 확실하게 도움을 원했다. 그녀에게 이 치료에서 어떤 도움을 받고 싶은지 물었다. 기적이 일어날 거라고 약속할 수는 없다. 하지만 만약 치료가 끝날 때까지 어떤 기적이 일어난다면, 사라는 어떤 기적을 희망할까?

사라는 강박 장애를 치료하고, 오랫동안 자신을 괴롭힌 불안과 수치심에서 해방되고 싶다고 말했다. 나는 사라에게 마법 버튼을 상상해 보라고 했다. 버튼을 누르기만 하면 세균 공포증과 모든 청소 의식이 아무 노력 없이도 순식간에 사라지며, 완벽하게 치료되어 기쁜 마음으로 오늘을 마무리할 수 있다고도 했다.

사라에게 마법 버튼을 누르겠느냐고 물었다. 사라는 뭐라고 했을까?

거의 모든 사람이 버튼을 누르겠다고 한다. 사라도 예외가 아니었다.

나는 비록 진짜 마법 버튼이 있지는 않지만, 사라를 강박 장애에서 해방해줄 상당히 강력한 기법들이 있다고 설명했다. 하지만 치료할 수 있다는 사실 때문에 너무 흥분하기에 앞서, 사라에게 세균 공포증에 어떠한 유익이 있는지 살펴봐야 할 것 같다고 말했다. 사라가 지닌 부정적인 생각과 감정을 통해 한 인간으로서 그녀가 지닌 핵심 가치관의 긍정적이고 대단한 면도 찾아보자고 권했다.

사라는 자신이 시달린 공포증에 어떤 긍정적인 면이나 유익이 있다고는 한 번도 생각해본 적 없다고 대답했다.

사라를 돕기 위해, 꼼꼼한 청소 의식에 최소한 한 가지 큰 유익이 있다는 점을 짚어주었다. 청소 의식을 통해 병에 걸리지 않을 수 있다는 점이었다. 사라는 듣자마자 수긍했고, 우리는 이 내용을 사라의 긍정적인 면 목록 1번에 올리기로 했다.

책을 계속 읽기 전에, 여러분 스스로 긍정적인 면을 조금 더 생각해보자. 사라의 입장이 되어 다음 두 가지 질문에 답해보라.

1. 사라의 부정적인 생각과 감정 그리고 강박적인 청소 의식에 장점이 있다면 무엇인가?

2. 여기서 엿볼 수 있는 사라의 긍정적이고 대단한 면은 무엇인가?

뒷부분을 읽기 전에 여러분이 직접 사라의 긍정적 재구성 목록을 완료하기를 진심으로 권한다. 이 연습 문제를 풀다 보면, 여러분이 각자의 생각과 감정을 들여다보며 이 강력한 도구를 훨씬 더 쉽게 이용할 수 있다.

사라의 긍정적 재구성 목록

1. 세균 공포증과 강박 의식 덕분에 병에 걸리지 않을 수 있다. **아주** 좋은 일이다!
2. ______________________________
3. ______________________________

4. ______________________________

5. ______________________________

6. ______________________________

7. ______________________________

8. ______________________________

9. ______________________________

10. ______________________________

여기까지 마쳤으면, 사라와 내가 생각해낸 목록을 살펴보자. 보다시피, 긍정적인 면이 아주 많았다!

사라의 긍정적 재구성 목록

1. 세균 공포증과 강박 의식 덕분에 병에 걸리지 않을 수 있다. **아주** 좋은 일이다!

2. 청소 의식을 하면 마음이 안정되고 평온해진다.

3. 청소 의식은 건강을 유지하려는 나의 헌신을 보여준다.

4. 나는 병에 걸려서 다른 사람들에게 짐이 되는 일이 없을 것이다.

5. 나는 건강하고 일을 할 수 있기 때문에 다른 사람들에게 한 약속을 이행할 수 있다.

6. 지금은 독감 철이기 때문에 위험한 세균이 **정말로** 많다.

7. 매일 한 시간씩 꼼꼼하게 샤워하고 손을 씻는 의식은 내게 규율이 있다는 뜻이다.

8. 세균 공포증은 가족이나 친구들이 아프기를 바라지 않는 내 사랑을 보여준다.

9. 일상 의식들은 내가 성실하다는 점을 보여준다.

10. 공포증과 의식들은 내 기준이 엄격하다는 사실을 보여준다.

11. 엄격한 기준은 내가 열심히 일하고 많은 성취를 이룰 수 있도록 동기를 부여한다.

12. 부끄럽다는 것은 내가 겸손하다는 뜻이다.

13. 부끄러움은 내가 정직하며 단점을 기꺼이 살펴본다는 뜻이다.

14. 절망과 낙담은 내가 거의 20년 동안 이 문제로 고통받았듯이 너무 많은 희망을 품거나 실망하지 않게끔 나를 지켜준다.

15. 대다수 전문가가 강박 장애는 치료하기 힘든 뇌 장애라고 말하므로, 내가 느끼는 절망은 내가 현실적이라는 점을 보여준다.

이 목록을 완성한 다음, 나는 사라에게 도대체 왜 마법 버튼을 누르고 싶은 거냐고 물었다. 어쨌든 그녀가 오늘 밤에 **치료**된다면, 온갖 오염 물체를 만질 것이고 그러다가 무슨 일이 일어날지 어떻게 알겠는가!

이 '회전축 질문pivot question'은 TEAM-CBT가 지닌 고유한 특징 중 하나다. 나는 환자들에게 변화를 설득하지 **않는다.** 그래봤자 환자의 저항만 키우기가 다반사이기 때문이다. 대신에 환자의 무의식적 저항(이 경우에는 변화에 대한 사라의 두려움) 역할을 맡아 **환자**가 **나**를 설득하여 치료를 계속하게끔 만든다.

일부 치료사들은 환자들이 "맞아요. 나는 변화를 원하지 **않아요!**" 라고 말할까 봐 이런 접근에 저항한다. 이 가능성 때문에 치료사 대부분이 두려움을 느끼고 심지어 공포에 사로잡힌다. 거의 모든 치료사가 환자를 돕고자 하는 갈망에 가득 차 치료에 임한다. 사실 아픈 사람을 돕는 일은 치료사의 직접적인 정체성인데, 환자가 도움을 원치 **않을지** 모른다는 생각은 이 정체성을 위협한다.

가끔 그런 일이 일어날 수는 있지만, 대체로는 그렇지 않다. 오히려 회전축 질문은 정반대의 효과를 내 갑자기 환자의 변화하려는 결심을 일깨우는 듯 보인다.

바로 사라처럼 말이다. 사라는 그날 밤 당장 강박 장애를 치료할 수만 있다면 **무엇이든** 하겠다고 말했다. 불안과 외로움, 수치심 등으로 짊어져야 했던 부담감의 무게가 그동안 그렇게 피하려고 몸부림쳤던 세균과 오염의 실제 또는 가상의 위험보다 훨씬 더 무겁다는 소리였다.

듣고 싶었던 말이었다. 나는 사라에게 오늘 밤 치료가 된다면 대가를 지불할 의향이 있는지 물었다.

사라는 대가가 무엇인지 물었다. 그녀가 가장 두려워하는 괴물에 맞서는 것이 대가였다. 더 정확히 말하자면, 나는 사라에게 다 같이 세미나실을 나가서 온갖 오염된 물체, 예컨대 화장실 변기, 건물의 문손잡이, 무엇보다 무시무시한 건물 정문 등을 만질 거라고 말해주었다.

3장에서 언급한 노출 기법이다. 노출은 불안을 치료하는 데 지극히 중요한 요소다. 각자가 지닌 두려움과 대면한다면 성공 확률은 거의 100퍼센트다. 하지만 대면하기를 거부한다면 회복은 거의 불가능하다.

순간적인 충동으로, 사라에게 수십 년 전 방영된 TV쇼 〈환상 특급 *Twilight Zone*〉에서 내가 제일 좋아했던 에피소드를 이야기했다. 이 에피소드에는 완다라는 노부인이 나온다. 완다는 다 허물어져가는 아파트에 살며 집 밖으로 나가려 하지 않았다. 집 밖에 사신Mr. Death이 숨어 있을까 봐 두려워서였다. 사신은 사람들 눈에 보이지 않았지만 완다는 어릴 때부터 여러 번 보았기에 그가 이제 자신을 데리러 올 거라고 생각했다.

사신이 그녀를 만지면 그 자리에서 죽을 터인데 완다는 아직 죽을 준비가 되어 있지 않았다.

밖에서 소란스러운 소리가 들려 내다보니, 해럴드라는 놀랄 만큼 잘생긴 경찰관이 눈밭에 누워 있었다. 그는 총에 맞았다며 완다에게 도움을 청했다. 완다는 매우 미심쩍었지만, 마지못해 해럴드를 집안으로 데리고 들어와 자기 침대에 눕혔다. 그리고 해럴드를 만졌는데도 자신이 죽지 않자 무척 놀라워했다.

해럴드를 집안으로 들인 완다는 그에게 사신에 대한 두려움을 토로하며, 그가 몇 달 동안 자신을 데리고 가려고 시도했다고 설명했다. 매번 다른 모습으로 변장하고 오는데, 와서 자신을 만지면 죽는다고도 했다. 하지만 완다는 사신의 속임수에 넘어가지 않겠다고 결심했다.

그날 일찍 완다의 집 현관 앞에 건물 관리인이라고 주장하는 한 남자가 찾아왔었다. 아파트가 부실 건물 판정을 받았으니 나가야 한다는 것이었다. 완다는 그 사람이 사신이라고 확신했기 때문에 문을 열어주지 않았다.

그때 갑자기 문을 두드리는 소리가 들렸다. 완다는 대답하기를 꺼렸지만, 해럴드는 문을 열어주라고 설득했다. 완다는 안전 고리를 풀지 않은 채로 문을 빠끔 열었다. 밖에는 건물 관리인이라는 사람이 다시 와 있었다.

"부인, 미안하지만 지시가 내려와서요."

관리인이 안전 고리를 부수며 문을 밀고 들어왔다. 그 바람에 의도치 않게 완다가 바닥으로 넘어졌다.

관리인은 사과하면서, 건물이 한 시간 뒤에 철거될 예정이니 집을 **반드시** 비워야 한다고 말했다. 완다는 항의하며 자신은 부상당해 침대에 누워 있는 경찰관 해럴드를 도와주어야 한다고 대답했다. 관리인은 침대에 아무도 없지 않느냐며 항변했고, **당장** 집을 비우라고 다시 한번 요구한 후 떠났다.

완다는 해럴드에게 관리인이 밀고 들어왔을 때 왜 도와주지 않았느냐고 수상쩍다는 듯이 물었다. 해럴드는 완다에게 거울을 보라고 말했다. 그의 말을 따라 완다가 거울을 보자 해럴드의 모습이 보이지 않았다. 해럴드가 바로 **사신이라는 생각**이 번개처럼 스치자 완다는 화를 내며 "당신은 나를 **속였어요!**"라며 울부짖었다.

해럴드는 죽음을 두려워할 필요가 없다고, 당신은 미지의 대상을 두려워할 뿐이라고 설명했다. 해럴드는 살며시 완다의 손을 잡으며 말했다.

"알겠어요? 놀라지 마세요!"

완다가 이제 곧 자신이 죽느냐고 묻자 해럴드가 침대를 보라고 했다. 침대에는 그녀가 죽은 채 누워 있었다. 해럴드는 나직이 말했다.

"자, 완다, 우리의 여정은 이미 시작됐어요."

그렇게 두 사람은 기쁘고 평화롭고 다정하게 건물을 빠져나와 함께 위대한 모험에 오른다.

이 이야기를 들려준 뒤 사라에게 내 손을 잡으라고 청했고, 자신만의 사신에 정면으로 맞선 사라와 함께 우리는 놀랍도록 용감한 모험을 시작했다.

사라와 나는 가장 먼저 여자 화장실로 가서 20명이 넘는 치료사가 지켜보는 가운데 좌변기를 손으로 문질렀다. 사라는 0에서 100까지 표시하는 불안감 수치를 125라고 평가했었다.

놀라운 일이었다.

사라는 나아가 변기 시트를 들어 올려 그 아랫부분을 손으로 문질렀다. 나는 사라가 무척 자랑스러웠다!

다음으로 우리는 무시무시한 현관을 향해 나아가며 가는 길에 있는 모든 문손잡이를 만졌다. 사라는 아직 공포에 질려 있었다.

현관에 도착해서는 사람들의 지문이 잔뜩 묻은 판유리에 손을 문질렀다. 사라에게 특히나 끔찍한 일이었다.

밖으로 나갔더니 큰 쓰레기통이 있었다. 금방 비운 것 같았지만, 바닥에는 여전히 더럽고 끈적끈적한 오물이 묻어 있었다. 나는 사라에게 안으로 손을 뻗어 지저분한 오물에 문질러보라고 말했다.

처음에는 사라가 거부했기 때문에, 내가 직접 손을 넣어 비벼 보였다. 나를 가만히 지켜보던 사라는 마침내 쓰레기통에 조심스럽게 손을 넣었지만 곧장 물리며, 도저히 안 되겠다고 말했다.

나는 손을 **더** 깊숙이 **넣어야 한다**고 말하며 다시 한번 시범을 보였다. 사라는 억지로 이 과제를 해냈고, 거의 토할 뻔했다고 말했다. 하지만 해냈다!

그러고 나서 우리는 둘 다 손을 얼굴에 문질렀다!

학생 몇몇은 정말로 불안해하며 문 옆에 있던 깨끗한 물수건을 권하기도 했다! 두려움이 전염될 수도 있다는 게 흥미롭다. 하지만 우리는 그 말을 무시하고 세미나실로 돌아왔다.

사라에게 지금 기분이 어떤지 물었다. 사라는 눈물을 흘렸다. 얼마나 안도감이 드는지 모른다며 정말 고맙다고 했다. 자신의 불안감 점수는 이제 0에서 100 척도에서 1이나 2에 불과하다고도 했다.

이 대답은 나뿐만 아니라 이 그룹에 참여한 학생들에게도 감동을 주었다. 세미나실은 눈물바다가 되었다.

하지만 놀랍고도 신속했던 사라의 회복은 지속되었을까? 그렇게 빠른 회복이 가능하다는 것은, 일부 사람들, 특히 강박 장애 치료는 더디고 치료가 잘 돼도 예후가 좋지 않다고 배웠던 많은 치료사에게는 정말 믿기 힘든 일이다.

치료를 끝내기 전에, 사라가 이후에도 치유를 계속해나갈 수 있도록 노출 과제를 내주었다. 그리고 하루나 이틀 안에 우리 훈련 그룹에 이메일을 보내 경과가 어떤지 알려달라고 부탁했다.

이틀 후에 우리는 다음과 같은 이메일을 받았다.

> 무엇보다, 화요일 밤이 얼마나 마법 같았고 제가 얼마나 놀라운 변신을 했는지요! 그리고 네!!! 종일 손이 오염된 채로 있을 수 있었고, 화장실을 사용한 후에야 손을 씻었습니다. 먹기 전에는 손을 씻지도 않았습니다. 그보다 더 놀라운 건, 무언가 '역겹고' 지저분한 것들을 만질 때마다 미소가 지어졌고 낄낄 웃음이 나왔다는 것입니다. 얼마나 기쁜 일인지요!
>
> 하지만 놀라운 일은 이게 끝이 아니었어요. 화요일 밤의 치유가 제 일상에 끼친 심오한 변화를 알려드리고 싶네요.
>
> 오늘은 아침 일찍 일어나 매우 생산적인 하루를 보냈습니다. 다른 날보다 30분 먼저 일어났고 샤워는 1시간이 아니라 20분 만에 끝냈습니다(네, 평소에는 슬프게도 '어리석은' 의식을 치르느라 1시간씩 샤워하곤 했지요).
>
> 무엇보다도 평소 하던 강박 장애 의식들을 치르지 않은 덕에, 2시간도 더 걸리던 외출 준비를 35분 만에 끝내고 집을 나왔습니다. 그동안 얼마나 많은 시간을 이 고통스럽고 자기 파괴적인 괴물에게 헌납했는

지 정말 놀랍기만 합니다.

그리고 또 한 가지 멋진 일이 일어났습니다. 요양 시설에 계신 시어머니를 찾아갔는데, 어머니와 함께 입소한 다른 분들과 좀 더 친밀하고 따뜻한 태도로 대화를 나눌 수 있었습니다. 그들과 악수하고, 보행 보조기에 의지하여 걷도록 도와주고, 함께 차 한잔을 마시면서도 아무런 불안감이 들지 않았고 손을 닦을 필요도 느끼지 않았습니다. 지난주까지만 해도 이런 행동을 하기만 해도 불안감이 엄습하고 화장실로 달려가 손을 씻어야 했거든요. 그보다 더 멋지고 기뻤던 건, 4살짜리 아이처럼 두 손으로 난간을 짚고 즐겁게 복도 끝까지 뛰어갔던 때였어요.

여전히 단 한 번의 TEAM 치료로 이루어진 강력한 치유력을 증명하기에 충분치 않다면, 이건 어떨까요? 제가 더러운 바닥을 문지른 뒤 그 손을 핥았다면, 그것도 한 번이 아니라 두 번이나 그러면서 웃음을 터뜨렸다면요. 이건 딸과 남편이 '나의 병균들'에서 치유되어 제가 행복해 보인다고 말했을 때, 제가 두 사람에게 '치유'를 증명해 보인 방법입니다.

제 변화를 알아채는 남편과 딸을 보며 정말 행복했고, 인정받은 느낌이었습니다. 에릭이 찍은 환상적인 영상과 사진을 보여주자 두 사람은 깜짝 놀랐습니다. 딸아이는 제가 쓰레기통에 손을 넣었다는 사실을 믿기 힘들어했습니다. 제 인생의 그토록 뜻깊은 순간을 영상으로 남겨준 에릭에게 한없는 고마움을 전하고 싶습니다. 그 영향은 정말 어마어마합니다.

정리하면, 오늘 저는 공공장소의 문손잡이와 화장실, 바닥, 쓰레기통, 복도 난간, 휠체어, 보행 보조기를 만지는 데 전혀 불안감을 느끼지 않았고, 손은 오직 화장실을 다녀온 뒤에만 씻었습니다. 손을 씻을 때 전에는 3분에서 4분 정도 박박 문질러 씻었다면, 이제는 10초 만에 빠르게 씻고 끝냅니다. 저는 이를 세면대로부터의 자유라고 부릅니다.

제 오염 불안은 90년대 중엽에 시작되어 점점 더 심해지기만 했습니다. 상상이 가겠지만, 제 삶뿐 아니라 우리 가족에게도 피해를 주었지요. 흥미롭게도 머릿속에 제 더러운 손이 떠오르고 그 멋진 영상이 재생될 때면 크나큰 안도감과 편안함 그리고 기쁨을 느낍니다. 정말 놀라운 일입니다!

조건 없는 지원과 인생을 바꾼 선물에 감사드립니다! 복권에 당첨된 기분이에요!

사라, 고마워요! 당신은 정말 용감했고, 환상적이었어요! 당신은 우리 모두에게 놀라운 선물을 주었어요!

우리는 최근 사라가 출연한 〈필링 굿〉 팟캐스트 162회를 게시했다. 회복하고 수개월이 지난 후 치료 효과가 지속되고 있는지 알아보기 위한 영상이다. 이 영상은 가장 인기 있는 팟캐스트 영상 중 하나다.

10장

감정 변화시키기

기분 일지(파트 1)

이제 지금까지 예시한 환자들과 똑같은 상담 방식으로 여러분을 초대하여, 여러분이 생각하고 감정을 느끼는 방식을 변화시키는 법을 보여주려고 한다. 여러분이 자신만의 기분 일지를 완성하기까지 단계별로 이해하기 쉽도록 차근차근 안내하겠다.

이 글을 읽는 동안 여러분에게 몇 가지 직접 풀어야 할 문제들을 제시할 것이다. 정말로 변화를 원한다면 문제 풀이 과제가 중요하다. 심각한 우울증이나 불안증이 아닌 사람들도 이 과정을 통해 어떤 변화가 생기는지 알 수 있을 것이다.

기분 일지 양식을 내려받을 수 있는 주소(https://feelinggood.com/daily-mood-journal)를 소개한다.

1단계: 속상했던 사건이나 순간 고르기

우울감을 느꼈던 구체적인 순간에 주목해보자. 우리 모두 길을 걷다 돌부리에 차인 경험이 있고, 이처럼 속상했던 순간에 초점을 맞춰볼 수 있다. 244쪽의 기분 일지 맨 위에 당시 상황을 간략히 적어보자.

왜 꼭 구체적으로 속상했던 상황에서 시작해야 할까? 두 가지 이유가 있다.

1. 모든 문제는 그 짧은 순간에 압축된다. 그래서 구체적인 순간에 왜 속상했는지 이해하면, 어떤 순간에든 왜 속상했는지 이해할 수 있다. 속상한 순간은 거의 언제나 같은 상황이 일부 변형된 형태일 것이다.

2. 그 구체적인 순간에 생각하고 느끼는 방식을 변화시키는 법을 배우면, 어떤 순간에든 생각하고 느끼는 방식에 변화를 주는 법을 이해할 수 있다. 한 가지 구체적인 순간에 도움이 되는 기법들은 거의 언제나 우리에게 도움이 되기 때문이다.

문제 사건은 지금이나 과거의 어느 순간에 여러분을 우울하게 또는 불안하게 만들었던 어떤 경험이든 좋다. 실패나 상실의 경험일 수도 있고 아끼는 사람에게 뒤통수를 맞은 경험일 수도 있다. 수줍음이 많은 사람이라면 낯선 사람과 대화하거나 직장 동료들 앞에서 발언해야 하는 등의 두려운 순간일 수도 있다.

여러분이 느끼는 감정이 죄책감이라면, 문제 사건은 아끼는 누군가에게 상처를 주는 말이나 행동을 한 순간일지도 모른다. 창피함을 느낀다면, 어리석거나 바보 같은 말 또는 행동을 한 경우일 것이다. 심지어 속상한 순간은 우울하거나 불안하거나 낙담한 감정을 느끼며 이 책을 읽는 바로 지금일 수도 있다.

예를 들어, 어제 만난 벤이라는 25세의 컴퓨터 프로그래머는 내게 주점에서 만난 매력적인 남자 리처드와 성관계를 가졌다고 말했다. 벤은 진심으로 리처드에게 관심이 있었고 그와 연인 관계가 되기를 꿈꿨지만, 리처드는 이미 진지하게 만나는 상대가 있었고 자신과는 한날 바람을 피운 것뿐이라는 사실을 알고 기분이 곤두박질쳤다.

벤은 기분 일지 맨 위의 속상한 사건 항목에 "리처드의 거절"이라고 적었다. 이처럼 간결한 게 가장 좋다.

무엇을 고르든 상관없지만, 속상한 사건은 사실이어야 하고 구체적이어야 한다. 예컨대 "사는 게 구질구질하다" 같은 표현은 도움이 안 된다. 일반적이고 모호하기 때문이다. 사는 게 구질구질하다고 느끼는 것 자체는 아무런 문제가 없다. 때때로 산다는 건 **정말** 구질구질하다! 하지만 우리에게 필요한 건 사는 게 구질구질하다고 느낀 구체적인 순간이다.

선택한 순간은 반드시 우울한 기분이었을 때여야 하고, 확실히 기분이 더 나아졌으면 하는 상황이어야 한다. 이 이야기를 하는 이유는 사람들이 속상하더라도 사실은 도움을 필요로 하지 않는 때가 있기 때문이다. 괜찮다. 나도 가끔 그런 기분이 들었다. 고백하자면, 그저 나 자신이 안쓰럽다고 여기고 싶은 때가 있었다! 어쨌든 이번에는 도움받기를 **바랐을** 만한 순간이나 속상했던 순간을 골라보자.

덧붙이자면, 도움받고 싶은 문제는 인간관계의 갈등 문제가 아닌 개인적인 기분 문제여야 한다. 개인의 기분 문제는 우울감이나 불안감과 관련이 있으며, 부정적인 생각이 대개는 타인('저 사람은 패배자야')이 아닌 자신('나는 패배자야')을 향한다.

관계 갈등을 해결하는 도구는 우울감과 불안감 같은 감정을 극복하는 도구와는 상당히 다르다. 관계 문제를 해결하는 법은 이 책의 뒷부분에서 살펴보겠지만, 이 장에서는 비중 있게 다루지 않을 것이다.

기분 일지[ⵜ]

문제 사건: ____________________

감정	현재(%)	목표(%)	치료 후(%)	감정	현재(%)	목표(%)	치료 후(%)
슬픔, 울적함, 우울, 침울, 불행				**창피함**, 바보 같은 기분, 수치심, 시선 의식			
불안, 걱정, 공포심, 과민함, 겁이 남				**절망**, 낙담, 비관, 좌절감			
죄의식, 가책, 불쾌감, 부끄러움				**답답함**, 갑갑함, 낭패감, 패배감			
열등감, 무가치감, 부적절감, 결핍감, 무능감				**화,** 몹시 화가 남, 분개, 언짢음, 짜증 남, 속상함, 격분			
외로움, 사랑받지 못함, 환영받지 못함, 거절감, 고독감, 버림받음				**그 외의 감정들**			

부정적인 생각	현재(%)	치료 후(%)	왜곡	긍정적인 생각	믿음(%)
1.					
2.					
3.					
4.					

5.					
6.					
7.					
8.					
9.					

인지 왜곡 대조표

1. **전부 아니면 전무라는 생각** AON 사물을 절대적인 것, 흑과 백의 범주로 바라본다.	6. **극대화와 극소화** MAG/MIN 무언가의 중요성을 과장하여 부풀리거나 축소한다.
2. **지나친 일반화** OG 한 번의 부정적인 사건을 영원히 반복되는 패배처럼 여긴다. "늘 이래!"	7. **감정적 추리** ER 자신의 기분대로 해석한다. "바보가 된 **기분**이야. 나는 **정말** 바보인가 봐."
3. **정신적 여과** MF 부정적인 면에 집착하여 긍정적인 부분들을 무시한다.	8. **해야 한다는 생각** SH **해야 한다, 하면 안 된다, 반드시 해야 한다** 등의 말을 사용한다.
4. **긍정적인 면 무시하기** DP 자신의 긍정적인 부분들은 중요하지 않다고 생각한다.	9. **낙인찍기** LAB "내가 실수했어"라고 말하기보다, "나는 얼간이야", "나는 실패자야"와 같이 표현한다.
5. **성급한 결론짓기** JC 뒷받침할 사실 근거도 없이 곧장 결론으로 직행한다. • **독심술 오류** MR 다른 사람들이 자신에게 부정적인 반응을 보일 것이라고 단정한다. • **예언자적 말하기 오류** FT 상황이 나빠질 거라고 예측한다.	10. **비난하기** 문제를 해결하기보다 잘못을 찾아낸다. • **자기 비난** SB 자기 책임이 아닌 일에도 항상 자신을 탓한다. • **타인 비난** OB 남들을 탓하며 자기가 그 문제에 얼마나 책임 있는지는 간과한다.

벤과 멜라니가 둘 다 관계 문제로 힘들어했기 때문에 약간 혼란스러울 수 있다. 멜라니는 두 번 이혼했던 사실을 부끄러워하며, 다른 사람들이 자신을 좋지 않게 생각할까 봐 걱정이 막심했다. 벤은 거절당한 일로 우울해했다. 이 두 경우는 확실히 관계 문제지만, 두 사람의 부정적인 생각은 대부분 자신을 향했다. 둘 다 남이 아닌 자신을 탓했고 주로 우울감과 수치심, 열등감, 불안감 등의 감정 때문에 힘들어했다. 즉 부정적인 생각과 감정이 주로 자신을 향한다면, 인간관계 문제라도 속상한 사건이 될 수 있다.

지금쯤이면 여러분은 기분 일지 맨 윗줄에 속상했던 순간이나 사건을 적었어야 한다. 적었는가? 아니면 그 단계를 건너뛰고 계속 읽고만 있는가?

아, 단계를 건너뛰었다고? 그럴지도 모른다는 감이 왔다!

여러분이 이 책을 구입해서 기쁘고, 여러분과 새로운 개념, 치료도구들을 함께 나눌 수 있어 감사하다. 하지만 나는 여러분이 나를 믿고 지금, 아니면 나중에라도 연습 문제를 푼다면 좋겠다. 여러분의 생각과 감정을 변화시키는 데 도움을 주고 싶기 때문이다. 그렇게 된다면 여러분에게도 내게도 큰 기쁨일 것이다!

직접 풀이를 하지 않고 내용만 읽는 것도 훌륭한 첫걸음이다. 그런 경우라면 한 번 더 읽을 때 다시 시도해보길 권한다.

여러분이 치료사라면 주로 환자를 도울 목적으로 이 책을 읽을 것이다. 하지만 그렇더라도 나는 다음 두 가지 이유로 연습 문제들을 직접 풀어보라고 권하겠다.

1. 연습 문제를 직접 풀면 훨씬 더 깊이 이해하고 더 확실한 기술을

배울 수 있다.

2. 단순한 기술자가 아니라 치료사가 되고 싶다면 직접 자신의 방법을 사용해봐야 한다. "의사야, 너 자신을 고쳐라"라고 한 성서의 개념은 오늘날에도 2,000년 전과 꼭 같이 진실이다.

2단계: 감정에 밑줄 치고 평가하기

문제 사건이나 순간을 적었다면, 다음 단계는 쉽다. 기분 일지를 보면 부정적인 감정이 범주별로 나열되어 있다. 각 범주에서 지금껏 느꼈던 기분과 공명하는 감정에 밑줄을 친다.

예를 들면, 벤은 **우울**과 **침울**에 밑줄을 쳤다. 두 감정이 리처드가 자신과 관계를 지속하는 데 흥미가 없다는 사실을 알았을 때 느꼈던 기분과 가장 크게 맞아떨어졌기 때문이다.

감정	현재(%)
슬픔, 울적함, 우울, 침울, 불행	

부정적인 감정에 밑줄을 친 다음, 그 감정이 얼마나 강한지 0(전혀 아니다)에서 100(완전히 그렇다)까지 수치로 환산한 뒤 '현재(%)' 칸에 숫자를 입력한다. 속상한 사건이 일어났을 때 기분이 어땠는지 또는 지금 기분이 어떤지를 평가하면 된다. 그 사건이 일어났을 때 기분이 어땠는지를 평가하는 게 가장 좋다. 하지만 그 사건 때문에 여전히 괴롭다면, 지금 느끼는 감정들을 평가해도 좋다.

벤은 자신의 감정들을 아래와 같이 100으로 추정했다.

감정	현재(%)
슬픔, 울적함, 우울, 침울, 불행	100

첫 번째 감정 범주에서 이 작업이 끝나면, 나머지 범주에서도 부정적인 감정들에 밑줄을 치고 평가한다. 예를 들어 불안감이나 죄의식, 무가치감, 외로움, 절망 등으로 상처 입은 느낌을 받을 수도 있다.

다른 감정을 위한 칸도 있다. 여러분이 느끼지만 목록에는 없는 감정들을 쓰는 곳이다. 예를 들어, 무언가에 갇혀 있다는 느낌을 받을 수도 있고, 버거움이나 배신감, 스트레스를 느낄 수도 있다. 그런 경우에 감정 단어를 추가하고 똑같은 척도로 강도를 표기하면 된다.

기분 일지의 감정 부분은 치료를 시작할 때 환자들이 정확히 어떤 기분을 느끼는지 9개 범주에서 보여준다. 많은 치료사가 자기감정을 잘 알지 못하는 듯한 환자도 많다고 주장할 것이다. 이를 가리켜 전문 용어로 감정 표현 불능증alexithymia이라고 하는데, 말은 거창하지만 뜻은 간단하다.

감정 표현 불능증이란 감정을 인식하거나 표현하는 데 어려움을 겪는 상태로, 일부 전문가는 전체 인구의 약 10퍼센트가 이 문제를 가지고 있다고 보고한다. 치료사 대부분은 이런 감정 표현 불능증 환자가 많다고 말할 것이다.

이런 주장이 당혹스러운 이유는, 내가 자기감정을 정확히 알지 못하는 환자를 만난 적이 한 번도 없기 때문이다. 아마도 항상 기분 일지를 사용하기 때문인 것 같다. 속상했던 사건이나 순간에 구체적으로 초점을 맞추면, 그 사건과 관계된 부정적인 감정을 쉽게 찾아 밑줄 치고,

각각의 감정이 얼마나 강렬한지 쉽게 파악할 수 있다.

감정 표 역시 치료 전후의 변화를 수월하게 보여주기 때문에, 환자가 얼마나 호전되었는지 또는 호전되지 않았는지를 정확히 알아낼 수 있다. 환자의 감정을 검사하는 T 과정을 통해 치료사에게 처음으로 책임을 물을 수 있다. 이 과정은 마치 감정을 들여다보는 엑스레이 기계와 같아서, 치료사들은 각 치료의 시작과 끝에 환자가 정확히 어떤 기분인지 실제로 '볼 수' 있으며, 그 치료가 얼마나 효과적이었는지 또는 효과적이지 못했는지도 알 수 있다.

내 생각에 이는 멋진 일이다. 치료사들이 더는 몇 달이고, 몇 년이고 방 안에 갇혀 한담이나 나누는 듯 끝없이 이어지는 불특정 치료에 매이지 않아도 되기 때문이다. 목표는 빠르고 완전하며 측정 가능한 변화로 옮겨간다.

이는 미국을 비롯한 전 세계에서 심리 치료가 이루어지는 방식에 거대한 변화가 나타날 수 있다는 의미다. 모든 치료사가 검사를 통합적으로 실시하기를 바란다. 현재 의학계에서 과학적인 검사를 요구하듯, 곧 보험 회사와 면허 기관에서도 같은 요구를 할 거라고 믿는다.

체온계나 혈액 검사, 엑스레이 기계 등을 사용하지 않고 의사 노릇을 하려는 사람은 곧 면허를 잃는다. 나는 정신 건강 전문가들이 같은 기준을 따라야 한다고 생각한다.

3단계: 부정적인 생각 기록하기

다음으로 부정적인 감정과 관련된 부정적인 생각을 적는다. '슬플 때 스스로에게 뭐라고 말하는가? 부끄러울 때는? 절망적일 때는?' 같은 질문을 생각해본다. 기분 일지에 밑줄 친 모든 부정적인 감정에 이런 질문을 대입하면 된다.

부정적인 생각은 완성된 문장으로 간결하게 적고 번호를 매긴다. 그런 다음 각 생각을 얼마나 굳게 믿고 있는지 0(전혀 아니다)에서 100(완전히 그렇다)까지 수치를 이용하여 '현재(%)' 칸에 적는다.

에런 벡 박사의 인지 내용 특수성 이론theory of cognitive content specificity을 보면, 각 유형의 부정적인 감정은 구체적인 유형의 부정적인 생각에서 만들어진다. 예를 들어, 우리가 나쁜 일을 했다거나 사랑하는 사람에게 상처를 줬다고 생각하면, 그 생각에서 죄책감이 발생한다. 우리가 위험에 처했다고 생각하면, 불안감이 솟아난다. 스스로 실패자나 패배자라고 생각하면, 우울감이 생겨난다.

벡의 인지 내용 특수성 이론을 알면 우리의 부정적인 감정이 부정적인 생각과 어떻게 연결되는지 아주 쉽게 확인할 수 있다. 아래의 표를 이용하여 여러분의 부정적인 감정을 찾아보고 '이런 기분이 들 때 나는 무슨 생각을 하지? 스스로에게 어떤 메시지를 주고 있지? 머릿속에 어떤 생각이 떠돌지?'라고 자문해보자.

감정 유형	생각	예
우울	자존감에 중요한 무언가를 상실했기 때문에, 자신이 실패자라거나 사랑받지 못한다고 생각한다.	마크는 큰아들과 다정한 관계를 맺지 못했기 때문에 아버지로서 실패자라고 생각했다.
불안	위험을 예측하고 곧 뭔가 끔찍한 일이 일어날 거라고 생각한다.	• **비행 공포증** "비행기가 난기류에 부딪혀 추락하면 어떡하지? • **고소 공포증** "이크, 이 전망대 절벽에 너무 가까이 다가가면 떨어질 거야!"

		• **발표 불안** "머릿속이 하얘져서, 일어나 발표할 때 완전히 바보처럼 보일 거야!" • **강박 장애** "또 씻지 않으면 손이 오염되어 끔찍한 일이 일어날 거야!" • **범불안 장애** "고등학생인 아이가 파티에 가서 술을 마시면 어떡하지? 파티를 마치고 돌아올 때 교통사고를 당하면 어떡하지? 보고서가 상사 마음에 들지 않으면 어떡하지?" • **수줍음/사회 불안** "이 사람이 내가 긴장한 걸 알아채면 어떡하지? 저 사람은 내 말에는 관심이 없고, 아마도 나를 패배자라고 생각할 거야!" • **공황 발작** "곧 죽거나 미쳐버릴 것 같아! 끔찍해!"
죄의식 또는 부끄러움	자신이 나쁘다고, 자신의 가치관을 어겼다고, 사랑하는 사람에게 상처를 주었다고 생각한다. 사람들이 자신을 재단하여 볼 것이며, 나쁜 사람, 결함이나 흠이 있는 사람으로 여길 거라고 생각한다.	멜라니는 두 번 이혼한 과거를 들키면 사람들이 자신을 비판적으로 볼 거라고 확신했다.
부적절감, 무가치감, 열등감	자신의 결점과 단점만 바라보거나 남들과 비교하여 스스로가 부족하다고 생각한다.	수년 동안 가정 폭력을 견뎌온 한 여성은 이렇게 생각했다. '내게 결함이 있는 게 틀림없어.' 한 임상 사회 복지사는 내게 이렇게 말했다. "나는 열등해요. 정말 특별한 점이 없거든요. 완전히 평범하죠."
외로움	다른 사람이 필요하다거나 혼자 있기 때문에 불행하다고 생각한다.	마리아라는 한 여성은 남편이 비서와의 불륜 때문에 자신을 떠나려고 하자 '나는 남편의 사랑 없이는 결코 행복할 수 없어'라고 생각했다.
절망	상황이 절대 변하지 않는다고 생각한다.	'나는 영원히 우울할 거야. 내 문제는 절대 해결되지 않을 거야.'
부끄러움, 수치심	다른 사람들이 어떤 결점이나 단점 때문에 자신을 안 좋게 여길 거라고 생각한다.	의자에 앉아 발표하던 도중, 의자를 뒤로 밀다가 무대에서 떨어져버렸다! '사람들이 나를 미쳤다고 생각할 거야!' 하는 생각이 들었는데, 다행히도 청중은 믿기 힘들 정도로 친절하고 협조적이었다.
답답함	어떤 상황이 실제보다 훨씬 더 어렵다고 생각한다.	'비행기를 갈아타야 하는데 이 비행기는 왜 이렇게 지연되는 거야? 더 속도를 내서 이륙해야 하는데!', '젠장, 이 소프트웨어는 왜 계속 에러가 나는 거야! 광고하고 다르잖아!'
분노	누군가 자신을 부당하게 대하거나 이용하려 한다고 생각한다.	'그 사람은 자기 생각밖에 안 해!!', '그 여자는 그렇게 행동하면 안 돼!', '그 남자는 이기적인 얼간이야!'

부정적인 생각을 기록하는 몇 가지 요령을 더 알아보자.

1. 부정적인 생각을 적는 칸에 사건 설명은 넣지 않는다. 문제 사건 설명은 기분 일지 상단에 적는다. 우리는 그 사건을 반박하거나 변화시키려는 게 아니기 때문이다. 우리가 바꿀 수 있는 것은 우리가 생각하는 방식과 느끼는 방식뿐이다. 부정적인 생각 칸은 그 사건에 대한 **생각**을 적는 곳이다. 대개 이런 생각은 왜곡되어 있다.

2. 부정적인 생각 칸에 감정이나 기분을 적지 않는다. 감정은 감정표에 밑줄 치고 평가하면 된다. 감정에 반박할 수는 없기 때문이다. 우리가 바꿀 수 있는 것은 감정을 유발하는 왜곡된 생각뿐이다.

3. 문장은 짧게 쓰고, 부정적인 생각 하나당 한 문장에서 최대 두 문장으로 표현하도록 노력한다. 설명을 길게 횡설수설하지 않도록 한다.

4. 완전한 문장을 사용한다. '무가치하다'나 '너무 구질구질하다' 같은 불완전 문장은 쓰지 않는다. 누가 또는 무엇이 무가치하고, 얼마나 구질구질한지 불분명하기 때문이다. 완성된 부정적 생각이란 '나는 무가치하다'나 '내 발표는 너무 구질구질하다'와 같은 형태다.

5. '내가 왜 이렇게 망가졌을까?' 같은 수사적 질문은 하지 않는다. '나는 정말 망가졌어'나 '나는 그렇게 망가지면 **안 돼**' 등처럼 진술형이나 당위형 서술로 질문을 바꾼다.

설명을 돕기 위해 벤의 이야기를 더 들어보자. 벤은 거절당했을 때, 기분 일지에 부정적인 생각을 다음과 같이 기록했다.

1. 내게는 사랑받기 힘들게 만드는 깊고, 가치 없는 무언가가 있다.

2. 나는 육체적으로나 성적으로 열등하기 때문에 가치가 없다.

3. 나는 리처드에게 거절당한 일로 상처받고 가치가 없다고 느꼈다.

처음 두 가지 부정적인 생각에는 많은 왜곡이 담겨 있다. 하지만 세 번째 생각은 적절한 부정적 생각이 아니다. 왜 그럴까? 이 생각에 어떤 문제가 있는지 직접 찾아보라. 문제는 한 개일 수도 여러 개일 수도 있고, 없을 수도 있다. 답을 생각한 뒤에 다음의 내용을 읽어보자.

	(√)
1. 부정적인 사건을 서술하고 있다.	
2. 부정적인 감정을 서술하고 있다.	
3. 무의식적으로 본심이 드러나 있다.	
4. 수사적 질문이 포함되어 있다.	

나의 대답

답은 (1)부정적인 사건을 서술("리처드에게 거절당했다")했고, (2)부정적인 감정을 서술("상처받고 가치가 없다고 느꼈다")했다는 것이다. 리처드가 벤을 거절한 것은 실제로 일어난 사건이다. 벤이 고통스러웠다 해도 일어난 사건을 바꿀 수는 없다. "리처드에게 거절당했다"라는 진술은 사건 자체를 서술한 것이지, 사건에 대한 생각을 서술한 것이 아니다. 게다가 무가치하고 상처받았다는 기분은 매우 사실적이지만, 사건과 관련된 **감정**을 나타낼 뿐 관련 **생각**을 반영하지는 않는다.

부정적인 생각을 정확히 짚어내는 데 도움이 될 만한 마지막 요령이 있다. 만약 속상했는데 부정적인 생각이 무엇인지 식별하기 어렵다면, 그냥 부정적인 생각을 지어내도 된다. 그렇게 해도 효과가 비슷하게 나타난다.

예를 들어, 라미시라는 한 남성이 최근 내게 이메일을 보냈다. 그는 내 책《패닉에서 벗어나기》를 무척 좋아한다면서, 사실 직장에서 발표해야 할 때 매우 불안을 느끼지만 그런 불안을 유발하는 부정적인 생각이 무엇인지는 잘 모르겠다고 털어놨다. 라미시는 그 생각이 무엇인지 알고 싶어 했다.

나는 라미시에게 다른 사람들이 그런 상황에 처했을 때 어떤 생각을 **할 것 같은지** 적어보라고 말했다. 라미시는 다음과 같이 이메일 답장을 보냈다.

> 안녕하세요, 번즈 박사님! 답장해주셔서 고맙습니다! 누군가 제 상황에 있다면 이런 생각을 할 것 같습니다.
>
> - 말을 많이 더듬을 거야.
> - 영어가 모국어가 아니기 때문에 나는 영어를 썩 잘하지 못해. 만약 단어를 틀리면 사람들이 얕잡아 볼 거야.
> - 내 연구에 대해 질문을 받았을 때 잘 대처하지 못할지도 몰라. 그러면 멍청해 보일 거야.
> - 사람들이 내 방법론에 설득력이 없으며, 인과 관계를 잘못 짚었다고 주장할지 몰라. 그러고 나면 내가 무슨 말을 하는지와 상관없이 나머지 회의 시간이 어색해지겠지.
> - 30분 안에 다 발표할 수가 없어서, 급하게 마무리하다가 중요한 부분을 깜박하고 말 거야.
>
> 박사님이 제게 무엇을 원하는지 알 것 같습니다. 제가 분명하게 인지

하지는 못하지만 그런 생각들을 하고 있다는 거죠? 이런 생각을 '침묵하는 생각'이라고 불러도 될까요?

라미시가 옳았다! 확실히 그런 생각을 '침묵하는 생각'이라고 불러도 좋다. 침묵하는 생각을 글로 적는다면, 여러분이 어떤 생각을 하는지 정확히 찾아내기가 훨씬 더 쉬워질 것이다. 그리고 이는 희열을 찾아가는 첫걸음이다.

나는 라미시의 이메일에 너무 기뻐서, 그의 부정적인 생각을 다룰 〈필링 굿〉 팟캐스트 일정을 잡았다. 그 내용을 들어보고 싶다면, 〈필링 굿〉 웹사이트(팟캐스트 150회)에서 찾아보길 바란다.

자, 이제 여러분이 기분 일지에 부정적인 생각을 기록할 시간이다. 더 읽기 전에 이 과정을 완료하자.

4단계: 인지 왜곡 찾아내기

부정적인 생각을 기록했다면, 하나하나 살펴본 뒤 각 생각과 관련된 왜곡을 왜곡 칸에 약어로 기입한다.

한 가지 생각에서 왜곡이 많이 나타난다고 걱정하지 않아도 된다. 흔한 일이다. 여러 왜곡이 중복으로 나타날 수 있다. 때로는 부정적인 생각 한 가지에서 10가지 왜곡이 모두 확인되기도 한다!

만약 어떤 생각에서 왜곡을 전혀 발견할 수 없다면, 그건 아마 생각이 아니라 사건이나 감정에 대한 서술일 것이다. 명심하자. 그 사건과 관련된 우리의 **생각**, 즉 그 사건을 생각하고 해석하는 방식이 우리를 속상하게 한다.

왜곡을 정확히 찾아낸 다음, 다음과 같은 질문을 생각해보면 큰 도움이 된다.

1. 정확히 왜 이 부정적인 생각이 해당 인지 왜곡의 사례인가?
2. 왜 이런 사고방식은 비현실적이며 오해의 소지가 있는가?
3. 왜 이 왜곡이 내게 상처가 되는가? 혹은 나를 속상하게 하는가?

5단계: 기적을 만들기 위한 치유의 질문

부정적인 생각에서 인지 왜곡을 확인했는가? 잘했다!

이제 우스꽝스럽게 들릴지 모를 질문을 하나 하겠다. 여러분은 부정적인 생각 및 감정과 관련하여 도움을 받고 싶은가? 기분이 더 나아지기를 바라는가?

아니라고 대답해도 이해한다.

하지만 대답이 '그렇다'이고 부정적인 생각과 감정의 문제로 **정말** 도움을 받고 싶다면, 아주 좋다! 그렇다면 두 번째 질문을 하겠다. 어떤 종류의 도움을 바라는가? 다시 말해 오늘 기적이 한 가지 일어난다면, 기분 일지를 다 작성한 다음 하루가 환상적인 기분으로 마무리된다면 어떤 일이 일어나야 할까?

환자들은 대부분 불안감과 우울감, 열등감, 절망, 무가치감, 분노, 수치심 대신 행복과 기쁨을 느끼고 싶다고 말한다. 자신들의 부정적인 생각과 감정이 사라지면 좋겠다고도 말한다.

여러분도 그런가? 부정적인 생각과 감정이 사라지길 원하는가?

6단계: 마법 버튼

대답이 '네'라면, 질문이 하나 더 있다. 아마 어떤 질문인지 이미 알 것이다. 여러분 앞에 마법 버튼이 있다고 상상해보자. 버튼을 누르면 모든 부정적인 생각과 감정이 아무런 노력 없이 일순간에 사라지며 갑자기 행복하고 즐거운 기분이 든다. 버튼을 누르겠는가?

물론 우리는 마법 버튼이 없다는 사실을 알고 있다. 하지만 내게는 생각하고 느끼는 방식을 바꾸는 데 도움을 줄 엄청난 도구들이 있다. 비록 결과를 장담할 수는 없지만, 우리가 함께 노력하면 여러분이 차후 호전될 **가능성**도 상당하고 부정적인 감정이 완전히 사라질 수도 있다.

하지만 나는 그런 도구들을 사용하는 게 좋은 생각인지 잘 모르겠다.

그 이유가 무엇인지 기억하는가?

마법 버튼을 누르면 사라져버릴지 모를 부정적인 생각과 감정에 장점이 있을 수도 있기 때문이다. 여러분의 부정적인 생각과 감정에는 마법 버튼을 누르면 사라져버릴 긍정적이고 멋진 면모들이 분명히 포함되어 있다.

7단계: 긍정적 재구성

그러므로 너무 서둘러서 모든 것을 바꾸려 하기 전에, 여러분의 부정적인 생각과 감정을 274쪽의 '긍정적 재구성 도구'를 사용하여 근본적으로 다른 시각에서 검토해보자. 방법은 다음과 같다.

첫째, 부정적인 생각과 감정을 왼쪽 칸에 열거하고, 각 생각이나 감정에 아래의 두 질문을 대입한다.

- 이 부정적인 생각 또는 감정에 어떤 장점이나 유익이 있는가? 그게 어떤 도움을 주는가?
- 이 부정적인 생각 또는 감정에서 나와 내 핵심 가치관의 아름답거나 긍정적이거나 대단한 점을 찾는다면 무엇이 있을까?

다음으로 여러분이 생각할 수 있는 모든 장점과 핵심 가치관을 오른쪽 칸에 나열한다.

일반적인 내용을 적는 방식은 안 된다. 한 번에 한 가지 부정적인 생각 또는 감정에 집중한다. 각각의 부정적인 생각이나 감정에는 각기 다른 장점과 핵심 가치관이 내포되어 있기 때문이다. 그 내용이 모두 같지는 않을 것이다.

처음에 쉽게 접근하려면, 여러분이 감정 일지에 밑줄 친 한 범주의 부정적인 감정부터 시작하면 된다. 예를 들어, **슬픔, 침울, 우울** 등에 동그라미를 쳤다면, 다음과 같이 긍정적 재구성 도구의 왼쪽 칸에 이 감정을 적는다.

부정적인 생각 또는 감정	장점과 핵심 가치관
슬픔, 침울, 우울	

이제 다음 두 가지 질문에 답해보자.

1. 슬픔이나 침울, 우울에서 어떤 장점 또는 유익을 생각할 수 있을까?

2. 이러한 감정에서 긍정적이며 훌륭하기까지 한 여러분의 일면과 여러분의 핵심 가치관을 엿볼 수 있다면 무엇인가?

생각나는 것이 있는가? 있다면, 오른쪽 칸에 적는다.

예를 들어 여러분이 수년 동안 우울감과 불안감 치료를 받았지만 회복되지 않아 슬픈 감정을 느낀다고 해보자. 나를 찾는 많은 환자가 처음 치료를 시작할 때 이런 기분을 느낀다. 사실 약물 치료나 심리 치료, 전기 충격 요법까지 진행했지만 결과적으로 무용했던 치료를 수십 년 동안 감내해온 환자들도 있다. 심지어 유럽에서 왔던 한 여성은 우울증과 불안증 때문에 거의 200회나 되는 전기 충격 요법을 받고 뇌엽절리술lobotomy✢도 두 번이나 받았지만 아무런 효과가 없었다!

그런 상황이라면 절망과 낙담의 감정이 드는 것은 지극히 자연스럽다. 여러분도 동의하는가?

그렇다면, 긍정적 재구성 도구를 다음과 같이 작성할 수 있다.

부정적인 생각 또는 감정	장점과 핵심 가치관
슬픔, 침울, 우울	우울감과 불안감 때문에 받았던 치료 전부가 아무런 효과가 없었으므로, 이런 감정을 느끼는 건 적절하고 당연하다.

✢ 정신 질환 치료를 목적으로 대뇌의 전두엽 백질을 절단하는 수술. (옮긴이)

물론 우울감이나 침울감을 느끼는 이유는 각기 다르다. 예를 들어 사랑하는 사람을 잃었다면, 그 슬픔에는 잃어버린 사람을 사랑하는 마음의 표현이 반영될 수 있다. 또는 직장을 떠나거나 경력에 차질이 생겼다면, 그 슬픔에는 일에 대한 열정이나 가족을 위해 생산적으로 일하고 제대로 된 생활을 하고자 한 헌신이 담겼을 수 있다.

어쩌면 죄책감 때문에 힘들어할 수도 있다. 다행히도 4장의 캐런을 치료하는 과정에서, 우리는 죄책감이 긍정적 재구성을 사용하기에 가장 쉬운 감정 중 하나라는 사실을 보았다. 스스로에게 이렇게 물으면 된다.

1. 죄책감을 느낄 때 어떤 유익이 있는가? 죄책감은 어떤 면에서 내게 도움이 되는가?

2. 내 죄책감에서 나와 내 핵심 가치관의 긍정적이고 아름다운 점을 찾는다면 무엇이 있는가?

떠오르는 생각을 적은 다음, 계속해서 읽어보자.

부정적인 생각 또는 감정	장점과 핵심 가치관
죄책감	1.
	2.
	3.
	4.
	5.

나의 대답

죄책감은

1. 내게 도덕적 잣대가 있다는 점을 보여준다.

2. 내가 다른 사람들을 신경 쓴다는 사실을 보여준다.

3. 내가 다른 사람의 기분에 좀 더 민감하게 만들어준다.

4. 내가 사과하고 행동을 고치도록 동기를 부여해준다. 만약 남에게 상처를 주고도 죄책감을 느끼지 않는다면 너무 차갑고 냉담할 것이다. 예컨대 사이코패스들은 대부분 죄책감을 강하게 느끼지 않으며, 심지어 아무런 죄책감을 못 느끼기도 한다.

5. 내가 나의 결점을 있는 그대로 직시하고, 기꺼이 책임지고자 한다는 점을 보여준다.

6. 내가 겸손하다는 사실을 보여준다.

7. 내가 남에게 상처 주거나 남을 이용하고 싶어 하지 않는다는 점을 보여준다.

8. 내 기준이 엄격하다는 뜻이다.

보다시피 우리를 아프게 하는 죄책감은 육체적인 고통과 약간 비슷하다. 곧바로 방향을 전환하여 우리가 더 다치지 않고 스스로를 보호할 수 있게 해준다. 고통이 없다면 뜨거운 난로 위에 손을 올렸다가 심한 화상을 입을 수도 있다.

절망은 어떨까? 절망은 긍정적 재구성을 하기에 좀 더 까다로운 감정이다. 한동안 나는 절망에 어떤 긍정적인 면이 있을 수 있는지 이해하기조차 어려웠다. 사실 절망은 인간의 가장 고통스러운 감정 중 하나다.

에런 벡 박사는 우리가 고통에 끝이 있다는 사실을 안다면 어떤 고통이든 견딜 수 있다고 지적했다. 하지만 절망을 느끼는 사람은 고통에 끝이 없다고 확신하기도 한다. 이 믿음 때문에 고통에서 벗어나는 유일한 탈출구로 보이는 자살에 충동이 일 수 있다.

절망이 어떻게 긍정적일 수 있을까? 말도 안 되는 소리 같다! 책을 계속 읽기 전에 이 문제를 잠시 생각해보고, 스스로에게 다음의 질문을 던져보자.

1. 절망에 어떤 유익이 있는가? 이 감정은 어떻게 내게 도움이 되고 나를 보호해주는가?

2. 내 절망에서 나와 내 핵심 가치관의 긍정적이고 훌륭한 면을 찾는다면 무엇이 있는가?

생각했다면, 다음 빈칸에 적은 내 대답을 읽어보라. 반드시 잠시 읽기를 멈추고 시간을 내어 스스로 생각해야 한다!

부정적인 생각 또는 감정	장점과 핵심 가치관
절망	1.
	2.
	3.
	4.
	5.

나의 대답

절망은

1. 희망을 품었다가 또다시 실패하고 큰 충격을 받지 않도록 나를 보호해준다. 예를 들어, 나는 이 책에서 내가 우울증 및 불안감과 싸우는 새롭고 강력한 도구들을 만들었고 많은 사람이 빠르게 회복했다고 말했다. 솔깃한 말이지만, 만약 여러분이 희망에 부풀었다가 이 책에서 아무런 도움도 받지 못한다면 참기 힘들 만큼 고통스러울 것이다. 반대로 이 책이 도움이 되지 않을 거라거나 도움이 될 리 없다고 생각한다면, 실망을 감수할 필요가 없어진다.

2. 내가 정직하며 사실을 직시하고 있다는 뜻이다. 우리는 이미 많은 실망과 거절, 실패, 패배를 겪었을 터이기 때문이다. 절망은 일종의 진실성을 내포한다.

3. 내가 지능적 사고 또는 비판적 사고를 하고 있다는 점을 보여준다. 새로운 치료법을 접했을 때 의심하는 것은 당연하다. 어쨌든 나 역시 최신 강장제를 팔아보려는 엉터리 약장수일지도 모를 일이다!

4. 내가 벽에다 머리 박치기를 하지 않아도 좋을 이유를 준다. 효과가 없어 보이는 방법들은 반복해서 시도하지 않아도 된다. 절망은 무언가를 계속 시도하고, 계속 실패하는 데서 오는 압박감을 덜어준다.

5. 내가 타인에게 다가가 우리가 얼마나 상처받았는지 알려주도록 동기를 부여한다.

무슨 뜻인지 알겠는가? 절망을 느끼면 믿을 수 없을 만큼 사기가 꺾이고 고통스러울 수 있지만 유익한 점도 있다. 절망은 진실성과 지능의 표현일 뿐 아니라, 자신에게 동정심을 갖는 한 방법이기도 하다.

부정적인 감정이 어떤 유익을 주는지, 그 안에 자신의 훌륭한 모습이 어떻게 반영되어 있는지 더욱 쉽게 확인할 수 있도록 내가 개발한 부정적인 감정의 긍정적 재구성 지도를 확인해보라. 이 치료 도구를 사용하면, 우리가 떠올릴 수 있는 모든 유형의 부정적 감정에서 긍정적인 부분을 아주 쉽게 찾아낼 수 있다. 어떤 유형의 부정적인 감정이든 먼저 들여다보고 그 안에서 긍정적인 면을 많이 찾아내서, 긍정적 재구성 도구의 오른쪽 칸에 추가하면 된다.

부정적인 감정의 긍정적 재구성 지도

장점 이 감정을 느끼는 데서 오는 유익은 무엇인가? 이런 유형의 감정은 내게 어떤 도움을 주는가?	핵심 가치관 이런 유형의 감정에서 나의 훌륭하고 멋진 면을 알 수 있다면 무엇인가?

슬픔, 침울, 불행

슬픔과 우울감은 당신이 • 뭔가 옳지 않다는 것을 알게 해준다. • 고통스럽고 힘들었던 문제나 상실을 현실적으로 바라보고 있다는 뜻이다. • 고통받는 사람들을 더 잘 이해하고 더 많은 동정심을 갖게 해준다. • 인생을 기념할 수 있게 해준다. 사랑하는 사람을 잃거나 매우 아끼던 무언가를 잃었을 때 비통해할 수 있다는 것은 우리가 살아 있고 주의를 기울일 능력이 있다는 의미다.	이 감정들은 당신이 • 상실이나 거절, 트라우마, 실패 등을 경험했거나 일이 잘 풀리지 않았다면 적절할 수 있다. • 삶에 가지는 열정, 잃어버린 물건이나 사람에 갖는 열정을 반영할 수 있다. • 고통을 피해 도망치고 부정의 상태로 사느니, 고통과 씨름할 의지가 있다는 점을 보여준다. • 엄격한 기준을 가졌다는 사실을 보여준다.

불안, 과민함, 걱정, 공포, 두려움

불안은 당신이 • 경계심을 유지하게 해준다. • 위험으로부터 자신을 보호하게 해준다. • 안일해져서 틈을 보이지 않도록 막아준다. • 준비를 통해 실로 훌륭한 일을 하도록 동기를 부여한다. • 실패나 실망에 대비하여 놀라지 않도록 해준다.	불안은 당신이 • 상황을 장악할 수 있도록 많은 신경을 쓰게 해준다. • 자신과 다른 사람들을 위험으로부터 보호하고 싶게 한다. • 무모하지 않고 책임감을 가졌다는 점을 보여준다. • 다른 사람들과 그들이 자신을 어떻게 생각하는지에 크게 신경 쓰게 해준다. • 엄격한 기준을 갖고 있다는 사실과 최선을 다하고 싶어 한다는 사실을 보여준다.

죄책감, 불쾌감, 창피함

죄책감은 당신이	죄책감과 수치심은 당신이
• 핵심 가치관에 부응하지 못했을 가능성을 상기하게 해준다. 예를 들어 당신은 짜증이 나거나 답답한 순간에 사랑하는 사람을 몰아세우며 상처가 될 만한 말이나 행동을 했을지 모른다. • 자기 행동을 점검하고, 다음에는 다른 방식으로 행동하려고 노력하도록 동기를 부여한다.	• 엄격한 기준과 강력한 도덕적 기준을 가졌다는 점을 보여준다. • 자신의 문제로 남을 탓하는 대신 스스로 책임지려 한다는 뜻이다. • 단점을 부인하지 않고 기꺼이 직시한다는 사실을 보여준다. • 자기 행동이 남에게 미치는 영향을 신경 쓴다는 점을 보여준다. • 다른 사람을 실망시키거나 스스로 실망하기를 원치 않는다는 뜻이다. • 강한 도덕적 가치관을 가졌다는 뜻이다. • 다른 사람들이 자신을 좋아하고 존중하길 바란다는 뜻이다.

열등감, 결핍감, 무가치감, 부적절감

이런 감정들이 동기가 되어 당신은	이 감정들은 당신이
• 자신의 결점과 단점을 부정하거나 차선책에 만족하지 않고, 스스로를 점검한다. • 행동을 개선하거나 변화시킨다.	• 용감할 정도로 정직하고 현실적이라는 사실을 보여준다. 사실 사람은 누구나 많은 결점과 단점을 지니고 있기 때문이다. • 거만하거나 지나치게 자만하지 않고 겸손하다는 점을 알려준다. • 스스로가 부족할 때 진실하게 인정한다는 뜻이다.

외로움, 고독감, 거절감, 버림받음

이 감정들이 동기가 되어 당신은	이 감정들은 당신이
• 사람을 포기하거나 홀로 고립되어 억울해하거나 냉소하기보다 사람들에게 손을 내민다. • 스스로 변화를 주어 타인에게 더 매력적인 사람이 되고자 한다. 예를 들어, 살을 빼거나 교태를 부리거나 대화하는 기술을 향상시키고자 한다.	• 다른 사람들을 배려하고, 중요한 사람들과의 애정 어린 관계를 소중히 여긴다는 사실을 보여준다. • 피상적인 관계보다 깊고 의미 있는 관계를 바란다는 뜻이다.

수치심, 시선 의식, 부끄러움

이 감정들은 당신이	이 감정들은 당신이
• 어리석은 일을 하지 않고, 반감을 사거나 비난받을 위험을 감수하지 않도록 막아준다. • 행동을 돌아보고 고치도록 만든다.	• 다른 사람들의 의견을 소중히 여기고, 그들의 존중을 바란다는 사실을 보여준다. • 기꺼이 자신의 결점을 인정하고 살펴본다는 뜻이다.

절망 낙담, 비관, 사기 저하, 패배감

절망은 당신이	이 감정들은 당신이
• 희망에 부풀었다가 실망할 위험을 감수하지 않도록 막아준다. • 포기하고 정중하게 패배를 인정해야 할 때를 알려주어, 좀 더 유망한 다른 대상 또는 사람을 위해 에너지를 아끼게 해준다.	• 이미 많은 실패나 실망을 경험하였으므로, 정직하고 현실적이라는 사실을 말해준다. • 지적이고 회의적이며, 묻고 반박한다는 점을 보여준다.

답답함, 갑갑함, 낭패감

때로는 자신이나 타인에게 화가 나는 것은	이 감정들은 당신이
• 건강하고 적절하다. • 무언가 잘못되었거나 이용당하고 있다는 경고다. • 적대적이거나 부당하거나 착취하는 누군가에게 굴복하기보다, 행동을 취하고 스스로를 방어하도록 동기를 부여한다. • 누군가 규칙을 어기거나, 나 또는 내가 사랑하는 사람을 해치려고 할 때 힘을 북돋는다. • 침착함보다 효과적이다. 예를 들어 아이가 공을 쫓아 도로로 뛰쳐나간다면 화를 내며 꾸짖는 것이 자동차의 위험성을 합리적으로 논하기보다 더 효과적이다. • 당신이 진지하다는 사실을 보여줄 수 있다.	• 인간 본성의 어두운 면을 잘 알고 있다는 사실을 보여준다. • 다른 사람들의 비열한 생각이나 행동을 부인하는 상태가 아님을 보여준다. • 당신이나 당신이 아끼는 사람들을 대하는 태도에 기대치가 높다는 점을 보여준다. 눈이 높다는 데 자긍심을 가져도 좋다! • 공정함과 친절, 정직, 진실성을 소중히 여긴다는 뜻이다. • 다른 사람들이 하는 행동이나 당신을 대하는 태도에 무관심하지 않고 깊이 신경 쓴다는 뜻이다. • 만만한 상대가 되지 않을 것이며, 남들이 당신을 이용하거나 좌지우지하도록 내버려두지 않을 거라는 뜻이다!

지금까지 우리는 부정적인 감정을 재구성하는 방법을 알아보았다. 하지만 부정적인 **생각**을 긍정적으로 재구성할 수도 있다. 여러분이 기분 일지에 자기비판적인 생각들을 기록했다고 해보자. 예를 들어, 여러분은 무언가에 실패했거나 결점이 있다는 이유로 자신을 비난하며 스스로를 실패자나 패배자라고 생각할 수 있다. 또 스스로 더 나은 사람이 되어야 한다거나 이런저런 실수를 저질러서는 안 된다고 생각할 수도 있다.

부정적인 생각을 긍정적 재구성 도구 표 왼쪽 칸에 한 가지씩 기록하면 된다. 그런 다음 이제는 익숙한 다음 두 가지 질문을 생각해보자.

1. 이 부정적인 생각에는 어떤 장점이 있을까?
2. 이 부정적인 생각에서 나와 내 핵심 가치관의 멋지고 긍정적인 점을 찾는다면 무엇이 있을까?

자기비판적인 부정적 생각은 매우 유익할 때가 있고, 거의 언제나 우리가 지닌 핵심 가치관의 많은 부분을 반영한다. 예를 들어보자.

- 부정적인 생각은 내게 엄격한 기준이 있고, 내가 평범함에 안주하기 싫어한다는 뜻인지 모른다. 좋은 일이다!
- 아울러 엄격한 기준은 내가 열심히 일하고 최선을 다하도록 동기를 부여할 수 있다. 엄격한 기준과 노력 덕에 많은 것을 성취할 수 있었을 것이다.
- 나는 실제로 단점과 결점을 많이 가지고 있으므로, 자기비판을 한다는 건 내 단점에 솔직하다는 뜻이다. 이런 솔직함은 강점에

속할 수 있다.

- 자기비판은 내 문제 때문에 다른 사람을 탓하거나 세상에 책임을 돌리지 않고 내가 기꺼이 책임감을 가지고 답을 찾으려 한다는 뜻이다.
- 자기비판은 내가 오만하거나 자아도취하지 않고 겸손하다는 표현일 수도 있다. 겸손은 영적인 자질이다.

보다시피 여러분이 겪는 고통은 참기 힘들 만큼 힘들지 몰라도, 부정적인 생각에는 언제나 많은 장점이나 유익이 존재한다. 그리고 부정적인 생각을 통해 거의 언제나 자신에 관한 긍정적이고 훌륭한 점들을 알 수 있다.

부정적인 생각의 재구성에 도움을 주기 위해 다음 쪽에 내가 개발한 편리한 도구인 부정적인 생각의 긍정적 재구성 지도를 실었다. 이 도구에서는 부정적인 생각을 세 개 범주로 묶었다.

1. '나는 부족해.' 이런 생각은 우울감과 열등감, 죄책감, 절망감을 유발한다.

2. '나는 위험에 처했어.' 이런 생각은 불안과 두려움을 유발한다.

3. '너는 부족해.' 이런 생각은 분노와 갈등을 유발한다.

이 지도는 여러분이 긍정적 재구성 도구에 나열한 부정적인 생각에서 장점과 핵심 가치관을 찾아내는 데 도움을 준다.

부정적인 생각의 긍정적 재구성 지도

<table>
<tr><th colspan="2">우울한 생각: '나는 부족해.'
이런 생각은 우울감, 불행감, 죄책감, 열등감, 무가치함, 절망감을 유발한다.</th></tr>
<tr><td>• 전부 아니면 전무라는 생각 '나는 완전한 실패자야.'
• 지나친 일반화 '나는 사랑스럽지 않아.'
• 정신적 여과 '또 망쳤어! 나는 실수가 너무 많아!'
• 긍정적인 면 무시하기 '나는 너무 평범해. 정말 특별한 부분이 없어.'
• 예언자적 말하기 오류 '상황이 절망적이야. 나는 문제를 절대 해결할 수 없을 거야.'</td><td>• 극대화/극소화 '이런 기분은 참을 수 없어!'
• 낙인찍기 '나는 나쁜 엄마(또는 아빠)야.'
• 감정적 추리 '실패자가 된 기분이야. 나는 실패자가 분명해.'
• 해야 한다는 생각 '내가 망가지면 안 돼.'
• 자기 비난 '다 내 잘못이야.'</td></tr>
<tr><th>장점</th><th>핵심 가치관</th></tr>
<tr><td>이런 생각은 내가
• 단점을 정확히 짚어내고 극복하도록 동기를 부여한다.
• 아끼는 누군가에게 상처를 주었거나 개인적인 가치관을 위반했을지 모른다고 알려준다.
• 용서를 구하고 행동을 변화시키도록 동기를 부여한다.
• 문제와 단점을 부정하거나 간과하지 않도록 경계심을 갖게 해준다.
• 결과가 나쁠 수 있다는 점을 알게 해준다.
• 실망하지 않도록 보호해준다.
• 중요한 것과 생각만큼 작동하지 않는 것을 확실히 알게 해준다.
• 목표를 달성하지 못하고 있을 때를 알려준다.
• 사랑하는 무언가를 또는 누군가를 잃은 경험이 있다는 점을 보여준다.</td><td>이런 생각은 내가
• 가치 있고 도전적인 목표를 가지고 있다는 사실을 보여준다.
• 수행 기준이 높다는 점을 보여준다.
• 평범한 일을 하거나 차선에 만족하지 않는다는 점을 보여준다.
• 결점을 점검하려는 강한 진실성과 의지를 가지고 있다는 사실을 보여준다.
• 겸손하고 자신의 단점을 잘 알고 있다는 사실을 보여준다.
• 다른 사람들이 나를 어떻게 생각하는지, 내가 존중받을 자격이 있는지 신경 쓰고 주의한다는 점을 보여준다.
• 다른 사람들을 다정하고 공정하게 대하고 싶어 한다는 점을 보여준다.
• 정직하며, 단점과 실패를 기꺼이 직시하고자 한다는 점을 보여준다.
• 남이나 세상을 탓하기보다 자신의 실패를 돌아보고 책임지려 한다는 점을 보여준다.
• 여러 시도를 해보고 효과가 없었던 적도 많았기에, 현실적이며 사실을 직시한다는 점을 보여준다.</td></tr>
</table>

두려움을 주는 생각: '나는 위험에 처했어!' 이런 생각은 분노와 두려움, 걱정, 긴장감, 불안정감, 공포를 유발한다.	
• **전부 아니면 전무라는 생각** '상사와 이야기하면 내가 다 망쳐버릴 거야.' • **지나친 일반화** '매번 이런 식이야! 모두가 나를 무시하고 패배자라 생각할 거야.' • **정신적 여과** '비행기 여행은 너무 위험해!' • **긍정적인 면 무시하기** '아무리 열심히 공부해도, 시험을 망치고 말 거야.' • **예언자적 말하기 오류** '머리가 멍해져서 발표하다가 기절할 거야.'	• **독심술** '사람들이 나를 패배자라고 생각할 거야.' • **극대화/극소화** '너무 두려워! 죽거나 쓰러지거나 실신하면 어떡해?' • **낙인찍기** '왜 이렇게 불안할까? 정신적으로 문제가 있는 게 틀림없어.' • **감정적 추리** '너무 겁이 나. 분명 어떤 끔찍한 일이 곧 일어날 거야.' • **자신을 향한 해야 한다** '이렇게 불안해하지 말아야 해.' • **자기 비난** '나는 엉망진창이야!'
장점	**핵심 가치관**
이런 생각은 내가 • 위험하거나 위협적인 상황을 피해야 한다고 생각하게 해 위해로부터 나를 보호해준다. • 자만하여 시험에 떨어지지 않게끔 열심히 준비하도록 동기를 부여할 수 있다. • 비행 공포증 등의 공포증이 있는 경우, 부정적인 예측으로 두려워하는 대상을 피하도록 하여 나를 보호해준다. • 밤중에 위험한 지역에 혼자 있을 때 강도를 당하지 않도록 경계심을 갖게 해준다. • 모든 사람이 나를 좋아한다는 것처럼 사실과 다른 생각을 하지 않도록 막아준다. • 사람들이 아주 비판적일 수 있다는 사실을 경계하도록 해준다. • 내 문제가 심각하거나 긴급하다는 것을 사람들에게 알리는 방법이 될 수 있다. • 다른 사람들에게 도움을 구하는 동기가 될 수 있다.	이런 생각은 내가 • 조심성 있으며, 무모하거나 생각 없이 행동하고 싶어 하지 않는다는 점을 보여준다. • 위험한 상황으로부터 자신과 사랑하는 사람들을 보호하고 싶어 한다는 뜻이다. • 면밀히 준비하여 양질의 일을 하고 싶어 한다는 점을 보여준다. • 사람들과 의미 있고 진실한 관계를 바란다는 뜻이다. • 다른 사람들이 나를 어떻게 생각하는지 신경을 많이 쓴다는 뜻이다. • 사람들을 액면 그대로 받아들이지 않고 그들이 숨기고 있는 감정에 대해 깊이 생각한다는 점을 보여준다. • 문제를 중요치 않은 것으로 치부하지 않고 심각하게 받아들인다는 점을 보여준다. • 민감한 사람이고, 자기감정을 잘 살핀다는 뜻이다. • 조심스럽고 사려 깊으며 세상의 위험을 인지하고 있다는 뜻이다.

<table>
<tr><th colspan="2">화가 나는 생각: '너는 부족해!'
이런 생각은 분노, 언짢음, 짜증, 답답함, 분개심을 유발한다.</th></tr>
<tr><td>• 전부 아니면 전무라는 생각 '그 사람은 늘 자기만 생각해.'
• 지나친 일반화 '그 사람은 절대 남의 말을 듣지 않아!'
• 정신적 여과 '그 사람은 늘 자기만 옳다고 해!'
• 긍정적인 면 무시하기 '그 사람은 온갖 바른 소리를 하지만 진심이 아니야.'
• 예언자적 말하기 오류 '해볼 수 있는 건 다 해봤지만 아무 소용 없었어. 그 사람은 절대 변하지 않을 거야.'
• 독심술 '그 사람은 자기가 남들보다 잘났다고 생각해.'</td><td>• 극대화/극소화 '그 사람을 참을 수 없어.'
• 낙인찍기 '그 사람은 얼간이야.'
• 감정적 추리 '그 사람은 좋은 점이 하나도 없는 것 같아.'
• 타인을 향한 해야 한다 '자기가 그렇게 생각하면 안 되지.'
• 세상을 향한 해야 한다 '컴퓨터가 이렇게 계속 고장이 나면 안 되지. 완전히 새것인데!'
• 타인 비난 '다 그 사람 잘못이야.'</td></tr>
<tr><th>장점</th><th>핵심 가치관</th></tr>
<tr><td>이런 생각을 하면
• 쉽게 남 탓을 할 수 있다.
• 내가 변할 필요가 없다. 변화는 어려운 일이다.
• 다른 사람들을 비난하여 도덕적 우월감을 느낄 수 있다.
• 사이가 좋지 않은 사람을 얕보는 데서 심리적 보상을 받을 수 있다.
• 문제에서 내 역할을 돌아볼 필요가 없다. 내 역할을 돌아보면 굴욕감이 들 수 있다.
• 내가 다른 사람들의 지지를 얻고, 갈등을 겪는 상대가 바보라는 데 동의도 구할 수 있다.
• 내 삶에 더 큰 의미와 목적이 생기기도 한다. 분노와 부당함을 느끼는 건 흥분되는 일이다.
• 내가 그냥 포기하고 패배감을 느끼기보다 행동을 취하도록 몰고 간다.
• 갈등에서 내 역할을 부인하거나 최소화할 수 있다.
• 피해자 역할을 할 수 있다.
• 문제는 다른 사람의 책임이거나 세상 탓이므로, 내가 아무것도 하지 않는 데 변명이 될 수 있다.
• 세상이나 다른 사람의 부족한 점이나 결함에 대해 생각할 수 있다.
• 자신을 안쓰럽게 여길 수 있다(때로는 달콤하고도 은밀한 즐거움이 되는 일이다!).</td><td>이런 생각은 내가
• 도덕적 잣대를 가졌다는 사실을 보여준다.
• 기꺼이 나 자신이나 다른 사람들을 변호하리라는 점을 보여준다.
• 인간 본성의 어두운 면을 인식하고, 때로는 사람들이 의도적으로 남을 해치거나 이용할 수도 있다는 점을 깨달을 수 있다는 뜻이다.
• 정의감이 강하다는 뜻이다.
• 다른 사람들이 나를 이용하거나 좌지우지하도록 내버려 두지 않을 거라는 뜻이다.
• 다른 사람들에게 그들의 행동에 대한 책임을 물을 의향이 있다는 뜻이다.
• 다른 사람들이 의도적으로 불공정하고 비열하게 행동하기도 한다는 사실을 알 수 있다는 뜻이다.
• 엄격한 기준을 가지고 있고, 최고보다 못한 것에 안주하지 않으리라는 점을 보여준다.
• 공정함과 책임감을 중요히 여긴다는 뜻이다.
• 사람은 약속을 잘 지켜야 하고, 제품은 광고된 대로 작동해야 한다고 생각한다는 뜻이다.</td></tr>
</table>

이제 긍정적 재구성이 작동하는 방식에 감이 왔을 것이다. 그렇다면 긍정적 재구성 도구를 이용하여 부정적인 생각과 감정에 초점을 맞춰보자. 부정적인 생각 대신 부정적인 감정으로 시작해보기를 권한다. 그리고 다음과 같이 질문해보자.

1. 이 유형의 감정(또는 생각)에 어떤 장점이 있는가?

2. 이 감정(또는 생각)에서 나와 내 핵심 가치관의 아름답고 긍정적이며 훌륭한 점을 찾는다면 무엇이 있을까?

긍정적 재구성을 할 때는 한 번에 한 가지 부정적인 생각이나 감정에 집중해야 한다는 점을 명심하자.

이 연습 문제를 풀면, 여러분의 부정적인 생각과 감정이 여러분의 정말 멋진 면들을 보여준다는 사실을 발견할 수 있다. 역설적으로 이런 발견 덕에 가장 중요한 다음 단계, 즉 생각과 감정을 **바꾸는** 과정은 훨씬 더 쉬워진다.

긍정적 재구성 도구 표를 지금 완성하기 바란다. 머리로 생각만 하지 말고 종이에 직접 적어야 한다. 다 하고 나면 다음으로 넘어가 계속 읽어보자.

긍정적 재구성 도구[✣]

지시 사항: 여러분의 기분 일지에 적어둔 부정적인 생각과 감정을 살펴보고 아래의 두 칸을 채워보라. 왼쪽 칸에 적은 각각의 부정적인 생각이나 감정에 대하여 다음 두 질문을 생각해보자.

1. 이 부정적인 생각 또는 감정의 장점이나 유익은 무엇인가?
2. 이 부정적인 생각 또는 감정에서 나의 긍정적이거나 훌륭한 점을 찾는다면 무엇이 있을까?

부정적인 생각이나 감정 중에 어떤 것은 **장점만** 있고, 어떤 것은 **핵심 가치관만** 있을 수 있다. 또 어떤 것은 장점과 핵심 가치관을 **둘 다** 지니고 있을 수 있다. 부정적인 감정의 긍정적 재구성 지도와 부정적인 생각의 긍정적 재구성 지도에서 도움이 될 만한 요령을 많이 찾을 수 있을 것이다. 부정적인 생각이나 감정을 한 번에 한 가지씩 검토해야 한다는 점을 잊지 말자.

부정적인 생각 또는 감정	장점과 핵심 가치관
1.	
2.	
3.	

4.	
5.	
6.	
7.	
8.	
9.	
10.	

긍정적 재구성 도구를 완성하면, 마법 버튼을 누르는 게 왜 불리한지 이해할 수 있다. 마법 버튼을 눌러서 부정적인 생각과 감정을 모두 없애면 여러분의 긍정적이고 훌륭한 면까지 모두 사라지기 때문이다. 이는 매우 큰 손실이고, 여러분이 지닌 여러 핵심 가치관과 신념을 배신하는 것과도 같다. 그리고 우리는 프로이트가 100년 전에 던진 질문, 즉 '왜 우리는 때때로 부정적인 감정에 매달리고 변화에 저항하는가'라는 물음에도 답할 수 있다.

DSM-5가 말하듯 부정적인 생각과 감정이 '정신 질환'의 증후가 아니라, 우리의 가장 훌륭하고 아름다운 면들의 표현일 수 있을까? 부정적인 생각과 감정이 우리를 돕고 보호해줄 때도 있을까? 만약 그렇다면, 우리에게 달리 생각하라거나 그런 기분을 느끼지 말라고 설득하려는 사람에게 반박하는 게 당연하다!

앞에서 말했듯이, 부정적인 감정과 변화에 대한 '저항'은 잘못이 아니라 우리의 올바른 면이 표현된 결과다!

8단계: 마법 다이얼

이제 우리는 딜레마에 빠졌다. 한편으로 여러분은 고통스러운 부정적 생각과 감정으로 힘들어하고 있고, 필사적으로 더 나아지고 싶어할지 모른다. 사실 그래서 이 책을 읽고 있을 수도 있다.

하지만 갑자기 회복되어 부정적인 감정이 모두 사라진다면, 여러분은 매우 소중한 것까지 함께 잃어버릴 수 있다. 그래서 변화에 복잡한 심정이 들고 이러지도 저러지도 못하고 있다 해도 전적으로 이해한다.

이 딜레마를 어떻게 해결할 수 있을까?

4장에서 배운 내용을 기억난다면, 여러분은 아마 답을 떠올렸을 것이다.

마법 버튼을 누르는 대신 마법 다이얼이 있다고 생각해보자. 다이얼을 돌려 각각의 부정적인 감정을 어느 정도 낮출 수 있다. 그렇게 하면, 부정적인 생각과 감정에 내포된 긍정적인 면을 희생하지 않고도 기분이 나아지게 만들 수 있다.

예를 들어, 여러분이 느끼는 슬픔, 우울, 침울, 불행의 감정을 90퍼센트 수준으로 평가했다고 해보자.

감정	현재(%)	목표(%)	치료 후(%)
슬픔, 울적함, 우울, 침울, 불행	90		

긍정적 재구성을 완성한 후에 여러분은 스스로에게 이렇게 물을 수 있다. '이 모든 긍정적인 면에 비추어 볼 때, 나는 슬픔과 우울을 얼마만큼 느끼고 싶은가? 이 감정을 0에서 100 사이의 수준으로 조절할 수 있다면, 얼마만큼의 슬픔과 우울함을 원할까?' 다시 말해서, 어느 정도 수준이면 기분이 나아지면서도 긍정적 재구성 도구에 열거한 긍정적인 면을 계속 지킬 수 있을까?

20퍼센트 정도로 결정한다고 해보자. 다음과 같이 '목표(%)' 칸에 적으면 된다.

감정	현재(%)	목표(%)	치료 후(%)
슬픔, 울적함, 우울, 침울, 불행	90	20	

이해가 가는가? 어떤 감정을 얼마나 느끼고 싶은지 직접 결정할 권한은 여러분에게 있다. 나는 여러분을 위해 일하는 사람이다. 여러분이 대장이다!

이제 여러분의 기분 일지에서 나머지 감정에 대해서도 목표 수치를 정해 빈칸을 채우기 바란다. 그렇게 하면 각 유형의 부정적인 감정에 대해 여러분이 어떤 목표를 세우는지 확인할 수 있다.

이 과정을 완성하면, 이제 몇 가지 훌륭한 도구를 사용하여 부정적인 생각을 무너뜨리고 더 나은 기분을 느낄 수 있다. 우리가 사용할 방법들은 상당히 강력하며, 때에 따라 목표를 초과할 수도 있다. 가령 슬픔과 우울감이 뚝 떨어져서 10퍼센트나 0퍼센트까지 갈 수도 있다는 뜻이다.

하지만 걱정하지 않아도 된다. 부정적인 감정의 수치가 너무 낮아지면, 이 과정이 다 끝나기 전에 다시 수치를 회복하도록 내가 도울 수 있다. **너무** 행복해질까 봐 걱정할 필요는 없다.

이제 소매를 걷어붙이고, 우리를 불행하게 만드는 부정적인 생각에 반격을 시작해보자!

11장

감정 변화시키기

위대한 비상(파트 2)

여러분은 앞 장에서 기분 일지의 첫 단계 몇 가지를 완료했다. 속상했던 사건을 서술하고, 그 사건과 관련된 부정적인 감정을 평가하는 시간이었다. 또 그 사건을 떠올릴 때 드는 부정적인 생각을 기록하고, 각각의 생각을 얼마나 굳게 믿고 있는지 평가하며, 이 생각과 관련된 왜곡도 확인했다.

또 긍정적 재구성을 시도하여, 부정적인 생각과 감정이 반드시 어떤 '정신 장애'의 '증상'은 아니라는 데까지 이해를 넓혔다. 오히려 그런 생각과 감정은 우리가 인간으로서 지닌 핵심 가치관의 표현이어서 우리에게 한없이 유익할 수 있다. 마지막으로 매직 다이얼을 이용하여 각각의 부정적인 감정을 일정 수준으로 낮추면서도 그와 관련된 긍정적이고 멋진 특질은 그대로 살려둘 수 있다는 점까지 이야기했다.

이제 우리는 그다음 가장 중요한 단계로 나아갈 것이다. 생각하고 느끼는 방식을 바꾸는 법을 보여주려 한다. 우리는 감정적 고통뿐 아니라, 감정 변화를 위한 필요조건과 충분조건에 관해서도 이야기했다. 기억하는가?

복습 삼아, 여러분이 이 개념을 확실히 이해했는지 확인해야 한다.

다음 내용으로 넘어가기 전에 표의 빈칸 네 군데를 모두 채워보자.

	필요조건	충분조건
감정적 고통		
감정 변화		

나의 대답

	필요조건	충분조건
감정적 고통	부정적인 생각이 있어야 한다. 예를 들어 • '나는 패배자야.' • '그렇게 망쳐놓으면 안 됐어!'	부정적인 생각을 믿고, 이 생각이 참이라고 확신해야 한다.
감정 변화	100퍼센트 참인 긍정적인 생각이 있어야 한다. 합리화나 절반의 진실에 만족해서는 안 된다는 점을 명심하자.	긍정적인 생각이 부정적인 생각을 무너뜨려야 한다. 즉, 부정적인 생각에 대한 믿음이 급격히 감소하여 0까지 떨어질 수도 있어야 한다.

이 과정에서 정말 멋진 점은 감정의 변화가 빠르게, 심지어 때로는 눈 깜짝할 사이에 일어날 수도 있다는 사실이다. 사실 우리를 속상하게 하는 부정적인 생각을 믿지 않기만 해도, 우리는 그 즉시 안도감을 느끼고 심지어 행복해질 수도 있다.

하지만 어떻게 해야 할까? 어떻게 하면 감정 변화를 위한 필요조건과 충분조건을 충족하는 긍정적인 생각을 만들어낼 수 있을까? 이 질문은 결코 가볍지 않다. 우울과 불안을 느끼는 사람 대부분이 똑같은 부정적인 생각을 수년 동안 해왔기 때문이다.

여러분도 그러지 않았을까?

친구들과 가족들, 어쩌면 치료사들까지 여러분이 힘을 낼 수 있도록 생각과 감정의 변화를 격려하며 노력했을 것이고, 아마도 결과는 성공적이지 못했을 것이다. 부정적인 생각을 반박하고 무너뜨리기란 좀처럼 쉽지 않다. 우울하고 불안한 순간에는 그런 생각이 전적으로 참이라 여겨지기 때문이다. 또 부정적인 생각에서 인지 왜곡을 이성적으로 짚어낼 수 있다 해도 여전히 부정적인 생각이 자기 자신과 관련된 궁극적이고 끔찍하며 불가피한 진실처럼 보일지 모른다.

이는 우울과 불안의 놀라운 특징이다. 이 감정들은 절대적인 진실처럼 보이는 잔인하고 기만적인 환상이다. 회복된 후에 자신을 돌아보면, 도대체 어떻게 이토록 호도된 눈으로 자신과 세상을 바라봤는지 믿기지 않을 것이다.

다행히도 내게는 부정적인 생각을 반박하고 무너뜨릴 강력한 기법이 많다. 내 목표는 여러분(그리고 내가 치료하는 모든 사람)이 생각과 감정의 변화를 빠르고 실질적으로, 바로 지금 경험하는 데에만 있지 않다. 그 변화는 미래에도 고통스럽게 널뛰는 감정에 대처할 힘을 갖는 지속적인 변화여야 한다.

여러분의 기분 일지에서 제일 먼저 고치고 싶은 부정적인 생각을 하나 골라보자. 선택한 생각을 이 장 마지막에 있는 두 개의 회복 서클 중앙에 넣는다. 회복 서클에 넣기 전에, 이 생각에서 찾을 수 있는 왜곡을 먼저 확인해야 한다.

화살표는 중심 원에 갇힌 생각에서 탈출하는 다양한 방법을 나타내며, 여기에 필요한 기법은 33장 "왜곡된 생각을 바로잡는 50가지 방법"을 참고하면 된다. 목록에 있는 기법을 검토하며 가장 효과적으로 보이는 기법을 화살표 끝의 상자에 넣는다.

첫 번째 회복 서클의 각 상자에 기법을 하나씩 넣고 나면, 중심 원에 갇힌 부정적인 생각과 싸워 이기는 데 도움이 될 도구 16가지가 생긴다. 처음 세 가지 기술을 미리 채워 넣은 이유는 이 세 가지 기술이 거의 항상 동일하기 때문이다. 하지만 여러분에게 더 많은 기법이 필요하다면 두 번째 회복 서클에 원하는 만큼 채워 넣길 바란다. 그렇게 하면 부정적인 생각과 싸울 때 선택할 수 있는 기법이 32가지나 생기는 것이다. 때로는 오직 한두 가지 기법만으로 충분할 수도 있다. 하지만 어떤 기법이 효과적일지 알 수 없기 때문에 회복 서클에 많은 기법을 준비해 두는 것이 좋다.

아마도 그렇게 많은 기법이 필요할 일은 없겠지만, 사용할 수 있는 화력이 많다고 생각하면 마음이 편해진다. 여러분이 다른 많은 사람처럼 오랜 시간 우울과 불안, 열등감 등으로 힘들어했다면 변화가 쉽지 않다는 사실을 알 터이니, 강력한 치료 도구가 다양하게 준비되어 있어서 여러분을 불행하게 만드는 왜곡된 생각에 반박할 수 있다는 데 고마운 마음이 들 것이다.

어떤 기법들로 빈칸을 채워야 할지 잘 모르겠더라도 걱정하지 마라! 부정적인 생각의 왜곡을 찾아내면, 5장에서 제시한 커닝 페이퍼를 참고하여 기법들을 선택하면 된다. 여러분의 생각에 왜곡이 많다면 선택할 수 있는 기법도 차고 넘칠 것이다. 2부에서 각각의 왜곡에 특히 더 도움이 되는 구체적인 기법을 좀 더 상세하게 설명하겠다.

최소한 10개에서 15개의 기법을 선택하여 회복 서클을 둘러싼 상자에 넣었다면, 한 번에 한 가지씩 그 기법들을 시도해보자. 그리고 감정 변화에 필요한 다음의 두 가지 요구 조건을 충족하는 긍정적인 생각이 떠오르는지 확인해보라.

1. 긍정적인 생각은 100퍼센트 참이어야 한다(필요조건).

2. 나를 속상하게 하는 부정적인 생각에 대한 믿음을 대폭 줄이거나 없애야 한다(충분조건).

100퍼센트 참인 긍정적인 생각을 떠올렸다면, 그 생각을 기분 일지의 긍정적인 생각 칸에 기록한다. 그러면 이제 부정적인 생각을 얼마나 믿고 있는지 다시 평가할 수 있다. 때때로 긍정적인 생각 덕에 부정적인 생각에 대한 믿음이 0까지 떨어지기도 한다. 하지만 때로는 수치가 낮은 수준으로 떨어지는 것으로 족하다.

만약 긍정적인 생각이 100퍼센트 참이 아니거나 부정적인 생각에 대한 믿음을 줄여주지 못한다면, 그 기법은 도움이 되지 않는 것이다. 그러면 어떻게 해야 할까?

회복 서클에 넣은 다음 기법으로 이동하여 다시 시도하면 된다. 긍정적인 생각이 완전히 참이 아니라면 효과가 없다는 점을 명심하자. 절반의 진실이나 합리화는 거의 또는 전혀 쓸모가 없다.

TEAM-CBT의 바탕에는 '진리가 너희를 자유롭게 하리라'라는 성서적 개념이 있다.

학습 포인트

기분 일지의 첫 단계 몇 가지를 완료했으면, 가장 먼저 바꾸고 싶은 부정적인 생각을 선택하여 회복 서클의 중심 원에 적어 넣는다.
다음으로 "왜곡된 생각을 바로잡는 50가지 방법"의 목록을 살펴보고, 중심 원에 적은 부정적인 생각에 반박할 때 사용할 기법을 최소 10개에서 15개 정도 선택한다. 기법의 명칭을 회복 서클을 둘러싼 상자에 적는다.
각 기법은 부정적인 생각과 싸울 때 쓸 수 있는 긍정적인 생각을 떠올리는 데 도움이 된다. 그 긍정적인 생각을 얼마나 굳게 믿는지 0(전혀 믿지 않는다)에서 100(완전히 믿는다)까지 백분율로 표시한다.
그런 다음 부정적인 생각을 얼마나 굳게 믿는지 표시한다. 긍정적인 생각이 100퍼센트 참이라면, 그리고 그 때문에 부정적인 생각에 대한 믿음이 급격히 떨어진다면, 부정적인 감정 역시 금세 나아질 것이다.
긍정적인 생각으로도 부정적인 생각에 대한 믿음이 크게 줄지 않는다면, '가능한 빠르게 실패하기'라는 철학에 따라 회복 서클의 다음 기법으로 넘어가도 좋다.

부정적인 생각을 무너뜨릴 때까지 필요한 만큼 긍정적인 생각을 만들어내어라. 어떤 기법이 효과가 있다면, 그 기법을 이용하여 기분 일지의 나머지 부정적인 생각도 쉽게 무너뜨릴 수 있다. 이 부분은 다음 장에서 좀 더 자세히 이야기하겠다.

그러니 멈추지 말고 위대한 비상을 시작하자!

회복 서클[+]

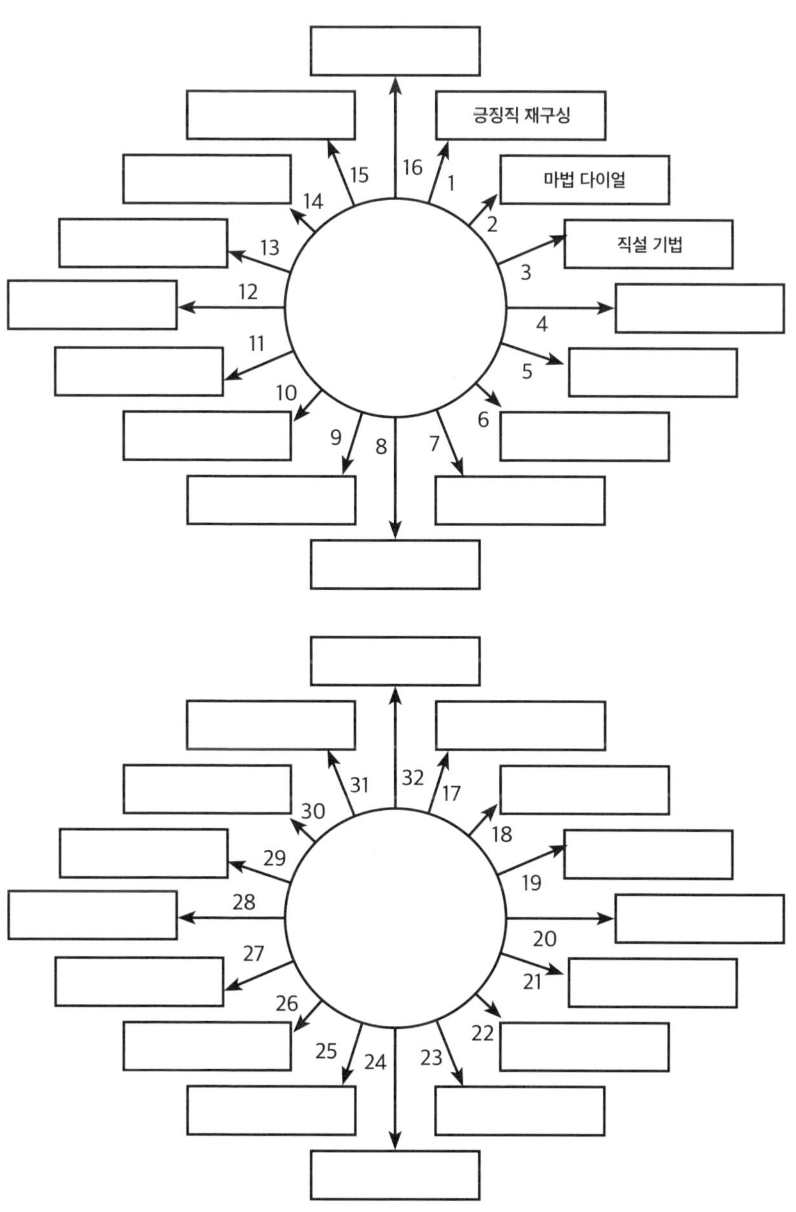

긍징직 재구싱
마법 다이얼
직설 기법
1
2
3
4
5
6
7
8
9
10
11
12
13
14
15
16
17
18
19
20
21
22
23
24
25
26
27
28
29
30
31
32

2부

왜곡된 생각 무너뜨리기

12장

전부 아니면 전무라는 생각

사울이라는 한 남성은 12번의 TEAM-CBT 치료 이후에야 수년간의 우울증에서 회복했다. 사울은 행복해했다.

'정말 환상적이야. 역시 난 패배자가 아니야! 드디어 문제가 해결됐어! 다시는 우울증 때문에 고생할 필요가 없을 거야!'

3주 뒤, 사울은 아내와 말다툼을 하고는 심술이 나서 답답함과 분노, 낙담 등을 느꼈다. 그러고는 다음 날 아침에 눈을 뜨면서부터 심한 우울감에 빠져들었다.

'좋아진 건 그저 요행이었어. 그 치료는 사실 효과가 없었던 거야. 결국 나는 쓸모없는 사람이야. 앞으로 평생 비참하게 지내겠지!'

보다시피, 사울의 분노는 가장 흔한 인지 왜곡 중 하나인 **전부 아니면 전무라는 생각**에서 비롯된다. 이런 종류의 왜곡에 빠지면, 자기 자신이나 세상을 흑백 논리와 전부 아니면 전무라는 식으로 바라본다.

이 왜곡을 포함한 모든 왜곡에는 두 가지 상반된 형태가 있다.

◆ **긍정적 형태의 전부 아니면 전무라는 생각** '전부 아니면 전무'에서 '전부'가 이 왜곡을 지배한다. 자신이 어떤 일을 잘 해내면 승자이고 모

든 것이 항상 멋질 거라고 여긴다.

이 왜곡은 사울이 '드디어 문제가 해결됐어! 다시는 우울증 때문에 고생할 필요가 없을 거야!'라고 생각한 데서 분명하게 드러난다.

◆ 부정적 형태의 전부 아니면 전무라는 생각 '전무'라는 방정식이 이 왜곡을 지배한다. 완전한 성공이 아니면 완전한 실패, 0점이라고 생각한다.

이 왜곡은 사울이 '그 치료는 사실 효과가 없었던 거야. 결국 나는 쓸모없는 사람이야'라고 생각한 데서 분명하게 드러난다.

사울이 회복되었을 때 했던 생각이 긍정적 형태의 전부 아니면 전무라는 생각의 전형적인 사례인 이유를 간략히 서술해보자.

이번에는 몇 주 뒤 사울이 다시 우울감에 빠졌을 때 한 생각이 부정적 형태의 전부 아니면 전무라는 생각의 사례인 까닭을 설명해보라.

나의 대답

이유는 명백하다. 사울은 갑자기 회복되자 '전부' 논리로 뛰어들며 자신이 영원히 행복하리라고 생각했다. 여기서 비현실적인 기대가 자라났다. 세상에 평생 행복할 수 있는 사람은 없다.

하지만 다시 우울감을 느끼며 잠에서 깨어난 사울은 방정식의 '전무' 항으로 옮겨가 자신이 쓸모없고, 치료는 효과가 없었다고 생각했다. 이러한 전부 아니면 전무라는 생각은 실제로 사울이 많은 약점과 강점을 지닌 여느 사람들과 다를 바 없다는 점에서 비현실적이다. 또한 치료가 극히 효과적이었다고 해도 끝없는 행복이 보장되지는 않는다.

살펴봤듯이, 두 가지 형태의 전부 아니면 전무라는 생각 모두 문제가 있다. 부정적 형태의 전부 아니면 전무라는 생각은 다음과 같은 감정을 유발한다.

- 우울, 좌절, 절망
- 불안, 공포
- 수치심, 죄책감
- 부적절감, 열등감, 무가치감

긍정적 형태의 전부 아니면 전무라는 생각은 다음과 같은 감정으로 이어진다.

- 조증
- 자아도취
- 인간관계 갈등

- 분노와 폭력
- 습관과 중독

전부 아니면 전무라는 생각을 피하기 어려울 때도 있다. 누구나 자신도 모르는 사이 아주 쉽게 이 왜곡에 빠져든다.

10장에서 기분 일지에 기록한 부정적인 생각을 검토해보자. 회복 서클에 적용했던 생각을 포함하여, 전부 아니면 전무라는 생각을 확인할 부정적인 생각이 있는가? 있다면, 그 부정적인 생각을 여기에 적어보자.

____

____

____

____

이번에는 그 생각이 비현실적일지도 모를 이유를 간단히 설명해보자. 다시 말해서, 전부 아니면 전무라는 생각은 왜 현실을 반영하지 않는가?

____

____

____

____

전부 아니면 전무라는 생각이 부정적인 생각에 어떻게 영향을 미치는지 보이는가? 이제 전부 아니면 전무라는 생각이 왜 비현실적이고 부당한지 이해가 가는가?

긍정적 재구성

전부 아니면 전무라는 생각에 반박하려고 무작정 달려들기 전에, 심호흡하고 스스로에게 물어보자. 정말 하고 싶은가?

앞에서 보았듯이, 전부 아니면 전무라는 생각에는 많은 유익이 있을 수 있고, 여러분의 상당히 긍정적이고 훌륭한 점이 반영되어 있다. 왜 그런지 알겠는가?

계속 진행하기 전에 이 부분을 잠시 생각해보자.

우선 전부 아니면 전무라는 생각은 인생을 정말 극적으로 만들기도 한다. 일이 잘 풀릴 때는 자신을 '승자'라고 생각하며 마냥 행복해할 수 있다. 꽤 멋진 일이다.

그런데 실패했을 때는 자신을 '철저한 패배자'라고 생각할 수도 있다. 이런 생각은 물론 고통스럽다. 하지만 강렬한 부정적 감정이 동기가 되어, 우리가 왜 실패했고 어떻게 하면 다음에는 더 잘할 수 있을지 생각하기도 한다. 이 역시 분명 **좋은** 일이고, 현실적이다.

게다가 전부 아니면 전무라는 생각은 완벽주의의 핵심이다. 완벽주의는 장점일 수 있다. 우리가 실로 엄격한 기준을 지녔고, 자기 일에 깊은 관심이 있으며, 평범함이나 차선책에 안주하지 않으리라는 뜻이기 때문이다. 아인슈타인과 에디슨처럼 포기하지 않은 많은 이가 세상을 변화시켰다.

목록에 내용을 추가하기는 어렵지 않다. 하지만 먼저 이해해야 할 부분이 있다. 인지 왜곡에 사로잡히는 이유는 부정적인 생각과 감정에 사로잡히는 이유와 같다. 인지 왜곡은 우리의 핵심 가치관을 표현하며, 놀랄 만큼 유용할 수 있다.

여러분에게 이렇게 묻고 싶다. 왜 전부 아니면 전무라는 생각의 이 모든 유익을 포기하려고 하는가? 포기하고 싶지 않다고 해도 충분히 이해한다. 나도 젊은 시절에 완벽주의에 푹 빠져 있었고, 완벽주의를 포기하고 싶은 마음은 눈곱만큼도 없었다.

하지만 만약 여러분이 전부 아니면 전무라는 생각의 정도를 **진정** 낮추고 싶다면, 가장 먼저 시도하기에 좋은 기법은 다음과 같다.

회색 음영으로 생각하기

5장의 커닝 페이퍼를 보면 도움이 될 만한 기법이 많다. **회색 음영으로 생각하기**는 그중에서도 정말 간단한 해법이다. 흑백 논리에 갇힌 극단적인 판단을 피하고, 0퍼센트와 100퍼센트 사이에서 좀 더 현실적으로 사안을 보려고 노력하는 방법이다. 전부 아니면 전무라는 생각에서 '전부'와 '전무' 측면을 쉽게 고칠 수 있다.

예를 들어, 사울은 우울증에서 회복되었을 때 이렇게 생각할 수 있었다.

'야, 굉장하다. 기분이 아주 좋아. 결국 나는 무가치한 패배자가 아니었어! 내게는 단점도 많지만 장점도 있어. 분명 나는 다시 자기 회의라는 블랙홀에 빠질 거야. 아무도 평생 행복하기만 할 수는 없으니까.

하지만 이제 유용한 치료 도구들이 있으니, 언제든 부정적인 생각과 감정이 돌아오면 그 도구를 사용해서 대처하면 돼.'

그러다가 누구나 그렇듯 다시 돔부리에 걸려 휘청대면, 이렇게 생각할 수 있다.

'와, 또 기분이 엉망이야. 의사가 또 이런 날이 올 거라고 경고했었지. 그런데 무엇 때문에 이렇게 속상하지? 뭐, 지난밤에 아내와 말다툼이 있었지. 부부는 거의 다 때때로 싸우기 마련이니까. 이 문제를 대화로 잘 논의하면, 우리는 더 깊은 사랑을 다시금 느낄 거야.'

이런 '회색 음영'의 메시지가 전부 아니면 전무라는 생각에서 비롯되는 극단적인 감정 기복을 막는 데 어떻게 도움이 되는지 알겠는가?

전부 아니면 전무라는 생각은 거의 항상 왜곡이다. 왜냐하면 세상의 대부분은 전부 아니면 전무라는 용어로 정확히 설명할 수 없기 때문이다. 예를 들어, 이 책이 지금까지 쓰인 책들 가운데 가장 환상적인 책이라고 말할 수 있을까? 셰익스피어, 심지어 성경보다 더 나을까? 그렇지는 않을 것이다!

이 책이 가장 환상적인 책이 아니라면, 완전히 0점일까? 썩은 똥보다 형편없을까? 사실 고백하자면 내가 썩은 똥처럼 느껴질 때도 있다. 하지만 내 글이 그렇게까지 엉망이라고는 생각하지 않는다!

이 책을 전부 아니면 전무라는 생각으로 판단한다는 건 현실적이지도 못할 뿐 아니라, 내 창의력에도 방해가 된다. '완벽하게' 글을 써야 한다는 부담, 뭔가 엄청난 생각을 해야 한다는 부담이 어마어마할 것이기 때문이다. 하지만 나는 '완벽하게' 쓰는 법도, '엄청난' 생각을 하는 법도 모른다. 그래서 전부 아니면 전무라는 생각에 굴복한다면, 결국 글이 막히는 지경에 처하고 말 것이다.

과거에 첫 번째 책《필링 굿》원고를 수정하려고 할 때 그런 일이 있었다. 출판사와 계약을 하고 계약금을 받은 뒤였는데, 편집자 마리아가 책을 다시 써야겠다고 말했다. 책이 "지루하니" 수정해서 "베스트셀러"로 만들자는 맞는 말이었다.

책상 앞에 앉았지만 열흘 동안 단 한 문장도 쓰지 못했다! 마침내, 다음과 같이 나를 괴롭히는 부정적인 생각을 적었다.

'나는 베스트셀러를 어떻게 써야 하는지 모른다. 마리아는 내게 실망할 것이다.'

그러자 전부 아니면 전무라는 생각이 보였고, 대신 다음과 같이 생각하자고 마음을 고쳐먹었다.

'나는 베스트셀러를 쓰는 법을 모르며, 베스트셀러를 쓰는 게 내 직업도 아니다. 출판사에서 책의 홍보와 마케팅을 도와줘야 한다. 내가 할 일은 환자들과 대화하듯이 독자들과 대화하는 것이다. 이건 내가 **할 수 있는** 일이고, 베스트셀러가 되든 되지 않든 우울감을 느끼는 일부 사람들에게 큰 도움을 줄 수 있을 것이다.'

그 즉시 흥분이 샘솟고 창의력이 솟아나는 게 느껴졌다. 수정본은 정말 쉽고 재미있다는 평을 들었다!

세상의 어떤 것 또는 어떤 사람의 자질 같은 것을 생각해보면, 그 무엇도 전부 아니면 전무라는 용어로 정확히 설명할 수 없다는 사실을 알 수 있다. 예컨대 IQ나 체력을 생각해보자. 여러분은 아마도 아인슈타인만큼 머리가 좋진 않겠지만, 많은 분야에서 꽤 머리가 잘 돌아갈 것이다. 또 아마도 올림픽 역도 챔피언만큼 힘이 세지는 않겠지만, 힘깨나 쓰기도 할 것이다.

내 노래는 형편없고 확실히 평균 이하지만, TV에서 본 강아지보다는 내가 훨씬 노래를 잘한다. 그 강아지는 보호자가 피아노를 칠 때 아주 열심히 하울링을 했다. 또 우리 집 새끼 고양이 미스 미스티에게 노래를 만들어 불러주면, 고양이가 그 노래를 무척 좋아하는 것 같다!

나는 대체로 다음과 같은 노래를 만들어서 끔찍한 목소리로 부르곤 한다.

> 미스 미스티! 오 미스 미스티!
> 너보다 귀여운 아가씨는
> 로스앨터스에는 없단다.
> 단연 그렇지.
> 비단 같은 검은 털
> 연둣빛 두 눈
> 내가 본 고양이 중 제일 예쁘구나!
> 하늘보다도 더 예쁘고,
> 세상에서 제일 귀엽단다.
> 정말 사랑해!

미스 미스티는 이 노래를 무척 마음에 들어 한다!

일요일 하이킹 전의 나와 미스 미스티

모든 사람은 모든 면에서 0퍼센트와 100퍼센트 사이에 있다. 0인 사람과 100인 사람은 존재하지 않는다.

세상도 마찬가지다. 의학적인 돌파구나 우주의 기원에 관한 새로운 발견, 위대한 연민의 행동 등 세상의 어떤 것들은 긍정적이며 환상적이기까지 하다. 그리고 세상의 많은 부분은 부정적이며 끔찍하다. 하지만 대부분은 두 극단 사이의 어딘가에 존재한다.

그러므로 자신과 세상을 좀 더 현실적으로 바라보고 싶다면, 회색 음영에서 생각하도록 노력하라. 전부 아니면 전무라는 생각의 극적인 상황에 비하면 다소 단조롭게 느껴지지만, 회색 음영으로 생각하는 법을 배우면 세상이 훨씬 더 다채로워진다.

이제 마지막 연습 문제를 풀 차례다. 잠시 시간을 갖고 여러분의 전부 아니면 전무라는 생각을 회색 음영으로 다시 표현할 수 있는지 알아보자. '전부'나 '전무'라는 양극단 사이에 있는 정확한 서술문을 만들도록 노력해보자.

____

____

____

____

____

여러분의 새로운 생각에 피드백을 줄 수도 없고, 이 특정 기법이 여러분에게 효과적일 거라고 추정할 수도 없지만, 훈련 삼아 직접 시도해본다면 좋겠다. 앞으로도 부정적인 생각을 무너뜨릴 많은 방법을 보여주려고 한다. 그러니 어떤 특정 기법이 효과가 없더라도 걱정하지 마라. 우리에게는 훌륭한 기법이 더 많으니까!

13장

지나친 일반화

젊은 전문직 여성 아리엘라는 2년 전 남자친구 앨런과 갑자기 헤어지면서 우울증에 빠졌다. 아리엘라는 자신이 너무 강압적이고, 상대를 쥐락펴락 마음대로 통제하려 해서 앨런과 헤어졌다고 생각했다.

앨런과 아리엘라는 주말 나들이 계획을 세우고 있었다. 아리엘라는 하고 싶은 일을 빠짐없이 할 수 있게끔 분 단위로 빈틈없이 계획을 짰다. 앨런은 길을 나서서 그때그때 상황에 따라 즐기는 편이 더 좋다고 말했다. 이런 의견 차이가 말다툼으로 이어져 두 사람 다 폭발했고, 결국 고통스러운 이별을 맞았다. 아리엘라는 가슴이 미어질 듯 아팠다.

아리엘라는 꽤 괜찮은 연애를 몇 번 했지만 모두 비슷한 갈등 때문에 끝이 났다고 설명했다. 그러면서 자신이 사랑스럽지 않고, 끝없이 거절당하며 혼자 남을 운명이라고 결론지었다.

이 생각은 **지나친 일반화**의 전형적인 사례다. 남자친구와 헤어진 하나의 부정적인 사건을 자신이 '사랑스럽지 않다'는 '자아' 전체로 일반화했기 때문이다. 더불어, 자신이 영원히 혼자일 거라고 생각하며, 현재의 고통스러운 사건을 미래로 일반화하기도 했다.

지나친 일반화에는 부정적 형태와 긍정적 형태가 있다.

◆ **부정적 형태의 지나친 일반화** 주로 **항상** 또는 **절대**와 같은 단어를 사용하며 한 가지 부정적인 사건을 끝없는 패배의 패턴으로 일반화한다. 또는 한 가지 결점, 실수, 실패 등을 전체 '자아'로 일반화하며, 어떤 일에서 실패하면 자신을 실패자로 바라본다.

◆ **긍정적 형태의 지나친 일반화** 한 가지 긍정적인 사건을 끝없는 성공의 패턴으로 일반화하며, 자신이 **언제나** 승리할 거라고 생각한다. 어떤 긍정적인 일을 해내거나 무언가를 성취했다는 이유로 자신을 '승자'로 여기거나 특별히 가치 있는 사람이라 생각한다.

지나친 일반화는 전부 아니면 전무라는 생각처럼 가장 흔한 인지 왜곡 가운데 하나다. 여러분도 기분 일지에 적은 부정적인 생각에서 이 왜곡을 찾아냈는가? 찾았다면 이 장 뒷부분에서 그 부정적인 생각으로 문제 풀이를 해보기 바란다.

부정적 형태의 지나친 일반화와 긍정적 형태의 지나친 일반화는 둘 다 문제다. 부정적 일반화는 그 이유가 명확하게 보이는 반면, 긍정적 일반화는 이유가 분명하게 드러나지 않을 수 있다. 긍정적 형태의 지나친 일반화의 문제점을 이해하려면 상습 도박꾼을 생각해보면 된다.

상습 도박꾼은 블랙잭 게임에서 연달아 두어 번 이기고 나면 자신이 '승운'을 탔다고 생각한다. 그런 생각을 할 때는 기분이 좋겠지만, 이를 믿으면 결국 큰 손실을 본 채 집으로 돌아갈 것이다! 긍정적 형태의 지나친 일반화는 정신적인 흥분을 일으키기 때문에 매혹적이다.

아리엘라 이야기로 돌아가 보자. 아리엘라는 과거의 모든 연애 관계가 끝났기 때문에, 미래에도 모든 연애 관계에 실패할 거라는 메시지를 자신에게 던졌다.

아리엘라의 생각은 타당한가? 이 생각이 왜 지나친 일반화인지 알겠는가? 여러분이 생각하는 이유를 적은 다음 계속 읽기 바란다.

나의 대답

아리엘라의 생각에는 한 가지 문제가 있다. 이 세상에 사는 수백만 명의 사람이 결혼을 했다. 이들이 결혼 전에 연애하던 상대와 헤어졌을 확률이 얼마나 될까? 100퍼센트다!

그러므로 과거 연애에 실패했던 사람은 미래에도 끝없이 거절당하고 혼자 지내야 한다는 생각은 참일 수 없다.

아리엘라가 지나친 일반화에 빠진 부분이 하나 더 있다. 아리엘라는 자신이 '사랑스럽지 않다'고 생각한다. 이 생각이 왜 지나친 일반화의 전형적인 사례인지 알겠는가? 여러분의 생각을 적은 다음 계속해서 읽어보자.

나의 대답

자신이 '사랑스럽지 않다'는 아리엘라의 생각은 특정한 사건에서 '자아'로 비약한다. 아리엘라는 추상의 구름 속에서 길을 잃었다. 그녀는 많은 장점과 단점을 가지고 있기에 한 가지 특성에 근거해 '자아'를 정확히 설명할 수는 없다. 다시 말해서 아리엘라는 전부 '이것'도 아니고 전부 '저것'도 아니다. 여러분이나 나도 마찬가지다.

아리엘라는 매력적이고 카리스마 있는 젊은 여성이며, 자기 분야의 리더로서 많은 동료와 친구의 사랑을 받았다. 하지만 아리엘라의 열정과 리더십이 어떤 사람들에게는 불편할 수 있다. 우리가 지닌 가장 큰 장점은 거의 항상 가장 큰 약점이기도 하다. 하지만 그렇다고 해서 이것이 아리엘라가 '사랑스럽지 않다'라는 의미일까? 혹 그녀도 사람이라는 뜻이 아닐까?

결국 아리엘라는 자신과 잘 맞는 멋진 남자를 찾을 것이다. 하지만 때로는 길을 걷다 장애물을 만나기도 한다. 모든 사람이 때로는 거절당하기도 하고 멸시당하기도 하며 상처를 입는다. 솔직히 말하면, 나 역시 꽤 고통스럽게 거절과 폄하를 당한 적이 있다. 하지만 우리가 실제로 겪는 거절이나 비판 때문에 고통을 느끼는 경우는 거의 또는 절대 없다. 고통의 주요 원인은 그 사건을 생각하는 방식이 왜곡된 데 있다.

지나친 일반화를 극복할 때 가장 좋은 방법은 무엇일까?

긍정적 재구성

왜곡에 빠진 부정적인 생각에 반박하고자 할 때는, 언제든 **긍정적**

재구성으로 시작하는 게 좋다. 이 기법은 부정적인 생각과 감정을 밀어내려 할 때 우리를 망설이게 하는 저항을 녹여 없애는 데 도움이 된다.

이 기법이 어떻게 작동하는지 알아보기 위해 아리엘라의 '나는 사랑스럽지 않아'라는 생각에 초점을 맞춰보자. 이 생각을 두고 다음 두 가지 질문에 답해보라.

1. 이 생각을 믿을 때 어떤 장점이나 유익이 있나?

2. 이 생각에서 아리엘라와 그녀의 핵심 가치관의 긍정적이고 대단한 면을 찾는다면 무엇이 있을까?

최소한 다섯 가지 긍정적인 면을 생각해보자.

___

___

___

___

___

다 적었으면 계속 읽어보자. 나와 아리엘라가 생각한 긍정적인 면은 다음과 같다.

나의 대답

우리는 다음과 같은 점을 떠올렸다.

1. 이 생각은 고통스럽지만 내가 왜 거절당했는지 이해하는 데 도움이 된다.

2. 모든 책임을 남자친구에게 돌리는 대신 내 결점을 들여다본다는 것은 내게 책임감 있다는 뜻이다.

3. 이 생각은 앞으로 실망하지 않도록 나를 지켜준다. 내가 스스로를 사랑스럽지 않다고 생각하면, 다시는 희망을 키우지 않고 실망하지도 않을 것이기 때문이다.

4. 이 생각은 내 기준이 엄격하다는 점을 보여준다. 엄격한 기준은 많은 것을 성취하고 어엿한 사람으로 성장하는 동기로 작용했다.

5. 이 생각은 오만과 반대되는 겸손을 보여준다.

6. 나는 결점이 많기 때문에 이 생각은 현실적이다. 어쨌든 몇몇 남자는 나와 헤어진 게 사실이다.

7. 이 생각은 시간 소모가 크고 답답하며 지칠 수 있는 연애 시장에서 잠깐 쉴 수 있는 구실을 준다.

8. 이 생각은 내가 사색적이고 용감하다는 점을 보여주며, 내 결점과 단점을 기꺼이 돌아보아 한 사람으로서 성장할 수 있게 해주고, 바라건대 더 사랑스럽고 호감 가는 사람으로 거듭나게 해준다.

9. 이 생각을 하면 정말 슬퍼진다. 거절당한 뒤에 슬픔을 느끼는 건 당연하다.

10. 이 생각 덕분에 남자친구의 결점을 생각하며 화내지 않을 수 있다. 나는 그를 보호하고, 우리가 함께했던 긍정적인 기억을 지키고 싶다.

아리엘라의 부정적인 생각에 존재하는 긍정적 측면을 열거하고 난 후, 그녀에게 도대체 왜 자신이 '사랑스럽지 않다'는 생각을 바꾸고 싶어 하는지 물었다. 이 질문은 TEAM-CBT를 진행할 때 빠른 회복을 가져오는 중요한 열쇠 역할을 한다. 나는 환자들에게 변화하라고 설득하는 대신, 그들에게 **나를** 설득해달라고 말한다. 그리고 대부분은 그렇게 한다!

아리엘라는 이 모든 긍정적인 측면에도 불구하고, 가능하면 부정적인 생각에 대한 믿음을 **줄이고 싶다**고 말했다. 스스로 무가치하다는 감정과 불안감, 죄의식, 절망감, 부적절감, 패배감, 우울감 등을 느끼는 데 지쳤고, 서로 사랑하며 오래 지속되는 관계를 계속해서 꿈꾸고 싶기 때문이라고 했다.

다음은 아리엘라에게 도움이 되었던 몇 가지 기법이다.

구체적으로 생각하기

지나친 일반화를 반박하는 많은 기법이 있지만, 가장 좋은 기법 중 하나는 **구체적으로 생각하기**다. 이 기법을 사용할 때는 추상의 구름에서 내려와 자신의 **구체적인** 결점이나 실수, 단점 등에 집중한다. 특정한 실수나 결점을 찾아내면 인정하거나 수정할 수 있다. 둘 다 할 수도 있다. 이 기법을 사용할 때는 특정한 장점에 초점을 맞추는 게 도움이 되기도 한다.

예를 들어, 아리엘라는 자신이 사랑스럽지 않다고 생각하는 대신 '내 어떤 행동이 관계 문제로 이어지는가? 앞으로 좀 더 애정 어린 관계를 만들고 발전시키기 위해 어떻게 해야 할까?'라고 자문해볼 수 있다.

이 질문에 답을 찾다 보니, 아리엘라가 남자친구와의 관계나 친구들과의 관계에서 중요한 실수를 저지르고 있었다는 사실이 확연히 드러났다. 아리엘라는 줄곧 자신이 계획한 활동에 매우 열성적이면 상대방도 자신과 같은 마음일 거라고 생각했다. 그러다가 마지막 순간에 상대방이 약속을 저버리면 실망하곤 했다.

아리엘라는 자신이 계획한 활동을 다른 사람들이 실제로 어떻게 받아들이는지 확인하는 습관이 없었고, 아마도 상대방이 좋아하지만은 않을 수도 있다는 단서를 늘 염두에 두지는 않았던 것 같다. 이 문제는 해결할 수 있다. 더욱이 사람을 '사랑스럽지 않게' 만드는 치명적인 결점도 아니다.

이 문제를 해결하기 위해 아리엘라는 다른 사람들에게 자신이 계획하고 있는 어떤 일에 부정적인 감정이나 의구심 등이 드는지 더 자주 물어보기로 했다. 이 방법으로 아리엘라는 모두가 같은 마음인지 확인할 수 있다. 이는 **설문 기법**이라는 아주 간단한 방법이다. 사람들의 마음을 읽으려고 노력하기보다 직접 물어봐서 의사를 확인하면 된다.

설문 기법은 아리엘라에게 다른 방식으로 도움이 되었다. 아리엘라는 자신이 너무 강압적이고, 다른 사람도 그렇게 생각한다고 추정해 자신이 사랑스럽지 않다고 생각했다. 그래서 나는 친구와 동료들에게 가끔 그녀가 너무 강압적이고 통제하려 든다고 느끼는지, 그녀가 어떤 인상을 주는지 물어볼 수 있다고 제안했다.

아리엘라는 친구와 동료들에게 매우 긍정적인 대답을 듣고는 즐거운 충격을 받았다. 친구들도, 동료들도 아리엘라가 너무 강압적이거나 통제하려 한다는 생각은 하지 않는다고 대답했다. 그들은 아리엘라가 친절하고 따뜻한 리더라고 답했고, 모두가 그녀의 에너지와 열정을 높이 평가한다고 말했다. 그리고 아리엘라가 재미있는 일을 많이 만드는 점화 장치 같은 존재라고 대답했다. 아리엘라가 내게 말했다.

"나와 함께 시간을 보낼 때, 내가 시간을 너무 많이 쓴다거나 관심거리를 강요한다고 느낀 사람은 아무도 없었어요. 지금 모습 그대로에 고맙대요!"

주변의 수용을 확인하자 아리엘라의 자기 수용이 즉각적으로 가능해졌고, 그녀는 우울한 감정이 거의 순식간에 사라졌다고 말했다. 자기애와 자기 수용은 다른 사람들과의 애정 어린 관계 맺기뿐 아니라 성적 매력에서도 가장 중요한 두 가지 열쇠다.

아리엘라는 이별에 대한 생각을 다음과 같이 바꾸기로 결심했다.

부정적인 생각	현재(%)	치료 후(%)	왜곡	긍정적인 생각	믿음(%)
나는 사랑스럽지 않아.	100	10	AON, OG, MF, DP, MR, FT, MAG, ER, SH, LAB, SB	누구나 그렇듯 내게도 강점과 약점이 있다.	100
				과거에 많은 남자가 내게 끌렸다.	100
				가끔 너무 강압적일 때도 있을지 모르지만, 내게는 긍정적인 자질도 많고, 사람들도 그런 면을 인정하고 사랑하는 것 같다.	100
				바다에는 다른 물고기도 많다!	100

표에서 알 수 있듯, 부정적인 생각에 대한 믿음이 목표치인 10퍼센트까지 떨어졌다.

그 뒤로 몇 달 동안 아리엘라를 만나지 못하다가 지난 밤에 우연히 그녀를 만났다. 아리엘라가 어떻게 지냈는지, 우리가 함께했던 치료가 도움이 되었는지 궁금했다.

아리엘라는 새로운 문제가 있어서 약간의 도움을 받고 싶다고 했다. 무엇이 문제였을까?

그 문제를 들은 나는 아주 기뻤다. 아리엘라에게 새 남자친구가 생겼는데 역할이 완전히 뒤바뀌었다는 것이었다. 남자친구가 너무 열심히 쫓아다니는 바람에 아리엘라는 그에게 흥미를 잃었고 상대방은 점점 더 필사적으로 되어갔다. 즉, 따라다니는 남자가 그 외에도 많아서 어떻게 하면 좋을지 도움이 필요하다는 게 문제였다.

'사랑스럽지 않은' 사람치고는 나쁘지 않고 지나친 일반화에도 좋은 결과였다!

다른 기법들

지나친 일반화를 반박하는 데 도움이 될 만한 다른 기법도 있다. **의미론적 방법**은 상당히 간소하고 단순한 방법이지만 꽤 효과적이다. 예를 들어, 부정적인 일이 일어났을 때 여러분이 **늘** 이런 식이라거나 **결코** 바로잡을 수 없다고 생각한다고 해보자. 이런 유형의 지나친 일반화에는 답답함이나 불운함, 패배감 등이 따라올 수 있다.

이렇게 생각하는 대신, 이런 일이 '가끔' 일어난다고 생각해보자. 다시 말해서 좀 덜 극단적인 표현으로 바꾸는 것이다. 때로는 이런 방법으로 여러분을 속상하게 하는 부정적인 생각을 완화할 수 있다.

다른 예로, 만약 여러분이 스스로 '결함이 있다'고 생각하여 우울하고 무가치감이나 열등감을 느낀다고 해보자. 이 생각은 전형적인 지나친 일반화로, 우울감을 느끼는 사람들에게 흔하디흔하게 나타난다.

이 생각에 반박할 때 사용할 수 있는 몇 가지 기법을 살펴보자.

기법	"나는 결함이 있어." 스스로 자문해볼 질문들
긍정적 재구성	이 생각에서 나와 내 핵심 가치관이 긍정적이고 훌륭한 점을 찾는다면 무엇이 있을까? 예를 들어, 이 생각이 내 기준이 엄격하고, 내가 정직하게 결점을 받아들인다는 사실을 말해주는가? 또 자신에게 결함이 있다고 생각할 때 어떤 유익이 있는가? 예를 들어, 엄격한 기준은 열심히 일하고 최선을 다하도록 동기를 부여하는가?
구체적으로 생각하기	전체 자아를 결함이라고 여기지 않고, 구체적으로 실수한 지점을 찾아낼 수 있는가?
이중 기준 기법	어떤 실패나 고통스러운 경험 때문에 자신에게 결함이 있다고 느끼는 친한 친구에게 어떤 말을 해줄 것인가? "그래, 네게 결함이 있는 게 분명해!"라고 할 것인가? 아니라면 왜 그런가? 친한 친구에게 무슨 말을 하겠는가?
증거 조사	내 약점과 강점은 무엇인가? 내 **모든** 면이 결함인가? 나는 **항상** 실수하는가?
의미론적 방법	덜 극단적인 언어로 대체할 수 있는가? 예를 들어 '부족한 인간'이라는 표현 대신, '부족한 부분도 있는 인간'이라고 생각할 수 있는가?
수용 역설	자신이 결함과 약점이 많은 인간이라는 점을 인정하면서 스스로를 미워하지 않을 수 있는가?
용어 정의	'결함이 있는' 인간의 정의는 무엇인가? 가끔 실수하는 사람인가, 아니면 매번 실수하는 사람인가? 가끔 실수하는 사람이라면 사람은 누구나 결함이 있다. 매번 실수하는 사람이라면 세상에 결함이 있는 사람이란 없다. 어느 쪽이든 우리는 모두 같은 처지다!
비용 편익 분석	'결함이 있다'는 생각의 장단점을 열거할 수 있다. 이 생각은 내게 어떤 도움이 되며, 어떤 해악이 되는가? 장단점 중 어느 쪽이 더 큰가?
자기 개방/설문 기법	친구와 동료들에게 실수하고 나면 내게 결함이 있다는 느낌이 들 때가 있다는 사실을 이야기한 후, 그들도 그런지 묻는다. 내가 실수할 때 안 좋게 보이는지, 또는 낮잡아 보이는지도 물을 수 있다.

이제 지나친 일반화에 반박하는 법에 감이 왔다면, 기분 일지에 있는 부정적인 생각 목록을 다시 확인하여 그중에서 이 왜곡을 찾을 수 있는지 알아보자. 찾았다면 그중 하나를 골라 적어보자.

다 적었으면, 이 생각이 **왜** 지나친 일반화인지 설명해보자. 예를 들어, 여러분은 특정한 결점이나 나쁜 경험을 자신의 전체 '자아'로 일반화하여 자신을 '실패자', '패배자', '나쁜 사람' 등으로 생각하고 있을 수 있다.

또는 현재의 문제를 미래로 일반화하면서 **항상** 실패하거나 거절당할 것이고, 그런 일은 **결코** 바뀌지 않는다고 생각할 수 있다.

여러분의 생각을 아래에 정리해보자.

이제 이 장에서 확인한 기법 중 무엇으로 부정적인 생각에 반박할 수 있는지 알아보자. 긍정적인 생각은 100퍼센트 참이어야 하며, 긍정적인 생각이 부정적인 생각에 대한 믿음을 물리칠 수 있어야 한다는 점을 잊지 말자. 이 과정은 여기에 기록하면 된다.

부정적인 생각을 무너뜨리지 못하고 여전히 똑같이 믿고 있다면 어떻게 해야 할까?

앞서 설명한 것처럼, 그렇더라도 걱정할 필요가 없다. 부정적인 생각에는 지나친 일반화 말고도 여러 인지 왜곡이 포함되어 있다. 사실 '나는 사랑스럽지 않아'라는 아리엘라의 부정적인 생각에는 10가지 왜곡이 모두 담겨 있다. 그리고 각 왜곡에 시도해볼 만한 기법은 수없이 많다. 한 가지 기법이 효과가 없을 때는 다른 기법을 시도해보자. 그렇게 **효과**가 있는 기법을 찾을 때까지 계속 시도해보면 된다.

14장

정신적 여과와 긍정적인 면 무시하기

신시내티에서 한 아침 방송에 출연한 날이었다. 촬영을 마친 후 진행자가 옆으로 부르더니 개인적인 문제로 도움을 받을 수 있느냐고 물었다. 그는 매번 방송을 끝내고 나면 팬들에게서 이메일이 수백 통씩 쏟아지는데, 대부분은 그의 방송을 극찬하는 내용이라고 설명했다. 그런데 가끔 비판적인 내용도 있었다. 그의 문제는 모든 긍정적인 메일을 무시하고, 부정적인 이메일 한 통만 곰곰이 생각하며 비참한 기분에 빠져들곤 한다는 것이었다.

이는 전형적인 **정신적 여과**로, 부정적인 것에 매달려 긍정적인 것은 걸러내거나 무시하는 사고방식이다. 이 왜곡에도 부정적 형태와 긍정적 형태가 있다.

◆ 긍정적 형태의 정신적 여과 온통 긍정적인 면만 생각하며 부정적인 면은 걸러내거나 무시한다. 이 유형의 정신적 여과는 흔히 낭만적 도취를 일으킨다. 예컨대 어떤 멋진 사람을 만나 잔뜩 설레면, 그 사람의 긍정적인 자질만 생각하다 끝내 그가 기막히게 좋은 사람이라고 생각하는 것이다. 하지만 상대를 알면 알수록 단점들이 눈에 띄기 시작하고,

결국에는 "웩!" 하고 반응한다.

◆ **부정적 형태의 정신적 여과** 부정적인 면에만 매달려 긍정적인 부분은 걸러내거나 무시한다. 여러분도 가끔 그렇게 하지 않는가? 외모나 성격상의 단점들에 집착하고, 가는 머리카락이나 다한증에 대해서만 곱씹고, 또는 다른 결점들만 하소연하다가 자신이 열등하다고, 사람들의 비호감만 살 거라고 생각하지 않는가? 그러한 생각이 모두 부정적 형태의 정신적 여과를 보여주는 사례다.

부정적 형태의 정신적 여과는 흔히 **긍정적인 면 무시하기**와 나란히 찾아온다. 긍정적인 면 무시하기는 자신의 좋은 자질이나 긍정적인 면이 중요하지 않다고 고집하는 왜곡이다.

여러분도 혹시 가끔 칭찬을 무시하는가? 예를 들면, 멋져 보인다는 말을 들었을 때나 직장에서 제안이나 발표 내용이 정말 마음에 든다는 칭찬을 받았을 때, '아, 그저 좋게 말해주는 것뿐이야. 그게 진심은 아닐 거야'라고 생각하는 것 말이다. 이는 모두 긍정적인 면 무시하기의 전형적인 예다.

여기에 반대되는 왜곡은 **부정적인 면 무시하기**다. 부정적인 면을 무시하면, 자신이나 타인의 나쁜 자질은 중요치 않다고 주장하게 된다.

누군가의 비판을 듣고 그 말의 진실성을 생각해보기에 앞서 언쟁을 벌여본 적이 있는가? 아니면 답답한 순간에 누군가를 비난해놓고, 나중에 '진심은 아니었다'며 자신은 '그런 사람'이 아니라고 생각한 적이 있는가? 둘 다 부정적인 면 무시하기의 사례다. 자신의 결점을 무시하면서 스스로에게 한결같이 긍정적인 시각을 유지하는 것이다.

긍정적 형태의 정신적 여과와 부정적인 면 무시하기는 습관과 중독을 부채질한다. 살을 빼려고 노력 중일 때, '딱 한 입만 먹을 거야. 한 입 정도는 괜찮아!'라고 생각하는 상황이 대표적이다.

말은 그럴듯하다. 하지만 이런 말을 스스로에게 몇 번이나 했을까? 그리고 실제로 한 입만 먹고 멈춘 적이 몇 번이나 되는가? 이 부정적인 기억을 모두 무시하면 지금 당장 맛있는 도넛을 마음껏 먹을 수 있다!

보다시피 긍정적인 왜곡에는 보상이 따른다. 기분이 좋아지기 때문에 긍정적인 왜곡에는 반박하기가 더 어렵다. 반대로, 같은 왜곡의 부정적 형태들은 상처를 준다.

이 책 머리말에서 우리는 정신적 여과와 긍정적인 면 무시하기가 야기한 안타까운 고통의 사례를 함께 보았다. 목수인 프랭크가 자신은 평생 아무것도 이루지 못했고 수년 동안의 힘든 노력은 별로 중요하지 않다고 생각한 일을 기억할 것이다.

정신적 여과와 긍정적인 면 무시하기는 흔히 사람들이 나이가 들며 겪는 우울증과 관련이 있다. 여러분도 아래와 같은 생각을 곱씹고 있을지 모른다.

- 하고 싶었지만 하지 않았던 모든 일
- 여행하고 싶었지만 가지 못했던 모든 곳
- 사랑하며 설레게 하는 반려자를 만나지 못한 일
- 의미 있고 보람 있는 직업을 갖지 못한 것
- 이루지 못한 목표들과 한 번도 실현하지 못한 꿈들

그러나 다시 말하지만, 우리를 우울하게 하는 것은 나이 드는 것 자체가 아니라 왜곡된 생각이다. 정신적 여과와 긍정적인 면 무시하기 왜곡에 빠지면 지금껏 무엇을 이루었든 나이와 상관없이 비참한 기분에 빠질 수 있다!

세상에서 가장 부유했던 고대 파라오에 관한 이야기를 읽은 적이 있다. 그가 죽었을 때, 그의 가족과 가장 가까운 조언자들은 유언장을 읽기 위해 흥분해서 모여들었고, 자신들이 물려받을 재산과 땅이 얼마나 되는지 궁금해했다.

파라오의 유언은 수천 장에 달하는 파피루스에 적혀 한 권으로 묶여 있었다. 하지만 유언장을 들추자, 놀랍게도 첫 페이지를 제외한 모든 페이지가 백지였다. 첫 페이지에는 단 한 문장이 적혀 있었고, 그 문장은 다음과 같았다.

"내 인생을 통틀어 행복한 날은 단 7일이었다."

긍정적인 점 세기

정신적 여과와 긍정적인 면 무시하기를 극복하는 가장 좋은 방법은 무엇일까? 간단한 해결책으로 **긍정적인 점 세기**라는 방법이 있다.

성취하거나 즐기지 못했던 대상에 매달리는 대신, 일부 **즐겼던** 일, 일부 **사랑하는** 사람, 일부 **성취한** 목표에 집중하는 것이다.

우리가 할 수 없는 일만 끊임없이 곱씹다 보면 누구나 비참한 기분일 것이다. 나는 나이가 너무 많아서 우주 비행사가 될 수 없고, 농구 실력도 잘해야 평범한 수준이라 프로 농구 선수로 뛸 수 없다. 또 전용기를 타고 파리로 날아가 '상류 사회' 사람들과 만찬을 즐길 수도 없다. 전용기도 없고, '상류 사회'에 아는 사람이 한 명도 없기 때문이다!

나와 여러분이 할 수 없는 일은 수없이 많다. 그게 뭐 어떤가?

여러분이 하고 있는 모든 일에 주목하고, 그런 일을 하는 자신을 칭찬해주면 어떨까? 나는 내가 **하고 있는** 일을 생각하면 행복해진다! 예를 들어, 오늘 나는 일찍 일어나서 고양이들에게 먹이를 주고 커피를 한 잔 내린 뒤 이 책에 들어갈 장 하나를 교정하기 시작했다.

그런 다음 이번 일요일에 있을 〈필링 굿〉 팟캐스트의 개요를 작성하고, 이메일 작업도 했다. 나는 늘 수많은 이메일을 받는다. 그 안에는 생각이 깊은 애독자들이 보내는 여러 훌륭한 질문이 있다. 가능한 많이 답장을 보내고 싶지만 일일이 답하기가 불가능하긴 하다.

그런 다음 피곤하지만 조깅을 했다. 그러고는 점심을 만들었고, TV 뉴스를 보면서는 조금 괴로웠다. 그리고 지금은 다시 교정 작업을 하고 있다.

오늘 밤에는 화요일 저녁 심리 치료 훈련 그룹에서 강의하고, 우울감에 시달리며 남편과 가벼운 불화를 겪고 있는 회원 한 명과 생중계 치료를 진행할 것이다. 사랑하는 동료 질 레빗 박사가 동료 치료사로 참가하기로 했다.

분명 놀랍도록 보람 있는 일이다! 비록 보수는 받지 않지만 나는 스탠퍼드대학교에서 학생들을 가르치는 일을 사랑한다. 자원봉사 같은 일이지만, 내가 받는 진정한 보수는 내가 느끼는 기쁨이다.

아, 나쁘지 않다! 이 목록을 보면 기분이 좋아진다!

긍정적인 점 세기는 간소한 기법이며, 때로는 정신적 여과와 부정적인 면 무시하기에 좋은 해독제가 될 수 있다.

이중 기준 기법

정신적 여과와 긍정적 면 무시하기에 맞서 싸우는 데 사용할 다른 기법에는 무엇이 있을까? 유용한 기법이 수없이 많지만, 그중 하나를 꼽으라면 단연 **이중 기준 기법**을 들 수 있다. 정말 쉽게 배울 수 있는 기법이다.

몇 년 전, 한 동료가 평판 좋은 대학 행정관 가브리엘라와 상담해 줄 수 있는지 물었다. 가브리엘라는 산부인과 정기 검진에서 골반 종양이 발견되어 자세한 검사를 위해 입원했다고 했다. 안타깝게도 조직 검사 결과 난소암이 이미 진행 단계에 있었는데 당시에는 치료법이 없었다. 가브리엘라는 2년 정도밖에 살지 못할 거라는 말을 들었고 극도의 우울감과 죄책감, 무가치감, 불안감에 휩싸였다. 이해가 가는 일이었다.

동료에 따르면 가브리엘라는 교수와 학생들의 연구 프로젝트와 연구 지원 등에서 언제나 최선을 다해 남을 돕는 사람이었다. 결혼은 하지 않았지만, 캘리포니아 레드우드 시티의 큰 집에서 장애를 지닌 친척 세 명과 함께 거주하며 이들을 돌보았다.

사람들은 가브리엘라가 암에 걸려서 우울감과 불안감을 느낀다고 주장할지 모른다. 하지만 인지치료의 초석은 살면서 겪는 사건이 아니라 오직 우리의 생각만이 우울감과 불안감을 유발할 수 있다는 개념이다. 하지만 어떻게 그럴 수 있을까? 암으로 죽을 것이라는 사실을 방금 알았다면, 그 사건 자체만으로 그런 감정이 일어나지 않을까? 우울감과 불안감을 피할 수 없지 않을까?

글쎄, 여러분도 분명 그렇게 생각할 것이다! 하지만 한번 알아보자.

가브리엘라는 병원 침상에 누워 내게 자신의 감정에 큰 영향을 미치는 부정적인 생각 세 가지를 들려주었다.

1. 나는 가족을 실망시켰어.
2. 그들은 나 없이는 살 수 없어.
3. 암에 걸린 건 내 잘못이야.

가브리엘라는 이 생각을 100퍼센트 믿었다. 하지만 이 생각에는 정신적 여과와 긍정적인 면 무시하기뿐 아니라 자기 비난, 독심술, 예언자적 말하기, 감정적 추리 등 수많은 왜곡이 담겨 있다. 가브리엘라가 자신이 가족을 실망시켰으며, 가족을 위해 했던 일이 모두 중요치 않거나 부족했다고 생각했기 때문이다.

암이 아니라 이 왜곡 때문에 절망이 생겨났다는 점 역시 알 수 있다. 가브리엘라가 아니라 이 세상 누구라도 암 때문에 죄의식이나 무가치감을 느낄 수는 없다!

기억해두자. 부정적인 감정은 **언제나** 우리 삶의 실제 사건이 아니라 우리의 생각에서 비롯된다. 만약 여러분이 우울하고 불안한 감정이 든다면, 거의 **항상** 생각이 왜곡된 것이다.

나는 가브리엘라의 상황, 즉 암에 걸렸다는 사실은 바꿀 수 없지만, 그녀가 생각하고 느끼는 방식을 바꾸는 데에는 도움을 줄 수 있다.

가브리엘라는 친절한 사람처럼 보였기 때문에 가장 먼저 이중 기준 기법을 시도하는 게 좋겠다 싶었다. 기억하겠지만 이 기법은 대다수가 이중 잣대를 가지고 있다는 생각에 바탕을 둔다. 어떤 일에서 실패하거나 실수할 때, 우리는 대부분 자신을 모질게 질책한다. 하지만 우리와 같은 문제를 지닌 다른 사람과 대화할 때는, 훨씬 더 배려심 있고 현실적인 태도로 이야기할 것이다. 이중 기준 기법에서는 자신이 진심으로 아끼는 누군가와 대화하는 태도로 자신에게 이야기해야 한다.

가브리엘라는 개인실에 있었다. 하지만 나는 가브리엘라에게 옆 침대에 그녀와 똑같은 다른 여자가 누워 있다고 상상해보라고 말했다. 그 여자도 45살이고, 장애가 있는 친척 몇 명과 함께 생활하고 있으며, 불과 얼마 전에 난소암 진단을 받았다고 말이다.

그리고 스스로를 생각하는 것과 똑같이 그 여자에게 소리 내어 말해보라고 주문했다.

"당신은 가족을 실망시켰고, 당신이 죽고 나면 그 사람들은 얼마 살지 못할 거고, 암에 걸린 건 당신 탓이라고 말하는 거예요."

가브리엘라는 한참 동안 말이 없더니 곤혹스러운 표정을 지었다. 그리고 마침내 이렇게 말했다.

"다른 사람한테 그런 말은 **못 하겠어요**, 박사님."

왜 못 하겠느냐고 묻자, 가브리엘라가 대답했다.

"그건 사실이 아니니까요!"

내가 되물었다.

"왜 아니죠? 그 여자의 가족이 여자가 자기들을 실망시켰다고 생각하는 게 명백한 사실이 아닌가요?"

"아니요, 그렇지 **않아요**. 가족들은 그 여자를 사랑하고 그녀가 암에 걸린 걸 슬퍼하면서 수년 동안 도움 준 걸 고마워하고 있어요. 여자가 자기들을 실망시켰다고 여기지 않는 건 확실해요. 전혀요!"

이번에는 왜 그 여자에게 그녀 없이는 가족이 살지 못할 거라는 말을 하지 않았느냐고 물었다.

"사실이 아니니까요. 여자는 가족을 많이 도와줬지만, 그들도 대처 능력이 뛰어나고 여자가 죽은 뒤에도 잘 살 거예요. 여자를 사랑하니까 그리워하긴 하겠죠. 하지만 잘 지낼 거예요."

다시 왜 그 여자에게 암에 걸린 게 본인 탓이란 말을 하지 않았느냐고 묻자, 가브리엘라가 말했다.

"그것도 말이 안 되죠! 우리는 난소암의 원인이 뭔지도 모른다고요. 걸리고 싶어도 걸릴 방법을 모르는걸요!"

가브리엘라에게 방금 다른 여자에게 한 말을 얼마만큼 사실이라고 믿는지 물었다. 가브리엘라는 절대적인 사실이라 믿는다고 대답했다. 그렇다면 그 여자와 꼭 같은 가브리엘라 자신에게도 그 말이 사실인지 물었다. 가브리엘라는 "내게도 사실일 것 같다"고 대답했다.

가브리엘라가 이 사실을 깨닫자 병에 대한 그녀의 생각도 다음과 같이 바뀌었다.

부정적인 생각	현재 (%)	치료 후 (%)	왜곡	긍정적인 생각	믿음 (%)
1. 나는 가족을 실망시켰어.	100	0	AON, MF, DP, MR, SH, ER, SB	아니, 그들은 그렇게 여기지 않아. 가족은 나를 사랑하고 내가 암에 걸려서 슬퍼해. 그리고 아마도 수년 동안 내가 도와준 사실을 고맙게 생각할 거야. 내가 그들을 실망시켰다는 생각은 하지 않아. 전혀!	100
2. 그들은 나 없이는 살 수 없어.	100	0	FT, DP, ER	우리 가족은 대처 능력이 뛰어나고, 그럴 자산도 가지고 있어. 그들은 나를 사랑하고 그리워할 거야. 하지만 내가 죽은 다음에도 잘 지낼 거야.	100
3. 암에 걸린 건 내 잘못이야.	100	0	ER, SB	이건 불가능해. 난소암의 원인은 알려지지도 않았어!	100

자기 생각이 사실이 아니라는 사실을 깨닫는 순간 가브리엘라의 우울증은 씻은 듯이 사라졌다. 여전히 슬픈 마음은 있지만 더는 우울해하지 않았다. 가브리엘라를 치료하기까지 고작 45분밖에 걸리지 않았다.

가브리엘라를 환자로서 다시 만나지는 않았지만, 그 후 2년 동안 가끔 우연히 마주쳤고, 그녀는 계속해서 잘 지내고 있었다. 2년 후, 안타깝게도 암은 예상대로 전이됐고 가브리엘라는 결국 세상을 떠났다.

더없이 슬펐지만, 그래도 기쁘고 뿌듯했던 건 가브리엘라가 생의 소중한 마지막 2년 동안 우울감과 불안감, 죄책감, 무가치감, 외로움 같은 감정에 시달리지 않았다는 점이다. 가브리엘라는 삶이 행복하고 생산적이라 생각했고, 자신이 사랑받는다고 느꼈다.

이제 여러분의 기분 일지로 돌아가서 자신의 부정적인 생각 중 정신적 여과나 긍정적인 면 무시하기와 관련된 것이 있는지 찾아보자. 있다면 그 생각 중 하나를 여기에 적어보라.

다음으로, 그 생각이 왜 정신적 여과나 긍정적인 면 무시하기의 예이며, 왜 정확한 생각이 아닌지 설명해보라.

마지막으로, 긍정적인 점 세기나 이중 기준 기법을 사용하여 부정적인 생각에 반박할 수 있는지 알아보자. 이 긍정적인 생각은 반드시 참이어야 하며, 부정적인 생각에 대한 믿음을 현저히 감소시킬 수 있어야 한다는 점을 명심하자.

만약 이중 기준 기법이 효과가 없었다면 가브리엘라를 어떻게 대했을지, 또 여러분이 이 기법으로 자신의 부정적인 생각에 반박하는 데 도움을 얻지 못한다면 어떻게 해야 하는지 궁금할 것이다.

기억하겠지만 사람마다 효과가 있는 기법은 제각각이다. 내가 왜곡된 생각을 무너뜨릴 많은 기법을 개발한 이유다. 한 가지 기법이 효과가 없다면 효과적인 기법을 찾을 때까지 다른 기법으로 넘어가면 된다. 다음 장에 더 많은 기법을 시도해볼 기회가 마련되어 있다.

15장

성급한 결론 짓기

독심술

최근 동네 친구 데이브에게 들은 이야기다. 그는 자전거를 타고 길을 가던 중이었다. 길이 가팔라서 힘들었기 때문에 데이브는 페달을 너무 세게 밟지 않기로 했다.

하지만 바로 뒤에서 누군가가 자전거를 타고 바짝 따라붙었다는 사실을 알자 경쟁심이 발동했다. 데이브는 뒷사람한테 추월당하기 싫었기 때문에 속도를 올렸다. 쫓아오던 남자도 속도를 내며 뒤에 바짝 붙어 쫓아왔다.

데이브는 짜증이 났다. 그 사람이 자신을 이기려고 하는 바람에 여유로운 아침을 망치고 있다는 생각이 들었고, 전력을 다해 아무리 빨리 달려도 뒤에 있는 남자는 데이브 뒤를 바짝 뒤쫓아왔다. 정상에 도달한 데이브는 몹시 화가 나 길가에 자전거를 세워놓고 한바탕 싸울 준비를 했다. 그런데 뒤에 오던 남자가 데이브 옆에 자전거를 세우고 활짝 웃으며 말했다.

"달려줘서 고마워요! 그쪽이 도와주지 않았다면 이렇게 빨리 올라올 수 없었을 거예요!"

데이브는 자신이 **성급한 결론 짓기**라는 인지 왜곡에 빠져 있었다는 사실을 깨달았다. 성급한 결론 짓기는 사실 근거 없이 무언가를 가정하는 왜곡이다. 뒤에 오던 남자는 전혀 다른 생각을 하고 있었는데, 데이브는 그 남자가 자신을 이기려고 또는 자기보다 더 빨리 달리려 한다고 생각했던 것이다.

성급한 결론 짓기에는 일반적으로 두 가지 형태가 있다.

◆ **독심술 오류** 확실한 증거도 없이 남들이 나를 안 좋게 여기거나 내게 부정적인 감정을 느낀다고 추정한다.

◆ **예언자적 말하기 오류** 확실한 증거도 없이 상황이 나빠질 거라고 예측한다.

이 장에서는 독심술 오류에 집중하고, 다음 두 개 장에서 예언자적 말하기 오류를 다루겠다.

독심술 오류에도 부정적인 형태와 긍정적인 형태가 있다.

◆ **부정적인 형태의 독심술 오류** 다른 사람들이 실제보다 훨씬 더 부정적으로 반응한다고 추정한다.

◆ **긍정적인 형태의 독심술 오류** 다른 사람들이 실제보다 훨씬 더 긍정적으로 반응한다고 추정한다.

나는 종종 두 가지 형태의 독심술에 호도됐다. 우리는 보통 다른 사람들이 우리를 어떻게 생각하는지 안다고 여긴다. 하지만 이는 독심술에 속아 넘어가는 것에 불과하다.

필라델피아에 있는 우리 병원에서 입원 환자를 대상으로 인지치료를 진행할 때, 나는 심각한 우울증을 앓고 있는 루크레티아라는 여성을 치료 중이었다. 루크레티아는 한 주 동안 충격적인 사건을 두 번이나 겪었다. 월요일에 남편과 헤어졌고 화요일에는 직장을 잃었다. 루크레티아는 절망하여 자살 충동을 느꼈고, 자신이 무가치한 인간이라고 생각했다.

그룹 치료를 하면서 루크레티아에게 부정적인 생각에 반박하는 법을 보여주었고, 치료가 끝날 즈음엔 루크레티아가 많이 호전된 듯 보였다. 나는 치료가 아주 잘 되었다고 생각했다.

그룹 치료를 시작할 때와 끝마칠 때, 모든 환자에게 약식 기분 검사를 작성하게 한다. 환자들의 증상이 얼마나 심각한지, 치료를 받으면서 얼마나 좋아졌는지 확인하기 위한 과정이다. 이 과정은 1분 정도밖에 걸리지 않는다. 그리고 각 그룹 치료가 끝날 때는 공감도와 유익함 정도를 평가할 수 있는 몇 가지 척도에도 답변해달라고 부탁한다.

루크레티아의 극찬을 기대한 나는 그녀의 우울증과 자살 충동이 훨씬 더 심해진 사실을 확인하고 충격받았다. 게다가 그녀는 공감도와 유익함 척도에서 지금껏 내가 본 것 중 가장 낮은 점수를 주었다.

나는 당혹스러웠고, 루크레티아가 양식을 채울 때 실수했을 거라 확신하여 그녀에게 평가지가 제대로 되었는지 다시 검토해달라고 부탁했다. 가끔 답안 항목을 헷갈려서 의도와 다른 답변을 고르는 환자들도 있기 때문이다. 루크레티아는 자신의 평가지를 흘낏 보고는 대답했다.

"여기엔 실수가 없어요, 번즈 박사님."

"그게 무슨 소리예요? 방금 치료가 굉장히 좋았잖아요!"

"**박사님한테나** 좋았겠죠!"

나는 그 말이 무슨 뜻인지 물었다. 루크레티아는 자신이 남편과 직장을 한 번에 잃은 일을 내가 "이중고"라고 표현하자, 그 말이 만화책에 등장하는 표현처럼 들려 자신을 놀리는 것 같았다고 말했다.

나는 루크레티아가 내 표현에 그렇게 부정적으로 반응하는지 **전혀** 몰랐다. 다행히 제대로 대화를 나누며 빠르게 문제를 해결했지만, 만약 평가지를 받지 않았다면 내가 정말 잘 해냈다는 생각에 완전히 속았을 것이다.

이는 긍정적 형태의 독심술 오류의 전형적 사례다. 물론 나는 부정적 형태의 독심술 오류에도 속은 적이 있지만 말이다.

그다음 주에 그룹 치료를 시작할 때, 새로 입원한 환자 로즈는 극도의 우울감과 불안감, 분노에 빠져 있었다. 로즈는 전날 밤 자살 시도를 했다가 실패했기 때문에 우리 병원 폐쇄 병동에 원치 않는 입원을 한 터였다. 로즈는 기회만 오면 그 일을 끝내겠다며 도전하듯 선언했다.

로즈는 몇 년 동안 우울증 치료를 받았지만 아무런 도움도 되지 않았고, 매일 매 순간이 끔찍했다고 설명했다. 로즈는 코카인 중독으로 힘들어했고, 필라델피아의 한 회복 센터에서 지냈다. 두 달 정도는 맑은 정신으로 생활했지만 같은 방을 쓰는 친구와 말다툼을 하고는 실수로 다시 코카인에 손을 댔다. 직원들이 회복 센터에서 쫓아내겠다고 협박하자 로즈는 홧김에 자살을 시도했다. 로즈는 자신이 하등 쓸모없는 인간이라고 느꼈고, 이제 자기 삶과 관련된 사실들을 직시하고 모든 것을 끝낼 결심이었다고 말했다.

나는 그룹에 참여한 다른 환자들에게 때때로 쓸모없다거나 절망적이라고 느끼고, 자살 충동까지 느껴본 사람이 얼마나 되는지 물었다. 모두가 손을 들었다. 로즈에게는 그룹 치료를 받는 동안 도움을 받고 싶은지, 인지치료를 받아본 적이 있는지 물었다.

로즈는 실제로 내 머리를 잡아 뽑으려 달려들었다! 내 말이 자기 시간을 낭비하게 만든 "빌어먹을 멍청한 정신과 의사들"의 말과 전혀 다를 바 없이 들린다며, "빌어먹을 인지치료"에는 아무 관심도 없다고 소리쳤다.

키가 5센티미터는 늘어난 느낌이었다. 나는 로즈가 그룹에서 함께 치료하기에 아주 적합한 사람은 아니라고 판단했다. 더는 로즈를 상대하지 않고, 다른 쪽에 있던 여성과 함께 치료를 진행했다. 그 여성도 절망과 무가치감을 느끼던 사람이었다. 치료 내내 로즈는 한마디도 하지 않았다. 나는 로즈 쪽을 보기가 두려웠지만, 그녀가 눈에 쌍심지를 켜고 노려보는 시선은 느낄 수 있었다.

그룹 치료는 상당히 괜찮았다. 하지만 치료를 마치고 로즈의 평가지를 봐야 한다는 사실에 겁이 났다. 그리고 그녀의 우울증, 자살 충동, 불안증, 분노 점수가 모두 0으로 떨어진 것을 보고는 깜짝 놀랐다. 완전한 회복으로 보아도 좋은 수치였다. 더 놀라운 것은 공감도와 유익함 점수에서 만점을 주었다는 사실이었다.

평가지 하단에는 그룹 치료에서 무엇을 느꼈는지 묻는 질문이 있다. 로즈는 "가장 마음에 들지 않았던 것은 무엇입니까?"라는 질문에 "없음"이라고만 썼다.

"가장 마음에 들었던 것은 무엇입니까?"라는 질문에는 이렇게 적었다.

> 번즈 박사님, 당신이 다른 환자를 치료할 때 마치 제가 진료받는 듯한 기분이었습니다. 그 여자가 지닌 부정적인 생각과 감정은 저와 아주 비슷했습니다. 저는 인지치료를 받아본 적이 없었고, 인지 왜곡이라

는 게 뭔지도 몰랐습니다.

항상 제가 아무 가치 없고 끔찍한 인간이라고 생각했지만, 이제는 생각하는 방식이 진짜 문제라는 점을 알았고, 부정적인 생각이 얼마나 왜곡되어 있고 부당했는지 이해했습니다.

제가 이런 말을 한다는 게 믿기지 않지만, 저는 지금 기쁘고 자존감으로 충만합니다. 사실 살면서 처음으로 행복을 느끼고 있습니다. 정말 고맙습니다! 이 한 시간 반이 제 삶을 바꾸어놓았습니다.

만약 평가지를 사용하지 않았다면 그룹 치료를 통해 로즈가 많은 도움을 받았다는 사실을 몰랐을 테고, 정신과 병동에서 다시 로즈를 마주치면 아마도 눈을 마주치지 않으려고 시선을 피했을 것이다. 부정적 형태의 독심술 오류에 속았으니 말이다.

긍정적 형태와 부정적 형태의 독심술 오류는 우리 생각보다 훨씬 더 흔하다. 보통 우리는 사람들이 어떤 생각을 하고 어떤 기분을 느끼는지, 또 우리에 대해서는 어떻게 생각하고 느끼는지 안다고 확신하지만 대개는 알지 못한다. 치료사들은 종종 때를 놓치고, 가족들도 마찬가지다. 그리고 때로는 비참한 결과를 마주한다.

뉴욕의 한 지역 사회 정신 건강 클리닉에서 아이들을 치료에 데리고 오는 보호자와 치료사들의 평가가 얼마나 정확한지 조사하는 연구를 진행했다. 나는 아이들과 치료사들, 보호자들에게 각각 아이가 어떻게 느꼈는지를 평가해달라고 주문했다.

자료를 분석한 결과, 놀랍게도 치료사들의 정확도는 거의 **0점**이었다. 대다수가 엄마였던 보호자들의 정확도도 별로 나을 게 없었다! 아이들이 실제 느끼는 바와 아이들이 어떻게 느낄지 치료사들(또는 엄마들)이 생각하는 바 사이에는 상관관계가 거의 **없었다**.

이런 오류는 사소하지 않다. 한 소년의 어머니는 아이의 우울증과 자살 충동이 0점이라고 평가했다. 그 어머니는 소년이 우울감을 느끼지 않는다고 평가했고, 치료사도 그 평가에 동의했다.

실제로는 어땠을까?

소년의 우울증과 자살 충동 점수는 최고치를 기록했다! 소년은 평가지 여백에 친구에게서 총을 빌렸고 금요일에 자살할 계획이라고 적었다. 여기서 독심술은 어린 소년의 생명을 앗아갈 뻔했지만, 평가지는 어머니와 치료사에게 실제 상황을 경고하여 아이를 살릴 기회를 주었다.

치료사나 가족들만 틀리는 건 아니다. 긍정적으로든 부정적으로든 독심술 오류에 빠지면 여러분도 이를 알아채지 못할 가능성이 크다. 왜 그럴까?

사람들은 상대에게 짜증이 나도 대개는 그 감정을 숨기고 예의 바르게 행동하기 때문이다. 감정을 숨기는 이유는 속마음을 드러내지 않는 성향이어서 또는 갈등을 피하고 싶어서다. 루크레티아를 치료할 때도 겪은 일이었다. 나는 긍정적 형태의 독심술에 완전히 속아서 루크레티아가 치료에 매우 만족하고 있다고 생각했다.

부정적 형태의 독심술에 속는 이유는 또 다르다. 만약 누군가 우리를 안 좋게 보거나 우리가 부정적인 생각과 감정을 가지고 있다고 생각한다면, 우리는 같은 이유로 실제 그들의 생각과 감정이 어떤지 묻지 않을 것이다. 당황스럽기도 하고, 갈등은 피하고 싶다는 이유로 말이다. 결국 우리는 필요한 정보를 얻을 수 없다.

또 실제로는 그렇지 않은데 사람들이 우리에게 짜증을 낸다고 생각할 수도 있다. 그 결과 속상한 마음이 들어서 상대에게 방어적으로 반응하거나, 안 좋은 시선을 받고 싶지 않아서 공격적인 말을 한다. 그러면 상대방은 또다시 긴장감을 느끼며 짜증을 내거나 답답해할 수 있다. 결국 마음속 상상이었던 부정적 상호 작용이 현실로 나타난다.

수업과 심리 상담 치료를 할 때마다 평가지를 작성하는 이유는 바로 이 때문이다. 평가지에 드러난 정보들은 때로는 충격적이지만 언제나 상황을 분명히 이해하게 해준다. 학생들과 환자들은 지금껏 내게 최고의 선생님이었다!

물론 모든 사람이 평소 다른 사람의 생각을 알기 위해 서면 평가지를 사용할 수는 없다. 그렇다면 어떻게 해야 할까?

질문과 자기 개방

많은 기법이 도움이 되지만, 질문과 자기 개방이 특히 유용하다.

◆ **질문** 성급하게 결론을 내리기 전에 사람들에게 생각과 느낌을 물어본다. 이는 효과적인 의사소통 비결 다섯 가지 중 하나이며, 연습과 용기가 필요한 예술 행위다.

앞서 4장에서 캐런은 청중으로 앉아 있는 치료사들이 자신을 비판적으로 바라본다고 생각했다. 이것이 바로 독심술 오류다. 사람들에게 어떻게 느꼈느냐고 묻고 나서야, 캐런은 청중이 자신에게 실제로 크게 감탄했다는 사실을 알았다. 캐런은 이 결과에 매우 놀라워했다.

◆ **자기 개방** 질문과 반대되는 기법이다. 사람들에게 기분을 묻는 대신, 내 기분을 사람들에게 말해주는 것이다. 사람들도 내 마음을 읽지

못하기 때문이다.

수줍음을 타는 사람이라면, 사람들 앞에서 수줍음을 타는 게 너무 부끄러워서 자신의 불안정한 모습을 감추려고 할 것이다. 수줍음이 수치스러운 결함이라고 확신하기 때문에 '정상'적으로 또는 '차분'하게 보이려고 노력할지 모른다. 물론 자신의 진짜 모습을 숨기려다 보면 수치심과 수줍음은 한층 더 심해진다.

자기 개방 기법에서는 감정을 속이려고 하지 말고 공개하면 된다. 이 방법으로 다른 사람들과 훨씬 더 의미 있는 관계를 시작할 수 있지만, 그렇게 하기가 무서울 수는 있다.

예를 들어보자. 예전에 로버트라는 잘생긴 남자를 치료한 적이 있는데, 그는 사람들 앞에 서면 극도로 수줍음을 탔기 때문에 엄청나게 외로워했다. 결혼해서 정착하고 싶었지만, 너무 수줍어서 미혼 여성과 의미 있는 관계를 맺기가 힘들었다

로버트는 독신 남녀들이 출입하는 술집에 가서도 한쪽으로 비켜서서 겁을 먹은 채 한데 어우러지는 사람들을 지켜만 보았고, 그렇게 불안해하고 긴장해서는 **안 된다**고 스스로를 타일렀다. 매일 밤, 로버트는 홀로 집으로 돌아가며 낙담하고 부끄러움을 느꼈다. 나는 그에게 자기 개방 기법을 사용하여 만나는 여성들에게 그가 수줍음을 타고 어색한 기분이라는 사실을 말하라고 권했다. 로버트는 자신이 패배자처럼 보여서 거절당할 거라고 강하게 확신했기 때문에 완강히 거부했다.

이는 전형적인 독심술로, 수줍음 때문에 힘들어하는 사람들에게 흔히 나타나는 현상이다. 다른 사람들이 자신을 어떻게 생각하는지 안다고 확신하는 것이다.

로버트에게 나와 치료를 계속하고 싶으면, 아무리 힘들 것 같아도 자기 개방 기법을 **사용해야만 한다**고 말했다. 이 방법을 '온화한 최후통첩'이라고 하는데, 불안을 치료할 때 아주 중요하다. 왜냐하면 불안을 느끼는 사람들은 거의 항상 두려움에 맞서는 데 저항하기 때문이다.

그 주 토요일 밤, 로버트는 이를 악물고 술집에 있던 한 여성에게 다가갔다. 그리고 자신이 수줍음을 아주 많이 타고 어색함을 느끼지만 그녀가 매력적으로 보인다고 말을 건넸다. 짧은 대화를 나눈 뒤, 여성은 자신도 술집에 있는 게 불편하다며 해변으로 드라이브를 가자고 제안했다.

로버트는 매우 놀랐다!

해변에 도착하자 여성은 바다에서 야간 수영을 하자고 제안했다. 로버트가 갈아입을 옷이 없다고 말하자, 여성은 이렇게 되물었다.

"그게 왜요…?"

로버트는 더욱더 놀랐다!

두 사람은 보름달이 뜬 바다에서 알몸으로 수영했다. 그들의 모험은 대단히 흥미로웠고, 두 사람은 자주 만나며 데이트를 시작했다. 로버트는 자신이 "치유되었다"고 선언하고, 두어 번의 상담을 더 받은 후 치료를 끝냈다.

그 뒤로 몇 년 동안 로버트를 만나지 못했다. 그러다 어느 날 저녁, 가족과 동네 음식점에서 저녁을 먹고 있을 때였다. 로버트가 매력적인 여성과 세 아이와 함께 음식점으로 들어왔다. 그는 나를 보더니 자랑스러워하며 아내와 아이들을 소개했다. 그리고 이렇게 말했다.

"보세요, 번즈 박사님. 박사님의 치료가 효과가 있었어요!"

자기 개방은 분명 두려운 과제고, 자신을 낮추거나 어설픈 태도로 하면 역효과가 날 수 있기에 조심스럽게 시도해야 한다. 길을 걷다 만나는 모든 사람에게 무작정 다가가 자신의 가장 깊은 두려움이나 최악의 결점을 이야기할 수는 없다. 또 상사나 고객에게 거리낌 없이 그런 이야기를 건네는 일도 권하지 않는다.

하지만 조심을 기한다면 자기 개방은 엄청난 도움을 줄 수 있다. 다른 사람이 내 마음을 읽을 수 없고, 나도 다른 사람들 마음을 읽을 수 없다. 하지만 우리가 거짓으로 행동하며 감정을 숨기는 대신 마음을 열고 감정을 나눈다면, 다른 사람들과 훨씬 더 깊이 있는 관계를 맺을 수 있다.

그래도 여전히 **무섭다**고 느낄 수 있다. 이해한다!

나는 자기가 한 말은 실천해야 한다고 믿는 사람이다. 그래서 지금 당장 실천하려고 한다. 나는 몇 년 동안 불안과 싸웠다. 주체하기 힘든 발표 불안부터, 공중화장실에서 소변을 잘 보지 못한다는 사실을 누군가 눈치챌까 봐 두려운 불안감까지, 후자를 '공중화장실 공포증'이라고 한다.

그 외에도 수십 가지 공포증이 있다. 스트레스를 받으면 때때로 건강 염려증에 빠져서, 사실은 멀쩡한 몸에 암 같은 무서운 질병이 있는 게 아닐까 걱정한다.

펜실베이니아대학교에서 박사 후 연수 과정을 밟을 때였다. 오른쪽 겨드랑이에 생긴 혹이 신경 쓰이더니 혹시 림프종이 아닐까 걱정되기 시작했다. 결국 용기를 내어 아내에게 말했고, 아내는 병원 응급실에 가서 확인해보면 된다고 했다.

의사 한 명이 내 오른쪽 겨드랑이를 자세히 검진했다. 그는 혹 같은 건 없고 내가 건강하다고 말했다. 나는 아니라고, 혹이 **있어서** 겨드랑이가 아프다고 말했다. 나는 다른 응급실 의사를 찾아 다시 진단해달라고 고집을 부렸다.

나도 병원 직원이었던 터라, 응급 센터장이 직접 와서 친절하게도 오른쪽 겨드랑이를 진찰해주었다. 결과는 똑같았다. 겨드랑이에는 혹이 없고, 내게 아무 이상이 없다는 것이었다.

나는 엑스레이를 찍어달라고 했다. 응급 센터장은 엑스레이를 찍어야 할 의학적 소견이 전혀 없다고 반박했다.

내가 고집을 부리자, 결국 그들이 내 의견을 받아들여 엑스레이 촬영을 지시했다. 엑스레이 촬영을 마치자, 수련의와 응급 센터장이 내게 결과를 같이 확인하자고 권했다. 두 사람은 침통한 얼굴이었다. 나는 내 몸에 폐의 종괴나 겨드랑이의 종양과 같은 끔찍한 것들이 틀림없이 존재한다고 확신했다.

그들은 내게 엑스레이를 자세히 살펴보고, 보이는 것을 말해달라고 주문했다. 나는 아무런 이상도 보이지 않고, 완전히 정상 같다고 대답했다.

의사들은 엑스레이 결과는 정상이라며 최근 스트레스를 받았느냐고 물었다.

그제야 나는 정신과 의사 면허를 위한 구두시험이 일주일 뒤였고, 그 때문에 엄청나게 걱정 중이라는 사실이 문득 떠올랐다. 또 겨드랑이 통증이 있기 직전에 런던에 다녀오면서 무거운 여행 가방을 들고 다녔고, 아마도 그 때문에 근육이 당겨서 겨드랑이가 아픈지 모르겠다는 생각도 들었다.

정말 다행이었다! 게다가 일주일 뒤에 시험까지 멋지게 통과하여 매우 기뻤다.

여기까지다. 이렇게 자기 개방을 했으니 내가 얼마나 신경과민인지 알았을 것이다. 정나미가 떨어졌다면 책을 태워버려도 좋고, 아니면 계속 읽어도 좋다. 바라건대, 이제 우리도 좀 더 인간적인 관계를 맺을 수 있을 것이다.

무서운 상상

나는 이런 기법들을 설명할 때, 가능하면 단순하게 서술해서 기법이 작동하는 방식을 정확하게 보여주려고 노력한다. 하지만 알다시피 이 기법들이 언제나 그렇게 간단하지만은 않고, 결과가 언제나 만족스럽지도 않다. 그럴 때는 어떻게 할까?

누군가 여러분에게 짜증이 났거나, 여러분을 비판적으로 보고 있거나, 여러분에게 거부감을 가지고 있다고 독심술을 할 때, 그 추측이 옳을 가능성도 있다! 그래서 설문 기법을 사용하여 사람들에게 어떤 기분인지 묻는다 해도 감동의 순간을 맛보지 못할 수 있다.

그럴 때는 어떻게 해야 할까?

무서운 상상 기법을 시도해볼 수 있다.

◆ **무서운 상상** 《이상한 나라의 앨리스》의 주인공이 된 내게 정말 이상한 규칙 두 가지가 주어진다. 첫째, 사람들이 나에 관해 실로 부정적인 생각들을 하고 있다. 둘째, 예의 없게도 내 면전에서 자기들 생각을 말해준다. 예를 들어, 내가 거절이나 반감을 두려워한다면 이 세계의 사람들은 정말로 나를 거절하거나 내게 반감을 가진다. 게다가 그런 생

각을 좋게 포장하려 하지도 않고 내게 있는 그대로 말한다. 사람들은 나를 깔아뭉개고 내게 굴욕감을 주려고 온 힘을 다한다.

이 기법은 듣기에는 무시무시하지만, 가장 큰 두려움을 직접 대면하고 보면 막상 괴물에게 이빨이 없다는 사실을 깨달을 때가 많다.

이 기법을 사용하기 위해서는 우선 남들이 우리에 대해 품은 듯 보이는 모든 부정적인 생각을 적어야 한다. 사람들 머릿속에 있을 것 같지만 입 밖에 내지 않는 그런 생각들 말이다.

자기 개방을 이어가는 마음으로, 비판적인 독자들이 나를 이렇게 비판할까 봐 걱정인 몇 가지 생각을 적었다.

1. 그야말로 정신 나간 소리 같아.
2. 이 사람은 가짜야. 자기 환자들보다 더 엉망진창이라니까.
3. 공중화장실에서 볼일도 못 본다니! 이상하잖아!
4. 소문내야지.
5. 이 멍청한 책을 버리거나 환불해달라고 할 거야.

물론 여러분은 각자가 두려워하는 비판적 생각을 적겠지만, 여기서는 내 생각을 예시로 무서운 상상 기법을 사용하는 법을 살펴보기로 하자.

무서운 상상 속 인물에 대처할 때는 자기방어와 수용 역설 기법을 조합하여 사용할 수 있다. 자기방어를 사용할 때는 무서운 상상 속 인물과 논쟁을 벌이며 그의 말이 사실이 아니라고 주장한다. 수용 역설을 사용할 때는 유머 감각과 평온한 마음가짐으로 비판하는 사람에게 동의하는 방식으로 승리한다.

그 과정을 보여주겠다. 내 생각을 예로 하여, 여러분이 무서운 상상 속 인물이라고 해보자. 여러분이 나를 데이비드라고 부를지 번즈 박사라고 부를지 모르겠지만, 여기서는 좀 더 친근하게 데이비드라고 부르기로 한다. 양해를 부탁한다.

여러분(무서운 상상 속 인물): 에이, 데이비드, 당신 책을 읽고 나니 당신이 얼마나 엉망인지 알겠어요!

데이비드: 나는 결점이 아주 많아요. 이 책에 쓴 게 다가 아니죠. 어떻게 생각해요?

여러분: 뭐, 솔직히 말하면 좋아 보이지 않아요. 당신은 당신을 찾아오는 대부분의 환자보다 더 엉망 같아요.

데이비드: 글쎄, 그럴지도 모르지만, 어떤 면에서는 환자들을 더 많이 이해하고 동정심을 갖게 된 것 같아서 도움이 됐지요. 게다가 결점과 불안정감을 극복하려고 노력하면서 더욱 강력한 도구들을 개발해 환자들에게도 도움이 되었답니다. 나는 어떤 게 효과적이고 어떤 게 그렇지 않은지 아니까요.

여러분: 뭐, 그렇게 말하고 싶겠지만, 그렇게 맛이 간 정신과 의사에게 치료받고 싶은 사람은 없을 거예요.

데이비드: 아마 놀랄걸요! 나를 찾아오는 환자는 많고, 다들 함께 노력하고 나면 고마워한답니다. 어쩌면 그들은 그리 까다로운 환자는 아니었는지도 모르지요! 하지만 사람들은 내 결점을 평가하기보다 자기 문제에 연민과 도움을 받는 쪽에 훨씬 더 관심이 있는 것 같았지요. 그리고 내게 결점이 있다는 걸 알고는 나를 더 좋아하는 듯 보였어요! 정말 이상하지 않나요?

여러분: 그래요, 그럴 수도 있지만, 당신은 공중화장실에서 볼일도 못 보잖아요!

데이비드: 그 일 때문에 오랫동안 엄청나게 창피했고, 감추려고도 해봤는데, 솔직히 말하면 이제는 거의 극복해서 지금은 줄곧 공중화장실을 이용하고 있어요. 집에서는 아무 문제도 되지 않고요. 물론 내가 소변을 볼 때 친구들이 손가락질하면서 조롱하듯이 쳐다보는 건 싫이요. 내가 얼어버릴지도 모르거든요. 하지만 그건 큰 문제가 아니지요. 소변보는 내 모습을 빤히 쳐다보고 싶어 할 사람은 아무도 없을 테니까요.

여러분: 아니, 나는 공중화장실에서 볼일 보는 일로 문제를 겪어본 적이 한 번도 없다고요!

데이비드: 알아요, 알아! 당신은 소변을 아주 잘 본다면서요! 정말 대단해요. 당신을 쉬보기상Peeing Award 후보로 추천하고 싶을 정도예요. 아니, 피버디상Peabody Awards⁺이던가요? 이름은 정확히 기억나지 않네요.

여러분: 당신이 얼마나 미친 사람인지 사람들한테 다 알릴 거예요! 그리고 나도 당신을 거절할 거예요!

데이비드: 오, 되도록 많은 사람에게 알리길 바라요. 이 책의 판매부수가 올라갈지도 모르잖아요. 그렇게 된다면 진심으로 고맙겠어요. 하지만 당신이 한 말 중에는 슬픈 것도 있군요.

여러분: 어떤 말이 슬프다는 거죠?

데이비드: 나를 거절할 거라는 말은 슬퍼요. 나는 늘 당신이 좋았

⁺ 미국방송협회가 주관하는 상으로, 비슷한 발음을 이용하여 말장난한 것이다. (옮긴이)

고, 당신과 만나는 게 즐거웠거든요. 그런데 세상에, 당신은 진심으로 나 때문에 화가 나고 속상한 것 같네요. 결점이 많은 친구를 사귀기가 어려운가요? 당신은 자신감이 충만하고 적응력이 좋은 사람들과 어울리는 쪽을 선호하나요?

여러분: 더는 당신 말을 듣고 싶지 않아요. 바보 같은 당신 책을 던져버릴 거예요!

데이비드: 내 책이 당신에게 도움이 안 되었다면 안타깝지만, 버리지 말고 내게 준다면 그 책이 필요한 사람에게 줄 수 있을 거예요. 무료로 책 받는 걸 좋아할 사람은 많을 테니까요.

이 기법이 현실 생활을 대비하는 것이 아니라는 점을 명심하자. 무서운 상상의 대화를 할 때 무서운 상상 속 인물은 우리 자신의 자기비판적 생각을 투영한 존재다. 사실은 우리 자신과 싸움을 벌이는 것이다. 위의 사례에서 무서운 상상 속 인물은 단지 내가 가진 부정적인 생각을 투영한 대상이었다. 즉 자기비판적인 데이비드였다.

여러분도 이 기법을 시도하고 싶다면, 다른 사람들이 그렇게 생각할까 두려운 부정적이고 비판적인 내용을 열거해야 한다. 그런 다음 여러분만의 무서운 상상 속 대화를 작성하면 된다.

용기가 난다면 친구나 가족과 함께 대화해도 좋다. 친구에게 무서운 상상 속 인물 역할을 맡겨, 미리 작성해둔 부정적인 생각들로 여러분을 공격하며 대화를 시작하면 된다.

만약 친구가 공격한 내용에 쉽게 반박할 수 없다면, 그때마다 역할 바꾸기를 한다. 다음과 같이 지켜야 할 사항들이 있으니 명심하자.

- 상상 속 비판에 효과적으로 대응하지 못하고 자기방어를 사용하고 있다면, 대신 수용 역설 기법을 시도해보자.
- 만약 상상 속 비판에 효과적으로 대응하지 못하고 수용 역설을 사용하고 있다면, 대신 자기방어를 시도해보자.
- 두 기법 모두 효과가 없다면, 수용 역설과 자기방어를 결합해 시도해보자.

이 장에서는 독심술에 반박하는 세 가지 전략인 질문과 자기 개방, 무서운 상상 기법과 더불어 자기방어 패러다임과 수용 역설 기법을 살펴보았다.

하지만 도움이 될 수 있는 기법은 더 있다. 그리고 독심술과 관련된 부정적인 생각에는 다른 왜곡도 여럿 포함되어 있을 가능성이 크다. 커닝 페이퍼를 참조하면 그 생각을 반박하고 무너뜨리는 데 도움이 될 기법을 많이 찾을 수 있을 것이다.

이제 기분 일지에서 여러분의 부정적인 생각 중 어떤 것이 독심술과 관련 있는지 찾아보자. 찾았다면 여기에 그중 한 가지를 적는다.

____

____

____

____

____

이제 그 생각이 왜 독심술 오류의 예이고, 왜 정확하지 않을 수 있는지 설명해보라.

마지막으로, 긍정적인 생각으로 부정적인 생각을 반박한다. 이때 긍정적인 생각은 감정 변화를 위한 필요조건과 충분조건을 충족해야 한다. 이 조건이 무엇이었는지 기억하는가? 첫째, 긍정적인 생각이 100퍼센트 참이어야 한다. 둘째, 긍정적인 생각은 부정적인 생각에 대한 믿음을 큰 폭으로 떨어뜨려야 한다.

다음 장에서는 성급한 결론 짓기의 또 다른 형태인 예언자적 말하기를 다룬다. 이 왜곡을 반박하고 무너뜨릴 방법을 함께 살펴볼 생각을 하니 기대가 된다. 예언자적 말하기는 모든 불안의 원인이며, 줄곧 절망과 좌절감으로 이어지기 때문이다.

16장

예언자적 말하기

절망(파트 1)

앞 장에서 우리는 성급한 결론 짓기의 가장 흔한 두 가지 형태 중 하나인 독심술을 배웠다. 이 장과 다음 장에서는 마찬가지로 성급한 결론 짓기인 예언자적 말하기에 초점을 맞추려고 한다. 예언자적 말하기는 이 세상의 많은, 아마도 대부분의 우울과 불안에 원인을 제공한다. 이 기만적인 왜곡에 우리는 정말 쉽게 속아 넘어간다. 이 장에서는 우울감을, 다음 장에서는 불안감을 중심으로 살펴보겠다.

예언자적 말하기는 사실에 근거한 게 아닐 수도 있는 극단적이고 속상한 예측과 관련이 있다. 희망이 없고 우울하다는 기분을 느낄 때, 우리는 상황이 변하지 않고 자신이 회복되거나 호전되지도 않을 거라고 생각한다. 또는 불안감을 느끼면 곧 뭔가 나쁜 일이 일어난다고 생각한다.

긍정적 형태의 예언자적 말하기도 있다. 납득할 수 있는 증거도 없이 모든 것이 잘 되리라고 생각하는 것이다. 예를 들어, 우리는 슬롯머신에 1달러를 넣으면서 오늘 운이 좋아 잭팟을 터뜨릴지도 모른다며 흥분할 수 있다. 하지만 주머니에 있는 돈을 다 털어 넣고 나면, 빛나는 예측이 기분은 좋게 해주지만 정확성은 형편없다는 사실을 깨닫게 된다.

물론 긍정적인 인생관에는 문제가 없다. 사실 낙관주의는 노력과 창의력, 발명의 동력이기도 하다. 에디슨은 자신의 발명품이 세상을 바꾸리라고 여겼다. 이런 생각은 에디슨에게 엄청난 동기와 에너지를 주었다. 결국 그의 예측이 옳았다.

하지만 지나치게 낙관적인 예측은 막대한 금전적 손실을 가져올 뿐 아니라, 조증이나 충동적인 행동, 범죄 행위, 중독, 관계 갈등, 심지어 폭력으로까지 이어질 수 있다.

예언자적 말하기에 속기가 얼마나 쉬운지 알 수 있는 한 예가 있다. 내가 필라델피아의 병원에서 인지치료 그룹을 이끌고 있을 때, 베니라는 남성이 모임에 참석했다. 베니는 조직폭력배로 폭력적이었고, 자살 충동을 느끼고 있었다. 모임에 앞서, 간호사들은 베니가 지역 마약상이자 조직폭력배며, 자살 시도와 우울증으로 입원한 지 얼마 안 됐고, 간헐성 폭발 장애 진단도 받았다고 주의를 주었다. 점잖은 표현이지만, 베니가 사람을 두들겨 패기를 좋아한다는 말이었다. 간호사들은 그가 위험한 사람이라며, 그룹 치료를 하는 동안 베니를 정면으로 마주하지 말라고 경고했다. 지금까지는 얌전히 굴었지만, 누가 화나게 한다면 폭발해서 폭력적으로 굴지 모른다는 것이었다.

나는 베니와 부딪히지 않겠다고 약속했다!

치료를 시작하자 10명 남짓한 환자가 둥글게 둘러앉았고, 근육이 우락부락하고 문신으로 뒤덮인 한 젊은 남자가 의자 뒤에서 서성거렸다. 남자는 화가 난 듯 험악한 표정이었는데, 티셔츠 왼쪽 소매 밑으로 담뱃갑이 드러나 보였다.

그 남자가 베니라는 걸 알 수 있었다. 그에게 다른 사람들 사이에 섞여 앉지 않겠느냐고 물었다. 베니는 눈살을 찌푸린 채 "빌어먹을"이라 말하고는 자리에 앉지 않을 거라고, 앉지 않으면 어떻게 할 거냐고 물었다.

나는 그 자리에 서 있었고, 환자들은 일제히 나를 쳐다보았다. 마치 “저 젊은 의사가 어떻게 할까?”라고 말하는 것 같았다. 그룹 치료를 시작한 지 이제 겨우 1분이 지났는데, 나는 이미 베니와 힘겨루기를 하고 있었다. 어이쿠! 생각이 빙글빙글 돌았다. 뭐라고 대답해야 하지?

“있잖아요, 베니, 이 자리에는 규칙이 하나 있어요. 그 규칙은 모임을 하는 동안은 이 의자에 앉아야 한다는 거예요… 아니면 서서 돌아다니든가요. 아니면 둘 다 하는 거죠. 만약 서서 돌아다닌다면, 이 방을 나가지 않고 우리가 하는 이야기를 들어야 해요. 복도로 나가든지, 아니면 둘 다 하든지요. 이 규칙만 지켜주면 우리는 잘 해낼 거예요.”

이 말에 베니는 조용해진 듯 보였지만, 자리에 앉으려 하지 않고 계속해서 화가 난 듯 서성거리며 나를 노려보았다.

나는 환자들에게 각자의 검사지에서 우울감, 불안감, 분노 검사 점수를 불러달라고 청했다. 그 점수를 내 자료지에 기입하여 각 환자가 어떻게 지내고 있는지 확인하기 위해서였다. 하지만 내가 다가가자 베니는 자기 점수는 내가 상관할 바가 아니라고 말했다. 또다시 대치 상황이 된 것이다!

베니가 우울감을 인정하기가 창피할 수도 있겠다는 생각이 들어서, 내가 검사지를 보면서 점수를 적겠다고 제안했다. 그렇게 하면 점수를 큰 소리로 말하지 않아도 되었기 때문이다. 그러나 베니는 만약 자기 검사지를 들여다보려고 한다면 가만두지 않겠다고 말했다.

나는 겁이 나서 얼른 물러났고, 그대로 그룹 치료를 이어 나가 자존감을 주제로 이야기했다. 나는 자존감이 무조건적이어야 하며, 지위나 성과나 애정을 얻는 것을 포함한 그 어떤 방법으로도 살 수 없다고 설명했다. 자존감은 내가 스스로에게 주기로 결정한 선물이고, 자기를 사랑하는 행동이라고 말이다.

또 자존감을 앗아가는 부정적인 생각은 언제나 왜곡되어 있고 비논리적이라고 설명하며, 우울하고 자존감이 낮을 때 스스로 부족하다는 믿음에 속아 넘어간다고 강조했다.

나는 모임에 참석한 환자들에게 자존감을 잃어버렸다는 기분이 드는 순간에 대해 이야기해보자고 권했다. 사람들의 감정이 격해져서 낳은 이가 울음을 터뜨렸다. 나는 '오, 멋진 모임이야. 사람들이 잘 알아듣고 마음을 열고 있어'라고 생각했다.

그때 느닷없이 베니가 소리치기 시작했다.

"선생님, 자존감이니 가치 있는 사람이 되려면 어떻게 해야 한다느니 하는 소리는 진절머리가 납니다. 착한 아이가 되어 규칙이니 하고 알려주는 것들을 다 따르라는 말이잖아요. 선생님, 잘난 자존감으로 엿이나 바꿔 먹으라고요!"

다시 환자들이 일제히 나를 쳐다봤고 나는 그저 서 있었다. 이런 생각이 들었다.

'또 저러는군. 저렇게 관심을 끌고 모든 걸 망쳐버릴 작정이야.'

하지만 그 생각을 입 밖으로 내진 않았다.

"베니, 우리 서로 마음이 맞은 것 같군요. 사실 지금 내가 말한 요점이 정확히 그거예요. 자존감은 규칙을 따른다는, 착한 아이가 된다는, 아니면 돈을 많이 벌었다는, 또 지위가 높거나 성공했다는 이유로 얻을 수 없어요. 아무리 많은 성취를 이루고, 아무리 많은 사랑을 받아도 자존감이 생길 수는 없어요. 자존감은 무조건적이어야 해요!

당신은 이 사실을 이미 알고 있는 것 같군요. 오늘 내 조수가 되어 모임 교육을 도와도 될 정도예요!

사실 오늘 내가 가르치는 내용은 부처님의 가르침에 바탕을 두고 있어요. 부처님은 우리에게 자존감 같은 건 없다고 가르치셨지요. 그건 그냥 마케팅 용어예요. 그리고 '자아' 같은 것도 없어요. '자아'가 있다고 믿는 건 또 하나의 함정일 뿐이에요.

이 모든 걸 알고 있다니 놀랍네요. 당신은 어릴 때부터 불교 신자였나요?"

"난 빌어먹을 불교 신자가 아니에요. 사실을 말하자면 난 빌어먹을 마피아라고!"

나는 마피아와 불교가 비슷한 개념을 가지고 있다니 정말 흥미롭다고 말했다. 그 순간 베니가 흥분하여 둥글게 원을 그린 의자 사이로 뛰어들었다. 그러고는 내가 한가운데 가져다 놓고 역할극에 사용하던 의자에 앉아 반항하는 말투로 말했다.

"글쎄, 당신이 그렇게 똑똑하면 내 부정적인 생각이 틀렸다는 걸 증명할 수 있는지 한번 봅시다!"

나는 베니에게 기꺼이 그러겠다고 말하며, 그 생각이 무엇인지 물었다.

"선생님, 나는 가망 없는 환자예요. 당신이 할 수 있는 일은 아무것도 없어요!"

이는 전형적인 예언자적 말하기에 엄청난 양의 반항이 뒤섞인 사례다. 베니는 스스로에게 자신이 회복이 불가능하다는 메시지를 던지고 있었고, 그 생각이 절대적으로 확실한 사실이라고 믿었다. 사실 그는 그런 이유로 자살 충동을 느껴 우리 병원에 입원했다.

나는 맨 앞으로 가서 큰 차트에 베니의 부정적인 생각을 적고, 어떤 기법이 효과적일지 생각했다. 베니는 분명 적대적인 데다 내가 실패하기를 노리고 있었기 때문에, 그의 믿음이 틀렸다는 사실을 입증하려는 시도는 효과가 없을 터였다. 베니는 내 말에 맞장구를 치고는 **그럼에도** 자신은 정말 가망이 없다고 주장하며 나를 이길 것이다. 나는 역설적 비용 편익 분석을 시도하기로 결심했다. 이 기법이 치료 저항 또는 고착을 겨냥하기 때문이다.

역설적 비용 편익 분석

베니와 **역설적 비용 편익 분석**을 시도하기 위해, 우선 '나는 가망 없는 환자다'라는 생각을 적은 차트 중앙에 수직선을 그었다. 그런 다음 왼쪽 칸에는 "장점", 오른쪽 칸에는 "단점"이라고 적어 넣었다.

비용 편익 분석

"나는 가망 없는 환자다."

장점	단점

베니에게 그의 부정적인 생각이 왜곡되어 있고 사실이 아니라는 점을 쉽게 보여줄 수 있지만, 그가 부정적인 생각을 **믿고 싶어** 한다면 아

무런 효과가 없다고 말했다. 또 스스로 가망이 없는 환자라고 생각할 때의 장점이나 유익도 실제로 아주 많다고 언급하며, 그의 생각을 반박하기 전에 좋은 점을 먼저 나열해보면 어떨지 물었다.

베니가 어리둥절한 듯 말했다.

"선생님, 도대체 무슨 말을 하는지 모르겠네요. 나는 필라델피아에 있는 모든 약물 남용 프로그램에서 탈락했어요. 그중 몇 군데는 두세 번 낙오했죠. 아무도 나를 도와주지 못했어요. 그리고 잘 들어요. 나는 2년 뒤에 죽을 거예요, 선생님. 정말이에요! 그러니까 단점 칸에 그렇게 적으면 돼요."

그래서 나는 아래와 같이 단점 칸에 "2년 뒤에 사망"이라고 적었다.

비용 편익 분석

"나는 가망 없는 환자다."

장점	단점
	2년 뒤에 사망

그런 다음 모임의 다른 환자들을 돌아보며 말했다.

"가망이 없다는 베니의 생각에는 장점이 많이 있어요. 무엇이 있을까요, 여러분?"

사람들은 온갖 좋은 점을 생각해내기 시작했다.

- 자신이 가망 없다고 생각한다면, 우리처럼 부정적인 생각을 적고 10가지 왜곡을 배우기 위해 열심히 노력할 필요가 없다.
- 약을 먹고 종일 취해 있을 수 있다.

"베니, 엄청나네요. 당신이 마약상이고, 필라델피아에서 제일 좋은 코카인과 헤로인을 취급한다고 들었어요. 코카인이나 헤로인을 복용해본 적은 없지만 취하면 끝내준다고 하던데요! 그러니 당신이 가망 없다고 생각한다면 종일 취해 있어도 되겠군요."

내가 말했다. 다른 환자들도 더 많은 장점을 생각해냈다.

- 가망이 없다고 생각하면 실패할 일도 없다. 그러면 실망감으로부터 자신을 보호할 수 있다.
- 그는 매우 중요하고 많은 관심을 받는다.

"맞아요, 베니. 당신은 정말 중요해요. 이 모임을 하기 전에도 간호사들이 내게 와서 당신에 대해 말해줬지요. '베니에게 맞서지 말아요. 베니를 조심해요. 그는 이 동네 유력 인사고 아주 위험한 사람이에요.' 당신은 이 방에서 가장 중요한 사람이에요. 그리고 많은 관심도 받고 있지요. 실제로 이 원 한가운데 앉아 있잖아요."

베니는 이 말이 마음에 든 것 같았다.

모임은 베니가 가지고 있는 절망의 장점을 계속해서 나열했다. 그 중에는 그가 마음에 들지 않는 사람을 협박할 수 있다는 사실, 그가 아주 강하고 마약 거래로 많은 돈을 벌었지만 소득세를 내지 않아도 된다는 사실 등도 있었다.

그러자 베니도 합세하여 다른 장점을 제시했다. 많은 잠자리를 했다는 것이었다. 나는 베니가 말한 내용이 잘생긴 나쁜 아이로 사는 엄청난 좋은 점 중 하나라고 지적했다. 그리고 이렇게 말했다.

"베니, 당신은 실제로 문화적 아이콘이에요. 당신을 보면 검은 가죽 재킷을 입고 오토바이를 타는 제임스 딘이 생각나거든요. 규칙을 따를 필요 없이, 당신이 규칙을 만드는 거예요! 바람처럼 자유롭고, 원하는 게 무엇이든 하고 싶을 때 하는 거죠. 사실 나도 언제나 당신 같은 사람이 되고 싶었어요!"

아래 표를 보면 비용 편익 분석이 어떻게 이루어지는지 알 수 있다.

비용 편익 분석

"나는 가망 없는 환자다."

장점	단점
노력할 필요가 없어서 편하다. 종일 취해 있을 수 있다. 실패할 일이 없다. 실망도 없다. 중요하다. 동네 유력 인사다. 사람들이 나를 보며 감탄한다. 폭력을 즐기고, 사람들을 때려눕힐 수 있다. 강하다. 나를 도우려는 멍청한 정신과 의사 모두를 이길 수 있다. 잠자리를 많이 갖는다. 돈을 쉽게 많이 벌고, 세금을 안 낸다. 문화적 영웅. 규칙을 따를 필요가 없다. 내가 하고 싶은 일을 한다!	2년 뒤에 사망

보면 알겠지만, 나는 역설적 비용 편익 분석에서 베니의 부정적인 생각 중 단점은 무시했다. 단점을 나열했다면 단지 싸움만 불러왔을 것

이다. 대신 이렇게 말했다.

"베니, 당신이 가망 없다는 말에는 인생의 최고 장점이 많군요. 돈을 쉽게 벌고, 세금을 내지 않고, 섹스와 마약을 무제한으로 할 수 있고, 일하거나 규칙을 지켜야 할 필요도 없고, 명성, 권력, 희열, 자유, 찬사 등이 보장되고요. 몇 가지만 들어도 그 정도예요.

그래서 혼란스러워요. 10분 진에 당신이 가망 없는 환자라는 믿음이 틀렸다는 사실을 입증하는 걸 도와달라고 했잖아요. 그런데 당신이 가망 없다고 믿어서 얻는 이 유익을 보세요!

도대체 왜 저걸 다 포기하려는 거지요? 말이 안 돼요! 당신한테 꽤 좋은 일들인 듯한데요!"

그 순간, 나는 번즈 박사가 아니었다. 나는 베니였다. 나는 그의 저항과 반항의 목소리가 되었고, 더는 그를 '도와주거나 구해주려' 하지 않았다. 사실, 그 순간에는 정말로 베니가 변해야 할 아무런 이유도 알 수 없었다! 나는 더는 정신과 의사가 아니라 베니 **그 자체**였다.

갑자기, 베니가 처음으로 마음을 누그러뜨리며 말했다.

"선생님, 저를 책처럼 읽으셨군요."

역설적이게도, 환자가 변하지 **않아야** 할 이유를 갑자기 알게 되는 순간, 저항은 거의 항상 사라진다. 하지만 여기에는 치료사 자아의 죽음이 있어야 한다. 치료사는 그 순간 '죽어야 하고', 전통적으로 맡아왔던 '전문가'나 '도와주는 사람'의 역할을 포기해야 한다.

베니는 잠깐 말이 없더니, 아무한테도 말한 적 없는 어린 시절의 일들을 이야기해도 되겠느냐고 물었다. 나는 그에게 할 말이 있다면 무엇이든 듣고 싶다고 대답했다.

베니는 어린 시절에 할아버지를 무척 사랑했다고 말했다. 할아버지는 베니가 이야기하고 같이 시간을 보내는 유일한 사람이었다. 그는 할아버지와 자신이 많이 닮았다며, 할아버지도 깊은 우울증이 있었고 자신과 같은 계통의 일, 즉 마약 거래에 연루되어 있었다고 설명했다.

어느 날, 할아버지는 아주 어두운 목소리로 "식구들"과 문제가 있는데 "빠져나갈 길이 없다"라며 넋두리했다. 베니는 할아버지 무릎에 총신이 짧은 엽총이 놓여 있었기 때문에 무서웠다고 했다.

이어서 베니는 할아버지가 총구를 입에 넣고 방아쇠를 당겨 머리를 날려버렸다고 말했다. 그는 걷잡을 수 없이 흐느껴 울기 시작했다. 그 자리에 있던 다른 환자도 대부분 눈물을 흘렸다. 몇 분 후, 베니는 마음을 가다듬고 물었다.

"박사님, 초반에 기분 검사 점수를 못 보게 했던 거 기억하세요? 제가 읽고 쓸 줄을 모르는데, 다른 환자들에게 그런 모습을 보여주기 싫어서 그랬던 거예요. 너무 부끄러우니까요."

그러고 나서 베니는 다시 흐느끼기 시작했다.

왜 베니는 갑자기 취약한 모습을 드러냈을까? 그의 저항에 명예를 부여하고 아주 고통스러워 보이는 생각에도 가치가 있다고 인정했기 때문이다. 말하자면 깊은 형태의 연민을 보여준 셈이라 할 수 있다. 그의 어린 시절을 이해하고, 그를 '고치거나 구출하려' 하지 않았다는 점에서 그렇다.

역설적 비용 편익 분석은 누군가를 조종하기 위한 속임수가 아니다. 이 기법을 사용할 때는 정중해야 한다. 나는 베니를 정말로 좋아했고, 베니도 그 사실을 느끼는 듯했다. 까다롭고 폭력적으로 보이는 사람을 치료할 때라도 존중과 연민, 수용의 마음은 놀라운 힘을 발휘할 수 있다.

물론 역설적 비용 편익 분석을 사용한다고 해서 베니 같은 사람이 갑자기 '치료'되는 건 아니다. 베니는 우울증뿐 아니라 마약 거래와 중독에 연루되는 등 심각한 문제를 가진 상태였다. 하지만 적어도 그로부터 매우 현실적인 방식으로 무언가를 이어갈 수는 있다. 그리고 덜 심각한 문제를 지닌 사람들에게 역설적 비용 편익 분석은 지속적인 변화의 첫걸음이 되기도 한다.

직접 비용 편익 분석

만약 절망적이라고 느끼지만 베니만큼 반항적이지는 않은 상황이라면, **직접 비용 편익 분석**이 더 효과적일 수 있다. 먼저 기분 일지에서 예언자적 말하기와 관련된 부정적인 생각이 있는지 찾는다. 상황이 절대 나아지지 않을 거라는 절망적인 생각을 찾으면 된다.

그런 다음, 358쪽에 있는 비용 편익 분석 표의 왼쪽 칸에 절망적인 생각의 장점을 열거한다. 다음의 장점을 참고해도 좋다.

1. 절망은 내가 실망하지 않도록 지켜준다.

2. 내 절망은 약물 치료와 심리 치료가 도움이 되지 않았다는 사실 때문에 생겼다. 지금도 우울하다.

3. 내 절망은 내가 현실적이며, 거짓 희망을 품거나 상황을 부정하지 않는다는 점을 보여준다.

4. 희망이 없다면 포기해도 되고, 실패가 뻔한 일을 계속 시도할 필요가 없다.

5. 절망은 나의 고통이 얼마나 심각한지 주변에 알리는 역할을 하기 때문에, 사람들에게서 더 많은 지지를 받을 수 있다.

6. 내 말에 진심으로 귀 기울이지 않고 나를 돕거나 '구출'하려는 사람들을 물리치고 좌절시킬 수 있다.

7. 자신을 안쓰럽게 여길 수 있다. 이 일은 때로는 위안이 된다.

8. 내 문제는 사실이고 버겁기 때문에, 내가 느끼는 절망은 현실적이다.

9. 내 절망은 내가 비판적으로 사고하는 사람이라는 점을 보여준다. 나는 우울증을 빠르게 '치료'할 수 있다는 주장들이 의심스럽다.

여러분이 떠올릴 수 있는 다른 장점도 있을 것이다. 다음으로 절망적인 생각의 단점을 오른쪽 칸에 적는다. 아래 목록을 참고해도 좋다.

1. 내가 절망적이라고 생각한다면, 나는 포기할 것이고 상황은 바뀌지 않을 것이다.

2. 내가 희망이 없다고 생각한다면, 정말 끔찍한 기분이 들 것이다.

3. 상황이 절망적이라고 주장하면, 나를 도우려는 사람들은 답답함과 짜증을 느낄 것이다.

4. 때로는 나아졌던 걸 보면 내게 가망이 없지 않다는 뜻일 수 있다. 내 생각이 사실이 아닐지도 모른다.

5. 내가 어떤 감정을 아주 강하게 느낀다고 해서 그 감정이 사실인 것은 아니다.

6. 나는 자살할지도 모른다. 내가 삶을 끝내려고 한다면, 나를 사랑하는 사람들에게 굉장한 충격을 줄 것이다.

비용 편익 분석

"나는 가망이 없고, 절대 회복되거나 호전되지 않을 것이다."

장점	단점

7. 내가 목숨을 끊는다면, 기쁨과 친밀감을 느낄 기회는 영원히 사라진다. 이 방식으로는 내가 정말 **절망적이었는지** 증명이 안 된다. 단지 내가 절망을 **느꼈고** 느낀 대로 행동했다는 것을 증명할 뿐이다.

장점 **그리고** 단점을 생각나는 대로 모두 나열했다면, 각각의 항목을 100점 척도로 평가한 뒤 서로 대조해보자. 장점과 단점 중 어느 쪽이 더 큰지 생각해보고, 평가를 반영하여 하단의 원 안에 합이 100이 되도록 두 숫자를 넣는다.

예를 들어 장점이 훨씬 더 바람직하다고 생각하면, 두 원 안에 각각 70과 30을 넣을 수 있다. 반대로 단점이 더 크게 느껴지면 45와 55 또는 25와 75 등 원하는 점수를 넣으면 된다.

장점이 더 크거나 50대 50으로 동점이면 어떻게 해야 할까? 그런 경우에는 부정적인 생각에 대한 믿음에 반박할 동기가 생기지 않을 것이다. 하지만 그건 여러분이 **절망적**이라는 의미가 아니라, 다만 절망적으로 **느끼고** 있고, 심지어 절망적으로 느끼고 **싶어 한다**는 뜻일지 모른다. 베니가 그러했듯, 여러분이 그런 기분을 느끼는 데는 그럴 만한 합당한 이유가 있을 것이다.

이런 경우라면 정신 건강 전문가와 함께 치료해야 한다. 때로는 상황이 너무 압도적으로 보여, 도움 없이 혼자서 함정을 빠져나갈 길을 찾기가 극도로 어렵게 느껴질 수 있다. 기술과 연민을 지닌 다른 사람이 여러분에게 필요한 지원을 해줄 수 있다.

반면 절망을 느낄 때의 단점이 더 크다면, 여러분은 상황이 바뀌지 않는다는 믿음에 반박하는 다음 단계로 나아가고 싶을 것이다. 유용한 기법이 많다. 뒤에서 여러분이 느꼈던 절망에 사실 근거가 없을지도 모른다는 것을 깨닫는 데 도움이 될 기법들을 설명하겠다.

하지만 만약 여러분이 절망을 느끼고 **싶어 한다**면, 이 기법이 도움이 되지 않을 것이고 심지어 짜증이 날 수도 있다는 점을 미리 경고하고 싶다. 따라서 이 기법이 효과가 있으려면 절망의 단점이 장점보다 커야 한다는 사실을 명심하자.

증거 조사/용어 정의

33장 "왜곡된 생각을 바로잡는 50가지 방법"을 보면, **증거 조사**가 사실 기반 기법이라는 점과 더불어 예언자적 말하기, 특히 절망적으로 우울하고 결코 나아지지 않을 거라는 믿음에 반박할 때 사용하는 기법이라는 점을 알 수 있다. 논리 기반 기법인 **용어 정의**와 결합하여 사용할 수도 있다.

여러분이 절망적으로 우울하다고 **느낀다고** 생각해보자. 용어 정의 기법을 이용하면 이렇게 자문해볼 수 있다. '절망적으로 우울한 사람의 정의는 무엇인가?'

절망적으로 우울한 사람이란 기분이 나아질 수 없는 사람이라는 답이 나올 것이다.

이제 우리가 의미하는 내용을 정의했으니 증거를 조사해보자. 이 정의가 여러분을 포함해 그 누구에게도 적용되지 않는다는 사실을 알 수 있다.

여러분은 태어난 순간부터 끊임없이 기분이 변하고 있다는 사실을 인정해야 한다. 엄마 배에서 나온 순간 여러분은 아마도 겁을 먹고 혼란스러워 울음을 터뜨렸을 것이다.

화가 났을지도 모른다. 몇 달 동안 조용하고 평화롭고 따뜻한 곳에 있다가 좁디좁은 길로 억지로 밀려 나와 갑자기 소음과 밝은 빛에 노출되는 게 재미있는 경험은 아니니 말이다. 하지만 잠시 후 어머니의 품에 안기는 순간 갑자기 행복과 만족감을 느꼈을 것이다.

그 뒤로도 여러분의 기분은 계속해서 변하고 있다. 아마도 기분이 나빠진 적이 수천 번도 더 있을 것이다. 그리고 만약 증거 조사를 한다면, 그랬던 순간이 지나갈 때마다 나중에는 기분이 나아졌다는 사실을 인정해야 할 것이다.

그래서 절망적으로 우울한 사람을 기분이 나아질 수 없는 사람으로 정의한다면, 여러분은 **항상** 기분이 나아졌으므로 절망적이지 **않다**는 증거가 차고 넘친다.

흠, 수긍하지 못할 수도 있으니 다른 정의를 시도해보자.

여러분 중에는 절망적으로 우울한 사람을 다르게 정의한 사람도 있을 것이다. 특정 지점 이상으로 기분이 나아지지 않는 사람이라고 말이다. 예컨대 우울증 점수가 100점 만점일 때 늘 60점 이상인 사람이라면 절망적이라고 생각할 수 있다.

이 정의에 어떤 문제가 있는가? 여러분의 생각을 적어보라.

이 정의는 문제가 있다. 왜냐하면 우울증 점수가 59인 사람은 절망적이지 않은데, 점수가 60인 사람은 절망적인 사람이 되기 때문이다. 두 점수는 실질적으로 동일한 수준으로 봐야 하기 때문에 말이 안 된다.

게다가 60에 보이지 않는 벽 같은 건 없다. 우울증 수치를 60까지 낮출 수 있다면, 최소한 잠깐이라도 그 수치를 59나 더 밑으로까지 떨어뜨릴 수 있다. 우울증에서 논리적으로 누군가를 절망적으로 만드는 커트라인 같은 것은 없다.

다른 정의를 생각해보자.

절망적으로 우울한 사람이란 조금은 나아질 수 있지만 완전히 나아지긴 힘든 사람이라고 정의할 수도 있다.

이제 우리는 '완전히'라는 용어의 의미를 정의해야 한다. '완전히'는 우울증 점수가 0까지 떨어진 상태를 의미할 수 있다. 그렇다면 절망적으로 우울한 사람은 우울증 점수가 0까지 떨어지기 힘든 사람이다.

이 정의에 어떤 문제가 있는가? 여러분의 생각을 적어보자.

이 정의도 문제가 있다. 이 정의대로라면 우울증 점수가 5까지 떨어진 사람은 절망적이지만, 0까지 떨어진 사람은 절망적이지 않다고 주장해야 한다. 하지만 두 사람 모두 우울증이 엄청나게 호전된 것이고 기분 점수도 거의 동일하기 때문에, 한쪽은 절망적이고 한쪽은 그렇지 않다고 말하는 건 어불성설이다.

게다가 누군가의 우울증 점수가 5까지 떨어질 수 있다는 것은 예후가 놀랍도록 고무적이라는 신호다. 그 사람은 믿기 힘들 만큼 희망적인 사례로 보는 게 훨씬 더 사리에 맞다.

만약 여러분이 정말로 절망적인 기분을 느끼지만 아직 문제를 입증하지 못했다면, 마지막으로 한 번 더 정의를 내려보고 싶을 것이다. 이번에는 잠깐은 우울감에서 벗어날 수 있지만 무한정 벗어나지는 못하는 사람을 절망적으로 우울한 사람이라고 해보자. 다시 말해서, 절망적으로 우울한 사람은 결국 다시 우울감이 재발하는 사람이다.

이 정의에 어떤 문제가 있는가? 여러분의 생각을 적어보자.

이 정의에 따르면 거의 모든 인간이 절망적이다. 어떤 사람도 영원토록 행복하기만 할 수는 없기 때문이다. 사람은 누구나 가끔 속상해한다. 그건 절망할 일이 아니다. 그래서 인간인 것이다. 이 블랙홀을 빠져나오는 방법은 29장에서 재발 방지 훈련을 다룰 때 설명하겠다. 재발 상태를 빠르게 벗어나는 법을 배우면, 우울증이 재발한다 해도 더는 걱정할 필요가 없다.

또한, 짧은 시간에 우울감에서 벗어나는 법을 배울 수 있다는 건 여러분의 기분을 크게 호전시켜줄 무언가가 존재한다는 뜻이다. 시간이 지나면 점점 더 긴 시간 동안 우울감 없는 기분을 즐길 수 있도록 치료 도구들을 활용하는 법을 배울 수 있다.

이런 기법들은 마치 두 명의 변호사가 법정에서 사건을 다투듯 서로 대립적으로 보일 수 있다. 그렇다면 사과한다. 대부분의 사람들은 논쟁을 내키지 않아 하고, 누군가에게는 또 다른 방법들이 더 효과적일 수도 있다. 하지만 누군가는 이런 기법을 사용해 자신이 절망적이지 않다는 사실을 깨달을 수 있다.

긍정적 재구성

예언자적 말하기에 맞서 싸우려고 해도 증거와 논리만으로는 효과가 없을 때가 있다. 키샤라는 여성이 그런 경우였다. 키샤는 자신에게 희망이 없다고 절대적으로 확신했고, 반박할 수 없는 구체적인 증거도 있다고 생각했다. 이 사례는 나의 (다소 빈번한) 치료 오류 중 하나를 드러내기 때문에 더 흥미가 갈 것이다.

키샤는 펜실베이니아대학교 의과 대학에 다니는 학생으로 심각한 우울증을 앓고 있었다. 키샤는 내게 연락해《필링 굿》에서 소개한 치료 기법을 사용하는 치료사를 소개해줄 수 있는지 물었다. 20년 동안 우울증 때문에 약물 치료와 심리 치료를 받았지만 아무런 도움이 되지 않았다고도 했다.

훌륭한 임상의를 여러 명 추천해줄 수도 있었지만, 키샤에게 내가 정신과 자원봉사 활동으로 의대생들에게 무료 치료를 해주고 있다는 사실을 아느냐고 물었다. 그리고 내가 키샤에게 제일 적합한 의사일지는 모르겠으나, 최소한 돈은 절약할 거라고 말했다.

키샤는 내게 치료받고 싶다고 대답했다.

나는 내가 사람들을 치료하는 방식 중 두 가지 특이한 점이 있는데, 그런 요건이 괜찮은지 먼저 확인한 다음 치료에 들어가고 싶다고 말했다.

먼저, 치료비를 받지 않기 때문에 치료가 얼마나 길어지든 신경을 쓰지 않으며, 일반적으로 환자의 증상이 급격히 좋아지거나 완전히 사라질 때까지 치료를 진행한다고 설명했다. 그러려면 보통 2시간 연속 또는 그보다 조금 더 길게 잡은 한 번의 치료를 요한다고 덧붙였다.

둘째, 치료가 없을 때는 숙제를 해야 하며 여기에는 협상의 여지가 없다고 말했다.

키샤는 두 가지 조건 다 좋다고 하면서도, 자신이 정말 **절망적인** 환자이기 때문에 단 한 번의 치료로 자신을 치료할 수 있다고 생각한다니 내가 미친 것 같다고 대답했다.

나는 거의 모든 우울증 환자가 절망을 느끼지만, 이런 감정은 인지 왜곡 때문에 생긴다고 설명했다. 키샤는 자기는 그렇지 않으며 정말로 절망적이라고 주장했다.

키샤에게 왜 그렇게 확신하는지 물었다. 키샤는 어렸을 때 남자 형제들에게 끔찍한 학대를 당해 아직도 그 기억 때문에 고통스럽다고 설명했다. 학대받은 게 확실하기 때문에 아무런 인지 왜곡도 없다는 것이었다.

게다가 키샤가 인생에서 원했던 단 한 가지가 있는데, 그 소원을 이루는 건 꿈도 꿀 수 없었다. 그 소원은 아기를 갖는 것이었다. 그러나 그녀는 이미 나이가 마흔이고 남자친구도 없었다. 무엇보다 임신이 불가능할 만큼의 부인과적 문제가 있었다.

키샤는 의대에서 수석을 놓치지 않았고, 사람들은 그녀가 모든 것을 다 가졌다고 생각했다. 세계 최고의 과학 저널에 연구 논문도 실었다. 하지만 키샤가 원한 **단 한 가지**, 즉 아기를 가질 수 없었기 때문에 다른 모든 성취는 아무 의미가 없었다.

키샤는 치료를 위해 토요일 아침에 우리 집을 찾아왔다. 나는 약식 기분 검사를 진행했다. 당연하게도 심각한 우울증, 불안감, 분노 수치가 나왔다.

나는 멋진 작업을 하기로 결심했다. 우리가 함께한 치료는 내가 생각하기에는 엄청났다. 키샤에게 왜곡에 빠진 부정적 생각을 무너뜨리는 법을 보여주었고, 우리가 따뜻하고 신뢰할 수 있는 관계를 맺었다고 생각했다. 치료는 예상대로 2시간 정도 걸렸고, 나는 키샤가 우울증에서 벗어났다고 확신했다.

여러분도 알다시피, 나는 치료가 끝난 뒤에 환자들에게 약식 기분 검사를 다시 해달라고 부탁하고, 내가 얼마나 공감을 잘하고 도움이 되었는지도 평가해달라고 청한다. 키샤는 내가 보는 앞에서 치료의 마지막 검사를 완성하고 즐거워했다.

키샤의 점수를 보고 충격을 받았다. 키샤의 기분은 나아지기는커녕 더 나빠져 있었다. 우울증과 분노, 불안 점수는 심각한 단계에서 극단적인 범위로까지 증가했다. 또 내게는 공감과 도움 점수에서 낙제점을 주었다. 어이쿠!

큰 실패를 하고서도 깨닫지 못했다니 부끄럽고 수치스러웠다. 나는 키샤에게 낙담스럽긴 하지만, 아마도 내가 저지른 실수를 정확히 찾아내면 다음번에는 좀 더 효과적으로 치료할 수 있을 거라고 말했다.

그리고 내가 두 가지 실수를 범했다고 말했다. 첫째, 키샤의 어린 시절이 얼마나 끔찍했는지 귀담아듣고 그녀가 감정을 터뜨리도록 격려하는 대신, '도움'을 주려고 너무 성급하게 굴었다. 둘째, 키샤의 절망에 귀를 기울이고 그 안에서 지혜를 찾아내려 하기보다, 당신은 절망적이지 않다고 설득하기 바빴다.

키샤는 고개를 끄덕였다. 두 가지 실수가 모두 사실이었다.

다시 치료받으러 올 생각이 있다면, 그때는 이 실수를 고치려고 노력하겠다고 말했다. 키샤는 좋다고 했다. 환자 대부분은 내가 더 나은 치료를 위해 실수를 인정할 때 매우 관대하고 자비롭게 응답한다.

다음 치료 시간에 키샤가 어린 시절의 끔찍한 경험을 설명하며 울음을 터뜨리는 동안, 나는 '도움'을 주려 하지 않고 더 많은 공감을 표했다. 잠시 후에는 키샤에게 눈을 감고 어린 시절로 돌아가 눈에 보이는 것들을 말해달라고 부탁했다.

키샤는 자신이 오빠들에게 두들겨 맞은 뒤 침대에 태아처럼 웅크리고 누워 울고 있다고 했다. 외롭고 사랑받지 못하며 무가치한 기분이라며, 자신이 마치 돌봐주는 사람이 아무도 없는, 부모조차도 없는 아이 같다고 말했다.

나는 키샤에게 그 어린 소녀에게 사랑과 지지가 필요하다고 말한 후, 혹시 그 방에 들어가서 어렸을 때 들었어야 할 말을 직접 건넬 수 있겠는지 물었다. 그 어린 소녀에게 너는 사랑받고 있고 가치 있는 존재며 학대받는 것은 네 잘못이 아니라고 말하라고 권했다.

극적이며 감동적인 순간이었다. 키샤는 훨씬 더 많은 눈물을 흘리고 나서 다소 편안해진 듯 보였다.

그런 다음 키샤에게 이번 치료는 지난번 치료와 반대로 진행해보자고 제안했다. 키샤의 절망을 두고 논쟁하는 대신 절망을 느낄 때의 장점이 무엇인지, 절망을 통해 알 수 있는 그녀의 긍정적이고 멋진 모습은 무엇인지 목록을 만들어보자는 제안이었다.

키샤는 절망을 두고 긍정적인 생각은 할 수 없다고 대답했다.

여러분은 할 수 있겠는가? 계속 읽기 전에 몇 가지 긍정적인 면을 적어보자. 이미 이 책에서 읽은 내용이 있으므로 이 과정이 불필요하다고 느낄 수 있다. 하지만 연습 문제 풀기는 여러분이 배운 중요한 개념과 기술을 검토해보는 유용한 과정이다. 그러니 더 읽기 전에 여러분이 생각하는 긍정적인 면 몇 가지를 즐겁게 적어주기 바란다.

1. ______________________________
2. ______________________________
3. ______________________________
4. ______________________________
5. ______________________________

키샤에게 절망에는 사실 정말 좋은 점이 꽤 많다고 말했다. 예를 들어, 키샤는 결국 내가 아무런 도움이 되지 못하더라도 절망 덕에 실망하지 않을지 모른다. 또 20년 동안 전문가들에게 치료받아도 아무 도움이 되지 않았기 때문에 절망을 느끼는 게 현실적이기도 하다.

이에 수긍한 키샤의 얼굴이 곧바로 환해지는 듯했고, 이 두 가지 내용을 긍정적인 면의 목록 맨 위에 적었다.

그러고는 목록에 추가할 긍정적인 면을 훨씬 더 많이 생각해내기 시작했다. 예컨대 절망은 키샤가 다른 사람들의 주장을 의심하고 반박하는 능력을 보여주는 지적 회의주의의 한 형태였다. 또 극심한 우울증은 아기를 갖고 엄마가 되고 싶은 꿈에 대한 그녀의 열정과 헌신을 보여주었다.

나는 그 고통 덕에 키샤가 후일 공부를 마치고 어떤 분야든 의료계에서 일할 때, 특히 정신과에 진출했을 때, 환자들에게 더 많은 연민을 느낄 수 있을 거라고 말했다. 키샤는 이 부분도 목록에 추가했다.

우리는 키샤의 절망과 극도의 우울증에 관한 긍정적인 면을 10가지 이상 생각해냈다. 그 목록은 꽤 인상적이었다.

나는 키샤에게 이 모든 장점을 보니 지난주에 절망에서 벗어나라고 설득했던 내 모습이 얼마나 우스꽝스럽게 보였을지 알겠다고 말했다. 그리고 이건 우리가 하지 말아야 할 일인지도 모르겠다고 말했다.

키샤에게 그렇게 말하는 나는 '도움을 주는 자아'를 죽이고 키샤의 무의식적 저항이 되었다. 키샤와 베니는 전혀 다른 사람이었지만, 이 순간은 비슷했다. 내가 변하지 **말아야** 할 온갖 이유를 먼저 살피자 키샤가 고착을 내려놓았다.

이에 응답하여 키샤는 더는 절망을 느끼지 않도록 노력하고 싶다고 말했다. 우울증에서 회복되고 싶어 했고, 그러려면 절망을 버려야 했다. 키샤는 내가 언급했던 도구들을 시도할 준비가 되었고, 치료를 시작하고 싶다고 말했다.

키샤에게 기분 일지에 부정적인 생각을 적어달라고 했다. 키샤는 부정적인 생각에 담긴 왜곡을 빠르게 찾아냈고, 나는 아주 공격적인 기법인 목소리 외재화를 제안했다.

목소리 외재화

목소리 외재화는 내가 개발한 도구 중 가장 강력한 기법에 속한다. 여러분(이 경우에는 나)과 상대방(이 경우에는 키샤)이 교대로 그 사람의 부정적인 생각과 긍정적인 생각의 역할을 맡는다. 이 역할극에서 나는 키샤의 부정적인 생각 역할을 맡아 2인칭('너')으로 말했다. 키샤는 긍정적인 생각 역할을 맡아 1인칭('나')으로 말했다.

역할극에서 내 일은 부정적인 생각이 되어 키샤를 공격하는 것이고, 키샤의 역할은 긍정적이고 자신을 사랑하는 자아가 되어 자기방어나 수용 역설 기법을 사용해 나를 이기는 것이었다.

키샤에게 완전히 잘 해낼 수 있을 때까지 역할 바꾸기를 진행할 거라고 말했다. 이 강력한 기법을 사용할 때면 부분적인 승리로는 부족하다.

키샤가 기꺼이 역할극에 임했기에, 나는 키샤가 기분 일지에 적어 둔 부정적인 생각을 말하기 시작했다. 키샤는 공격에 훌륭히 대처하며 내 논리를 박살 냈다. 키샤는 사실 나보다 더 똑똑했고, 자신을 방어하기로 결정한 순간 투사로 변신했다! 그런 모습을 보노라니 기뻤다.

역할극은 다음과 같이 진행됐다.

데이비드(부정적인 키샤 역할): 똑바로 봐. 너는 절망적인 환자야. 아무도 너를 돕지 못했잖아!

키샤(긍정적인 키샤 역할): 글쎄, 지금까지 받았던 치료들이 효과적이지는 않았지만, 그렇다고 해서 이 치료나 앞으로 받을 치료들이 효과적이지 않다는 뜻은 아니야. 이 치료법은 처음이고 끊임없이 약을 먹거나 과거를 불평하는 것과는 아주 달라.

대화에서 누가 이겼는지 묻자, 키샤는 긍정적인 키샤가 크게 이겼다고 대답했다.

그래서 나는 다시 공격했다.

데이비드: 글쎄, 그럴지도 모르지만 네가 행복해질 방법은 아기를 갖는 것뿐이야. 그런데 너는 남자친구도 없고 생리학적으로도 아기를 갖기가 불가능해. 그러니까 넌 항상 비참할 거야. 상황이 정말 절망적이라는 건 명백한 사실이야. 왜곡이 아니라고.

키샤: 그래, 나는 정말 결혼해서 아기를 갖고 싶어. 하지만 가끔, 특히 연구에 몰두해 있을 때도 행복했어. 그리고 친구들과 함께 어울릴 때도 더없이 행복했어. 그러니 아기가 **있어야만** 행복할 수 있다는 말은 사실이 아니야.

키샤는 이번에도 자신이 이겼다고 말했다. 나는 나머지 부정적인 생각들로 계속 공격했지만, 키샤는 그 말을 전부 시원하게 눌러버렸다. 이 모든 게 단지 몇 분밖에 걸리지 않았다.

어떻게 그렇게 빨리 진행이 되었을까? 키샤의 저항이 사라졌기 때문이다. 회복을 가로막는 벽이 사라지자 자신을 사랑하는 강력한 내면의 목소리가 나타났다. 확신하건대 여러분에게도 자신을 사랑하는 강력한 내면의 목소리가 있다. 이 책을 읽는 동안 그 목소리가 나타나길 바란다.

전체 치료는 2시간이 채 걸리지 않았다. 마지막에 키샤는 우울감과 불안감, 분노 점수가 0까지 떨어졌고, 내게는 공감과 도움에서 만점을 주었다. 키샤는 기쁨과 안도감이 넘쳐흐른다고 말했다.

키샤는 그다음 주에 재발 방지 훈련을 위해 마지막 치료를 받으러 왔고, 그 뒤로 환자로서 나를 만나는 일은 한 번도 없었다. 물론 나는 종종 키샤가 잘 지내는지 궁금했다.

1년 반 뒤, 키샤에게서 이메일이 한 통 도착했다.

> 제가 어떻게 지내는지 궁금해하실 것 같아 연락을 드립니다. 저는 지금도 즐거운 나날을 보내고 있어요. 불가능한 일처럼 들릴지 모르지만 박사님과 치료를 마쳤던 그날보다 오늘이 더 행복합니다. 제가 첨부한 사진들을 보면 이유를 아실 수 있을 거예요.

첫 번째 사진을 열어보니 결혼식 피로연 장면이 보였다. 아주 멋진 일이었다! 키샤 덕에 나도 정말 행복했다! 두 번째 사진을 열자 눈물이 났다. 그것은 키샤가 갓 태어난 아기를 품에 안고 있는 사진이었다. 사진에는 다음과 같은 글이 적혀 있었다.

> 번즈 박사님, 박사님이 옳았어요. 때때로 절망은 사실 왜곡이에요!

정말 감동이었다! 정말 신기하게도 다음날 정신과 레지던트 휴게실에서 키샤를 우연히 만났다. 키샤는 휴게실에서 아기를 안고 남편과 나란히 서 있었다. 우리 수련의 과정에 지원한 듯했다. 나는 키샤를 보고 흥분했다. 키샤는 아기를 보며 말했다.

"번즈 박사님께 인사드리렴, 아가. 박사님 덕에 네가 태어났으니 감사드려야 해!"

우울하거나 낙담하거나 심지어 절망적인 기분이 들고, 기분 일지에 적은 부정적인 생각에서 예언자적 말하기가 눈에 띈다면, 이 장에서 설명한 기법을 시도해보면 된다. 어떤 기법이 있었는지 기억하는가?

이 장에서는 비용 편익 분석과 용어 정의, 증거 조사, 긍정적 재구성 그리고 목소리 외재화를 설명했다. 하지만 이들은 회복 서클에 채워 넣을 수 있는 몇 가지 예일 뿐이고, 더 많은 기법이 있다는 점을 잊지 말라. 또 이 장에서 설명한 기법은 예언자적 말하기에 국한되는 기법이 아니니 다른 어떤 인지 왜곡에도 사용할 수 있다.

다음 장에서는 또 다른 일반적 형태의 예언자적 말하기를 살펴볼 것이다. 납득할 만한 증거 없이 자신이 위험에 처해 있고 곧 끔찍한 일이 일어날 거라는 생각 말이다. 이 왜곡은 불안과 걱정, 공황, 초조함, 두려움 등을 유발한다. 적절한 치료 도구를 사용하여 이런 유형의 예언자적 말하기를 반박하고 무너뜨리는 법을 보이고자 한다.

17장

예언자적 말하기

불안(파트 2)

예언자적 말하기의 두 번째 일반적 형태는 자신이 위험에 처해 있고, 어떤 끔찍한 일이 곧 일어난다는 생각이다. 이 왜곡은 모든 불안과 두려움의 원인이다. 몇 가지 사례를 살펴보자.

1. 발표 불안 청중 앞에 섰을 때 머릿속이 하얘지면서, 자신이 바보처럼 굴 거라고 생각한다.

2. 비행 공포 비행기가 난기류를 만나 추락할지 모른다고 생각한다.

3. 공황 발작 자신이 죽을 위기에 처했고, 통제력을 잃거나 미쳐버릴 것 같다고 생각한다.

4. 건강 염려증 몇 번이고 병원에 드나들며 증상을 확인하지 않으면, 암 같은 무서운 질병에 걸려 죽을지도 모른다고 생각한다.

5. 수줍음 사람들과 가벼운 대화를 나눌 때도 바보 같은 말을 하고 푼수처럼 보일 거라고 생각한다.

6. 공중화장실 공포증 공중화장실에서 볼일을 보려고 하면 몸이 얼어붙어서 소변을 볼 수 없을 것 같다고 여긴다. 사람들이 이를 알아채

고 자신을 비판적으로 여길 거라고 생각한다.

7. 광장 공포증 혼자서 외출하면 식료품점이나 버스 등에서 공황 발작을 일으킬 것이고, 아무도 도움을 주거나 구조해주지 않을 거라고 생각한다.

8. 외상 후 스트레스 장애 끊임없이 경계하고 두려워하지 않으면 강간, 강도, 폭행 같은 끔찍한 일이 다시 일어날 거라고 생각한다.

9. 강박 장애 부엌 가스 불을 반복해서 확인하지 않으면 집에 불이 날 거라고 생각한다.

10. 공포증 고양이나 개, 벌, 피, 높은 장소, 번개 등 자신이 두려워하는 대상이 극도로 위험하다고 생각한다.

11. 시험 불안 또는 수행 불안 끊임없이 걱정하지 않으면 시험에 떨어지거나 음악 또는 체육 활동을 망칠 거라고 생각한다.

12. 범불안 장애 아이들이 고등학교 파티를 마치고 돌아오다 교통사고를 당하거나 남편이 갑작스레 심장 마비를 일으켜 사망하는 등, 일어날 수 있는 끔찍한 일을 상상하며 끊임없이 걱정하고 두려워한다.

이 중 익숙한 두려움이 있는가? 위에 열거한 두려움은 목록의 일부일 뿐이다! 불안은 세계적으로 가장 흔한 감정 문제에 속한다. 사실 불안은 가장 흔한 감정 목록 순위에서 1위에 자리할 것이다. 하지만 어떤 불안이든 예언자적 말하기 오류가 관여되어 있음은 물론, 독심술과 전부 아니면 전무라는 생각, 해야 한다는 생각, 감정적 추리, 낙인찍기, 극대화 등 다른 왜곡도 작용하고 있다.

이런 왜곡은 불안과 신경증적 걱정에 항상 존재한다. 우울증과 마찬가지로 불안은 정신적인 속임수, 즉 사실과 전혀 다른 왜곡된 생각에서 비롯된다. 그에 반해서 건강한 두려움은 사실에 근거한 부정적인 생각이 낳는다. 조직폭력과 강도 사건이 많은 동네에 산다면, 우리는 두려움 덕에 목숨을 부지할 수도 있다!

거의 모든 형태의 불안에 수반되는 또 다른 특징은 수치심이다. 특히 사회적 불안과 공황 발작이 있다면 더욱 그렇다. 어떤 기분이 들 때 그렇게 느껴서는 **안 되며**, 그렇게 느끼는 자신에게 무언가 심각한 문제가 있다고 생각하는 경우가 있다. 그러고는 불안을 감추려고 애쓴다. 불안을 들키면 사람들이 자신을 좋지 않은 시각으로 보고 노이로제 환자나 별난 사람으로 치부할까 두렵기 때문이다.

불안과 우울은 서로 다르지만 나란히 진행되는 경우가 많다. 불안과 싸우는 사람들 가운데 50퍼센트는 내가 만든 우울증 검사에서도 높은 점수를 받았다. 그리고 우울증에 시달리는 사람들을 만나보면 거의 모두가 불안감을 안고 있다.

'치유'를 바란다면 성말 반가운 소식이 있다. 불안은 신속하고도 지속적인 회복의 예후가 아주 좋다는 점이다. 하지만 완전한 회복을 원한다면 두 가지 종류의 고착 또는 저항을 대면해야 한다. 3장에서 언급한 결과 저항과 과정 저항 말이다.

결과 저항은 마법 버튼을 누르고 곧바로 치료되는 데에 복잡한 심정을 느끼는 것을 의미한다. 과정 저항은 회복이 마법 버튼을 누르는 일처럼 단순하지 않고, 회복되기 위해 어떤 일을 **해야** 하지만 그 일을 하고 싶지 않다는 뜻이다.

결과 저항은 왜 생길까? 불안한데 왜 회복에 복잡한 감정을 느낄까? 그리고 과정 저항은 무엇과 관련이 있을까? 불안을 극복하고자 할 때 우리가 해야 할, 하지만 하고 싶지 않은 일은 무엇일까?

커닝이 필요하면 3장의 저항 표를 들춰봐도 된다. 다시 봐도 괜찮다. 우리는 그런 일을 '연구'라고 한다! 사실 나는 여러분이 이 책의 특정 부분을 자주 참고하길 바란다.

빈칸에 생각을 적고 다음 내용을 읽어보자.

불안에서 결과 저항의 원인은 무엇일까?	불안에서 과정 저항은 무엇과 관련이 있을까?

나의 대답

불안 치료에서 결과 저항이 나타나는 주된 원인은 무엇일까?

답은 **주술적 사고**다. 우리는 불안과 싸우고 불안을 극복하길 원하면서도, 마음 한편으로는 불안이 마법처럼 우리를 지켜주거나 도와준다고 생각하기 때문에 치료에 흥미를 못 느낄 수 있다.

구체적인 불안 유형을 생각해보면 이해가 훨씬 쉽다. 최근 강박 장애가 있는 애니라는 여성을 치료했다. 애니는 오염을 두려워해 하루에 50번에서 80번 정도 손을 씻어서 손의 피부가 빨갛고 거칠고 건조했다.

강박 장애를 순식간에 치료해주는 마법 버튼을 누르겠느냐고 물어보았을 때 애니는 착잡해했다. 만약 치료된다면 종일 반복해서 손 씻는 행동을 하지 않을 것이고, 그러면 손이 '오염'될 것이기 때문이었다. 오염된 손으로 아이들을 만지면 **아이들도** 오염될 것이고, 그 때문에 백혈병에 걸려 죽을지도 모른다는 불안이었다.

여러분도 애니가 마법 버튼을 누르라는 말에 왜 복잡한 감정을 느꼈는지 이해할 것이다. 애니는 자신의 강한 불안 덕에 아이들이 살아 있다는 주술적 사고를 믿고 있었다.

듣기에는 이상할지 몰라도, 불안에 휩싸이면 우리도 주술적 사고에 빠져들 수 있다! 우리에게 시험 불안이 있다고 해보자. 아마 우리는 시험에서 최고의 성적을 거두려면 불안감이 **필요**하다고 생각할 것이다. 높은 장소를 무서워한다면, 불안감이 있어야 떨어질 위험이 있는 장소를 피해 조심할 수 있고 그 덕분에 안전하다고 생각할 것이다.

그렇다면 불안에서 과정 저항이란 무엇일까?

답은 **노출**과 관련이 있다. 불안에서 완전히 회복하려면 자신이 가장 두려워하는 대상에 직면해야 한다는 의미다.

하지만 노출은 전혀 재미가 없다. 노출은 고약하다! 불안은 극도로 불편하고 견디기 힘든 감정이다. 나도 경험했기에 잘 알고 있다. 나는 우리가 생각할 수 있는 거의 모든 종류의 불안에 시달려왔다. 그리고 이것이 내가 불안 치료를 **사랑**하는 이유다. 여러분에게 어떤 불안이 있든, 이렇게 말해주고 싶다.

"오, 나도 그랬어요! 불안이 얼마나 고약한지 알죠. 불안을 이겨내는 법을 당신에게 보여줄 수 있다면 얼마나 즐거울까요!"

노출을 피하고 저항한다면 치유될 가능성은 0에 가깝다. 하지만 두려움을 직면하기를 받아들인다면 치유 확률은 100퍼센트에 가까워진다.

만약 애니가 강박 장애를 극복하고 싶어 한다면 그녀가 **해야 할** 일, 하지만 하고 싶지 않은 일 한 가지는 무엇일까? 애니가 치유되려면 무엇이 가장 결정적인 노출일까? 여러분의 생각을 쓰고, 다음 내용을 이어서 읽어보자.

나의 대답

답을 생각하는 게 너무 어렵지 않았기를 바란다! 애니는 오염되었다고 믿는 물건을 만진 다음 손을 씻지 말아야 한다. 그러고는 아이들을 만져야 한다!

가장 먼저, 애니에게 내가 사용 중인 예약 카드 상자를 만지라고 말했다. 그 행동 때문에 수백 명이 죽어 나갈지도 모르지만 그렇게 하라고 주문했다! 애니는 그 말이 재미있다고 생각했지만 예약 카드 상자를 만지기는 무서워했다. 자신의 부정적인 생각이 터무니없다는 사실은 알았지만, 또 어떤 면에서는 그 행위가 자신이 나중에 그 카드를 만질 모든 사람의 생명을 위험에 빠뜨리는 일이라고 믿었다.

하지만 애니는 해냈다. 아주 잘 해냈다! 환자들이 용기를 보여줄 때면 대단히 존경스럽다. 불안을 이기는 데는 **그야말로** 용기가 필요하다.

그러고는 애니에게 나와 함께 치료하고 싶다면 내가 내준 숙제를 해야 하고, 여기에는 협상의 여지가 없다고 말했다. 애니는 아무리 불안하더라도 종일 손을 씻는 행위를 멈추는 데 동의해야 했다. 그리고 종일 아이들을 만지고 껴안으며 아이들이 정말 죽는지 확인해야 할 터였다.

이크, 역시 쉽지 않은 과제였다! 하지만 애니는 해냈다. 이번에도 참 잘했다!

그래서 어떻게 됐을까? 안타깝게도 애니의 아이들이 치료 직후에 세상을 떠났다.

농담이다! 내 몹쓸 유머 감각을 용서하기 바란다. 아이들에게는 아무 일도 없었고, 애니는 강박 장애에서 완전히 회복됐다. 물론 손 씻기를 멈추기로 한 후 처음 사흘 동안은 꽤 무서웠다고 한다.

계속하기 전에, 효과적인 치료에 방해가 될 수 있는 노출에 대한 세 가지 통념을 짚어보자.

통념 1: 노출만 하면 된다.

노출은 불안 치료에 절대적으로 필요한 기법이지만, 그 자체를 치료로 볼 수는 없다. 나는 불안감을 지닌 사람들의 회복 서클을 채울 때 늘 많은 기법을 사용한다. 노출을 꼭 포함하지만, 완전한 회복을 위해서는 몇 가지 기법이 더 필요할 수도 있다.

통념 2: 노출은 효과가 없다.

불안을 가진 많은 사람, 아마도 대부분의 사람이 이미 노출을 시도했지만 효과가 없었다는 잘못된 믿음을 갖고 있다. 하지만 그들이 말하는 노출이란 자신들이 두려워하는 대상이 주변에 있을 때마다 엄청나게 불안해하고, 싸우거나 통제하려 하고, 두려운 대상에서 가능한 빨리 도망치려는 것을 의미한다.

이는 노출이 아니라 회피다. 두려워하는 대상과 싸우거나 두려움을 통제하거나 회피하려는 시도가 불안감을 만드는 실질적인 원인이다. 그건 치료가 아니다.

노출은 매우 다르다. 의도적으로 두려움에 맞서서 가능한 오랫동안 자신을 불안하게 만든다. 회피하지 않고 불안감에 매달리다 보면 불안감이 줄어들다 시간이 지나면 사라진다는 사실을 알 수 있다.

통념 3: 노출은 위험하다.

대부분의 경우 노출은 위험하지 않다. 너무 약해서 노출을 사용할 수 없거나 노출의 유익을 얻지 못할 사람은 없다. 이렇게 말하는 이유는 환자들이 아직 노출을 사용할 준비가 되지 않았다고, 노출이 자신들한테 너무 위험하거나 불안하다고 치료사들을 세뇌하다시피 말하기 때문이다. 여러분이 이런 통념을 믿고 노출을 기피한다면, 치료는 가망이 없다.

자기 패배적 신념

지금까지 우리를 비참하게 만드는 왜곡된 부정적인 생각을 중심으로 살펴보았다. 이런 부정적인 생각은 우리가 우울하거나 불안할 때만 튀어나온다. 하지만 부정적인 생각의 근저에는 상당한 수준의 자기 패배적 신념이 존재할 수도 있다. 자기 패배적 신념은 특정 종류의 상황이나 특정 종류의 부정적인 사건이 일어날 때, 우리를 특히 더 쉽게 고통스러운 기분으로 곤두박질치게 만든다.

예컨대 인정 중독이 있는 사람이라면, 다른 사람들이 생각하는 자기 모습이 자존감의 바탕을 이룬다. 인정받으면 보람을 느끼기 때문에 기분이 아주 좋아진다. 하지만 사람들이 자신을 비판적으로 본다고 생각하면 불안감과 우울감을 느끼는 경향이 있다.

자기 패배적 신념은 속상할 때든 아닐 때든 존재한다. 그 신념을 찾아내서 수정하면, 그 이후로 우울감이나 불안감에 덜 취약해진다. 다음 쪽의 표에서 가장 일반적인 자기 패배적 신념 몇 가지를 확인할 수 있다.

그러면 어떻게 자기 패배적 신념을 찾아내고 식별할 수 있을까? **하향 화살표 기법**도 좋은 방법이다. 하향 화살표 기법이 어떻게 작동하는지 살펴보자.

기분 일지에서 부정적인 생각을 하나 선택한 후 그 밑에 아래쪽을 향하도록 화살표를 그린다. 하향 화살표가 의미하는 바는 '만약 이 생각이 사실이라면, 내게 무슨 의미인가? 왜 나를 속상하게 하는가?'이다. 이렇게 묻다 보면 대체로 또 다른 부정적인 생각이 머릿속에 떠오른다.

이 두 번째 형태를 **만약에 기법**이라고 한다. 만약에 기법은 하향 화살표 기법과 매우 비슷하지만 불안감 치료를 위해 특별히 개발되었다. 이 기법은 스스로 자문하는 기법이다. '만약 그 일이 정말로 일어나면 어떻게 할까? 내가 가장 두려워하는 것은 무엇인가? 일어날 수 있는 최악의 일은 무엇인가?' 자신에게 이런 질문을 하다 보면 보통은 새로운 부정적인 생각이 머릿속에 떠오르기 마련이다.

이 두 가지 기법들을 모두 사용하여 새로 떠오른 부정적인 생각을 적고, 그 밑에 다시 하향 화살표를 그린 다음, 질문을 반복한다. 이렇게 꼬리를 물고 이어지는 생각을 따라 내려가다 보면 맨 아래 놓인 자기 패배적 신념을 발견할 수 있는데, 이 자기 패배적 신념이 바로 우울과 불안의 근원이다.

일반적인 자기 패배적 신념 23가지[✣]

성취

1. **완벽주의** 나는 절대 실패하거나 실수해서는 안 된다.
2. **감지된 완벽주의** 내가 결점이 있고 유약한 사람이면 사람들은 나를 사랑하고 수용하지 않을 것이다.
3. **성취 중독** 내 가치는 나의 성취나 지능, 재능, 지위, 수입 또는 외모에 달렸다.

사랑

4. **인정 중독** 나는 모든 사람의 인정을 받아야만 가치가 있다.
5. **애정 중독** 사랑받지 않으면 행복감과 충족감을 느낄 수 없다. 사랑받지 못하면 인생은 살 가치가 없다.
6. **거절에 대한 두려움** 거절당한다는 건 내게 뭔가 문제가 있다는 증거다. 내가 혼자라면 비참하고 무가치한 기분이 들 수밖에 없다.

복종

7. **다른 사람 기쁘게 하기** 비참한 기분이 들더라도 항상 다른 사람들을 기쁘게 하기 위해 노력해야 한다.
8. **갈등 공포** 서로 사랑한다면 싸우면 안 된다.
9. **자기 비난** 내 인간관계에서 발생하는 문제들은 내 잘못일 수밖에 없다.

요구

10. **타인 비난** 내 인간관계에서 발생하는 문제들은 다른 사람의 잘못이다.
11. **특권 의식** 나는 항상 기대하는 대로 대우받아야 한다.
12. **진실** 내가 맞고 네가 틀렸다.

우울

13. **절망** 내 문제들은 절대 해결될 수 없다. 나는 결코 진정으로 행복하거나 성취감을 느낄 수 없다.
14. **무가치감/열등감** 나는 기본적으로 무가치하고 결함이 있으며 다른 사람들보다 열등하다.

불안

15. **감정적 완벽주의** 나는 항상 행복하고 자신감 있어야 하며 무엇이든 할 수 있다고 느껴야 한다.
16. **분노 공포** 분노는 위험하므로 무슨 수를 쓰더라도 피해야 한다.
17. **감정 공포증** 나는 절대 슬픔이나 불안, 불충분함, 질투, 취약함 등을 느껴서는 안 된다. 내 감정을 숨겨 아무도 속상하게 해선 안 된다.
18. **감지된 자기애** 내가 아끼는 사람들은 요구가 많고 타인을 조종하며 위력적이다.
19. **들불 오류** 사람들은 모두 생각이 비슷한 복제 인간이다. 한 사람이 나를 얕잡아보면, 그 말이 들불처럼 번져서 이내 모든 사람이 나를 얕잡아볼 것이다.
20. **조명 오류** 사람들과 대화할 때면 무대 위 밝은 조명 아래서 공연하는 느낌이다. 세련되거나 재치 있거나 흥미로운 말과 행동으로 깊은 인상을 주지 않으면, 사람들이 나를 좋아하지 않을 것이다.
21. **주술적 사고** 걱정을 충분히 하면 모든 게 괜찮아질 것이다.

기타

22. **좌절에 대한 낮은 내성** 절대 좌절해서는 안 된다. 인생은 쉬워야 한다.
23. **슈퍼맨/슈퍼우먼** 나는 항상 강해야 하고 절대 약해지면 안 된다.

이 과정을 사례로 보여주기 위해 로베르토라는 남성의 이야기를 해보겠다. 최근 미니애폴리스에서 열린 워크숍에서 로베르토와 함께 생중계되는 치료 시연을 했다. 로베르토는 66세로, 어렸을 때부터 수줍음과 발표 불안으로 힘들어했지만 수년 동안 치료를 받아도 증상이 거의 나아지지 않았다.

로베르토는 정신 건강 클리닉 상담직을 그만둔 후 개인 병원을 열 계획이었다. 로베르토가 평생 꿈꿔온 일이었다. 하지만 환자를 소개받으려면 지역 사회 관계자들과 대화를 시작해야 했다. 로베르토는 사람들이 자신의 불안을 눈치채면 환자를 소개하고 싶어 하지 않을 같아 두려웠다.

로베르토는 불안감을 불러일으키는 부정적인 생각을 꽤 많이 가지고 있었다.

1. 청중이 불안해하는 내 모습을 보고 나를 비판적으로 볼 거야.

2. 청중은 내 이야기를 지루해하며 듣지 않을 거야. 하품하고 핸드폰을 보고 문자를 보내기 시작할 거야.

3. 나는 불안해하며 발표 내용을 잊어버릴 거야.

4. 나는 자신감이 부족해서, 유능한 대중 연설가가 될 자질이 없어.

5. 나는 아직 내 '목소리'를 찾지 못했어.

6. 사람들에게 좋은 인상을 주려면 매력이 있어야 하는데, 나는 매력이 없어!

7. 워크숍에 참가한 사람들이 지금 나를 비판적으로 보고 있는지도 몰라.

로베르토의 생각 대부분이 예언자적 말하기 오류에 빠져 있다. 로베르토는 앞으로 일어날 일에 대해 부정적인 예측을 하고 있다. 전형적이다. 독심술도 찾아볼 수 있다. 다른 사람들이 자신에게 매우 비판적일 거라고 생각하는 부분이 그렇다.

숨겨진 해야 한다를 비롯하여 다른 왜곡도 다수 발견할 수 있다. 로베르토는 지금쯤 자신의 '목소리'를 찾았어야 하고, 이런 문제가 있어서는 **안 되고**, 좀 더 자신감 있어야 **한다고** 생각하는 듯 보인다.

로베르토와 함께 하향 화살표 기법을 사용하자, 다음과 같은 생각의 흐름이 나타났다.

데이비드: 여기 사람들이 지금 당신을 비판적으로 본다고 해봅시다. 그게 당신에게 어떤 의미일까요? 그게 왜 당신을 속상하게 합니까?

로베르토: 그건 내가 부족하다는 의미일 겁니다.

↓

데이비드: 그 말이 사실이고, 당신이 부족한 게 사실이라고 해봅시다. 그게 당신에게 어떤 의미인가요? 왜 그것이 당신을 속상하게 합니까?

로베르토: 그러면 그들이 나를 받아들이거나 내 가치를 인정하지 않을 거예요. 내 나이에는 부족하다는 느낌을 가져서는 안 되니까요.

↓

데이비드: 사람들이 당신을 받아들이거나 가치를 인정하지 않는다고 해봅시다. 그게 당신에게 어떤 의미인가요? 왜 그것이 당신을 속상하게 하나요?

로베르토: 그러면 나는 거절당하고 혼자가 될 테니까요.

↓

데이비드: 그다음은요? 그게 당신에게 어떤 의미인가요? 거절당하고 혼자가 되는 게 왜 당신을 속상하게 하나요?

로베르토: 그러면 나는 비참한 실패자가 될 것이고, 불행하고 쓸모없는 사람으로 평생을 살겠지요.

하향 화살표 기법을 사용하면 로베르토의 생각을 촉발하는 꽤 많은 자기 패배적 신념을 확인할 수 있다. 여러분도 찾아낼 수 있겠는가? 자기 패배적 신념의 목록을 다시 확인하고, 로베르토의 생각에 이 신념이 얼마나 많이 존재하는지 찾아보자. 찾은 것들은 아래 나열하라.

1. ______________________________

2. ______________________________

3. ______________________________

4. ______________________________

5. ______________________________

6. ______________________________

7. ______________________________

8. ______________________________

9. ______________________________

10. ______________________________

이 문제는 정밀 과학이 아니니, 여러분은 그저 최선을 다하면 된다. 다 했다면 이제 로베르토와 내가 생각한 답을 읽어보라.

나의 대답

우리가 생각한 자기 패배적 신념 목록은 다음과 같다. 여러분이 생각한 목록과 다르다 해도 전혀 상관없다.

1. 완벽주의 로베르토는 실수를 두려워하는 것 같다.

2. 감지된 완벽주의 다른 사람들도 로베르토가 완벽하기를 기대한다고 믿고, 그가 실수하거나 완벽하지 못한 모습을 보이면 그를 사랑하거나 존중하지 않을 거라고 생각한다.

3. 인정 중독 그는 모든 사람의 인정을 받는 데에 자존감의 바탕을 두고 있는 것 같다.

4. 거절에 대한 두려움 로베르토는 거절당하거나 혼자가 되면 행복이나 성취감을 느낄 수 없다고 생각한다.

5. 다른 사람 기쁘게 하기 로베르토는 순종적인 역할을 하며 다른 사람을 기쁘게 해주는 일을 중요하게 생각하는 듯 보인다.

6. 자기 비난 누군가 로베르토가 부족하다는 이유로 거절하거나 안 좋은 시선으로 바라보면, 로베르토는 자신을 비난하려는 것 같다.

7. 들불 오류 그는 한 사람이 자신을 비판하면, 그 말이 들불처럼 번져 이내 모든 사람이 그를 비판하고 거절할 거라고 생각한다.

8. 조명 오류 깊은 인상을 심어주어야만 사람들이 자신을 좋아할 거라고 믿는다. 그는 항상 무대 위에서 조명을 받으며 공연하는 듯 보이고, 사람들이 끊임없이 그의 공연을 평가하며 그의 부족한 점을 발견한다고 생각하는 듯하다.

9. 슈퍼맨 로베르토는 자신이 카리스마 있고 매혹적이며 사람들을 반하게 만들어야 하며, 절대로 약한 모습, 인간적인 모습, 결점 등을 내보여서는 안 된다고 생각한다.

결과 저항과 과정 저항 극복하기

우리는 로베르토의 자기 패배적 신념을 확인했다. 이제 어떻게 그가 불안감을 극복하도록 도울 수 있을까?

먼저 로베르토의 결과 저항에 대처해야 한다. 여기에 가장 좋은 기법 중 하나는 **긍정적 재구성**이다. 다음 두 가지 질문을 생각해보자.

1. 로베르토의 수줍음과 발표 불안에 어떤 유익이나 장점이 있는가?

2. 로베르토의 수줍음과 발표 불안에서 그와 그의 핵심 가치관이 지닌 긍정적이고 훌륭한 면을 찾는다면 무엇이 있을까?

계속해서 읽기 전에 생각나는 대로 나열해보자.

유익/장점	핵심 가치관

다음은 로베르토와 내가 생각한 것들이다.

유익/장점	핵심 가치관
내 두려움은 • 공개적으로 망신당하지 않도록 나를 안전하게 지켜준다. • 다른 사람들도 결점이 있을 수 있으므로 그들이 나를 더 가까이 느낄게 할지 모른다. • 지역 사회 관계자들 앞에서 발표할 때 내가 정말 철저히 준비하도록 동기를 부여할 수 있다. • 내가 고통받는 사람들에게 많은 연민을 가지고 있으므로 더 좋은 상담자가 될 수 있다는 사실을 보여준다. • 다른 사람들과의 교류에서 내가 지나치게 통제하거나 지배하려는 것을 막아준다. 나는 경청에 소질이 있고 지지를 건넬 줄 안다.	내 두려움은 • 내가 예민하고 배려심이 있다는 뜻이다. • 내가 사람들과 함께하고 싶어 한다는 점을 보여준다. • 내가 진실하며 현실적이고 싶다는 뜻이다. • 의미 있는 관계에 대한 내 열정을 보여준다. • 내가 단점을 인식하고 기꺼이 인정한다는 의미다. • 내가 변화를 강하게 열망한다는 뜻이다. • 내가 겸손하다는 뜻이다. • 실제로 결점이 많은 내가 현실적이고 솔직하다는 사실을 보여준다. • 내가 기준이 엄격하고, 일을 잘 해내고 싶어 한다는 뜻이다. • 사람들이 나를 좋아하고 내가 무언가를 줄 수 있는 사람이라 인식하게끔 내가 긍정적이고 매력적인 모습을 보이고 싶다는 뜻이다. • 내게 용기가 있고 기꺼이 두려움에 맞서겠다는 의미다. • 수십 년 동안 실패하고 좌절했지만 내게 두려움을 극복하기 위해 열심히 노력할 결단력과 의지가 있다는 점을 보여준다.

다른 사람들처럼 로베르토도 이 목록을 보고 매우 놀랐다. 자신의 불안을 나쁜 것으로 여겼고, 어린 시절부터 불안감을 수치스러워했기 때문이다.

로베르토의 결과 저항에 대처하였으므로, 다음으로 그의 과정 저항을 다뤘다. 로베르토에게 바로 그날 수줍음을 극복하기 위해 최악의 두려움을 직면할 수 있겠느냐고 물었다. 물론 로베르토는 생중계로 지켜보는 청중 앞에서 치료받는 데 동의하였으므로 한편으로는 이미 그렇게 하고 있는 셈이었다. 그 커다란 첫걸음에는 많은 용기가 필요했다! 하지만 로베르토는 불안을 떨치기 위해 그보다 더 많은 걸 해야 한다면, 기꺼이 하겠다고 대답했다.

로베르토는 수줍음과 불안감이 자신의 가장 큰 결점이자 결핍이라고 확신했기 때문에, 그에게 이제 막 공개한 극히 사적인 불안정감과 부적절감을 본 청중들이 그를 어떻게 생각하는지 물어보자고 제안했다. 앞에서 그는 불안한 모습을 들키면 사람들이 자신을 비판적으로 바라볼 거라 말했다.

로베르토는 생중계 치료 시연에서 자신의 모습을 본 수많은 사람이 그에게 감탄하며 따뜻한 반응을 내놓자 깜짝 놀랐다. 실제로 한 여성은 그의 모습이 무척 매력적으로 보인다고 말했다.

그 순간, 로베르토는 갑자기 자신의 '목소리'를 찾고 깨달음을 얻었다. 불안감이 완전히 사라졌을 뿐 아니라 더없이 행복해졌다. 모두 갑자기 일어난 일이었다. 왜 그랬는지 알겠는가? 이유를 읽기 전에 여러분의 생각을 적어보자.

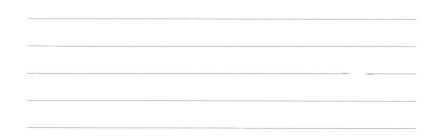

나의 대답

로베르토가 갑자기 회복된 건 자신의 부정적인 생각이 타당하지 않다는 사실을 깨달았기 때문이다. 첫째, 그는 능수능란한 발표자가 되어야만 청중과 소통할 수 있는 건 아니라는 점을 깨달았다. 진실하기만 하면 되었다.

둘째, 최악의 '결점'이라 생각했던 수줍음과 불안감이 실제로는 다른 사람들과 가까워지는 데 가장 큰 자산이라는 점을 발견했다. 마침내 그는 문제가 그의 결점이 아니라 결점을 받아들이지 못하는 자기 자신에게 있다는 사실을 깨달았다. 그리고 나쁜 점을 포함한 자기 자신을 있는 그대로 받아들인 순간, 사람이 만들 수 있는 가장 큰 변화를 만들어냈다.

만약 로베르토의 치료 과정을 전문가적 시각에서 생각해보고 싶다면, 50년 동안 자신을 괴롭혀온 수줍음과 발표 불안에서 그가 놀랍도록 빠르게 회복할 수 있도록 도와준 다음의 기법을 참고하라.

◆ **왜곡 확인** 우리는 그의 부정적인 생각에 든 왜곡, 즉 예언자적 말하기(발표를 시작하면 아무 생각도 나지 않을 거라는 예측), 독심술(불안한 모습을 들키면 사람들이 좋아하지 않을 거라는 추정), 감정적 추리(스스로 부족하다는 기분이 들자 정말로 자신이 부족하다고 생각),

숨겨진 해야 한다(자신이 능수능란하고 카리스마 있어야 한다는 생각)를 찾아냈다.

◆ **하향 화살표 기법** 우리는 그의 자기 패배적 신념, 즉 감지된 완벽주의와 인정 중독 등을 짚어냈다.

◆ **긍정적 재구성** 우리는 로베르토의 불안에서 얻을 수 있는 많은 유익을 강조하고, 불안과 수줍음으로 들여다볼 수 있는 그의 긍정적이고 멋진 면들을 열거했다. 이 과정에서 그의 수치심이 줄어들었다.

◆ **노출** 로베르토는 생중계 청중 앞에서 자신의 두려움에 맞서며, 이 괴물에게 이빨이 없다는 사실을 깨달았다.

◆ **자기 개방** 로베르토는 수치심과 비밀 뒤에 숨는 대신 자신의 불안정감을 드러내 보여주었다.

◆ **설문 기법** 로베르토는 사람들에게 자신을 어떻게 생각하는지 물었다. 정말 무서운 일이었지만, 그는 해냈다!

◆ **수용 역설** 로베르토는 수십 년 동안 그랬듯이 불안과 불안정감을 극복하려고 노력하는 대신, 그 감정을 수용하기로 결심했다. 역설적이게도 불안을 받아들인 순간, 그 감정은 사라졌다.

로베르토와 나는 치료가 끝난 뒤 **수치심 깨기 훈련**도 진행했다. 수치심 깨기 훈련이란 대중 앞에서 웃음거리가 될 만한 말도 안 되는 행동이나 우스꽝스러운 행동을 의도적으로 하는 훈련이다. 이 훈련을 하면 우리가 바보처럼 보인다 해도 세상이 끝나지 않는다는 사실을 깨달을 수 있다. 수치심 깨기 훈련은 처음에는 엄청나게 무섭지만, 놀라운 해방감을 주기도 한다.

나는 로베르토에게 호텔 로비를 돌아다니다가 모르는 사람 몇 명에게 다가가 이렇게 말해보라고 했다.

“안녕하세요. 괜찮으시다면 잠깐 이야기를 나누고 싶습니다. 저는 어릴 때부터 수줍음이 많았고, 그런 이유로 수치심을 느껴왔습니다. 하지만 오늘 그 사실을 숨기지 않고 사람들에게 말하기로 결심했습니다. 그래서 이렇게 말하고 있는 것입니다!”

처음에는 로베르토가 꺼리고 겁을 냈지만, 나는 의견을 굽히지 않았다. 사실 한 호텔 직원을 멈춰 세우고 이렇게 말했다.

“당신은 이 사람과 이야기해야 할 것 같군요.”

이제 로베르토는 이 훈련에서 더는 발뺌하지 못하게 되었다.

로베르토는 자신이 다가간 사람들이 모두 한없이 친절하고 따뜻하게 반응한 데에 충격을 받을 만큼 놀랐다. 그는 자신이 더없이 어리석다고 생각하는 행동을 했는데도 세상이 끝나지 않는다는 사실을 발견했다. 오히려 정반대의 일이 일어났다. 로베르토는 그날 밤 엄청나게 들떠서 집에 돌아갔다.

이렇게 반문할 수도 있겠다.

“하지만 그게 얼마나 갈까요? 어쩌면 일시적인 기분이었을지도 모르지요.”

나는 로베르토에게 팟캐스트에 출연할 마음이 있는지 물었고, 방금 그에게서 다음과 같은 이메일을 받았다.

> 잘 지내고 계신지요! 그럼요! 지난주 워크숍에서 진행한 생중계 치료 팟캐스트에 출연하고 싶어요. 제 핸드폰에 녹음 파일이 있습니다! 놀라운 경험이었어요. 지금까지도 기분이 아주 좋아요!
>
> 기분이 나아져서, 지금도 낯선 사람에게 다가가 호텔에서 했던 그 훈

련을 계속하고 있습니다. 정말 신세계에요! 조만간 공석에서 연설도 할 계획입니다.

숨겨진 감정 기법

예언자적 말하기와 불안이라는 주제를 마무리하기 전에, **숨겨진 감정 기법**이라는 강력한 도구를 공유하고자 한다. 이 기법의 골자는 불안과 싸우는 사람의 대다수가 유난히 '착한' 사람이라는 데 있다. 이 과도한 '착함'이 불안의 실제 원인일 때가 많다.

이게 무슨 뜻일까? 불안이 있는 사람들은 특정 종류의 감정을 표현하는 데 극도의 어려움을 겪기도 한다. 그래서 속상할 때면 이런 감정을 숨기는 경향이 있다. 그러면 이 감정은 간접적인 방식으로, 즉 불안으로 위장해 드러나며, 사람들은 정말로 자신을 괴롭히는 숨겨진 갈등이나 감정을 바로 보지 못하게 된다.

불안에 시달리는 사람들이 가장 흔히 회피하는 감정은 분노지만, 분노만 회피하지는 않는다. 무의식적으로 자신이 가져서는 안 된다고 생각하는 감정이 있다면 그게 무엇이든 회피할 가능성이 있다.

바로 여기에 돌파구가 있다. 숨겨진 감정을 의식적으로 자각하여 표현할 수 있다면, 다시 말해서 회피해오던 문제를 해결할 수 있다면, 일반적으로 불안은 완전히 사라진다. 그래서 이 기법은 어떤 형태든 불안과 싸울 때 염두에 두어야 할 좋은 치료 도구다.

이 기법은 실로 유용할 수 있으므로, 사례를 하나 살펴보겠다.

최근에 나는 둘째 아이를 갖는 일에 극심한 불안을 느끼던 릴리아라는 여성을 치료했다. 릴리아는 남편과 함께 첫째가 5살이 되면 둘째를 갖자고 계획을 세웠지만, 건강하고 행복하게 자라난 첫째 아이 마샤가 4살이 되자 덜컥 겁이 났다. 이런 감성은 릴리아에게도 놀라운 일이었다. 첫째 아이를 낳는 과정도 순조로웠고 키우면서도 큰 문제가 없었기 때문이다.

릴리아에게 부정적인 생각을 모두 적어보라고 하자 불안감을 불러일으킨 두 가지 상반된 시각이 명확하게 드러났다. 하나는 둘째 아이를 낳으면 상당히 부정적인 결과가 몇 가지 있을 수 있다는 생각이었다. 이를테면 릴리아는 출산 후 아기를 낳기 전의 몸으로 돌아갈 수 없을 거라고 생각했다. 게다가 둘째를 낳고 나면 이제 막 꽃피우기 시작한 경력에 문제가 될 수도 있다고 여겼다. 또 둘째 아이가 어떤 끔찍한 질병이나 선천적인 결손을 가지고 태어날지도 모른다고 걱정했다.

하지만 더 당혹스러운 것은, 릴리아가 둘째를 낳지 **않아도** 똑같이 끔찍한 일이 생길 거라고 자신에게 말하고 있다는 점이었다. 릴리아는 첫째 아이가 예기치 않게 죽을지 모르고, 그러면 결국 자신과 남편 라일에게 아이가 한 명도 없는 상황이 될 거라고 생각했다. 첫째 아이가 형제 없이 외롭게 클 일도 걱정이었다.

이 두 형태의 부정적인 생각에서 예언자적 말하기의 특징을 볼 수 있다. 릴리아는 자신이 임신하면 지옥에 떨어질 것이고, 임신하지 않아도 지옥에 떨어질 거라고 생각했다. 뚜렷한 근거도 없이 말이다. 어떻게 된 걸까?

릴리아에게 다른 신경 쓰는 일이 있는데 아직 말하지 않은 게 있는지 물었다. 숨겨진 문제가 있다고 의심한 까닭은 치료를 시작하는 시점에 릴리아가 어떤 분노와 불안감을 보고했고, 관계 만족도 검사에서도 낮은 점수가 나왔기 때문이다.

릴리아가 직장에서 어떤 문제를 겪거나 남편과 갈등을 겪는 등 다른 문제를 숨기고 있지는 않을까? 릴리아의 속마음에 단순한 불안 말고 다른 감정이 더 있지는 않을까? 어쩌면 릴리아가 너무 '착해서' 인정하지 않는 숨겨진 문제가 있는 것은 아닐까?

여러분도 의심이 든다면, 셜록 홈스가 되어 곰곰이 생각한 뒤 그 내용을 적어보자. 정답을 써야 하는 것은 아니다. 어떤 생각이든 해볼 수 있다면, 완전히 빗나간 생각이라 해도 숨겨진 감정 기법 사용법을 익히는 데 도움이 될 것이다.

다 했다면 계속 읽어보라. 그 뒤에 무슨 일이 있었는지 알아보자.

나의 대답

릴리아는 처음에는 부부 간 갈등 개념을 모조리 무시했다. 모든 게 다 괜찮고, 둘째 아이를 갖는 것과 관련된 불안감에만 도움이 필요하다고 주장했다.

드문 일은 아니다. 불안이 있는 사람들은 대부분 무언가가 자신을 갉아먹고 있을 때라도 아무 문제가 없다고 주장한다. 거짓말이나 의도적인 속임수가 아니다. **숨겨진 감정이나 문제를 의식적으로 자각하지 못할 뿐이다.** 이 '숨겨진 감정' 현상은 불안을 가진 사람들에게 아주 특유하게 나타나는 듯하다. 내가 치료한 불안 환자 가운데 75퍼센트가 이 문제를 지니고 있었다.

약 30분 동안 릴리아에게 공감하는 시간을 가진 뒤, 어떤 도움을 바라는지 물었다. 만약 치료가 아주 훌륭해서 끝내주는 기분으로 돌아갈 수 있다면 어떤 변화가 일어날까? 릴리아는 어떤 기적을 바랄까?

릴리아는 두 가지 측면에서 도움을 원한다고 말했다. 첫 번째는 둘째 아이를 갖는 것과 관련된 불안을 극복하는 것이었다. 두 번째는 화를 없애는 것이었다. 나는 불안을 극복하는 문제는 기꺼이 돕겠지만, 억눌린 화가 흔히 불안의 원인으로 작용하기 때문에 화를 없애는 문제에 대해서는 마음이 복잡하다고 말했다. 화를 무시하거나 억누르는 대신, 애정과 존중이 담긴 방식으로 표현하는 법을 배워야 한다고도 설명했다.

릴리아에게 그 화가 라일과 관련이 있는지, 그녀를 괴롭히는 것이 있는지 물었다. 마침내 릴리아는 라일이 딸과 관련된 일을 잘 도와주지 않아 답답하고 원망스럽다고 인정했다. 예컨대 가족이 차를 타고 외출할 때 아이의 외출 준비 등을 거들지 않는다는 것이었다.

숨겨진 감정이 겉으로 드러나자 릴리아의 불안이 훨씬 쉽게 이해됐다. 여러분도 알겠는가? 릴리아의 불안은 사실 다음과 같은 마음을 상징하는 표현이었다.

'첫째를 돌보는 부담 대부분을 남편의 도움 없이 혼자 짊어지고 있는 상황에서 둘째를 낳아도 좋을지 모르겠어.'

하지만 릴리아는 불안에 시달리는 다른 많은 사람과 마찬가지로 아주 '착한' 사람이었기 때문에, 그 감정을 숨기려고 애썼다.

기억하겠지만, 릴리아는 둘째 아이를 낳지 않으면 첫째 아이가 죽기라도 했을 때 아이가 한 명도 없는 상황이 올까 봐 두려워했으며, 동시에 둘째 아이를 갖더라도 아이가 끔찍한 질병이나 선천적 결손을 타고날까 봐 걱정했다. 왜 릴리아는 아이들이 죽는다는 생각에 사로잡혀 있을까?

여기서 정신분석학적 해석을 할 수 있을까? 남편의 도움을 더는 바랄 수 없는 상황에서 아이들을 키워야 하는 부담감 때문에 릴리아는 무의식적으로 화가 났던 걸까? 릴리아는 아이들이 죽는 불안한 환상을 가지고 있었다! 하지만 분노를 감추고 있었기 때문에 그 감정이 간접적으로, 즉 불안이라는 형태로 드러났다.

만약 불안과 싸우고 있다면 여러분도 같은 상황일 가능성이 매우 높다. 어떤 갈등이나 문제를 부정하는 아주 '착한' 사람일 가능성 말이다!

숨겨진 감정 기법의 첫 부분을 완성했으니, 다시 말해서 릴리아의 숨겨진 감정이나 문제가 무엇인지 알아냈으니, 이제 릴리아가 회피 중이던 분노를 표현하도록 도움을 주어야 할 때였다. 릴리아에게 라일과 다툼이 있었던 구체적인 순간에 집중해서 그때 라일이 했던 말과 그녀가 대답했던 말을 적어달라고 했다. 이 과정은 내가 인간관계 문제가 있는 사람들을 위해 개발한 새롭고 강력한 도구 **인간관계 일지**의 처음 두 단계다. 1단계에서는 상대방이 자신에게 한 말을 정확히 적고, 2단계에서는 자신이 대답한 말을 정확히 적는다. 또 그 순간 상대방이 느꼈다고 생각되는 감정과 자신이 가졌던 감정에 모두 밑줄 친다.

릴리아는 이 두 단계를 다음과 같이 완성했다.

릴리아의 인간관계 일지✣

1단계: 상대방이 한 말을 **정확하고** 간결하게 적으시오. 라일: "가야 할 시간이야!"	2단계: 그다음 당신이 한 말을 **정확하고** 간결하게 적으시오. 나: "아니! 지금 **못 가**! 아이 신발도 신겨야 하고, 외투도 입혀야 하고, 비타민도 먹여야 한다고!" (야단치듯 날카로운 목소리로 말했다.)
상대가 느꼈을 것 같은 감정에 밑줄 치세요.	**당신**이 느낀 감정에 밑줄 치세요.
슬픔, 울적함, 우울, 침울, 불행	**슬픔**, 울적함, 우울, 침울, 불행
불안, 걱정, 공포심, 과민함, 겁이 남	**불안**, 걱정, 공포심, 과민함, 겁이 남
죄의식, 가책, 불쾌감, 부끄러움	**죄의식**, 가책, 불쾌감, 부끄러움
열등감, 무가치감, 부적절감, 결핍감, 무능감	**열등감**, 무가치감, 부적절감, 결핍감, 무능감
외로움, 사랑받지 못함, 환영받지 못함, 거절감, 고독감, 버림받음	**외로움**, 사랑받지 못함, 환영받지 못함, 거절감, 고독감, 버림받음
창피함, 바보 같은 기분, 수치심, 시선 의식	**창피함**, 바보 같은 기분, 수치심, 시선 의식
절망, 낙담, 비관, 좌절감	**절망**, 낙담, 비관, 좌절감
답답함, 갑갑함, 낭패감, 패배감	**답답함**, 갑갑함, 낭패감, 패배감
화, 몹시 화가 남, 분개, 언짢음, 짜증 남, 속상함, 격분	**화**, 몹시 화가 남, 분개, 언짢음, 짜증 남, 속상함, 격분
그 외의 감정들(구체적으로) 상처받음	**그 외의 감정들**(구체적으로) 실망

보다시피, 릴리아의 남편은 딸을 데리고 외출하기 위해 차에 타려던 참에 릴리아가 시간을 지체하자 점점 짜증이 났다.

릴리아가 핀잔을 주듯이 날카로운 어조로 대답한 이유는, 라일이 딸을 준비시키는 일을 전혀 돕지 않았기 때문이다. 물론 라일은 자신을 방어했고 대화는 점점 말다툼으로 확대됐다. 릴리아는 남편과 자신이 서로 많이 사랑하지만 이런 식의 공격적인 상호 작용이 자주 일어난다고 인정했다. 여러분도 사랑하는 누군가와 이런 비슷한 갈등을 경험한 적이 있지 않은가?

다음으로 릴리아에게 인간관계 일지의 3단계를 완성해달라고 말

✣ ⓒ 데이비드 D. 번즈, 1991. 2007, 2016년에 수정.

했다. 이 단계에서는 상대방에 대한 자신의 반응을 검토하고, EAR 대조표를 이용하여 해당 의사소통이 좋은 사례인지 나쁜 사례인지 생각해본다. 고통스러울지 몰라도 정말 유용한 방법이다.

릴리아는 나쁜 의사소통의 세 가지 유형에 모두 체크했다. 라일의 감정을 전혀 인정하지 않았고(no E=Empathy, 공감하지 않음), 자신의 감정을 전혀 공유하지 않았으며(no A=Assertiveness, 자기주장을 하지 않음), 적대적으로 반응했다(no R=Respect, 존중하지 않음).

EAR 대조표

	좋은 의사소통	√	나쁜 의사소통	√
E=공감 Empathy	1. 상대방의 감정을 인정하고, 상대방의 말에서 진실을 받아들인다.		1. 상대의 감정을 무시하거나 그 사람이 "틀렸다"고 주장한다.	
A=자기주장 Assertiveness	2. 자신의 감정을 솔직하고 직접적으로 표현한다.		2. 감정을 표현하지 못하거나 공격적으로 표현한다.	
R=존중 Respect	3. 존중하고 배려하는 태도로 대한다.		3. 존중하거나 배려하는 태도가 없다.	

사람들 대부분이 그렇듯 상대방을 비난하고 자신이 피해자라고 여기는 데 익숙하다면, 3단계가 불편할 수 있다. 하지만 우리가 상대방에게 어떻게 반응했는지 되돌아보고 의사소통에서 저지를 수 있는 세 가지 실수를 모두 저질렀다는 사실을 발견하면 이야기가 달라진다. 즉 공감하지 않고, 감정을 표현하지 않고, 애정과 존중을 담아 대하지 않았다는 사실을 깨닫고 나면, 상대를 향하던 비난의 손가락이 갑자기 자신을 향한다.

4단계로 가면 더 분명해지고 더 고통스러워진다. 우리는 우리의 반응이 상대방에게 어떤 영향을 미쳤는지 자문한다. 상대방은 어떤 기분을 느꼈을까? 그다음 상대방은 어떤 말 또는 행동을 했는가? 그리고 우리의 반응이 우리가 불평하던 그 문제에 어떤 영향을 미쳤는가? 문제를 호전시켰는가, 아니면 악화시켰는가? 릴리아는 다음과 같이 생각했다.

'라일은 내가 쏘아붙이는 소리에 상처받고 무시당한 기분을 느꼈다. 그는 욱하며 언쟁을 시작하더니 점점 더 지지 않으려고 했다. 라일은 내게 도움을 주고 싶어 하지 않았다. 이 부분을 인정하긴 고통스럽지만, 라일이 나를 돕고 싶은 마음이 없어지도록 만든 건 나 자신일지도 모른다.'

여기까지 읽고 혐오감에 책을 집어던지며 나를 남성 우월주의자라 비난할 사람도 있을 것이다. 하지만 나는 라일이 환자로 찾아왔어도 똑같은 과정을 거쳐서, 그들의 결혼 생활과 관련하여 그가 불만을 가진 바로 그 문제를 자기 스스로 초래했다는 동일한 답을 발견했을 것이다.

나는 이를 '인간관계의 상대성 이론'이라고 부른다. 도움을 요청하는 사람은 거의 항상 그가 불평하는 문제를 바로 자신이 만들었다는 사실을 깨닫는다. 이런 깨달음은 고통스러울 수 있지만 해방감을 주기도 한다. 다른 사람과 답답한 또는 보람 있는 인간관계를 만드는 데 우리가 생각보다 훨씬 더 많은 힘을 가지고 있다는 의미이기 때문이다.

인간관계 일지의 5단계에서는 효과적인 의사소통 비결 다섯 가지를 이용하여 2단계의 반응을 수정한다.

효과적인 의사소통 비결 다섯 가지(EAR)[✣]

E = 공감 Empathy
1. **무장 해제 기법** 상대방이 하는 말이 아무리 불합리하거나 부당하다 하더라도 그 말에서 일말의 진실을 찾는다. 2. **공감** 상대방의 입장이 되어 그 사람의 눈으로 세상을 본다. • **생각의 공감** 상대방의 말을 다른 말로 이해하기 쉽게 표현해본다. • **감정의 공감** 상대방이 한 말을 바탕으로 그 사람이 느끼고 있을 감정을 인정한다. 3. **질문** 다른 사람이 어떤 생각을 하고 어떤 기분을 느끼는지 더 자세히 알 수 있도록 조심스럽게 탐색하는 질문을 던진다.
A = 자기주장 Assertiveness
4. **'나는'으로 문장 시작하기** 자기 생각과 감정을 직접적으로, 세련되게 표현한다. '너'로 시작하는 문장("네가 틀렸어!", "네가 화나게 하잖아!")보다는 '나'가 주어인 문장을 사용한다("나는 기분이 좋지 않아").
R = 존중 Respect
5. **달래기** 상대 때문에 답답하거나 화가 나더라도 존중하는 태도를 전달한다. 한창 싸우는 중이라도 진심으로 긍정적인 표현을 찾는다.

각 문장을 적은 다음, 다섯 가지 비결 중 어느 것을 그 문장에 사용했는지 표시한다. 릴리아와 나는 그녀가 남편에게 했던 대답을 다음과 같이 수정했다.

'당신은 가야 할 시간이라고 말하고 있어. 나한테 답답하고 화가 날 수도 있고, 어쩌면 상처를 받을 수도 있다고 생각해(생각의 공감, 감정의 공감). 내가 딱딱거리며 말을 했는데, 아마 당신이 짜증 난 이유도 그 때문일 거야(무장 해제 기법). 나도 당신을 사랑하기에 마음이 아프지만, 아이를 키우면서는 많은 도움을 받지 못해 조금 버거웠어('나는'으로 문장 시작하기, 달래기). 아울러 우리가 이렇게 싸울 때 내 기분이 아

✣ ⓒ 데이비드 D. 번즈, 1991. 2006년에 수정.

주 끔찍하다는 점을 알아줬으면 해('나는'으로 문장 시작하기). 당신은 지금 기분이 어떤지, 그리고 그동안은 어땠는지 말해줄 수 있어?(질문)'

보다시피 릴리아는 라일이 했던 말을 옮기고, 그의 기분이 어땠을지 인정하면서 시작했다. 그런 다음 자신이 그를 불친절하게 대했다고 인정했다. 그리고 자신의 감정을 솔직하고 정중하게 드러내고 라일에 대한 사랑을 표현했다. 마무리 부분에서는 확장 가능한 질문을 던지며 남편도 마음을 열도록 격려했다.

우리는 릴리아가 마음에 들어 하는 반응을 생각해 종이에 적은 후, 실제로 라일과 대화할 때 필요한 기술을 익힐 수 있도록 치료 시간 동안 역할극을 진행했다.

효과가 있었을까? 다음 주에 릴리아는 남편과의 관계에 커다란 변화가 있었다며, 다섯 가지 비결이 엄청난 도움이 되었다고 털어놓았다. 실제로 라일은 손으로 포도를 릴리아에게 먹여주었다고 했다! 둘째를 갖기 불안했던 마음도 감쪽같이 사라졌다.

기억해야 할 메시지

여러분이 불안감을 느끼고, 부정적인 생각에서 상당한 양의 예언자적 말하기를 발견했다면, 무엇을 할 수 있을까?

우선 회복 서클에 다양한 인지 기법을 구성해 넣어야 한다. 더불어 여러 노출 기법도 포함해야 한다. 두려움을 직시하기는 회복에서 매우 중요하다. 숨겨진 감정 기법도 포함해야 한다. 숨겨진 감정이나 문제를 의식의 영역으로 가져오면(그리하여 감정을 표현하거나 문제를 해결하면) 릴리아처럼 불안감이 좋아지거나 완전히 사라지기도 한다.

숨겨진 문제나 감정이 무엇인지 어떻게 알 수 있을까? 몇 가지 힌트를 살펴보자.

1. 숨겨진 감정이나 문제가 과거에 묻힌 어떤 충격적인 사건인 경우는 거의 없다. 물론 과거에 충격적인 사건을 겪고 그 사건 때문에 여전히 고통을 겪는 사람들도 있다. 하지만 이 현상은 다르다. 숨겨진 감정 또는 문제는 과거가 아니라 현재에 파묻혀 있다.

2. 숨겨진 감정은 분노처럼 대개는 우리가 느껴서는 안 된다고 생각하는 감정이다. 긍정적인 감정이든 부정적인 감정이든, 우리가 그렇게 느껴서는 안 된다고 생각해서 감춘 감정이다.

3. 불안은 숨겨진 갈등이 위장되거나, 상징적 또는 거의 시적으로 표현된 것이다. 릴리아가 불안한 환상을 가지면서, 첫째 아이뿐 아니라 아직 태어나지 않은 아이까지 '죽이고' 있었다는 사실을 보라. 이는 남편이 충분히 도와주지 않았기 때문에 둘째를 갖고 싶은 생각이 들지 않는다고 말하는 릴리아의 방식이었다.

만약 숨겨진 갈등이 어떤 종류의 인간관계 문제와 연관되어 있다는 생각이 들면, 릴리아의 예로 보여준 것처럼 인간관계 일지를 사용할 수 있다. 옆 쪽에 여러분이 사용할 수 있는 견본을 수록했다.

그리고 명심하자. 만약 불안과 싸우고 있다면, 첫 번째로 할 일은 결과 저항과 과정 저항을 떨어뜨리는 일이다. 결과 저항을 극복하려면, 불안감이 우리에게 도움이 되거나 우리를 보호하는 방식을 모두 나열하고, 불안을 통해 알 수 있는 우리의 긍정적이고 훌륭한 모습을 열거하면 된다.

과정 저항을 극복하고자 할 때는, 비록 불안감에 휩싸이더라도 우리가 가장 두려워하는 대상을 대면하다 이들이 결국 절로 사라질 때까지 기다리면 된다. 아마도 이 과정에서 저항이 가장 심할 것이다. 노출이 그만큼 무섭기 때문이다.

이 장에서 설명한 방법 외에도 불안을 극복하는 데 유용한 기법은 많다. 만약 이 주제를 더 깊이 살펴보고 싶다면 내 책《패닉에서 벗어나기》를 추천한다. 우리가 생각할 수 있는 모든 유형의 불안을 극복하는 데 도움이 될 더 많은 기법을 접할 수 있다.

인간관계 일지[✣]

1단계: 상대방이 한 말을 **정확하고** 간결하게 적으시오. 상대가 한 말: ____________________ ____________________ ____________________ ____________________	**2단계:** 그다음 당신이 한 말을 **정확하고** 간결하게 적으시오. 내가 한 말: ____________________ ____________________ ____________________ ____________________
상대가 느꼈을 것 같은 감정에 밑줄 치세요.	**당신**이 느낀 감정에 밑줄 치세요.
슬픔, 울적함, 우울, 침울, 불행	**슬픔,** 울적함, 우울, 침울, 불행
불안, 걱정, 공포심, 과민함, 겁이 남	**불안,** 걱정, 공포심, 과민함, 겁이 남
죄의식, 가책, 불쾌감, 부끄러움	**죄의식,** 가책, 불쾌감, 부끄러움
열등감, 무가치감, 부적절감, 결핍감, 무능감	**열등감**, 무가치감, 부적절감, 결핍감, 무능감
외로움, 사랑받지 못함, 환영받지 못함, 거절감, 고독감, 버림받음	**외로움**, 사랑받지 못함, 환영받지 못함, 거절감, 고독감, 버림받음
창피함, 바보 같은 기분, 수치심, 시선 의식	**창피함**, 바보 같은 기분, 수치심, 시선 의식
절망, 낙담, 비관, 좌절감	**절망,** 낙담, 비관, 좌절감
답답함, 갑갑함, 낭패감, 패배감	**답답함**, 갑갑함, 낭패감, 패배감
화, 몹시 화가 남, 분개, 언짢음, 짜증 남, 속상함, 격분	**화**, 몹시 화가 남, 분개, 언짢음, 짜증 남, 속상함, 격분
그 외의 감정들(구체적으로)	**그 외의 감정들**(구체적으로)

3단계: 좋은 의사소통 VS 나쁜 의사소통 여러분의 반응은 좋은 의사소통의 예인가 아니면 나쁜 의사소통의 예인가? EAR 대조표를 사용하여 2단계에서 기록한 내용을 분석한다.

EAR 대조표

	좋은 의사소통	√	나쁜 의사소통	√
E=공감Empathy	1. 상대방의 감정을 인정하고, 상대방의 말에서 진실을 받아들인다.		1. 상대의 감정을 무시하거나 그 사람이 "틀렸다"고 주장한다.	
A=자기주장 Assertiveness	2. 자신의 감정을 솔직하고 직접적으로 표현한다.		2. 감정을 표현하지 못하거나 공격적으로 표현한다.	
R=존중Respect	3. 존중하고 배려하는 태도로 대한다.		3. 존중하거나 배려하는 태도가 없다.	

4단계: 결과 여러분은 2단계에서 문제를 호전시켰는가 아니면 악화시켰는가? 이유는 무엇인가?

5단계: 반응 수정 효과적인 의사소통 비결 다섯 가지를 사용하여 2단계에서 기록한 내용을 수정한다. 수정한 반응이 효과적이지 않으면 다시 시도한다.

18장

극대화와 극소화

최근 나는 미혼 남성인 키숀을 치료했다. 키숀은 80대의 노모를 돌보고 있었다. 키숀은 어머니를 지극히 사랑했고, 어머니가 편찮으시거나 돌아가시면 어쩌나 걱정했다. 그는 한밤중에 공황 상태로 잠에서 깨어나 다시 잠들기가 너무 힘들다고 말했다.

키숀은 다음과 같이 공황을 야기하는 비극적인 메시지를 스스로에게 던지고 있었다.

1. 어머니는 돌아가시고 나는 혼자가 될 거야.
2. 어머니가 돌아가시면 나를 도와줄 사람은 아무도 없을 거야.
3. 나는 이 세상에 혼자 남을 거야. 외로울 거야.
4. 공황이 멈추지 않으면 일하기가 더 어려워질 거야.
5. 다시는 잠을 못 잘 거야.
6. 가족 없이 혼자 사는 인생을 감당하지 못할 거야.
7. 한밤중에 일어나 공황 발작을 겪으면 진정이 안 될 거야.

키숀의 문제는 사실이었다. 모친은 노쇠했고, 자신은 두 달 동안 불면증으로 고통받았다. 그에게 마음이 쓰였다. 하지만 그의 극심한 불안감은 역시 키숀이 지닌 문제 때문이 아니라, 그가 문제를 바라보는 왜곡된 생각 때문에 발생한 것이었다.

구체적으로, 키숀은 **극대화**와 **극소화**라는 인지 왜곡에 빠져 있었다. 이 왜곡은 다음과 같이 정의할 수 있다.

- 상황을 너무 크게 부풀리거나(극대화) 너무 작게 축소한다(극소화). 결점은 크게 부풀리고 장점은 작게 축소하는 것이다. 나는 이 왜곡을 쌍안경 속임수라고도 부른다. 사물을 쌍안경으로 볼 때와 비슷하기 때문이다. 한쪽으로 보면 문제가 실제보다 훨씬 더 크고 무섭게 보이지만, 반대쪽으로 보면 긍정적인 자질이 더 작고 하찮아 보인다.

일부 사람들은 파국화catastrophizing라는 표현을 사용하여 극대화를 설명한다. 실제로는 그렇지 않은 상황에서 곧 끔찍한 재앙이 닥친다고 생각하고, 그런 생각이 불안감과 공황을 불러오는 것이다.

키숀은 분명히 극대화에 빠져 있었다. 비록 모친이 노령이긴 했지만, 죽음이 임박한 상황은 아닌 데다 아프지도 않았다. 그는 자신이 처한 위험도 과장했다. 공황 발작과 불면증은 극도로 불편하긴 해도 위험하진 않으며, "다시는 잠을 못 자도록" 만들지도 않는다.

키숀은 극소화에도 빠져 있었다. 어머니가 돌아가신다 해도 이 세상에 혼자 남겨지는 것은 아니었기 때문이다. 사실 키숀에게는 그를 사랑하고, 어머니가 돌아가신 뒤에도 힘이 되어줄 친구들이 있었다. 그는 자신의 장점도 과소평가하고 있었다. 그는 불면증을 겪으면서도 직장에서 뛰어난 능력을 발휘했다. 키숀은 매우 유능했고 자립심도 강했다.

키숀을 포함한 공황과 불안증으로 힘들어하는 다른 사람들을 비난할 의도는 없다. 키숀의 증상은 그의 핵심 가치관과 어머니에 대한 사랑의 표현이 분명했고, 나는 그를 무척 존경했다.

하지만 전부는 아니더라도 그의 고통 대부분은 왜곡된 생각, 특히 극대화와 극소화의 결과였다. 극대화와 극소화는 다음의 증상에서 중요한 역할을 한다.

◆ **불안 장애** 두려운 대상의 위험성을 과장한다. 공포증은 이 경향이 뚜렷하다. 학생 몇 명이 통계학 훈련 차 우리 집에 온 적이 있다. 그중 한 학생이 작고 귀여운 고양이 '해피'를 보자 목이 터져라 비명을 지르며 겁에 질려 방을 뛰쳐나갔다. 고양이 공포증이 있어서 해피가 자신에게 달려들어 사납게 공격할 거라고 확신했던 듯하다.

◆ **분노** 너무 답답하고 짜증이 난 나머지 자신이 싫어하는 다른 사람의 '나쁘고 끔찍한 점'을 과장하고, 긍정적인 자질은 축소한다.

◆ **반감에 대한 두려움** 한 사람이라도 자신을 못마땅하게 여기거나 비난하거나 거절하면 얼마나 끔찍할지를 과장한다. 자신이 받는 부정적인 견해가 사람들 사이에 퍼져나가 곧 온 세상이 자신을 배척하고 쫓아낼 거라는 생각까지 할지도 모른다. 앞 장에서 설명한 자기 패배적 신념의 목록을 기억한다면, 이를 들불 오류라고 할 수도 있다.

◆ **무가치감, 열등감, 결핍감** 결점을 과장하고 긍정적인 자질은 축소하며, 자신이 특별하거나 고유하거나 호감 가는 데가 없는 존재라고 결론짓는다.

◆ **미루기** 미루고 있는 일이 얼마나 힘들고 시간이 오래 걸릴지를

과장하여 생각하고, 그 일을 시작하려면 얼마나 불안하고 끔찍한 기분이 들지 최악의 상황을 상상한다.

◆ **완벽주의** 자신을 갉아먹는 실수를 하지 말았어야 한다고 생각한다. 실수의 중요성을 과장하며, 실패는 수치스럽고 끔찍하다는 메시지를 스스로에게 던진다.

◆ **습관과 중독** 먹지 않으려 노력하는 중에 맛있고 살찌는 음식을 먹고 싶다는 유혹을 느낄 때, 그 음식이 매우 맛있고 그 음식을 먹으면 정말 기분이 좋을 것이라고 생각한다.

◆ **공황 발작** 아마도 가장 극단적인 형태의 극대화일 것이다. 공황 발작이 일어나면, 가슴이 조이거나 현기증이 오거나 손가락이 저리는 등 신체적으로 많은 불안 증상이 나타난다. 이 증상이 위험하다고 생각하며, 자신이 곧 죽거나 의식을 잃거나 숨이 막히거나 미칠 거라고 결론짓는다. 또한 두려움을 **느끼며** 그 증상들이 엄청나게 **위험하다고** 단정한다.

더 열거할 수도 있지만, 실질적인 질문은 '만약 자신의 부정적인 생각에서 극대화와 극소화를 발견한다면 어떻게 해야 할까?'이다. 도움이 될 만한 기법은 많다. 키숀의 이야기로 돌아가 이들 기법을 어떻게 사용할지 알아보자.

긍정적 재구성은 가장 강력한 기법 중 하나로, 키숀을 치료할 때 확신을 갖고 제일 먼저 사용한 도구다. 그의 고착 또는 있을 법한 저항을 줄여야 극심한 불안감을 없앨 수 있고, 그런 뒤에야 그가 사고방식과 감정을 바꾸도록 도움을 줄 수 있기 때문이다.

키숀은 다양한 부정적 감정을 보고했고, 나는 414쪽의 표에 그 목록을 기록했다. 각 감정을 살펴보면서 이 감정이 지닌 유익은 무엇이며 키숀의 핵심 가치관에 관한 긍정적이거나 훌륭한 점을 보여준다면 무엇인지 생각해보자.

'정답'이 무엇인지 걱정할 필요는 없다. 키숀에게 진실로 들리고, 유행어나 거짓 칭찬, 격려하려는 노력 따위로 꾸미지 않는 한 정답은 없다. 사실 이 시점에서 목표는 변화를 격려하는 것이 **아니다**. 오히려 그 반대다. 목표는 키숀의 힘겨운 싸움과 우울감, 공황, 절망, 좌절감에서 아름답고 긍정적인 면을 끄집어내는 것이다.

궁금해할 독자들을 위해 덧붙이자면, 키숀의 부정적인 생각으로 긍정적 재구성을 할 수도 있지만, 우리는 단순한 접근을 위해 그의 부정적인 감정에 초점을 맞출 것이다.

다 적고 나면, 키숀과 내가 함께 생각한 목록을 확인해보라.

415쪽에 나오는 키숀의 긍정적 재구성 목록에서 보듯이, 키숀은 소위 '부정적인' 감정에 이토록 많은 아름다운 면이 있다는 데 놀랐다! 나는 키숀에게 마법 다이얼을 사용하여 각각의 감정을 원하는 수준으로 낮출 수 있고, 그러면 우리가 찾아낸 긍정적인 면을 잃지 않고도 기분이 나아질 수 있다고 말했다.

키숀은 이에 동의하며 몇 가지 기법을 사용해 부정적인 생각을 무너뜨릴 수 있기를 간절히 원했다. 그리고 상당히 빠르게 그렇게 할 수 있었다. 다음은 키숀에게 특히 도움이 되었던 기법이다.

◆ **증거 조사** 부정적인 생각 때문에 극히 속상할지 모르지만, 그 생각을 입증할 실제 증거를 조사할 수 있다.

◆ **수용 역설** 부정적인 생각에 반박하는 대신, 존엄과 자기 존중의 정신으로 부정적인 생각을 수용하면 된다.

감정	장점과 핵심 가치관
슬픔	
불안	
창피함	
결핍감	
외로움	
부끄러움	
절망	
답답함	
분노	

키숀의 긍정적 재구성 목록

감정	장점과 핵심 가치관
슬픔	내 슬픔은 • 내가 어머니를 얼마나 사랑하는지 보여준다. • 내가 어머니와 내게 더 좋은 것을 바란다는 뜻이다. • 내가 삶에 열정과 감사한 마음을 가지고 있다는 뜻이다.
불안	내 불안이 동기 부여가 되어 • 어머니가 노후에 편안함과 안전과 관심을 느낄 수 있도록 미리 준비하고, 어머니가 사랑하는 많은 일을 하게끔 한다. • 어머니가 돌아가신 뒤 친구들과 돈독한 관계를 유지할 수 있도록 내가 사람들과 가까이 지내게 한다. • 경계심을 유지하게 한다.
창피함	내 창피함은 • 내게 도덕적 잣대가 있다는 뜻이다. • 나 자신에 대한 기준이 까다롭다는 뜻이다.
결핍감	이 감정은 • 내게 많은 결점과 부족함이 있으므로 내가 정직하고 현실적이라는 뜻이다. • 내 기준이 엄격하다는 뜻이다. 엄격한 기준은 평생 열심히 일해서 많은 것을 성취하도록 동기를 부여했다. • 내가 고통받는 사람들과 부족함을 느끼는 사람들의 힘겨운 싸움과 자기 회의감에 공감할 수 있으므로, 그들에게 연민을 느낀다는 것을 보여준다. • 내가 자만하지 않고 겸손하다는 뜻이다. 겸손은 영적인 가치이고, 신앙은 내게 매우 중요하다.
외로움	내 외로움은 • 내가 다른 사람들과 더 깊이 연결되고 싶어 한다는 점을 보여준다. • 내가 아끼는 사람들과의 의미 있는 관계를 소중히 여긴다는 뜻이다. • 내가 다른 사람들에게 다가가도록 동기를 부여한다.
부끄러움	이 감정은 때때로 나를 자제시킨다!
절망	절망과 낙담 등의 감정은 • 내게 희망이 얼마나 중요한지 보여준다. • 내가 실망하지 않도록 보호해준다. • 내가 사실을 직시하고, 진실성을 가지고 있다는 점을 보여준다. 어머니는 나이가 드셨고, 나는 공황과 불안, 불면증과 승산 없는 싸움을 벌이고 있기 때문이다. • 내 감정의 깊이를 보여준다.
답답함	내 답답함은 내가 포기하지 않았다는 사실을 보여준다!
분노	내 분노는 • 내가 엄격한 기준을 가지고 있다는 점을 보여준다. • 내가 행동을 취하도록 동기를 부여한다. • 내가 얼마나 노력하는지 보여준다.

증거 조사는 키숀의 첫 두 가지 부정적인 생각 '어머니는 돌아가시고 나는 혼자가 될 거야', '어머니가 돌아가시면 나를 도와줄 사람은 아무도 없을 거야'의 타당성을 평가하는 데 유용했다.

키숀은 어머니가 죽음의 문턱에 있지 않고 건강하다는 사실을 떠올렸다. 게다가 그를 사랑하고 지지해주는 친구도 많았다. 나아가 키숀은 줄곧 강인하고 자립심 강한 사람으로 살아왔다. 이 사실을 상기한 키숀은 두 가지 부정적인 생각에 대한 믿음이 뚝 떨어졌다.

키숀은 '나는 이 세상에 혼자 남을 거야. 외로울 거야'라는 세 번째 부정적인 생각에 반박하는 데 증거 조사와 수용 역설을 사용했다. 키숀은 자신이 많은 친구가 있고, 봉사 활동을 하면서 언제든 다른 사람들과 연결될 수 있다는 사실을 상기했다. 한편 키숀은 종종 고독을 즐기기도 했다. 또한 그는 어느 정도의 외로움은 어머니에 대한 효심과 사랑을 반영하므로 적절한, 어쩌면 심지어 좋은 감정일 수도 있다고 지적했다.

증거 조사는 '공황이 멈추지 않으면 일하기가 더 어려워질 거야'라는 네 번째 부정적인 생각에도 도움이 되었다. 물론 이 생각에는 일말의 진실이 있다. 고단한 채로 출근해야 할 때는 짜증도 나기 마련이다. 하지만 그는 잠을 제대로 자지 못한 다음 날에 늘 일이 잘됐거나 심지어 최고의 성과를 낸 적도 있다는 사실을 인정해야 했다.

보다시피 증거 조사와 수용 역설은 키숀에게 큰 도움이 되었고, 무서운 부정적 생각에 대한 믿음을 크게 떨어뜨렸다. 나는 우리가 먼저 시도한 긍정적 재구성이 그가 놀랄 만큼 빠르게 호전될 수 있었던 열쇠라고 확신한다. 저항 또는 고착이 사라지면 치유와 사랑의 목소리가 나타날 수 있다.

키숀도 부정적인 감정이 급격하게 줄어들자 **생각**이 바뀌면 **감정**도

바뀐다는 사실을 다시 한번 확인했다.

이제 이 두 기법에 대해 감을 잡았을 테니, 여러분의 기분 일지에 적어둔 부정적인 생각 가운데 극대화나 극소화의 사례가 있는지 찾아보자. 그중 한 가지 생각을 선택하여 여기에 적어보자.

이제 이 생각이 **왜** 극대화 또는 극소화의 사례인지 설명해보자. 예를 들면, 무언가를 과장하거나 어떤 중요성을 간과하고 있다는 생각 말이다. 여러분의 답을 이어서 적어보자.

마지막으로 증거 조사나 수용 역설을 사용하여 긍정적인 생각을 떠올려보자. 긍정적인 생각은 100퍼센트 참이며, 부정적인 생각에 대한 믿음을 무너뜨리는 것이어야 한다.

다른 기법들

만약 여러분을 반복해서 괴롭히는 극대화와 관련된 부정적인 생각이 있다면, 몇 가지 방법을 더 생각해볼 수 있다. 이런 부정적인 생각은 종일 불안한 생각을 달고 다니는 강박 장애 환자들에게 특히 흔하다. 이들은 어떤 의례와도 같은 강박 행동으로 불안을 중화시키려고 한다. 하지만 일시적인 안도감을 느낄 뿐 강박적인 생각과 불안은 필연적으로 다시 나타난다. 따라서 강박 행동은 계속해서 반복된다.

이는 전형적인 강박 장애로, 삶과 정서적 건강에 큰 방해가 된다. 그리고 심각한 경우에는 치명적인 장애가 될 수도 있다.

이 경우에는 노출뿐 아니라 재귀인과 자기 관찰도 도움이 된다.

◆ **재귀인/자기 관찰** 이미 깨뜨렸다고 생각한 부정적인 생각이 다시 반복해서 나타날 때, 색인표나 휴대용 계수기에 기록하기만 하면 된다. 이 방법을 자기 관찰이라고 한다. "오, 또 그 부정적인 생각이 드네"라며 혼잣말해도 된다. 이 방법을 재귀인이라고 한다. 부정적인 생각이 그저 나쁜 습관일 뿐이고, 그 생각에 집착할 필요가 없다는 사실을 스스

로 떠올리는 것이다.

생각이 흐르는 대로 내버려 두고 하던 일에 집중하면, 끝없이 반복되는 부정적인 생각에 매달리는 대신 일상의 삶으로 돌아갈 수 있다. 나는 이 전략을 '일상생활에서의 마음 챙김'이라고도 부른다. 사람들이 명상을 통해 배우려고 하는 것과 효과가 매우 비슷하기 때문이다. 하지만 이 방법이 훨씬 더 빠르다. 그야말로 내려놓기의 미학이다.

이 방법을 시도해보고 싶다면, 4주 동안 매일 드는 부정적인 생각을 세어보고 하루 총계를 달력에 기록하면 된다. 많은 경우, 하루 총계는 3주가 지나면서 점점 줄어들어 완전히 없어지기도 한다. 다른 기법들과 마찬가지로, 효과가 좋은 사람들도 있지만 효과를 보지 못하는 사람들도 있다. 하지만 쉬운 방법이니 시도해볼 만하다.

◆ **노출/인지 홍수** 이 방법은 정반대의 전략인데, 약간의 용기가 있다면 놀랄 만큼 큰 효과를 볼 수 있는 방법이다. 만약 어떤 위험을 과장해 두려움을 느낀다면, 두려워하는 그 대상을 상상하면서 최대한 불안에 빠져보는 것이다.

키숀의 경우, 눈을 감고 어머니가 죽은 후 온 세상에서 버림받아 완전히 외톨이가 되었다고 상상해볼 수 있다. 가능한 가장 무서운 상황을 시각화하고, 1~2분마다 부정적인 생각과 감정을 기록하다 보면 결국 불안감이 줄어들기 시작하여 완전히 사라진다.

이 과정은 한 시간 이상 걸릴 수도 있고 몇 분 만에 끝날 수도 있다. 사람마다 다르다. 중요한 것은 불안을 피하거나 애써 다른 생각을 하거나 마음을 진정시키려고 하지 **않아야** 한다는 점이다. 대신 겁을 먹으려 애쓰며 불안감을 100까지 끌어올려보라. 시간이 지나면서 불안이 줄어들고 저절로 사라진다는 사실을 알게 될 것이다. 여러분이 두려움을 이

겨낸 것이다!

그러려면 배짱이 필요하다. 이 과정이 엄청나게 불편할 수도 있고 심지어 무섭기도 할 테지만, 노출/인지 홍수 기법은 가장 강력한 불안증 치료제이자 극대화 치료제 중 하나다. 이 기법을 시도해보고 싶은 독자들을 위해, 각자 관찰한 바를 기록할 수 있는 홍수 흐름도flooding flowsheet를 첨부했다.

부정적인 생각을 반박하고 깨뜨리며, 우울감과 불안을 극복하는 방법이 많다는 점을 명심하자. 이 장에서 언급한 기법들이 여러분과 맞지 않아도 문제없다. 우리를 괴롭히는 괴물들을 퇴치할 방법은 많다!

홍수 흐름도

지시 사항: 눈을 감고 두려운 대상, 여러분을 불안하게 만드는 대상을 시각화해보자. 첫 번째 칸에는 2분 간격으로 시간을 기록하고, 두 번째 칸에 불안감을 0(전혀 불안하지 않음)에서 100(최악의 공황)까지의 척도로 표시한다. 세 번째 칸에는 마음속에 떠오른 무서운 심상, 그림, 환상 등을 묘사하고, 네 번째 칸에는 부정적인 생각을 적는다.

가능한 오랫동안 불안을 느낀다. 불안감을 통제하거나 회피하려고 하지 **않는다**. 오히려 더 강하게 느끼려고 노력한다. 마침내 불안감이 줄어들다 완전히 사라질 것이다. 노출은 한 번에 급격히(홍수) 시도할 수도 있고 며칠간 10분에서 20분 정도씩(점진적 노출) 시도할 수도 있다.

시간(2~3분 간격)	불안(0~100)	무서운 상상 또는 공상	무서운 부정적 생각

19장

감성적 추리

집중력이 짧은 사람들을 위해 이 장의 내용을 짧게 요약해보자면 다음과 같다. '감정을 느낀다는 것이 훌륭한 일이라는 데는 의심의 여지가 없다. 하지만 이는 깊은 함정이 될 수도 있다.'

자신의 감정을 느끼는 일은 오래전부터 심리 치료의 중심을 차지해왔다. 오랜 시간 동안 치료사들은 정신 건강과 행복의 비결이 감정을 느끼는(또는 받아들이는) 법을 배우거나 감정을 표현하는 법을 배우는 데 있다고 주장했다.

솔깃한 말이다! 하지만 너무 그럴듯하니 의심스럽지 않은가?

스탠퍼드대학교 의대에 재학하던 시절, 이 문제를 확인해보기로 결심했다. 어떤 감정을 느끼든 그 모든 감정을 일주일 내내 대화하는 모든 사람에게 표현해보기로 한 것이다. 의대 수업을 모두 빼먹은 채 녹음기를 들고 팔로 알토와 샌프란시스코를 돌아다닌 덕에, 그사이에 일어난 일을 모두 기록할 수 있었다.

솔직히 말하면, 이 실험을 시작한 지 7일 후까지 놀라운 일이나 흥미로운 일은 하나도 일어나지 않았다. 마지막 날에는 학생회관에 앉아 점심을 먹었다. 그러다 혼자 식사 중이던 또래 학생을 발견했는데, 특별한 이유도 없이 그에게 부정적인 감정이 강하게 들었다. 그래서 계획대로 녹음기를 손에 들고 그에게 다가가 말했다.

"네가 마음에 들지 않는다는 걸 알려주고 싶어."

그가 답했다.

"무리도 아니지."

나는 그에게 왜 그렇게 대답했는지 물었다. 그는 내게 조간신문을 읽었느냐고 되물었다. 나는 신문을 보지 않았고, 그가 무슨 말을 하는지 전혀 모르겠다고 대답했다.

그는 스탠퍼드대학교에 있는 건물 하나를 폭파할 계획을 세웠다가 방금 체포되었다며, 자기 사진이 〈샌프란시스코 크로니클〉 1면에 실렸다고 설명했다.

정말 놀라운 이야기였다! 그때 그가 끼고 있던 멋진 나바호 터키석 반지가 눈에 들어왔다. 나는 어릴 때 피닉스에서 살아서 나바호족의 장신구를 좋아했기에, 그에게 "반지가 아주 마음에 든다"고 말했다. 그러자 그가 말했다.

"그래? 너한테 줄게. 이제 내가 갈 곳에서는 이 반지가 필요 없거든."

그렇게 그는 내게 나바호 반지를 주었다!

꽤 멋진 일이었다. 하지만 이는 내 감정을 표현한 일주일 동안에 있었던 유일한 멋진 일이었다. 나는 단지 감정을 있는 그대로 느끼기만 해서는 마법이 일어나지 않는다는 사실을 깨달았다.

정신과 의사가 된 후에도, 우리가 때로는 감정을 매우 잘못 이해하고 있다는 사실을 알게 됐다. 감정적 추리를 인지 왜곡 목록에 포함한 이유다. 우선 그 정의를 알아보자.

◆ **감정적 추리** 어떤 기분을 느끼면 그 기분을 바탕으로 추리한다. 자신이 패배자 같다는 **기분**이 들면 **실제로** 패배자라고 결론을 내린다. 또는 자신이 사랑스럽지 않다는 **기분**이 들면, **정말** 사랑스럽지 않다고 결론짓는다. 절망적인 **기분**이 들 때는 **정말로** 가망이 없으며 결코 우울증에서 회복되지 못할 거라는 결론을 내린다.

감정적 추리는 때때로 처참한 결과를 불러오기도 한다. 절망에 빠져 우울해진 사람들은 자신이 **정말로** 절망에 놓였다고 확신하여 스스로 목숨을 끊기도 한다. 절망은 아마도 자살의 가장 흔한 원인일 텐데, 이는 환자에게도, 그 가족에게도, 또 환자를 치료한 치료사에게도 엄청난 비극이다.

이런 비극이 더 쓰라린 이유는 자살을 초래한 좌절감과 절망감이 진실에 기반하지 않은, 엄청나게 왜곡된 부정적인 생각에서 비롯되었기 때문이다. 나는 우울증이 세상에서 가장 오래된 사기꾼이라고 빈번히 말해왔다. 이 사기꾼은 때로는 생명도 앗아가려 든다.

감정적 추리를 인지 왜곡 목록에 넣은 이유는 무엇일까? 모든 감정은 전적으로 생각에서 비롯되기 때문이다. 하지만 생각이 왜곡되어 있다면, 우리의 감정 또한 놀이동산의 울록볼록한 거울에 비친 기괴한 괴물처럼 실제를 다르게 반영한 결과물일 수 있다. 자기감정에 속아 넘어가는 이 현상은 **어떤** 감정으로도 일어날 수 있다.

감정에 귀 기울이는 게 나쁘다는 의미가 아니다. 더 많은 증거 없이 감정을 이용하여 자신 또는 주변 사람들과 상황에 대한 결론을 끄집어내는 것이 해로울 뿐이다. 다행히 이 문제에는 좋은 해결책이 있다!

일을 시작한 초기에 나는 소위 우울증의 '화학적 불균형' 이론이라

불리는 것을 연구하고 있었고 환자들에게 우울증 치료제를 퍼주듯이 투약했다. 하지만 환자 중에 정말로 우울증에서 회복한 사람은 거의 없었다. 어떤 사람들은 조금 나아지고 어떤 사람들은 악화되고 많은 사람이 그대로였지만, 우울증에서 완전히 벗어나 기쁨을 느끼는 사람은 거의 없었다. 그 상황이 괴로웠다. 그래서 치료 효과를 높일 다른 심리 치료 방법을 찾기 시작했다.

그즈음 동료 에런 벡 박사가 '인지치료'라는 새로운 우울증 치료법을 개발 중이라는 소식을 들었다. 벡 박사는 우울증이 부정적인 생각에서 비롯되며, 우리가 보다 긍정적으로 생각하는 법을 배우면 우울증을 극복할 수 있다고 믿었다.

나는 매우 회의적이었다. 너무 단순해 보였다. 솔직히 말해서 완전히 헛소리라고 생각했다.

나는 매주 열리는 벡 박사의 세미나에 참석해서 인지치료 기법을 우울증이 심한 몇몇 환자에게 적용해보기로 결심했다. 효과가 없다는 것을 직접 확인하고 싶었다. 하지만 실험은 예상과는 다르게 흘러갔다.

내 환자 중에는 카트리나라는 라트비아인 노인이 있었다. 심각한 수준의 자살 시도로 중환자실에 입원해 있던 중 내게 진료받게 된 환자였다. 우울증 치료 약물과 전통적인 대화 요법으로 카트리나를 치료했지만 큰 진전이 없었다. 내가 치료하는 환자들이 대부분 그랬다.

나는 벡 박사에게 인지치료를 사용하여 어떻게 카트리나를 도울 수 있는지 물었다. 벡 박사는 우리의 생각이 모든 감정을 만들어낸다는 사실을 상기시키며, 카트리나에게 자살하기로 결심한 순간 무슨 생각을 했는지 물어봐야 한다고 했다. 카트리나는 자살을 시도한 순간 자신에게 어떤 메시지를 던졌을까?

다음 치료 시간에 카트리나에게 그 질문을 했고, 카트리나는 자신이 아무런 가치가 없는 인간이라고 생각했다고 했다. 살면서 어떤 의미 있는 일도 이루어본 적이 없다는 것이 이유였다. 카트리나는 어떻게 하면 되겠느냐고 물었다.

나는 잘 모르겠다고, 하지만 일주일만 기다리면 벡 박사에게 물어본 후 다음 치료 시간에 전해주겠다고 대답했다.

벡 박사는 카트리나에게 자신이 **이루었던** 일 몇 가지를 목록으로 적게 하라고 했다. 이 방법이 증거 조사라는 점을 알아챈 사람도 있을 것이다. 카트리나는 자신이 실패자라고 **느꼈고**, 의미 있는 일을 아무것도 이루지 못했다는 결론을 내렸다. 하지만 그렇다는 증거는 무엇인가? 단지 그런 기분이 강하게 든다고 해서 그것이 참이 되지는 않는다.

다음 치료 시간에 나는 카트리나에게 그동안 **이루었던** 일 몇 가지를 적어야 한다고 말했다. 그러자 카트리나가 말했다.

"음, 내 문제가 그거예요. 어떤 가치 있는 일을 이루었던 게 생각나지 않아요. 그래서 죽으려고 했던 거고요. 나는 그저 아무런 가치가 없는 사람 같아요."

당황한 나는 이 문제를 숙제로 줄 테니 살면서 이루었던 일 몇 가지를 생각해보라고 말했다.

다음 치료 시간에 숙제를 내줬던 일을 깜박 잊고 평소처럼 진료를 봤다. 우울증 치료제를 복용한 후 부작용은 없었는지 확인하고, 부정적인 감정을 털어놓도록 격려했다. 치료 시간이 절반 정도 지났을 때쯤 카트리나가 물었다.

"숙제 확인은 안 할 건가요?"

나는 깜박 잊었다고 사과하고, 그동안 생각난 것들이 있었는지 물었다.

카트리나는 지금껏 살면서 이루었던 10가지를 적은 목록을 건네주었다. 첫 번째는 그녀가 2차 세계대전 당시 나치 독일에서 아이들을 몰래 데리고 나와 미국으로 탈출한 일이었다. 카트리나는 남편과 일가친척 전부가 강제 수용소에서 사망했고 자신과 두 아들만 살아남았다고 설명했다.

"그건 내가 이룬 일이라고 생각해도 될 듯해요."

내가 그저 동의했다고 말한다면 매우 절제된 표현일 것이다. 와!

두 번째는 미국에 도착한 뒤 집을 청소하고 바닥 닦는 일을 해서 먹을 것과 잠잘 곳을 구하는 등 두 아들을 부양한 일이었다. 카트리나는 이 역시 성취인지 모르겠다고 말했다. 그러면서 큰아이가 이번에 하버드대학교 경영 대학원을 수석으로 졸업했다며 정말 자랑스럽다고 덧붙였다!

세 번째는 자신이 5개 국어를 유창하게 구사한다는 것이었다.

그다음은 자신이 고급 요리를 만드는 요리사라는 것이었다.

목록에 들어간 다른 내용도 전부 그만큼 인상적이었다. 그래서 내가 물었다.

"당신이 아무것도 이룬 게 없는 가치 없는 인간이라는 생각을 이 목록의 내용과 어떻게 조화시킬 수 있는 거죠?"

카트리나가 답했다.

"못 하겠어요! 부정적인 생각이 갑자기 말이 안 되는 것 같아요. 죽으려고 했을 때는 다 사실 같았는데, 지금은 더는 그런 생각이 안 들어요."

"지금 기분이 어떤가요?"

"갑자기 훨씬 좋아졌어요. 정말 도움이 됐어요! 이런 기법이 더 있나요?"

"지금까지 배운 기법은 이것뿐이지만, 이번 주에 벡 박사님의 세미나에 참석해서 다른 기법을 배울 겁니다. 다음 치료 시간에는 그 기법을 시도해볼 수 있을 거예요."

카트리나는 좋다고 했다.

3주 후, 카트리나는 우울증에서 벗어나 행복과 자존감으로 가득했다.

카트리나는 감정적 추리 때문에 목숨을 잃을 뻔했다. 자신이 가치 없다고 **느껴져서** 정말로 **가치 없는 존재**라고 결론을 내렸다. 또 절망적인 기분을 느끼고 **희망이 없다**는 결론을 내렸다.

감정적 추론은 믿기 힘들 만큼 흔하다. 이 책에 나오는 거의 모든 사례에서 이 왜곡을 발견할 수 있다. 어떤 **기분**을 강하게 느낄 때 우리는 자연스럽게 그 기분이 **틀림없이** 사실이라고 결론을 내린다.

다른 왜곡처럼, 감정적 추리에도 부정적 형태와 긍정적 형태가 있다. 다음은 **부정적 형태의 감정적 추리**의 사례들이다.

- '너무 불안하고 겁이 나. 그러니까 위험에 처한 게 틀림없어.'
- '죄책감이 느껴져. 내가 나쁜 게 틀림없어.'
- '화가 나. 그러니까 이건 분명히 네 잘못이야.'
- '부끄러워. 아마도 사람들이 나를 안 좋게 보고 있을 거야.'
- '수줍고 불안해. 아마도 그녀가 내 불안감을 눈치채고 나를 좋아하지 않을 거야.'
- '저 사람은 완전히 얼간이 같아. 그러니 저 사람은 얼간이가 틀

림없어!'

- 공황 발작이 일어나면 곧 죽거나 금방이라도 미칠 것 같은 기분이 들기 때문에, 정말로 곧 죽거나 정신착란이 생길 거라고 생각한다.

긍정적 형태의 감정적 추리는 정반대다. 너무 행복하고 보람차서 곧 좋은 일이 일어난다고 절대적으로 확신한다. 사례를 살펴보자.

- '저 남자는 정말 귀여워. 틀림없이 좋은 사람일 거야!'(그 남자는 극도로 지배적이거나 자아도취가 심하거나 폭력적이거나 자기중심적인 사람일 수도 있다.)
- '저 여자는 정말로 영감을 주고 선견지명이 느껴지는 이야기를 해. 같이 있으면 멋진 기분이 들어. 그러니 저 여자는 틀림없이 멋질 거야!'(그 여자는 광신도들이 모인 종교 집단의 지도자일 수도 있고 사기꾼일 수도 있다.)
- 카지노에서 내기에 이기면 '운이 좋은 것 같으니, 돈을 더 많이 걸어야겠어!'라고 생각한다.
- 특정 인종이나 정치적, 종교적 집단 또는 성적 지향 때문에 다른 사람들보다 우월하다고 느끼므로, 그 집단이 정말로 나쁘거나 잘못되었거나 열등하다고 결론짓는다.

감정적 추리와 관련하여 우리는 무엇을 할 수 있을까? 많은 기법이 도움이 되지만, 증거 조사가 출발점으로 사용하기에 좋다. 카트리나에게도 도움이 되었고, 여러분에게도 유용할 것이다.

증거 조사

이미 익숙한 기법이셨지만, 여기서 다시 한번 간략히 논해보자. 느끼는 감정대로 성급하게 결론을 내리는 대신, 부정적인 생각과 믿음에 부합하는 또는 반대되는 실제 증거들을 찾아보자.

먼저 여러분의 기분 일지를 보고, 다음과 같은 감정적 추리의 예가 되는 생각 한 가지를 찾는다.

- '나는 의미 있는 일을 해낸 적이 없어.'
- '실패자(또는 패배자)가 된 기분이야. 그러니까 실패자(또는 패배자)가 틀림없어.'
- '나는 사랑스러운 것 같지 않아. 그러니까 절대로 사랑받지 못할 거야.'
- '절망감이 느는 길 보면, 분명히 가망이 없는 거야.'
- '비행하는 게 너무 두려워. 비행은 정말 위험한 게 틀림없어.'

찾았다면, 다음 쪽 증거 조사 표의 맨 위에 적는다. 그런 다음 그 생각을 뒷받침하는 증거와 그 생각이 거짓임을 의미하는 증거를 모두 적는다.

생각나는 대로 모두 나열했으면, 부정적인 생각을 지지하는 증거와 그렇지 않은 증거 중 어느 쪽이 더 설득력 있는지 아래쪽 원 안에 합이 100이 되도록 숫자 두 개를 적는다.

증거 조사 표

부정적인 생각: ______________________________________

____

부정적인 생각이 참이라는 증거	부정적인 생각이 거짓이라는 증거

구체적으로 생각하기

감정적 추리와 싸울 때 사용할 수 있는 또 다른 기법은 **구체적으로 생각하기**다. 이 기법은 매우 기본적이지만 아주 강력한 효과를 발휘한다. 특정한 기분이 들 때 속상하다면 구체적으로 묻는다. 예를 들어, 나는 이따금 워크숍이나 치료에서 기대치보다 낮은 평가를 받을 때가 있는데 그럴 때면 보통 실패자가 된 기분이다. 이런 감정은 매우 포괄적이고, 여기에는 수치심도 포함된다. 그럴 땐 이런 식으로 생각한다.

'워크숍에서 내가 **구체적으로** 어떤 실수를 저질렀는가? 어떻게 하면 그 실수를 바로잡을 수 있는가?'

이렇게 하면 안도감을 찾을 수 있다. 구체적인 실수는 거의 항상 정정 가능하기 때문이다. 하지만 실패자라는 느낌에서 그친다면, 정말 보편적이고 돌이킬 수 없는 결함이 있는 실패자가 된 듯 느껴지고, 모든 게 끝이라는 기분에 빠진다!

이 기법은 그중에서도 죄의식을 수반하는 감정적 추리, 특히 '죄책감이 느껴지는 걸 보니, 내가 뭔가 잘못한 게 틀림없어' 같은 생각을 할 때 유용하다. 무척 흔히 할 수 있는 생각이지만, 이런 생각 때문에 곤경에 빠질 때도 있다.

나도 때로는 죄책감에 시달린다. 옳은 일을 한다는 확신이 있을 때조차 그렇다. 의사 경력 초반에 심각한 우울증을 앓던 10대 여자아이를 치료한 적이 있다. 아이는 분노와 반항이 심했고, 심리 치료 숙제를 내줘도 전혀 해오지 않았다. 나는 그 아이와 정면으로 부딪치며 숙제를 하지 않으면 회복되지 않을 거라고 말했다. 아이는 "빌어먹을" 숙제고 치료고 관심이 없다며, 치료를 마치면 자살하겠다고 맞받아쳤다.

나는 그렇게 하도록 두지 않겠다고 대답했다.

아이는 "당신은 나를 막을 수 없어!"라고 말하며 문으로 달려갔다. 나도 뛰어나가 아이를 막으며 "나는 너를 막을 수 있어"라고 말했다. 아이는 비명을 지르고, 나를 때리고, 벗어나려고 애쓰며 죽어버리겠다고 고집을 부렸다.

한 손으로 아이를 제지하며 다른 한 손으로 가까스로 전화 교환원(911 응급 전화 서비스가 있기 전이었다)에게 연결해 당장 경찰을 불러 달라고 말했다.

3분도 안 돼 도착한 경찰은 아이를 대학 병원 응급실로 데리고 가 진찰받게 하겠다고 말했다. 경찰들은 발버둥 치며 번즈는 끔찍한 사기꾼이고 세상에서 제일 나쁜 정신과 의사라고 비명을 지르는 아이를 진료실에서 끌고 나가야 했다.

병원 문을 연 지 얼마 안 되었던 때라 안 좋은 소문이 날 것도 같았고, 진심으로 죄의식과 무능감도 느꼈다. 내가 무언가 잘못한 것 같았다.

'정확히 뭐야, 데이비드. 내가 그렇게 잘못되거나 나쁜 일을 한 건가? 구체적으로 생각해보자.'

그렇게 생각해봐도 구체적으로 잘못한 일이 떠오르지 않았다. 논리적으로는 내가 실제로 그 아이의 생명을 구한 건지도 모르고, 숙제에 관해서는 정확히 그 아이한테 필요한 메시지를 줬다고 생각했다.

그렇게 생각하니 상당히 도움이 되었고, 그 뒤로는 그 아이를 다시 만나지 못했다. 그럴 줄로만 알았다.

몇 년 후, 메릴랜드주 베세즈다에 있는 국립보건원 원장에게서 전화 한 통을 받고 무척 놀랐다. 그는 내게 아무개라는 젊은 여자를 치료한 적이 있는지 물었다. 몇 년 전 치료했던 10대 여자아이였다. 나는 질책을 들을 거라는 생각에 겁이 났다. 그는 정신 의학 연구계에서 가장 영향력 있는 인물이었고, 사실상 내 영웅 중 한 명이었다. 하지만 그를 직접 만난 적은 없었다.

나는 어색한 말투로 몇 차례 상담 치료를 진행했지만 치료 효과가 형편없었고, 왜 그 일로 전화했는지 궁금하다고 털어놓았다. 나는 그가 윤리위원회 같은 곳에 내 문제를 항의하려 할 거라고 생각했다. 그는 다음과 같이 설명했다.

"그 여성 환자는 자살하겠다고 위협하다 필라델피아에 입원해 십여 명이 넘는 정신과 의사들에게 치료받다가 지금은 우리 병동에 있습니다. 내가 지금까지 치료받으면서 도움이 된 정신과 의사들이 있었느냐고 물었더니, 딱 한 명 있었다며 그 사람이 데이비드 번즈 박사라고 하더군요. 그래서 박사가 그 환자에게 어떻게 접근하였기에 그토록 도움이 되었는지 알고 싶어서 전화했습니다."

감정적 추리는 이것으로 끝!

긍정적 재구성

바로 이번 주에 버나라는 여성을 치료했다. 버나는 눈물을 흘리며 12살 이후로 비밀로 간직했던 사연을 털어놓았다. 오빠에게 성적으로 학대당하고, 놀랄 만큼 무신경하고 잔인해 보이는 다른 일도 많이 당했다는 이야기였다. 버나는 화가 났고, 극심한 슬픔과 죄의식, 사랑받지 못한다는 기분, 부끄러움, 낙담, 답답함, 분노, 분개심 등을 느꼈다. 버나가 가진 부정적인 생각 중에는 '나는 손상됐어'라는 것도 있었다.

이 생각은 감정적 추리의 전형적인 사례다. 버나는 손상을 입은 **기분**이 들었고, 그래서 자신이 정말로 **손상되었다고** 결론지었다. 또 내가 자신을 비난하고 있고, 그룹 치료에 참여한 다른 사람들도 자신을 비난한다고 확신했다.

내가 마법 버튼을 누르겠느냐고 묻자, 버나는 망설임 없이 누르겠다고 했다.

하지만 버나가 생각하고 느끼는 방식을 바꾸도록 돕기 전에, 버나에게 각각의 부정적인 생각과 감정이 가진 유익한 점을 생각해보고, 각 부정적인 생각과 감정을 통해 알 수 있는 그녀의 긍정적이고 훌륭한 면을 찾아보자고 제안했다.

다음은 우리가 생각해낸 긍정적인 점이다.

1. 손상되었다는 기분은 내가 일하면서 많은 것을 성취하도록 동기 부여를 해줬다.

2. 극심하게 부정적인 감정은 내게 일어난 일이 중요하다는 사실을 분명히 보여준다. 만약 부정적인 감정이 갑자기 사라진다면, 오빠가 내게 저지른 학대와 잔인한 행동들이 하찮아질 것이다.

3. 내 분노는 나를 해칠 수 있는 다른 사람들에게서 나를 보호해주고 그들을 멀리하게 해준다.

4. 내 분노는 내게 도덕적 기준이 있고, 내가 무엇이 옳고 그른지를 확실히 구별할 줄 안다는 뜻이다.

5. 슬픔과 죄의식 덕분에 다른 사람들에게 더 많은 연민과 공감을 느낄 수 있다.

6. 또한 나는 더 좋은 엄마가 될 수 있었다.

7. 자기비판은 내 기준이 엄격하다는 점을 보여준다.

8. 비난받는 것에 대한 걱정은 내가 인간관계에 많은 신경을 쓴다는 뜻이다.

9. 강한 부정적인 감정은 내가 감정을 부정하기보다 기꺼이 느끼려 한다는 점을 보여준다.

10. 정말로 많은 학대가 있었기 때문에 내가 부정적인 감정을 느끼는 것은 적절하고 현실적이다.

이 목록을 확인한 버나는 놀라고 안도했다. 자신의 부정적인 생각과 감정에 긍정적인 측면이 있으리라고는 한 번도 생각해보지 않았기 때문이다. 사실 그 주에 우리 그룹에 들어와 마음을 연 순간까지도 버나는 그 긍정적인 면을 수치심 안에 감춰놓고 있었다.

이렇게 긍정적인 면을 확인한 후에도, 버나는 자기 생각과 감정을 바꾸고 싶다고 말했다. 버나는 엄청나게 화가 나고 손상을 입은 듯한 기분에 지쳐 있었다. 버나가 그룹 안의 다른 사람들이 자신을 비난한다고 확신했기 때문에, 나는 설문 기법이 유용하리라고 생각했다.

설문 기법/실험 기법

기억하겠지만, 설문 기법을 사용할 때는 다른 사람들에게 여러분처럼 느껴본 적이 있는지 또는 여러분을 어떻게 생각하는지 묻는다. 버나는 나를 비롯한 그룹 치료에 참가한 사람들이 자신을 비난한다고 확신했기 때문에, 버나에게 다른 사람들이 그녀를 어떻게 생각할지 조사해보자고 제안했다.

버나는 그런 내용을 묻는다는 게 두렵고, 사람들이 솔직하게 답하지 않을 거라고 확신했다. 나는 어쨌든 질문을 하라고 시켰고, 만약 대답이 정직하게 들리지 않는다면 반대 심문을 하면 된다고 알려주었다.

버나는 가장 먼저 리자이나라는 여성에게 질문했다. 리자이나는 울음을 터뜨리며 자신도 비슷한 경험이 있다고 털어놓았다. 그녀는 버나를 매우 가깝게 느꼈으며 마음을 열어주어 고맙다고 말했다.

버나는 리자이나가 거짓 없이 정직하게 대답했고 감동받았다는 사실을 알 수 있었다.

다음으로 두 명의 남성은 눈물을 흘리며 버나에게 크나큰 존경과 감탄을 표했다. 치료 그룹에 있던 다른 사람들도 같은 마음이라고 말했다.

이 경험으로 버나는 매우 감동했고, 그 이후로 줄곧 최고의 행복을 느끼고 있다는 이메일도 방금 보내왔다.

그룹 치료를 마친 후, 학습 포인트 10가지를 요약하여 참가자들에게 이메일로 보냈다. 다음은 내가 보낸 글 일부인데, 여러분도 흥미를 느끼거나 유용하게 익히기를 바란다.

> 우리 대부분, 아마도 거의 모든 사람이 거절당하거나 비난받을까 두려워 자신의 어떤 부분을 다른 사람들에게 숨기며, 스스로 망가졌다거나 부족하다거나 결함이 있고 부적절하다고 생각합니다.
>
> 감춰지고 억압된 자신의 일부, 스스로 '최악'이라 생각하는 부분을 공유하고 받아들일 때, 그 부분은 종종 '최고'로 변모하기도 합니다. 치료를 통해 그런 모습을 수백 번, 수천 번 보았습니다.
>
> 우리는 그 모습을 그룹 치료에서 극적으로 목격했습니다. 버나가 용

> 기 내어 무대에 오르고 자신의 최악의 두려움을 마주하며 자신에게 있었던 일을 터놓고 보여주었을 때, 버나뿐 아니라 우리 모두에게 놀라운 영감과 변화가 찾아왔습니다.
>
> 이것이 TEAM-CBT 치료의 신비하고도 영적인 측면입니다. 여기에는 '자아'의 죽음이 수반되고, 갑자기 완전히 다른 눈으로 보고 경험하는 재탄생의 개념이 따라옵니다. 이는 2,500년 전 부처님이 말씀하신 수용 역설과도 관련됩니다. 누군가는 자기 수용이야말로 실제로 인간이 만들어낼 수 있는 가장 큰 변화라고 말했지요.
>
> 치료의 목표는 온전해지거나 손상을 되돌리거나 가치를 올리거나 특별해지는 것이 아닙니다. '자기 계발'은 잘못된 방향이며, 일종의 끝없는 함정입니다. 우리는 어젯밤에 눈부시게 아름다운 수용을 보았습니다.
>
> 제가 방금 적은 단어들은 다만 특정한 방향을 가리키기만 할 뿐이며, 단지 깨달음의 과정을 암시할 뿐입니다. 먼저 '보고' 경험한 이후에만 여기에 '도달'할 수 있다고 확신합니다.
>
> 그래서 우리의 아름답고 놀라운 '환자'에게, 그토록 훌륭한 통찰과 지지, 열린 마음을 나누어주고 가끔은 눈물도 흘리게 해주어 다시 한번 감사하다는 인사를 드립니다.

이 장에서 감정적 추리에 도움이 될 만한 기법 몇 가지만 언급했지만, 다음의 기법을 포함하여 훨씬 많은 방법이 있다.

◆ **이중 기준 기법** 같은 문제를 안고 있는 소중한 친구에게 자신을 대할 때와 똑같은 태도로 말을 건네겠는가? 친구에게 무슨 말을 해줄 것인가?

◆ **회색 음영으로 생각하기** 자신의 결점과 실수를 흑백의 범주로, 전부 아니면 전무라는 식으로 생각하지 말고 회색 음영으로 생각할 수 있겠는가? 어떤 일에서든 0퍼센트이거나 100퍼센트인 사람은 거의 없다.

◆ **용어 정의** 만약 자신이 가치 없거나 절망적이거나 사랑스럽지 않다는 기분이 들어서 스스로가 가치 없거나 절망적이거나 사랑스럽지 않다고 생각한다면, 또는 실패자라고 생각한다면, 그 단어들이 실제로 어떤 의미인지 생각해보자. 가치 없는, 절망적인, 사랑스럽지 않은 인간의 정의는 무엇인가? 또 실패의 정의는 무엇인가?

이 용어를 어떻게 정의하든 그 정의에는 치명적인 결함이 있을 것이다. 왜냐하면,

1. 그 정의는 모든 인간에게 적용되기 때문이다.
2. 그 정의는 어떤 인간에게도 적용되지 않기 때문이다.
3. 그 정의는 무의미하거나 터무니없거나 틀린 게 명백하기 때문이다.
4. 그 정의는 여러분에게 적용되지 않기 때문이다.

용어 정의의 사례는 TEAM-CBT의 철학과 정신을 중점으로 다루는 3부에서 다양하게 제시할 것이다.

마지막으로, 감정적 추리에 빠진 부정적인 생각에는 다른 왜곡도 많이 있기 때문에, 커닝 페이퍼를 참고하여 다른 기법들을 더 찾아본다면 그 생각을 반박하고 무너뜨릴 방법을 더 많이 확인할 수 있을 것이다.

20장

해야 한다는 생각

최근 일요일에 하이킹에 나섰다가 소프트웨어 엔지니어로 일하는 여성 줄리아를 만났다. 줄리아는 특수 장애가 있는 9살짜리 아들 제이컵 문제로 낙담한 상태라고 털어놓았다. 제이컵은 얌전하고 사랑스러운 아이였지만, 언어와 협응 능력, 학습에 상당한 어려움을 겪고 있어 학교와 집에서 힘든 일들이 발생한다는 것이었다.

줄리아와 남편은 제이컵에게 아낌없는 사랑을 주고, 과외 개인 교습과 상담을 비롯한 여러 강화 활동을 다양하고 폭넓게 시켜보았지만, 제이컵은 또래 아이들보다 훨씬 뒤처졌다.

부모 참관 수업을 맞아 제이컵의 학교를 방문했을 때였다. 아이들이 만든 작품이 자랑스레 벽에 전시되어 있었다. 하지만 제이컵의 작품은 다른 아이들의 작품보다 눈에 띄게 완성도가 떨어졌다. 줄리아는 창피했고, 제이컵의 장애 때문에 다른 학부모들에게 무시당할까 봐 걱정됐다.

줄리아는 부끄러움도 느꼈다. '자식을 사랑하는 엄마는 아들을 **부끄러워해서는 안 된다**'고 생각했기 때문이다. 전형적인 해야 한다는 생각이다.

줄리아는 제이컵에게 답답함을 느낄 때도 있다고 말했다. 제이컵은 별로 노력도 하지 않고 포기할 때가 많았고, 숙제를 해야 할 때면 생떼를 부리기도 했기 때문이다. 줄리아는 "제이컵은 그렇게 쉽게 **포기하면 안 돼**. 더 열심히 **노력해야 돼**"라고 스스로에게 말하고 있었다.

이런 해야 한다는 생각은 짜증과 답답함 등의 감정을 불러일으켰다. 그러다가 다시 이런 생각이 들었다. '제이컵에게 짜증을 **내서는 안 돼**. 아이를 좀 더 참을성 있게 **대해야 해**.' 이 생각은 수치심만 더 불러일으켰다.

보다시피, 줄리아의 부정적인 감정은 해야 한다는 생각에서 비롯되었다. 해야 한다는 생각의 정의를 알아보자.

◆ **해야 한다는 생각** 줄곧 **해야 한다, 안 된다, 반드시, 절대** 같은 생각으로 스스로를 또는 다른 사람이나 세상을 질책한다.

해야 한다는 생각에도 다음과 같은 몇 가지 유형이 있다.

◆ **자신을 향한 해야 한다** '그런 실수를 저지르면 안 됐어' 또는 '그렇게 짜증 내지 말았어야 했어' 등의 생각을 한다. 줄리아는 '내 아들을 부끄러워하거나 답답해하면 안 돼'라고 생각했다. 이런 종류의 해야 한다는 생각은 죄의식과 수치심, 불안감, 우울감, 부적절감 등을 만들어낸다.

◆ **타인을 향한 해야 한다** 다른 사람 때문에 마음이 언짢아지면 '그 사람은 그런 말을 할 자격이 없어', '자기가 그렇게 느끼면(또는 생각하면) 안 되지' 같은 생각을 한다. 이런 종류의 해야 한다는 생각은 분노와

원망 같은 감정을 일으키고, 인간관계에 갈등을 불러온다.

◆ **세상을 향한 해야 한다** 예컨대, '오늘 나들이를 가려고 했는데 비가 오면 안 되지'나 '소프트웨어 프로그램에 이렇게 버그가 많으면 안 돼' 같은 생각이다. 이런 종류의 해야 한다는 생각은 답답함과 분노를 자아낸다.

추가로, **숨겨진 해야 한다**도 있다. **해야 한다, 반드시, 절대** 같은 단어가 겉으로 드러나지 않지만 부정적인 생각에 해야 한다는 생각이 내포된 경우다.

8장 매릴린의 사례로 다시 돌아가 보자. 폐암 4기를 진단받은 뒤 매릴린이 한 부정적인 생각 중 하나는 '나는 충분히 영적이지 않다'였다. 이 생각이 숨겨진 해야 한다인 이유는, 매릴린이 사실 '나는 더 영적이어야 해. 나는 믿음이 더 강해야 해. 사후 세계나 신의 존재를 의심해서는 안 돼'라고 생각했기 때문이다.

숨겨진 해야 한다는 생각은 수사적 질문의 형태를 한 부정적인 생각 뒤에 숨어 있을 때도 있다. 요한이라는 한 청년은 사람들이 모인 곳에 가면 땀이 너무 많이 나서 극도로 수줍음을 탔다. 요한은 부끄러워하며 혼자 생각했다.

'나는 왜 이렇지? 뭐가 문제일까?'

수사적 질문은 주장을 하는 게 아니기 때문에 쉽게 반박할 수 없다. 하지만 이런 질문은 해야 한다는 문장으로 쉽게 변환할 수 있다. 요한은 사실 '땀을 너무 많이 흘리면 안 돼!'라고 생각한 것이다.

해야 한다는 생각은 엄청난 피해를 초래하기도 한다. 이런 생각은 우울감과 불안감 같은 내적 고통도 만들어내지만, 개인과 국가, 인종,

종교, 민족 집단 간의 적대감도 불러일으킨다. 사실 인류는 역사를 통틀어 저마다의 해야 하는 것과 하면 안 되는 것을 지키느라 기꺼이 자신과 타인을 죽음으로 내몰았다.

해야 한다는 생각은 대부분의 감정적 고통을 불러오는 근원이지만 중독성이 강해서 내려놓기가 매우 어렵다. 해야 한다는 생각을 통해 도덕적 우월감을 느끼기 때문이다. 때로는 화를 내고 누군가를 낮춰 보는 게 기분 좋을 때도 있다. 대상이 자기 자신일지라도 말이다!

무슨 뜻인지 알겠는가? 나도 가끔 특정한 사람들을 깔보면서 즐길 때가 있다. 사실 내가 할 일이라고는 TV 뉴스를 보는 것이 다다. 그러면 순식간에 해야 한다는 생각과 극심한 짜증이 넘쳐흐른다. 여러분에게도 비슷한 경험이 있을 것이다.

해야 한다는 생각을 없애는 법을 이야기하기 전에, 먼저 해야 한다는 생각 중에도 어떤 것들은 유용하고 타당하다는 점을 강조해두고 싶다. 《필링 굿》에서 나는 영어의 **해야 한다**Should에 단어의 타당한 쓰임새 세 가지가 있다고 지적했다.

1. 우주 법칙에 관한 해야 한다 펜을 떨어뜨리면 그 펜은 중력의 법칙 때문에 땅에 떨어져야 한다. 이는 마땅히 그래야 할 일, 즉 우주의 법칙을 따르는 일이다. 중력의 힘이 작용하기 때문에 펜이 떨어질 수밖에 없다.

2. 법에 관한 해야 한다 고속 도로에서는 시속 140킬로미터의 속도로 달려서는 안 된다. 불법이기 때문이다. 그렇게 하면 아마도 속도위반 딱지가 날아올 것이고 사고를 당할 수도 있다.

3. 도덕에 관한 해야 한다 비도덕적인 행위, 즉 살인이나 거짓말, 사기 등을 행하면 안 된다. 십계명은 아마도 도덕률을 정한 최초의 자료일

것이다.

이제 줄리아의 해야 한다는 생각을 살펴보자.

1. 나는 아들을 부끄러워하면 안 돼. 자식을 사랑하는 엄마는 그런 감정을 느껴선 안 돼.

2. 제이컵은 그렇게 빨리 포기하면 안 되고, 숙제 때문에 답답할 때 성질을 부려서도 안 돼.

3. 아이가 성질을 부릴 때 내가 그렇게 답답해하면 안 돼. 나는 아이를 좀 더 지지해주고, 더 참을성 있게 대해야 해.

이 생각들이 우주의 법칙과 관련이 있나? 줄리아는 자연법칙을 어기지 않았다. 사실상 모든 인간은 때때로 부끄러움이나 답답함을 느끼기 때문이다. 그러므로 이 생각들은 분명히 우주 법칙에 관한 해야 한다는 아니다.

그러면 법률과 관련이 있나? 아들을 답답해하거나 부끄러워하는 건 위법 행위가 아니며 성질을 부리는 것도 법률 위반이 아니기 때문에, 법률에 관한 해야 한다도 아니다.

이 생각들이 도덕에 관한 해야 한다인가? 거의 모든 부모가 때때로 아이들 때문에 부끄럽고 답답한 기분을 느낀다. 이런 감정은 몹시 불편할 수 있지만 비도덕적이지는 않다. 그러므로 도덕에 관한 해야 한다도 아니다.

이 생각들은 어떤 종류의 해야 한다일까? 다음에 나오는 표에 생각을 적어보자. 정답은 한 개 이상일 수도 있다.

해야 한다는 생각	네(√)	아니오(√)
자신을 향한		
타인을 향한		
세상을 향한		
숨겨진 해야 한다		

다 적었으면 계속 읽어도 좋다.

나의 대답

줄리아는 자신을 향한 해야 한다('엄마는 아들을 부끄러워해서는 안 돼')와 타인을 향한 해야 한다('제이컵을 그렇게 쉽게 포기하면 안 돼')에 모두 빠져 있다. 세상을 향한 해야 한다의 왜곡은 보이지 않는 것 같다.

발달 장애를 지닌 아이의 어머니가 세상을 향해 쉽게 빠질 수 있는 해야 한다는 생각에는 무엇이 있을까?

만약 줄리아가 발달 장애 아들을 가졌다는 것을 **불공평하다**고 생각했다면, 이는 세상을 향한 숨겨진 해야 한다일 수 있다. 그런 생각이 있다면 줄리아는 자신의 운명에 분노를 느꼈을 것이다.

해야 한다라는 말의 어원을 찾아보면 앵글로·색슨어 'scolde'로 거슬러 올라간다. 그러므로 줄리아가 해야 한다는 식으로 사고할 때, 자신과 아들 제이컵을 꾸짖는scolding다고 생각할 수 있다.

줄리아에게는 해야 한다는 생각으로 자신과 아들을 질책할 권리가 있지만, 그렇게 하면 사실상 상황은 악화된다. 우선 줄리아는 지극히 사랑하는 아들에게 답답함과 부끄러움을 느끼고, 동시에 자신을 질책하기 시작한다. 따라서 괴로움은 두 배가 된다.

해야 한다는 생각을 없애는 데 가장 좋은 방법은 무엇일까?

긍정적 재구성

해야 한다는 생각에 반박할 유용한 기법은 많지만, **긍정적 재구성**은 가장 먼저 해볼 수 있는 훌륭한 도구다. 줄리아가 해야 한다는 생각을 극복하도록 돕기 전에, 먼저 저항을 녹여 없애야 한다. 그렇지 않으면 아마도 줄리아는 우리와 싸울 것이다.

긍정적 재구성을 하기 위해 우리가 물어야 할 두 가지 질문을 떠올려보자. 줄리아의 해야 한다는 생각에는 어떤 장점이 있는가? 그리고 그 생각에서 알 수 있는 줄리아와 줄리아가 지닌 핵심 가치관의 긍정적이고 대단한 점은 무엇인가?

여러분의 생각을 기록해보자.

부정적인 생각	장점과 핵심 가치관
'자식을 사랑하는 엄마는 아들을 부끄러워해서는 안 돼.'	
'제이컵은 그렇게 빨리 포기하면 안 돼. 그 애는 더 열심히 노력해야 돼.'	
'제이컵을 답답해해서는 안 돼. 아이를 좀 더 참을성 있게 대해야 해.'	

다 쓰고 나면, 줄리아와 내가 생각한 내용을 확인해보라.

아래는 줄리아와 내가 생각한 장점과 핵심 가치관이다. 나는 이 목록을 두 개의 범주로 나누었지만, 여러분이 직접 긍정적 재구성을 할 때는 이렇게 하지 않아도 된다. 한 칸에만 긍정적인 목록을 채워도 충분하다.

부정적인 생각	장점	핵심 가치관
'자식을 사랑하는 엄마는 아들을 부끄러워해서는 안 돼.'	수치심 덕에 줄리아는 아들의 긍정적인 행동에 더 집중할 수 있다. 줄리아는 엄격한 기준을 지니고 있어, 자신과 가족을 위해 더 많은 것을 성취하고자 했다.	이 생각은 • 줄리아에게 도덕적 기준이 있다는 점을 보여준다. • 줄리아가 아들을 얼마나 사랑하는지 보여준다. • 줄리아가 엄격한 기준을 가졌다는 뜻이다. • 줄리아가 아이를 무조건 수용하고 싶어 한다는 뜻이다.
'제이컵은 그렇게 빨리 포기하면 안 돼. 그 애는 더 열심히 노력해야 돼.'	이런 생각은 줄리아가 아들에게 도움을 줄 더 창의적인 방법을 찾도록 동기를 부여할 수 있다. 줄리아의 사랑과 지지는 아들이 한계에도 불구하고 성장하고 발전하는 데 결정적인 영향을 미칠 것이다.	이 생각은 줄리아가 • 아들을 믿고 있으며, 아들이 모든 잠재력을 발휘하기를 바란다는 점을 보여준다. • 아들을 포기하지 않는다는 뜻이다. • 아들에게 책임감을 가르치려 한다는 것을 보여준다.
'제이컵을 답답해해서는 안 돼. 아이를 좀 더 참을성 있게 대해야 해.'	다른 생각들과 장점이 동일하다.	이 생각은 • 줄리아가 아들을 얼마나 사랑하는지 보여준다. • 줄리아에게 양육에 필요한 인내심과 연민의 중요성을 상기시켜준다.

긍정적 재구성 표를 완성한 줄리아는 훨씬 더 편안하고 자기 수용적인 기분을 느꼈다. 해야 한다는 생각뿐 아니라 가끔 느끼는 불안감과 수치심, 답답함, 분노 등에도 정말로 좋은 점이 있다는 사실을 알았다. 그리고 역설적으로 해야 한다는 생각에 반박하고 싶다는 동기를 더 강

하게 느꼈다.

궁정적 재구성은 여러분에게도 아주 유용할 수 있다. 일단 그 생각이 여러 방식으로 우리에게 도움을 주고, 우리가 인간으로서 정말 훌륭한 핵심 가치관을 지녔음을 보여준다는 사실을 깨달으면, 해야 한다는 생각을 훨씬 더 쉽게 고칠 수 있다.

물론 해야 한다는 생각을 버리지 **않겠다고** 결정할 수도 있다. 그런 결심은 개인의 철학과 세계관에 정말로 중대한 변화를 수반하기 때문이다.

의미론적 방법

해야 한다는 생각과 싸우는 가장 쉬운 방법 중 하나는 **의미론적 방법**이다. 해야 한다고 말하는 내신 "한다면 더 좋을 거야"나 "한다면 좋겠어" 같은 표현을 사용하는 방법이다. 이를테면 어떤 감정을 느껴서는 **안 된다**고 말하는 대신, 그런 감정을 느끼지 않는 편이 더 **바람직하다**고 말하는 것이다. 이런 간단한 변화만으로도 덜 비판적인 언어를 사용하여 해야 한다는 생각의 질책성을 낮출 수 있다.

"아들을 부끄러워해서는 안 돼"라고 말하는 대신, 다음과 같이 말하는 식이다.

"나는 제이컵을 무척 사랑해. 아이에게 부끄러움을 느끼지 않으면 더 좋겠지만, 가끔 그러는 건 아마도 인간적인 감정일 거야. 종종 아이가 이룬 것들이 자랑스럽기도 해."

해야 한다나 **하면 안 된다** 대신 **한다면 더 좋을 거야**로 바꾸기만 한 것이다. 줄리아가 제이컵을 부끄러워하는 감정을 좋아할 필요는 없지만, 그런 감정을 느꼈다고 해서 자신을 벌할 필요도 없다.

마찬가지로 "제이컵이 성질을 부릴 때 답답해해서는 안 돼"라고 말하는 대신, 다음과 같이 말하면 된다.

"성인군자가 되어 아들에게 답답함을 느끼지 않는다면 좋겠지만, 제이컵은 가끔 나를 너무 힘들게 해. 대부분의 부모가 아이들이 성질을 부리면 똑같이 답답해할 거야."

마지막으로, "제이컵은 그렇게 빨리 포기하면 안 돼. 그리고 답답하다고 성질을 부리면 안 돼"라고 말하는 대신 이렇게 말하는 게 좋겠다.

"제이컵의 행동이 다른 사람들에게 지장을 주고 그들을 속상하게 만든다는 이유로 제이컵이 답답해하지 않았으면 좋겠어. 하지만 제이컵은 아직 어리고, 사회적으로나 학업적으로나 힘든 시간을 보내고 있어. 학습이 너무 힘들다 보니 외롭기도 하고 자신이 부족하다 느낄 거야. 다른 아이들에게 뒤처지기 때문에 답답함을 느끼는 건 충분히 이해할 수 있어. 남편과 나는 제이컵이 좀 더 긍정적인 방향으로 행동하도록 계속해서 함께 노력할 수 있고, 제이컵도 많은 진전을 이루고 있어."

줄리아는 생각을 바꾸자 아이의 심각한 문제를 대할 때 들었던 강렬한 수치심과 분노, 답답함 같은 감정이 완만한 탄식과 슬픔으로 대체되었다고 말했다.

의미론적 방법은 화려하지 않지만, 해야 한다는 생각에서 도덕적인 가시를 제거하면서도 여전히 해결해야 할 문제가 있다는 사실을 인정하게 해준다.

그거면 된다!

소크라테스식 방법

소크라테스식 방법은 생각 뒤에 감추어진 비논리를 들추어내, 해야 한다는 생각에 반박하도록 돕는다. 자신에게 일련의 질문을 던져, 자기 생각의 불합리성이나 부조리함을 드러내는 방식이다. 이 방법은 그리스 철학자 소크라테스가 처음 만들었고, 20세기 인지치료의 창시자 중 한 사람인 에런 벡 박사가 널리 보급했다.

소크라테스식 방법으로 줄리아를 도울 수 있을지 알아보자. 줄리아는 제이컵에게 답답해해서는 **안 된다**는 메시지를 스스로에게 던지고 있었다. 여러분도 어떤 감정이 들 때 **그래서는 안 된다**고 생각하는 경우가 있을 것이다.

줄리아에게 다음과 같이 질문할 수 있다.

1. 부모는 때때로 아이들 때문에 답답함을 느낍니까?
   대답: "네."
2. 당신은 무엇입니까?
   대답: "부모입니다."
3. 그러면 어떻게 될까요?
   대답: "가끔 아들에게 답답함을 느낍니다."

이 역시 별 대단한 것 없는 방법이지만, 우리가 자책하며 지금보다 더 나은 사람이 **되어야 한다**는 등, 끝없는 **해야 한다**와 **하면 안 된다**로 자신을 질책하는 대신 현실적인 실패와 한계를 받아들이는 데 도움이 된다.

하지만 다시 한번, 이 방법은 여러분을 위한 결정이다. 여러분은 자신을 있는 그대로 받아들이고 싶은가? 아니면 해야 한다는 생각으로 계속해서 자신을 질타하는 편이 나은가? 결정은 결코 쉽지 않다!

이중 기준 기법

기억하겠지만 **이중 기준 기법**의 기본 개념은 많은 사람이 이중 잣대를 가지고 행동한다는 점이다. 자신이 부족하면 우리는 무자비하고 가혹하게 스스로를 질책하고 비난한다. 이는 폭력범의 목소리다. 우리는 본질적으로 자신에게 폭력을 행사하고 있다. 하지만 똑같은 문제로 속상해하는 소중한 친구와 대화한다고 생각해보자. 아마도 친구에게는 따뜻하고 연민 어린, 보다 현실적인 태도로 이야기할 것이다.

이중 기준 기법을 사용할 때는 스스로에게 이렇게 묻는다. "나와 똑같은 문제를 지닌 소중한 친구에게 무슨 말을 해줄까?" 그러고 나서 스스로에게도 똑같이 연민 어린 태도로 말해줄 수 있는지 생각해본다.

이 장에서 언급한 다른 기법들처럼, 이중 기준 기법을 사용하려면 자신을 비판하는 내면의 목소리를 포기할 것인지, 아니면 계속해서 자신을 괴롭힐 것인지 결정해야 한다. 자기비판적 목소리에는 많은 이로운 면이 있을 수 있고, 자신만의 엄격한 기준도 반영되어 있다는 점을 명심하자.

그러므로 상처 입은 소중한 친구에게 이야기하듯 연민 어린 태도로 자신을 대하고 싶지 **않은** 것도 전적으로 이해할 수 있다. 그 결정은 오직 자신만이 할 수 있다!

자기방어 패러다임/수용 역설

자기방어 패러다임과 **수용 역설**은 상반된 방식으로 부정적인 생각과 싸우는 기법이다. 자기방어 패러다임은 부정적인 생각과 논쟁을 하며 그 생각이 참이 아니라고 지적한다. 자기방어 패러다임의 기본 개념은 자신이 공격받을 때, 설령 그 공격이 내부에서 발생했더라도 스스로를 방어해야 한다는 것이다. 수용 역설은 유머 감각이나 평온한 마음으로 부정적인 생각을 수긍하는 방식으로 오히려 그 생각을 이긴다.

거의 모든 사람이 자기방어 패러다임에 이끌린다. 이 기법은 '나는 항상 일을 망쳐'와 같은 특정한 부정적인 생각에 도움이 된다. 우리가 **항상** 어떤 일을 망치지는 않기 때문에, 꽤 쉽게 이 생각이 사실이 아니라는 사실을 이해할 수 있다.

하지만 때로는 수용 역설이 훨씬 더 강력한 효과를 발휘한다. 사실 수용 역설은 우리를 영적인 깨달음에 눈뜨게 하기도 한다. 우리는 기쁨과 내면의 평화, 우울감이나 불안감, 자기 회의에서 해방감을 경험할 수 있다.

수용 역설은 언제나 내가 가장 좋아하는 기법 중 하나였고, 내게도 개인적으로 대단히 도움이 되었다. 하지만 처음에는 이해가 쉽지 않다. 물론 한 번 '이해'하면 전혀 어려울 게 없다.

작동 원리를 설명하면 다음과 같다. 어떤 일에 실패하거나 부합하지 못했을 때 스스로를 비판하는 대신 그저 단점까지 포함하여 있는 그대로 자신을 받아들인다. 역설적으로 **수용은 종종 인간이 만들어낼 수 있는 가장 큰 변화다**. 사실, 여러분도 별안간 자기 수용과 심오한 변화가 같은 의미라는 사실을 깨달을지도 모른다. 이는 역설이지만 한 번 이해하고 나면 꽤 근사하다.

수용 역설은 '자아' 또는 에고ego의 죽음을 수반한다. 불교에서는 이를 '큰 죽음the Great Death'이라고 한다. 자아가 죽는 순간 우리는 평화와 기쁨 그리고 새로운 탄생을 경험한다. **아무것도** 변하지 않았지만 기쁨과 즐거움 안에서 **모든 것**이 달라진다. 27장에서 우리는 우울과 불안, 인간관계 문제, 습관과 중독에서의 회복과 관련된 '큰 죽음'에 대해 더 많이 살펴볼 것이다.

수용 역설의 작동 원리를 설명하기 위해 '나는 지금보다 나은 모습이어야 해'나 '나는 그렇게 망가지면 안 됐어'라는 생각을 예로 들어보자. 수용 역설을 사용하면 다음과 같은 방식으로 이런 생각에 대꾸할 수 있다.

'맞아. 지금의 내 모습보다 낫다면 멋질 거야. 사실 나는 결점이 아주 많고, 개선하지 못할 일은 아무것도 없어!'

어떻게 작동하는지 알겠는가? 자신을 미워하지 않고 결점을 받아들이는 법을 배우는 것이다. 수용 역설을 사용할 때는 기준을 낮춰야 한다. 사실 0까지 낮춰야 할 수도 있다. 나도 그렇게 했다. 하지만 쉽지 않았다. 나는 수년 동안 완벽주의의 기준을 낮추고 싶지 않았다.

여러분도 그럴 수 있다. 실패한 자신을 질책하고 벌하면 더 나은 또는 우월한 인간으로 발전한다고 생각할 수도 있다. 이런 생각은 우리 문화에 구조적으로 새겨져 있으며, 여러분이 가진 엄격한 기준을 반영하기도 한다.

자기 수용에 저항하는 큰 이유가 또 하나 있다. 건강한 수용과 건강하지 못한 수용의 차이를 이해하지 못해서 자기 수용에 저항할 수 있다.

정신 건강 전문가들을 위한 워크숍에 가면 종종 참가한 치료사에게 여러분 중 얼마나 많은 사람이 '나는 불완전해'라는 생각을 믿는지 묻는다. 거의 모든 치료사가 손을 들고 곧 멋쩍은 웃음소리가 새어 나온다.

이어서 불완전함이 축하할 이유인지 자살할 이유인지 묻는다. 그리고 한 가지 큰 좋은 점이 있다고, 즉 오늘 밤 파티를 열어 '불완전한' 사람을 모두 초대한다면 어마어마한 사람들이 모여들 것이라고 말한다. 그러면 누구에게 잘 보이려고 노력할 필요가 없으니, 모두가 재미있게 즐길 수 있을 거라고 말이다.

하지만 우울증이 있는 사람들은 처음에는 이 생각을 쉽게 받아들이지 못한다. 그런 사람들은 자신이 불완전하기 때문에 죽어야 한다고 생각한다. 이들은 불완전하다는 믿음에 관한 건강한 수용과 건강하지 못한 수용을 구별하지 못한다. 여기에 무슨 차이가 있을까?

아래 표는 '나는 불완전해'라는 생각을 수용하는 두 가지 방법을 대조한 것이다.

건강한 수용과 건강하지 못한 수용: '나는 불완전해.'

건강하지 못한 수용	건강한 수용
자기혐오	자아 존중
실의	기쁨
마비	생산성
절망	희망
고립	친밀감
위축	성장
냉소	웃음
혼란	깨달음
죽음	삶
반사회적 행동	타인 존중

건강하지 못한 수용은 자신과 관련된 끔찍한 진실을 현실적으로 받아들인 믿음과 관련이 있다. 다시 말해서 자신이 정말로 불완전하거나 가치 없는 인간이라고 믿는 것이다. 건강하지 못한 수용은 통한과 체념의 마음으로 이루어지며, 실의와 절망, 고립감, 나아가 자살 충동으로까지 이어진다. 나는 이런 감정 상태인 사람들을 수천 시간 동안 치료해 보았다. 많은 이가 절망적으로 결함을 느끼다 목숨을 끊거나 자해했다.

반대로 건강한 수용은 기쁨과 친밀감, 성장, 희망 그리고 무조건적인 자존감으로 이어진다. 사실 무조건적인 자존감은 필요하지도 않다. 그런 건 없애도 된다! 건강한 수용은 자존감보다 훨씬 더 소중한 무언가로 연결된다. 건강한 수용은 매 순간 삶이라는 기적에 열렬히 감사하는 것이다.

이제 우리에게는 해야 한다는 생각에 반박할 도구가 많이 생겼다. 여러분의 기분 일지에서 부정적인 생각을 살펴보고, 그중 해야 한다는 생각이 담긴 것이 있는지 찾아보라. 찾았다면 이 장에서 배운 기법들로 그 생각에 반박할 수 있는지 알아보자.

- 긍정적 재구성
- 의미론적 방법
- 소크라테스적 방법
- 이중 기준 기법
- 자기방어 패러다임
- 수용 역설

우리의 목표는 100퍼센트 참이며, 부정적인 생각에 대한 믿음을 크게 줄여주는 긍정적인 생각으로 해야 한다는 생각에 반박하는 것이다. 하지만 해야 한다는 생각에 대한 믿음을 완벽하게 없앨 필요는 없다. 해야 한다는 생각에는 어느 정도의 진실이 담겨 있기 때문이다.

여러분의 부정적인 생각 하나를 아래에 적고, 그 생각이 왜 해야 한다는 생각인지 설명해보자.

이번에는 여러분의 긍정적인 생각을 적어보자.

부정적인 생각에 대한 믿음이 줄었는가? 줄지 않았다 해도 걱정할 필요 없다! 우리가 사용할 수 있는 기술은 아직 많다!

21장

낙인찍기

지금까지 우리는 전부 아니면 전무라는 생각, 지나친 일반화, 정신적 여과, 긍정적인 면 무시하기, 성급한 결론짓기, 극대화와 극소화, 감정적 추리, 해야 한다는 생각에 맞서 싸울 유용한 도구 몇 가지를 배웠다. 이 장에서 중심으로 다룰 아홉 번째 왜곡은 낙인찍기다.

우리는 4장에서 딸의 트라우마 때문에 자신을 '나쁜 엄마'라고 생각했던 캐런의 사례를 살폈고, 7장에서는 큰아들과 친밀한 관계를 맺지 못해 자신을 '실패한 아버지'라고 확신했던 마크의 사례를 보았다. 모두 낙인찍기의 전형적인 사례다. 낙인찍기에도 부정적인 형태와 긍정적인 형태가 있다.

◆ **부정적 형태의 낙인찍기**　자기 자신이나 타인에게 경멸적인 꼬리표를 붙인다. 자신(또는 싫어하는 누군가)을 '패배자', '얼간이'라고 생각하는 것이다. 낙인찍기는 극단적 형태의 지나친 일반화일 뿐이다. 자신(또는 타인)의 '자아' 전체를 나쁜 것으로 여기기 때문이다.

◆ **긍정적 형태의 낙인찍기**　성공을 거둔 자신이나 다른 누군가를 '승자'라고 부른다. 가령 동기 부여 강사들은 흔히 목표를 설정하고 열

심히 노력하면 여러분이 '승자'가 되어 **무엇이든** 성취할 수 있다고 장담하며 청중에게 영감을 준다. 정말 솔깃한 말이다. 이 말은 우리가 열심히 노력하도록 동기 부여를 해줄지도 모른다!

그러나 패배하거나 실패했을 때는 위험이 따른다. 결국 자신은 '승자'가 아니라는 결론에 이르면 다시 '패배자'가 된 기분이 들 것이다. 평생 승승장구하고 성공 가도만 달릴 수 있는 사람은 없다. 인간은 필연적으로 실패를 경험한다. 그리고 실패는 성장과 학습의 필수적이고 중요한 원천이다.

낙인찍기와 싸울 때 가장 좋은 방법은 무엇일까? 특히 도움이 되는 두 가지 기법이 있다. 앞 장에서 배운 소크라테스식 방법과 최악, 최선, 평균이라는 새로운 기법 말이다. 최악, 최선, 평균은 구체적으로 생각하기와 회색 음영으로 생각하기를 결합한 방법이다.

소크라테스식 방법

기억하겠지만 **소크라테스식 방법**은 부정적인 생각에서 모순을 이끌어내기 위해 일련의 질문을 던지는 기법이다. 일요일 하이킹을 할 때 고등학교 교사 돈을 만난 적이 있다. 돈은 두 아들이 집안일을 거들지 않아 참지 못하고 소리를 질렀다며, 그 때문에 '나쁜 아빠'가 된 기분이라고 털어놓았다. 그는 금방이라도 울 것 같았다.

돈에게 가끔 아들들을 부정적인 태도로 대하거나 다그치기 때문에 '나쁜 아빠'라는 기분이 드는지 물었다.

"맞아요. 그래서 내가 나쁜 아빠라는 기분이 드는 거죠."

다음으로는 아들들에게 긍정적인 일을 해주고 잘 대해줄 때도 있는지 물었다. 돈은 당연히 그렇다며, 자신과 아내가 비상한 노력을 기울여 온갖 긍정적인 일을 해주었다고 대답했다. 이를테면 아이들을 비싼 사립 학교에 보내고, 즐거운 곳으로 휴가를 떠나고, 숙제를 도와주고, 가족이 함께 여러 활동을 하는 등의 일이었다. 사실 이런 이유로 아이들이 게으름을 피우자 배은망덕한 것처럼 보여서 그가 상처받고 화가 난 것이었다.

나는 아들들에게 그런 '좋은 일들'을 해줄 때는 그가 '좋은 아빠'냐고 물었다.

그는 "오, 당연하죠!"라고 대답했다.

"그럼 당신이 좋은 아빠인 동시에 나쁜 아빠라는 말인 것 같은데요? 당신 말이 그 뜻인가요?"

돈은 웃음을 터뜨리며 금방 이해했다. 그는 아들들을 다그치고 소리친 행동에 초점을 맞추는 대신, '나쁜 아빠'라는 모호하고 포괄적인 방식으로 자신을 낙인찍었다. 낙인찍기와 지나친 일반화가 없다면 우울증도 없다고 감히 말할 수 있다. 우울증은 추상의 구름 속에 존재한다. 우울증은 보통 실재하는 것에 초점을 맞추고 실수에 대처하기 위한 구체적인 계획을 세우면 사라진다.

돈과 나는 17장에서 배운 효과적인 의사소통 비결 다섯 가지를 사용하여 아빠의 감정과 우려를 아들들에게 전달할 보다 효과적인 방법들에 초점을 맞췄다. 그는 아주 잘 해냈다. 일주일 후 일요일 하이킹에서 다시 만났을 때, 돈은 아주 좋은 기분으로 아들들과 대화가 정말 잘 되었다고 전해주었다.

워낙 단순하고 기본적인 사건이라 명확하게 보이지 않았을지 모른다. 돈은 수치심과 무가치감을 유발하던 낙인찍기를 그만두고, 문제 해결에 집중하여 성장해 기쁨을 맛보았고, 아들들과의 관계도 더 돈독해졌다.

좋은 아빠나 나쁜 아빠 그리고 좋은 엄마나 나쁜 엄마 같은 것은, 아니 좋은 것과 나쁜 것 같은 것은 존재하지 않는다. 모든 사람은 항상 그 사이에 있다. 하지만 어떤 실수 하나 때문에 포괄적으로 '자아' 전체를 낙인찍는다면, 상처만 받고 구체적인 실수에는 집중할 수 없다. 구체적인 실수에 집중할 때만 그로부터 배우고 성장할 수 있다.

여러분도 기분 일지에서 낙인찍기의 예로 보이는 부정적인 생각을 찾았다면, 여기에 그 생각을 적고 그 생각이 왜 낙인찍기인지 설명해보자.

____

____

____

____

____

이제 포괄적이고 부정적인 낙인을 찍는 대신, 여러분의 구체적인 실패와 한계를 수용하는 데 도움이 될 긍정적인 생각을 떠올려보자. 여러분은 이 긍정적인 생각을 100퍼센트 믿어야 하고, 이 생각으로 부정적인 생각에 대한 믿음을 무너뜨려야 한다.

최악, 최선, 평균

이 기법을 사용하려면, 먼저 '나는 나쁜 아빠야(또는 나쁜 선생님, 엄마, 배우자, 딸, 영업 사원 등 부정적인 형태의 낙인찍기)' 같은, 여러분을 괴롭히는 부정적인 생각 하나를 고른다. '나는 나쁜 선생님이야'를 예로 들어보자. 가끔 나도 그런 생각을 하는데, 이 생각은 상당한 고통을 주기도 한다.

다음으로, '좋은 선생님'이 갖는 특징 몇 가지를 목록으로 만든다. 좋은 선생님은 다음과 같은 자질을 갖는다고 말할 수 있다.

1. 흥미로운 소재를 제시한다.
2. 수업을 미리 준비한다.
3. 내용을 명확하게 설명한다.
4. 학습을 재미있게 만든다.
5. 이해하지 못하는 학생을 참을성 있게 대한다.
6. 학생들을 격려한다.
7. 학생들의 장점을 칭찬하고, 실수는 친절하게 지적한다.

8. 과제를 내고, 결과를 확인한다.

9. 학생들의 질문과 반론에 방어적이지 않고 지지하는 태도로 답한다.

10. 학생들의 말을 경청하며 너무 많은 말은 삼간다.

그런 다음 여러분이 최고일 때, 최악일 때 그리고 평균적일 때의 각 항목을 0(형편없음)에서 100(훌륭함)까지의 점수 척도로 평가한다. 평가를 완벽하게 할 필요는 없다. 우선 한번 시도해보자.

다음은 최악, 최선, 평균 방법을 설명하기 위해 내가 직접 평가해본 예시다.

'좋은 선생님'의 몇 가지 자질	최악일 때 (0-100)	최고일 때 (0-100)	평균일 때 (0-100)
1. 흥미로운 소재를 제시한다.	25	95	75
2. 학생들의 장점을 칭찬하고, 실수는 친절하게 지적한다.	10	99	60
3. 학습을 재미있게 만든다.	0	99	75
4. 학생들의 질문과 반론에 방어적이지 않고 지지하는 태도로 답한다.	0	99	50
5. 학생들의 말을 경청하며 너무 많은 말은 삼간다.	0	90	50

모든 평가를 마친 다음, 점수가 가장 낮은 영역에서 항목을 선택하여 개선 계획을 세운다. 예를 들어, 나는 평소에 흥미로운 소재를 제시하는 부분은 괜찮다고 생각하지만, 가끔 무언가를 설명하거나 질문에 대답할 때 말을 너무 많이 한다. 또 가끔은 학생들에게 겁을 주기도 하고, 중간에 질문을 끊고 내 이야기를 하는 경향이 있다.

나는 다음과 같이 개선 계획을 세웠다.

1. 설명할 때나 질문에 답할 때 또는 어떤 이야기를 할 때 더 빠르

게 요점을 전달한다.

2. 수업이 끝날 때마다 서면 피드백을 받아 학생들이 가장 좋았던 점과 가장 싫었던 점을 직접 작성하게 한다.

3. 부정적인 피드백은 방어적인 태도 없이 따뜻하게 처리하여, 학생들이 마음을 열고 솔직해져도 괜찮다고 느끼게끔 한다.

4. 상대방의 말이 끝나지 않았다면 끼어들고 싶은 충동을 참는다.

이게 될까? 그저 종이에 좋은 말을 나열한 것에 그치지 않을까?

실제로 이번 여름 두 번의 집중 워크숍에서 이런 변화를 시도하는데 초점을 맞췄다. 모든 참가자를 따뜻한 마음과 존중으로 대했고, 완벽하게 해냈다고는 할 수 없지만 큰 차이를 만들었다. 사실 이번 워크숍에서 받은 평가는 지난 25년을 통틀어 가장 높았다. 심지어 두 워크숍에서 모두 열렬한 기립 박수를 받아 무척 기뻤다.

최악, 최선, 평균이 여러분에게는 어떻게 도움을 줄까?

'나쁜 아빠'든 '나쁜 교사'든 뭐라고 낙인찍든 간에, 이는 자신을 포괄적으로 나쁜 존재로 여기는 일이다. 아마도 부끄럽고 시무룩한 기분이 들 것이고, 체념도 할 것이다. 게다가 이런 낙인은 우리 말이나 행동에서 어떤 부분이 삐거덕거리는지에 관한 구체적인 정보를 전혀 주지 않기 때문에, 결국 갑갑함이나 부적절감, 패배감, 절망감까지 느끼게 할 수 있다.

반대로 '좋은' 아빠든 교사든, 좋은 무언가의 특징을 나열할 때는 **구체적인** 기술이나 행동에 중점을 둔다. '자아' 전체를 포괄적이고도 옹졸하게 비난하지 않는다.

최악일 때, 최고일 때, 평균적일 때의 특징을 평가할 때 회색 음영으로 생각하면, 여러분이 이 자질을 모두 두루 갖추고 있다는 사실을 알 수 있다. 어떤 특징에서도 흑백으로 나뉘는 일은 없다. 어떤 때는 더 잘하고, 어떤 때는 더 못한다. 그리고 대부분은 그 사이 어딘가에 있다. 하지만 0점이나 100점은 절대 없을 것이다. 늘 더 나쁠 수도, 더 좋을 수도 있기 때문이다.

마지막으로, 개선 계획을 세울 때는 변화를 가져올 수 있는 긍정적인 것들에 초점을 맞춘다. 그리하여 우울감이나 불안감, 부끄러움, 부적절감, 절망감을 느끼는 대신, 자기 수용과 성장, 학습을 경험할 기회를 얻는다.

꽤 단순한 방법이지만 놀랄 만큼 유용하게 사용할 수 있는 기법이다. 낙인찍기와 관련된 부정적인 생각이 있어서 이 기법을 시도해보고 싶다면, 옆 쪽에 여러분이 활용할 수 있는 최악, 최선, 평균의 양식이 있다.

최악, 최선, 평균[+]

자신을 가혹하게 낙인찍는 문장을 하나 선택한다. 예를 들면 '나는 패배자야', '나는 나쁜 엄마야', '나는 실패자야'와 같이 말이다. 그런 다음 해당 낙인의 반대말을 적는다. '나쁜 엄마'의 반대말로는 '좋은 엄마'나 '충분히 좋은 엄마', '적절한 엄마', '훌륭한 엄마' 등이 있을 것이다.

낙인을 적으시오: ______________________________

부정적인 낙인에 반대되는 자질 다섯 가지 이상 적기 (예: '좋은' 남편, 아내, 동업자, 치료사, 부모, 사람)	최악일 때 (0-100)	최고일 때 (0-100)	평균일 때 (0-100)
1.			
2.			
3.			
4.			
5.			
6.			
7.			
8.			
9.			
10.			

이제 개선하고자 하는 구체적인 자질이나 특징에 집중하여, 해당 영역에서 취할 수 있는 구체적인 조치 몇 가지를 나열한다.

1. ______________________________
2. ______________________________
3. ______________________________
4. ______________________________
5. ______________________________

22장

자기 비난과 타인 비난

첫 책 《필링 굿》에서 남동생 닉이 자살이라는 비극적인 죽음을 택한 뒤로 자살 충동을 느끼던 젊은 의사 나딘의 이야기를 소개했다. 닉은 베트남 전쟁에서 돌아온 후 헤로인 중독과 심각한 우울증에 시달렸지만, 나딘은 동생을 굉장히 사랑했기에 동생을 헌신적으로 돌봤다. 나딘은 성장기에 자신이 동생보다 부모님에게 더 많은 사랑을 받았다고 생각했다. 그래서 닉의 우울증에 책임을 느꼈고 동생을 도울 수 있는 일이라면 무엇이든 했다. 동생이 호흡기 치료사가 될 수 있게 진학하도록 독려했고, 심지어 동생의 정신과 치료 비용까지 지불했다.

어느 날 저녁, 닉은 전화를 걸어 일산화탄소가 혈액에 어떤 영향을 미치는지 물었다. 호흡기 치료사 수업 과제로 보고서를 작성하느라 정보가 필요하다는 것이었다. 나딘은 닉이 너무 자주 전화를 걸자 짜증이 났다. 다음날 발표 준비로 바빴던 터라, 나딘은 동생에게 짧게 대답하고는 전화를 끊었다.

닉은 나딘의 아파트 창 밑에 차를 세우고, 자동차 배기관에서 조수석으로 호스를 연결한 뒤 시동을 걸었다. 경찰이 두어 시간 후에 발견했을 때, 그는 운전석에서 쓰러져 있었다. 급하게 병원으로 옮겼지만, 닉은 병원에 도착하자마자 사망 선고를 받았다.

나딘은 망연자실하여 '동생이 전화했을 때 자살하리라는 걸 **알았어야 했어**. 그 애가 죽은 건 내 잘못이야. 그러니 나는 죽어도 싸'라는 메시지를 자신에게 던지고 있었다.

상상이 되겠지만 나딘의 자책감은 참기 힘든 고통을 불러일으켰고, 나딘의 목숨마저 앗아갈 뻔했다. 사랑하는 사람의 자살은 인간이 겪을 수 있는 가장 파괴적인 충격에 속한다. 이런 종류의 상실을 경험한 많은 사람이 우울감과 수치심, 죄책감, 분노 같은 감정으로 수년, 심지어 수십 년 동안 고통받는다.

사람들은 우울할 때 행동이 크게 변한다. 많은 사람이 정상적인 활동을 멈추고 침대에서 나오지조차 않으려 한다. 어떤 일을 해도 보람을 느끼거나 가치를 찾을 수 없다고 확신하기 때문이다. 그리고 나딘처럼 삶 자체를 포기한다. 사실 나딘만큼 심각한 우울증을 가진 사람들은 대부분 결국 병원을 찾는다.

나딘은 달랐다. 극심한 우울증에도 불구하고 하루에 18시간씩 일하며, 동정심 많고 헌신적인 소아과 의사로서 중병을 앓는 아이들을 치료했다. 자신은 엄청난 충격을 받았지만 아이들에게는 희망과 용기를 안겨주었다. 여러분이 나딘과 대화를 해봤다면 그녀가 안에서부터 죽어가고 있다는 사실을 짐작조차 못 했을 것이다.

앞에서 소크라테스식 방법을 배웠으므로, 이 기법이 자기 비난에도 도움이 된다는 사실을 이해할 수 있을 것이다. 해야 한다는 생각과 자기 비난은 흔히 한 쌍을 이루어 나타나기 때문이다. 기억을 더듬어보자. 소크라테스식 방법을 사용할 때는, 자신에게 일련의 질문을 던져 자기 생각의 비논리와 부당함을 이끌어낸다.

다섯 번째인가 여섯 번째 치료차 나딘을 만난 날 물었다.

"만약 그날 동생이 자살할 것을 알았다면, 동생의 목숨을 구하기 위해 개입했을까요?"

나딘은 질문이 끝나기 무섭게 **분명** 그랬을 거라고 대답했다. 자신은 동생을 무척 사랑했고 동생의 목숨을 구하는 일이라면 무엇이든 했을 거라고 했다.

다음으로 그날 동생이 자살할지 알고 있었느냐고 물었다. 나딘은 동생이 극단적인 생각을 하고 있다는 걸 알지 못했고, 그저 수업 준비를 하는 줄 알았다고 대답했다.

이어서 세계 최고의 정신과 의사들이 자살을 일관되게 예측하고 예방할 수 있다고 생각하는지 물었다. 나딘은 정신과 의사들도 대부분 치료하던 환자가 자살하는 경험을 하기 때문에 그럴 수는 없다고 대답했다.

이어서 일관되게 미래를 예측할 수 있는 **존재**가 있는지 묻자, 그녀는 "오직 하느님만이 미래를 예측할 수 있다"고 대답했다.

"당신은 동생이 죽은 일로 자신을 비난했고, 그날 동생이 죽을 것을 알고 있었어야 한다고 생각했어요. 당신이 얼마나 동생을 사랑했고 동생에게 헌신했는지 알겠어요. 하지만 당신이 신과 같다는 말인가요? 당신은 미래를 예측할 수 있나요?"

나딘은 울기 시작했고, 그럴 수 없다고 인정했다. 이 사실을 깨달은 나딘은 그동안 그녀를 힘들게 했던 극심한 수치심과 죄의식을 좀 더 수월히 내려놓을 수 있었고, 그 뒤로 몇 차례 치료를 받고는 더는 우울해하지 않았다. 회복의 열쇠는 견디기 힘든 실패감과 죄의식, 좌절감, 절망감을 불러일으킨 해야 한다는 생각과 자기 비난에 말대꾸하는 법을 배우는 것이었다.

우울감에서 벗어난 나딘는 비로소 동생의 비극적인 죽음을 슬퍼하고 자신의 삶을 살아갈 수 있었다. 역설적으로 나딘은 그동안 우울증 때문에 꼼짝 못 한 채 슬퍼하지도 못했던 것이다.

비난하기에는 흔히 두 가지 유형이 있다.

◆ **자기 비난** 신의 잘못을 발견하고, 어떤 결점, 단점, 실수 등을 이유로 자신을 비난한다. 따라서 문제의 실제 원인을 정확히 파악해서 그로부터 배우고 성장할 수 있도록 계획을 세우지 않고, 죄의식이나 좌절감 등을 느끼는 데 온 기운을 다 쓴다.

자기 비난은 거의 항상 자신을 향한 해야 한다는 생각과 밀접하게 연관된다. 나딘 역시 '동생이 자살하리라는 사실을 **알고 있었어야** 했어'라고 생각했다.

◆ **타인 비난** 다른 사람이나 세상의 잘못을 발견하고, 자신이 나쁜 사람의 무고한 피해자라고 확신한다. 타인 비난은 거의 항상 다른 사람이나 세상을 향한 해야 한다는 생각과 밀접하게 연관된다.

자신과 타인을 동시에 비난하는 일도 있다. 나는 이 유독한 조합을 '비난 등대'라고 부른다. 비난이 등대 불빛처럼 빙글빙글 돌기 때문이다. 어떤 때는 자신이 잘못했다고 생각하다, 또 어떤 때는 다른 사람이 잘못했다고 생각하기 때문에 죄의식("내가 잘못했어")과 분노("네가 잘못했어") 사이를 오락가락한다.

내 정신과 동료 의사 메건도 이 함정에 빠졌다. 메건은 만성 우울증에 시달리던 환자 헬가가 예상치 못한 자살 시도로 병원에 입원하자

극도의 수치심과 불안감, 부적절감, 사기 저하 등을 느꼈다. 메건은 헬가가 목숨을 건져 매우 안도했지만, 자기 환자가 자살 시도를 했다는 사실에 자책했다. 헬가는 거의 1년 동안 진척이 없다시피 했고, 그런 헬가를 치료하며 고군분투하던 메건은 자신이 더 전문가다웠어야 하고 더 많은 도움이 되었어야 한다고 생각했다.

메건은 내게 이렇게 말했다.

"헬가의 자살 시도는 극도로 속상한 일이었고, 의사로서 겪은 최악의 사건 중 하나였어요. 너무 충격적이어서 밤에도 잠을 잘 수가 없어요. 온갖 부정적인 생각이 난무하고, 상황을 몇 번이고 거듭 돌이켜보며 내가 뭔가 다르게 해야 했나 생각해요. 헬가와 그녀의 가족이 너무 걱정됐고, 자살 시도가 실패로 돌아가서 정말 안도했어요. 헬가는 다리에서 뛰어내렸어요. 진짜로 죽으려는 시도였고, 회복하려면 오랜 시간이 걸릴 거예요."

메건은 화가 났고 치료에 진전이 없다며 헬가를 비난했다. 헬가는 심리 상담 치료를 받는 동안 남편과 아이들, 자기 운명에 대해 끝없이 불평을 늘어놓으면서, 변화에 도움이 될 만한 도구들을 배우는 데는 거의 관심이 없고 숙제를 내줘도 거의 해오지 않는다고 했다. 헬가가 "너무 피곤하다"거나 "깜박했다"고 말하는 등 자기 연민이나 억울함, 불행에 중독된 것 같다고 불평했다.

헬가를 비판하려는 의도는 아니다. 그렇게 들렸다면 사과한다. 사람은 누구나 자신을 애처롭게 여기며 뭔가를 불평하고 싶을 때가 있다. 적어도 나는 그렇다!

메건을 비판하려는 것도 아니다. 환자가 끝없이 불평만 해대는 것은 거의 아무런 도움이 안 되고, 도움을 주고자 하는 치료사는 매우 답답함을 느낄 수 있다.

메건의 부정적인 생각에서 자기 비난과 타인 비난을 찾을 수 있고, 아울러 자신을 향한 해야 한다와 타인을 향한 해야 한다의 생각도 엿볼 수 있다. 메건이 자신에게 던지는 메시지는 다음과 같다.

1. 좀 더 효과적인 방식으로 헬가를 치료했어야 했어.
2. 헬가가 자살 시도를 한 것은 내 잘못이야.
3. 헬가는 그렇게 저항하고 융통성 없이 굴면 안 됐어.
4. 헬가는 우울증을 극복하기 위해 더 열심히 노력했어야 했어. 심리 치료 숙제도 해야 했어.
5. 헬가는 그렇게 많이 불평하면 안 돼.
6. 헬가는 자살 충동을 느낀다고 내게 말했어야 했어.

고도의 훈련을 받고, 높은 평가를 받는 정신 건강 전문가가 환자에게 이토록 강한 부정적인 감정을 느낄 수도 있다는 사실에 여러분이 깜짝 놀라지 않을까 조금 걱정된다. 하지만 '전문가'도 사람이며, 환자들이 겪는 것과 같은 부정적인 감정을 느끼는 데 예외일 수는 없다고 고백할 수밖에 없다.

그런 이유에서 정신 건강 전문가들 개개인의 치유는 극히 중요하다. 우리 직업은 굉장히 보람이 있다. 환자가 갑자기 회복하는 모습을 보면 그 기쁨이 어마어마하다. 하지만 심각한 우울증에 시달리는 불안정한 사람들을 치료하다 보면 스트레스도 엄청나다. 우리 직업에는 그런 어두운 면이 있다.

내가 스탠퍼드대학교에서 지역 정신 건강 전문가들을 위해 직접 치료를 포함하여 매주 무료로 심리 치료 훈련을 진행하는 이유다. 모든 사람은 때때로 정비가 필요하다. 이는 부담을 덜고 더 긍정적으로, 다시 행복하게 살 기회다. 나는 치료사의 기쁘고 평온한 마음이 치료 효과에 지대한 영향을 미친다고 믿으며, 어떤 치료사도 지속적인 지원과 학습 없이 홀로 참호에 갇혀 일해서는 안 된다고 생각한다.

긍정적 재구성

이제 우리가 메건을 도울 수 있을지 살펴보자. 다시 말하지만 인지 치료의 기본 전제는 '외부의 사건이 아닌 우리의 생각이 감정을 만든다'이다. 헬가의 자살 시도가 충격적이었던 건 맞지만, 메건의 부정적인 감정은 메건 자신과 환자에 대한 부정적인 생각에서 비롯되었다.

하지만 메건의 생각을 바꾸려 하기 전에, 한발 물러나 생각해보자. 메건의 부정적인 생각과 감정에서 알 수 있는 긍정적이고 훌륭한 점은 무엇인가? 그리고 이런 생각과 감정의 유익은 무엇인가?

계속해서 읽기 전에 자기 비난과 타인 비난 모두에 대해 생각할 수 있는 긍정적인 점을 모두 나열해보자.

긍정적 형태의 자기 비난

1. ______________________________
2. ______________________________
3. ______________________________
4. ______________________________
5. ______________________________

긍정적 형태의 타인 비난

1. ______________________________
2. ______________________________
3. ______________________________
4. ______________________________
5. ______________________________

다 적었으면 메건과 내가 작성한 목록을 확인해도 좋다. 하지만 그 전에 반드시 여러분의 생각을 모두 적어야 한다!

다음은 메건과 내가 생각한 긍정적인 점이다. 여러분의 생각과는 다를 수 있다. 하지만 괜찮다. 여러분은 우리가 생각도 못 한 많은 긍정적인 점을 찾아냈을 것이다.

긍정적 형태의 자기 비난

1. 자기 비난은 메건이 책임감을 갖고 자신의 실수를 기꺼이 살펴본다는 점을 보여준다.

2. 자기 비난은 메건이 엄격한 기준을 가지고 있다는 점을 보여준다.

3. 엄격한 기준은 메건에게 도움이 되었고 동기 부여가 되었다. 충격적인 사건이 있었지만, 메건은 실제로 매우 숙련되고 동정심 많은 정신과 의사다.

4. 자기 비난은 메건이 극도로 까다로운 환자들을 치료할 수 있는 기술을 갈고닦을 수 있도록 배우고 성장하고 싶어 한다는 뜻이다.

5. 자기 비난은 겸손함을 보여준다.

6. 환자를 다른 방식으로 치료했다면 좀 더 효과가 있었을지 모르기 때문에 메건의 자기 비난은 현실적이다.

7. 자기 비난은 극도로 까다롭고 저항이 심한 환자에게 메건이 매우 헌신적이라는 사실을 보여준다.

긍정적 형태의 타인 비난

1. 타인 비난과 분노는 메건이 도덕적 잣대를 가지고 있다는 뜻이다.

2. 타인 비난과 분노는 환자가 무책임하게 행동했으므로 메건이 환자에게 책임을 물었다는 뜻이다.

3. 분노와 답답함을 친절하고 존중하는 태도로 환자에게 드러내는 것은 환자에게 도움이 될 수 있고 치료상의 정체도 깰 수 있다. 자신의 감정을 숨기라고 배우는 많은 정신 건강 전문가가 가진 철학과는 반대되는 부분이다. 치료 정체에 대해 환자와 진솔한 대화를 나누면 종종 치료에 돌파구가 생기기도 한다.

4. 메건의 분노는 그녀가 인간적이고 연약하며, 환자들을 깊이 걱정한다는 점을 보여준다.

긍정적인 면을 모두 나열한 뒤, 메건은 긍정적인 생각과 감정을 모두 제거하지 않고 수준을 낮추기로 결정했다. 이를 통해 부정적인 감정이라고 생각했던 것이 실제로 엄청난 장점과 동정심, 엄격한 기준 등을 반영한다는 사실을 알았고, 이 놀라운 결과는 메건에게 도움이 되었다.

의미론적 방법

자기 비난과 타인 비난에 빠진 생각을 반박하는 데 특히 유용한 기법이 바로 **의미론적 방법**이다. 기억하겠지만 20장에서 우리는 비난하는 생각을 강요하지 않고, 이를 좀 더 부드러운 언어로 대체하는 것이 의미론적 방법이라고 배웠다. 해야 한다는 생각을 순화할 때와 같은 방식이다. 예를 들어 "내가 이래야 했다"나 "그 여자는 이래야 했다"라는 표현 대신, "한다면 더 좋겠다"와 같은 표현을 사용하는 것이다.

메건은 이 기법을 사용하여 비난하는 언어를 조금 덜 비판적인 표현으로 바꿨다. 하지만 메건이 이렇게 해낸 과정을 설명하기 전에, 먼저 메건의 입장에서 의미론적 방법(또는 더 마음이 끌리는 다른 기법들)을 사용하여 어떻게 부정적인 생각에 반박할지 생각해보자. 옆 쪽의 표에 나열된 각 부정적인 생각의 오른쪽 칸에 100퍼센트 참이며, 부정적인 생각을 무너뜨릴 수 있는 긍정적인 생각을 적는다.

이 연습 문제를 푸는 동안, 메건이 사실은 매우 숙련되고 동정심 많은 치료사라는 사실을 기억하자. 헬가를 치료하면서 메건이 실수한 게 있다면, 헬가가 계속해서 심리 치료 숙제를 수행하지 않을 때 메건이 제한 범위를 정하지 못한 것이었다. 메건이 너무 동정심이 많거나 마음이 약해서 범한 실수로 보인다.

때로는 자신의 부정적인 생각보다 남의 부정적인 생각이 더 쉽게 들여다보인다. 그러므로 이 연습 문제가 좋은 훈련 기회가 될 것이다. 한번 해보자! 다 하고 나면 계속해서 메건과 내 생각을 읽어도 좋다.

부정적인 생각	긍정적인 생각
1. 좀 더 효과적인 방식으로 헬가를 치료했어야 했어.	
2. 헬가가 자살 시도를 한 것은 내 잘못이야.	
3. 헬가는 그렇게 저항하고 융통성 없이 굴면 안 됐어.	
4. 헬가는 우울증을 극복하기 위해 더 열심히 노력했어야 했어. 심리 치료 숙제도 해야 했어.	
5. 헬가는 그렇게 많이 불평하면 안 돼.	
6. 헬가는 자살 충동을 느낀다고 내게 말했어야 했어.	

나의 대답

다음은 메건과 내가 생각한 내용이다.

부정적인 생각	긍정적인 생각
1. 좀 더 효과적인 방식으로 헬가를 치료했어야 했어.	분명히 더 잘 치료했다면 **좋았을 테지만** 나는 최선을 다했다. '어떻게 해야 할지 알았어야 한다'는 식의 생각은 별로 도움이 되지 않거나 인정 없어 보인다.
2. 헬가가 자살 시도를 한 것은 내 잘못이야.	헬가가 얼마나 절망적이었는지 **알았다면** 개입할 수 있었을 테지만, 여기에는 헬가 자신에게 더 많은 책임이 있다. 치료에 대해서는 내가 책임을 질 수 있지만, 그녀가 한 일이나 하지 않은 일에 대해 내가 전적으로 책임을 질 수는 없다.
3. 헬가는 그렇게 저항하고 융통성 없이 굴면 안 됐어.	**진심으로** 헬가가 저항하지 않고 한 팀으로서 좀 더 마음을 열어주기를 바란다. 하지만 융통성 없는 태도는 헬가의 가장 큰 문제 중 하나다. 만약 저항과 융통성 문제가 없었다면 치료받을 필요가 없었을 것이다!

4. 헬가는 우울증을 극복하기 위해 더 열심히 노력했어야 했어. 심리 치료 숙제도 해야 했어.	헬가가 더 **열심히 임했다면** 좋았겠지만, 그녀가 이렇게 **했어야 한다**는 말은 이치에 맞지 않는다. 그건 마치 헬가가 법이라도 어긴 것처럼 들리므로, 터무니없다. 만약 헬가가 치료받으러 돌아오면, 우리가 다시 함께 치료를 시작하는 조건으로 숙제를 요구할 수 있다.
5. 헬가는 그렇게 많이 불평하면 안 돼.	헬가가 불평을 많이 하지 않으면 정말 **좋을 것이다**. 이는 치료 목표 중 하나다. 하지만 헬가는 아마도 회복될 때까지 계속해서 불평할 것이다. 이는 지금 헬가가 갇혀 있는 패턴이고 그녀가 치료받으러 오는 이유이기도 하다.
6. 헬가는 자살 충동을 느낀다고 내게 말했어야 했어.	내게도 말했다면 **좋았겠지만**, 내가 개입해서 강제로 입원시킬까 봐 두렵거나 수치스러워했을지도 모른다. 만약 다시 함께 치료를 진행한다면, 이 문제를 내게 이야기하도록 용기를 주고 그녀에게 필요한 도움을 줄 수 있다.

메건은 부정적인 생각에 반박하는 것이 매우 큰 도움이 되었고, 다시 자신의 기술에 확신이 생기며 마음이 평온해졌다고 말했다. 그리고 불안감을 느꼈던 이유가 환자의 끔찍한 자살 시도가 아니라 그 사건을 바라보는 자신의 사고방식 때문이었다는 점을 '발견'한 일도 정말 흥미로웠다고 말했다.

메건처럼 매우 노련한 정신 건강 전문가들도 가끔 블랙홀에 빠진다. 인간이라면 어쩔 수 없다. 하지만 이렇게 스스로 치유를 경험하고 나면 다른 사람을 효과적으로 치료하는 데에도 좀 더 도움이 된다. 이렇게 말할 수 있기 때문이다.

"불안하고 쓸모없다는 기분이 들 때, 화가 날 때, 얼마나 끔찍한지 압니다. 겪어봤거든요! 당신에게 그 숲에서 빠져나올 방법을 알려줄 수 있다면 얼마나 즐거울까요!"

재귀인

재귀인은 나쁜 일이 일어났을 때 전적으로 자기 탓(또는 남 탓)을 하는 대신, 그 일에 영향을 미쳤을 가능성이 있는 모든 요소를 검토하는 기법이다. 예를 들어보자. 극도로 수줍음을 타는 너새니얼이라는 젊은 남자가 토요일 아침에 한 식료품점 계산대에 서 있었다. 그는 계산대에 있는 여성 직원이 자신을 관심 있게 쳐다보는 것 같다는 생각에 말을 걸어보고 싶었지만, 거절당해 바보 같은 꼴이 되고 말까 봐 겁이 났다.

줄 맨 앞에 도착한 너새니얼은 너무 긴장되서 계산대만 뚫어지게 쳐다보았고, 그사이 여자는 그가 산 물건들을 확인했다. 여자가 "9달러 96센트입니다"라고 말했다. 너새니얼은 10달러를 건네주고 거스름돈을 돌려받는 동안에도 계속해서 계산대만 쳐다보았다. 그는 창피한 마음으로 상점을 나오며, 이번에도 지레 겁을 먹고 아무것도 하지 못했다고 생각했다.

너새니얼이 가진 부정적인 생각, 즉 '여자가 나를 거절하면 내가 패배자라는 것을 의미한다'는 자기 비난의 전형적인 사례일 뿐 아니라, 다음과 같은 여러 왜곡 역시 포함한다.

◆ **전부 아니면 전무라는 생각** 그는 자신이 '승자' 아니면 '패배자'라고 생각한다.

◆ **지나친 일반화** 한 가지 경험을 자신의 전체 '자아'로 일반화한다.

◆ **독심술** 증거도 없이 여자가 자신에게 관심 없다고 추정한다.

◆ **극대화** 관심 없는 사람에게 말을 거는 일이 **정말** 대단한 일이라고 생각한다.

◆ **감정적 추리** 스스로 패배자처럼 느껴지면, 여자도 자신을 그렇게 볼 거라고 생각한다.

◆ **낙인찍기** 거절이 자신을 '패배자'로 만들었다고 여긴다.

◆ **숨겨진 해야 한다** '나는 거절당해서는 안 된다', '그 여자를 정신없이 빠져들게 할 수 있어야 한다'.

재귀인을 사용하기 위해, 너새니얼에게 식료품점 계산대의 젊은 여자가 추파를 던지려고 하는 젊은 남자에게 긍정적으로 반응하지 않을 수도 있는 이유를 생각나는 대로 모두 적어보라고 했다. 여러분의 생각도 적어보자. 이 연습 문제는 재미있을 것이다. 별로 어렵지도 않다. 다 적고 나면 너새니얼과 내가 생각한 이유를 확인해도 좋다.

1. ______________________
2. ______________________
3. ______________________
4. ______________________
5. ______________________
6. ______________________
7. ______________________
8. ______________________
9. ______________________
10. ______________________

나의 대답

다음은 너새니얼과 내가 생각한 내용이다.

1. 상점의 방침에 어긋날 수 있다.

2. 이미 결혼했거나 남자친구가 있을 수 있다.

3. 식료품점 관리자가 감시하고 있는지도 모른다.

4. 종일 남자들이 추근대서 지긋지긋할 수도 있다.

5. 내가 그녀의 취향이 아닐 수 있다. 여자가 더 나이 많은 남자나 젊은 남자 또는 다른 인종의 남자를 좋아할지 모른다.

6. 여자가 수줍음을 탈 수 있다.

7. 여자의 기분이 좋지 않을 수 있다.

8. 동성애자일 수 있다.

9. 속이 안 좋을 수 있다.

10. 내가 작업을 거는 데 아직 익숙하지 못해서 여자가 관심을 못 느낄 수도 있다.

너새니얼은 이 목록을 보고 크게 안도하며 두 가지 중요한 결정을 내렸다. 첫째, 그는 여자들에게 추파를 던지고 말을 거는 법을 이제 막 터득했기 때문에, 직접 시도해봐도(거절당한다고 해도) 괜찮다고 생각했다. 둘째, 매력적인 여자들에게 접근할 때 엄청나게 똑똑하거나 멋진 말을 하지 않아도 된다고 생각했다. 다만 웃으며 인사를 건네면 되었다. 상대가 긍정적으로 반응하든 아니든 그에게는 커다란 첫걸음이 될 터였다.

나는 또한 너새니얼에게 여러 가지 대인 관계 노출 기법을 사용하여 수줍음을 극복해보자고 제안했다.

1. 웃으며 인사하기 연습 극심한 불안감이 들 수 있지만 매일 적어도 5명의 사람에게 웃으며 인사한다.

2. 토크쇼 진행자 수줍음을 타는 사람들은 대개 자신에 대해 이야기하거나 엄청나게 똑똑한 말을 해야 사람들에게 깊은 인상을 남길 수 있다고 믿는다. 그러나 이렇게 하면 사람들은 대체로 흥미를 잃는다. 대신 나는 너새니얼에게 지미 팰런 같은 토크쇼 진행자들을 연구해보라고 권했다. 이들은 전국 방송에서 처음 본 사람들과 대화를 나누는 일로 먹고 사는 사람들이다. 이런 사람들은 어떤 기법을 사용할까?

대부분은 상대방 중심의 대화 기법을 사용하며, 자기 이야기나 인상 깊은 이야기는 좀처럼 하지 않는다. 출연자가 자기 얘기를 할 수 있도록 격려하고, 그들을 칭찬하고, 질문을 던져 더 많은 이야기를 털어놓도록 만든다. 대부분은 진심 어린 관심을 보여주면 정말 좋아한다.

나는 너새니얼에게 어디서든 매일 그렇게 하라고 권했다.

3. 자기 개방 처음 만난 사람 혹은 매일 최소한 한 사람에게 그동안 수줍음 때문에 힘들었고, 수줍음을 타는 게 너무 부끄러워 숨겨왔지만, 이제는 더는 숨기지 않을 것이고, 그래서 당신에게 이렇게 말하고 있다고 이야기한다.

4. 설문 기법 사람들에게 사회적 상황에서 수줍음이나 어색함을 느낀 적이 있는지, 혹시 수줍음을 타는 사람들을 업신여긴 적이 있는지 또는 수줍음을 탄다는 이유로 나를 낮잡아본 적이 있는지 물어본다.

5. 수치심 깨기 연습 공공장소에서 미친 짓이나 기이한 행동을 해서 사람들이 얕잡아보거나 이상하게 생각하는 것에 대한 두려움을 극복

한다. 예를 들어, 쇼핑몰에서 낯선 사람들에게 다가가 "노래를 불러 여러분을 즐겁게 해드리고 싶어요"라고 말한다. 그런 다음 듣고 싶은 노래가 무엇인지 물어보고, 힘차게 노래를 부른다!

6. 거절 연습 매력을 느낀 상대에게 말을 걸 때, 상대가 거절할지 모른다는 생각이 들더라도 친절하고 존중하는 태도로 데이트 신청을 한다. 일주일에 최소한 5번은 거절을 감수한다. 목표는 최대한 많이 거절당하는 것이다!

너새니얼은 과제가 무섭지만 흥미롭다고 생각했다. 비록 거절도 여러 차례 당했지만 상당한 성공도 거두었고, 머지않아 사회생활에도 꽃이 활짝 피어났다.

다음 기법으로 넘어가기 전에, 마지막으로 재귀인에서 주의할 점이 있다. 다른 기법들도 마찬가지지만, 재귀인 역시 잘못 사용될 수 있다. 이따금 사람들은 아끼는 누군가에게서 비판이나 거절당할 때, 무가치감에 대한 방어기제처럼 재귀인을 사용한다. 상대방을 얼간이나 패배자라고 생각하는 것이다.

이는 단순히 자기 비난에서 타인 비난으로 옮겨가는 일일 뿐이다. 우리를 비판하거나 우리에게 짜증을 낸다고 해서 그 사람이 '얼간이'나 '패배자'인 것은 아니기 때문에, 별로 현실적이지도 생산적이지도 않은 사고방식이다.

그러면 정말로 다른 사람에게 짜증이 날 때, 타인 비난에 어떻게 대처할 수 있을까? 비용 편익 분석을 하면 된다!

비용 편익 분석

비용 편익 분석은 인간관계에서 갈등이나 문제를 겪어 화가 나거나 누군가를 비난하고 싶을 때 가장 쉽고도 유용하게 사용할 수 있는 기법이다. 타인을 비난할 때의 장점과 단점을 목록으로 나열하여 100점 만점의 척도로 서로 대조하여 비교하기만 하면 된다. 여러분은 그냥 계속 다른 사람을 비난하고 싶을 수 있다. 그것도 좋다. 하지만 비용 편익 분석을 사용하면 분명히 결정에 도움이 될 것이다.

아래 표는 내 책《관계 수업》에서 소개한 비용 편익 분석 표다. 보면 알겠지만 비난에는 설득력 있는 장점이 **많다**. 우선 정말 쉽다. 비난하는 상대보다 우월하다는 기분을 느낄 수 있다. 게다가 문제에서 자신의 역할은 되돌아보지 않아도 된다. 내가 옳고 상대가 틀렸다고 생각할 수도 있다. 사람은 누구나 자신이 '진실'의 편이라고 느끼고 싶어 한다! 장점이 적어도 20개는 넘는다.

비난하기의 비용 편익 분석⁺

남을 탓할 때의 장점	남을 탓할 때의 단점
1. 쉽다. 변화할 필요가 없다.	1. 아무것도 달라지지 않는다.
2. 떳떳함과 도덕적 우월감을 느낄 수 있다.	2. 이런 태도는 상대방의 마음을 닫게 만든다.
3. 상대방과 친해질 필요가 없다. 그 사람과 거리를 둘 수 있다.	3. 상대방과 더 나은 관계로 발전할 수 없다.
4. 힘이 있는 느낌이다.	4. 갈등을 전혀 해결할 수 없다.
5. 이 문제는 정말로 상대방이 잘못한 거라고 확신할 수 있다. 그러면 내 책임은 면제된다.	5. 상대방은 똑같이 이 문제에서 모든 게 내 잘못이라고 확신할 것이다. 서로를 끝없이 비난하며, 아무도 먼저 고개를 숙이지 않는다.

⁺ ⓒ 데이비드 D. 번즈, 2019.

6. 진실은 내 편이다. 정말로 내가 옳고 상대방이 틀렸다고 여긴다.	6. 상대방은 똑같이 내게 잘못이 있으며 자신은 옳다고 확신할 것이다.
7. 피해자 역할을 할 수 있다.	7. 피해자 역할이 지겨워질 수 있다. 자기 연민에 중독될지도 모른다.
8. 취약한 기분을 느낄 필요가 없다. 안심된다	8. 나는 감정을 감추고, 상대방은 내 진짜 속마음을 알 수 없다.
9. 상대방을 비난하면 내 자존감과 자존심을 지킬 수 있다.	9. 스스로 사랑과 친밀감을 느낄 기회를 빼앗는 셈이다.
10. 죄의식을 가질 필요가 없다.	10. 죄의식을 느낄 수도 있다.
11. 내 잘못을 숨기고 문제에서 내 역할은 부인할 수 있다.	11. 문제에서 내 역할을 보지 못하고 지나치게 긍정적인 자아상을 만들 가능성이 있다.
12. 고통스럽고 굴욕적인 자기반성을 하지 않아도 된다. 수치심을 느낄 필요가 없다.	12. 성장하거나 새로운 어떤 것을 배울 수 없다.
13. 나는 괴롭힘 당하거나 이용당하지 않는다는 점을 보여줄 수 있다.	13. 나를 화나게 하여 통제할 힘을 상대방에게 넘긴 것인지도 모른다.
14. 상대방에게 복수하는 공상을 할 수 있다.	14. 상대방은 내게 복수하는 상상을 할 것이다.
15. 비열하거나 옹졸한 행동을 하고는 상대방은 그런 일을 당해도 싸다고 말할 수 있다.	15. 상대방이 앙갚음할지도 모른다.
16. 상대방에게 복수하고 뒤에서 못된 짓을 할 수 있다.	16. 상대방에게 상처를 줄 수 있다.
17. 나는 얼마든지 화를 내도 된다고 생각할 수 있다.	17. 내게는 행복해질 권리도 있다.
18. 분노는 내 삶에 목적과 의미를 준다.	18. 내 분노에 갇힐지도 모른다.
19. 삶이 극적이고 흥미진진해 보인다. 갈등은 나를 특별하고 중요한 존재로 만든다.	19. 끊임없이 싸우다 보면 지치고 사기가 꺾일 수 있고, 시간 낭비가 될 수 있다.
20. 상대방이 얼마나 패배자인지 험담하며 다른 사람들에게서 동정심을 얻을 수 있다.	20. 사람들도 내 불평을 듣느라 질릴 것이다.
21. 상대방을 희생양 삼아 그를 얕볼 수 있다.	21. 친구와 가족들 사이에 나쁜 선례를 남길지 모른다.
22. 상대방은 얼간이고 어떤 노력을 들일 가치가 없다고 생각할 수 있다.	22. 이런 마음가짐은 자기 충족적 예언으로 기능할 수 있다.
23. 벽을 세우고 상대방을 무차별 사격할 수 있다.	23. 내가 세운 벽에 계속 부딪힐 수 있다.
24. 상대방을 거절할 수 있다.	24. 문제를 해결하고 상대방과 가까워질 기회를 잃는다.
25. 과식, 음주, 약물 등으로 위안을 얻을 수 있다.	25. 분한 마음이 지속되면 두통, 피로, 고혈압이 올 수 있다.

하지만 앞의 표에서 알 수 있듯, 몇 가지 단점도 생각해볼 수 있다. 한 가지 큰 문제는 문제의 상대방과 결코 가까워질 수 없어 꼼짝없이 갇힌 꼴이 된다는 점이다. 게다가 상대방이 거의 항상 방어적으로 행동할 테고 나를 똑같이 비난할 텐데, 이는 정말 짜증 나는 일이다. 분노와 적대감에 휩싸이게 되는데 이 또한 무척 지치는 일이다.

이제 비난하기의 비용 편익 분석이 어떻게 작동하는지 알았을 테니, 직접 시도해보라. 각자의 기분 일지에서 타인 비난과 관련된 부정적인 생각이 있는지 찾아보자. 찾았다면 아래 표를 이용하여 다른 사람을 계속해서 비난할 때의 장점과 단점을 적어보자.

비난하기의 비용 편익 분석

남을 탓할 때의 장점	남을 탓할 때의 단점

생각나는 대로 모두 적었다면, 100점 척도로 점수를 매겨 서로 비교해본다. 장점과 단점 중 어느 쪽의 점수가 높은지 생각한 뒤, 표 아래쪽 원 안에 합이 100이 되도록 각각 점수를 적는다.

장점과 단점을 각각 몇 개나 나열했는지는 걱정할 필요 없다. 때로는 하나의 큰 장점이 여러 개의 단점을 능가하기도 하고 그 반대인 경우도 있을 수 있기 때문이다. 두 개의 목록을 전체적으로 비교하여 평가하면 된다.

비난할 때의 장점이 더 크다면 어떻게 해야 할까? 사실 아무것도 할 필요가 없다! 계속 남을 탓하면 된다. 잘 해보길! 효과가 있다면 변화할 이유가 없다.

두 원에 각각 50씩 넣는다면 어떻게 해야 할까? 역시 같은 충고를 할 것이다. 변화는 어렵고 관계의 갈등은 특히 더 까다로울 수 있다. 변화해야 할 이유가 명확하지 않은 교착 상태일 때는 모든 에너지를 쏟아부을 이유가 없다.

그럼 비난할 때의 단점이 더 크다면? 메건의 사례 때 연습했던 것처럼 의미론적 방법을 사용하여 남을 비난하는 문장을 다른 식으로 표현해볼 수 있다. 하지만 여러분이 아주 의욕이 넘친다면, 정말 멋지고 효과가 분명한 강제 공감 기법이 있다.

강제 공감

강제 공감 기법을 처음 만든 지 20년도 넘었지만, 한동안 이 기법을 치료 도구로 사용하지 않았다. 내가 적극적으로 알리지도 않았고, 효과도 일정하지 않았기 때문이다. 하지만 최근에 이 기법이 왜 어떤 때는 환상적으로 작동하고, 또 어떤 때는 아무런 효과도 만들지 못하는지를 알았다. 강제 공감 기법의 효과는 여러분이 갈등을 겪는 누군가와 진심으로 가까워지길 바라는지에 달렸다. 관계 개선을 진심으로 바란다면 강제 공감 기법이 마법 같은 효과를 발휘할 것이다. 그게 아니라면 강제 공감을 포함한 그 어떤 기법도 도움이 되지 않는다.

강제 공감 기법이 작동하는 방식은 다음과 같다. 우선 우리가 누군가에 대해 기분이 아주 언짢고 어떤 일로 그 사람을 비난하고 있다고 상상해보자. 그 사람이 어떤 생각을 하는지 실은 잘 모르기 때문에, 우리는 그 사람이 하는 행동에 온갖 설명을 지어낼 것이다. 예를 들어, 그 사람을 '멍청한 놈'이라거나 '나쁜 년'이라고 생각할지 모른다. 또는 매번 자기만 옳다고 한다거나, 절대 남의 말을 듣지 않는다거나, 우리를 이해하려 하지도 신경 쓰지도 않는다고 생각할지 모른다.

이런 생각에는 거의 항상 타인 비난을 포함한 여러 인지 왜곡이 수반된다. 그리고 그런 생각 때문에 우리는 부정적으로 생각하고 행동한다. 이를테면 화가 나거나 답답하거나 상처받았다는 생각 때문에 상대방을 방어적이거나 적대적으로 대할 수 있다. 그러면 상대방은 불가피하게 방어적인 태도를 보이거나 못되게 굴고, 우리는 '봐, 내가 옳았어! 저 사람은 진짜 얼간이라니까!'라고 생각할 것이다.

이제 우리는 자기 충족적 예언 안에 갇혔다. 우리는 자신을 피해자처럼 여긴다. 우리가 어떻게 상대방의 못된 행동을 유발하고 강화했는지 인식하지 못하기 때문이다.

물론 더 나은 관계를 원하지 않는다면 변할 이유는 없다. 우리가 모든 사람과 잘 지내도록 노력해야 한다는 원칙은 없다. 하지만 더 나은 관계를 원하고, 상대방과 다시 가까워지기를 바란다면 강제 공감이 매우 도움이 된다.

강제 공감의 목표는 우리가 잘 지내지 못하는 사람을 더 깊이 이해할 수 있는지 살펴보는 것이다. 우리를 화나게 한 상대방의 눈으로 갈등을 바라볼 때, 상황은 순식간에 달라질 수 있다.

그러려면 우리가 상대방의 역할을 하고, 다른 누군가가 그 사람의 좋은 친구 역할을 해야 한다. 역할극을 할 때는 지켜야 할 규칙이 있다.

1. 상대방의 역할을 할 때 진실만을, 오로지 진실만을 말할 것을 맹세해야 한다. 사실상 진실만을 말하는 약을 먹은 듯 행동해야 하므로, 오직 진실만을 말한다.

2. 방어적으로 행동하거나 합리화를 해서는 안 되고, 무엇이든 부인할 수도 없다.

3. 상대방의 의식적, 무의식적 마음을 대변하는 데 최선을 다해 동의해야 한다.

이 원칙을 어떻게 적용하는지 예를 살펴보자.

2년 전 그룹 상담을 진행할 때, 절친한 동료 질 레빗 박사는 큰아들 알렉스와 계속 갈등을 겪는 문제로 슬프고 짜증 나며 답답하다고 했다. 알렉스는 당시 12살로 6학년이었는데, 더 많은 자유를 원하며 제약이 되는 것은 무엇이든 시비를 건다는 것이었다. 비디오 게임을 할 시간이 더 필요하다며 잠자는 시간을 불평하고, 질이 물건을 치우라거나 숙제하라고 하면 못마땅하다는 듯 눈을 굴리는 식으로 말이다.

질은 알렉스가 더 자립적으로 생활해야 할 필요성은 이해했지만, 사사건건 따지고 드는 아들의 태도 때문에 속상했고 상처도 받았다. 잠

잘 시간을 늦춰주고, 친구 집까지 자전거를 타고 가도록 허락하고, 처음으로 핸드폰도 사주는 등 아들에게 더 많은 자유를 주었는데도, 알렉스는 엄마가 자기를 아기 취급한다고 딱딱거렸다. 질은 아이에게 어떤 변화가 있는 것인지 궁금했고, 아이가 왜 그렇게 자신에게 짜증을 내는지 알지 못했다.

그룹 상담에 함께하던 동료 리처드 램은 질에게 강제 공감 기법을 써보라고 제안했다. TEAM-CBT의 치료사는 모두 자신이 주장하는 바를 실천하려고 노력한다. 우리는 자기 회의의 블랙홀에 빠질 때나 지금처럼 사랑하는 사람과 힘겨운 갈등에 놓일 때, 우리가 개발한 도구들을 사용한다. 그러면 우리가 만든 도구들이 정말 효과적으로 작동하는지 알 수 있고 더 정교하게 다듬을 수 있다. 결국 우리는 때때로 우리에게 가장 힘든 환자들이다!

리처드는 질에게 알렉스 역할을 맡아달라고 했고, 자신은 알렉스의 친구 역할을 맡겠다고 제안했다. 그는 질에게 눈을 감고 그녀가 알렉스라고 상상하며 어머니와 관계가 어떤지 말해달라고 부탁했다. 질은 눈을 감는 순간 알렉스가 이해됐고 눈물이 나기 시작했다.

이 강제 공감 대화는 다음과 같이 진행됐다.

리처드(알렉스 친구 역할): 너 엄마한테 화났다며. 나도 그래. 어떻게 된 거야?

질(알렉스 역할): 엄마는 항상 나를 귀찮게 하면서 이거 해라, 저거 해라 말뿐이야. 나는 똑똑하고 책임감도 강해. 나를 좋아하는 친구들도 있고, 내 일은 알아서 잘 한다고. 숙제하라고 말하지 않아도 할 시간이 되면 해. 엄마와 사이도 좋고 엄마를 많이 사랑하지만, 엄마는 항상 내

위에 군림하려고 해. 나도 혼자 기억할 수 있는 일들을 항상 일러줘. 항상 나를 감시하지.

리처드: 그래서 네 기분이 어떤데?

질: 엄마가 나를 믿지 않는 것 같고, 내가 스스로 일을 못 한다고 생각하는 것 같기도 해.

리처드: 엄마한테 하고 싶은 말이 있어?

질: 나는 정말 착한 아이고, 좋은 선택을 할 수 있으니까 항상 나를 감시할 필요가 없다고 말하고 싶어. 지금보다는 좀 더 믿고 신뢰해달라고 하고 싶어.

질은 갑자기 큰 소리로 울며 방금 자신이 어떤 느낌을 받았는지 말했다. 자신이 알렉스의 다정한 면은 알지 못하고, 오직 짜증 내고 싸우려 드는 모습만 보았다는 사실을 깨달았다고 했다. 질은 아이가 매우 능력 있다고만 생각했지, 아이의 약한 면은 생각해보지 않았다고 말했다.

또한 아들을 어린애 다루듯이 대했는데 알렉스가 그런 대접을 받을 이유가 없다는 사실도 깨달았다. 아이는 독립적으로 생활할 자격이 있어서 그렇게 생활하는 건데, 자신이 아이를 믿지 못한다는 인상을 주었다고도 말했다. 질은 자신이 알렉스를 얼마나 자랑스러워하는지, 아들이 얼마나 어른스럽고 책임감 있는지에 대해서는 말해주지 않아서, 자신이 아들의 좋은 면을 오히려 약화시키고 있었다는 사실을 깨닫고는 괴로워했다.

그 뒤에 질은 집으로 돌아가 알렉스에게 네가 성장하고 있고, 너에 관해 내려놓는 것이 **엄마**의 투쟁이라는 사실을 깨달았다고 말했다. 그리고 그녀의 역할은 언제나 돌보는 사람이자 체계를 잡는 사람이었지만 때로는 그 역할이 지나쳤고, 이는 네 잘못이 아닌 엄마의 투쟁 때문이라고 설명했다. 또한 네가 매우 책임감 있다는 걸 알고, 엄마가 너를 믿지 못하는 것처럼 느끼게 했다는 사실을 깨달았다고 말했다. 질은 내려놓는 법을 배우는 것이 엄마의 계획이고, 자신이 계획을 이루기 위해 노력 중이라고 설명했다.

알렉스는 이 말을 확실히 좋아했고, 완전히 이해했다!

강제 공감의 사례가 흥미로웠기를 바란다. 이 기법은 매우 강력하고 유용할 수 있다. 특히 여러분이 불화를 빚고 있는 친구나 가족, 동료와 좀 더 애정 어린 관계 맺기를 강하게 바랄수록 더 그렇다.

만약 부정적인 생각에 자기 비난이나 타인 비난의 왜곡이 들어 있다면, 이 장에서 언급한 긍정적 재구성과 재귀인, 비용 편익 분석, 강제 공감 등을 포함한 여러 기법이 도움이 될 것이다.

하지만 자기 자신이나 다른 누군가를 비난할 때면 변화에 대한 저항이 만만치 않을 수 있다는 점을 명심하자. 비난은 중독성이 아주 강하다. 만약 여러분이 자신을 비난하고 있다면 여러분이 가진 엄격한 기준 때문에 비난에 고착될 수 있다. 다른 사람을 비난하고 있다면 분노와 도덕적 우월감 때문에 고착이 발생할 것이다. 일반적으로 비난하기는 가장 무너뜨리기 힘든 왜곡이다. 분노가 가장 극복하기 힘든 감정인 이유가 여기에 있다.

또한 그렇기 때문에 자기 비난이나 타인 비난과 관련된 부정적인 생각에는 가장 먼저 긍정적 재구성이나 비용 편익 분석 같은 동기 부여 기법을 시도하는 게 좋다. 만약 여러분이 자신이나 다른 사람을 질책하는 데 지친다면, 이 장에서 언급한 기법뿐 아니라 이 책에서 설명한 여러 다른 기법도 아주 유용하게 사용할 수 있을 것이다!

이제 우리는 모든 종류의 인지 왜곡을 무너뜨릴 수 있는 몇 가지 치료 도구를 가졌다. 하지만 지금까지 배운 기법은 입문자용 도구일 뿐이다. 더 놀라운 기법이 많다는 사실을 잊지 말자. 33장을 살펴보면 변화를 도와줄 50가지 기법이 있다. 우리는 그 기법을 사용하여 다시 좋은 기분을, 나아가 희열을 맛볼 수 있다!

3부

영적, 철학적 차원

자아의 네 가지 '큰 죽음'

23장

여러분은 자아가 있는가? 자아가 필요한가?

평가의 시선을 받는 게 두려운가? 가끔 열등감을 느끼거나, 남들에게 결점이나 속마음을 들키면 무시당할까 봐 걱정되는가?

우리가 대부분의 사람들과 같다면, 여러분도 자신의 수입이나 지능, 재능, 성공, 외모, 인종, 사회적 지위 등 여러 기준을 바탕으로 재단되거나 평가받는 '자아' 또는 '정체성'을 갖는다고 할 수 있다. 그리고 기분이 우울하거나 불안정할 때면 그 '자아'에 흠이 있거나 부족하다고 느낄 수 있다. 이 믿음은 우울감, 불안, 수치심, 무가치감, 외로움, 절망 등의 감정을 유발한다.

보다시피 '자아'가 있다는 믿음에는 상당히 큰 대가가 따른다.

얼마 전 밤에 친구 조너선과 피자를 먹었다. 조너선은 지난 9년 동안 내면의 불한당과 싸움을 벌여왔다고 말했다. 이 무정하고 자기비판적인 목소리는 그에게 "실패자"라고 말했다. 그가 보수가 높은 유망한 직업도 갖지 못한 데다 아직 평생의 반려자도 찾지 못했기 때문이었다. 조너선은 이런 생각 때문에 종일 부적절감에 휩싸였고, 이는 다음 날 아침이면 더욱 맹렬해졌다.

물론 자기비판에는 언제나 일말의 진실이 있다. 조너선은 최근에 많은 노력을 기울였던 중요한 사업용 페인트 작업 입찰에서 떨어졌다. 그가 제시한 가격이 두 번째로 좋았지만, 조너선은 계약도 따지 못하고 무척 절실했던 수입도 얻지 못했다.

게다가 때때로 전 여자친구와의 관계가 흔들렸다. 두 사람은 비록 더는 연인 관계가 아니었지만 둘 사이에 아이가 있었기 때문에 공동 육아를 합의한 상태였다. 조너선이 여자친구의 집에 방문하면 그녀가 조너선을 비판적으로 대할 때가 잦았는데, 그런 갈등은 대체로 점점 심해졌다. 조너선은 이렇게 말했다.

"내가 자랄 때 우리 부모님이 말다툼했던 거와 똑같아. 나는 그렇게 살지 않겠다고 결심했는데."

조너선만 그런 게 아니다. 많은 사람이 경력 부족을 이유로, 늘 꿈꾸던 연인을 찾지 못했다는 이유로 자신이 별로라고 느낀다. 하지만 조너선은 상업용 페인트 작업으로 자신과 다른 고용인 두 명을 부양해왔다. 그리고 전 여자친구와의 관계는 불안정하지만, 과거에 많은 여성과 좋은 관계를 맺었고, 지금은 사랑스러운 한 살배기 아들의 다정하고 자랑스러운 아버지다. 하지만 조너선은 자신을 '실패자'라고 여기며 그 생각을 절대적인 사실로 느꼈고, 무척 고통스러워했다.

조너선은 자신의 '자아'가 별로 좋지 않다고 믿는다. 그리고 그 생각이 뿌리가 되어 고통스러운 감정이 자라난다.

부적절감은 적어도 내가 아는 사람들 사이에서는 거의 보편적인 감정처럼 보인다. 지난주, 젊은 자메이카 여성 자넬을 만났다. 자넬은 어릴 때부터 우울과 불안, 수치심 등의 감정에 만성적으로 시달려왔다고 털어놓았다.

자넬은 어릴 때부터 어머니와 언니에게서 갈색 피부는 '열등'하며,

배척당하지 않으려면 '백인'처럼 행동하려고 노력해야 한다는 말을 들었다. 또 자넬이 흥미롭지 않고, 아무도 그녀에게 관심 없을 거라는 말도 들었다.

오늘날까지도 자넬은 낮은 자존감 때문에 고심하고 있으며, 여전히 사람들이 자신에게 관심을 느끼지 않을 거라고 믿는다. 하지만 자넬은 사랑하는 남편이 있고, 일류 대학교에서 박사 학위를 받았으며, 권위 있는 의료 센터에서 중요한 연구를 진행하고 있다. 그런데도 내면의 목소리는 아직도 자신이 '별로'라고 주장한다.

자산이 거의 없는 사람들도 자기 회의와 부적절감과 같은 감정에 시달린다. 필라델피아에 살던 시절, 나는 내 책《자신감에 이르는 10단계》를 바탕으로 우리 병원에서 치료받던 환자들을 위해 10단계 치료 프로그램을 개발했다. 병원은 마약과 범죄, 조직폭력단이 활개 치는 꽤 거친 동네에 있었다. 많은 환자가 심각한 정신 질환을 겪었지만 자원은 한정되어 있었고, 꽤 많은 사람이 읽고 쓸 줄도 몰랐다. 노숙자들도 있었다.

어느 날 오후, 그룹 치료를 진행하며 환자들에게 언제 자존감을 잃었다고 느꼈는지 구체적으로 들려달라고 했다. 후안이라는 한 노숙자는 양복을 입고 넥타이를 맨 사람이 자기 앞을 지나갈 때마다 어떤 느낌이 드는지를 다음과 같이 설명했다.

"그 사람을 보면 직업이 있고, 밤이면 잠을 잘 침대가 있고, 그를 사랑하는 가족이 있다는 생각이 듭니다. 나는 거리에서 잠을 자죠. 나는 5학년도 다 마치지 못했어요. 직업 같은 건 가져본 적도 없고요. 누구한테 도움이 된 적도, 어떤 일에 기여해본 적도 없어요. 나는 사회의 거머리일 뿐이에요. 아무짝에도 쓸모없는 인간이 된 기분이에요."

그는 말하면서 눈물을 흘렸다. 보다시피 후안의 근심은 조너선이나 자넬의 근심과 놀라울 정도로 비슷했다. 후안 역시 자신의 '자아'가 별로 좋지 않다고 믿었다.

아마 여러분도 그런 기분이 들 때가 있을 것이다. 그렇지 않은가? 여러분도 느껴본 적이 있지 않은가?

- 더 성공했거나, 더 매력적이거나, 더 인기 있어 보이는 친구나 동료에게 열등감을 느껴보았는가?
- 그동안 숨기고 있던 어떤 결점 때문에 자신에게 흠이 있다거나 부끄럽다고 느껴본 적이 있는가?
- 다른 사람들이 나쁜 점들까지 포함한 있는 그대로의 내 모습을 알면, 나를 무시할까 봐 두려워해본 적이 있는가?
- 사람들이 모이는 자리가 어색하거나 수줍고, 그 자리에서 바보 같은 말을 하거나 긴장하고 불안해하는 모습을 보이면 다른 사람들이 안 좋은 시선으로 볼까 봐 두려웠던 적이 있는가?
- 사람들 앞에서 발표하는 게 두렵고, 머릿속이 하얘지거나 중얼거리는 등 바보처럼 굴까 봐 걱정해본 적이 있는가?
- 충분히 똑똑하거나 성공하지 못했다는 생각에 부적절감이나 부끄러움을 느껴본 적이 있는가?
- 아끼는 사람에게 거절당하거나, 사랑하는 사람과 의미 있는 관계를 맺지 못했다는 이유로 자신이 가치 없고 사랑스럽지 않다고 느껴본 적이 있는가?

시종일관 행복하고 자신감 넘치는 운 좋은 사람들도 있겠지만, 나는 대부분의 사람들이 때때로 불안정감과 자기 회의 때문에 힘들어할 거라고 확신한다. 나는 대체로 매우 행복하게 살지만 이와 같은 감정들과 싸워왔기 때문에 이것이 얼마나 고통스러운지, 어디까지 괴로울 수 있는지 알고 있다.

2017년에 캘리포니아주 애너하임에서 열린 심리 치료 발전을 위한 회의Evolution of Psychotherapy Conference에 참석할 기회가 있었다. 이 행사는 심리 치료학계의 저명한 인사들이 대거 참석하고 전 세계의 치료사 수천 명이 모여 소위 '심리 치료계의 우드스톡Woodstock✣'이라고도 불린다. 그런 권위 있는 행사에 참석하게 되어 행복하고 신이 날 만도 했지만, 내 기분은 그렇지 않았다.

처음 두 번의 발표에는 약 1,000명의 청중이 모여 상당히 잘 진행되는 듯했다. 어쩌면 아주 성공적이었다고도 할 수 있었다. 하지만 그 뒤로 내가 저지른 실수에 집착하기 시작했다. 그리고 발표 중 하나가 잘되지 않아 위축되었다. 괜찮은 수준이었지만 놀랍거나 굉장하진 않았던 것 같다. 나는 우울해지기 시작했고 어느새 다음과 같은 생각이 들었다.

- 나는 이 자리에 어울리지 않아.
- 여기는 내 능력 밖의 장소야.
- 더 잘했어야 했는데.
- 나는 한물간 사람이야. 내 전성기는 지나갔어.
- 이 분야는 나 없이도 움직이고 나를 훌쩍 앞질렀어.

✣ 1969년에 열린 전설적인 록 페스티벌. 많은 록 페스티벌의 원조 격이다. (옮긴이)

이 생각들은 고통스러웠지만 절대적으로 타당해 보였다. 끔찍하지만 피할 수 없는 나의 '진실'을 마주한 기분이었다.

내 생각에서 인지 왜곡을 찾을 수 있겠는가? 다음의 퀴즈에서 확인해보자. 정답이나 오답이 정해지지 않았으므로, 열심히 추측해보기 바란다.

인지 왜곡 퀴즈	(√)
1. **전부 아니면 전무라는 생각** 세상을 흑과 백, 전부 아니면 전무의 범주로 나누어 바라본다. 회색 지대는 존재하지 않는다.	
2. **지나친 일반화** 한 번의 부정적인 사건을 영원히 반복되는 패배처럼 여기면서 **항상**이나 **절대** 같은 표현을 사용한다.	
3. **정신적 여과** 부정적인 면에 집착하여 긍정적인 부분을 걸러낸다. 잉크 한 방울이 비커에 떨어져 물 전체를 검게 물들이는 것과 같다.	
4. **긍정적인 면 무시하기** 좀 더 인상적인 심리적 오류다. 자신의 긍정적인 부분들은 중요하지 않다고 생각한다. 이렇게 하여 일반적으로 부정적인 견해를 유지한다.	
5. **성급한 결론짓기** 뒷받침할 사실 근거도 없이 곧장 결론으로 직행한다. • **독심술 오류** 다른 사람들이 생각하고 느끼는 바를 자신이 안다고 가정한다. • **예언자적 말하기 오류** 미래를 부정적으로 예측한다.	
6. **극대화와 극소화** 무언가의 중요성을 과장하여 부풀리거나 부적절하게 축소한다. 나는 이 왜곡을 쌍안경 속임수라고 부른다. 쌍안경처럼 어느 쪽으로 보느냐에 따라 대상이 훨씬 커 보이기도 하고 작아 보이기도 하기 때문이다.	
7. **감정적 추리** 자신의 기분대로 해석한다. 예를 들어, 자신이 패배자라는 **기분**이 들면, 정말 패배자라고 **추론**한다. 또는 절망적이라는 기분이 들면, 정말로 희망이 없다고 **결론** 내린다.	
8. **해야 한다는 생각** 줄곧 **해야 한다, 반드시 해야 한다** 등으로 자신이나 타인을 불행하게 만든다. 자신을 향한 해야 한다는 죄책감과 수치심, 우울감, 무가치함 등의 감정을 만든다. 타인을 향한 해야 한다는 분노와 관계 문제 등을 촉발한다. 세상을 향한 해야 한다는 답답함과 권리의식을 유발한다.	
9. **낙인찍기** 구체적인 문제에 초점을 맞추기보다 자신이나 남들에게 꼬리표를 붙인다. 낙인찍기는 극단적인 형태의 지나친 일반화다. 자기 자신이나 다른 사람들을 완전히 결함이 있거나 나쁜 존재로 받아들이기 때문이다.	
10. **비난하기** 잘못을 자기 책임으로 돌리거나(자기 비난) 타인의 책임으로 돌린다(타인 비난).	

퀴즈를 다 풀었는가? 시도해보았는가? 그렇다면 이어서 나의 대답을 읽어도 좋다. 퀴즈를 다 풀기 전까지는 훔쳐보지 않길 바란다!

나의 대답

왜곡을 얼마나 많이 찾아냈는가? 몇 가지 왜곡은 확실해 보이고, 심지어는 10가지 왜곡이 모두 보이기도 한다! 이유는 다음과 같다.

1. 전부 아니면 전무라는 생각 장외 홈런을 치지 못했으니 삼진 아웃을 당했다고 생각했다.

2. 지나친 일반화 스스로를 전성기가 지나간 '한물간 사람'이라고 생각했다.

3. 정신적 여과 두 번의 발표 중 잘 해내지 못한 것만 되씹으며, 매우 성공적이었던 다른 발표는 완전히 잊어버렸다.

4. 긍정적인 면 무시하기 최근 많은 워크숍에서 기립 박수를 받고, 나를 지지해주는 독자들에게서 극찬의 내용이 담긴 이메일을 매일 수없이 받고 있다는 사실을 무시했다.

5. 성급한 결론짓기 사람들이 더는 내 말에 흥미가 없을 것이라 추정했고(독심술) 남은 발표에도 관심이 없을 것이며, 내 경력은 끝난 거나 다름없다고 예측했다(예언자적 말하기).

6. 극대화와 극소화 지엽적인 문제일 수 있으나, 내가 발표에서 범한 모든 실수의 중요성을 극대화하고 내 발표가 가진 잠재적 영향력을 극소화했다고 주장할 수 있다.

7. 감정적 추리 나는 실패자가 된 기분이 들었고, 그래서 **실패자**가 되었다고 결론지었다.

8. 낙인찍기 스스로를 '한물간 사람'이라고 낙인찍었다.

9. 해야 한다는 생각 내가 좀 더 카리스마 **있어야 했고,** 사람들에게 감동을 **주었어야 했다고** 생각했다.

10. 자기 비난 ‘충분히 잘하지’ 못했다며 스스로를 비난하고 비판했다.

보다시피 내 부정적인 생각에는 **많은** 왜곡이 있었지만, 당시에는 깨닫지 못했기 때문에 그런 생각은 급격히 불어났고 나는 점점 더 불안해졌다. 사실 너무 긴장되고 기운이 빠져서 다음 발표할 장소에 90분 일찍 찾아갔다. 강연장은 2,400명을 수용할 정도로 넓었지만, 강연장 안에는 청중석 뒤쪽에 **단 한 명**만이 앉아 있었다. 심장이 철렁했다!

나는 청중석에 앉은 여성에게 행사 안내표를 가지고 있는지 물었다. 장소를 잘못 찾아온 게 아닌지 확인하기 위해서였다. 여성은 핸드폰으로 안내표를 확인하더니, 자신이 강연장을 잘못 찾아왔다며 나가버렸다. 이제 그 휑뎅그렁한 강연장에는 완전히 나 혼자였다. 굴욕감이 들었다. 내 강의를 들으러 오는 사람은 극히 소수에 불과하리라는 생각이 들었다.

나는 실의에 빠진 채 컴퓨터를 설치하러 무대에 올라갔다가 앉아서 시간이 되기를 기다렸다. 그러다 너무 불안한 나머지 깜박 잠이 들었다. 나는 극심한 불안을 느낄 때 이상 증상처럼 갑자기 졸음이 쏟아지고는 한다.

강연 시작을 몇 분 앞두고 눈을 떴을 때, 놀랍게도 강연장은 사람들로 꽉 차 있었다. 강의를 시작하자 청중은 열렬히 반응했고 때때로 자발적인 박수와 환호를 보내왔다. 그렇게 많은 청중이 그토록 열광하는 강의는 처음이었다!

내 부정적인 생각이 상당히 왜곡되어 있었다는 게 분명해지자 큰 안도감이 들었다. 이런 유형의 회복을 앨버트 엘리스 박사는 ‘낮은 차원의 해법'이라고 불렀다. 부정적인 생각이 사실이 아니라는 점을 깨달으면 갑자기 기분이 나아지는 것이다.

'높은 차원의 해법'은 다르다. 여기서는 부정적인 생각이 **사실**일지라도 행복감을 느낄 수 있다고 깨닫는다.

높은 차원의 해법은 어떻게 작동할까? 애너하임의 청중이 훨씬 더 소규모에 열렬한 반응도 덜했다고 생각해보자. 그러면 어떻게 될까? 이것이 내 '자아'가 정말로 '충분히 좋지 않다'는 의미일까?

이 질문에 대한 대답은 지난주 스탠퍼드대학교 화요일 저녁 훈련 그룹에서 알게 됐다. 그룹을 막 파하려던 참이었는데, 로버트라는 한 심리학자가 눈물을 글썽이며 내게 다가왔다. 놀라운 일이었다. 나는 그 남자에게 약간 겁을 먹고 위축된 적이 있었기 때문이다.

로버트는 내가 화요일 그룹을 만들고 많은 시간과 노력을 할애해준 데에 고맙다는 인사를 하고 싶다고 말했다. 그 모임이 큰 의미가 있다고 말하는 그는 살짝 목이 메는 것 같았다.

나는 그의 말에 깊이 감사했다. 로버트에게 이 그룹 치료가 내게도 큰 의미가 있고, 일주일의 가장 중요한 부분 중 하나라고 말했다.

내 자아가 스스로 '퇴물'이라거나 '별로 좋지 않다'는 생각을 주입할 때마다, 로버트의 말을 기억하려고 애쓴다. 그의 말을 생각하며 내 인생에서 가장 중요한 게 무엇인지, 나는 무엇에서 가장 깊은 만족감과 기쁨을 느끼는지 떠올린다. '특별한' 것이 아니다. 나는 결함이 있는 사람들끼리 자신의 실패와 약점 그리고 성공을 함께 나누며 어울리고, 그리하여 함께 배우고 성장하는 일에 만족감과 기쁨을 느낀다. 이것이 나의 '높은 차원의 해법'이다!

다음 몇 장 동안 우리는 여러분을 포함한 어떤 인간도 '충분히 좋지' 못할 수 있다는 관념을 검토하며 몇 가지 질문을 던질 것이다.

1. 인간이 더 가치 있는 존재나 덜 가치 있는 존재가 될 수 있을까?

2. 사람들은 우리가 생각하고 느끼고 행하는 구체적인 것들을 비판할 수 있다. 하지만 그들이 우리 '자아'를 판단할 수 있을까?

3. 여러분은 '자아'가 있는가? 혹은 '자아'가 필요한가?

4. '자아'가 있다면, 그 자아를 없애는 가장 좋은 방법은 무엇인가?

이 질문들에 대한 답은 알고 보면 모두 간단하지만, 처음에는 이해가 안 될 수도 있다. 인내심을 갖고 노력하면 어느 순간 깨달음이 올 것이다.

두 가지 다른 모습이 있는 그림을 본 적이 있는가? 아래 그림은 어떻게 보면 토끼처럼 보인다. 하지만 또 다른 눈으로 보면 오리처럼 보인다.

우리의 결점과 단점을 생각할 때도 마찬가지다. '자아'를 가지고 있다는 관점에서 보면, 우리는 우리의 결점과 실패가 곧 결함이 있거나

출처: Wikimedia Commons

열등하거나 형편없거나 심지어 무가치한 '자아'를 의미한다고 생각한다. 이런 관점은 불안감과 좌절감, 열등감, 수치심, 절망감을 유발하며 때로는 자살 충동으로까지 이어진다.

하지만 다른 관점에서 보면, 결점과 단점은 우리가 배우고 성장하거나 아끼는 사람들과 좀 더 가까워질 기회일 수 있다. 모두 우리가 어떤 방식으로 보느냐에 달려 있다.

내가 이야기하려는 것은 불교에서 말하는 '큰 죽음'이다. 만약 우리가 '자아'의 '죽음'을 받아들인다면 곧바로 심오한 성장과 자유, 기쁨을 경험할 수 있다. 터무니없는 소리 같기도 하고 어쩌면 무서운 말로 들릴지 모르지만, 우리는 깊은 해방감을 느낄 수도 있다. 실제로 3부의 마지막 장에서 자아와 관련된 네 가지의 '큰 죽음' 및 깨달음을 얻는 놀라운 네 가지 방법에 대해 이야기할 것이다.

24장

가치가 더 높은 사람이 있을까? 여러분도 그중 하나인가?

분명 어떤 사람들은 특정한 일을 더 잘할 수 있다. 사실 훨씬 더 뛰어날 수도 있다. 더 영리할 수도 있고, 더 재능이 많을 수도 있고, 더 출세할 수도 있다. 하지만 그렇다고 해서 그런 사람들이 더 우월할까? 또는 더 많은 가치를 지닐까?

때로는 엄청나게 성공을 거둔 사람이 실제로 더 우월하거나 더 가치 있어 보이기도 하다! 예컨대 몇 년 전 나는 TV를 켰다가 대학 룸메이트였던 조지프 스티글리츠가 노벨 경제학상을 받았다는 사실을 알았다. 인터넷으로 찾아보니 그는 케임브리지와 하버드 같은 명문 대학에서 40개도 더 되는 명예 학위를 받았고, 《타임》이 선정한 세계에서 가장 영향력 있는 인물 100인에 이름을 올리기도 했다.

이크! 어떻게 다른 사람들이 그런 경력과 겨룰 수 있을까?

어떤 사람이 다른 사람보다 더 가치 있을 수 있는지 알아보려면 다음의 질문에 답해야 한다. 더 가치 있는 인간의 정의는 무엇일까? 만약 우리가 이 개념을 의미 있는 방식으로 정의할 수 없다면, 이 개념은 의미가 없다. 더 가치 있는 인간 같은 것은 없을 테니, 우리는 그 부분을 걱정할 필요가 없다.

이 방법이 여러분에게 유용할까? 열등감과 무가치감은 우울증과 불안증에서 가장 일반적으로 나타나는 두 증상으로, 흔히 우리가 부족하고 다른 사람들이 어떤 식으로든 '더 낫다'는 믿음에서 비롯된다.

대중적으로 더 가치 있는 인간의 정의라 인식되는 몇 가지 개념을 살펴보고, 그중 타당한 것이 있는지 알아보자. 더 가치 있는 인간이란 다음과 같다고 생각할 수 있다.

- 성공했거나 열심히 노력해서 많은 것을 성취한 사람
- 머리가 좋거나 재능이 있는 사람
- 행복한 사람
- 사랑받거나 다른 사람들에게 많은 사랑을 베푸는 사람
- 유명하거나 권력을 가진 사람
- 매력이 있거나 인기가 있는 사람
- 부유한 사람
- 하느님을 믿는 사람
- 매우 친절하고 동정심이 많은 사람
- 남을 돕는 사람

여러분이 생각하는 나름의 정의도 있을 수 있다. 있다면 적어보자.

첫 번째 정의를 살펴보자. 열심히 노력해서 크게 성공한 사람이 더 가치 있는 사람이라는 것이 사실인가?

이런 일반적인 사고방식은 칼뱅주의 노동관의 전형이다. 즉 내가 **하는** 일이 바로 **나**이며, 좋을 일을 한 사람은 좋은 사람이다. 하지만 게으름을 피우거나 성취하는 것이 극히 적다면 형편없이 일한 것이다. 곧 나는 형편없고, 가치 없으며, 열등한 사람이다. 이런 식의 사고는 논쟁의 여지가 있지만 서구 문명의 근간을 이루며, 대부분의 사람들이 그렇게 믿는다.

여러분은 가치 있는 사람을 크게 성공한 사람으로 정의하는 데에 어떤 문제가 있는지 보이는가?

계속 읽기 전에 먼저 여러분의 생각을 적어보라. 확실치 않다면 짐작을 해보자. 짐작이 틀리더라도 새로운 통찰을 얻을 수 있다. 목표는 '정답'이나 '오답'을 맞추는 것이 아니라, 고통스러운 감정을 만들어내는 부정적인 생각과 믿음에 반박하는 법을 배우는 것이다.

나의 대답

가치 있는 인간이 크게 성공한 사람이라면, 우리는 다음과 같은 질문에 답해야 한다. **얼마나** 성공해야 가치 있는 사람인가? 모든 일에 항상 성공해야 하는가? 아니면 어떤 일을 가끔 성공해도 되는가?

만약 "모든 일에 항상"이라고 말한다면 누구도 가치 있는 사람일 수 없다. 그 누구도 모든 일에 항상 성공할 수는 없기 때문이다. 사람은 누구나 살면서 많은 실패를 겪는다. 사실상 실패는 배우고 성장하는 데 필수적이다.

만약 "어떤 일에 가끔"이라고 답한다면 모든 사람이 가치 있다. 모든 사람은 살면서 많은 일에 성공을 거두기 때문이다. 예를 들어 우리는 걷고 말하고 읽고 쓰는 법을 배우고, 숫자를 더하고 빼는 법을 배웠다. 실제로 지금 이 순간에도 여러분은 이 책을 성공적으로 읽고 있고, 전에는 생각해본 적 없는 몇 가지 새로운 개념을 생각하고 있을지 모른다. 따라서 이 정의대로라면 우리는 **모두** 가치 있다.

우리가 **모두** 가치 있든 또는 **아무도** 가치가 없든, 우리는 모두 한배를 탄 것이다.

여러분은 여전히 어떤 사람은 다른 사람보다 정말 더 가치 있다고 확신할지 모른다. 괜찮다. 또 여전히 성공이 가치를 가르는 핵심이라고 믿을 수도 있다. 그런 믿음은 쉽게 사그라지지 않는다.

그러니 가치 있는 사람을 조금 다르게 정의해보자. 예를 들어, 가치 있는 사람이란 50퍼센트 이상 성공한 사람이라고 정의할 수 있다.

이 정의에 어떤 문제가 있는지 알겠는가? 더 읽기 전에 여러분의 생각을 적어보자. 확실히 생각나지 않는다면 추측을 적어도 좋다.

나의 대답

이 새로운 정의를 따른다면, 우리는 임의적인 구분점이라는 논리적 문제와 충돌하게 된다. 50퍼센트 이상 성공한 사람이 가치 있다고 주장한다면, 49퍼센트 성공한 사람은 가치가 없다. 이 두 사람은 거의 같은 수준의 성공을 거두었으므로 이 논리는 타당하지 않다. 구분점을 어디에 두어도 이 문제를 피할 수 없다.

그렇다면 여러분이 나의 대학 룸메이트처럼 크게 성공한 사람 또는 유명한 운동선수나 가수, 영화배우처럼 우상으로 여겨지는 인물이 더 가치 있다고 믿는다고 해보자. 이런 개념은 유혹적이다. 이것이 사실이라고 **느끼기** 때문에 **사실이어야** 하는 것처럼 보일 수 있다.

좀 더 그럴듯한 다른 정의를 시도해보자. 더 많은 성공을 거둘수록 더 가치 있는 사람이라고 할 수 있다. 이 새로운 정의는 말이 될까? 우리에게 성공을 재는 0에서 1,000까지의 눈금자가 있다고 해보자. 불운한 노숙자는 아마도 25점 전후의 아주 낮은 점수를 받을 것이고, 빌 게이츠나 알베르트 아인슈타인 같은 인물은 950점이 넘는 아주 높은 점수를 받을 것이다. 그러므로 여러분의 성공 점수가 650점이라면, 가치 등급도 650이다. 가치 있는 인간에 대한 이 정의는 조금 더 설득력 있어 보인다. 더 많은 성공을 거둘수록 더 가치 있는 사람이라는 이 주장에 어떤 문제가 있는지 보이는가? 더 읽기 전에 여러분의 생각을 적어보자.

나의 대답

우리는 지금 더 많이 성공할수록 더 가치 있는 사람이라고 주장하고 있다.

흠, 말이 되긴 **되는 것** 같기도 한데… 정말 그런가?

한 가지 잠재된 문제가 있다. 우리의 성공은 끊임없이 변동을 거듭한다. 더 많은 성공을 거둘 때도 있고, 별로 성공을 기두지 못할 때도 있다. 5학년은 학생 시절의 내게 최고의 해였다! 모든 과목에서 A를 받았고 하루도 결석하지 않았다. 나는 내 성적표가 몹시 자랑스러웠고, 선생님을 사랑해마지않았다. 이것이 내가 그해에 특히 '가치 있는 아이'였다는 뜻일까?

고등학생일 때 나는 애비 렌츠Abbey Rents라는 파티용품 대여 회사에서 처음으로 제대로 된 일자리를 얻었다. 나는 창고에서 일하면서 고객들이 물품을 정확히 전달받을 수 있도록 주문에 응했다. 주문받을 때마다 꼼꼼하고 세심하게 응했지만, 고객들 사이에서 주문이 제대로 이행되지 않고 있다는 불만이 들어오기 시작했다. 나는 정말 열심히 노력했지만 관리자에게 계속 불만이 접수됐다.

어느 날 출근했는데 사람들이 다른 사람을 고용했으니 너는 해고라고 말했다. 나는 2주도 채 버티지 못했다! 확실히 최선을 다했지만 실패했다. 그렇다면 그때의 나는 '가치가 낮은 사람'이었다는 뜻일까?

특정한 결함이나 기술을 정말 '자아'로 일반화하고 싶은가?

모든 유명인은 백열전구를 발명하기 위해 노력했던 에디슨처럼 거듭해서 실패하는 시기를 거쳤다. 에디슨이 시험했던 필라멘트는 한동안 만족스럽지 않았다. 에디슨도 그 당시에는 '가치 없는' 사람이었을까? 그러다가 마침내 제대로 된 필라멘트를 만들자 갑자기 '더 가치 있는' 사람이 된 걸까?

눈금자처럼 인간의 가치와 성공을 가늠하는 정의에는 또 다른 문제가 있다. 우리가 이루는 성공들이 다소 특정하다는 것이다. 누군가 테니스를 아주 잘 친다면 그 사람은 테니스에서 큰 성공을 거둘 것이다. 하지만 그 사람이 다른 기술, 예컨대 노래 부르기 등에서도 반드시 성공하리라는 법은 없다.

그렇다면 그 사람은 더 가치 있는 동시에 덜 가치 있는 사람인가?

아직 이해가 안 되는가? 우리는 노래를 부르거나 테니스를 치는 등의 일에서 어떤 사람이 수행하는 특정 활동을 평가하고 점수 매길 수는 있지만, 인간의 '가치 있음'을 평가하고 점수 매길 수는 없다.

왜냐하면 특정한 기술이나 실패를 전체 '자아'로 일반화할 의미 있는 방법이 없기 때문이다. 특정한 성공과 특정한 실패는 존재하지만, 가치가 높은 사람이나 가치가 낮은 사람은 존재하지 않는다.

성공과 가치가 어떤 식으로든 연결되어야 한다고 **여전히** 확신하는 사람도 있을 것이다. 괜찮다! 때로는 이런 관념을 내려놓기가 정말로 힘들다.

나 역시 임상 작업 초기에 이 문제를 아주 많이 생각했고, 확신하지 못했다. 다른 사람들처럼 나도 더 성공한 사람이 더 가치 있다는 관념에 빠져 있었다. 하지만 지금은 어떤 일에 큰 성공을 거두었다고 해서 더 가치 있는 인간은 아니라는 사실이 명명백백해 보인다.

더 가치 있는 인간이라는 개념에 대해 또 다른 정의를 시도해보자. **어떤 일**에 성공해야만 가치 있는 사람이라고 하면 어떨까? 그리고 그 특정한 일에서 더 많은 성공을 거둘수록 더 가치 있는 사람이 되는 거라면 어떨까?

이 새로운 정의를 어떻게 생각하는가? 어떤 문제가 있는지 보이는가? 더 읽기 전에 여러분의 생각을 적어보자.

나의 대답

이 새로운 정의는 공격하기가 꽤 쉽다. 어떤 사람은 은행 강도나 연쇄 살인처럼 불법적이거나 부도덕한 일에서 큰 성공을 거둘 수 있다. 그렇다면 그는 특히 가치 있는 사람이 되는 걸까? 확실히 말이 안 된다!

그 대신 합법적이고 도덕적인 일에서 성공을 거둘 때 가치 있는 사람이 된다고 말할 수는 있을까? 이 정의 역시 임의의 구분점 문제와 같이 우리가 앞서 지적한 모든 이유 앞에서 허물어진다.

더 가치 있는 인간을 정의하려고 어떤 식으로 노력해도 유사한 모순과 논리적 문제에 부딪힐 것이다. 그 정의를 사랑이나 행복, 지성, 부, 명성, 권력 등 무엇과 연관시키든 상관없다. 이 정의들은 모두 무너질 것이다.

왜 그럴까? 더 가치 있는 인간을 정의하기가 왜 이토록 어려울까?

존재하지 않는 것을 정의하려고 하기 때문이다. 이 세상에 더 가치 있는 인간 같은 것은 없다!

아직 포기하고 싶지 않을 수 있다! 어쩌면 더 가치 있는 인간에 대해 보다 인본주의적이거나 이상적인 정의를 시도해볼 수 있을지도 모른다. 예를 들어, 더 가치 있는 인간이란 다른 사람을 돕는 사람이라고 정의할 수 있다.

확실히 이 정의는 이치에 맞는 듯 보인다. 어떻게 여기에 반박할 수 있겠는가?

여러분의 생각을 알아보자. 이 새로운 정의에 어떤 문제가 있는지 알겠는가? 나의 대답을 보기 전에 여러분의 생각을 적어보자.

____

____

____

____

____

나의 대답

가치 있는 사람은 다른 사람을 돕는 사람이라는 개념을 자세히 들여다보자. 우리는 모든 사람을 항상 도와야 할까, 아니면 어떤 사람을 가끔 돕기만 하면 되는 걸까?

만약 "모든 사람을 항상"이라고 답한다면, 아무도 모든 사람을 항상 돕지 않으므로 가치 있는 사람은 아무도 없다. 그리고 "어떤 사람을 가끔"이라고 답한다면, 모든 사람은 어떤 사람을 가끔 도우므로 모두가 가치 있다.

보다시피 생산성이나 성공 여부를 바탕으로 더 가치 있는 인간을 정의하려고 하면, 늘 똑같이 막다른 골목에 부딪힌다.

물론 '많은 사람'을 도와준다면 더 가치 있는 사람이고, **더 많은** 사람을 도울수록 **더** 가치 있는 사람이라고 주장할 수 있다.

이 새로운 정의는 무척 순수해 보이고, 설득력도 꽤 있어 보인다! 여기에는 무슨 문제가 있을까? 여러분의 생각을 적어보자.

나의 대답

만약 '많은 사람'을 도와야 가치 있는 사람이 된다면 이렇게 물을 수 있다. 얼마나 많은 사람을 도와야만 가치 있는 사람이 되는가? 5명? 35명? 100명 이상? 확실히 이건 말이 안 된다. 여기서도 임의의 구분점을 만들어야 하기 때문이다.

그리고 더 많은 사람을 도울수록 '더 가치 있는' 사람이라고 생각한다면, BTK+ 연쇄 살인사건의 범인이었던 데니스 레이더를 떠올려보자. 그리스도 루터 교회Christ Lutheran Church의 신도였던 그는 교회 운영위원회 위원장까지 맡아 활동했다. 연쇄 살인을 하지 않는 시기에 그는 사람들에게 도움이 되는 일을 많이 했다. 그렇다고 그가 특별히 가치 있는 사람이 되었는가?

+ Binding, Torturing, Killing. 즉 묶고 고문하여 죽이는 패턴의 살인 행위를 말한다. (옮긴이)

이제 여러분은 마더 테레사나 부처님 또는 모세나 예수님, 마호메트와 같이 평생 다른 사람들을 도왔던 종교 지도자들을 어떻게 평가할 수 있을지가 궁금해졌을지 모른다. 그들은 특히 가치 있지 않은가?

와, 이 문제는 약간 모호하다. 민감한 영역이다! 여러분이 스스로 부족하다고 믿는 정신적 함정에서 벗어나게 해주고 싶지만, 여러분의 신앙에 도전하고 싶지는 않다. 하지만 여러분이 용기를 낸다면, 우리는 작은 사고 실험을 통해 많은 사람을 많이 돕는 사람이 특히 더 가치 있다는 관념이 참인지 알아볼 수 있다.

여러분을 내가 개발한 **무서운 상상**이라는 약간 바보 같아 보이는 기법으로 초대하고자 한다. 15장에서 언급한 기법이므로 기억할 것이다. 유머 기반 기법이지만 상당히 진지하게 사실을 드러내는 것이 이 기법의 목표다.

여러분이 5억 달러의 복권에 당첨되었고, 모든 시간과 자원을 남을 돕는 데 쓰기로 했다고 해보자. 그리고 전 세계의 수많은 사람에게 식량과 주택, 교육, 의료 서비스를 제공한다고 해보자.

그렇게 여러분은 《타임》지 표지에 얼굴이 실리고, 세상에서 가장 유익하고 관대한 사람으로 선정되었다. 전문가들은 여러분이 교황이나 달라이 라마보다 인류에게 더 큰 도움이 되었다고 말하고, 여러분은 이 사람들을 제치고 '올해의 도움상'을 수상한다.

이제 여러분과 내가 파티에서 만나 대화를 나눈다고 상상해보자. 그런데 여기에는 여러분이 지켜야 할 색다른 규칙이 있다. **언제나** 진실만을, 온전히 진실만을, 오로지 진실만을 말해야 한다는 규칙이다. 그리고 어떤 것도 부정하거나 합리화하거나 축소해서는 안 된다. 100퍼센트 정직해야만 한다!

여러분이 방금 진실만을 말하는 약을 먹었다고 상상하도록 하자. 동의하는가?

좋다. 잘했다.

이제 어떻게 되는지 보자. 대화는 내가 먼저 시작할 것이다.

"이봐요, 《타임》에서 당신 이야기를 읽고, 당신이 전 세계 사람들을 돕기 위해 훌륭한 자선 사업을 했다는 사실도 모두 알게 됐어요. 정말 대단해요! 그런데 다소 개인적인 질문을 해도 괜찮을까요?"

매우 도움이 되는 사람인 당신은 너그럽게 동의할 테고, 나는 이렇게 말한다.

"고마워요! 정말 감사드려요! 내가 묻고 싶은 건 이거예요. 사실 당신에 대한 어떤 부정적인 소문을 들었는데, 확실히 놀라운 내용이었어요. 그래서 당신에게 그 이야기를 해주고 당신 생각도 들어볼 수 있을까 해서요. 당신에 관한 어떤 거짓 소문도 퍼뜨리고 싶지 않거든요."

여러분은 놀랍도록 친절하고 도움이 되는 어조로 기꺼이 응하며, 내게 무슨 소문을 들었는지 묻는다. 나는 이렇게 대답한다.

"글쎄, 이런 말을 하려니 좀 창피하지만, 당신이 더 많은 사람을 도와줄수록 더 가치 있는 인간이 된다고 믿는다고 들었어요… 그리고 얼마 전에 세상에서 가장 도움이 되는 사람이라는 상을 받았기 때문에, 자신이 세상에서 가장 가치 있는 사람이라고 생각한다는 것도요.

그렇게 생각하나요? 당신이 도움을 준 그 많은 일 덕에 자신이 특히 더 가치 있는 사람이라고 느끼나요? 아주 솔직하게 말해주면 좋겠어요."

여러분은 100퍼센트 솔직하게 말한다고 동의했고 또 얼마나 많은 사람을 도왔는지에 따라 가치의 정도가 매겨진다고 믿기 때문에 이렇게 대답한다.

"물론이죠! 당연한 거 아니에요? 어쨌든 사람들은 내가 도움의 본보기라고 말해요! 전 세계를 통틀어 나만큼 도움이 되는 사람은 아무도 없거든요! 교황과 달라이 라마를 포함해도요. 두 분 다 도움이 되는 것으로는 나보다 한참 아래죠.

솔직히 말해서, 그렇다고 해야 할 것 같아요. 나는 놀랍도록 가치 있는 사람이에요. 사실 많은 사람이 내가 전 세계에서 가장 가치 있는 사람이라고 결론을 내렸지요! 제가 최고라고요!"

"당신이 전 세계의 가난한 사람들을 돕기 위해 하는 멋진 일들은 분명히 존경해요. 하지만 정말 당신이 다른 사람들보다 더 가치 있다고 생각해요?"

"글쎄요. 그렇지 않을까요? 잊지 마세요. 인간의 가치는 도움을 기준으로 해요. 내가 세상에서 가장 도움이 되는 사람이니까, 내가 세상에서 가장 가치 있는 사람인 건 당연하잖아요?"

"마지막으로 곤란해할 만한 질문이 하나 있는데요. 당신이 나보다 더 가치 있다고 생각해요? 나는 여기저기서 사람들을 돕고 그 일을 즐기지만, 당신만큼 도움을 주지는 못해요. 어림도 없죠. 그렇다면 당신은 자신이 나보다 더 가치 있는 사람이라고 생각하나요? 나를 가치가 낮은 사람으로 얕보고 있나요?"

여러분이 아니라고 답한다면, 우리는 다른 사람을 돕는 것이 자신을 더 가치 있는 사람으로 만드는 건 아니라는 데 동의한 것이다. 남을 돕는 건 멋진 일일지 모르지만, 그렇다고 우리가 다른 사람들보다 더 나은 사람이 되는 것은 아니다.

만약 그렇다고 대답한다면, 마음을 바꾸지 않고 여러분이 세상에서 가장 **가치 있는** 사람이라고 고집한다면, 여러분은 다소 얼간이처럼 보일 것이다! 사람들은 일반적으로 다른 사람들을 낮게 평가하고 자신이 남들보다 더 낫다고 생각하는 사람을 우상으로 여기지 않는다.

무슨 뜻인지 알겠는가?

오해하지 말기를 바란다. 나는 성공과 노력이 바람직하며, 남을 돕는 것이 매우 가치 있는 일이라고 믿는다. 나는 그저 어떤 특정한 말이나 행동을 자신의 '자아' 전체로 비약하는 문제를 짚은 것이다.

구체적인 말과 행동은 판단할 수 있지만 '자아'를 판단할 수는 없다. 이 사실을 파악한다면, 고통도 사라질 것이다. 우울증은 언제나 추상의 구름 속에 존재하며, '자아'가 부족하다고 또는 '자아'를 판단할 수 있다고 믿게 만든다.

25장

가치가 더 낮은 사람이 있을까?
여러분도 그중 하나인가?

앞장에서 우리는 더 우월한 자질이나 지성, 지위, 성취를 가진 사람이 더 가치 있다는 관념을 살펴보고, 더 가치 있는 인간과 관련된 이러한 정의가 터무니없다는 사실을 확인했다.

이번에는 동전을 뒤집어볼 차례다. 자신의 기준 또는 사회의 기준에 부합하지 않는다고 해서 가치가 떨어지거나 아무 가치 없는 사람이라는 말은 옳을까?

우울증으로 힘들어하는 사람이라면, 이 질문의 대답이 '네'라고 믿을 것이다. 하지만 이 장에서 나는 그 질문에 대한 대답이 '아니오'이며, 여러분에게 이 세상에 열등하거나 가치 없는 사람은 없다는 믿음을 돌려주기 위해 노력할 것이다. 우리에게 결점이 없다고 주장하려는 게 아니다. 이건 헛소리다. 사람은 누구나 결점이 **많다!**

대신, 우리의 고통이 결점이나 실패, 결핍에서 비롯된 게 **아님**을 보여주려고 한다. 우리가 고통스러운 이유는 결점이나 실패를 '자아'로 일반화하기 때문이다. 이 문제를 가장 일반적인 인지 왜곡 중 하나인 '지나친 일반화'의 주된 사례로 봐도 좋다.

10장에서 우리는 컴퓨터 프로그래머 벤의 이야기를 살펴보았다.

벤은 자신과 잠깐 바람을 피운 한 매력적인 남자에게 거절당한 뒤 무너져내리는 기분을 느꼈다. 벤은 그 남자가 지속적인 관계를 추구하지 않고, 그저 하룻밤 즐기는 생활을 하고 있다는 사실에 실망했다.

내가 자주 하는 말이지만, 사람은 절대 거절 때문에 속상해하지 않는다. 거절과 관련된 왜곡된 생각 때문에 속상함을 느낀다. 이 말이 사실인지 알아보자. 다음은 벤이 거절과 관련하여 한 생각이다.

1. 나는 성적으로, 육체적으로 열등하기 때문에 쓸모가 없다.
2. 연애 감정 없이는 행복할 수 없다.
3. 내게 무겁고 가치 없는, 사랑받기 힘들게 만드는 어떤 문제가 있다.

벤은 세 가지 부정적인 생각이 모두 100퍼센트 타당하다고 확신했다. 여러분은 어떻게 생각하는가?

여기에는 전혀 별개인 두 가지 문제가 있다. 벤이 성적으로, 육체적으로 열등하다는 것은 사실인가? 또한 인간으로서 벤의 가치 유무가 그의 매력에 따라 달라진다는 것이 사실인가?

벤의 부정적인 생각에서 인지 왜곡을 찾아낼 수 있는지 살펴보자. 몇 가지 참고가 될 만한 사실 정보들을 소개하고자 한다. 벤은 모델도 아니고 영화배우도 아니지만 분명히 매력이 있고, 많은 남성이 벤에게 끌렸다. 사실 벤은 몸이 매우 건강했고 운동도 많이 했다. 심지어 샌프란시스코의 한 게이 주점에서 열린 스트리퍼 미남 대회에서 2위를 차지하기도 했는데, 당시 열렬한 박수와 환호를 받았다!

게다가 벤은 똑똑하고 성격도 좋은 데다 말을 잘했다. 유머 감각이 뛰어나고, 첨단 기술 분야에서 경력도 뛰어났다. 게다가 빈털터리인 가족과 친구들에게도 무척 관대했다. 하지만 단점도 있었다. 때때로 매력을 반감시킬 만큼 성질을 부렸고, 때로는 상당히 자기중심적이고 까다롭게 보였다. 그러면서도 유난히 친절하고 사려 깊은 태도로 도움을 주고 싶어 했다.

이제 벤의 부정적인 생각에서 얼마나 많은 왜곡을 찾아낼 수 있는지 알아보자. 다 찾아냈다면 계속해서 나의 대답을 읽어도 좋다.

인지 왜곡 퀴즈	(√)
1. **전부 아니면 전무라는 생각** 세상을 흑과 백, 전부 아니면 전무의 범주로 나누어 바라본다. 회색 지대는 존재하지 않는다.	
2. **지나친 일반화** 한 번의 부정적인 사건을 영원히 반복되는 패배처럼 여기면서 **항상**이나 **절대** 같은 표현을 사용한다.	
3. **정신적 여과** 부정적인 면에 집착하여 긍정적인 부분을 걸러낸다. 잉크 한 방울이 비커에 떨어져 물 전체를 검게 물들이는 것과 같다.	
4. **긍정적인 면 무시하기** 좀 더 인상적인 심리적 오류다. 자신의 긍정적인 부분들은 중요하지 않다고 생각한다. 이렇게 하여 일반적으로 부정적인 견해를 유지한다.	
5. **성급한 결론짓기** 뒷받침할 사실 근거도 없이 곧장 결론으로 직행한다. • **독심술 오류** 다른 사람들이 생각하고 느끼는 바를 자신이 안다고 가정한다. • **예언자적 말하기 오류** 미래를 부정적으로 예측한다.	
6. **극대화와 극소화** 무언가의 중요성을 과장하여 부풀리거나 부적절하게 축소한다. 나는 이 왜곡을 쌍안경 속임수라고 부른다. 쌍안경처럼 어느 쪽으로 보느냐에 따라 대상이 훨씬 커 보이기도 하고 작아 보이기도 하기 때문이다.	
7. **감정적 추리** 자신의 기분대로 해석한다. 예를 들어, 자신이 패배자라는 **기분**이 들면, 정말 패배자라고 **추론**한다. 또는 절망적이라는 기분이 들면, 정말로 희망이 없다고 **결론** 내린다.	
8. **해야 한다는 생각** 줄곧 **해야 한다, 반드시 해야 한다** 등으로 자신이나 타인을 불행하게 만든다. 자신을 향한 해야 한다는 죄책감과 수치심, 우울감, 무가치함 등의 감정을 만든다. 타인을 향한 해야 한다는 분노와 관계 문제 등을 촉발한다. 세상을 향한 해야 한다는 답답함과 권리의식을 유발한다.	
9. **낙인찍기** 구체적인 문제에 초점을 맞추기보다 자신이나 남들에게 꼬리표를 붙인다. 낙인찍기는 극단적인 형태의 지나친 일반화다. 자기 자신이나 다른 사람들을 완전히 결함이 있거나 나쁜 존재로 받아들이기 때문이다.	
10. **비난하기** 잘못을 자기 책임으로 돌리거나(자기 비난) 타인의 책임으로 돌린다(타인 비난).	

나의 대답

내 생각에 벤은 10가지 왜곡에 모두 빠져 있다.

1. 전부 아니면 전무라는 생각 벤은 자신이 완벽하게 잘생기지 않고 늘 연애에 성공하지 못한다면, 무가치하고 사랑받지 못하는 패배자라고 생각한다.

2. 지나친 일반화 거절당한 사건을 자신의 '자아'로 일반화한다. 또한 이 거절이 영원히 거듭되는 패배와 거절, 외로움의 패턴이 될 것이라고 생각한다.

3. 정신적 여과 오직 자신의 결점과 연애 실패에 대해서만 생각한다.

4. 긍정적인 면 무시하기 자신이 지닌 여러 긍정적 자질뿐 아니라 많은 남자가 자신에게 매력을 느꼈던 일을 모두 무시한다.

5. 성급한 결론 짓기 다른 사람들이 부정적인 시각으로 자신을 볼 거라고 추정하며(독심술), 앞으로 평생 사랑받지 못하고 홀로 불행하게 살 거라고 생각한다(예언자적 말하기).

6. 극대화/극소화 거절의 중대성을 부풀리고 자신의 결점을 과장한다. 또한 자신이 지닌 좋은 자질들은 축소한다.

7. 낙인찍기 자신이 열등하고 매력적이지 않으며 사랑스럽지 않다고 낙인찍는다.

8. 감정적 추리 자신이 무가치하고 매력 없다고 **느끼고** 따라서 **실제로** 무가치하고 매력 없다고 결론짓는다.

9. 해야 한다는 생각 외모가 더 **괜찮아야 하고** 매력적인 남자에게 **사랑받아야 하며** 그래야 행복과 성취감을 느낄 수 있다고 생각하는 숨겨진

해야 한다가 많다.

10. 비난하기 거절당한 것은 모두 자기 잘못이라는 메시지를 스스로에게 던진다. 거절한 남자의 생활 방식, 즉 그가 빈번히 하룻밤 잠자리 상대를 찾아다니는 성향이라는 사실은 아무 상관이 없다고 생각한다.

아마도 가장 중요한 왜곡은 벤의 방대한 지나친 일반화일 것이다. 그는 성적으로, 육체적으로 열등하기 때문에 자신이 가치 없다고 생각한다. 분명히 육체적으로나 성적으로 벤보다 우월한 일부 놀랍도록 잘생긴 남자들이 있을 것이다. 그런 남자들은 육체적으로나 성적으로나 대다수 남자보다 우월하다. 또 그런 놀라운 외모를 지닌 여자들도 있는데, 그들은 슈퍼 모델을 직업으로 하는 사람들이다.

그럼 우리 같은 나머지 사람들은 성적으로나 육체적으로 매력이 떨어지기 때문에 가치가 덜하다는 뜻인가? 그렇다면 가치 없는 인간이 엄청나게 많아질 것이다!

벤이 자존감의 바탕을 외모에 두는 것은 비현실적인 듯 보이지만, 그런 사람은 많다. 우리 문화는 매력과 육체적 완벽함을 과할 정도로 지나치게 강조한다. 또 **많은** 사람이 일부 신체적 결함, 이를테면 과체중이거나, 너무 마르거나, 키가 작거나, 너무 크거나, 근육질이 아니거나, 가슴이 크지 않거나 등등의 문제를 '자아'로 일반화한다. 고통은 심각할 수 있지만, 그러한 고통은 언제나 우리의 (존재하지 않는) '자아'를 부정적으로 바라보는 인지 왜곡에서 비롯된다.

외모를 '자아'로 비약하는 사람이 있다는 사실이 잘 이해되지 않을 수 있다. 하지만 여러분 역시 어떤 결함이나 부족함 때문에 자신이 **실**

제로 열등하다고 또는 가치 없거나 결함이 있다고 확신하고 있을지 모른다.

그러니 여러분을 비롯한 누군가가 정말로 열등하거나 가치 없거나 결함이 있는 사람인지 생각해보자. 그 전에 먼저 용어의 의미를 알아야 한다. 열등한 사람 또는 가치 없는 사람을 어떻게 정의할 수 있는지 살펴보자.

대부분의 사람들은 다음과 같은 사람을 열등한 사람 또는 가치 없는 사람이라고 생각한다.

- 의미 있는 또는 중요한 일을 전혀 성취하지 못한 사람
- 자신의 개인적인 기준이나 사회적 기준에 부응하지 못한 사람
- 우울하고 불행한 사람
- 신앙이 없는 사람
- '잘못된' 종교를 믿는 사람
- 다른 사람을 괴롭히거나 다치게 하는 사람
- 별로 똑똑하지 않은 사람
- 사랑받지 못하는 사람
- 이기적이며, 타인에 대한 동정심이 부족한 사람
- 강간범, 강도, 마약 밀매범처럼 법을 어기는 사람

첫 번째 정의에 집중해보자. 열등한 사람 또는 가치 없는 사람을 의미 있는 일이나 중요한 일을 전혀 성취하지 못한 사람이라고 해보자. 이 정의에 어떤 문제가 있는가? 여러분의 생각을 먼저 적은 뒤 계속해서 읽어보자.

나의 대답

우리는 이미 앞장에서 이 정의가 틀렸다는 점을 확인했다. 이 정의의 문제는 우리 모두 이미 중요한 일을 많이 성취했다는 데 있다. 예컨대 우리는 걷는다는 사실을 때때로 당연히 여기지만, 어느 날 몸이 마비되어 걸을 수 없게 되면 그 즉시 걸을 수 있다는 게 얼마나 중요한지 깨닫게 된다. 그러므로 열등하거나 가치 없는 사람이 중요한 일을 전혀 성취하지 못한 사람이라면, 열등하거나 가치 없는 사람은 아무도 없다.

걷기나 말하기 같은 것은 거의 모든 사람이 배우기 때문에 그런 성취는 '별로 중요하지 않다'고 주장할 수 있다. **정말** 중요하고 특별한 무언가를 성취하지 못한 사람은 곧 열등하고 가치 없다고 말할 수도 있다.

그렇게 주장한다면, 그 성취가 얼마나 중요하고 특별한지 0에서 100까지의 점수 척도로 알고 싶다고 대답하겠다. 익숙한 전개가 아닌가? 여기에도 임의의 구분점 문제가 발생하니 말이다.

모든 사람은 어떤 면에서는 평균 이상이고, 다른 여러 면에서는 평균 이하다. 여러분 중에는 노래는 꽤 잘하지만 운동 실력은 형편없는 사람도 있을 것이고, 그와 반대인 사람도 있을 것이다. 하지만 여러분이 지닌 강점과 약점이 결코 행복감이나 우울감을 가져다주지는 않는다. 우리는 자신의 결점을 '자아'로 일반화할 때만 우울해진다.

책의 앞부분에서 언급했지만 나는 일주일에 며칠은 조깅을 하러 나간다. 하지만 아주 천천히 뛰기 때문에 조깅이라 하지 않고 '슬로깅' 이라고 부른다(2020년 현재 나는 77살이다!). 며칠 전에는 우체부가 현관 앞에서 이렇게 말했다.

"번즈 박사님, 아까 보니까 나와서 걸으시던데요. 잘 했어요! 그래야 건강하죠!"

나는 그의 입을 비틀고 싶었다! 그리고 이렇게 말하고 싶었다.

"걸은 게 아니요! 그건 조깅이었고 엄청나게 빨리 뛴 거라고!"

하지만 사실 나는 정말 느려졌고, 다른 이웃들에게서도 걷는 걸 봤다는 말을 많이 들었다. 실은 오늘 지팡이를 짚고 비틀거리며 걷는 한 노파가 나를 쌩하니 추월해 갔다! 달리기 팀이 있다면 나는 별로 가치 있는 멤버는 아닐 것이다. 내 달리기 속도는 몹시 열등하다. 하지만 그게 내 '자아'가 열등하다는 뜻일까? 나로서는 정말 터무니없는 말이다!

어떤 두 사람을 직업이나 소득, 운동 능력, 음악적 능력, 매력, 외모, 키 등 측정할 수 있는 다른 자질을 기준으로 비교해볼 수 있다. 그러면 둘 중 한 사람은 특정 영역에서 더 낮은 점수를 받는다.

그러면 더 많은 영역에서 낮은 점수를 받은 사람은 '더 가치가 낮은' 사람이라는 의미인가? 만약 그렇다고 주장한다면, 그 의견을 이해하지 못하겠다고 말할 수밖에 없다. 키가 큰 것은 좋다. 하지만 키가 작은 사람은 '가치가 낮은' 사람인가?

내가 하고자 하는 말이 아직 이해가 안 되는가? 혹시 아직도 개개인의 성취나 모종의 특성을 바탕으로 '자아'를 측정하고 판단할 수 있다는 생각에 사로잡혀 있는가?

아직 그렇다 하더라도 걱정하지 마라! 내가 하려는 말은 간단하지만, 처음에는 파악하기 어려울 수 있다.

우리는 '자아'를 '더 낫다'거나 '더 적다'라고 판단할 수 있다는 유혹에 쉽게 넘어간다. 이런 사고방식은 매력적이다. 누군가를 인종이나 종교, 성별, 지능, 지위 등으로 판단할 때 우월감을 느끼고, 그럴 때 실로 짜릿함마저 느끼는 사고방식을 가진 사람들에게는 특히 더 매력적이다! 우리는 **모두** 그렇게 한다. 그렇지 않은가?

정말로 어떤 사람이 가치가 없거나 열등하다고 믿는 사람도 있을 것이다. 그렇다면 다른 정의를 시도해보자. 우리는 의도적으로 다른 사람을 다치게 하거나 죽이는 사람을 가치 없는 사람이라고 정의할 수 있다. 예컨대 히틀러와 같은 역사 속 가학적인 폭군들이 그렇다. 확실히 그 정의는 이해가 간다!

그런데 정말로 그럴까?

이 정의에 어떤 문제가 있는지 알겠는가? 여러분의 생각을 적어보자.

나의 대답

이 정의는 여러 방법으로 반박할 수 있다. 우선, 많은 무고한 사람을 학살하는 누군가를 가치 없는 사람이라고 정의한다면, 그 정의는 아마 우리에게 적용되지 않을 것이다(연쇄 살인범이 아니라면 말이다). 따라서 가치 없는 사람을 그렇게 정의하고 싶다면, 여러분은 가치 없는 사람이 아니다.

하지만 사실 우리는 **모두** 때때로 다른 사람에게 복수하고 싶은 원초적인 충동을 느끼지 않는가? 나도 가끔 화가 많이 나고, 폭발하기 직전까지 가면 다른 사람을 마구 헐뜯고 상처 주고 싶어진다. 여러분도 비슷한 기분을 느껴봤을 것이다.

이런 충동을 느끼면 가치 없는 사람일까? 그렇다면 나는 유죄라는 점을 인정할 수밖에 없다!

하지만 히틀러는 어떤가? 그는 **실제로** 가치 없고 사악하지 않았던가? 결국 모든 사람은 이따금 폭력적인 환상을 떠올릴지 몰라도 히틀러처럼 그 환상을 행동에 옮기지 않는다.

대다수 사람들은 히틀러가 상상도 할 수 없는 끔찍한, 가증스러운 짓을 저질렀다는 데 동의한다. 그래서 만약 타임머신을 타고 과거로 돌아갈 수 있다면, 히틀러가 권력을 잡기 전에 그를 죽인다 해도 이를 정당화할 수 있다고 생각한다. 그렇게 하면 2차 세계대전과 홀로코스트를 막을 수 있을 테고, 수백만 명의 생명을 구하며, 상상도 할 수 없는 고통을 방지할 수 있을 터다.

히틀러가 '가치 없는' 인간이라는 말에 따라오는 부수적인 내용은 그가 저지른 믿기 힘들 만큼 끔찍한 그 모든 짓을 언급하는 것이어야 한다고 생각한다. 그 내용이 히틀러의 '자아'라고는 생각하지 않는다. 우리가 판단하는 것은 그의 행동이며, 이는 전적으로 적절하다.

히틀러는 또한 한 국가를 이끌었고, 여러 나라를 정복했으며, 수백만의 사람에게 자기 신념을 수용하게 했다. 성취도로 보자면 매우 높은 수준이다. 그렇다면 이는 히틀러가 특히 가치 있거나 우월한 사람이라는 뜻인가? 히틀러와 그 추종자들은 확실히 그렇게 믿었다!

또 다른 예를 들어보자. 나는 최근 TV에서 연쇄 살인범 제프리 다머와 그의 부친이 출연한 무척 슬프고 강렬한 인터뷰를 보았다. NBC 방송국에서 방영한 〈다머와 다머, 연쇄 살인범이 말하다Dahmer on Dahmer: A Serial Killer Speaks〉라는 프로였다.

솔직히 말하면, 인터뷰에서 본 다머는 매우 호감이 가는 사람이었다. 겸손하고 매우 솔직했다. 다머는 변명이나 합리화 없이 자신의 범행을 모두 털어놓았다. 부모님은 그가 어릴 때 이혼했지만 그는 자신이 성장한 환경을 탓하지 않았다. 그저 당시의 많은 동급생과 비슷한, 상당히 평균적인 환경이었다고 말했다.

다머는 어렸을 때부터 시체 해부에 환상이 있었다고 설명했다. 시작은 숲에서 발견한 동물 사체였다. 시간이 지나면서 환상은 더욱 강렬해졌고 성적인 욕구도 자라났다. 다머는 의식이 없는 좀비 상태의 남자와 성관계를 갖고 싶어 했다. 그는 자신이 저지른 17건의 살인이 끔찍하고 도덕적으로도 잘못됐다고 말했고, 진심으로 후회하는 듯 보였다.

이상한 것은, 인터뷰 도중 그의 아버지가 자신도 어릴 때 같은 환상을 가지고 있었지만 행동으로 옮기지는 않았다고 말한 부분이었다. 다머의 가학적인 충동이 어린 시절의 충격적인 경험 때문이 아니라 적어도 부분적으로는 유전에 의한 것일 가능성을 제기해볼 수 있는 것이다. 다머의 행동에 용서나 핑계의 구실을 제공하려는 것은 아니지만, 이런 극악무도한 행동의 원인과 관련된 흥미로운 가설은 세워볼 수 있다.

여전히 여러분은 다머나 히틀러 같은 사람을 '나쁜' 사람이나 '가치 없는' 사람으로 낙인찍고 싶을 것이다. 이해한다. 거의 모두가 그 의견에 동의할 것이다. 그럴 수 있다. 하지만 이는 여러분을 포함하여 인간을 판단하는 선례를 만드는 행위다.

도덕적으로 비난받을 만한 다른 사람의 말이나 행동, 믿음은 마땅히 판단하고 비난할 수 있다. 하지만 다른 사람의 '자아'에 유의미한 판단을 내릴 수는 없다. '자아'는 단지 추상인 반면 구체적인 생각과 감정, 행동은 실재다.

이런 구분이 철학적인 개념처럼 들릴지 모르지만, 여기에 함축된 의미는 실질적이고 강력하다. 왜냐하면 우리가 겪는 고통의 전부는 아니더라도 그 대부분이 우리가 부족한 '자아'를 지녔다는, 그 '자아'를 타인이 판단할 수 있다는 믿음에서 비롯되기 때문이다.

26장

구체적으로 묻기

당신의 결함은 무엇인가?

앞의 세 장은 철학과 논리를 바탕에 두고 있다. 흥미롭게 읽었다면 좋겠지만, 당장 여러분이 느끼는 불안감이나 자신이 부족하다는 확고한 믿음에는 도움이 되지 않았을지 모른다.

그래서 이 장에서는 여러분의 '자아'에 전반적인 판단을 내리는 문제가 아닌 구체적인 결함과 실패에 집중해보려고 한다. 우리가 '자아'에 대해 추상적인 판단을 하지 않고 현실적인 것들에 집중할 때, 고통스러운 감정이 전부는 아니더라도 대부분 사라진다는 사실을 알게 될 것이다.

이 과정을 설명하기 위해, 우선 에일리아라는 여성을 소개하겠다. 에일리아는 매력적이고 사랑스러우며 영리한 여성으로, 우리에게 나누어줄 것이 아주 많은 사람이다. 에일리아는 남자친구와 진지한 만남을 이어가고 있는데, 최근 두 사람 사이에 사소한 다툼이 있었다. 남자친구는 에일리아가 너무 지저분하고 함께 사는 아파트가 너무 어지럽다고 불평했다. 또 공항에서 비행기를 타야 할 때와 같이 중요한 일에 종종 늦는다는 불만도 토로했다.

에일리아는 남자친구의 불평에 "사실이 아니야!"라고 반박했다.

그러면 싸움은 걷잡을 수 없이 커졌다. 에일리아는 내게 두 사람이 헤어질 위기에 처할까 봐 두렵다고 말했다. 에일리아는 울면서 이렇게 물었다.

"번즈 박사님, 제가 사랑스럽지 않은가요?"

이야기를 이어 나가기 전에, 자신이 사랑스럽지 않다는 에일리아의 생각에서 어떤 인지 왜곡을 찾을 수 있는지 알아보자.

인지 왜곡 퀴즈	(√)
1. **전부 아니면 전무라는 생각** 세상을 흑과 백, 전부 아니면 전무의 범주로 나누어 바라본다. 회색 지대는 존재하지 않는다.	
2. **지나친 일반화** 한 번의 부정적인 사건을 영원히 반복되는 패배처럼 여기면서 **항상**이나 **절대** 같은 표현을 사용한다.	
3. **정신적 여과** 부정적인 면에 집착하여 긍정적인 부분을 걸러낸다. 잉크 한 방울이 비커에 떨어져 물 전체를 검게 물들이는 것과 같다.	
4. **긍정적인 면 무시하기** 좀 더 인상적인 심리적 오류다. 자신의 긍정적인 부분들은 중요하지 않다고 생각한다. 이렇게 하여 일반적으로 부정적인 견해를 유지한다.	
5. **성급한 결론짓기** 뒷받침할 사실 근거도 없이 곧장 결론으로 직행한다. • **독심술 오류** 다른 사람들이 생각하고 느끼는 바를 자신이 안다고 가정한다. • **예언자적 말하기 오류** 미래를 부정적으로 예측한다.	
6. **극대화와 극소화** 무언가의 중요성을 과장하여 부풀리거나 부적절하게 축소한다. 나는 이 왜곡을 쌍안경 속임수라고 부른다. 쌍안경처럼 어느 쪽으로 보느냐에 따라 대상이 훨씬 커 보이기도 하고 작아 보이기도 하기 때문이다.	
7. **감정적 추리** 자신의 기분대로 해석한다. 예를 들어, 자신이 패배자라는 **기분**이 들면, 정말 패배자라고 **추론**한다. 또는 절망적이라는 기분이 들면, 정말로 희망이 없다고 **결론** 내린다.	
8. **해야 한다는 생각** 줄곧 **해야 한다, 반드시 해야 한다** 등으로 자신이나 타인을 불행하게 만든다. 자신을 향한 해야 한다는 죄책감과 수치심, 우울감, 무가치함 등의 감정을 만든다. 타인을 향한 해야 한다는 분노와 관계 문제 등을 촉발한다. 세상을 향한 해야 한다는 답답함과 권리의식을 유발한다.	
9. **낙인찍기** 구체적인 문제에 초점을 맞추기보다 자신이나 남들에게 꼬리표를 붙인다. 낙인찍기는 극단적인 형태의 지나친 일반화다. 자기 자신이나 다른 사람들을 완전히 결함이 있거나 나쁜 존재로 받아들이기 때문이다.	
10. **비난하기** 잘못을 자기 책임으로 돌리거나(자기 비난) 타인의 책임으로 돌린다(타인 비난).	

다 찾았다면 계속해서 나의 대답을 읽어도 좋다.

나의 대답

만약 에일리아의 생각에서 다섯 개 이상의 인지 왜곡을 찾았다면 스스로에게 A 점수를 줘도 된다. 여러분도 각각의 왜곡을 쉽게 설명할 수 있을 것이다.

1. 전부 아니면 전무라는 생각 에일리아는 사랑스러움을 흑백 논리로 생각한다. 중간이 없이 '사랑스럽거나' '사랑스럽지 않거나' 둘 중 하나라고 추정한다.

2. 지나친 일반화 에일리아는 남자친구와의 갈등이라는 한 번의 부정적인 사건을 자신의 '자아'로 일반화하고 있다.

3. 정신적 여과 남자친구와 최근 겪은 갈등과 말다툼에만 매달려 있다.

4. 긍정적인 면 무시하기 에일리아는 자신이 지닌 많은 긍정적인 자질을 무시하고 있다. 에일리아는 훌륭한 직장과 많은 친구가 있는 재능 있고 사랑스러운 여성이다.

5. 성급한 결론짓기 에일리아는 남자친구와 일반적인 남자들이 자신을 '사랑스럽지 않다'고 생각한다고 추정하는 독심술을 하고 있다.

6. 극대화/극소화 에일리아는 일을 지나치게 과장하고 있다. 인간관계에서 갈등은 고통스럽지만 흔한 일이다. 대부분의 사람들은 때때로 말다툼도 하고 버럭 화를 내기도 한다.

7. 감정적 추리 자신이 느끼는 대로 추론한다. 에일리아는 사랑스럽지 않다는 **기분**이 들자, 자신이 사랑스럽지 않다고 **추정**했다.

8. 해야 한다는 생각 남자친구와 다퉈서는 **안 되고,** 두 사람의 관계가 지금보다 더 **좋아져야 한다**고 생각한다.

9. 낙인찍기 에일리아는 분명히 자신을 낙인찍고 있다.

10. 비난하기 구체적인 잘못을 정확하게 찾아내 고치는 대신, 자신을 비난하는 데 모든 에너지를 쏟아붓는다.

지나친 일반화가 가장 큰 왜곡으로 보인다. 에일리아는 최근 남자친구와 겪었던 갈등에서 자신의 '자아'에 대한 판단으로 비약했다. 차이가 미묘해 보일지 모르지만, 이는 몇 가지 중대한 결과로 이어진다.

첫째, 에일리아가 느끼는 불행은 남자친구와의 다툼이 아니라 자신의 '자아'가 사랑스럽지 않다는 두려움에서 기인하므로, 엄청난 고통을 안겨준다.

둘째, 에일리아는 자신이 '사랑스러운지' 알아내기 위해 추상의 구름 속에서 모든 에너지를 낭비하고 있다. 비판적으로 말할 의도는 없지만, 얼마나 많은 천사가 바늘 끝에서 춤을 출 수 있는가를 다투었던 17세기 신학자들의 논쟁과 비슷하다. 처음부터 말이 안 되는 질문이기 때문에 결코 답을 알아낼 수 없다.

셋째, 에일리아는 현실적으로 남자친구와의 다툼이 점점 커져가는데도 이 문제를 해결하기 위한 아무런 행동도 하지 않고 있다. 동기가 주어진다면 남자친구의 비판에 훨씬 더 효과적으로 반응하는 법을 배울 수도 있다. 하지만 에일리아가 꼭 그래야 하는 건 아니다. 대신 남자친구와의 관계가 자신에게 적절한 관계가 아니라고 판단할 수도 있다. 현재 또는 앞으로 에일리아가 어느 쪽을 자신의 명분으로 삼든, '사랑스럽지 않음'을 걱정하는 것은 도움이 되지 않는다.

만약 에일리아가 반대 방향으로 간다면 어떨까? '사랑스럽지 않다' 같은 추상적 개념을 걱정하는 대신, 인간관계의 실질적인 문제를 정확히 찾아내 수정하는 데 집중할 수 있다. 13장에서 설명했듯, 이 기법을 **구체적으로 생각하기**라고 한다. 지나친 일반화를 반박하는 데 아주 효과적인 도구다.

에일리아는 이미 우리에게 문제가 무엇인지 말했다. 남자친구의 비난에 방어적으로 반응할 때 상황이 걷잡을 수 없이 돌아가는 것 말이다. 물론 에일리아에게 남자친구의 비난에 반응하는 태도를 바꿀 마음이 있을 수도 있고 아닐 수도 있다. 하지만 관계가 나아지길 바란다면, 반응하는 태도를 바꾸는 것이 에일리아가 노력할 수 있는 구체적인 대안이다. 만약 에일리아가 노력하고자 한다면, 말다툼할 때 **효과적인 의사소통 비결 다섯 가지**를 사용하여 좋은 효과를 얻을 수 있다.

알다시피 다섯 가지 비결의 내용은 다음과 같다.

◆ **무장 해제 기법** 방어적으로 언쟁을 벌이는 대신 남자친구의 비판에서 일말의 진실을 찾을 수 있다. 이런 태도는 비판에 대응하는 매우 강력한 방법이다.

◆ **생각의 공감과 감정의 공감** 주변을 지저분하게 관리하거나 약속에 늦을 때, 남자친구가 화가 나고 상처받고 답답하며 어쩌면 무례하다는 느낌을 받을 수 있다는 점을 인정할 수 있다.

◆ **'나는'으로 문장 시작하기** 화를 간접적으로 표현(남자친구가 '잘못'했다고 고집하며 말다툼하기)하지 말고 자신 역시 슬프고 상처받고 화가 난다는 사실을 알려줄 수 있다.

◆ **달래기** 당장은 싸우고 있지만 그래도 자신이 남자친구를 아끼며, 사랑하기 때문에 상처도 받는다는 사실을 알려준다.

◆ **질문** 남자친구가 어떤 기분인지 표현할 수 있도록 질문하며, 이

외에도 자신의 말이나 행동 때문에 짜증 났던 일이 있었는지 물어볼 수 있다.

이 접근법이 남자친구와 언쟁을 벌이고 자신이 '사랑스럽지 않은지' 알고 싶어 하는 태도와는 전혀 느낌이 다르다는 것을 알겠는가? 이 다섯 가지 비결을 배우기는 쉽지 않다. 사실 매우 어려워서 많은 연습과 결단력이 필요하다. 하지만 진심으로 다가간다면 이러한 기술로 삐거덕거리는 관계에 변화를 가져올 수 있다.

반면 남자친구와 의사소통하는 방식을 에일리아 혼자 바꿔서는 안 된다는 지적도 가능하다. 남자친구가 바꿔야 할 부분이 있다고 생각할 수도 있다. 어쩌면 에일리아가 그와 관계를 끝내고 더 나은 사람을 찾아야 한다고 말하는 사람도 있을 것이다.

내 생각도 그렇다. 에일리아는 변화할 필요가 **없고**, 남자친구가 두 사람의 분노와 다툼에 원인을 제공한 부분도 명확하다. 하지만 **남자친구**는 도움을 요청하지 않았다. **에일리아**는 요청했다. 따라서 에일리아가 관계 개선을 바란다면, 이 문제에서 자신이 해야 할 역할에 집중할 필요가 있다.

그리고 말마따나 에일리아는 남자친구와 헤어질 권리가 있다. 현실의 문제 대부분은 해결책이 존재한다는 것이 요지다. 하지만 '사랑스럽지 않다'는 문제에는 아무런 의미가 없기 때문에 해결책이 없다. 이는 단지 비열한 정신적 낙인이자 자신을 깎아내리는 말이고, 스스로에게 심술을 부리는 태도다.

구체적으로 생각하기는 개인적으로도 극히 유용한 기법이었다. 알다시피 나는 수업이 많고, 언제나 내 수업 기술을 개선하는 문제에 관심이 있다. 그래서 수업 때마다 학생들에게 평가지를 받는다. 실제로 수업이 끝날 때마다 그 자리에서 평가지를 받는다. 학생들이 평가지를 솔직하게 작성하지 않는다고 생각하는 사람들도 있겠지만, 그건 아닌 것 같다. 학생들은 **매우** 솔직하다. 때로는 나도 그들이 솔직하지 않았으면 좋겠다!

평가지를 보면 내가 수업에서 어떤 오류를 범했는지 명명백백하게 알 수 있다. 강의나 워크숍에서 듣는 이들이 무엇을 좋아하고 싫어하는지를 정확하게 알 수 있기 때문이다. 이런 정보는 놀랍도록 유용한 가르침을 주지만 또한 고통스럽다.

내가 몇 가지 특정한 일로 일부를 언짢게 한다는 사실도 알게 되었다.

1. 사람들이 반박하거나 비판하는 내용을 다소 거만한 태도로 질문할 때면 가끔 짜증이 나서 반감이 생길 수도 있는 무시하는 방식으로 대답했다. 그러면 다른 학생들도 질문하는 게 안전하지 않다는 생각에 조심하거나 두려워한다. 내게 비난받을 수도 있기 때문이다.

2. 가끔 다른 치료 이론을 지나치게 비판적으로 대한다. 나는 빈번히 모든 치료 방법을 포기해야 한다고 말한다. 그래야 과학과 데이터에 기반한 심리 치료를 발전시킬 수 있고, 그것이 바로 TEAM-CBT라고 설명한다. 나는 진심으로 그렇게 믿는다. 하지만 어떤 사람들은 그들이 선택한 치료 도구를 비판하는 말을 듣기 싫어한다. 자신들이 행하는 치료를 그만큼 강하게 믿기 때문이다. 그들은 위협을 느끼고 화를 내며 때로는 내가 오만한 것 같다고 말한다. 그런 말을 들으면 정말 마음이 아프다!

3. 때로는 TEAM-CBT에 지나치게 열광하여 너무 과하게 '설득'하려고 하는데, 이 또한 사람들을 짜증 나게 한다.

내가 저지른 실수를 깨달을 때면, 가끔 내가 '나쁜 선생님'이거나 성격에 결함이 있다는 생각을 한다. 그러면 우울해지고 부끄러우며 방어적으로 된다. 또 답답하고 불안해진다. 그런 순간에 내 '자아'는 '충분히 좋지 않다'.

하지만 한발 물러서서 구체적으로 생각하면서, 이러한 비판들이 내 '자아'의 결함이 아니라 구체적인 오류라는 점을 상기한다. 이런 식으로 생각하면 오류를 바로잡을 방법도 쉽게 떠올릴 수 있다. 예를 들어 워크숍을 시작할 때마다 내 앞의 인쇄물에 "친절하게"라고 적어두기만 하면, 모든 청중을 따뜻하게, 존중하는 마음을 담아 대해야 한다는 점을 잊지 않게 된다. 또 조금 엉뚱하거나 짜증 나는 지적이나 질문을 받더라도 그 안에서 귀담아들어야 할 진실을 찾게 된다. 이 방법은 늘 효과가 좋다.

또한 워크숍 때마다 둘째 날이 되면, 청중 앞에서 나에 대한 최악의 평가를 최소한 다섯 개 이상 큰 소리로 읽고, 사람들이 워크숍에서 가장 마음에 들어 한 부분에 대한 평가도 다섯 개를 읽는다. 내가 비판 속에서도 언제나 귀담아들을 부분을 찾아내기 때문에 청중은 이 과정을 매우 좋아한다!

사실 최악의 지적을 큰 소리로 읽다 보면 사람들이 모두 행복해하며 웃음을 터뜨리는데, 그 모습은 내게 힘이 된다. 이 시간은 우리를 하나로 모으고, 전체적인 사기를 크게 끌어올려준다. 가끔 마지막에 기립박수를 받기도 한다. 완벽할 필요가 없다는 사실을 깨닫는 건 언제나 큰 안도감을 준다.

여러분도 완벽할 필요가 없다! 기분이 우울해지면 그때마다 기분 일지에 부정적인 생각을 모두 적어라. 그러면 자신이 정확히 어떤 생각을 하고 있는지 정확하게 볼 수 있다. 만약 자신이 부족하다고 생각한다면, 여러분이 지닌 구체적인 결함이나 구체적으로 범한 실수를 찾아내는 데 집중해보자. 그런 다음 자신의 결함을 수용하거나 실수를 바로잡는 노력을 하면 된다.

이렇게 생각하면 된다. 오직 **구체적인** 결점이, 실수가, 단점이 존재할 뿐이다. 우리는 특정한 장소에서 특정한 날짜와 특정한 시간에 특정한 실수를 저지른다. 그리고 이런 실수는 바로잡거나 받아들이면 된다. 지나친 일반화로 '나는 엉망이야', '그 실수를 저지르지 말았어야 했어', '이건 내가 나쁜 아빠(또는 엄마나 교사)라는 뜻이야' 같은 생각을 할 때, 우리는 고통을 느낀다. 다시 말해서 우리의 '자아'가 판단당할 수 있다는 믿음이 거의 항상 불행의 근원이다.

이런 이야기는 너무 철학적으로 들릴 수 있고 철학은 여러분의 관심 분야가 아닐지 모른다. 하지만 이 이야기가 감정에 미치는 영향은 엄청나다. 수치심과 걱정, 자기 회의 등을 성장과 자유, 기쁨을 누릴 황금 같은 기회로 바꿀 수 있다는 의미이기 때문이다.

27장

고마운 죽음[+]에 동참하기!

부처님은 우리가 '자아'가 있다는 생각의 덫에서 벗어날 때 고통에서 해방되는 경험을 할 수 있다고 믿었다. 기독교를 포함한 대부분의 종교는 죽음과 부활 또는 '거듭나기born again'라는 개념을 이야기해왔다.

이 장에서는 '자아'를 죽일 때 기쁨과 평화, 사랑, 고통에서의 해방을 경험할 수 있다는 점을 다룬다. 사실 '큰 죽음'은 한 가지가 아니라 네 가지다. 각각 우울, 불안, 관계 갈등 그리고 습관과 중독에서의 회복에 해당한다. '죽는' 순간, 여러분은 그 즉시 놀라운 부활을 경험할 것이다. 여러분이 잃을 것은 고통과 '자아'뿐이고, 얻을 것은 온 세상이다.

첫 번째 큰 죽음: 특별한 자아의 죽음

첫 번째 큰 죽음은 우울, 부적절감, 죄의식, 수치심, 열등감, 무가치감 같은 감정에서 회복하는 과정이다. 그러려면 괴롭더라도 우리가

[+] Grateful Dead. 본래는 '고마운 죽은 자'라는 뜻으로, 죽은 사람의 영혼이 자신의 장례식을 책임지는 사람에게 이익을 가져다준다는 여러 전설이 있다. (옮긴이)

실은 특별하지 않다는 사실과 특별할 필요가 없다는 엄청난 해방감이 드는 깨달음을 수용해야 한다.

아래에 내가 사랑하는 고양이 오비의 사진이 있다. 아무리 좋게 말해도 나와 오비의 관계는 시작부터 험난했다. 하지만 시간이 지나면서 우리는 세상에 둘도 없는 친구가 되었다. 아내와 나는 8년 동안 오비와 함께 멋진 시간을 보냈다. 하지만 몇 년 전, 오비가 한밤중에 사라져버렸다. 우리는 수 킬로미터 떨어진 곳까지 오비를 찾아 동네를 헤맸지만, 그 작은 녀석을 발견하지 못했다. 아마도 집 뒤의 숲에 사는 많은 포식자 중 하나에게 잡아먹혔을 것이다.

나는 아직도 오비의 죽음을 슬퍼한다. 그리고 종종 오비가 처음 나타났던 부엌문의 유리창 앞으로 가서 오비를 그리워한다. 조깅을 할 때면 아직도 오비의 이름을 부르며, 오비가 덤불 뒤에서 불쑥 나타나기를 고대한다. 하지만 그런 일이 일어나지 않으리라는 걸 안다. 오비의 죽음은 나와 아내에게 가슴이 미어지는 일이었다.

나는 워크숍에서 오비 이야기를 자주 했다. 책 맨 앞의 헌사를 읽은 독자라면, 이 책이 오비에게 바치는 선물이라는 것을 눈치챘을 것이

다. 비록 들고양이였지만(오비는 완전히 야생 고양이였다) 오비는 내게 매우 귀중한 교훈을 알려주었고, 그 교훈들은 개인적으로나 직업적으로나 매우 도움이 되었다.

오비는 우리 집 뒤 숲에 사는 고양이었는데, 사람하고는 한 번도 접촉이 없었다. 오비는 종종 우리 집 뒷마당을 배회하곤 했다. 나는 사나워 보였던 오비를 몇 차례나 밖으로 쫓아냈다. 우리 집에는 새끼 때부터 입양해서 키운 덕에 길이 잘 든 다른 고양이들이 있었는데, 아내와 나는 오비가 우리 고양이들을 공격할까 봐 무서웠다.

오비는 나를 무서워하면서도 계속 돌아왔다. 돌이켜 생각해보면, 어쩌면 오비는 우리가 다른 고양이들을 키우는 걸 보고는 언젠가 자기도 입양해주거나 아니면 적어도 때때로 먹을 거라도 주기를 바랐는지 모른다. 어쩌면 연애할 상대 고양이를 찾고 있었는지도 모른다.

어느 날, 오비가 우리 주방 문 앞에 나타났다. 오비는 나를 무서워했기 때문에 이는 놀라운 일이었다. 하지만 오비는 내 시선을 끌며 왼쪽 앞발을 들었다. 앞발이 거의 자기 머리 크기만큼 부어 있는 것을 보고 깜짝 놀랐다. 또 나를 슬프게 한 건, 그가 우리 집 뒷마당에서 여러 번 쫓겨나곤 할 때의 살팍진 몸이 아니라는 점이었다. 그는 여위고 수척해져 있었다. 심각한 부상을 입어서 사냥을 할 수 없었던 게 분명했고, 절망적으로 보였다.

그때는 추운 장마철이었기 때문에 아내와 나는 오비에게 먹을 것을 조금 챙겨주었다. 그리고 밤에 비바람을 피해 잠을 잘 수 있도록 뒷마당 데크의 테이블 아래 상자를 한 개 내다 놓았다. 오비는 뒷마당을 수시로 드나들며 밤이 되면 기꺼이 그 안에서 잠을 잤다.

오비의 앞발이 낫기를 바랐지만, 3주 동안 상처는 점점 악화됐고, 그는 죽음을 눈앞에 두고 있는 듯 보였다. 아내와 나는 오비를 잡아서 지역 수의사에게 데려가기로 했다. 오비는 온몸이 흉터투성이에 벼룩과 진드기로 뒤덮여 있었다. 기생충도 있었다. 힘든 삶을 살았던 게 분명했다. 병원에서는 수술해야 살 수 있을 거라고 말했다. 오비가 수술받는 동안 수의사는 오비의 앞발에 난 상처를 깨끗하게 닦아냈고, 실내에서 보호할 열흘 동안 사료에 섞어 줄 항생제를 받아 가라고 했다.

우리는 오비를 손님방에 격리했다. 하지만 가여운 녀석은 겁을 먹고 창문으로 몸을 던지며 자유를 찾아 나가려 했다. 우리가 방으로 들어가 녀석에게 다가가 쓰다듬기라도 하려고 하면 오비는 침대 밑에 숨어 이빨을 드러내거나 우리를 향해 앞발을 휘둘렀다. 방에 고양이 변기를 놓아주었지만 오비는 전혀 관심이 없었다. 녀석은 카펫에다 오줌을 누었고 난방용 환기구에다 똥을 쌌다. 일주일도 지나지 않아 카펫은 엉망이 됐고, 방에는 지독한 냄새가 진동했다. 결국 우리는 카펫을 모두 갈고 방의 페인트칠도 다시 해야 했다.

열흘 후 방문을 열자 오비는 쏜살같이 집을 뛰쳐나갔다. 하지만 멀리 가지는 않고 부엌문 근처 데크가 자신의 왕국이라도 되는 양 어슬렁거렸다. 마치 우리 가족이 되고 싶어 하는 것 같았다. 하지만 여전히 겁을 냈기 때문에, 우리는 녀석에게 3미터 이내로 접근할 수가 없었다. 아내가 처음으로 녀석을 안으려고 했을 때는 뺨을 세게 물리기도 했다.

어느 날 아내가 실수로 녀석의 머리를 만졌는데, 녀석이 갑자기 가르릉 하는 소리를 냈다. 우리는 녀석이 머리 만지는 걸 **좋아한다**는 사실을 알았다. 우리는 그 조그만 사건을 계기로 녀석을 서서히 길들였다.

그리고 조금씩, 조금씩 관계가 변했다.

우리는 오비의 사료를 부엌문 바로 안쪽에 놓기로 했다. 녀석이 문 안쪽으로 머리만 들이밀면 먹을 수 있는 거리였다. 그 거리에 익숙해지자 우리는 조금씩 더 안쪽으로 사료를 옮겼다. 오비는 앞발을 집 안에 들여놓고 사료를 먹었다. 마침내 오비는 완전히 집 안으로 들어와 사료를 먹었다.

조금씩 진전되는 상황에 용기를 내어, 아내와 나는 계속해서 처음에는 불가능해 보였던 목표를 세웠다. 녀석이 우리를 믿고 집 안을 돌아다닐 수 있을까? 어느 날, 그 일이 일어났다! 녀석이 우리를 믿고 무릎 위로 뛰어 올라와 애정을 구하는 날이 올까? 어느 날, 아내가 TV를 보고 있을 때 그 일도 일어났다!

하지만 녀석이 고양이 변기 사용법을 배울 수 있을까? 우리 부부와 다른 두 고양이와 함께 침대에서 잠들 날이 있을까? 낯선 사람을, 요컨대 매주 일요일 아침이면 하이킹을 위해 우리 집을 찾는 내 동료와 학생들을 믿게 될 날이 올까?

하나씩, 하나씩, 오비는 그 목표를 모두 이루어냈다. 동네 사람들은 오비를 기적의 고양이라 불렀다.

시간이 지나자 오비는 누구보다도 사랑스러운 귀염둥이가 되었다. 한밤중에는 내 가슴 위에 앉아 갸르릉 소리를 내며 내 손길에 기분이 좋아져 침을 흘렸다. 그러다가 녀석이 고개를 흔들면 나는 침으로 샤워하는 기분이었다. 고양이를 좋아하지 않는 사람에게는 역겹게 들린다는 걸 알지만, 고양이를 사랑하는 사람이라면 알 것이다. 그건 천국에 있는 기분이다.

내가 밖으로 나갈 때마다 오비는 강아지처럼 나를 따라왔고, 오비가 내 다리에 몸을 밀착시키는 바람에 나는 몇 걸음마다 한 번씩 멈춰서야 했다. 그러면 오비는 몸을 뒤집으며 배를 쓰다듬으라고 했다. 오비의 배를 만진 것도 하나의 중대한 사건이었다. 처음에는 마치 편집증 환자처럼 등조차 건드리지 못하게 했었다.

아내와 나는 들고양이들이 잘해야 한 사람 정도를 신뢰할 수 있다고 들었지만, 그건 사실이 아니었다. 일요일에 내 동료와 학생들이 집으로 찾아오면 오비는 사람들 사이로 끼어들어 모두와 함께 수다를 떨었다. 오비는 정말 기적의 고양이였다. 그는 나의 가장 친한 친구가 되었고, 나는 그를 삶 자체보다 더 사랑하게 되었다.

그렇다고 오비가 완전무결한 고양이가 되었다고는 생각하지 않길 바란다. 오비는 우리와 마찬가지로 결함이 아주 많았다. 몇 년 전, 영광스럽게도 우리 집을 방문한 제프리 자이그 박사가 우리 집에서 하룻밤 묵은 적이 있었다. 자이그 박사는 밀턴 에릭슨 재단Milton H. Erickson Foundation의 이사장인데, 이 재단은 내가 앞서 언급한 심리 치료 발전을 위한 회의를 주관하는 단체다. 자이그 박사는 우리 집에서 하룻밤 묵은 후, 다음 날 스탠퍼드 훈련 그룹에서 간접 최면 치료를 극적으로 시연해 보였다.

자이그 박사와 내가 컴퓨터 앞에 앉아 인터넷으로 무언가를 확인하고 있을 때였다. 내 생각에는 오비가 나와 너무 많은 시간을 보내는 자이그 박사에게 질투심과 위협감을 살짝 느꼈던 것 같다. 오비는 자기 기분을 내게 알려주기라도 하듯 우리 앞에 있던 모뎀에 오줌을 누어 인터넷을 꺼버렸다. 마치 이렇게 말하는 것 같았다.

"어때요, 아빠. 남자 손님들하고 시간을 보내지 말라고 내가 가르쳐줄게요!"

나는 모뎀을 교체해야 했다. 하지만 이 작은 녀석이 자랑스러웠다고 인정하지 않을 수 없다. 지금도 그렇다.

그래서 내가 오비에게 배운 교훈이 무엇이었을까? 그리고 그 교훈이 우울증 치료 또는 첫 번째 큰 죽음과 무슨 관계가 있을까?

첫째, 오비는 내게 인내와 친절, 낙관, 연민의 엄청난 중요성을 가르쳐주었다. TEAM-CBT는 매우 강력한 치료 도구지만, 기적 같은 회복을 바란다면 이 치료법만으로는 부족하다. 온화함과 따뜻함 그리고 연민이 종합적인 치료의 한 부분이 되어야 한다. 우울증은 자신이 부족하다는 믿음 또는 '실패자'이거나 '패배자'라는 믿음에서 비롯되기 때문이다. 반면 회복은 사랑과 연민으로 자신을 치료하고자 하는 결심에서 비롯된다.

둘째, 오비는 우리가 더는 특별해질 필요가 없을 때 삶이 특별해진다는 사실을 가르쳐주었다. 환자들이 가장 많이 하는 말 중 하나가 "나는 실패자다", "나는 부족하다" 등이다. 자기 회의가 드는 순간, 우리는 자신이 '특별'하지 않기 때문에 진정한 행복감과 성취감을 느끼지 못할 거라 확신할지도 모른다. 또는 결혼하지 않아서, 직업이 너무 평범해서, 어디에도 특출난 점이 없어서 열등감을 느끼고 있는지도 모른다. 나 역시 때로는 '특별'하지 않다거나 '부족'하다는 기분이 들 때가 있다.

오비는 내게 '특별'해질 필요성에 대해 많은 가르침을 주었다. 확실히 오비는 특별하지 않았다. 녀석은 그저 평범했다. 죽음의 문턱에서 먹을 것을 바라며 우리 집 부엌문 앞에 나타난, 집도 없는 절망적인 고양이였다. 나중에는 건강하고 오만하고 멋진 아이가 되었지만, 순종이 아니어서 고양이 대회 같은 데서 우승할 수도 없었다.

나도 특별하지 않다. 나는 이제 어리석은 노인에 불과하다. 하지만 친구인 오비와 함께 별로 하는 일 없이 같이 빈둥거리기만 하는 일은 세상에서 가장 멋진 경험이었다. 오비는 우리가 더는 '특별'할 필요가 없을 때, 삶이 특별해진다는 사실을 가르쳐주었다. 그리고 이것이 네 가지 큰 죽음 중 첫 번째다.

때때로 동료와 학생들에게도 큰 죽음을 장려했다는 사실을 언급해야겠다. 나는 여러 해 동안 젊고 재능 있는 많은 치료사를 가르치는 특권을 누렸다. 그중에는 당시 정신과 수련의였던 매슈 메이 박사도 있었다. 매슈는 유난히 숙련도가 높고, 함께 일하면 즐거운 청년이었다.

어느 날 밤, 우리는 상담 실습을 마친 뒤 차를 타고 집으로 돌아가던 중 정지 표지판 앞에 다다랐다. 매슈는 아주 진지한 눈빛으로 내게 말했다.

"번즈 박사님, 제가 매일 조금 더 나은 사람이 되기 위해 **정말** 열심히 노력하고 있다는 걸 알아주셨으면 합니다."

나는 똑같이 진지한 눈으로 그를 보며 말했다.

"매슈, 자네가 얼른 그 생각을 극복하기를 바라네!"

그 말을 한 번에 알아들은 매슈는 웃음을 터뜨렸다. 매슈에게는 깨달음의 순간이었다.

여러분도 지금 또는 조만간 이해하길 바란다. 왜냐하면 우리의 '자아'가 죽고, 우리는 '특별'하지 않으며 더는 특별해질 필요도 없다는 사실을 발견하면, 삶이 믿기 힘들 만큼 좋아질 수 있기 때문이다.

들어줘서 감사하다! 그리고 오비야, 나를 사랑해주고 많은 가르침을 줘서 고마워. 너를 영원히 사랑하고 그리워할 거야.

두 번째 큰 죽음: 두려워하는 자아의 죽음

두 번째 큰 죽음은 불안에서 회복되는 것과 관련된다. 가장 무서워하는 괴물에게서 도망치는 대신 그 괴물에게 항복하면, 그 괴물에게 이빨이 없다는 믿을 수 없을 만큼 놀라운 사실을 발견할 수 있다. 이 기법을 노출이라 했던 건 기억할 것이다. 2,500년 동안 존재한 이 기법은 불안 장애 치료에 필수다.

최근 루서라는 젊은이가 이메일을 보내 일요일 하이킹에 참석해도 되는지 물었다. 루서는 대학에서 심리학을 전공하는 학생이었다. 보통 하이킹은 내 훈련 그룹에 있는 사람들로 참가를 제한하지만, 루서는 매우 진지해 보이는 데다 정신 건강 쪽으로 진로를 정할 수도 있다고 말했기 때문에 예외를 두기로 했다.

루서는 지난 일요일 아침에 차로 수백 킬로미터를 달려 우리 집 앞으로 찾아왔다. 이것이야말로 내가 동기 부여라고 부르는 것이다!

루서는 자신이 땀을 굉장히 많이 흘린다고 말했다. 특히 불안할 때 더 그렇다며, 그 때문에 몹시 수치심을 느낀다고 설명했다. 그는 아무도 모르는 결점을 들키면 사람들이 얕잡아볼 거라고 믿었기 때문에, 자신이 땀에 젖어 있다는 사실을 감추려고 끊임없이 발버둥 쳤다.

설상가상으로 루서는 꽤 잘생긴 데다 그가 다니는 대학의 명문 사교 클럽 회원이었기 때문에, 외모가 유난히 더 중요하다고 느꼈다. 우리는 감정상의 문제가 흔히 완벽주의나 성취 중독, 애정 중독 또는 인정 중독 같은 자기 패배적 신념에서 비롯된다고 배웠다. 이런 신념들은 개인이 가지고 있는 가치 체계의 일부이며, 우리가 열심히 노력하고 원하는 것을 성취하도록 동기를 부여하기도 한다. 하지만 바로 이 신념들이 감정적 고통을 만들기도 한다.

감지된 완벽주의는 루서가 지닌 자기 패배적 신념 중 하나였다. 감지된 완벽주의는 다른 사람들이 내게 완벽을 기대하고, 내 결점을 알아채면 나를 사랑하거나 수용하지 않을 거라는 믿음이다.

루서는 치료도 많이 받았지만 아무런 효과를 본 적이 없는 듯했다. 이전 치료사는 그를 포기하고 정신과 의사를 소개하며 약물 치료를 받으라고 권했다고 했다. 루서는 약물로 불안을 치료하는 걸 꺼렸는데, 나는 그의 선택에 박수를 보냈다. 정신과적 문제가 심각한 사람들에게는 약물 치료가 도움이 되기도 하고 때로는 목숨을 구할 수도 있지만, 지금은 대부분의 불안증을 약물 없이도 효과적으로 치료할 수 있다.

내 동료인 서니 최도 하이킹에 참석해서 멋진 산책로를 따라 10킬로미터 남짓한 거리를 걷는 동안 루서와 TEAM-CBT를 훌륭히 해냈다. 하이킹을 마친 후 우리는 가장 좋아하는 딤섬 식당으로 점심을 먹으러 갔다.

점심을 먹은 뒤에 루서에게 수치심 깨기 훈련을 해보자고 제안했다. 수치심 깨기 훈련은 사람들이 자신에게 완벽을 기대한다는 그의 신념을 검증하는 실험이었다. 구체적으로, 나는 루서에게 낯선 사람들에게 다가가 다음과 같이 말하라고 권했다.

"안녕하세요. 괜찮다면 잠깐 이야기를 나누고 싶습니다. 나는 다른 사람들보다 땀을 더 많이 흘리는 경향이 있습니다. 그 사실이 너무 부끄러워서 숨기려고 애쓰고 있습니다. 사람들이 그걸 눈치채면 나를 안 좋게 보거나 내게서 멀어질까 봐 불안하기도 하고요. 사실 지금도 땀이 상당히 많이 흐르고 있습니다. 내 얼굴에 땀이 흐르는 게 보일 거예요. 하지만 나는 이제 감추지 않고, 부끄러워하지도 않기로 결심했습니다. 그래서 당신에게 이 이야기를 하는 거예요!"

짐작하겠지만, 루서는 이 과제를 받고 질겁했다. 하지만 강한 자극을 받고 용기를 내어 다소 주저하면서도 이를 받아들였다.

처음 접근한 낯선 이들은 꽤 거칠어 보이는 젊은 아시아인 남성 세 명이었다. 나는 그들을 잡아 세우고 내 친구가 할 말이 있다고 말했다. 세 남성은 화가 난 듯 참을성 없는 표정으로 루서의 이야기를 들었다. 덕분에 긴장감과 불안감은 확실히 고조됐다. 루서가 말을 마치자, 가운데 있던 남자가 손을 들어 루서의 어깨를 잡았다. 싸움이라도 걸려는 것이었을까?

놀랍게도 남자는 눈물을 글썽였다. 그는 "나는 동성애자예요. 그 사실을 숨겨왔는데, 방금 당신의 이야기가 정말 큰 의미로 다가오네요! 나는 동성애자라는 사실을 더는 숨기지 않겠어요!"라고 말했다. 그러고는 루서를 껴안았고, 우리는 그렇게 나아갔다.

괴물이란 그런 거다!

세 번째 큰 죽음: 화내고 비난하는 자아의 죽음

세 번째 큰 죽음은 갈등하고 적대적인 관계가 훨씬 더 다정하고 신뢰하는 관계로 변모하는 과정과 관련이 있다. 이 죽음에는 극도로 고통스럽지만 해방감을 주는 발견이 따라온다. 우리가 사실 타인의 '나쁨'에 무고하게 희생된 피해자가 아니라는 발견 말이다. 우리는 그 문제에서 다른 사람이 잘못했다고 생각할지 모르지만, 거의 언제나 그 문제를 만들어내는 사람은 우리 자신이다. 심지어 우리는 거의 억지로 나쁜 취급을 당하도록 행동해놓고, 그런 취급을 했다는 이유로 다른 사람을 손가락질하고 있는지도 모른다.

이 이야기가 정치적으로 올바르지 않게 느껴질 수 있고, 어쩌면 모욕적으로 들릴 수도 있다. 하지만 역겹다며 책을 집어던지기 전에 내가 무슨 이야기를 하는지 이해하는 일을 도와줄 사례 하나를 함께 살펴보자.

리라는 이름의 한 동료가 부부 문제로 도움을 구해왔다. 아내인 리자가 자신을 지나치게 통제하려 하고 비판적으로 대한다는 문제였는데, 리는 이 문제의 원인이 역시 지나치게 통제적이었던 장모에게 있다고 생각했다. 이는 인간관계 문제를 겪는 사람 대부분이 전형적으로 생각하는 방식이다. 이 경우 우리는 흔히 다른 사람을 비난하는 경향이 있다. 리도 예외가 아니었다. 리는 리자가 변해야 한다고 굳게 믿었다.

리는 내가 부부 상담을 제안할 거라 생각했지만, 나는 관계 갈등에서 어느 한쪽만 치료하는 게 더 좋다. 그리고 그 사람은 당연히 내게 도움을 요청한 사람이다. 그래야 그 사람에게 책임감을 줄 수 있기 때문이다. 또 그 사람이 변하는 순간 상대방도 거의 항상 바뀌기 마련이다.

나는 인간관계 문제가 있는 사람을 치료할 때는 늘 인간관계 일지라는 강력한 도구를 사용한다. 17장에서 이미 사용했던 예가 있다. 인간관계 일지를 작성하면 왜 우리가 어떤 사람과 잘 지내지 못하고 갈등을 겪는지 좀 더 쉽게 이해할 수 있다. 문제에서 자신이 하는 역할을 정확히 파악할 수 있으므로, 불평만 하던 그 문제를 바로 자신이 일으키고 있다는 사실을 곧장 '이해'하게 된다.

예를 들어보자.

- 만약 상대방이 감정 표현을 하지 않는 게 불만이라면, 내가 상대방의 감정 표현을 **막고** 있다는 사실을 알게 된다.
- 상대방이 내 말을 귀담아듣지 않는 게 불만이라면, 상대가 말을 경청하지 **않도록 만든** 내 책임을 깨닫게 된다.
- 상대방이 내 감정에 관심 없는 게 불만이라면, 내가 감정을 표현하려고 할 때 상대방이 부정적으로 반응할 수밖에 없는 **상황을 만들었다**는 것을 알게 된다.
- 상대방이 가차 없이 비판하거나 통제하려 해서 답답하고 짜증이 난다면, 내가 상대방이 비판적이거나 통제적으로 될 수밖에 없는 **상황을 만들었다**는 사실을 깨닫게 된다.

이런 진실을 통찰하는 일은 굴욕적이고 충격적일 수 있다. 하지만 문제에 일조하는 자신의 역할을 되돌아볼 용기가 있다면, 화를 내고 비난하는 '자아'의 큰 죽음으로 엄청난 힘을 부여받을 것이다.

이제 구체적인 사례로 돌아가서 리도 정말 그랬는지 알아보자!

나는 리에게 리자와 나누었던 불쾌한 대화에 집중해서 인간관계 일지의 첫 두 단계를 완성해달라고 부탁했다. 1단계는 상대방이 내게 한 말을 정확하게 적는 것이다. 2단계에서는 그에 반응하여 내가 한 말을 정확하게 적으면 된다. 그런 다음 상대방이 어떤 기분이었을지, 그리고 자신은 어떤 기분이었는지 생각나는 대로 체크한다.

이 첫 두 단계에서 리는 18개월 된 딸에게 잠옷을 입히려고 설득했던 일을 기록했다. 딸이 반응하지 않자, 리는 목소리를 높여 엄한 말투로 이야기했다. 인간관계 일지에는 이 일을 다음과 같이 적었다.

1단계: 상대방이 한 말을 **정확하고** 간결하게 적으시오. 리자의 말: "어린아이에게 그런 말투를 쓸 필요는 없을 것 같아."	2단계: 그다음 당신이 한 말을 **정확하고** 간결하게 적으시오. 나의 말: "내 말투에는 아무 문제 없는 것 같은데. 화내지 않고 엄하게 말하면 되잖아. 아이도 내가 장난치는 게 아니라 진지하다는 걸 알아야 할 때가 있다고."
상대가 느꼈을 것 같은 감정에 밑줄 치세요.	**당신**이 느낀 감정들에 밑줄 치세요.
슬픔, 울적함, 우울, 침울, 불행	**슬픔**, 울적함, 우울, 침울, 불행
불안, 걱정, 공포심, 과민함, 겁이 남	**불안**, 걱정, 공포심, 과민함, 겁이 남
죄의식, 가책, 불쾌감, 부끄러움	**죄의식**, 가책, 불쾌감, 부끄러움
열등감, 무가치감, 부적절감, 결핍감, 무능감	**열등감**, 무가치감, 부적절감, 결핍감, 무능감
외로움, 사랑받지 못함, 환영받지 못함, 거절감, 고독감, 버림받음	**외로움**, 사랑받지 못함, 환영받지 못함, 거절감, 고독감, 버림받음
창피함, 바보 같은 기분, 수치심, 시선 의식	**창피함**, 바보 같은 기분, 수치심, 시선 의식
절망, 낙담, 비관, 좌절감	**절망**, 낙담, 비관, 좌절감
답답함, 갑갑함, 낭패감, 패배감	**답답함**, 갑갑함, 낭패감, 패배감
화, 몹시 화가 남, 분개, 언짢음, 짜증 남, 속상함, 격분	**화**, 몹시 화가 남, 분개, 언짢음, 짜증 남, 속상함, 격분
그 외의 감정들(구체적으로) 괴로움, 방어적, 경악, 낙심, 단절감	**그 외의 감정들**(구체적으로) 동요, 방어적, 완강함, 노여움, 냉소, 무력감, 권위 없음, 처짐, 저항감, 혼란, 판단력 부족, 취약함, 서투름

보는 바와 같이 리는 리자에게 반응할 때 논쟁하며 자신을 방어했다. 그러자 갈등은 딸을 어떻게 키울 것인지에 대한 격한 토론으로 번졌고, 정확히 거듭해서 반복될 것 같은 말다툼이 되었다.

다음 단계부터는 좀 더 어렵다!

인간관계 일지 3단계에서는 2단계에서 적은 내용을 검토하며 EAR 대조표를 이용해 적은 내용이 좋은 의사소통의 사례인지 나쁜 의사소통의 사례인지 확인한다. 특히 상대방의 감정을 인정했는지(공감), 자신의 감정을 표현했는지(자기주장), 따뜻하고 다정한 태도를 전달했는지(존중) 생각해본다.

리의 경우 분석은 어렵지 않았다. 확실히 리는 아내의 감정을 **전혀** 인정하지 않았고, 아내의 비판에서 옳은 부분을 찾아 받아들이려 하지도 않았다. 그러는 대신 자신을 방어했다(공감 없음). 또한 자신의 감정을 터놓고 직접 표현하지도 않았다(자기주장 없음). 마지막으로 따뜻함이나 애정, 배려 등도 전혀 전달하지 않았다(존중 없음).

이크! 리는 나쁜 의사소통 칸에 세 가지 모두 체크 표시를 해야 한다.

EAR 대조표

	좋은 의사소통	√	나쁜 의사소통	√
E = 공감 Empathy	1. 상대방의 감정을 인정하고, 상대방의 말에서 진실을 받아들인다.		1. 상대의 감정을 무시하거나 그 사람이 "틀렸다"고 주장한다.	
A = 자기주장 Assertiveness	2. 자신의 감정을 솔직하고 직접적으로 표현한다.		2. 감정을 표현하지 못하거나 공격적으로 표현한다.	
R = 존중 Respect	3. 존중하고 배려하는 태도로 대한다.		3. 존중하거나 배려하는 태도가 없다.	

3단계는 고통스럽다. 원래 의도가 그렇다. 상대방을 비난하길 멈추고, 문제에 일조하는 자신의 역할을 들여다봐야 하기 때문이다. 리는 아내가 지나치게 통제하려 들고 지나치게 비판적이라고 생각했다. 마음속 비난의 손가락이 아내를 가리키고 있었다. 하지만 문제에서 자신의 역할을 억지로 들여다보니, 비난의 손가락이 180도 회전하여 곧장 그를 가리키는 듯했다!

이 깨달음이 충분히 고통스럽지 않았다 해도, 이제 조금 더 고통스러운 순간이 온다. 4단계에서 여러분은 자신의 반응이 갈등 관계에 있는 상대방에게 어떤 영향을 미치는지 생각해야 한다. 리는 다음과 같이 자문할 수 있다.

'내 반응이 리자에게 어떤 영향을 미칠까? 아내는 무슨 결론을 내릴까? 리자는 어떻게 생각하고, 느끼고, 행동할까? 그다음에는 어떤 일

이 일어날까? 내 반응은 문제를 개선할까, 아니면 악화할까?'

계속해서 읽기 전에 잠시 생각해보자.

리는 리자가 끊임없이 자신을 비판하고 통제하려 한다고 불평해왔다. 하지만 리자가 우려를 표하자, 리는 아내의 감정을 무시하고 언쟁을 벌였다. 그 결과 리자는 계속해서 남편을 비판했다. 남편이 알아듣기를 바랐기 때문이다. 다시 말해서, 리는 아내가 자신을 비판하도록 강제하고 있었다.

게다가 리는 딸을 걱정하는 리자의 기분에 전혀 존중을 보여주지 않았고, 그 때문에 리자의 걱정은 더 강해졌다. 리자는 남편의 지나친 엄격함 때문에 딸이 겁을 먹어 자신이 사랑받지 못하거나 안전하지 않다고 느낄까 봐 걱정이었다. 리자는 딸을 무척 사랑했기 때문에 남편이 행동을 바꾸도록 계속 설득하려고 했다. 그리고 리는 바로 이 점을 불평했다!

이제 알겠는가?

치료 도중 불현듯 이 사실을 '이해한' 리는 무너져서 울기 시작했다. 그는 충격을 받았지만, 인간관계 일지에서 본 것을 부인하지 못했다. 리의 자아가 큰 죽음을 겪은 것이었다. 나는 그가 무너져내렸을 때 그가 부쩍 가깝게 느껴졌다는 사실을 인정할 수밖에 없었다!

마지막으로 5단계에서는 효과적인 의사소통 비결 다섯 가지를 사용해 2단계에서 적은 대화 내용을 수정한다. 먼저 가장 괜찮은 반응을 생각하여 종이에 적고, 치료사나 친구와 역할극을 해도 좋다. 그러면 더 효과적으로 반응하는 법을 현실감 있게 배울 수 있다.

효과적인 의사소통 비결 다섯 가지를 이용하여 리가 수정한 반응은 다음과 같다.

효과적인 의사소통 비결 다섯 가지(EAR)[+]

<table>
<tr><td>

E = 공감 Empathy

1. **무장 해제 기법** 상대방이 하는 말이 아무리 불합리하거나 부당하다 하더라도 그 말에서 일말의 진실을 찾는다.
2. **공감** 상대방의 입장이 되어 그 사람의 눈으로 세상을 본다.
 - **생각의 공감** 상대방의 말을 다른 말로 이해하기 쉽게 표현해본다.
 - **감정의 공감** 상대방이 한 말을 바탕으로 그 사람이 느끼고 있을 감정을 인정한다.
3. **질문** 다른 사람이 어떤 생각을 하고 어떤 기분을 느끼는지 더 자세히 알 수 있도록 조심스럽게 탐색하는 질문을 던진다.

</td></tr>
<tr><td>

A = 자기주장 Assertiveness

4. **'나는'으로 문장 시작하기** 자기 생각과 감정을 직접적으로, 세련되게 표현한다. '너'로 시작하는 문장("네가 틀렸어!", "네가 화나게 하잖아!")보다는 '나'가 주어인 문장을 사용한다("나는 기분이 좋지 않아").

</td></tr>
<tr><td>

R = 존중 Respect

5. **달래기** 상대 때문에 답답하거나 화가 나더라도 존중하는 태도를 전달한다. 한창 싸우는 중이라도 진심으로 긍정적인 표현을 찾는다.

</td></tr>
</table>

"당신 말이 맞아. 내가 답답해서 아이에게 지나치게 공격적으로 대했어(무장 해제 기법). 지금 죄책감도 들고 부끄러운 기분이야. 내가 부족한 것 같기도 해('나는'으로 문장 시작하기). 당신과 아이를 이 세상 그 무엇보다 정말 사랑하는데, 당신은 나 때문에 아주 불행한 기분일지도 모르겠다는 생각이 들어(달래기, 감정의 공감). 당신도 걱정이 될 테고 어쩌면 나한테 화도 조금 났을지 몰라(감정의 공감). 당신이 지금 어떤 기분인지 더 말해주겠어?(질문)"

이런 식으로 반응할 때, 아마도 더 큰 신뢰가 쌓이리라는 점을 알 수 있다. 리가 언쟁을 벌인 뒤 문을 쾅 닫아버리는 대신, 소통의 문을 활

[+] ⓒ 데이비드 D. 번즈, 1991. 2006년에 수정.

짝 열고 사랑과 존중을 전달했기 때문이다.

그런데 리는 정말로 이 대화를 실천에 옮겼을까? 치료를 끝낸 뒤, 리는 다음과 같이 멋진 편지를 보내왔다.

> 이번 주에 큰 깨달음을 얻어 박사님께 들려드리고 싶습니다.
>
> 배운 대로 리자와 대화했습니다. 하지만 예상치 못했던 일이 일어났지요. 리자는 수동적 공격성을 보이며 저를 비꼬기 시작했습니다. 저는 그런 대화에 잘 대처하지 못했고, 다시 갈등 상황에 빠져버렸습니다. 아내는 당당히 제게 비난을 되돌리고 있었고요.
>
> 아내에게 당신 역시 이 문제에서 자신의 역할을 이해해야 하기 때문에, 그러지 못하면 이 치료는 효과가 없다고 말했습니다. 저를 비꼬는 말들도 받아들이지 않을 거라고요. 그러다 문득 아내가 그렇게 주먹을 휘두르는 이유는 불행해서라는 생각이 들었습니다.
>
> 이 사실을 깨닫자 불안감 대신 공감을 표현하기 시작했습니다. '사회가 정의해준' 남자가 되기보다, 제가 되고 싶은 남자가 되기로 했지요. 한번 생각이 뒤집히고 자아를 초월할 수 있게 되자 아내도 태도가 바뀌더군요. 아내는 다시 한번 제게 반했습니다.
>
> 이 이야기를 박사님과 나누고 싶었어요. 상황이 이렇게 되기 전에, 실패했다는 이메일을 보낼 뻔했습니다.
>
> 모든 것에 감사드립니다!

리와 진행한 치료는 녹음 후 세 편의 연작물로 나누어 〈필링 굿〉 팟캐스트에 공개했다. 청취는 무료이며 내 웹사이트에서 찾아볼 수 있다(팟캐스트 096-098회).

그런데 리와의 치료가 '자아'의 세 번째 큰 죽음과 무슨 관련이 있을까? 신비주의자들과 철학자들은 대대로 자기 성찰을 이야기했다. 내면을 들여다봐야 '답'을 찾을 수 있다는 말이다.

하지만 우리가 찾아야 하는 '답'은 무엇이며, 내면은 어떻게 들여다봐야 하는가? 인간관계 문제가 있는 사람들을 치료해보기 전까지는 나도 그 의미를 전혀 알지 못했다.

이제 그 답은 아주 명확하다. 기분 일지를 통해 여러분은 '내면을 들여다보고' 매일 매 순간 자신만의 대인 관계 현실을 만들어내는 법을 깨달을 기회를 얻을 수 있다. 여러분이 기꺼이 하고자 한다면 말이다!

또한 그렇게 해서 '일체oneness'라는 불교의 개념도 검토해볼 수 있다. 불교는 우주가 '하나'라고 본다. 더불어 악함과 인간의 고통은 우리가 나머지 우주로부터 구분되어 존재한다는 착각 때문에 발생한다고 말한다. '외적 현실'도, 별개의 '자아'도 존재하지 않는다는 의미다.

인간관계 일지의 4단계는 사실상 불교적 개념으로 생각할 수 있다. 나와 잘 지내지 못하는 타인이 나와 서로 구분되어 있지 않다는 깨달음을 주기 때문이다. 대신 우리는 순환적 인과 관계 체계에 함께 얽매여 들어가 있다. 우리는 끊임없이 서로의 부정적인 행동을 자극하고 강화한다. 상대방은 우리에게 무언가를 하는 '별개'의 악성 개체가 아니라, 우리가 그 상대와 상호 작용할 때마다 만들어내는 대인 관계 현실의 발현이다.

우리는 둘 다 '하나'다. 이 깨달음에는 더없는 해방감과 힘이 따라온다. 하지만 엄청난 대가도 치러야 한다. 바로 자아의 죽음이다. 문제에서 자신의 역할을 살펴보는 일은 극도로 충격적이고 고통스러우며 굴욕적이기까지 할 수 있다.

자아의 세 번째 '죽음'은 그다지 매력 있게 들리지는 않을지 몰라도, 엄청난 힘이 뒤따라올 수도 있다. 우리가 방어하는 태도를 내려놓고 진정한 겸손과 존중을 전하며 상대방의 비판에 담긴 진실에 귀 기울일 때, 상대방은 거의 항상 우리와 똑같이 행할 것이다.

오해를 사면 안 되므로 경고문을 덧붙여야겠다. 학대하고 폭력을 행사하는 인간관계에 갇힌 사람도 있다. 그런 사람과는 효과적인 의사소통 비결 다섯 가지 같은 기법을 아무리 능숙하게 사용해도 애정과 신뢰가 깃든 관계를 형성하기가 극도로 어렵거나 불가능하다.

이런 경우라면 점점 더 학대로 점철될 수밖에 없는 인간관계에 무언가를 더 투자하느니, 차라리 관계를 끊는 게 훨씬 바람직할 수도 있다. 하지만 그 관계에 머물기로 한다면, 안전하게 관계를 유지하기 위해서라도 이 다섯 가지 비결이 훨씬 더 중요해진다.

네 번째 큰 죽음: 권리와 쾌락을 추구하는 자아의 죽음

마지막 큰 죽음은 습관과 중독에서의 회복을 의미한다. 과식과 음주, 도박, 약물, 쇼핑, 섹스와 포르노, 미루기 등 전형적인 중독이 모두 포함된다. 애정과 인정, 성취, 권력, 부 등 심리적 중독에서 회복되는 과정도 예외가 아니다.

많은 사람은 습관과 중독이 우울감이나 불안감, 외로움, 인간관계 문제 등 감정 문제 때문에 발생한다고 믿는다. 우리가 외로움이나 우울감 등을 음식이나 알코올, 약물로 '치료'한다고 여기는 것이다. 몇 년 전, 스탠퍼드대학교 병원의 정신과 환자 병동에 새로 입원한 환자들과 함께 이 이론을 검증해볼 기회가 있었다.

나는 이 환자들의 습관과 중독, 예컨대 폭식과 거식증, 알코올 및 약물 남용 문제가 우울감이나 불안감, 외로움, 관계 갈등, 성격 장애 같은 감정 문제에서 비롯되었는지 조사했다.

이런 종류의 개인적이고 감정적인 문제 중 습관 및 중독과 가장 강하게 연결된 것은 무엇일까?

결과는 충격적이었다. 중독과 감정 문제 사이에는 유의미한 관계가 거의 없었다. 사실 우울증은 먹는 것과 연관이 있었지만 그 상관관계의 방향이 달랐다. 우울하면 할수록 적게 먹었다!

습관 및 중독과 유의미하게 연관된 유일한 변수는 유혹 검사의 점수였다. 여러분도 1장에서 유혹 검사를 완료한 바 있는데, 이 결과가 습관 및 중독과 갖는 연관성은 매우 강했다.

이 조사 결과를 보면, 습관과 중독은 무엇보다 우리의 욕구를 충족하려는 강렬한 욕망에서 비롯된 것이지 우리 삶의 문제 때문에 나타나지는 않는다는 사실을 알 수 있다. 다시 말해서 습관과 중독은 우리에게 지금 당장 해결책이 필요하다는 믿음, 즉 우리가 좋아하는 맛있는 음식을 못 먹거나 한두 잔의 알코올을 더 마시지 않으면 삶은 칙칙하고 보람도 없을 거라는 믿음 때문에 만들어진다. 권리와 쾌락을 추구하는 이 자아의 큰 죽음은 사실 행복감과 성취감을 느끼는 데 이런 것들이 필요치 **않다**는 해방감 가득한 깨달음으로 우리를 이끈다. 하지만 쾌락을 추구하는 '자아'의 죽음은 그리 쉽지 않다. 자신이 가장 좋아하는 '해결책'을 포기하고 싶은 사람은 아무도 없기 때문이다.

이 책의 초고를 쓸 때는 습관과 중독 치료를 주제로 두 개의 장을 할애해, 습관과 중독을 초래하는 강력한 갈망과 충동에 맞설 때 유용한 매우 효과적이고 새로운 기법을 소개하려 했다. 하지만 안타깝게도 너무 방대한 분량의 원고가 나오는 바람에 그 부분은 삭제했다.

하지만 실망할 것 없다. 그 두 장의 내용은 내 웹사이트의 맨 아랫부분에서 **무료**로 다운로드받을 수 있다. 만약 습관이나 중독으로 힘들어하고 있다면, 그 두 장도 함께 읽고 여러분의 생각을 알려주기 바란다!

고마운 죽음에 동참하라

이 장에서 우리는 자아의 네 가지 큰 죽음을 이야기했다. 우리 대부분은 대단히 소중하고 중요한 무언가를 잃어버릴 거라 생각하여 죽기를 두려워한다. 하지만 자아의 '죽음'은 장례식을 여는 것과는 다르다. 오히려 감옥에서 풀려나거나, 환상적인 축제에 가는 것과 더 가깝다. 우리는 '자아'를 상실할 때 세상을 물려받고 세상을 탐험하며 즐길 자유를 얻는다. 사실상 '자아'가 '죽음'을 맞고 나면, 우리는 고마운 죽음에 동참할 수 있다.

여러분은 큰 죽음이 실제로는 큰 부활이라는 사실을 알게 될 것이다. 이는 삶과 경력을 통틀어 내가 배운 가장 놀랍고 유용한 교훈 중 하나다. 여러분에게도 도움이 되길 바란다.

아직도 큰 죽음이 두렵다면, 이어지는 루미Rumi[+]의 시가 마음에 들 것이다(콜먼 바크스가 번역한 영시로 재번역). 내 소중한 동료 브랜던 밴스 박사는 이 책의 초고를 검토하던 중 친절하게도 이 시를 보내주

[+] 13세기 페르시아의 신비주의 시인이자 이슬람 법학자. (옮긴이)

었다. 그는 이 시를 읽으면 자아의 죽음이 연상되어서 좋다고 했다. 여러분에게도 영감이 떠오르길 바란다!

이 새로운 사랑 안에서, 죽어라.
그대의 길은 저승에서 시작하나니.
하늘이 되어라.
감옥 벽을 도끼로 쳐내
탈출하여라.
갑자기 빛깔로 태어난 사람처럼 걸어 나가라.
지금 당장.

4부

재발 방지 훈련

28장

지금은 기분이 어떤가?

이 책의 목적은 여러분의 기분을 변화시키는 것이다. 그러니 어떤 변화가 있었는지 살펴보자! 앞에서 1장을 읽을 당시의 기분을 바탕으로 이 검사를 했다면, 이번에는 현재의 기분을 바탕으로 다시 한번 검사해 보자. 각자 느끼는 기분에 체크 표시를 했으면, 각 검사표의 하단에 점수 총계를 적는다. 검사는 몇 분밖에 걸리지 않는다.

part 1: 기분 검사⁺

❖ 모든 항목에 현재의 감정을 표시하라.

우울감	전혀 아니다	약간 그렇다	보통 이다	자주 그렇다	매우 그렇다
	0	1	2	3	4
1. 슬프거나 우울하다.					
2. 좌절감 또는 절망감이 든다.					
3. 자존감이 떨어지고 열등하거나 쓸모 없다고 느낀다.					
4. 의욕이 없다.					
5. 삶이 즐겁거나 만족스럽지 않다.					
		합계			

⁺ ⓒ 데이비드 D. 번즈, 1997, 2002, 2018년에 수정. 이하 이 장에 실린 모든 검사표의 출처는 이와 같다.

불안감	전혀 아니다	약간 그렇다	보통 이다	자주 그렇다	매우 그렇다
	0	1	2	3	4
1. 불안하다.					
2. 겁이 난다.					
3. 걱정이 많다.					
4. 긴장되거나 과민하다.					
5. 신경이 날카롭다.					
	합계				

part 2: 관계 만족도 검사

❖ 모든 항목에 **현재**의 감정을 표시하라.

분노	전혀 아니다	약간 그렇다	보통 이다	자주 그렇다	매우 그렇다
	0	1	2	3	4
1. 답답하다.					
2. 언짢다.					
3. 분하다.					
4. 화가 난다.					
5. 짜증이 난다.					
	합계				

❖ 배우자나 동업자, 친구, 동료, 가족 구성원 등 중요한 관계에 있는 사람을 생각한 뒤, 모든 항목에 해당 관계에 대해 드는 기분을 표시하라.

관계 만족도 척도	매우 불만족	다소 불만족	조금 불만족	중간	조금 만족	다소 만족	매우 만족
	0	1	2	3	4	5	6
1. 소통과 개방성							
2. 갈등 해결							
3. 애정과 배려의 정도							
4. 가깝고 친밀함							
5. 전반적인 만족							
	합계						

part 3: 유혹 검사, 갈망과 충동

❖ 모든 항목에 대해 오늘을 포함해 지난 한 주 동안 어떻게 느꼈는지를 표시하라.

	전혀 아니다	약간 그렇다	어느 정도 그렇다	매우 그렇다	완전 그렇다
	0	1	2	3	4
1. 나는 가끔 약물이나 알코올을 간절히 바란다.					
2. 나는 가끔 약물이나 알코올에 대한 충동에 휩싸인다.					
3. 나는 가끔 약물이나 알코올을 정말 이용하고 싶다.					
4. 나는 가끔 약물이나 알코올에 대한 충동을 거부하기 힘들다.					
5. 나는 가끔 약물이나 알코올의 유혹과 싸운다.					
	합계				

part 4: 행복 검사

❖ 모든 항목에 **현재**의 감정을 표시하라.

	전혀 아니다	약간 그렇다	어느 정도 그렇다	매우 그렇다	완전 그렇다
	0	1	2	3	4
1. 즐겁고 행복하다.					
2. 희망과 긍정이 넘친다.					
3. 가치 있다고 느끼고 자존감이 높다.					
4. 의욕적으로 열심히 활동한다.					
5. 삶에 만족하고 즐겁다.					
	합계				

1장의 검사와 이 장의 검사를 마친 후 무엇을 알게 되었는가? 기분과 인간관계, 유혹, 행복 검사에서 받았던 처음 점수와 지금의 기분을 비교해보면, 이 책을 읽으면서 생각과 감정이 얼마나 바뀌었는지 알 수 있다.

다음 표를 이용하여 전과 후의 점수를 계산해보자.

	합계		
검사	1장	현재	변화
우울			
불안			
분노			
관계 만족도			
유혹			
행복			

두 번 다 검사를 완료하고 점수를 합산해야 하는데, 이 과정이 너무 어렵지 않았기를 바란다. 이 점수에서 어떤 결론을 끌어낼 수 있을까? 변화했다거나 변화하지 않았다는 것은 어떤 의미인가?

이렇게 생각해볼 수 있다. 우울감과 불안감 척도가 모두 0으로(또는 0에 가깝게) 떨어지고 행복 점수가 20에 가까이 올랐다면, 이는 아마도 여러분이 아주 좋은 기분이고 다음 장으로 넘어가 재발 방지 훈련을 할 준비가 되었다는 뜻이다.

축하한다! 정말 멋지다! 여러분이 자랑스럽고, 내 책이 도움이 된 것 같이 더없이 행복하다. 그것이 바로 이 책을 쓰면서 내가 바랐던 일이다.

하지만 우울과 불안 검사에서 점수가 바라던 만큼 나오지 않았다면 어떻게 해야 할까?

우선, 전혀 부끄러운 일이 아니니 전문가의 도움을 받는 것을 생각해볼 수 있다. 내 웹사이트에서 소개하는 치료사들을 확인하거나, 인터넷으로 가까운 지역의 치료사를 검색해봐도 좋다. 분명히 수두룩한 정보를 찾을 수 있을 것이다.

둘째, 미국을 비롯한 전 세계에 무료로 진행되는 여러 프로그램이 있는데, 리커버리 인터내셔널Recovery International 같은 곳은 익명의 알코올 중독자 모임과 비슷하지만 우울증과 불안증 회복이 중심인 단체다. 웹사이트 주소는 www.recoveryinternational.org이다.

셋째, 나도 여러분을 위해 엄청난 양의 추가 자료를 만들었다. 모두 무료로 사용할 수 있다. 그 목록은 32장에 실어두었다.

하지만 재발 방지 훈련으로 넘어갈 준비가 되었다고 생각한다면, 계속 읽기 바란다. 굉장한 기분을 오래도록 지속할 수 있을 것이다!

29장

지속 가능한 희열감

우울감과 불안감에서 벗어났다면, 이제 재발 방지 훈련이 필요한 시간이다. 재발 방지 훈련은 대단히 중요하다. 부정적인 생각과 감정은 흔히 되돌아오기 마련이기 때문이다. 시종일관 행복할 수 있는 사람은 거의 없거나, 어쩌면 아무도 없다. 누구나 길을 걷다 돌부리에 걸려 넘어질 수 있다. 하지만 재발에 대처하는 법을 안다면, 툭툭 털고 일어나면 그만이다.

머리말에서 언급했던 것처럼, 포레스트 스코긴 박사와 그의 동료 연구자들은 중등도에서 중증 정도까지의 우울증을 앓던 환자들이 내 첫 번째 저서 《필링 굿》을 읽고 회복하여 2~3년이 지난 뒤까지도 점점 더 나아지고 있다는 사실을 발견했다.

이 환자들은 그들이 종일 행복한 건 아니지만, 여느 사람들과 다를 바 없는 감정 기복을 겪는다고 말했다. 하지만 기분이 우울해지기 시작하면, 책장에서 《필링 굿》을 꺼내 가장 도움이 되었던 부분을 펼쳐 다시 읽었다. 그러면 다시 회복되었다. 여러분도 같은 길을 갈 수 있다.

재발 방지 훈련은 여러분에게 조금의 노력을 추가로 요구한다. 하지만 노력한 보람이 있을 것이다. 이제부터 재발의 싹을 없애는 법을 배우게 될 테니 말이다.

나는 환자들의 점수가 0점까지 떨어지거나 0점에 근접할 때까지 재발 방지 훈련을 하지 않는다. 그렇기 때문에 앞 장의 검사가 매우 중요하다. 검사를 통해 여러분이 이 책의 도구들을 사용하여 얼마나 나아졌는지, 완전히 회복되었는지 아니면 더 노력해야 하는지를 정확하게 확인할 수 있다.

재발 방지 훈련에는 중요한 세 단계가 있다.

1. 재발은 **반드시 오며** 피할 수 없다는 사실을 받아들여야 한다.

2. 처음 회복할 때 도움이 되었던 도구들은 **언제든지** 도움이 될 수 있다는 사실을 이해해야 한다.

3. 재발했을 때 드는 부정적인 생각에 대응하는 연습을 미리 해야 한다.

1단계

먼저, **재발한다는 사실**을 반드시 알고 있어야 한다. 이는 만약의 문제가 아니라 언제의 문제다. 영원히 행복하기란 불가능하다. 하지만 겁먹지 말길! 여러분이 두려워할 필요 없도록, 재발에 대처하는 법을 정확히 보여주겠다.

이렇게 강조하는 이유는, 12장에도 언급한 것처럼 내가 치료했던 많은 사람이 우울할 때는 전부 아니면 전무라는 생각의 '전무' 쪽에 있다가 회복되면서 '전부' 쪽으로 나아갔기 때문이다. 다시 말해서 사람들은 우울할 때 자신이 쓸모없고 절망적이라고 생각한다. '전무' 쪽에 있는 것이다. 그러다가 회복이 되면 기분이 **너무** 좋아져서 생각한다. '와, 내가 해냈어! 나는 결국 가치 있는 사람이었어! 내 문제들은 해결됐어! 난 영원히 기분이 좋을 거야. 정말 쉽잖아!' 전부 아니면 전무라는 생각에서 위태로운 '전부' 쪽으로 간 것이다.

'전부' 쪽이 문제인 이유는 이것이 긍정적인 왜곡이기 때문이다. 그런 생각을 믿는 것은 감정 문제가 재발했을 때 실패를 예약해두는 것과 같다. 엄청나게 충격을 받고, 결국 '회복'되었던 건 가짜일 뿐이며, 자기 자신을 속였을 뿐이라고 결론짓는 것이다. 하지만 사람은 누구나 우울해질 때가 있다는 사실을 받아들이면 이런 실수를 범하지 않아도 된다.

그런데 재발은 정확히 무엇일까? 내가 정의하는 재발은 우울감이나 불안, 짜증, 속상함 등 불쾌한 기분이 1분 이상 지속되는 상태다. 이 정의대로라면 모든 사람은 평생 재발을 겪는다. 기분이 좋지 않을 때 빠르게 벗어날 수 있다는 사실만 알고 있으면 '재발'은 큰 문제가 되지 않는다. 사실 불쾌한 감정이 재발하면 고통스럽고 좌절할지라도, 그 안에서 또한 배우고 성장할 수 있다.

실제로 나는 지금 살짝 '재발' 상태에 있다. 현재 나는 상당히 속상한 상태다. 전에 가르쳤던 학생 한 명이 내 허락을 구하거나 공동 작업을 한 바도 없이 내 최근 연구를 기반으로 앱을 작업 중이기 때문이다. 그 학생이 허락 없이 내 연구를 상업적으로 이용하려 했다는 사실이 마음 아팠다. 슬프고, 불안하고, 혼란스러웠으며, 약간 화도 난다.

하지만 내가 해결책을 찾으리라는 사실을 알고 있다. 그 해결책이 무엇일지 아직 알지 못할 뿐이다. 사람들이 말하듯 "이 또한 지나가리라". 나는 다시 기분이 좋아질 것이고, 심지어 희열을 느끼던 때로 돌아갈 것이다.

재발이 불가피하다면, 우리는 무엇을 기대할 수 있을까? 얼마만큼 행복한 게 평균일까?

내 경험으로 보면, 우리는 일주일에 평균 닷새의 행복한 날과 이틀의 형편없는 날을 가질 권리가 있다. 만약 닷새 동안 좋은 날을 보내지 못한다면 여러분은 속고 있는 것이고 약간의 조율이 필요하다. 그리고 일주일에 이틀 정도 나쁜 날이 없다면 그건 **너무** 행복해진 것일 수 있으므로 여러분에게 조울증 약을 투약해야 할지도 모른다!

2단계

재발 방지 훈련의 두 번째 단계는 처음에 효과가 있었던 기법들은 **항상** 효과가 있을 수 있다는 점을 명심하는 것이다. 미래에 속상한 기분이 들 때, 여러분의 부정적인 생각은 지금 이 책을 보면서 치료하고자 했던 부정적인 생각과 정확히 같지는 않더라도 대체로 비슷할 것이다.

사람들은 대부분 속상함을 느낄 때마다 한 가지 패턴의 고통을 반복 경험한다. 그래서 처음 회복에 도움이 되었던 기법이 그 후에도 거의 항상 효과를 발휘한다.

그러므로 부정적인 기분에 빠져들 때마다 처음에 효과를 보았던 방법을 다시 찾아보라. 예를 들어 긍정적 재구성이나 이중 기준 기법, 수용 역설 등이 효과적이었다고 해보자. 다시 감정 문제가 재발해도 같은 기법을 사용하면 되므로 치료가 훨씬 더 쉬워진다.

3단계

재발 방지 훈련의 세 번째 단계는 불쾌한 감정이 재발했을 때 들 것 같은 부정적인 생각에 대응하는 법을 훈련하는 것이다. 앞서 언급했듯이 감정 문제가 재발하면 부정적인 생각도 다시 돌아온다. 사람은 저마다 다르며, 재발할 경우 제각각 자신만의 고유한 부정적인 생각을 한다. 하지만 거의 모든 사람이 재발 시에 공통적으로 하는 부정적인 생각 몇 가지가 있다. 이 생각들은 거의 항상 모든 사람에게 똑같이 나타난다. 예컨대 다음과 같은 생각들 말이다.

- 그 치료는 사실 효과가 없었어. 효과가 지속될 리 없을 줄 알고 있었어!
- 나는 정말 가망 없는 사람이야.
- 상태가 나아졌던 건 단지 요행이었어.
- 정말 나아진 게 아니었어. 그저 내가 그렇다고 **생각**했던 거야.
- 내 문제는 너무 심각해.
- 나는 결국 쓸모없는 사람이야.

이런 생각들은 미리 대비하지 않으면 **완전히** 그럴듯해져서 그 힘이 대단히 파괴적이다. 하지만 기분이 좋을 때 미리 왜곡된 생각을 무너뜨리는 연습을 한다면, 감정이 재발해도 훨씬 더 쉽게 물리칠 수 있다.

재발하기 **전**인 오늘, 우리는 다음 쪽의 재발 방지 일지를 준비하여 미래의 부정적인 생각을 무너뜨리는 연습을 할 수 있다. 그러니 그런 부정적인 생각을 지금 당장 깨버리자!

재발 방지 일지✣

문제 사건: 부정적인 생각과 감정이 재발했을 때, 나는 어떤 생각을 하고 어떤 기분을 느낄까.

감정	현재(%)	목표(%)	치료 후(%)	감정	현재(%)	목표(%)	치료 후(%)
슬픔, 울적함, 우울, 침울, 불행	100			**창피함,** 바보 같은 기분, 수치심, 시선 의식	100		
불안, 걱정, 공포심, 과민함, 겁이 남	100			**절망,** 낙담, 비관, 좌절감	100		
죄의식, 가책, 불쾌감, 부끄러움	100			**답답함,** 갑갑함, 낭패감, 패배감	100		
열등감, 무가치감, 부적절감, 결핍감, 무능감	100			**화,** 몹시 화가 남, 분개, 언짢음, 짜증 남, 속상함, 격분	100		
외로움, 사랑받지 못함, 환영받지 못함, 거절감, 고독감, 버림받음	100			**그 외의 감정들** 실망감	100		

부정적인 생각	현재(%)	치료 후(%)	왜곡	긍정적인 생각	믿음(%)
1. 재발했다는 건 앞으로 **절대** 나아지지 않을 거란 뜻이야. 나는 가망이 없는 환자야.	100				
2. 치료는 효과가 없었어.	100				
3. 내가 나아졌던 건 단지 요행이었어.	100				

✣

4. 정말 나아진 게 아니었어. 그저 내가 그렇다고 **생각**했던 거야.	100				
5. 이 치료가 효과 있을 리 없어.	100				
6. 내 문제는 너무 심각해.	100				
7. 나는 결국 아무 쓸모가 없어.	100				
8. 나는 영원히 우울할 거야.	100				
9. 이건 부당해!	100				
10. 내게 뭔가 문제가 있는 게 틀림없어.	100				

우선 여러분이 우울과 불안에 오랜 기간 시달리다 회복되어 3주 동안 행복한 나날을 보냈다고 생각해보자. 그러다가 금요일 밤에 배우자와 다투었는데 효과적인 의사소통 비결을 사용하는 것을 깜박 잊었다. 여러분은 화가 난 채로 잠자리에 들었고, 토요일 아침에 일어나자 다시금 믿을 수 없을 만큼 우울하고 불안한 기분을 느꼈다.

앞의 일지에 적힌 부정적인 생각 1번을 살펴보자. '재발했다는 건 앞으로 **절대** 나아지지 않을 거란 뜻이야. 나는 가망이 없는 환자야.' 이 생각에는 어떤 왜곡이 들어 있을까?

인지 왜곡 퀴즈	(√)
1. **전부 아니면 전무라는 생각** 세상을 흑과 백, 전부 아니면 전무의 범주로 나누어 바라본다. 회색 지대는 존재하지 않는다.	
2. **지나친 일반화** 한 번의 부정적인 사건을 영원히 반복되는 패배처럼 여기면서 **항상**이나 **절대** 같은 표현을 사용한다.	
3. **정신적 여과** 부정적인 면에 집착하여 긍정적인 부분을 걸러낸다. 잉크 한 방울이 비커에 떨어져 물 전체를 검게 물들이는 것과 같다.	
4. **긍정적인 면 무시하기** 좀 더 인상적인 심리적 오류다. 자신의 긍정적인 부분들은 중요하지 않다고 생각한다. 이렇게 하여 일반적으로 부정적인 견해를 유지한다.	
5. **성급한 결론짓기** 뒷받침할 사실 근거도 없이 곧장 결론으로 직행한다. • **독심술 오류** 다른 사람들이 생각하고 느끼는 바를 자신이 안다고 가정한다. • **예언자적 말하기 오류** 미래를 부정적으로 예측한다.	
6. **극대화와 극소화** 무언가의 중요성을 과장하여 부풀리거나 부적절하게 축소한다. 나는 이 왜곡을 쌍안경 속임수라고 부른다. 쌍안경처럼 어느 쪽으로 보느냐에 따라 대상이 훨씬 커 보이기도 하고 작아 보이기도 하기 때문이다.	
7. **감정적 추리** 자신의 기분대로 해석한다. 예를 들어, 자신이 패배자라는 **기분**이 들면, 정말 패배자라고 **추론**한다. 또는 절망적이라는 기분이 들면, 정말로 희망이 없다고 **결론** 내린다.	
8. **해야 한다는 생각** 줄곧 **해야 한다, 반드시 해야 한다** 등으로 자신이나 타인을 불행하게 만든다. 자신을 향한 해야 한다는 죄책감과 수치심, 우울감, 무가치함 등의 감정을 만든다. 타인을 향한 해야 한다는 분노와 관계 문제 등을 촉발한다. 세상을 향한 해야 한다는 답답함과 권리의식을 유발한다.	
9. **낙인찍기** 구체적인 문제에 초점을 맞추기보다 자신이나 남들에게 꼬리표를 붙인다. 낙인찍기는 극단적인 형태의 지나친 일반화다. 자기 자신이나 다른 사람들을 완전히 결함이 있거나 나쁜 존재로 받아들이기 때문이다.	
10. **비난하기** 잘못을 자기 책임으로 돌리거나(자기 비난) 타인의 책임으로 돌린다(타인 비난).	

퀴즈를 다 풀었다면, 답을 확인해보자.

나의 대답

내가 발견한 왜곡들은 다음과 같다.

1. 전부 아니면 전무라는 생각 치료를 흑백 논리로 바라보고 있다. 증후가 나아지면 치료가 유용했던 것이고, 이는 여러분이 "가망 없을" 리 없다는 뜻이다. 사람은 누구나 시시때때로 속상함을 느낀다.

2. 지나친 일반화 여러분에게 가망이 없다는 생각은, 속상한 현재의 한순간을 미래로 일반화하는 것이다.

3. 정신적 여과 여러분이 지금 얼마나 속상한지에만 초점을 맞추며 치료에서 얼마나 의미 있는 진전을 이루었는지는 무시한다.

4. 긍정적인 면 무시하기 치료사나 이 책을 통해 배운 방법이 소용없었다고 생각하고 있지만, 그렇지 않다!

5. 성급한 결론 짓기 여러분이 영원히 우울할 것이라고 예측하며 예언자적 말하기의 오류를 범하고 있다.

6. 극대화/극소화 재발 문제로 속이 상하더라도 여러분은 이 문제를 지나치게 과장하고, 여러분이 배운 치료 기술을 극소화하고 있는지 모른다. 왜 속상한지에 초점을 맞추고 문제를 해결하기 위한 계획을 세우는 게 더 생산적일 수 있다.

7. 감정적 추리 절망적인 감정을 느끼자, 자신이 절망적이라고 결론을 내린다.

8. 낙인찍기 자신을 "가망 없는 환자"로 낙인찍는다.

9. 해야 한다는 생각 숨겨진 해야 한다가 있을 수 있다. 여러분은

속상해해서도 안 되고 언제나 행복해야 한다고 생각할지 모른다.

10. 비난하기 스스로 가망이 없다고 말하는 것은 전형적인 내 탓, 치료에 효과가 없었다는 주장은 전형적인 남 탓의 사례다.

보다시피 이 부정적인 생각에는 왜곡이 가득하다.

이제 그 생각에 어떻게 대응할 수 있는지 생각해보자. 설득력 있는 긍정적인 생각을 떠올라보라. 이 생각은 감정 변화를 위한 두 가지 조건을 만족시켜야 한다. 하나는 100퍼센트 참이어야 한다는 것이고(필요조건), 또 하나는 부정적인 생각에 대한 믿음을 급격히 떨어뜨려야 한다는 것이다(충분조건).

이 새로운 생각을 재발 방지 일지의 긍정적인 생각 칸에 적는다. 다음으로 그 생각을 얼마나 믿는지 '믿음(%)' 칸에 0부터 100까지의 척도로 표시한다. 그런 다음 부정적인 생각에 대한 믿음 정도를 다시 평가하여 '치료 후(%)' 칸에 적는다.

만약 감정을 변화시키는 두 가지 조건에 맞는 긍정적인 생각이 잘 떠오르지 않는다면, 내가 생각한 다음의 내용을 참고해도 좋다.

'내가 아주 많이 나아졌으니 그 치료는 매우 효과적이었어. 나는 배우자와 싸웠고, 따라서 속상한 건 당연한 일이야. 그건 내가 가망 없다는 뜻이 아니야. 그저 다시 도구들을 찾아서 사용할 필요가 있다는 의미지.'

재발하기 **전**, 즉 행복을 느끼고 자신감에 차 있을 때라면 대체로 꽤 쉽게 이런 생각이 난다. 그러나 재발 **이후**를 대비하지 않았다면 까마득한 구덩이에 빠져 벗어나려 애쓰는 자신을 발견할 것이다. 예방이 치료보다 가치 있는 상황이란 바로 이런 경우다.

위 단락을 한 귀로 듣고 한 귀로 흘렸다면, 다시 한번 읽기 바란다!

무례하게 들린다면 미안하지만, 저 문장이 여러분을 엄청난 슬픔으로부터 지켜주고 어쩌면 생명을 구할 수도 있다. 다음의 세 가지 사실은 아무리 강조해도 부족하다.

1. 재발할 때 드는 부정적인 생각은 엄청나게 왜곡되어 있다.

2. 재발할 때를 기다려 반박하려고 한다면, 부정적인 생각을 믿는 마음이 압도적으로 커서 그 생각을 무너뜨리기가 극도로 어렵다.

3. 그 생각을 미리 무너뜨린다면 재발했을 때 훨씬 더 쉽게 물리칠 수 있다!

모든 부정적인 생각을 종이에 적어 무너뜨린 다음, **목소리 외재화** 기법을 시도하여 학습한 내용을 감정적으로 강화할 수 있다. 친구나 가족, 치료사 등 다른 사람과 함께 여러분의 부정적 자아와 긍정적 자아 역할을 번갈아 맡는다.

상대방은 여러분의 부정적 자아 역할을 맡아 2인칭 시점('너')으로 말하고, 여러분은 긍정적 자아 역할을 맡아 1인칭 시점('나')으로 말한다. 상대방이 여러분의 부정적인 생각을 한 번에 한 가지씩 읽어주면 여러분은 자신을 방어하기 위해 노력한다.

두 사람 모두 여러분이 처음 회복되고 몇 주 지나 재발을 겪은 상황이라는 점을 가정하고 있어야 한다. 역할극을 녹음하여 나중에 재발했을 때 듣고 검토하는 일도 중요하다.

마지막으로 역할극에서 두 사람의 역할이 모두 한 인물이라는 점도 명심해야 한다. 한 명은 여러분의 부정적인 자아 역할을 맡고, 다른 한 명은 여러분의 긍정적인 자아 역할을 맡는다.

대화는 다음과 같이 진행될 수 있다.

상대방(여러분의 부정적 자아): 재발했다는 건 앞으로 **절대** 나아지지 않는다는 뜻이야. 나는 가망 없는 환자야.

여러분(여러분의 긍정적 자아): 아니야. 재발한 것도 이해가 가. 어젯밤에 남편(아내)과 싸웠거든. 이제 몇 주 전에 도움을 받았던 치료 도구들을 다시 시도해야 할 때야. 효과적인 의사소통 비결 다섯 가지 같은 것들 말이야. 대화를 나누다 보면 이 갈등을 풀 수 있을 거라고 확신해. 예전에도 그랬던 것처럼. 그러면 기분도 다시 좋아질 거야!

상대방: 치료는 효과가 없었어.

여러분: 아니야. 치료는 큰 도움이 되었어. 문제는 치료 효과가 없었던 게 아니야. 남편과 대화하는 법을 찾아봐야 할 시간에 네 헛소리를 듣고 있다는 게 문제야.

상대방: 네가 나아진 건 그저 요행일 뿐이었어.

여러분: 아니야. 내가 나아진 건 배우고 노력한 결과였어.

상대방: 사실 너는 나아진 게 아니었어. 그냥 네가 그렇다고 **생각**한 거지.

여러분: 실제로 지난 3주가 내 인생에서 가장 행복한 날들이었고, 그건 **진짜**였어! 정말 굉장했다고!

상대방: 재발했다는 건 결국 네가 쓸모없다는 소리야.

여러분: 말도 안 되는 소리! 나는 결점이 무척 많고 앞으로도 그럴 테지만, 장점도 많이 있어!

만약 말이 막혀 부정적인 생각 중 하나를 설득력 있게 물리치기 힘들다면, 역할을 바꾼다. 여러분이 자신의 부정적인 자아 역할을 맡고, 상대방이 여러분의 긍정적인 자아 역할을 맡으면 된다. 말이 막혔던 그 생각을 성공적으로 넘길 때까지 계속 역할 바꾸기를 한다.

이 연습을 할 때는 부분적인 승리에 만족해서는 안 된다. 재발이 일어나면 그 생각은 아주 강력하고 설득력 있게 다가온다. 그렇기 때문에 미리 대비하는 것이다. 재발로 힘든 상태라면, 녹음해둔 대화를 들으면 된다. 이 방법은 아마도 더없이 유용할 것이다.

그래도 여전히 힘들고 고통스럽다면 치료사에게 도움을 청해도 좋다. 부끄러워할 필요 없다. 나는 내 환자 모두에게 절대 치료를 종료하지 않을 거라고, 원한다면 나를 평생 정신과 주치의로 생각하라고 말한다. 또 약간의 조율이 필요할 때는 전화를 해도 좋다고 설명한다. 평생 그러겠다고 약속한다. 조율은 전부 무료다! 그리고 재발하지 않으면 다시는 만나지 못할 테니, 진심으로 재발하기를 **바란다**고 말한다!

재발 방지 훈련이 효과가 있을까? 나는 심각한 우울증과 불안증으로 힘들어하는 환자들의 치료 사례를 4만 건 가까이 가졌다. 그들은 퇴원하기 전에 늘 재발 방지 훈련을 한다. 걸리는 시간은 길어야 30분이다. 수년 동안, 조율을 받으러 돌아온 환자들은 극소수였다. 그들 역시 거의 모두가 단 한두 차례 치료 만에 다시 가벼운 발걸음으로 돌아갔다.

세상에, 우리는 거의 끝까지 왔다. 솔직히 말하면 조금 슬프다. 여러분을 위해 이 책을 쓰는 작업이 정말 좋았기 때문이다. 오래전《필링 굿》을 쓴 뒤로 심리 치료 분야는 크고 흥미로운 발전을 이루었다. 그 내용을 여러분과 함께 나눌 수 있었던 건 기쁨이자 영광이었다.

다음 장에서는 로체스터대학교의 마크 노블 박사라는, 정말 특이한 사람을 만날 것이다. 노블 박사는 스탠퍼드대학교에서 수학한 유전

공학자이자 분자 생물학자로 걸출한 연구 경력을 자랑한다. 사실 그는 줄기세포 연구의 초기 개척자 중 한 명으로 세계적으로도 유명하다. 또한 정말 착하고, 재미있고, 현실적인 사람이다.

그런 그가 도대체 왜 이 책의 한 장을 집필한 걸까? 자, 곧 그 이유를 알게 될 것이고, 상당히 흥미로울 것이다.

5부

연구 업데이트

TEAM-CBT에 과학적 근거가 있는가?

30장

TEAM-CBT와 미세 신경 수술✣

마크 노블 박사는 누구인가?

TEAM-CBT 개발에서 중요한 다음 단계 중 하나는 이 치료법이 뇌 기능 차원에서 어떻게 작동하는지 이해하는 것이다. 이 장은 이를 위한 첫 단계를 제시한 것으로, 로체스터대학교 의료 센터에서 유전 공학 및 신경 과학 교수로 재임 중인 마크 노블 박사가 기고한 글이다.

노블 박사는 현대 줄기세포 생물학의 창시자 중 한 명으로 알려져 있으며, 그가 이끄는 연구실은 중추 신경계의 발달과 뇌종양 치료의 부작용, 더 안전하고 효과적인 암 치료법 개발, 말초 신경 및 척수 손상 등에 관한 이해를 넓히는 데 지대한 기여를 해왔다.

노블 박사는 연구실에서 우울증 치료제의 독성 부작용을 조사하던 중, 약물을 배제한 우울증 및 불안증 치료법을 더 잘 알고 싶어서 내게 연락했다. TEAM-CBT 과정에서 일어나는 기적 같은 회복 사례들을 목격한 노블 박사는 그러한 회복 과정의 기저에 존재하는 신경 과학을 이

✣ 이 장에서 '수술'은 외과 수술이 아닌 TEAM-CBT 접근법을 통한 뇌의 신경 네트워크 수정을 의미한다. (옮긴이)

해하고 싶어 했다. 그는 아이디어가 충분히 진척되자 스탠퍼드대학교 화요일 훈련 그룹에 참석하여 자신의 생각을 발표했다. 우리는 그 내용을 녹음하여 〈필링 굿〉 팟캐스트 100회로 게재했다.

노블 박사는 감사하게도 그 내용을 《필링 그레이트》에 기고하는 데 동의했다. 이 장을 함께 작업한 뒤, 노블 박사는 뇌 기능 차원에서 TEAM-CBT가 어떻게 작동하는지에 관한 추가적인 견해를 담은 후속 팟캐스트(167회)도 녹음했다.

이 장은 TEAM-CBT의 기법들이 어떻게 뇌의 매우 특정한 신경 세포망을 신속하게 바로잡는지에 중심을 두지만, 효과적인 우울증과 불안증 치료법의 작동 원리를 깊이 이해할 수 있는 내용이기도 하다. 게다가 노블 박사는 TEAM-CBT로 신속한 감정 변화를 이루어내는 것이 왜 완벽히 말이 되는지, 왜 우울증과 불안증 및 관련 문제의 성공적인 치료를 뇌 영역에서 이해하는 것이 가장 적절한 정의가 될 수 있는지에 관한 설명을 들려준다. 노블 박사의 이야기를 들어보자.

뇌 사용자의 《필링 그레이트》 길잡이

세균에 감염되어 세 가지 치료법 중 하나를 골라야 한다고 생각해 보자.

1. 첫 번째 치료법은 몇 년이 걸릴 수 있고 성공하지 못할 때가 많지만 부작용이 없다.

2. 두 번째 치료법은 알약인데, 복용하면 기분이 나아질 수도 있고

더 나빠질 수도 있다. 전혀 득이 되지 않을 수도 있다. 이 약은 몇 년 동안 복용해야 할 수도 있고, 여러 가지 불쾌한 부작용도 있을 수 있다. 또 복용하다 중단하기가 매우 힘들 수 있다. 게다가 결과 연구를 보면 이 약은 속임약과 별반 다를 게 없다.

3. 세 번째 치료법은 효과가 신속하게 나타날 때가 많고 부작용이 없다.

여러분은 분명 세 번째 치료법을 선택할 것이다. TEAM-CBT가 정확히 이렇다.

1. 우울증이나 불안증에 관한 전통적인 대화 요법은 부작용은 없지만 흔히 몇 년씩 걸린다.

2. 우울증 치료 약물은 어떤 사람들에게는 도움이 되지만, 다른 누군가의 기분은 저하시켜 도움이 되지 않을 때가 많다. 많은 사람이 몇 년 동안 치료 약물을 복용하고, 어떤 사람들은 약을 끊기 힘들어한다. 결과 연구에 따르면 속임약보다 그다지 효과적이지도 않다.

3. 그에 비해 TEAM-CBT는 흔히 신속하게 효과가 나타나며 부작용이 없다.

사실 나는 번즈 박사의 스탠퍼드 훈련 그룹과 유명한 일요일 하이킹 모임을 따라다니면서 이런 빠른 회복을 여러 번 목격했다. 여러분도 이 책에서 빠르게 회복된 많은 사람들, 그러니까 수년 동안 우울감과 불안감에 시달리다 단 한 번의 집중 치료를 통해 증상이 완전히, 또는 거의 완전히 사라진 사람들의 사례를 보았을 것이다.

무척 놀라운 경험이었지만, 신경 과학자로서 나는 세 가지 질문을 생각해봐야 했다. (1) 이게 진짜일까? (2) 효과가 지속될까? (3) 원리가 뭘까?

결론은 TEAM-CBT의 효과가 진짜이며, 회복 후에 재발 방지 훈련을 받은 환자에게 효과가 지속된다는 것이었다. 또한 TEAM-CBT의 효과는 뇌가 어떻게 작동하는지에 관해 현재 단계에서 우리가 가지고 있는 이해와 놀라울 정도로 일치했다. 만약 우리가 뇌의 작동 원리에 관한 가장 진보된 이해를 바탕으로 치료법을 설계하고자 한다면, 아마도 TEAM-CBT와 매우 유사한 방식을 생각해낼 것 같다.

뇌는 어떻게 작동할까?

뇌가 어떻게 작동하는지에 관해서는 SNEFF 모델을 떠올릴 수 있다.

- **S=구조Structures** 뇌는 구조적으로 체계화되어 있어서 서로 다른 뇌 영역에서 서로 다른 기능이 발생한다.
- **N=네트워크Networks** 정보를 저장하고 다른 뇌 영역으로 전달하는 기능을 하는 신경 세포를 뉴런이라고도 부른다. 함께 기능하는 뉴런을 네트워크라고 한다.
- **E=감정Emotions** TEAM-CBT의 작동 원리를 이해하려면, 왜 감정이 뇌 기능에 그토록 강력하고 중요한지 이해할 필요가 있다.
- **F=필터Filters** 우리가 지각하는 세상은 필터로 조절된다. 필터는

우리 뇌가 매일 매 순간 받아들이는 어마어마한 양의 정보에 압도되지 않도록 막아준다.

◆ **F=프레임Frames** 생각은 조직적으로 프레임을 구성한다. 프레임은 우리가 세상에 대한 지식을 어떻게 구조화하는지를 이해하는 데 극히 중요하다.

인지 변화와 감정 변화를 설명하는 생물학적으로 유용한 이론은 무엇이든 뇌 기능의 이 다섯 가지 기본 요소에서 시작되어야 한다.

구조

뇌는 특정 작업에 전념하는 전문화된 구조를 가지고 있다. 감정 생성, 언어 사용, 음악을 창작하고 이해하는 능력 등을 전문으로 하는 뇌 부위들이 여기에 해당한다.

우울증과 불안증에서 중요하게 여겨지는 두뇌 부위는 **편도체**와 **전전두피질**이다. 편도체는 위험 가능성이 있을 때 활성화되는 조기 경보 시스템의 한 부분으로 기능한다. 이 '위해/경보' 시스템은 생존에 필수적이다. 위험에 대한 반응은 최대한 마지막까지 미뤄져서는 안 되기 때문이다. 만약 위협에 반응해야 할 필요가 있다면, 공격을 당하기 전에 싸우든, 도망가든, 얼어붙든 몸이 반응할 태세를 갖추어야 한다.

고양이와 같은 반려동물이 뜻밖의 큰 소리를 듣고는 겁에 질려 갑자기 펄쩍 뛰어오르는 모습을 본 적이 있을 것이다. 이것이 조기 경보 시스템이 하는 일이다!

조기 경보 시스템 활성화는 의식적인 생각 없이 일어난다. 호흡이 빨라지고 심장이 두근거리며 신체 반응을 준비시키는 화학 물질이 쏟아져 나오기 시작한다. 논리적인 추론을 할 시간이 없다. 반응은 미리 준비되고 지체 없이 실행에 옮겨져야 한다. 무엇이 조기 경보 시스템을 작동시켰는지 의식적으로 알아채는 과정은 흔히 시스템이 이미 가동된 뒤에 온다.

조기 경보 시스템은 몸이 그 위험에 반응하도록 대비시킨다. 편도체는 위험 정보를 다른 뇌 부위로 전달하기도 한다. 그 덕분에 우리는 그 위험이 진짜 존재하는지, 대처할 방법이 있다면 무엇을 어떻게 해야 하는지를 결정할 수 있다.

진화의 관점에서, 너무 쉽게 경보 태세에 돌입하는 실수와 '후회보다 안전'을 지향하는 실수는 어느 정도 가치가 있다. 어쨌든 호랑이가 내 쪽으로 접근하고 있다는 생각이 착각일 경우가 진짜 호랑이가 있었는데 위험을 알아채지 못했을 경우보다 생존 확률이 높으니 말이다.

전전두피질은 편도체가 보낸 경보 신호를 평가하고 조치가 필요한지 판단하는 일을 한다. 모든 위험 신호에 반응하는 것은 효과적인 생존 전략이 아니다. 그렇게 하면 실제로는 위험하지 않은 일에까지 반응하느라 뇌가 너무 많은 자원을 낭비하기 때문이다.

전전두피질은 품질 관리 시스템에 속한다고 생각하면 된다. '네 의견에 동의해. 우리는 이 잠재적 위협에 진지하게 대처할 필요가 있어'라거나 '이건 과민 반응이야. 진정하자' 같은 의미가 담긴 정보를 편도체로 보낸다.

많은 연구 결과를 보면, 우울증과 불안증이 있는 사람은 편도체의 조기 경보 기능이 더 쉽게 활성화되는 반면, 전전두피질의 품질 관리 시스템은 효과적으로 작동하지 않는 듯하다. 그 원인은 편도체의 민감도 증가나 전전두피질이 보내는 피드백 감소에 있을 수 있다. 또는 둘 다일 수도 있다.

그 외의 뇌 구조도 우울증과 불안증을 이해하는 데 중요하다. 하지만 편도체와 전전두피질을 중심으로 연구하면, 현재 우리가 알고 있는 뇌의 작동 원리에 TEAM-CBT의 신속한 효과를 통합하는 더 나은 방법을 찾을 수 있을 것이다.

네트워크

인간의 뇌에는 놀라울 정도로 많은 신경 세포가 있고, 이 세포들은 서로 촘촘히 연결되어 있다. 뇌에는 약 1천억 개의 신경 세포가 있다고 추정된다. 이 신경 세포들은 각각 수백 개에서 수천 개까지의 다른 신경 세포들과 연결된다.[✣] 즉 우리 뇌의 신경 세포 사이에 약 100조 개의 연결이 있다는 의미다.

네트워크는 서로 다른 뇌 부위 간에 정보를 전달하기 위해 서로 협력하는 신경 세포 그룹이다. 또한 신경 세포들은 다른 신경에 메시지를 보내 근육과 심장, 호흡뿐 아니라 우리 몸의 다른 기관들을 통제한다. 신경 네트워크는 생각과 감정, 행동의 밑바탕이 되는 물리적 단위로, 우리가 TEAM-CBT 기법과 같은 새로운 것을 배울 때마다 변화하기도

✣ 사실 이 수치는 낮은 추정치일 수 있다. 일각에서는 하나의 신경 세포가 1만 개의 다른 신경 세포와 상호 작용할 수 있다고 보고한다. 그렇다면 우리가 생각하는 수치가 10배는 더 놀라워진다. 우울증과 불안증 치료에서 이 숫자의 중요성은 특히 흥미롭다. 확인된 신경 전달 물질(신경 세포가 서로 의사소통할 때 사용하는 화학 물질)의 수가 100개 범위 안에 있기 때문이다. 따라서 우울증 치료제나 불안증 치료제 등 향정신성 치료제처럼 신경 전달 물질의 수준에서 작용하는 약물들은 매우 많은 신경 세포에 영향을 미친다. 즉, 효과적인 학습 패러다임을 사용하여 네트워크에서 신경 기능을 변화시키는 작업은 고도의 구체성을 지닌다. 마치 스위치를 눌러 특정 전등을 제어하는 것과 비슷하다. 반대로 우울증 치료제 같은 화학 물질로 신경 기능을 변화시키는 것은 도시 어딘가의 불빛 하나를 켜거나 끄려고 도시 전체의 전력 공급에 차질을 주는 것과 같다.

한다.

무언가를 배울 때마다 조직적으로 일하는 신경 세포 그룹에 수정 사항이 생긴다. 아주 구체적인 소규모 네트워크들도 있고, 소규모 네트워크들이 그룹을 이루어 협력하는 보다 큰 네트워크들도 있다. 하지만 아무리 큰 네트워크라 하더라도 뇌의 전체 신경 세포 수 가운데 아주 적은 일부만을 포함할 뿐이다. 그러므로 우리가 무언가를 새로 배우거나 생각을 수정할 때, 이는 작고 매우 정밀한 신경 세포 네트워크의 기능을 변화시키는 것이다.

뇌의 네트워크를 어떻게 변화시킬까? FTWT와 WTFT를 통해 가능하다!

◆ **FTWT** 학습과 관련해 과학적으로 가장 널리 알려진 개념 중 하나가 소위 '함께 활성화하는 세포가 함께 연결된다Fires Together Wires Together, FTWT'이다. 서로 통신을 자주 주고받는 신경 세포들은 기능적으로 연결되고, 함께 활성화하는 빈도가 높을수록 연결이 더 강해진다. 이렇게 해서 새로운 네트워크가 형성되고 기존의 네트워크는 더 강해진다.

◆ **WTFT** 게다가 신경 세포는 '함께 연결되면 함께 활성화하는 성향이 있다Wired Together tend to Fire Together, WTFT'. WTFT는 무언가를 한 번 배우고 나면 반복해서 할 때마다 점점 더 쉬워지는 이유를 설명해준다.

여러분이 동그란 블록을 동그란 구멍에 집어넣고 네모난 블록을 네모난 구멍에 집어넣는 법을 배우는 아기라고 해보자. 처음에는 어떻게 하는지 전혀 모르지만, 계속하다 보면 손과 팔을 제어하는 신경 세포를 사용하여 블록을 움직이고, 시각 영역 신경 세포들을 사용하여 블록의 모양과 구멍의 위치를 확인한다. 몇 번의 시도 후에 이들 서로 다른 신경 세포들은 함께 기능하기 시작하며 뇌 영역을 연결하는 네트워크를 새로 만들거나 강화한다. 게다가 연습을 반복하면 할수록 이런 네트워크도 점점 더 강화된다. 나아가 새 블록의 모양과 구멍을 보기만 해도 서로 맞는지를 분별하는 지점에 빠르게 도달한다. 알맞은 구멍에 블록을 넣는 법을 배우면서, 우리는 틀린 생각('어떤 블록이든 모든 구멍에 들어갈 수 있다')과 옳은 생각('블록과 구멍의 모양 및 크기가 일치해야 한다')도 구분하게 된다.

우리는 학습을 통해 지금의 뇌에 이르렀고 미세 신경 수술을 시행했다. 즉 자기 뇌 안의 특정 네트워크를 수정하여 새로운 작업을 성취했다. 그것도 뇌 기능을 수정하는 다른 접근법들은 쉽게 따라올 수 없는 수준의 특정성을 가지고 이 일을 해냈다.

뇌 안의 몇몇 특정한 신경 세포들을 변화시킬 수 있다는 생각을 믿기 힘들지 모르지만, 우리가 새로운 무언가를 배울 때마다 정확히 그런 일이 일어난다. 그리고 우리는 이 세상에 태어난 이래 줄곧 이런 식의 미세 신경 수술을 시행하며 우리 뇌의 네트워크들을 수정해왔다.

감정

감정은 생각을 압도할 만큼 강력할 수 있다. 감정은 우리가 생존 확률을 높이기 위해 무슨 일이든 하도록 동기를 부여하기 때문이다. 우리가 어떤 사건을 옳게 해석하든 그르게 해석하든 상관없다. 뇌는 그 해석에 적절한 감정 반응을 만들어낸다. 예컨대, 밖에 있다가 총소리와 비슷한 큰 소음을 들었다고 해보자. 우리는 그 즉시 겁에 질려 목숨을 걱정할 것이다. 이런 감정 반응은 매우 빠르고 자동으로 일어나기 때문에 우리는 무엇 때문에 그런 감정을 느꼈는지 인식하지도 못한다.

또한 감정은 상황이 요구할 때마다 변화할 수밖에 없다. 우리 뇌의 품질 관리 시스템에서 더 정확한 해석을 찾아내면 감정도 변화한다. 이 과정은 뇌가 기능하는 자연스러운 방식으로 즉각적이고도 무의식적으로 일어날 수 있다. 이를테면, 그 큰 소음이 실은 자동차가 역화를 일으켜서 난 소리였다는 걸 깨닫고 나면 두려움이 사라질 것이다. 사람은 누구나 자기 생각이 틀렸다는 걸 문득 깨닫는 순간 감정도 그에 따라 달라지는 경험을 수없이 많이 가지고 있다.

정상적으로 작동하는 뇌는 TEAM-CBT가 어떻게 우울과 불안에서 빠르게 회복하게 해주는지에 대한 답을 준다. TEAM-CBT의 목표는 부정적인 감정을 일으키는 왜곡된 부정적인 생각을 수정하는 것이다. '나는 패배자야'나 '내 문제는 가망이 없어' 같은 부정적인 생각을 믿지 않는 순간, 우리 뇌는 자동으로 새로운 감정 상태로 전환된다.

그런데 누구나 부정적인 감정이 그리 쉽게 사라지지 않는 경험도 한다. 부정적인 생각이 타당하다고 너무 굳게 믿고 있다면 그 생각을 쉽게 반박할 수 없다. 부정적인 생각과 감정이 악순환하며 서로를 강화하기도 하기 때문이다.

TEAM-CBT의 특별한 능력은 자연스러운 뇌 기능에 바탕에 둔 여러 강력한 방법을 이용하여 왜곡된 사고 패턴을 약화하거나 제거하는데 있다. 수년, 아니 수십 년 동안 감정적 고통에 시달렸다 하더라도, TEAM의 도움을 받으면 부정적인 생각과 감정을 변화시킬 수 있고, 종종 그런 결과를 빠르게 맞을 수도 있다.

필터

부정확한 해석이 왜 그렇게 자주 발생하는지, 그런 해석은 왜 수정하기 힘들 때가 많은지를 이해하려면 필터와 프레임이라는 주제를 생각해볼 필요가 있다.

우리가 취하는 정보는 심하게 걸러진다. 우리는 우리에게 몰려드는 모든 소음, 광경, 냄새에 의식적으로 주의를 기울일 수 없다. 심지어 무의식적인 주의도 기울일 수 없다. 그렇게 일일이 주의하다가는 주체를 못 하고 감각이 마비될 것이고, 해야 할 일에 쏟을 시간이나 에너지가 남아나지 않을 것이다.

감정은 걸러야 할 정보와 의식적으로 주의를 기울일 자극을 조절하는 데 도움이 된다. 우울할 때나 불안할 때 또는 화가 났을 때는 온갖 부정적인 것만 눈에 들어오고, 기분이 좋을 때라면 알아챘을 많은 긍정적인 것은 간과하게 된다는 걸 느낀 적이 있는가? 부정적인 감정은 거의 전적으로 우리의 기분 상태와 일치하는 세세한 정보와 기억에만 주의를 기울이는 듯 보인다.

우울감과 불안감에 휩싸여 있을 때, 우리는 이러한 정보 필터를 이용하여 비록 틀린 방식으로라도 감정과 일치하는 쪽으로 새로운 정보를 해석한다. 인지 왜곡이 대표적이다. 전부 아니면 전무라는 생각, 지나친 일반화, 정신적 여과, 긍정적인 면 무시하기, 독심술, 예언자적 말하기, 극대화와 극소화, 해야 한다는 생각, 낙인찍기, 자기 비난은 모두 우리 뇌가 그럴 이유가 전혀 없을 때조차 정보를 부정적인 방식으로 거를 때 나타난다.

필터는 문제를 더 악화시킬 수 있다. 기분이 우울할 때 중립적인 정보, 심지어 긍정적인 정보까지 부정적인 방식으로 해석한다면 기분은 더 우울해진다. 우울감이 높아지니 긍정적인 정보는 계속해서 무시하고 중립적인 정보는 부정적으로 해석한다. 결과적으로 부정적인 여과와 감정의 소용돌이가 더욱 거세진다.

TEAM-CBT는 여러 치료 도구를 사용해 이 악순환을 깨뜨린다. 치료에서 가장 효과적인 방법 중 하나는 부정적인 생각에 든 많은 인지 왜곡을 찾아내는 단순한 것인데, 이는 TEAM-CBT를 구성하는 결정적 요소다.

프레임

치료의 목표가 생각하는 **방식**을 바꾸는 것이라면, 우리가 **어떻게** 생각하는지를 이해하는 일이 중요하다. 앞에서 말했듯이 우리가 하는 생각들의 연관은 우리 뇌 속 신경 세포 네트워크 간의 연결 때문에 만들어진다. 하지만 뇌에는 우리가 살면서 겪는 모든 사건을 따로따로 저장할 만큼 많은 네트워크가 만들어질 공간이 없다. 그래서 이 네트워크들은 마치 같은 단어들을 새롭게 조합하여 새로운 이야기를 만들어내듯 서로 결합한다. 일어난 일에 대해 우리가 스스로에게 들려주는 이야기의 신경학적 등가물이 바로 프레임이다. **프레임은 우리가 생각하는 방식을 구조화한다.**

우리가 저녁을 먹으러 중식당에 간다고 해보자. 이 사건을 생각해보면 금세 다음과 같은 사고의 프레임이 떠오른다.

- 우리는 식당으로 가기 직전에 집을 나선다. 우리 뇌는 옷장에서 외투를 꺼내고 현관문을 열고 다시 잠그는 등, 이 활동에 필요한 여러 네트워크와 생각을 활성화할 것이다.

- 식당으로 운전해서 갈 때, 우리 뇌는 자동차 문을 열고, 운전석에 앉고, 안전벨트를 매고, 시동과 전조등을 켜고, 기어를 넣는 등의 운전과 관련된 네트워크를 활성화할 것이다.
- 식당에 도착하면 차를 두고 정문으로 걸어간다. 여기에는 보다 익숙한 네트워크와 생각이 활성화된다.
- 누군가 우리를 맞이하고, 테이블로 안내하고, 메뉴판을 줄 것이다. 여기에도 역시 관련 네트워크가 움직인다.

이 예시는 중식당에 가는 활동과 관련된 네트워크의 일부일 뿐이다. 이 네트워크들은 모두 익숙한 작업을 수행하고 있다. 덕분에 이런 활동을 아주 쉽게 할 수 있다. 여러분도 비슷한 경험이 있을 것이다. 모든 게 자동으로 이루어진다!

이뿐 아니라 감정의 프레임도 존재한다. 감정의 프레임은 우리가 이 활동에 대해 생각하는 방식에 포함될 수 있다.

- 중국 음식을 좋아하는가? 아니면 다른 사람이 이 식당을 선택했는가?
- 함께 식사한 사람들과 어울리는 게 즐거운가?
- 잘 모르는 사람들과 함께 저녁 식사를 할 때 사회적 불안감을 느끼고 해야 할 말을 하는 것이 어려운가?
- 함께 어울린 그룹에 말을 너무 많이 하거나 술을 너무 많이 마시거나 여러분을 언짢게 할 정치적 견해를 주장하는 사람이 있는가?

이처럼 우리 뇌의 프레임은 이 간단한 외출에서도 다양한 기대와 느낌, 기억 등을 하나로 묶는다. 이는 우리 뇌에서 많은 선택적 신경 네트워크가 협력하고 있다는 의미다.

동시에 우리 뇌는 저녁 식사 외출과 관련이 없는 방대한 정보 또는 네트워크를 걸러낸다. 집중을 방해하는 방대한 양의 정보에 빠지지 않도록 말이다. 결국 우리 뇌에 저장된 아주 작은 부분만이 중식당에 가는 일과 관련이 있다.

이 필터링은 아주 유용하지만 부정적인 결과를 불러올 수도 있다. 저녁 식사와 관련하여 뇌가 자동으로 긍정적인 기억과 기대를 걸러내고, 사람들 앞에서 바보가 된 기분이 들거나 창피했던 경험 같은 부정적인 기억만 선택하여 프레임으로 만든다고 해보자. 그러면 이 경험에 불안감이나 우울감을 느낄 가능성이 커진다.

프레임과 네트워크를 통해 '프랙털 심리 치료fractal psychotherapy' 개념을 보다 정확히 이해할 수 있다. 프랙털 심리 치료는 TEAM-CBT에서 가장 중요하고 혁명적인 개념 중 하나다. 프랙털 심리 치료의 개념은 속상할 때 '프랙털[+]', 즉 단 한 순간에 집중하여 그 순간에 어떤 생각을 했고 어떤 기분을 느꼈는지 기분 일지에 정확히 기록하는 것이다. 번즈 박사는 우리의 모든 문제가 그 한순간에 요약된다고 말했다. 그러므로 그 순간에 무슨 일이 일어났는지를 이해하면 우리가 마주한 **모든** 문제를 이해할 수 있다. 그리고 그 특정한 순간에 생각하고 느끼는 방식을 바꾸면, 모든 문제에 대처할 해결책까지 이해할 수 있다.

왜 그럴까? 그리고 어떻게 그럴 수 있을까? 프레임 때문이다. 우리

[+] 파편이라는 뜻의 라틴어 프락투스fractus에서 비롯된 단어로, 작은 일부가 전체의 특성과 의미를 내포하는 구조를 말한다. (옮긴이)

가 느끼는 우울감, 불안감, 열등감, 절망감, 분노 등은 프레임의 표현이다. 뇌가 우리의 많은 또는 전체 경험에 부과하는 프레임, 즉 익숙한 관련 네트워크의 표현이다. 그리고 그 한순간에 생각하고 느끼는 방식을 변화시키면, 우리는 새로운 네트워크와 프레임을 만들고 그 프레임을 여러 상황에서 사용할 수 있다.

그러므로 TEAM-CBT가 초점을 맞추는 범위는 매우 좁고 구체적이지만, 우리 삶에 미치는 영향은 광범위할 것이다.

그러나 새로운 네트워크를 만들고 강화하는 데는 심리 치료 숙제와 같은 연습이 필요하므로, 네트워크는 FTWT가 될 것이다. 새로운 프레임은 연습으로 더욱더 강화된다. 테니스 수업을 받을 때 매일 연습이 필요한 것과 꼭 같은 이치다. 일주일에 한 번 코치와 이야기를 나누는 것만으로는 실력을 키울 수 없다!

TEAM-CBT와 뇌 기능 통합하기

이제 TEAM-CBT와 뇌 기능을 통합하는 방법에 관한 수수께끼를 풀 시간이다. 그리고 TEAM-CBT가 왜 그토록 강력한지 알아보자. 이 짧은 지면에서 모든 문제를 해결하려 하지는 않겠지만, 나는 앞으로 나아갈 길을 제시하고 싶다. 모든 과학적 탐구는 지식의 길을 내는 발걸음이다. 우리는 여정을 시작해야만 그 길을 따라 걸을 수 있다. 자, 이제 첫 걸음이다!

T=검사 Testing

이 책에서 배운 것처럼, TEAM-CBT는 모든 치료 활동의 전과 후 검사를 매우 중요하게 여긴다. 반복 검사를 강조하는 것은 보통 아무것도 측정하지 않는 기존의 일반적인 치료법에서 크게 벗어난 방식이다.

약식 기분 검사의 엄청난 가치를 알 수 있는 한 예는 17장에 소개된 릴리아 이야기다. 릴리아는 둘째 아이를 가지려는 계획이 있었지만 불안감과 양가적 감정으로 괴로워했다. 하지만 릴리아를 불안하게 만든 건 둘째 임신 그 자체가 아니었다. 오히려 그 불안감은 남편이 딸 양육을 충분히 거들지 않는다는 인식에서 자랐다. 다른 많은 엄마처럼 릴리아도 모든 게 자기 일이라고 느꼈다. 하지만 성격이 유난히 착했던 탓에 자신의 분노를 인식하기가 거의 불가능했고, 따라서 그 감정은 불안이라는 가면을 쓰고 나타났다.

약식 기분 검사를 하지 않았다면, 릴리아는 불안감의 진짜 원인을 밝혀내지 못했을지도 모른다. 이 조사에서 릴리아의 관계 만족도는 상당히 낮았는데, 결국 낮은 관계 만족도가 현재 상황에 대한 가장 중요한 단서였다. 만약 둘째 아이를 갖거나 갖지 못하는 상황에서 릴리아가 처음 가졌던 두려움을 두고 화두로만 대화를 이끌었다면, 겉으로는 결과가 합리적으로 보일지 모르나 치료가 감정에 끼친 영향은 기껏해야 미미한 정도였을 것이다. 일단 **진짜** 이야기가 열리고 그 길을 탐험할 때만, 치료는 진전할 수 있다.

약식 기분 검사가 없었다면, 릴리아도 번즈 박사도 대화가 길을 잘못 찾았다는 사실을 알지 못했을 것이다. 번즈 박사는 릴리아가 둘째 아이를 갖는 것(또는 갖지 않는 것)과 관련해 가진 왜곡된 생각들에 반박하고, 릴리아가 이 어려운 결정을 하는 데 도움을 주려고 했을지 모른다. 하지만 그렇게 개입했다면 결국 실패했을 것이다. 가장 관련성 높은 뇌 회로가 활성화되지 않았을 터이기 때문이다.

검사를 통해 얻은 정보는 번즈 박사가 옳은 길을 찾아 치료에 임하고, 거의 즉각적인 회복이 가능한 방식으로 개입하는 데 도움을 주었다. 릴리아는 좀 더 확신을 갖게 되었고, 남편과 더 효과적으로 의사소통할 수 있는 새로운 네트워크들이 확립되었다.

하지만 검사는 그 외에도 더 많은 것을 이루어낼 수 있다. 모든 치료의 직전과 직후에 드는 감정의 강도를 정량화하면, 환자와 치료사는 약식 기분 검사를 통해 미세 신경 수술이 효과적이었는지, 뇌의 신경 네트워크를 다시 연결해야 할 부위가 더 있는지 등을 곧바로 알 수 있다.

E=공감 Empathy

치료사는 모든 치료에서 환자와 따뜻하고 공감 어린 관계를 맺으려고 시도한다. 즉 환자를 도와주거나 변화시키거나 구조하려고 노력하지 않고, 있는 그대로의 모습으로 수용하며 귀 기울여 경청한다는 뜻이다. 공감만으로 변화를 일으키기에는 충분치 않으나, 변화가 일어나기 위해서는 공감이 절대적으로 필요하다. 뇌 기능의 관점에서 TEAM-CBT에 접근하면, 왜 공감이 필요하면서도 그것만으로는 충분치 않은지를 이해할 수 있다.

성공한 공감은 우리가 안전한 공간에 있고, 그곳에서는 아무도 우리를 공격하지 않으리라는 느낌을 준다. 이 안전한 공간에서는 치료사와 함께 해결이 필요한 특정한 문제들을 더 쉽고 정확하게 찾을 수 있다. 경계를 풀고, 마음을 열며, 모든 부정적인 생각과 감정을 공유할 수 있다. 부정적인 네트워크들을 수정하고자 한다면 이들을 반드시 활성화시켜야 한다.

하지만 안전하다는 느낌을 받지 못하면, 뇌의 조기 경보 시스템이 활성화된다. 뇌 안의 필터와 프레임이 우리에게 위험할지도 모른다는 메시지를 보낸다는 의미다. 그럴 때 우리 뇌와 주의력은 생존을 위해 중요해 보이는 문제에 집중한다. 그러면 우리는 바짝 경계해야 생존 확률이 높아지는 방어 태세에 돌입하여, 부담을 내려놓고 자신의 이야기를 할 만큼 경계심을 풀기가 어려워진다.

공감은 학습과 변화의 과정에서 극히 중요하지만, 공감만으로는 우울감과 불안감을 유발하는 네트워크를 수정하기에 충분하지 않다. 사실 끝없이 불평하고 분통을 터뜨리는 방식으로만 치료를 이끈다면, 부정적인 감정을 유발하는 회로가 더 활성화되고 강화되어 문제가 악화될 것이다. 그래서 TEAM-CBT의 다음 두 단계 역시 빠른 치료와 변화를 위한 무대를 마련하는 데 꼭 필요하다.

A=저항 평가Assessment of Resistance

자기 경험을 되돌아보면, 생각하는 방식과 느끼는 방식을 바꾸기가 쉽지 않다는 사실을 누구나 알 수 있다. 변화에 대한 저항을 줄이거나 없애지 않고서는 크게 성공하지 못한다. 저항력을 녹여 없애는 일은 심리적, 감정적 변화를 위한 가장 중요한 열쇠다. 이는 우리 뇌에서 네트워크가 기능하는 방식만큼이나 중요하다.

TEAM-CBT는 역설적으로 환자의 부정적인 생각과 감정에 내포된 놀랍도록 긍정적이고 건강한 면을 찾아 환자의 저항을 떨어뜨린다. 번즈 박사는 크리스틴이라는 여성을 치료한 적이 있다. 크리스틴은 가학적이고 자기애가 강한 남편에게 30년 동안 강간과 구타를 당했다. 결국 이혼하고 남편과 헤어지긴 했지만, 크리스틴은 여전히 믿기지 않을 만큼 강렬한 우울감과 불안감, 수치심, 분노에 갇혀 꼼짝도 하지 못했다. 생중계에 참여한 청중 앞에서 번즈 박사의 치료를 받는 동안, 크리스틴은 불안감이 너무 심해져서 그 무대를 뛰쳐나가 숨고 싶은 압도적인 충동과 싸워야 했다고 털어놓았다.

처음에 크리스틴은 기꺼이 마법 버튼을 눌러 모든 증상이 사라지길 바란다고 말했지만, 번즈 박사와 긍정적 재구성을 시도하고 난 후 전혀 예상치 못했던 무언가를 깨달았다. 자신이 지닌 모든 부정적인 생각과 감정이 실은 이로운 것들이었고, 놀랍도록 아름다운 자기 모습과 핵심 가치관을 품고 있었다는 사실 말이다.

크리스틴의 극심한 만성 불안은 한편으로 '남자를 믿을 수 없어'라는 부정적인 생각에서 비롯되었다. 이 생각은 약물 '치료'나 심리 '치료'가 필요한 '정신 장애' 때문에 생긴 게 아니었다. 엄청나게 중요한 자기 방어의 한 형태였다! 어쨌든 30년 동안 지옥 같은 결혼 생활을 했으니 말이다. 크리스틴은 자신의 불안감과 나머지 다른 부정적인 감정에 아름답고 소중한 면이 있다는 걸 '보고' 나서, 훨씬 더 편안하고 평온한 기분을 느끼기 시작했다.

사실 크리스틴은 번즈 박사가 왜곡된 생각에 반박할 기법들을 알려주기도 전부터 이미 기분이 크게 나아지기 시작했다. 크리스틴이 느낀 마음의 평화는 깊은 형태의 공감에서 우러난 것이었다. 공감은 크리스틴의 뇌가 더욱 현실적이고 동정 어린 관점에서 또는 그러한 '프레임'으로 부정적인 생각과 감정을 평가할 수 있게 해준다. 이 '프레임' 덕에 치료의 마지막 단계에서 인지 왜곡에 반박할 수 있는 강력한 토대가 만들어진다. 크리스틴이 더는 부정적인 감정을 제거해야 한다고 생각하지 않았기 때문이다. 크리스틴이 해야 할 일은 그런 감정을 조금씩 낮추는 것뿐이었다!

TEAM의 A, 즉 저항 평가 단계에서 우리는 연민을 갖고 자신의 생각과 감정을 수용하는 법을 배운다. '부정적인' 생각과 감정이 지닌 대단히 긍정적인 측면을 정확히 짚어냄으로써 말이다. 역설적이지만, 이 과정에서 부정적인 감정을 버리는 일에 대한 저항이 줄어든다!

M=방법Methods

치료사가 우리의 검사 점수를 검토하고, 우리의 이야기에 공감하며 귀를 기울이고, 저항을 녹여 없앴다면, 이제는 치료의 M, 즉 방법을 위한 시간이다. 미세 신경 수술 과정에서 가장 극적인 변화가 일어나는 구간이기도 하다.

TEAM 치료를 일종의 '프랙털 심리 치료'로 보는 까닭은 기분 일지에 적은 속상했던 하나의 특정한 순간에 초점을 맞추기 때문이라고 앞에서 설명했다. 프랙털 심리 치료에서는 속상했던 **한 번**의 짧은 순간에 훨씬 더 쉽게 집중할 수 있다. 크고 압도적인 문제를 취하여 단 한 순간으로 재구성하는 것이다.

크리스틴의 예를 생각해보자. 수십 년 동안 크리스틴은 '나는 결함이 있어. 그래서 남편이 나를 때렸어. 남편은 내게 결함이 있다는 것을 알았던 거야'라고 생각했다. 이 부정적인 생각은 실제로 크리스틴의 뇌 안에 자리 잡고 수십만 번도 더 반복해서 활성화됐던 작은 네트워크였다.

하지만 번즈 박사는 M 단계에서 이 부정적인 생각, 즉 해당 네트워크들을 다양한 각도에서 살펴보라고 주문했다. 번즈 박사는 먼저 '나는 결함이 있어'라는 생각에 인지 왜곡이 있는지 물었고, 크리스틴은 여러 가지 왜곡을 찾았다. 이를테면 이 생각은 엄청나게 지나친 일반화였다. 남편에게 학대받은 사건을 자신에게 결함이 있다는 생각으로, 곧 자신의 '자아'에 결함이 있다는 생각과 자신에게 고장 난 또는 '잘못된' 중대한 무언가가 있다는 생각으로 일반화했기 때문이다.

뇌가 기능하는 중요한 원리 한 가지를 명심하자. 어떤 상황에 대한 두 가지 해석 중 하나를 선택해야 할 때, 가령 방금 들린 소리가 호랑이 소리인지 아닌지를 판단해야 할 때, 뇌는 일단 진실을 알 수 있는 어느 정도의 정보를 얻고 나면 올바른 해석을 선택한다. 따라서 기분 일지에 기록한 부정적인 생각에서 왜곡을 식별하는 단순한 행위는 미세 신경 수술의 중요한 단계다! 새로운 프레임과 네트워크를 구축하는 과정이기 때문이다.

고대의 종교적 은유를 빌리자면, 진실이 여러분을 자유롭게 하리라!

일단 크리스틴이 왜곡을 찾아내자, 번즈 박사는 이 가혹한 해석에 모순되는 증거를 살펴보라고 주문했다. 예를 들면, 남편이 폭력을 행사한 이유는 크리스틴에게 '결함'이 있어서가 아니라, 남편에게 가학적이고 통제하려는 성향이 있음에도 그가 처벌을 모면할 수 있다고 생각해서가 아닐까? 게다가 크리스틴이 임상 심리학 박사 학위를 받고 다른 학대 피해자들을 치료한다면, 그녀에게 정말로 '결함'이 있다고 할 수 있을까? 번즈 박사는 크리스틴을 도와 '나는 끔찍하고 결함이 있는 인간이야'라는 생각을 다음과 같이 바꿨다.

'나는 내 아들들을 지키기 위해 결혼 생활을 유지했고, 그건 엄청난 용기였다. 그 과정에서 끔찍한 트라우마를 견뎌야 했고 많은 실수도 저질렀지만, 자랑스러워할 일이 많다.'

뇌는 동일한 신경 네트워크들을 사용하여 많은 목적을 이루어낼 수 있다. 때문에, 한 가지 부정적인 생각을 반박하고 물리치는 법을 배운 크리스틴은 같은 긍정적 네트워크들을 사용하여 나머지 부정적인 생각에도 반박할 수 있었다.

이제 크리스틴은 자신이 끔찍한 시간을 견뎠다는 사실을 깎아내리지 않고도, 삶의 여러 긍정적인 면을 생각할 수 있었다. 어떻게 크리스틴은 갑자기 그토록 빠르게, 극적으로 반응할 수 있었을까? 저항 평가 단계에서 변화에 대한 저항(고착)이 크게 줄었기 때문이다. 그 덕에 강하고 긍정적이며 다정한 목소리가 불쑥 등장했다. 다시 말해서, 새로운 신경 네트워크들이 만들어져 함께 활성화하기 시작했다.

이 새로운 네트워크와 해석 덕에 크리스틴은 부정적인 생각을 쉽게 무너뜨릴 수 있었다. 사실 치료가 끝날 무렵 크리스틴은 부정적인 감정이 말끔히 사라졌을 뿐 아니라, 지금까지도 놀라운 기쁨의 상태를 만끽하고 있다.

기분 일지에 적힌 글은 여러분에게 필요한 바로 그 네트워크들에 정확히 미세 신경 수술을 수행할 수 있도록 돕는다. 우리가 의식할 수 있는 정보는 소수에 불과하다. 기분 일지가 없다면 우리는 부정적인 생각만 맴돌 것이고, 의욕이 꺾여 혼란스러워질 것이다. 게다가 글쓰기는 우리의 주의력을 집중하는 데 매우 좋은 방법이다. 말할 때보다 글을 쓸 때 뇌의 더 많은 부위를 사용하기 때문이다. 직접 기록하는 행위는 FTWT의 원칙에 따라 새로운 네트워크들을 더욱 강화한다.

뇌 회로의 재연결은 감정이 아니라 부정적인 생각에 집중할 때만 일어날 수 있다. 감정과 관련된 표명은 생득적으로 참이기 때문에, 감정을 반박하려고 애써봐야 소용이 없을 것이다. 누군가 분노나 무가치감, 부끄러움, 절망 등을 느낀다고 말한다면, 그건 그 순간 실제로 그 사람이 느끼는 감정이다. 하지만 이런 감정을 유발하는 왜곡된 생각은 꽤 쉽게 반박할 수 있다. 부정적인 생각이 바로 우리가 겨냥하여 수정하려는 신경 네트워크다.

고통을 야기하는 부정적인 생각을 믿지 않는 순간, 감정은 곧장 변하기 시작한다. 수천만 년 전 우리 조상들이 어떤 소리에 깜짝 놀라 겁을 먹고 고개를 돌렸다가 호랑이가 없다는 사실을 확인한 순간 경험했던 바로 그 감정의 변화처럼 말이다. 즉각적인 안도감! 이것이 정확히 크리스틴에게 일어난 일이고, 또한 여러분에게도 일어날 수 있는 일이다!

TEAM-CBT가 가동되면 마치 마법과도 같다. 하지만 여기에 마법이 있다면 생물학의 마법뿐이다. 이는 상처가 아물고, 심장이 뛰고, 햇빛 에너지가 식물을 거쳐 모든 생명체가 의존하는 먹거리로 변하는 등 우리 일상에서 벌어지는 모든 놀라운 일과 마찬가지로 경이로운 마법이다.

TEAM-CBT는 제대로 작동하는 세상의 마법이다. TEAM-CBT를 통해 뇌는 우리가 내린 해석이 정확한지 평가할 수 있다. 부정적인 생각에 대한 우리의 해석이 바뀌고 곧이어 급격히 감정이 변화하는 마법 같은 느낌을 경험할 때, 우리 뇌는 그저 원래 설계된 대로 할 일을 한 것뿐이다. TEAM-CBT는 가장 높은 수준의 효과를 가져다주는 좋은 약이다.

더 알아보기

이 장에서 다룬 특정 신경 과학 관련 주제 가운데 더 알고 싶은 내용이 있다면, 각 분야에 있는 유수의 인물들이 기여한 훌륭한 책과 유튜브(또는 그와 비슷한 사이트)가 있다. 프레임과 관련해서는 조지 레이코프의 《코끼리는 생각하지 마》를 먼저 읽어보면 좋다. 감정의 기초를 탐구한 책은 다양한데, 조지프 르두의 《불안》이 그중 하나다. 뇌 기능의 진화적 측면을 고려한다면 로버트 새폴스키의 《스트레스》를 먼저 읽어보라.

31장

무엇이 우울과 불안을 일으키는가? 최선의 대처는 무엇인가?

5부의 마지막 장에서는 논란이 많은 주제에 대한 생각을 나눠보려고 한다. 주제마다 궁극의 진실을 모두 전달할 수는 없다. 다만 내 연구 훈련과 임상 경험 그리고 연구 문헌에 대한 비판적 읽기를 바탕으로 최선을 다해 생각한 내용을 공유할 수 있을 뿐이다.

그러므로 여러분이 이 주제와 관련해서 다른 결론을 내리고 내가 틀렸다고 판단한다면, 그것도 괜찮다! 내가 항상 옳다고는 할 수는 없다! 여러분에게 참고 자료들을 제공할 것이니, 더 많은 정보를 검토해 보기 바란다.

중점적으로 다룰 주제는 다음과 같다.

1. 우울과 불안은 뇌의 화학적 불균형에서 비롯되는가?

2. 무엇이 우울증을 **유발**하는가? 유전자인가? 어린 시절의 문제인가? 우울증은 빈곤이나 사회적 불평등, 신체 질병 또는 충격적인 사건에서 비롯되는가? 우울증은 거절이나 실패에서 생기는가?

3. 부정적인 생각이 부정적인 감정을 낳는가? 아니면 그 반대인가?

4. 우울증 치료제는 얼마나 효과가 있는가? 연구를 통해 무엇을 알

수 있는가?

5. 마리화나, 케타민, 엑스터시와 같은 파티 약물이나 환각 버섯, LSD 같은 환각제를 사용하는 실험 단계의 우울증 및 불안증 치료제들은 얼마나 효과적인가?

6. 바륨, 아티반, 자낙스, 클로노핀 같은 벤조디아제핀(소위 '약弱 신경 안정제')계 의약품을 우울증과 불안증 치료제로 사용해야 하는가?

7. 우울증과 불안증에서 심리 치료는 얼마나 효과가 있는가? 치료 효과가 가장 좋은 방법은 무엇인가?

8. 심리 치료는 실제로 어떻게 작용하는가? 치료에 성공하거나 실패하는 핵심 요소는 무엇인가?

9. 명상, 요가, 기도, 운동, 이완 훈련, 영양제 등 요즘 유행하는 새로운 치료법은 효과가 어떠한가?

10. 독서 치료(자기 계발서 읽기)는 얼마나 효과적인가?

1. 우울과 불안은 뇌의 화학적 불균형에서 비롯되는가?

50년이 넘는 시간 동안, 정신과 의사들은 우울증과 불안증이 뇌의 화학적 불균형에서 비롯된다는 인식을 심어주었고, 이러한 인식은 오늘날에도 널리 퍼져 있다. 하지만 이 이론이 타당할까?

알다시피 뇌에는 수십억 개의 신경이 존재하여, 세로토닌이나 노르에피네프린, 도파민, 감마 아미노낙산 등과 같은 화학적 메신저(일명 신경 전달 물질)를 이용하여 서로 메시지를 전달한다. 그렇게 신경 세포가 활성화될 때, 세로토닌 같은 화학적 메신저들이 방출된다. 이 신경 전달 물질은 신경 세포가 네트워크 안의 다른 신경 세포와 연결되는 시냅스 간극을 가로질러 옆 신경 세포의 수용체에 결합하는 방식으로 또 다른 활성화를 일으킨다.

초기 정신 의학 연구자들은 이러한 화학적 메신저들이 우울증이나 불안, 심지어 분노 폭발과도 같은 감정 문제에서 어떤 역할을 할 수도 있다고 생각했다. 구체적으로는 우울증이 뇌의 세로토닌 결핍에서 비롯되고, 조증은 세로토닌 과잉에서 발생한다고 여겼다.

이 단순하고 매혹적인 이론은 수십억 달러 규모의 제약 산업을 탄생시켰다. 제약 회사들이 뇌의 세로토닌 분비를 증가시키거나 세로토닌 수용체를 자극하는 약물을 개발하고 판매할 수 있었기 때문이다. 그들은 이 '우울증 치료' 약들이 뇌의 '화학적 불균형'을 보완하여 우울증을 치료할 거라고, 약을 먹으면 행복해질 거라고 믿었다.

많은 사람이 오늘날에도 이 이론을 믿는다. 하지만 그게 사실일까?

정신과 수련의가 끝날 무렵 이 이론을 검증해볼 기회가 생겼다. 펜실베이니아대학교 의과 대학에서 박사 과정 후 연구원 시절 3년 동안 화학적 불균형 이론에 대한 기초 연구를 진행했다. 나는 펜실베이니아대학교와 제휴한 재향 군인 병원의 우울증 연구팀에서 일했다.

일을 시작하기 직전에, 우울증에 걸린 참전 용사들을 대상으로 우리 연구팀에서 실험을 진행했다. 몇 주 동안 참전 용사 절반은 매일 다량의 L-트립토판을 섞은 밀크셰이크를 받았고, 나머지 절반은 받지 않았다. 이 실험은 '이중 맹검법'으로 진행되어, 환자와 의사 모두 어떤 환자가 L-트립토판을 받고 어떤 환자가 받지 않았는지 알지 못했다.

L-트립토판 그리고 이 실험의 목표는 무엇이었을까?

L-트립토판은 우리 몸이 만들어내지 못하는 필수 아미노산이다. 이 물질은 섭취를 통해 얻어야 한다. L-트립토판은 달걀과 가금류, 우유 등 특정 식품에 풍부하게 함유되어 있다. 위로 들어간 L-트립토판은 혈류를 타고 뇌로 퍼져나가, 그곳에서 '행복 화학 물질'인 세로토닌으로 전환된다. 즉 우리 실험에 참여한 참전 용사의 절반은 세로토닌의 양이 엄청나게 증가한 반면, 나머지 절반은 그렇지 않았다는 의미다.

우리가 세운 가설은 단순했다. 만약 뇌에 세로토닌이 결핍되어 우울증이 발생한다면, 매일 다량의 L-트립토판을 받은 환자들은 우울증 치료 약물 복용 효과를 경험해야 한다는 가설이었다.

그래서 어떻게 되었을까?

안타깝게도 L-트립토판의 우울증 치료 효과는 없었다. 두 그룹 사이에 우울증의 차이는 전혀 없었다. 다시 말해서 뇌에 세로토닌이 대량으로 증가해도 우울증이 완화되는 효과는 없었다. 우리는 이 결과를 1975년 유력 정신 의학 저널에 발표하며, 화학 물질의 불균형 이론에는 설득력 있는 증거가 없다고 결론지었다. **오늘날까지도 나는 우울증이나 그 외 정신과적 문제가 뇌의 '화학적 불균형'에서 비롯된다는 일관되거나 설득력 있는 증거를 전혀 알지 못한다.**

콜로라도대학교에서 발표한 한 보도 자료에는 약 44만 명의 인구가 관련된 놀라운 유전자 연구 내용이 담겼다. 연구원들은 지난 25년 동안 우울증 감수성을 높이는 데 관여한다는 주장이 있었던 고도의 계통적 유전자highly studied genes를 분석했다. 연구원들은 앞서 발표된 연구는 모두 부정확했고, 뇌 신경 전달 물질의 합성이나 조절에 관련된 유전자들이 우울증에 미치는 영향은 무작위로 선택한 유전자들보다 더 나을

게 없다고 결론지었다.[+]

이 결론은 우울증에 유전적 원인이 전혀 없다는 의미가 아니라, 뇌에서 특정 신경 전달 물질의 조절과 관련된 유전자들이 우울증 감수성과 명확한 연관 관계를 갖지 **않는다**는 뜻이다. 이 놀랍고도 새로운 발견은 나와 동료들이 1975년에 도달한 결론을 확인시켜준다. 즉 우울증의 화학적 불균형 이론을 뒷받침하는 설득력 있는 또는 일관된 증거는 전혀 없다.

2. 무엇이 우울증을 유발하는가?

화학적 불균형이 우울증을 유발하는 게 아니라면 우울증의 **원인**은 무엇일까? 내 생각에 가장 솔직한 답변은 '모른다'이다.

이론은 다음과 같이 다양하게 존재한다.

- 학대나 방치, 괴롭힘, 협박 같은 어린 시절의 충격적인 경험
- 많은 사람이 "나는 부족하다"라는 결론에 이르게 되는 인기나 완벽함, 성공 등에 대한 사회적 압력
- 빈곤과 사회적 불평등, 편견 같은 환경적 요인 또는 사랑 및 지지하는 관계의 부족
- 부실한 식사나 영양학적 요인

✣ Border, R., Johnson, E. C., Evans, L. M., Smolen, A., Berley, N., Sullivan, P. F., & Keller, M. C. (2019). No support for historical candidate gene or candidate gene-by-interaction hypotheses for major depression across multiple large samples. *American Journal of Psychiatry, 176*(5), 376–387.

- 운동 부족 등 자기 관리 부족이나, 알코올 또는 약물 남용
- 만성 스트레스 등

하지만 내 생각에 이 이론 중 설득력 있는 실험으로 뒷받침된 것은 거의 없거나 전혀 없다. 모든 가설을 분석해보는 것도 좋지만, 어떤 이론이 그럴듯하게 들린다는 이유로 따라가서는 안 된다. 우리에게는 우울증이나 불안증의 심리적, 생화학적, 유전적 원인을 정확하고 설득력 있게 뒷받침하는 탄탄한 연구가 없을 뿐이다.

언젠가 우리는 감정 문제의 원인을 훨씬 더 많이 알게 될 것이다. 지금은 다만 심리 치료가 빠르게 발전하고 있다는 데 감사하고, 우리에게 새롭고 유망한 치료 기법이 많다는 사실이 고맙다. 이 책에서 설명한 도구를 포함하여, 많은 치료 기법 덕에 우리는 사람들이 더 빠르게 회복하도록 도움을 줄 수 있다. 여러분은 잠에서 깨어나 말할 것이다.

"살아있다는 건 멋진 일이야. 오늘은 기대되는 일이 정말 많아!"

3. 부정적인 생각이 부정적인 감정을 낳는가? 아니면 그 반대인가?

부정적인 생각이 부정적인 감정을 유발한다는 과학적인 증거가 있는가? 아니면 그 반대의 증거는? 부정적인 감정이 먼저 오고, 여기서 실제로 부정적인 생각이 나오는 거라면 어떨까?

이 질문은 닭이 먼저냐, 달걀이 먼저냐를 묻는 고전적인 질문과 비슷하다. 그리고 이 질문은 정말 중요하다. 우울감과 불안감 같은 감정은

우리에게 일어나는 일의 결과가 아니라 우리가 일어난 일을 생각하는 방식의 결과이고, 이것이 전반적으로 인지치료의 기본이기 때문이다.

이 책에 부정적인 생각이 감정에 미치는 인과적인 영향에 관한 많은 사례를 실었다. 4장에서는 캐런이 지닌 우울감, 불안감, 수치심이 어린 딸이 입에 총을 맞은 사실 때문이 아니라 이 끔찍한 사건을 생각하는 방식에서 비롯되었다는 점을 이야기했다. 그리고 캐런이 사고방식을 바꾼 순간, 거의 즉각적으로 감동적인 감정 변화가 일어났다.

8장에서는 매릴린의 우울감과 죄의식, 절망이 생각지도 못했던 폐암 4기 진단 때문이 아니라, 그 상황을 바라보는 그녀의 생각에서 비롯되었다는 점을 확인했다. 매릴린은 자신이 신에 대한 믿음을 상실하고 사후 세계의 존재를 의심하기 시작했다는 이유로 자신을 영적인 실패자라고 생각했다.

하지만 이 이론이 사실일까? 우리의 감정은 **정말로** 생각에서 비롯된 것일까, 아니면 그 반대일까?

꼬리가 맞물린 인과 관계 문제는 실험실 환경에서 검증하기가 대단히 어렵다. 예를 들어, 실험 대상자들에게 수치심은 쓸모없는 패배자들의 감정이라고 설득한 뒤 그들이 우울해졌는지 살펴보는 일은 비윤리적이다. 하지만 나는 몇 년 전 스탠퍼드대학교 병원 입원 환자들을 대상으로 진행한 한 연구에서 생각과 감정 중 무엇이 먼저인지에 관한 질문에 답할 기회를 얻었다.

일일 인지치료 그룹에 참여한 환자는 100명도 넘었는데, 나는 그들이 지닌 부정적인 생각과 감정의 강도를 측정했다. 치료의 시작과 끝마다 측정하여, 환자들이 느끼는 기분이 어떻게 변동되는지 살폈다. 어떤 환자는 치료가 끝날 때쯤 상당한 호전을 보여주었고, 어떤 환자는 아무 변화가 없었으며, 또 소수의 환자는 기분이 더 나빠지기도 했다.

나는 비재귀적 구조 방정식 모델non-recursive structural equation modeling로 정보를 분석했다. 이 모델은 서로 상관관계에 있는 두 변수 간의 인과관계를 분리할 수 있는 정교한 통계 방법이다. 고전적인 닭과 달걀 질문에 답하는 방법이기도 하다.

이 연구는 어떤 결과를 보여주었을까?

첫째, 환자의 부정적인 생각이 부정적인 감정에 막대한 인과적 영향을 미쳤다. 이 연구에서 환자들의 생각이 부정적이면 그들의 감정도 부정적으로 변하고, 생각이 긍정적이면 감정도 밝아진다는 사실을 확인했다. 내가 아는 한, 이 연구는 거의 2,000년 전 에픽테토스가 처음 이론으로 제안했던, 사람은 **생각**하는 대로 **느낀다**는 관념을 과학적으로 확인한 최초의 사례다.

하지만 분석 결과를 보면, 그 반대 방향으로도 강력한 효과가 존재한다고 짐작해볼 수 있었다. 즉 부정적인 감정이 더 많은 부정적인 생각을 유발하는 듯 보이기도 했다. 환자들이 부정적인 감정을 경험할 때, '나는 부족해', '나는 가망 없는 환자야' 같은 부정적인 생각을 만들어내는 뇌 회로들을 활성화시키는 것처럼 보인 것이다. 만약 여러분이 우울하거나 불안하거나 화가 난 적이 있다면, 그건 여러분도 이 악순환을 경험했다는 뜻이다. 부정적인 생각은 부정적인 감정을 유발하고, 부정적인 감정이 다시 더 많은 부정적인 생각을 유발한다.

하지만 좋은 소식도 몇 가지 있다. 긍정적인 생각은 긍정적인 감정을 유발하는 듯 보였고, 긍정적인 감정은 다시 더 많은 긍정적인 생각으로 이어졌다. 이 또한 순환이다. 하지만 정말 유용한 순환이다.

이제 터놓고 말해보자. 이 연구는 우울감과 불안감의 원인이 무엇인지 보여주었는가?

그렇지 않다. 이 연구는 뇌가 어떻게 부정적, 긍정적 감정을 만들어내는지 해명해주며, 이는 치료에 중요한 함축적 의미를 지닌다. 하지만 이 연구는 왜 누군가가 더 부정적인 생각과 감정을 갖는 경향이 있는지는 보여주지 않았다.

생리학과 병리학의 차이 때문에 그렇다고 생각할 수도 있다. 예를 들어, 우리는 심장과 폐, 신장, 간 등을 포함하여 인간의 몸이 어떻게 작동하는지에 관한 방대한 양의 지식을 가지고 있다. 이를 생리학이라고 한다. 내 연구는 생각과 감정의 생리학, 즉 뇌가 어떻게 작동하는지에 대해 아주 조금 빛을 밝혔다고 보면 된다.

하지만 병리학은 다르다. 병리학은 폐렴이나 심부전 같은 질병을 유발하는 요인에 관한 학문이다. 그리고 우울감과 불안감에 대한 병리학적 이해는 아직도 지극히 미미하다. 최대한 단순하게 말하자면, 우리는 **왜** 어떤 사람은 부정적인 생각과 감정에 더 취약하고, 어떤 사람은 훨씬 더 긍정적인 세계관을 가지고 태어나는 듯 보이는지를 아직 알지 못한다.

그러나 우울증과 불안증의 원인을 알지 못하더라도, 우리에게는 꽤 강력한 기법들이 있다. 이 치료 도구는 여러분이 생각하고 느끼는 방식을 변화시키는 데 도움을 줄 수 있고, 그리하여 여러분은 더 큰 기쁨을 경험하고 사람들과 더 나은 관계를 맺을 수 있다. 내 생각에, 이는 아주 환상적인 소식이다!

4. 우울증 치료제는 얼마나 효과가 있는가? 연구를 통해 무엇을 알 수 있는가?

우울증 치료제에 관한 연구는 대부분 우울증 치료 약물을 '항우울제'로 판매할 수 있도록 미국식품의약국FDA의 승인을 받으려는 제약사들이 진행해왔다. 안타깝게도 이들 연구를 재조사한 결과, 네 가지 충격적인 사실이 시사되었다.

1. 이런 약물들은 위약 효과를 뛰어넘는 임상적 결과를 거의 또는 전혀 보여주지 못한다.⁺

2. 제약사들이 승인 전 단계의 우울증 치료제 약물을 검사하기 위해 사용하는 연구 전략에는 심각한 결함이 있다.⁺⁺

3. 대중적인 SSRI⁺⁺⁺ 우울증 치료제는 아동과 성인의 자살 충동과 완전한 자살의 가능성을 극적으로 증가시킨다.⁺‡

⁺ Jakobsen, J. C., Gluud, C., & Kirsch, I. (2019). Should antidepressants be used for major depressive disorder? *BMJ Evidence-Based Medicine*. 더 진전된 온라인 연구 결과는 다음을 참고하라. http://dx.doi.org/10.1136/bmjebm-2019-111238.

Kirsch, I., & Sapirstein, G. (1998). Listening to Prozac but hearing placebo: A meta-analysis of antidepressant medication. *Prevention and Treatment,* 1(2), Article 2a.

Kirsch, I., Moore, T. J., Scoboria, A., & Nicholls, S. S. (2002). The emperor's new drugs: An analysis of antidepressant medication data submitted to the U.S. Food and Drug Administration. *Prevention and Treatment,* 5(1), Article 23.

Kirsch, I. (2011). *The emperor's new drugs: Exploding the antidepressant myth.* New York: Random House.

⁺⁺ Antonuccio, D. O., Burns, D., & Danton, W. G. (2002). Antidepressants: A triumph of marketing over science? *Prevention and Treatment,* 5(1), Article 25.

⁺⁺⁺ 선택적 세로토닌 재흡수 차단제. (옮긴이)

⁺‡ Healy, D., & Aldred, G. (2005). Antidepressant drug use and the risk of

4. 많은 사람이 새로운 우울증 치료제의 양을 점점 줄이려다가 심각한 중단 증후군을 겪는다.

불행하게도 우울증 치료제의 효과는 위약보다 그다지 뛰어나 보이지 않는다. 물론 우울증 치료제를 처방받고 나아지거나 회복된 사람도 **있다.** 하지만 부인할 수 없는 증거에 따르면, 이들은 위약으로도 회복될 가능성이 있었던 것으로 보인다.

자신 또는 사랑하는 사람이 우울증 치료 약을 먹고 경험한 효과가 '그저' 플라세보 효과였다는 생각에 많은 사람이 화를 낸다. 그러나 플라세보 효과는 35퍼센트에서 40퍼센트의 우울증 환자에게 개선 효과를 가져다줄 수 있다는 점에서 나쁘지만은 않다. 실제로 개선 효과도 **있다.** 하지만 의학 치료나 심리 치료에서 가장 중요한 기준은 통계적으로도, 임상적으로도 상당한 정도로 위약 효과를 능가해야 한다는 점이다.

그리고 한 가지 문제가 더 있다. 플라세보 효과는 환자가 약물을 먹고 효과가 있을 거라고 믿을 때 효과가 나타나는 현상을 의미한다. 이는 큰 희망으로 이어지는데, 희망은 우울증을 개선하는 요인일 수 있다. 게다가 점점 더 큰 희망을 가지는 환자는 좀 더 보람 있고 즐거우며 만족스러운 일을 하기 시작한다. 이렇게 적극적으로 삶을 영위할수록 개선의 여지도 더 많아진다. 안타까운 일은 이런 환자들이 거의 항상 회복의 공을 그들 스스로가 아닌 약물로 돌린다는 점이다.

우울증 치료제의 플라세보 효과에 대해 학술적이고 유익한 정보를 전달하는 어빙 커시 박사의 온라인 강연은 유튜브("The Emperor's New Drugs: Exploding the Antidepressant Myth황제의 신약: 항우울제 신화 깨뜨리

suicide. *International Review of Psychiatry, 17*(3), 163 – 172.

기")에서 들을 수 있다.

우울증 치료제는 효과가 없다는 문제만 있는 게 아니다. 많은 연구가 새로운 우울증 치료제를 복용하는 어린이와 청소년, 성인의 자살 가능성이 두 배로 증가할 수 있다고 시사한다. 우울증 치료제를 장기간 사용하면 우울증이 악화될 수 있다는 사실을 보여주는 연구 결과도 있다.⁺

게다가 많은 사람이 '항우울제 중단 증후군'으로 우울증 치료제 복용 중단을 힘들어한다. 이 증후군에는 현기증, 충격과 유사한 감각, 메스꺼움, 피부에 뭔가 기어 다니는 느낌, 자살 충동 증가 등 심각한 금단 증상이 나타나기도 한다.⁺⁺ 이 주제에 관심이 있다면 〈뉴욕 타임스〉에서 유익한 기사를 찾아볼 수 있다.

정신과적 문제를 치료할 때 절대 약물을 사용하면 안 된다는 말이 아니다. 약물은 때때로 도움이 되고, 심지어 목숨을 구해주기도 한다. 조현병이나 조증에는 반드시 약물이 필요할 수 있다.

또한 의사가 처방한 약을 당장 끊어야 한다고 주장하는 것도 아니다. 의사의 지도 없이 약물 복용 여부를 변경해서는 안 된다.

내가 하고 싶은 말은, 이제 효과적이고 지속 가능하며 약물이 필요 없는 TEAM-CBT 같은 우울증 및 불안증 치료법이 있다는 사실이다.

⁺ Hengartner, M. P., Angst, J., & Rossler, W. (2018). Antidepressant use prospectively relates to a poorer long-term outcome of depression: Results from a prospective community cohort study over 30 years. *Psychotherapy and Psychosomatics, 87*, 181–183.

⁺⁺ Fava, G. A., Gatti, A., Belaise, C., Guidi, J., & Offidani, E. (2015). Withdrawal symptoms after selective serotonin reuptake inhibitor discontinuation: A systematic review. *Psychotherapy and Psychosomatics, 84*(2), 72–81.

Harvey, B., & Slabbert, F. (2014). New insights on the antidepressant discontinuation syndrome. *Human Psychopharmacology, 29*(6), 503–516.

약물 없는 치료를 선호하는 사람들에게 매우 신나고 반가운 소식이다.

한 가지만 주의하자. 나는 의학적 조언을 주려는 게 아니다. 단지 내가 최근 연구를 이해한 바를 최대한 전달하고자 할 뿐이다. 내가 항상 옳은 것은 아니며, 일부 전문가들은 내 결론에 강하게 반대할 것이다.

의사의 지도 없이 약 복용을 중단하거나 변경해서는 절대 안 된다는 것이 핵심이다.

5. 마리화나, 케타민, 엑스터시와 같은 파티 약물이나 환각 버섯, LSD 같은 환각제를 사용하는 실험 단계의 우울증 및 불안증 치료제들은 얼마나 효과적인가?

기쁘게도 마침내 정신 의학이 전통적인 우울증 치료제와 불안증 치료제를 넘어 움직이기 시작했다. 개인적인 의견이지만, 안타깝게도 전통적인 우울증 치료제는 기대한 효과를 가져다주지 못했다. 내가 스탠퍼드대학교에 의대생으로 재학했던 1960년대 말엽에는 LSD를 합법적으로 자유롭게 이용할 수 있었다. 나도 대여섯 번 시도해봤다. 꽤 환상적인 경험이었는데, 정부에서 악마처럼 묘사하며 불법화해서 아쉬웠다.

항상 LSD가 연구해볼 만한 가치가 있고, 어쩌면 치료에도 쓰임이 있을 거라고 생각했다. 왜냐하면 LSD가 실제로 어떤 일을 **해냈기** 때문이다! 그 일은 아무리 조심해서 말해도 감탄이 나올 정도였다. 나는 이제라도 LSD나 실로시빈(환각 버섯) 등의 환각제가 치료제로서 갖는 가능성이 연구되기 시작했다는 사실이 정말 기쁘다.

동시에 약간 회의적이기도 하다. 나는 LSD로 어떤 식으로든 기분이 고조되는 경험을 해본 적이 없고, 실로 불쾌한 경험을 하게 될 가능성도 배제할 수 없기 때문이다. 불쾌한 경험에는 부정적인 생각이 엄청나게 강해지거나 피해망상이 나타나는 등의 증상이 포함된다. 따라서 이 연구를 매우 환영하긴 하지만 모든 사실이 검증되기 전까지는 너무 들뜨지 않으려고 한다. 그리고 현시점에서 우울증이나 불안증을 치료할 목적으로 이런 약물을 복용하는 것은 절대 권하지 않는다.

파티 약물은 전혀 별개의 문제다. 개인적으로 (흔히 엑스터시라고 하는) MDMA 같은 약물을 복용해본 적은 없지만, 이 약은 확실히 기분을 고양하고 다른 사람을 사랑하는 마음을 증가시키기도 한다. 동료 한 명이 외상 후 스트레스 장애가 있는 참전 용사 치료에 MDMA를 사용하는 연구에 참여해왔지만, 치료제로서의 가능성과 관련 위험성에 대해서는 훨씬 더 많은 연구가 필요하다. 어쨌든 엑스터시는 강렬한 행복감을 주지만 오남용될 가능성도 어마어마한 약물이고, 남용될 때는 생명이 위험할 수도 있다.

MDMA 지원형 심리 치료와 관련한 더 자세한 내용은 주석의 링크[+]에서 확인할 수 있다. 이 주제로 파브리스 나이 박사와 함께 만든 최근 팟캐스트도 참고하기 바란다(팟캐스트 177회).

케타민은 임상적으로 주목받고 언론의 관심도 많이 받은 파티 약물이다. 다시 한번 말하지만, 연구가 더 진행될 때까지는 신중해야 한다. 초기 보고는 한 번의 치료 후 즉각적인 우울증 개선 효과가 나타났다고 시사하지만, 효과가 지속되지는 않았다. 치료 비용도 많이 들 수 있다. 게다가 치료를 지속할 때의 독성 효과는 아직 평가되지 않았다.

+ https://maps.org/research/mdma

내가 크게 관심을 두는 주제는 제약 회사들이 그들 제품의 연구와 마케팅에 관여할 때 이해관계의 충돌이 발생하는 부분이다. 예컨대 얀센 제약은 최근 케타민과 거의 동일한 약품인 에스케타민을 시장에 내놓았다. 새 약이 더 안전하거나 효과적이어서가 아니라 특허를 내고 판매할 때 더 큰 이익을 얻을 수 있어서 이 제품을 밀고 있는 것이다.

최근에 매우 윤리적이며 해박한 동료 브랜든 반스 박사는 내게 에스케타민에 관해 다음과 같이 놀라운 이메일을 보내왔다.

> 에스케타민을 둘러싼 경제적, 문화적 문제들은 흥미롭습니다… 이 약을 만드는 얀센 제약은 분명 케타민의 신속한 우울증 치료 효과에 관한 최근 자료들 때문에 특허받을 만한 무언가를 찾고 있었습니다. 그들은 많은 돈을 써서 불필요한 연구를 진행했지요. 일반 형태의 케타민도 더없이 훌륭하고… 아마도 효과가 같거나 더 좋을 수도 있으니까요.
>
> 의사라면 누구나 지역 조제 약국에 연락해서 일반 케타민을 원료로 비강 스프레이를 만들어달라고 할 수 있습니다. 에스케타민은 치료할 때마다 500~800달러의 비용이 듭니다. 반면 일반 케타민은 비강에 투여한다면 치료 한 번에 4달러면 되지요.
>
> 에스케타민을 다루는 매체들은 모두 우울증 문제에 관심을 가지고 생물학적 치료를 다른 각도에서 접근합니다. 하지만 이 또한 탐욕과 광고, 권력, 건강과 의료 서비스 접근성을 두고 경제적 이득을 장려하는, 즉 부당하고 불필요한 의료 비용 증가를 부추기는 부조리를 명백히 보여주는 사례입니다.

케타민의 유해 가능성에 대해서는 NBC 뉴스와 건강 웹사이트에서 여러 훌륭한 정보를 찾아볼 수 있다.

지금은 열린 자세로 생물학적 치료법에 관한 창의적인 연구를 계속 장려하자고 말하고 싶다. 하지만 나라면 실로 강력하고 전도유망하며 약물 투약이 없는 새로운 치료법들, 예컨대 TEAM-CBT와 계속해서 부상하는 다른 많은 치료법에 돈을 걸겠다.

6. 바륨, 아티반, 자낙스, 클로노핀 같은 벤조디아제핀(소위 '약弱 신경 안정제')계 의약품을 우울증과 불안증 치료제로 사용해야 하는가?

벤조디아제핀은 강력한 불안증 치료제로 처음에는 기적 같은 효과를 발휘한다. 불안증이 있고 밤잠을 잘 이루지 못하는데 이 약을 한 번도 복용해본 적이 없는 사람이라면, 자낙스를 가장 적은 함량(0.25mg)만 복용해도 아기처럼 잠이 들었다가 부작용 하나 없이 상쾌한 기분으로 눈을 뜰 것이다. 그리고 특효약을 찾았다고 확신할 것이다.

맞다!

그런데 뭐가 문제인가? 말만 들어도 날아갈 듯한데!

문제가 있다. 이 약물들은 모두 3주 이상 복용하면 강력한 중독성이 생길 수 있다. 어떤 형태로든 지속적인 불안증으로 고생하고 있다면 보통 하루에 알약 몇 개씩 처방이 된다.

그러다가 약을 중단하려고 하면 극심한 불안감과 불면증 등 금단 증상을 겪는다. 그 증상은 처음 약을 먹었던 이유와 같다. 따라서 우리도, 의사들도 여전히 약이 필요하다는 잘못된 결론에 도달하고, 우리는 그렇게 중독이 된다.

약을 중단할 수 있을까? 그렇다. 하지만 쉽지 않다. 수련의로 일할 때 불면증으로 자낙스를 몇 달이나 복용했다. 그러다가 중독되었다는 사실을 깨달았다. 제약 회사는 자낙스가 전적으로 안전하다고 주장했지만 이는 사실이 아니었다.

제약 회사의 마케팅은 특히 신약이 처음 출시될 때 큰 오해를 불러올 수 있다. 자낙스와 다른 벤조디아제핀 약물 전부 다 문제가 있다. 나는 자낙스 복용을 중단한 뒤 이를 악물고 불안감과 불면증을 몇 주 동안 견뎠다. 그러자 마침내 금단 증상이 사라졌다.

내가 정신과적 문제에 이런 약을 복용하거나 처방하지 않는 이유다. 중독이 회복을 방해하거나 크게 지연시키는 데는 몇 가지 이유가 있다.

- 중독되면 우리가 불안을 통제하거나 억누르거나 피해야 한다고 생각한다. 하지만 이런 생각이야말로 불안의 원인이다. 치유는 우리가 두려움을 직면하고 불안에 투항할 때 찾아온다. 기억하겠지만 이 방법을 노출이라고 한다.
- 벤조디아제핀이 기억에 미치는 영향은 효과적인 치료에 필요한 학습 기반 노출에 방해가 될 수 있다.
- 이런 약들은 중독성이 있을 뿐, 치유 능력은 없다. 약을 중단하려고 하면 불안감이 더 심하게 악화될 수 있다.

지금은 모든 유형의 불안을 약물 없이 치료할 방법이 많으므로 벤조디아제핀이 더는 필요하지도, 유용하지도 않다. 약물 없이 모든 유형의 불안감을 물리치는 방법을 더 알고 싶다면 내 책 《패닉에서 벗어나기》에 담긴 많은 정보를 참고하라.

7. 우울증과 불안증에서 심리 치료는 얼마나 효과가 있는가? 치료 효과가 가장 좋은 방법은 무엇인가?

약물이 답이 아니라면, 우울증과 불안증에 가장 좋은 치료법은 무엇일까?

앨버트 엘리스 박사와 에런 벡 박사가 처음 CBT, 즉 인지행동치료를 개발했을 때 사람들은 몹시 흥분했다. 심리 치료로는 처음으로 우울증 치료 약물만큼이나 좋은 효과를 보여주었기 때문이다. 이전에는 보지 못했던 일이었다. 이들의 연구는 내 책 《필링 굿》과 함께 미국을 비롯한 전 세계가 인지행동치료에 주목하게 했다.

내가 《필링 굿》을 쓸 무렵에는 인지치료사가 세상에 10명 남짓밖에 없었고, 정신과 의사와 심리학자 대부분은 인지행동치료를 돌팔이 취급했다. 이제 인지행동치료는 역사상 가장 광범위하게 연구되고 시행되는 심리 치료의 형태가 되었다. 많은 연구가 진행된 결과 인지행동치료는 단기적으로 우울증 치료제만큼 효과가 좋고, 장기적으로는 조금 더 효과적이라는 사실이 밝혀졌다.

하지만 이 소식이 정말로 우리가 초기에 생각했던 것처럼 그렇게 대단한가?

큰 문제가 하나 있다. 앞에서 언급한 것처럼 최근의 연구들은 우울증 치료제가 플라세보 효과보다 나은 점이 거의 없다는 사실을 보여주었다. 이런 연구 결과는 분명 충격적이며 논란의 여지가 있지만, 내가 직접 연구하고 관련 문헌을 읽어본 결과 타당해 보인다. 따라서 어떤 치료법이 우울증 치료제보다 더 낫다는 주장은 효과를 입증하기에 별로 강력한 증거도, 흥미로운 증거도 아니다. 사실 칭찬으로 들려도 비난으로 여기는 게 맞다.

게다가 사례 연구를 보면 인지행동치료를 포함한 모든 형태의 심리 치료가 우울증 치료에서 플라세보 효과보다 약간 더 낫다는 결과가 나온다. 어떤 심리 치료 방법을 사용하더라도 환자가 회복되는 비율은 50퍼센트 미만이었다.

연구 저널 《란셋*Lancet*》에 발표된 영국의 인지행동치료 시험은 이 치료의 효과에 관해 많은 전문가가 인정하는 가장 설득력 있는 연구다. 어떤 결과가 나왔길래 그런 걸까?

이 연구는 만성 우울증 환자 469명을 두 가지 치료 환경 중 한쪽에 무작위로 배정하여 6개월간 관찰한다.

- 평소와 같이 치료한다. 이 그룹에 속한 환자들은 계속해서 다양한 우울증 치료 약을 받았다.
- 평소와 같이 치료하며 인지행동치료를 추가한다.

두 그룹은 어떻게 되었을까? 누가 전투에서 이겼을까?

평소와 같이 치료했던 그룹(우울증 치료 약만 복용)에서는 6개월 동안 불과 22퍼센트의 환자만이 의미 있는 개선을 보였다. 이 결과는 개인적으로 진료하며 겪었던 일들을 확인해주었다. 내가 처방했던 우울증 치료 약은 보통 환자들에게 거의 또는 전혀 도움이 되지 않았다.

우울증 치료 약과 함께 인지행동치료를 받은 환자들은 어땠을까?

6개월간 평가한 결과 환자의 46퍼센트가 호전되었다. 우울증 치료 약만 복용했던 환자들보다 훨씬 나았다. 인지행동치료가 **도움**이 된다는 사실을 분명히 보여주는 결과였다. 3년간 이어진 후속 연구에서도 결과는 비슷했다.

하지만 조금 더 비판적인 시각으로 본다면, 이 연구에 기립 박수를 보내기는 쉽지 않다. 우울증 치료 약과 인지행동치료를 병행한 그룹에서 환자의 50퍼센트 이상이 큰 호전을 보이지 **않았다**는 사실은 상당히 실망스러웠다.

하지만 낙담하지 말자. 과학에서 부정적인 연구 결과는 우리를 불안하게 할 수는 있지만, 우리가 굴하지 않고 그 결과가 무엇을 의미하는지를 생각한다면 매우 큰 도움이 되기도 한다. 부정적인 결과는 거의 항상 우리가 놓치고 있던 중요한 일들을 떠올리게끔 해준다.

공개된 많은 사례 연구는 우리가 어떤 치료법을 사용하든 우울증을 치료하는 데 그다지 효과적이지 않다는 사실을 보여주었다. 모든 심리 치료 방법의 부족한 이유를 알아낸다면, 문제를 바로잡고 새로우면서도 훨씬 더 효과적인 치료 전략을 세울 수 있다. 정말 흥분되는 일이다.

8. 심리 치료는 실제로 어떻게 작용하는가? 치료에 성공하거나 실패하는 핵심 요소는 무엇인가?

명확한 '승자'가 없는 사례 연구에서 다른 모든 우울증 치료법이 대체로 비슷한 효과를 보인다는 점을 고려하여, 나는 어떤 '종류'의 치료법이 가장 좋은지가 아니라 심리 치료가 실제로 어떻게 작동하는지에 초점을 맞춰 연구를 진행해보기로 결심했다. 만약 치료의 성공과 실패를 가르는 실질적인 요인을 정확히 찾아낼 수 있다면, 특정 심리 치료 유형에 기초한 방법이 아니라 실제로 사람들에게 도움이 되는 더욱 효과적인 접근법을 만들 수 있다는 게 내 생각이었다.

내가 알게 된 것을 정리하자면, 치료 성공의 열쇠는 T(검사), E(공감), A(저항 평가), M(방법)이었다. 익히 아는 이야기이지 않은가? 이 네 가지 차원이 심리 치료에 혁명을 일으킬 이유는 다음과 같다.

T=검사 Testing

첫째, 모든 치료의 시작과 끝에 환자별로 증상의 심각성을 측정하는 일이 가장 중요하다. 임상의들의 생각과 실제 환자들의 감정 상태는 종종 완전히 다르기 때문이다.

스탠퍼드대학교 병동에 입원한 환자 약 160명을 대상으로 한 연구에서, 환자 인터뷰를 진행하는 전문가들은 환자들이 우울감과 자살 충동을 느끼는지, 얼마나 불안하고 화가 나는지를 추정할 때 충격적일 만큼 낮은 정확도를 보였다. 사실상 정확도는 10퍼센트도 채 되지 않았다. 즉, 환자는 적극적으로 자살을 시도할 가능성이 있는데 치료사는 환자에게 자살 충동이 전혀 없다고 믿을 수도 있다는 뜻이다.[+]

임상 진료를 하는 치료사들은 자신이 환자를 정말 잘 안다고 생각하는 경향이 있지만, 대개는 자기 생각이 정확한지 알아낼 아무런 검사도 하지 않는다. 생각해보면 놀라운 일이다. 환자들이 어떤 감정 상태인

[+] 이 부분은 다음의 연구에서 발표한 2차 분석 데이터에 근거한 내용이다. Burns, D., Westra, H., Trockel, M., & Fisher, A. (2012). Motivation and changes in depression. *Cognitive Therapy and Research, 37*(2), 1 – 12.

지 정확히 알지도 못하면서 그렇다는 사실을 인식조차 못 한다면, 제대로 치료할 수 없을 뿐 아니라 성공적인 치료와는 더욱 거리가 멀어진다.

하지만 이 문제는 쉽게 해결할 수 있다. 앞에서 언급했듯이, 나는 환자들이 치료의 시작과 끝에 스스로 감정 상태를 체크할 수 있는 간단하고도 정확한 척도를 만들었다. 이 척도는 우울감과 자살 충동, 불안감, 분노, 행복, 관계 만족도로 구성된다.

나와 동료들은 치료 시작 직전과 치료가 끝난 직후, 모든 환자에게 대기실에서 이 검사를 완료해달라고 요청한다. 예외는 없다. 검사를 완료하기까지 불과 몇 분밖에 걸리지 않는다.

각 점수는 치료사가 환자가 어떤 상태에 있는지, 그 치료가 얼마나 효과적이었는지 또는 효과가 없었는지를 처음으로 정확히 알 수 있게 해준다. 이 정보를 바탕으로 치료사들은 계속해서 치료의 미세한 부분을 고치고 조정할 수 있다.

옆 쪽에 실린 표는 최근 사용 중인 약식 기분 검사 양식인데, 내가 어제 치료한 남성 브래들리가 작성했다. 보다시피 브래들리의 우울감과 불안감, 분노 점수는 치료가 끝난 뒤 각각 77퍼센트, 90퍼센트, 100퍼센트 낮아졌다. 그리고 행복 점수는 무려 140퍼센트나 증가했다. 멋진 일이다!

분명히 이 치료는 놀랄 만큼 유용했다. 하지만 치료가 끝난 뒤에도 아직 자존감이 살짝 떨어지고, 즐거움과 만족감이 약간 낮은 편이기 때문에 여전히 호전될 여지가 있다. 나는 행복감에서 20점에 가까운 점수를 보고 싶다. 점수가 높아진다면 브래들리가 기쁨의 감정을 경험하고 있다는 뜻일 테다. 사람들은 대부분 우울증에서 완전히 벗어나고 싶어 한다. 그저 약간 덜 우울한 데 만족하지 않는다. 이 점수를 보면 우리가 아직 그 단계까지는 가지 못했다는 사실을 알 수 있다. 하지만 우리는 올바른 길을 **가고 있다**. 신나는 일이다!

약식 기분 검사✣

	치료 전					치료 후				
지금 **우울감**을 얼마나 느끼고있습니까?	전혀 아니다	약간 그렇다	보통 이다	자주 그렇다	매우 그렇다	전혀 아니다	약간 그렇다	보통 이다	자주 그렇다	매우 그렇다
	0	1	2	3	4	0	1	2	3	4
1. 슬프거나 우울하다.			√			√				
2. 좌절감 또는 절망감이 든다.		√				√				
3. 자존감이 떨어지고 열등하거나 쓸모 없다고 느낀다.				√			√			
4. 의욕이 없다.			√			√				
5. 삶이 즐겁거나 만족스럽지 않다.		√					√			
	합계				9	합계				2

자살 충동										
1. 때때로 죽는 게 더 낫다는 기분이 드는가?	√					√				
2. 때때로 자살하는 생각이나 상상을 해본 적 있는가?	√					√				
3. 때때로 생을 마감하고 싶은 충동이나 계획이 있는가?	√					√				
	합계				0	합계				0

지금 **불안감**을 얼마나 느끼고 있습니까?										
1. 불안하다.			√			√				
2. 겁이 난다.		√				√				
3. 걱정이 많다.				√			√			
4. 긴장되거나 과민하다.			√			√				
5. 신경이 날카롭다.			√			√				
	합계				10	합계				1

✣ © 데이비드 D. 번즈, 1997. 2019년에 수정. 이어지는 '행복 검사', '관계 만족도'도 이와 동일하다.

지금 **화**를 얼마나 느끼고 있습니까?										
1. 답답하다.			√			√				
2. 언짢다.		√				√				
3. 분하다.				√		√				
4. 화가 난다.			√			√				
5. 짜증이 난다.		√				√				
	합계				9	합계				0

행복 검사

	치료 전					치료 후				
	전혀 아니다	약간 그렇다	보통 이다	자주 그렇다	매우 그렇다	전혀 아니다	약간 그렇다	보통 이다	자주 그렇다	매우 그렇다
	0	1	2	3	4	0	1	2	3	4
1. 즐겁고 행복하다.		√							√	
2. 희망과 긍정이 넘친다.		√							√	
3. 가치 있다는 느낌이 들고 자존감이 높다.	√							√		
4. 의욕적으로 열심히 활동한다.		√							√	
5. 삶에 만족하고 즐겁다.			√					√		
	합계				5	합계				13

관계 만족도

중요한 관계에 있는 사람의 이름을 적으시오.	치료 전							치료 후						
	매우 불만족	다소 불만족	조금 불만족	중간	조금 만족	다소 만족	매우 만족	매우 불만족	다소 불만족	조금 불만족	중간	조금 만족	다소 만족	매우 만족
아내	0	1	2	3	4	5	6	0	1	2	3	4	5	6
1. 소통과 개방성						√								√
2. 갈등 해결						√							√	
3. 애정과 배려의 정도							√							√
4. 가깝고 친밀함							√							√
5. 전반적인 만족							√							√
	합계					28		합계					29	

마지막 치료 후 심리 치료 숙제를 성실히 했는가?

하지 않았다	조금 했다	어느 정도 했다	많이 했다
		√	

약식 기분 검사로 알 수 있는 정보가 없다면, 치료사는 결코 환자를 이처럼 정밀하게 관찰할 수 없을 것이다. 이 점수들은 환자가 어떤 기분이고 치료사는 어디쯤 있는지를 정확하게 보여준다. 약식 기분 검사는 증상 변화를 정밀하게 측정하는 감정의 엑스레이와도 같다.

이 새로운 치료법이 지니는 한 가지 매우 흥미로운 결과는 이제 우리가 치료사들의 유효성을 측정하고 이를 기준점으로 삼을 수 있다는 점이다. 예를 들어, 나는 브래들리의 우울감과 불안감, 분노 점수가 각각 77퍼센트, 90퍼센트, 100퍼센트 감소하고, 행복감은 140퍼센트 나아졌다고 말했다. 나는 이 숫자들을 회복 계수recovery coefficients라고 부른다. 이 숫자는 치료사의 유효성을 보여주는 정확한 측정치가 될 수 있다. 더없이 멋지고 놀라운 일이다.

만약 치료사들이 이 점수를 인터넷에 공개해야 하고, 환자들이 예약을 잡기 전에 각 치료사의 숙련도가 어느 정도인지 정확히 알 수 있다면 멋진 일이 아닌가? 환자는 자신의 문제를 치료할 때 실력이 검증된 치료사를 선택하고, 유효성 입증을 하지 않는 치료사를 피할 수 있다. 내 아들 에릭과 몇몇 동료가 지금 실제로 이 일을 하고 있다.

이제 치료사의 무한 책임 체계가 가능해졌다. 거창한 미래의 전망이 아니라 이미 존재하는 가능성이다. 하지만 치료사들의 용기가 필요하다. 슬프게도 많은 치료사가 이런 평가 도구들을 두려워한다. 책임을 지고자 하지 않기 때문이다. 그리고 일부 치료사, 특히 정신분석학자들은 이 방식이 치료 관계를 방해하거나 완전히 망친다고 생각하기 때문에 이런 도구들에 격렬히 반대한다. 이해가 안 되지만, 빈번히 듣는 주장이다.

내 입장은 정반대다. 매번 치료할 때마다 정확한 평가 도구를 사용하지 않으면 좋은 치료를 지속하기란 **불가능**하다고 생각한다. 사실 10년쯤 지나면 내가 개발한 것과 같은 평가 도구가 더는 선택의 대상이 아니라 모든 치료사가 충족해야 할 요건이 되리라고 예견한다. 팔이 부러졌을 때 의사들이 엑스레이를 찍어야 하듯이 말이다.

E=공감 Empathy

수십 년 동안 치료사들은 공감이 치료에서 중요한 역할을 한다고 믿었다. 많은 연구 끝에, 환자가 평가하는 치료사들의 공감 정도와 우울증 회복 사이에 긍정적인 상관관계가 있다는 사실을 확인할 수 있었다. 그러나 상관관계가 곧 인과 관계라는 점은 증명할 수 없기 때문에, 공감의 유용함을 입증하기가 어려웠다.

하지만 나는 정교한 통계 모델 기법을 사용하여 공감이 우울증 회복에 미치는 인과적 효과를 측정할 수 있었고, 치료사의 공감이 우울증 회복에 약간의 인과적 영향을 끼친다는 사실을 처음으로 보고했다.[✣]

그래서 치료마다 환자들이 작성하는 회차별 치료 평가 양식을 개발했다. 환자들이 치료사의 공감과 도움 정도를 평가하므로, 치료사들은 그들이 행한 치료가 어땠는지 곧바로 알 수 있고, 다음 회차 치료를 시작할 때 공감 실패 문제를 해결하려고 노력할 수 있다.

✣ Burns, D. D., & Nolen-Hoeksema, S. (1992). Therapeutic empathy and recovery from depression in cognitive-behavioral therapy: A structural equation model. *Journal of Consulting and Clinical Psychology, 60*(3), 441–449.

아래 표를 보면 브래들리가 치료를 마친 후 이 양식을 어떻게 작성했는지 확인할 수 있다. 그는 치료적 공감 면에서 내게 최고점을 주었다. 대단히 좋다는 의미다. 하지만 도움 정도는 18점에서 20점 정도만 주었다. 즉 치료 기법들이 그에게 도움이 되긴 했지만, 아직도 자신의 문제를 이야기하고 감정을 표현할 시간이 더 필요하다는 뜻이다. 다음 치료 시간에는 그 부분에 더 집중할 것이다. 또한 그가 몇 가지 질문에는 솔직하게 대답하기를 다소 어려워했다는 점을 알 수 있다. 이 부분도 중요하기에, 다음에 만나면 그에게 이와 관련해서 질문할 수 있다.

회차별 치료 평가✣

❖ 아래의 모든 항목에 가장 최근의 치료에서 어떤 기분이었는지 표시하라.

치료적 공감	전혀 아니다	약간 그렇다	대체로 그렇다	매우 그렇다	완전히 그렇다
	0	1	2	3	4
1. 내 치료사는 온정과 지지를 건네며 나를 걱정했다.					√
2. 내 치료사는 신뢰할 수 있다.					√
3. 내 치료사는 나를 존중하는 태도로 대해주었다.					√
4. 내 치료사는 내 이야기를 잘 들어주었다.					√
5. 내 치료사는 내 마음이 어떤지 이해했다.					√
	합계				20

치료 도움 정도					
1. 치료 중 내 감정을 표현할 수 있었다.				√	
2. 나를 괴롭히는 문제를 이야기했다.				√	
3. 우리가 사용한 기법이 도움이 되었다.					√
4. 치료사가 사용한 접근법은 일리가 있다.					√
5. 문제에 대처하는 몇 가지 새로운 방법을 배웠다.					√
	합계				18

치료 만족도					
1. 치료가 도움이 되었다고 믿는다.					√
2. 전반적으로 오늘 치료에 만족한다.					√
	합계				8

해야 할 일					
1. 다음 시간 전에 심리 치료 숙제를 할 계획이다.					√
2. 오늘 치료에서 배운 것을 사용해볼 생각이다.					√
	합계				8

치료 중 부정적인 감정					
1. 가끔은 치료사가 내 기분을 이해하지 못하는 것 같았다.	√				
2. 가끔 치료 중에 불편한 기분이 들었다.		√			
3. 치료사의 의견에 모두 동의하지는 않는다.	√				
	합계				1

질문과 관련된 어려움					
1. 이 조사에서 일부 질문에는 솔직하게 답변하기 어려웠다.		√			
2. 이 조사에서 가끔은 마음에 있는 그대로 답하지 않았다.	√				
3. 치료사에게 비판적으로 답한다면 나도 너무 속상할 것 같다.	√				
	합계				1

치료 중 가장 마음에 들지 않았던 부분은 무엇입니까? 내가 부끄럽다고 느끼는 문제들을 공개적으로 논하는 건 힘들 때가 많아서 불편함을 느꼈다.

치료 중 가장 좋았던 부분은 무엇입니까? 번즈 박사는 내가 새롭고 더 나은 방식으로 상황을 바라볼 수 있도록 눈을 뜨게 해주었고, 보다 효과적으로 부정적인 생각을 깨뜨리는 방법들을 보여주었다. 정말 최고의 수업이었다!

많은 치료사가 자신들이 환자에게 공감이나 도움을 준 정도를 정확하게 알고 있다고 믿기 때문에 이런 척도를 사용할 필요를 못 느낀다. 치료사들은 치료 관계의 질을 '탐지'할 수 있다고 생각한다. 게다가 환자들이 평가지를 솔직하게 작성하지 않아서 치료사가 듣고 싶어 하는 말은 무엇이든 할 거라고 믿는다.

연구 결과는 이러한 믿음을 뒷받침해주지 않는다. 내가 스탠퍼드 대학교에서 진행한 연구를 보면, 치료사들이 자신의 정확성과 유익함에 대해 정확히 자각하는 정도는 10퍼센트가 채 되지 않는다. 충격적이지만 다른 연구에서 발표된 내용과도 일치하는 결과다.[+] 게다가 진짜 문제는 환자들이 솔직하지 않은 게 아니라, 솔직하다는 데 있다. 그러니 치료사들이 공감과 도움 정도에서 그토록 형편없는 점수를 받는 것이다. 치료사들이 화를 내는 건 이해가 가지만, 공감 능력을 발전시키고 싶은 치료사들에게는 이런 평가지가 엄청난 기회다.

치료사가 상황을 잘 이해하고, 호기심과 존중을 담아 방어적이지 않은 자세로 환자와 이야기한다면, 공감 실패가 꼭 나쁜 일만은 아니다. 실제로 이미 **좋은** 상황일 수 있다. 치료상 훨씬 더 의미 있는 관계로 발전할 수도 있다. 사실 치료 실패로 느껴지는 상황이 치료의 돌파구로 가는 도약판이 되는 경우는 빈번하다.

내게도 지난주에만 그런 일이 두 번 있었다. 환자 두 명이 내게 공감과 도움 정도에서 최악의 점수를 주었다. 그중에는 지난 30년을 통틀어 가장 낮은 점수도 있었다! 속상했지만 두 경우 모두 치료 시간에 분명하게 보이는 것 없이 뭔가 '끊어진' 느낌이었다. 하지만 내가 그런 점수를 받을 만큼 형편없었는지는 미처 몰랐다.

그래서 꾹 참고 겸허한 태도로, 내가 무엇을 놓치고 있는지 말해달라고 환자들에게 부탁했다. 그 순간은 고통스러웠지만, 우리 치료에는

✣ Hatcher, R. L., Barends, A., Hansell, J., & Gutfreund, M. J. (1995). Patients' and therapists' shared and unique views of the therapeutic alliance: An investigation using confirmatory factory analysis in a nested design. *Journal of Consulting and Clinical Psychology, 63*(4), 636–643.

놀라운 돌파구가 되어 즐거운 결과를 안겨주었다. 이 과정의 중요성은 아무리 강조해도 부족하다.

A=저항 평가 Assessment of Resistance

지금까지 치료를 시작할 때와 마칠 때 환자의 증상을 측정하는 일의 가치가 엄청나다는 것과 치료 마지막에 환자가 느끼는 치료 공감도와 도움 정도를 평가하는 일이 중요하다고 이야기했다. 나는 한 연구에서 치료에서의 동기 부여와 저항의 중요성도 매우 크다고 강조했다.⁺ 임상적 실패는 거의 항상 치료사가 환자의 저항을 먼저 줄이거나 없애지 않고 '도움'을 주려는, 의도는 좋으나 잘못된 시도에서 비롯된다.

이러한 결과는 최근 스탠퍼드대학교의 입원 환자 병동에서 내가 수행했던 연구를 비롯하여, 수많은 연구에서 재차 확인되었다.⁺⁺ 치료 외적으로 심리 치료 숙제를 하고자 하는 환자의 동기는 우울증과 불안증 회복에 의미 있는 인과적 영향을 미치는 것으로 보이는 유일한 변수다. 이것이 내가 TEAM-CBT 치료법을 만든 이유 중 하나다.

M=방법 Methods

《필링 굿》에서 설명했던 강력한 인지치료 기법들은 여전히 훌륭하

⁺ Burns, D. D., & Nolen-Hoeksema, S. (1991). Coping styles, homework compliance, and the effectiveness of cognitive-behavioral therapy. *Journal of Consulting and Clinical Psychology, 59*(2), 305 – 311.

Burns, D. D., & Spangler, D. (2000). Does psychotherapy homework lead to changes in depression in cognitive-behavioral therapy? Or does clinical improvement lead to homework compliance? *Journal of Consulting and Clinical Psychology, 68*(1), 46 – 59.

⁺⁺ Burns, D., Westra, H., Trockel, M., & Fisher, A. (2012). Motivation and changes in depression. *Cognitive Therapy and Research, 37*(2), 1 – 12.

다. 나는 지금도 임상 치료와 수업을 할 때 매일 그 기법들을 사용한다. 이 50가지 도구를 이 책 마지막 부분에 열거해두었다. 그중 어떤 도구는 우울증에 특히 강력한 효과를 발휘하고, 또 어떤 도구는 불안 장애나 인간관계 문제, 습관 및 중독에 더 유용하게 사용할 수 있다.

연구와 임상 경험을 쌓다 보면, 단 한 가지 도구나 방법 또는 치료법으로 모든 사람을 효과적으로 치료할 수 없다는 사실이 분명해진다. TEAM-CBT의 치료법들이 최소한 15개 이상의 서로 다른 치료법에 뿌리를 둔 이유는 이 때문이다. 그리고 회복 서클을 사용하면, 치료법을 개별화하여 자신에게 가장 잘 맞을 것 같은 방법을 선택할 수 있다.

정말 멋진 것은 저항을 줄이는 새로운 TEAM-CBT 기법들을 사용하면 이런 기법들이 더 큰 효과를 발휘할 수 있다는 점이다. 사실 기법 몇 가지로 치료가 끝날 수도 있다.

정말 좋은 소식이다. 내가 이 책을 쓴 이유다.

TEAM-CBT가 이 기술 사용에 숙련된 지역 사회 치료사들과 만나면 얼마나 효과를 발휘할지에 관해서는 아직 더 많은 연구가 필요하다. 캘리포니아 마운틴뷰에 있는 필링 굿 연구소(www.feelinggoodinstitute.com)에서 이미 그 첫 번째 사례 연구를 진행 중인데, 어떤 새로운 통찰을 얻게 될지 기대가 크다!

9. 명상, 요가, 기도, 운동, 이완 훈련, 영양제 등 요즘 유행하는 새로운 치료법은 효과가 어떠한가?

이와 같은 불특정한 치료들은 어떤 사람에게는 도움이 되고 어떤 사람에게는 도움이 되지 않기 때문에, 정말로 개인적인 선택의 문제다. 여러분에게 이런 활동이 도움이 된다면 하면 된다. 내 딸은 엄청난 요가광에 운동광인데, 이런 수련이 자신의 심신 건강에 매우 좋다고 말한다. 아주 좋은 일이다.

하지만 나는 치료할 때 불특정한 개입보다 특정한 개입에 집중한다. 최근 〈필링 굿〉 팟캐스트에서 이지키얼이라는 노인과의 치료를 실명했다. 그는 어린 시절부터 줄곧 자신이 '완전히 쓸모없는 인간'이라 느끼곤 했다. 그는 매우 성공한 삶을 살았고, 수십 년 동안 심리 치료도 받았지만 우울증은 조금도 나아지지 않았다.

당시에는 유산소 운동이 기분을 고양해주는 가장 최신 운동이었다. 아마도 유산소 운동을 하는 동안 뇌의 엔도르핀이 증가했기 때문일 것이다. 물론 나는 그 주장에 의구심이 있다. 인간의 뇌에서 분비되는 엔도르핀 수치를 실제로 측정할 방법은 없기 때문이다. 하지만 증거가 부족하다는 사실이 흥미로운 이야기를 믿고 싶어 하는 사람들의 의지를 꺾지는 못하는 것 같다. 나도 유산소 운동이 이지키얼에게 필요한 일인지도 모르겠다는 생각이 들었다.

나는 이지키얼에게 주기적으로 격렬한 운동을 하여 뇌의 엔도르핀 분비를 증진할 필요가 있다고 말했다. 나는 그 불쌍한 노인이 점점 더 거리를 늘려 결국 하루에 약 20킬로미터를 달릴 때까지 운동을 시켰다. 얼마 후 치료 전날, 그가 20킬로미터 조깅을 시작할 때 기분이 어떤지 물었다.

"내가 완전히 쓸모없는 인간이라고 느껴져요."

20킬로미터 달리기를 마치고 나서 다시 같은 질문을 하자 그는 이렇게 대답했다.

"완전히 지치고 쓸모없는 인간처럼 느껴지네요."

뇌 엔도르핀 증가 이야기는 이제 그만!

어느 날 이지키얼에게 **왜** 자신이 쓸모없다고 느끼는지 물었다. 그는 이전에 만났던 정신과 의사들을 포함하여 수십 년 동안 아무에게도 말하지 않았던 비밀을 털어놓았다. 이지키얼은 어린 시절부터 폐소 공포증이 있었고 어둠을 두려워했다. 그리고 두려움을 느낀다는 게 비겁하고 진짜 남자가 아니라는 뜻인 것 같아 심한 부끄러움을 느꼈다.

이제 불특정한 치료, 그러니까 유산소 운동이 왜 아무 도움이 되지 않았는지 알 수 있다. 그는 뉴욕에서 로스앤젤레스까지 달린다 하더라도 자신이 쓸모없다고 여길 것이다. 그는 몇 달씩, 몇 년씩 명상이든 요가든 할 수 있고, 건강 기능 식품 상점에서 온갖 식품 보충제를 먹을 수도 있겠지만, 그런 것들은 도움이 되지 않을 것이다.

이지키얼이 수십 년간 받았던 전통적인 대화식 상담 치료가 효과를 보지 못한 이유도 알 수 있다. 내 경험상, 가장 효과적인 치료법은 언제나 구체적이고, 개별화되고, 그 사람 고유의 부정적인 생각 각각을 겨냥한 것이어야 한다. 명상 자체는 잘못이 없고 운동도 좋을 수 있지만, 이러한 불특정 방식의 접근법은 이지키얼에게 절대 도움이 되지 않는다.

이지키얼이 자신의 진짜 문제를 말했기 때문에, 나는 확실히 해결할 방법을 가지고 있다고 대답했다. 이지키얼은 해결 방법이 무엇인지 몹시 듣고 싶어 했다. 나는 공포증을 치료하는 데 노출이 매우 중요하다며, 어두운 새벽 2시에 알람 시계를 맞춰두라고 했다.

그리고 칠흑같이 어두운 집 지하실로 내려가서, 카펫으로 몸을 둘둘 말고 비좁고 꽉 막힌 공간에 갇혀 있으라고 했다. 치유될 때까지 그곳에 누워 있으라고, 불안과 싸우려 하지 말라고도 했다. 그가 할 일은 불안감이 극대화되었다가, 결국 줄어들어 사라질 때까지 기다리는 것이라고 알려주었다.

그는 내가 미쳤다며 다시 치료받으러 오지 않겠다고 했다!

그리고 몇 주 동안 소식이 없었다. 그러나 마침내 전화를 걸어 다음 치료를 예약했다. 이지키얼은 다른 정신과 의사의 의견을 구했다. 그 의사에게 번즈 박사가 정신 나간 게 아니냐고 물었다고 했다. 다행히 그 의사는 내가 전적으로 옳다며 내 조언을 따르라고 말해주었다. 그 정신과 의사가 누구인지는 모르지만, 도움을 준 일을 언제나 고맙게 생각할 것이다.

이지키얼은 너무 겁이 났지만 내가 권한 대로 하기로 했다. 노출을 시작하고 처음 15분 동안은 지하실을 뛰쳐나오고 싶은 충동이 강하게 일었다. 하지만 그는 약속을 지키기 위해 그곳에서 버텼다. 그는 갑자기 커다랗고 뚱뚱한 귀신이 나타나서 가슴에 앉아 목을 조일까 봐 두려웠다. 15분이 지난 뒤 이지키얼은 무심결에 불쑥 내뱉었다.

"기다리기 지겨워. 내 가슴에 올라탈 거라면 지금 당장 그렇게 하고 끝내라고!"

하지만 귀신은 나타나지 않았다! 그 순간 이지키얼은 두려움이 0으로 떨어졌고, 미친 듯이 웃음이 나왔다. 두려움이 치유되었을 뿐 아니라, 우울증도 동시에 사라졌다.

그래서 나는 불특정한 치료법이 아니라, 특정한 치료 기법을 선호한다. 특정한 치료 기법들은 보통 빠르게 작동하고, 그 영향은 상당히 놀랍다. 아마도 이들 접근법 덕에 뇌의 특정한 네트워크들이 재연결되기 때문일 것이다. 앞장에서 노블 박사가 아주 우아하게 설명해주었듯이 말이다.

10. 독서 치료(자기 계발서 읽기)는 얼마나 효과적인가?

머리말에서 나는 포레스트 스코긴 박사와 그의 동료들이 내 책《필링 굿》의 우울증 치료 효과를 조사하는 많은 연구 논문을 발표했다고 말했다.[+] 이들은 내 책을 읽은 우울증 환자 60퍼센트 이상이 더는 치료를 요하지 않을 정도로 호전되었고, 그 효과가 2~3년이 지난 뒤까지 지속되었다는 사실을 발견했다!

놀라운 소식이지만, 아직 이론적인 문제가 존재한다.《필링 굿》의 효과가 단순히 플라세보 효과일 뿐, 내가 책에서 소개한 정보와 기법의 효과가 아닐 수 있다는 문제 말이다. 다른 말로, 어떤 책이든 같은 효과

+ Ackerson, J., Scogin, F., Lyman, R. D., & Smith, N. (1998). Cognitive bibliotherapy for mild and moderate adolescent depressive symptomatology. *Journal of Consulting and Clinical Psychology, 66*, 685 – 690.

Floyd, M., Rohen, N., Shackelford, J. A., Hubbard, K. L., Parnell, M. B., Scogin, F., & Coates, A. (2006). Two-year follow-up of bibliotherapy and individual cognitive therapy for depressed older adults. *Behavior Modification, 30*(3), 281 – 294.

Floyd, M., Scogin, F., McKendree-Smith, N. L., Floyd, D. L., & Rokke, P. D. (2004). Cognitive therapy for depression: A comparison of individual psychotherapy and bibliotherapy for depressed older adults. *Behavior Modification, 28*, 297 – 318.

Scogin, F., Hamblin, D., & Beutler, L. (1987). Bibliotherapy for depressed older adults: A self-help alternative. *The Gerontologist, 27*, 383 – 387.

Scogin, F., Jamison, C., & Davis, N. (1990). A two-year follow-up of the effects of bibliotherapy for depressed older adults. *Journal of Consulting and Clinical Psychology, 58*, 665 – 667.

Scogin, F., Jamison, C., & Gochneaut, K. (1989). The comparative efficacy of cognitive and behavioral bibliotherapy for mildly and moderately depressed older adults. *Journal of Consulting and Clinical Psychology, 57*, 403 – 407.

Smith, N. M., Floyd, M. R., Jamison, C., & Scogin, F. (1997). Three-year follow-up of bibliotherapy for depression. *Journal of Consulting and Clinical Psychology, 65*(2), 324 – 327.

를 냈을지 모른다는 이야기다.

이 문제를 밝히기 위해 연구자들은 새로운 연구에 들어갔다. 이들은 실험 참가 환자 절반에게는 《필링 굿》을 주고, 나머지 절반에게는 빅터 프랭클의 책 《죽음의 수용소에서》를 주었다. 프랭클의 책은 자기 계발서가 아니기 때문에, 앞선 연구에서 증상의 호전과 관련된 결과가 단순히 플라세보 효과였는지를 밝히는 데 더 용이했다.

새로운 연구 결과는 똑같이 놀라웠다. 이번에도 《필링 굿》을 읽은 환자의 60퍼센트 이상이 호전되었다. 반면 프랭클의 책을 읽은 환자는 그렇지 않았다. 추가적인 연구를 통해 《필링 굿》이 청소년부터 노인에 이르기까지 모든 연령대의 사람들에게 도움이 되었다는 사실도 확인되었다.

서지 요법 '치료'는 부작용이 없고 비용이 매우 저렴하기 때문에, 일부 전문가는 《필링 굿》 서지 치료를 모든 우울증 환자에 대한 첫 번째 치료로 고려해야 하며, 비용이 많이 드는 방식은 회복이 더딘 환자 위주로 이루어져야 한다고 주장하기도 했다.

뒤이은 조사에서는 《필링 굿》이 미국과 캐나다의 건강 전문가들이 꼽은 우울증 환자를 위한 최고 수준의 책이자, 가장 자주 '처방'된 책이라는 사실도 알려졌다. 《필링 굿》은 현재 전 세계로 번역, 출판되었다. 이 모든 일을 가능하게 해준 스코긴 박사에게 정말 무한한 감사를 전한다!

《필링 굿》에 대한 모든 연구를 고려해볼 때, 내가 왜 《필링 그레이트》를 썼을지 궁금할 수 있다. 앞에서 언급했지만, 나는 《필링 굿》을 읽고도 우울증에서 회복되지 못하고, 심리 치료와 우울증 치료 약물 등 오랜 기간 값비싼 치료를 받고도 별 효과가 없는 사람들에게 강한 호기심이 들었다. 그들이 왜 고착되었고, 어떻게 하면 그 고착을 벗어날 수 있을지 궁금했다. 새로운 TEAM-CBT 치료법과 이 책은 이런 궁금증을 바탕으로 탄생했다.

6부

보충 자료

32장

놓칠 수 없는 무료 자료

여러분이 치료 기술을 개선하고 싶은 치료사거나 우울증, 불안증, 관계 갈등 또는 습관 및 중독 문제로 도움을 받고 싶은 사람이라면, 내 임무는 여러분이 삶을 변화시키는 데 필요한 도구들을 제공하는 것이다. 이 책이 하나의 예다. 나는 여러분이 사용할 수 있는 보충 자료도 많이 가지고 있다. 대부분 **무료**다.

모두의 자료

〈필링 굿〉 팟캐스트

첫 진행자 파브리스 나이 박사와 새로운 진행자 론다 바로프스키 박사가 함께하는 주간 〈필링 굿〉 팟캐스트를 확인하기 바란다. 이 책이 출간될 무렵이면, 전 세계에서 다운로드받은 횟수가 200만 회를 넘어설 것이다. 최근 조사 결과를 보면 청취자의 60퍼센트는 자구책을 찾는 일반 시민이고, 40퍼센트는 치료 기술을 공부하고 싶어 하는 치료사들이다. 하지만 치료사들 역시 거의 100퍼센트가 자구책을 구해 자신의 치료 속도도 높이고자 했다는 점을 시사했다.

지금까지 녹음한 팟캐스트에는 생중계로 치료를 시연한 내용도 있지만, 아래와 같이 보다 광범위한 주제가 담겨 있다.

- 의미 있는 삶을 사는 비결은 무엇인가?
- 빠른 트라우마 치료
- 수줍음 깨기
- 생각이 감정을 낳는다!
- 나를 좌절시키는 믿음 바꾸기
- 마음 챙김 근육 풀기와 단련하기
- 미루기 습관 속성 치료
- 행복을 증진하는 다섯 가지 쉬운 방법
- 효과적인 의사소통을 위한 다섯 가지 비밀
- 치료사들이 저지르는 최악의 실수 10가지와 실수하지 않는 법
- 데이비드의 최고 기법 10가지
- 그 외에 더 많은 주제

내 팟캐스트 목록은 〈필링 굿〉 웹사이트에서 확인할 수 있다.

TED 강연

인지치료에 대한 간단한 소개와 그 치료 기법들을 실제 적용한 사례를 듣고 싶다면, 리노에서 촬영한 내 TED 강연을 보길 권한다. 내 아들 에릭이 세상에 나오자마자 호흡 곤란으로 신생아 집중 치료실에 들어갔을 때 극심한 불안증과 싸워야 했던 일화가 담겨 있다.

이 일은 우리가 어떤 사건이 아니라, 그 사건을 생각하는 방식 때문에 불행해진다는 관념에 대한 개인적인 시험이었다. 나의 공포와 절망은 실제 사건 때문에 생긴 것이었을까, 아니면 그 사건에 대한 생각 때문에 생긴 것이었을까?

나와 아들 에릭
출처: 낸시 뮐러

또한 인지치료 초기에, 내가 라트비아 출신의 이민자 노인 카트리나를 어떻게 치료했는지도 알 수 있다. 여러분도 19장에서 카트리나의 이야기를 읽어 알 것이다. 카트리나는 심각한 자살 시도로 우리 병원 중환자 병동에 있다가 막 나온 상황이었고, 평생 의미 있는 일을 이루어본 적이 없다며 자신이 무가치한 사람이라고 확신했다.

여러분도 같은 생각인가?

이 이야기를 듣고 싶다면, 유튜브에서 내 TED 강연을 검색하면 된다.

필링 굿 블로그

내 웹사이트에 가면 '자존감의 비밀The Secrets of Self Esteem', '죽음에 대한 두려움 극복하기Overcoming the Fear of Death', '임상 의료의 어두운 면The Dark Side of Clinical Practice' 등 무료 블로그를 다양하게 찾아볼 수 있다.

이제 웹사이트 전체를 검색으로 이용할 수 있으므로, '재발 방지 훈련Relapse prevention training', '자살 예방Suicide prevention' 등 관심 있는 주제를 입력하면 곧바로 링크로 연결되는 팟캐스트와 블로그 등 여러 무료 자료를 찾을 수 있다.

페이스북 영상

내 페이스북에서 '완벽주의자의 자기 패배 대본The Perfectionist's Script for Self-Defeat'나 'TEAM-CBT와 종교적 신념의 통합Integrating TEAM-CBT with Your Religious Beliefs' 같은 무료 생중계 영상을 볼 수 있다.

책

《필링 굿》과 《필링 굿 핸드북*Feeling Good Handbook*》 같은 책은 미국 안팎에서 600만 부가 판매됐다. 이 책들은 우울감과 불안감으로 고통받는 사람들을 위한 최고 수준의 자기 계발서다.

에이미라는 한 독자는 이렇게 말했다.

> 저는 감사 인사차 짧은 메모를 남기고 싶었어요! 20년 전(제가 아직 15살이었을 때!) 동네 서점에서 박사님의 책 《필링 굿》을 구매했습니다.
>
> '어딜 가든' 《필링 굿》을 가지고 다녔어요. 이 책은 말 그대로 제 인생을 바꿔놓았거든요. 이 책은 지금도 불안감이나 우울증이 재발할 때마다 저를 지지해주고 편안함과 안도감을 되찾아줍니다.
>
> 최근에 박사님의 〈필링 굿〉 팟캐스트를 알게 되었어요. 정말 감격이었어요! 긴 하루를 보낸 뒤 팟캐스트를 들으면서 박사님의 새로운 기법을 배우고, 치료의 뒷이야기도 듣고, 박사님의 유머와 겸손을 즐길 수 있다는 게 정말 좋았어요.
>
> 그렇게 오랜 세월 동안 얼마나 많은 사람에게 '선물'을 주신 것일까요. 고맙습니다. 정말 고맙습니다!!

여러분도 우울증이나 불안증과 싸우고 있다면, 내 책이 도움이 되길 바란다. 기분이 좋아진다는 것은 멋진 일이다! 그리고 여러분 자신의 공으로 기분이 좋아지는 것이다!

정신 건강 전문가들을 위한 자료

무제한 무료 심리 치료 훈련

나는 매주 화요일 저녁 스탠퍼드대학교에서 북부 캘리포니아 심리치료 전문가들을 대상으로 무료 심리 치료 훈련 및 개인 치료를 진행한다. 일요일 하이킹에도 이들과 함께하여 캘리포니아 산길을 숨차게 오르면서 치료 기법들을 연습하고, 개인 상담을 하고, 치료 기술을 다듬을 수 있는 추가 상담을 제공한다.

내 학생 중 한 명인 알리샤 빌은 화요일 심리 치료 수업에서의 경험을 다음과 같이 묘사했다.

> 데이비드 번즈 박사님의 훈련 그룹을 알게 된 것이 얼마나 행운인지 말로 설명할 수조차 없어요. 일단 면허를 취득하고 나서 아직 배워야 할 게 많다는 것을 알고 훈련 기회를 찾기 시작했지만, TEAM 훈련 그룹에 참석하면서 제 삶이 얼마나 나아졌는지 짐작도 못 하실 거예요. 제 직업에서도 삶이 극적으로 개선되었지만, 박사님이 가르친 기술 덕에 제 개인의 삶도 나아졌습니다. 그토록 아낌없이 시간을 내어준 데이비드 박사님께 무한히 감사해요. 박사님께 배우는 것보다 더 좋은 기회는 없을 거예요!

스탠퍼드에서 개최하는 화요일 저녁의 무료 훈련 그룹에 대해서는 〈필링 굿〉 웹사이트의 자료 카테고리에서 더 자세한 내용을 확인할 수 있다.

워크숍

5만 명이 넘는 미국과 캐나다의 심리 치료 전문가가 지난 30년 동안 내 심리 치료 워크숍에 참석했다. 영광스럽게도 많은 사람이 추천의 글을 남겨주었는데, 그중 닉 체르투디의 글을 소개한다.

> 어제 솔트레이크시티에서 열린 "무서워서 꼼짝할 수 없는Scared Stiff" 학회에 참석했습니다. 정말 대단했어요.
>
> 15년 동안 임상의로 일했지만, 당신의 학회보다 더 나은 학회는 한 번도 보질 못했습니다!
>
> 사실 이 워크숍에는 지난 몇 년 동안 세 번 참석했습니다만, 그때마다 한 단계 더 나아가 생각하고 이해할 수 있었습니다!
>
> 박사님이 지닌 놀라운 기술과 지식을 기꺼이 나누려는 그 헌신적인 노력과 열의에 감사드립니다. 당신은 내 영웅이세요!! 박사님과 박사님의 공로에 존경을 표합니다!
>
> 멋진 학회를 열어주신 데 다시 한번 감사드립니다!

다음은 워크숍 평가지에서 나온 따뜻한 언급들로, 참가자들이 자발적으로 적은 것이다.

- 저녁에 있었던 생중계 시연은 정말이지 굉장했어요!!!

- 생중계 시연은 정말 인상적이었습니다! 아름다웠어요!!
- 전체 진행이 환상적이었습니다!!
- 전부 다 만족스러웠습니다! 자신의 결점과 두려움을 감추지 않고 기꺼이 약한 부분을 드러내 보여주신 보인 번즈 박사님께 감사드립니다.

33장

왜곡된 생각을 바로잡는 50가지 방법

환자와 치료사를 위한 기본 도구✣

1. 긍정적 재구성

기분 일지에 적은 부정적인 생각과 감정에 집중하면서, 각각의 생각에 다음 두 가지 질문을 던진다. (1) 이 부정적인 생각 또는 감정의 이점이나 유익은 무엇인가? (2) 이 부정적인 생각 또는 감정에서 나와 내 핵심 가치관의 아름답거나 긍정적이거나 대단한 점을 찾는다면 무엇인가? 질문의 답을 긍정적 재구성 목록에 써넣는다.

2. 마법 다이얼

긍정적 재구성을 끝낸 후, 각각의 부정적인 감정을 어느 정도씩 낮춰 그 감정과 관련된 긍정성을 남겨둘 수 있는 마법 다이얼이 있다고 상상해보자. 기분 일지의 '목표(%)' 칸에 원하는 수치를 기록한다.

3. 직설 기법

각각의 부정적인 생각을 보다 긍정적이고 현실적인 생각으로 대신하려고 노력한다. '이 부정적인 생각은 정말 사실인가? 그 생각을 진심으로 믿는가? 상황을 달리 볼 수 있는 관점이 있는가?' 같은 질문을 자신에게 던진다.

동정심 기반 기법

4. 이중 기준 기법

우울해하는 대신, 친한 친구가 기분이 언짢을 때 해줄 법한 말을 자기 자신에게 해준다. '비슷한 문제가 있는 친구에게 그렇게 가혹하게 말할 것인가? 아니라면, 왜 아닌가? 친구에게 어떤 말을 해줄 것인가?' 등을 자문해본다.

사실 기반 기법

5. 증거 조사

부정적인 생각을 진실이라고 추정하는 대신 이 생각이 사실이라는 증거를 살펴본다. '사실은 무엇인가? 그 사실이 말하는 것은 무엇인가?' 등을 질문한다.

6. 실험 기법

과학자가 이론을 검증하듯이 실험으로 부정적인 생각의 타당성을 검증한다. '이 부정적인 생각이 정말 참인지 알아내기 위해 어떤 검사를 해야 하는가?'라고 물어보자. 예를 들어 공황 발작이 생겨 통제력을 잃기 직전이라는 생각이 든다면, 의도적으로 미치려고 노력하는 방식으로 이 믿음을 검증해볼 수 있다. 바닥을 뒹굴고, 팔다리를 허우적거리고, 횡설수설 말해보는 것이다. 아무리 노력해도 미칠 수 **없다**는 사실을 알면 안심이 된다.

7. 설문 기법

자기 생각이 현실적인지 알아보는 설문 조사를 실시한다. 스스로에게 '다른 사람들은 이 일을 어떻게 생각하고 느낄까? 친구들에게 물어보고 반응을 살펴봐도 좋을까?' 등을 물어본다. 예를 들어 사회적 불안이 드물거나 수치스럽다고 믿는다면, 몇몇 친구에게 그렇게 느낀 적이 있는지 물어보기만 하면 된다.

8. 재귀인

어떤 문제와 관련하여 전적으로 자신을 탓하는 대신 그 문제를 만든 여러 요소를 생각해본다. '무엇이 이 문제를 일으켰는가? 나는 무엇을 기여했고, 다른 사람들은 어떤 기여를 했는가? 이 상황에서 무엇을 알 수 있는가?'

논리 기반 기법

9. 소크라테스식 방법

부정적인 생각의 모순을 보여줄 질문을 스스로에게 던져본다. 예를 들어 '내가 인생의 실패자라고 말할 때, 그건 어떤 때에 어떤 일을 실패했다는 뜻일까, 아니면 언제나 모든 일에 실패한다는 뜻일까?' 같은 질문을 할 수 있다.

만약 '어떤 때에 어떤 일'을 의미한다면, 이는 모든 인간이 마찬가지라는 점을 지적할 수 있다. 만약 '언제나 모든 일'이라면, 모든 일에 실패하는 사람은 없으므로 이 생각에 해당하는 사람은 없다는 점을 지적할 수 있다.

10. 회색 음영으로 생각하기

문제를 흑과 백의 범주에서 생각하지 않고 회색 음영으로 판단할 수 있다. 어떤 일이 바라는 만큼 잘 풀리지 않을 때, 그 경험이 부분적으로 성공을 거두었다거나 배움의 기회였다고 생각할 수 있다. 자신을 완전한 실패자로 평가하지 말고, 구체적인 오류를 찾아낸다.

의미론적 기법

11. 의미론적 방법

덜 자극적이고 감정을 절제한 언어로 대체하라. "그런 실수를 하지 **말았어야 했어**"라고 말하는 대신 "그런 실수를 저지르지 않았다면 **더**

좋았을 텐데"라고 말하는 것이다. 이 방법은 해야 한다는 생각과 낙인찍기 왜곡에 특히 유용하다.

12. 용어 정의

자신을 '열등생', '바보', '패배자' 등으로 낙인찍을 때, 이 낙인이 어떤 의미인지 자문해본다. 바보 또는 패배자의 정의는 무엇인가? 이 용어를 정의하려고 노력하다 보면, 그런 것은 존재하지 않는다는 사실을 알게 된다.

13. 구체적으로 생각하기

현실에 충실하며, 자신을 포괄적으로 평가하지 않는다. 예를 들어 자신이 부족하다거나 가치가 없다고 생각하는 대신, **구체적인** 결점이나 실수, 약점뿐 아니라 **구체적인** 장점에도 주목한다.

14. 잘할 때, 못할 때, 보통일 때

이 기법은 13번 **구체적으로 생각하기**와 10번 **회색 음영으로 생각하기**의 조합이며, 21장에서 설명한 바 있다. 지나친 일반화와 낙인찍기에 효과적이다. '나는 나쁜 아빠야'나 '나는 나쁜 교사야' 같은 부정적인 생각을 한다고 해보자. '좋은 아빠' 또는 '좋은 교사'의 구체적인 기량이나 특징 다섯 가지를 나열한 뒤, 여러분이 가장 잘할 때와 가장 못할 때, 또 보통일 때 각각의 영역에서 몇 점 정도에 해당하는지 0에서 100까지의 척도로 표시한다.

여러분은 0점도 아니고 100점도 아니며, 점수가 그때그때 상당히 다르다는 사실을 알게 될 것이다. 그런 다음 '아들과 재미있는 놀이를 한다'라거나 '학생들이 이해하지 못할 때 인내심을 가지고 도와준다' 등, 개선하고 싶은 특정 영역을 선택하여 그 영역에서 나아질 수 있는 계획을 세운다.

정량적 기법

15. 자기 관찰

부정적인 생각이나 불안감을 유발하는 환상이 반복적으로 나타날 때마다 수를 센다. 지갑이나 주머니에 메모지 등을 가지고 다니면서, 부정적인 생각이 들 때마다 표시를 해두어도 좋다. 골프 선수들이 점수를 기록할 때 사용하는 손목 카운터를 착용해도 괜찮다. 달력 등에 매일 부정적인 생각을 몇 번이나 했는지 합계를 적는다. 이렇게 하면 불쾌한 생각은 흔히 2~3주 만에 줄어들거나 사라진다.

16. 부정 실행/걱정 깨기

의도적으로 자신을 걱정하거나 비판하는 일정을 잡는다. 예를 들어 여러분이 단점 때문에 자책에 빠진다면, 매일 자신을 질책하고 비참한 기분을 느끼는 시간을 5분간 몇 번씩 갖는 것이다. 그 시간에는 원하는 만큼 스스로를 비판하며 마음껏 잘근잘근 씹을 수 있다. 그 외 시간은 긍정적이고 생산적으로 생활하라.

만약 계획한 시간 외에 스스로를 걱정하거나 비판하는 순간이 생기면, 다음번 예정된 시간에 마음껏 걱정하고 비판하면 된다는 사실을 상기한다. 그러면 다시 할 일에 집중할 수 있을 것이다.

유머 기반 기법

17. 역설적 극대화

부정적인 생각을 부인하는 대신, 그런 생각을 믿고 과장한다. 최대한 극단적으로 생각해야 한다. 예를 들어, 열등감을 느낀다면 이렇게 생각해보자. '맞아, 사실이야. 아마 나는 현재 캘리포니아에서 가장 열등한 사람일 거야.' 역설적으로 이렇게 생각하면 때로는 객관성이 회복되고 안도감을 찾아올 때가 있다. 물론 정말 속상한 상황에 이 기법을 쓰면 의도치 않게 상황이 악화되는 역효과가 생길 수 있다. 이 경우에는 다른 기법을 쓰길 권한다.

18. 수치심 깨기 훈련

만약 수줍음 때문에 힘든 사람이라면, 다른 사람들 앞에서 바보처럼 보일까 봐 두려움이 클 것이다. 수치심 깨기 훈련은 이런 종류의 두려움에 잘 들어맞는 강력한 해독제다. 사람들 앞에서 일부러 어리석은 일을 하는 방식으로 이 두려움을 극복할 수 있다. 예를 들어, 버스에서 일어서서 정류장마다 도착을 알리거나 사람이 붐비는 백화점에서 큰 소리로 외치는 것이다.

일부러 어리석은 짓을 해보면, 그런다고 세상이 끝나지도 않고 사람들이 나를 얕보지 않는다는 점도 알게 된다. 그런 깨달음은 해방감을 주기도 한다.

역할극 기법

19. 목소리 외재화

이 기법은 지적인 이해를 직관적인 감정 변화로 바꿔놓는다. 인지행동치료 기법 가운데 가장 강력하지만, 꽤 어렵고 처음에는 약간 화가 날 수도 있다.

여러분과 다른 사람이 여러분의 부정적인 생각과 긍정적인 생각 역할을 교대로 맡는다. 처음에는 상대방이 부정적인 생각 역할을 맡는다. 상대방은 여러분에게 '너'를 주어로 부정적인 생각을 읽어주며 여러분을 공격한다. 여러분은 긍정적인 생각 역할을 맡아 '나'를 주어로 방어한다. 방어하기 힘들어지면 서로 역할을 바꾼다.

예를 들어, 여러분이 '나는 쓸모없는 인간이야'라고 생각한다면, 상대방은 "너는 쓸모없는 인간이야"라고 말할 것이다. 상대방은 무작위로 심술궂은 말을 하는 것이 아니라, 여러분이 기분 일지에 기록한 부정적인 생각으로만 공격해야 한다. '너'를 주어로 하여 여러분이 적은 부정적인 생각을 한 번에 한 가지씩 표현하는 것이다.

자신을 방어할 때는 자기방어 패러다임(부정적인 생각에 반박하며, 그 생각이 왜곡되었고 부정확하다고 지적하는 것)이나 수용 역설을 사용하고, 둘 다 사용해도 된다. 그런 다음 '부정적인 자아와 긍정적인 자아 중 누가 이겼지?'라고 묻는다.

목표는 긍정적인 목소리가 '완승'을 거두는 것이다. 긍정적인 목소리가 '완승'을 거두지 못했다면, 계속해서 역할을 바꾸어 이어간다. 이 기법에서는 '간신히' 이기거나 '크게' 이기는 정도로는 충분치 않다. 우리가 바라는 건 '완승'이다.

20. 무서운 상상

이 기법도 목소리 외재화처럼 두 사람이 함께한다. 여러분과 상대방은 여러분이 지닌 가장 두려운 상황을 연기한다. 이를테면 여러분이 충분히 똑똑하거나 적합하지 않다는 이유로 유난히 적대적이고 비판적인 사람에게 거절당하는 상황처럼 말이다. 최악의 두려움에 직면하면, 흔히 그 두려움에서 해방된다. 최악의 두려움은 알고 보면 대개 살아 있는 괴물이 아니라 머릿속에서 만들어낸 허상으로, 약간의 논리와 연민, 상식만 있으면 물리칠 수 있다.

그 외 역할극 기법

많은 기법이 역할극 형식 안에서 훨씬 더 효과가 커진다. 인지 기법에 속하는 **이중 기준 기법**(4번)과 **수용 역설**(21번), 동기 부여 기법인 **악마의 변호 기법**(30번), 노출 기법인 **토크쇼 진행자**(43번), **추파 던지기 훈련**(45번) 등이 그렇다. 대인 관계 기법인 **효과적인 의사소통 비결 다섯 가지**(49번)와 **1분 훈련**(50번) 역시 역할극에서 사용할 때 효과가 극대화된다.

철학적/정신적 기법

21. 수용 역설

자기비판을 막으려고 하지 말고, 그 안에서 진실을 찾아내 자신의 단점을 평온하게 받아들이는 기법이다. 이렇게 말해보자. "내게 **많은** 부족함이 있는 건 사실이야. 사실 내가 고치지 못할 것은 거의 없어."

시각 연상 기법

22. 시간 투영

미래 투영 우울감이 들 때 미래로 시간 여행을 떠나 자신이 회복되었다는 상상을 해볼 수 있다. 무가치감과 패배감을 느끼는 현재의 자아는 기쁨과 자존감을 느끼는 미래의 자아와 대화를 나눌 수 있다. 감정을 터뜨리면 카타르시스 효과를 느낄 것이다.

과거 투영 과거로 시간 여행을 떠나는 상상을 하며 학대하거나 상처를 주었던 사람과도 대화를 나눌 수 있다. 오랜 시간 자신을 억누르고 갉아먹던 생각과 감정을 표현할 기회를 얻게 될 것이다.

23. 우스운 상상

불안이나 화에 사로잡혔을 때 익살스러운 무언가를 상상하면 도움이 될 수 있다. 이혼 위자료를 제대로 받지 못했다는 사실에 집착하다 우울감에 빠진 여성이 있었다. 이 여성은 근근이 생계를 유지했는데, 호화로운 생활을 하며 젊고 매력적인 새 아내와 요트를 타고 희희낙락하고 있을 전남편을 생각하면 화가 치밀어 올랐다. 여성은 끊임없이 치미는 화와 분개심에 비참한 기분이 들었다. 그런데 속옷 차림으로 이사회에 참석한 전남편의 모습을 상상하면 키득키득 웃음이 나곤 했다. 이런 상상은 그녀를 괴롭히는 분노의 감정에 훌륭한 해독제가 되었다.

물론 모든 기법에서 동기가 대단히 중요하다. 만약 여성이 전남편에게 화를 내고 싶어 했다면, 이 기법은 효과가 없었을 것이다. 화가 날 때는 어느 정도의 긍정적 재구성이 실로 도움이 될 수 있다. 화가 나는 것의 압도적인 유익과 더불어, 그를 통해 알 수 있는 여러분의 긍정적이고 훌륭한 모습을 다양하게 생각해 적어보라.

그런 다음 다이얼을 돌려 화를 어느 정도 낮추고 싶은지, 아니면 계속해서 화를 내는 편이 낫겠는지 생각해보라.

24. 인지 최면

인지 최면 기법을 시도하고 싶다면, 최면 기법을 사용하는 치료사가 있어야 한다. 또 여러분이 최면에 걸려야 하는데, 최면이 성공하는 경우는 전체의 3분의 1정도 밖에 되지 않는다. 최면 치료사는 최면 상태를 유도한 뒤, 여러분이 책장이 양쪽으로 나뉜 특별한 도서관에 서 있다는 등의 암시를 줄 수 있다. 왼쪽 책장에는 절망과 좌절을 주제로 한 매우 부정적인 책이 진열되어 있고, 오른쪽 책장에는 기쁨과 자존감을 다루는 긍정적인 책이 꽂혀 있다.

왼쪽 책장에서 꺼내는 책은 여러분에 관한 책이다. 책에는 여러분이 지닌 온갖 부정적인 생각과 기억, 두려움 등이 묘사되어 있다. 이 책을 읽으면 우울감, 불안감, 절망감, 수치심 등의 감정이 물밀듯이 덮쳐온다. 최면 치료사는 여러분이 이 책을 없애버리도록 안내할 것이다. 불태워도 되고, 갈기갈기 찢어도 된다.

다시 도서관에 돌아가서 오른쪽 책장에서 책을 꺼낸다. 그 책 역시 여러분에 관한 책인데, 이번에는 자존감과 창의력, 낙관주의 등 긍정적인 메시지로 가득 차 있다. 이 책을 읽다 보면 마음에 평온이 넘쳐흐를 것이다.

그 외 시각 연상 기법

인지 홍수(39번)와 **이미지 대체**(40번), **기억 조정**(41번) 역시 시각 연상 기법이지만, 이 기법들은 불안 치료에 대단히 유용하기 때문에 인지 노출 기법으로 분류한다.

발견하기 기법

25. 개인용 하향 화살표

기분 일지에 적은 한 가지 부정적인 생각 밑에, 아래 방향으로 화살표를 그리고 자문한다. '이 생각이 사실이라면 나는 왜 속상한가? 그 생각은 내게 어떤 의미인가?' 그러면 다른 부정적인 생각 하나가 새로 떠오를 것이다. 새로 떠오른 생각을 화살표 밑에 적고, 이와 같은 과정을 여러 번 반복한다. 밑으로 이어지는 부정적인 생각을 살펴보면, 공통된 자기 패배적 신념의 목록과 더불어 여러분을 우울감과 불안감에 취약하게 만드는 태도와 믿음, 예컨대 완벽주의나 성취 중독 또는 들불 오류 등을 찾을 수 있을 것이다.

26. 대인 관계용 하향 화살표

이 기법은 개인용 하향 화살표와 비슷하지만 인간관계 문제에 초점이 맞춰져 있다. 기분 일지에 적은 한 가지 부정적인 생각 밑에 하향 화살표를 그리고 자문한다. '만약 이 생각이 사실이라면 그 사람이 어떤 사람인지에 대해 무엇을 알 수 있는가? 나는 어떤 사람인가? 우리는 어떤 관계를 맺고 있는가?' 새로운 부정적인 생각이 떠오를 것이다. 그 생각을 화살표 밑에 적고, 이 과정을 여러 번 반복한다. 이 기법은 여러분의 인간관계에서 문제를 야기하는 자기 패배적 신념, 예컨대 특권 의식,

진실, 순종 등을 드러내 보여주는 데 도움이 될 것이다. 예를 들어, 여러분은 다른 사람의 욕구가 내 욕구보다 훨씬 더 중요하다고 생각하는 탓에 상대방을 기쁘게 해주기 위해 내 감정은 숨겨야 한다고 믿을 수도 있다.

27. 만약에 기법

이 기법은 하향 화살표 기법과 같은 유형이지만, 불안감을 치료하기 위해 특별히 개발되었다. 불안감 때문에 힘들어하고 있다면, 기분 일지에 적은 한 가지 부정적인 생각 밑에 하향 화살표를 그리고 이렇게 자문해보자. '만약 이 생각이 사실이라면 일어날 수 있는 최악의 일은 무엇인가? 내가 가장 두려워하는 일은 무엇인가?'

새로운 부정적인 생각이나 환상이 떠오를 것이다. 그 생각을 화살표 밑에 적고, 이 과정을 여러 번 반복한다. 이 과정에서 추가로 떠오르는 생각이 여러분을 가장 무서운 환상으로 이끌 것이다. 그런 다음 다시 자문해보자. '이런 일이 일어날 가능성은 얼마나 되는가? 그렇게 된다면 나는 이를 받아들일 수 있는가?' 인지 홍수 기법으로도 우리가 가장 두려워하는 일을 상상할 수 있다. 그럴 때는 최대한 오랫동안 최대한 불안한 상태가 되어야 한다. 시간이 지나면 불안감이 줄어들거나 사라질 것이다.

28. 숨겨진 감정 기법

이 기법은 우리가 직시하고 싶지 않은 개인적인 문제를 회피할 때 불안을 느낄 수 있다는 생각에 바탕을 둔다. 문제를 의식의 영역으로 끌고 와 감정을 표현하면 불안이 사라질 때가 많다. 이렇게 자문해보

자. '나는 속상한 일에 대처하지 않으려고 불안감에 집중하고 있나? 나를 괴롭히는 진짜 문제는 무엇인가? 내 배우자에게 또는 일 때문에 분한 마음이 드는가? 학교에 다니는 것이 불행한가? 내 진짜 기분은 무엇인가?'

동기 부여 기법

29. 직접 비용 편익 분석과 역설적 비용 편익 분석

직접 비용 편익 분석을 할 때는 부정적인 생각('나는 패배자야')이나 자기 패배적 신념('나는 완벽해야 해')의 이로운 점과 해로운 점을 나열한다. 부정적인 감정(화, 죄의식, 열등감, 불안감 등)이나 습관(음주, 약물 남용, 과식, 미루기 등) 또는 인간관계 문제(부부 문제의 책임을 배우자에게 전가하기)에서도 이로운 점과 해로운 점을 분석해볼 수 있다.

그다음 '이 믿음이나 감정, 습관의 장점과 단점은 무엇인가? 이 믿음은 내게 어떤 도움이 되며, 어떻게 해로운가?' 같은 질문을 던진다. 장점과 단점을 모두 적고 나서, 100점 척도로 점수를 매긴 뒤 이익과 손해 중 어느 쪽이 더 큰지 대조한다.

역설적 비용 편익 분석을 할 때는 부정적인 생각이나 믿음, 감정, 습관, 인간관계 문제 등에서 **장점**만 나열한다. 그런 다음 자문한다. '모든 장점을 고려할 때, 나는 왜 바뀌어야 하는가?' 이 과정은 우리를 고착시키는 강력한 힘을 깨닫게 해준다.

30. 악마의 변호 기법

일종의 역할극 기법이다. 먼저, 습관이나 중독에 굴복하고 싶은 유혹이 들 때 드는 생각을 기록한다. 예를 들어 과식 때문에 힘들다면 다음과 같은 생각이 들 수 있다.

① 아, 저 반지르르한 도넛이 정말 맛있어 보여.

② 딱 한 입만 먹어야겠어. 그게 문제 될 리 없어!

③ 저 정도는 먹어도 돼. 오늘 하루 힘들었잖아.

④ 대신 저녁을 조금만 먹으면 돼.

그런 다음, 유혹하는 생각에서 긍정적인 왜곡을 찾아낸다. 10가지 긍정적인 왜곡은 10가지 부정적인 왜곡과 대칭을 이룬다. 695쪽의 '부정적인 왜곡과 긍정적인 왜곡 대조표'에 이를 나열해두었다.

예를 들어, '딱 한 입만 먹어야겠어'라는 생각은 많은 반대 정보를 무시한다. 이 왜곡을 **부정적인 면 무시하기**라고 한다. 중독에 굴복하고 싶은 충동을 유발하는 이 왜곡은 긍정적인 면 무시하기와 정반대이며 우울증을 야기하는 왜곡이다.

다음으로 치료사나 친구, 가족 등 다른 사람에게 음주나 과식, 미루기, 나쁜 상대와 데이트하기 등을 유혹하는 악마 역할을 맡긴다. 여러분이 할 일은 그런 생각에 즉시 대꾸하는 것이다. 말문이 막힐 때는 역할을 바꾼다.

예를 들어, 다이어트에 실패하지 않으려고 고군분투하던 중 좋아하는 빵집 앞을 지나다가 갓 구운 도넛 냄새를 맡았다고 해보자. 친구가 악마 역할을 맡아 이렇게 말할 수 있다.

"이런, 들어가서 저 따끈하고 부드럽고 윤기 흐르는 도넛을 하나 사는 게 어때? 정말 **맛있을** 텐데."

여러분은 이렇게 맞서면 된다.

"도넛은 필요 없어. 도넛에 항복하면 기분이 끔찍할 거야. 나는 다이어트를 계속하기로 마음먹었고, 나한테 딱 맞는 더 예쁜 옷을 입을 날을 기대하고 있어."

악마는 여러분을 무너뜨리려고 다시 말할 것이다.

"먹어도 돼! 오늘 힘든 하루를 보냈잖아."

여러분은 다시 저항하면 된다.

이 방법은 놀랄 만큼 어려울 수 있다. 특히 여러분이 지닌 유혹하는 생각을 악마가 매혹적으로 설득력 있게 표현하면 더욱 그렇다.

여러분이 악마 역할을 할 때는 상대가 유혹에 굴복하도록 최선을 다해 설득해야 한다. 상대가 저항하지 못한다 해도 도와주려고 하지 **말라**. 대신 이렇게 말하라.

"너는 유혹하는 생각을 설득력 있게 깨지 못할 것 같아. 어쩌면 너는 이 문제에서 진심으로 변하고 싶지 않은 건지도 몰라. 어쨌든 인생은 한 번이고, 갓 구운 저 윤기 흐르는 도넛(또는 무엇이든 우리를 유혹하는 것들)은 **얼마나 맛있겠어!**"

31. 자극 통제

알코올 중독이나 과식 등의 나쁜 습관을 고치려 노력 중이라면, 습관과 싸우기보다 유혹을 줄이는 게 낫다. 여러분이 술을 너무 많이 마신다면, 집에 있는 알코올음료를 모두 없애고, 알코올을 파는 장소에 가지 않으면 된다. 자극 통제는 중독을 치료하는 완벽한 처방은 아니지만, 더 종합적인 계획을 세울 때 중요한 기법 중 일부로 포함할 수 있다.

32. 의사 결정 도구

이러지도, 저러지도 못해 고민 중이라면, 의사 결정 도구의 도움을 받아 선택지들을 분류하고 난관에서 벗어나자. 이 도구를 사용하면 '해야 할 것'을 생각하는 대신, 진짜 문제가 무엇이고 그 문제에 대한 내 감정이 어떤지 더 잘 이해할 수 있다.

이 기법을 사용할 때는 선택할 수 있는 선택지를 모두 나열한 다음, 가장 좋은 두 가지를 고른다. 그 두 가지 선택지를 A와 B라고 해보자. A와 B의 장점과 단점을 모두 나열한다. 그런 다음 각 선택지의 장점과 단점을 각각 대조하고 비교하며 총점을 낸다. 이 도구를 진행하며 자동으로 계산까지 해주는 앱을 현재 개발 중이다.

이 앱을 사용하면 A와 B의 총점을 비교할 수 있다. 긍정 점수가 높을수록 더 선택 가치가 있다.

- 한 가지 선택지가 강하게 긍정적이고 다른 옵션이 강하게 부정적이라면, 결정을 쉽게 내릴 수 있다.
- 두 총점이 모두 긍정적이라면, 어떤 결정을 해도 손해를 보지 않는다.
- 두 총점이 모두 부정적이라면, 어떤 결정을 해도 이득이 되지 않는다.
- 두 총점이 모두 0에 가까우면, 당장 선택하지 않는 편이 낫다.

다른 흥미로운 패턴도 다양하게 나타날 수 있다. 의사 결정 도구를 사용할 때, 그 결과에 매달리거나 집착할 필요는 없다. 여러분의 결정을 편하게 받아들일 수 있을 때까지 목록을 여러 번 작성해도 된다.

33. 일일 활동 시간표

우울감이 들 때는 모든 것이 버겁게 느껴진다. 모든 일이 가치 없어 보이기 때문에 삶을 놓아버릴 수도 있다. 그럴 때 일일 활동 계획표를 작성하면 아무것도 하지 않는 상황을 이겨내는 데 도움이 된다. 아침에 일어나서 밤에 잠자리에 들 때까지 매시간 어떤 일을 했는지 기록하는 것이다. 각 활동의 만족도를 0(매우 불만족)에서 5(매우 만족)까지의 척도로 평가한다. 시간표를 검토하면 어떤 활동을 할 때 가장 기분이 좋아지는지 알 수 있다.

34. 즐거움 예측 표

즐거울 것 같은 활동 또는 배움이 있거나 개인적인 성장 가능성이 있는 일련의 활동을 계획한다. 각 활동을 함께할 사람들을 표시한다. 사람들과 함께할 수 있는 활동뿐 아니라 혼자 할 수 있는 활동(조깅 등)도 포함한다. 각 활동이 얼마나 만족스러울지 예측하여 0(최소)에서 100(최대)까지의 점수로 표기한다. 각 활동을 진행한 다음, 실제로 얼마나 만족스러웠는지 같은 방식으로 점수를 매긴다. 그런 다음 실제 만족도가 예측 점수와 어떻게 다른지 비교한다. 우울감이 있는 사람 다수는 실제 활동이 예측보다 더 보람 있다는 사실을 깨닫는다. 이 깨달음은 다시 더욱 적극적인 생활을 시작하라는 동기를 북돋아주기도 한다.

혼자서 하는 활동과 다른 사람과 함께하는 활동에서 얻는 만족감의 차이도 비교해볼 수 있다. 이 과정을 통해 '혼자 있으면 비참한 기분을 느낄 수밖에 없다'는 자기 패배적 신념을 검사해볼 수도 있다.

35. 미루지 않기 표

모든 일을 한 번에 다 해야 한다고 생각하지 말고, 버거운 일을 한 번에 조금씩 처리할 수 있는 작은 단계로 나누어라. 종이 한 장을 다섯 개의 칸으로 나누어 미루기 방지 표를 만든다. 왼쪽 가장자리 칸에는 과제를 완료하는 데 필요한 각 단계를 적는다. 두 번째 칸에는 각 단계의 과제가 얼마나 어려울지, 그리고 얼마나 만족스러울지 0(매우 쉬움/매우 불만족)부터 100(매우 어려움/매우 만족)까지의 척도로 예상하여 표시한다. 각 과제를 완성한 다음 마지막 두 칸에 실제로 얼마나 어려웠고 얼마나 만족스러웠는지 적는다. 많은 사람은 단계별 과제가 생각보다 훨씬 더 쉽고 더욱 보람 있었다고 느낀다.

그 외 미루지 않기 기법

만약 미루기 습관 때문에 힘이 들고 스스로에게 어떤 일을 시작할 수 없을 것 같다는 메시지를 던지고 있다면, 그 메시지의 실제 의미는 '나는 시작하고 싶지 않아'이다. 만약 갑갑한 기분이 든다면 **소크라테스식 방법**(9번)을 이용해보자. 자신에게 일련의 질문을 던져, 여러분이 어떤 과제를 회피하면서 시작할 수 '없을 것 같다'고 주장하는 논리의 부조리를 드러내 보이는 것이다. 먼저, 해야 할 과제를 작은 단계로 나눈다. 가장 먼저 해야 할 일은 무엇인가? 두 번째 일은? 그런 다음 자신에게 물어본다. '내가 첫 번째 단계 또는 두 번째 단계를 할 수 없다고 했던 주장은 무엇을 의미하는가?'

36. 점진적 노출 및 홍수

점진적 노출을 사용할 때는 두려워하는 대상에 자신을 단계적으로 노출시킨다. 엘리베이터 공포증이 있다면, 엘리베이터에 올라타서 한 층만 올라가서 내리면 된다. 이 과정이 편안해지면 올라가는 층을 두 개 층으로 늘리고, 그런 식으로 점차 엘리베이터에 머무는 시간을 늘리는 것이다. 점진적 노출은 높은 장소나 바늘, 강아지 등 어떤 공포증에도 사용할 수 있다. 수줍음이나 강박증 같은 불안 장애에도 효과가 있다.

공포 서열 표를 만드는 방법도 있다. 불안을 유발하는 대상을 가장 덜 무서운 것(1)부터 가장 무서운 것(10)까지 순서를 매겨 나열하는 것이다. 매일 서열 표에 적은 각 항목에 어떤 식으로 얼마만큼 노출했는지 기록하고, 노출하는 동안 불안감을 얼마나 느꼈는지 0(전혀 불안하지 않음)에서 100(더할 수 없이 불안함)까지의 척도로 점수를 매긴다.

홍수 기법을 사용할 때는 두려워하는 대상에 자신을 한 번에 노출시킨다. 엘리베이터 공포증이 있다면, 엘리베이터에 탄 후 아무리 무서워도 내리지 않고 두려움이 사라질 때까지 오르락내리락을 반복하는 것이다. 홍수에 의한 노출은 점진적 노출보다 더 겁이 나긴 하지만, 더 빠르게 효과를 발휘한다. 사실 나는 엘리베이터 공포증이 있는 사람을 여럿 치료했는데, 모두 단 몇 분 만에 치료되었다.

두 가지 방법 모두 거의 모든 유형의 불안감을 치료하는 데 성공적이므로, 여러분은 더 마음이 끌리는 방법을 사용하면 된다.

37. 반응 저지

반응 저지는 모든 유형의 불안감 치료에서 중요하다. 흔히 노출과 결합하여 사용한다. 우편함에 편지를 넣은 뒤 우편함을 확인하고 또 확인하고픈 강한 충동을 느낀다고 해보자. 반응 저지 기법을 사용하여 우편함에 편지를 넣고는 평소처럼 확인하지 않고 그대로 가 본다고 해보자. 불안감이 일시적으로 심해지며 우편함을 확인해야만 할 것 같은 기분이 들 것이다. 하지만 이 충동에 굴하지 않으면 불안감은 마침내 사라진다.

38. 주의 분산

불안감을 느낄 때, 다른 일에 열심히 집중하여 불편한 생각에서 주의를 돌린다. 가장 확실한 효과를 거두려면, 주의 분산을 점진적 노출이나 홍수 기법과 함께 사용하는 것이 좋다. 예를 들어 비행기를 타기가 두렵다면, 비행기 안에서 낱말 맞추기 퍼즐을 풀거나 옆 사람과 대화를 나누는 방법이 있다.

인지 노출 기법

39. 인지 홍수

인지 홍수는 자신을 실제로 두려워하는 대상에 노출시킬 수 없을 때 유용하다. 비행 공포증이 있다고 해서 두려움을 극복하기 위해 실제로 비행기가 추락하는 환경에 자신을 노출시킬 수는 없다. 하지만 인지 홍수를 사용해서 상상으로 이 두려움과 대면할 수는 있다.

모든 승객이 공포에 질려 비명을 지르며, 불덩이에 휩싸인 채 추락하는 비행기에 갇힌 상황처럼 각자가 가장 두려워하는 대상을 상상한다. 가능한 오랫동안 불안감을 참는다. 공황을 이기려고 하지 말라! 대신 더욱더 심한 불안을 느끼려고 애쓴다. 결국 불안감은 스스로 소진되어 사라질 것이다. 우리 몸은 불안감을 무한히 만들어낼 수 없기 때문이다.

40. 이미지 대체

무서운 이미지를 긍정적이거나 평화로운 이미지로 대체한다. 비행기를 타고 있다면, 화염에 휩싸여 추락하는 상상 대신 안전하게 착륙하거나 해변에서 느긋하게 휴식을 취하는 상상을 할 수 있다.

41. 기억 조정

성적 학대나 신체적 학대의 피해자라면, 충격적인 당시 사건이 생생하게 되살아나는 플래시백을 경험할지 모른다. 이런 머릿속 사진들은 끊임없이 똑같은 방식으로 재생되는 무시무시한 마음의 공포 영화에 비유할 수 있다. 이 영화의 무서운 장면들은 부정적인 생각을 변화시킬 때와 같은 방식으로 편집할 수 있다.

예를 들어 베트남 전쟁에서 함께 싸웠던 가장 친한 친구가 수류탄 때문에 죽었다면, 친구의 몸이 산산조각 나는 끔찍한 기억이 뇌리를 떠나지 않을 것이다. 그 친구를 마음속에서 되살려, 친구가 죽기 전에 전하지 못했던 말을 모두 해줄 수 있다. 그런 다음 제대로 장례를 치르며 작별 인사를 하면 된다.

심상을 변화시키면 통달한 듯한 감각이 생기고, 피해자이기 때문에 겪는 무력감도 극복할 수 있다. 더불어 의도적인 노출을 통해 둔감해질 수 있고, 충격적인 기억도 더는 위협적인 힘을 발휘하지 못한다.

그 외 인지 노출 기법

부정 실행/걱정 깨기(16번)과 **무서운 상상**(20번), **수용 역설**(21번)은 모두 인지 노출에 속한다.

대인 관계 노출 기법

42. 웃으며 인사하기 연습

수줍음을 탄다면, 매일 10명에서 20명 정도의 사람에게 억지로 웃으며 인사를 건넨다. 표에 몇 명이나 되는 사람이 긍정적, 중립적, 부정적 반응을 보였는지 기록한다. 대개는 사람들이 생각보다 훨씬 더 친절하다는 사실을 알게 될 것이다. 이 사실을 깨달으면 거절당하거나 바보처럼 보이는 것에 대한 두려움을 극복하는 데 도움이 된다.

43. 토크쇼 진행자

효과적인 의사소통 비결 다섯 가지(49번), 특히 무장 해제 기법, 질문, 달래기를 이용하여 누구와도 일상적인 대화를 나눌 수 있다. 데이비드 레터맨과 제이 레노 같은 성공적인 토크쇼 진행자가 쓰는 것과 같은 기술이다. 이들이 매력적이고 여유로워 보이며 설득력 있게 느껴지는 까닭은, 늘 다른 사람들에게 집중하기 때문이다.

내 얘기를 해서 남들에게 깊은 인상을 주려고 하지 말고, 친절한 태도로 상대에게 집중하면 된다. 사람들의 말에서 진실을 찾아내라. 사람들 대부분이 조금은 지루해하고 외로움을 느끼며, 관심받기를 좋아한다는 사실을 알게 될 것이다.

44. 자기 개방

사람들 앞에서 수줍음이나 긴장감을 느끼면 부끄러워하며 숨기지 말고 대놓고 드러낸다. 이 기법은 자존감이 있어야 효과를 볼 수 있다. 잘 해낼 수 있다면, 이 기법을 통해 다른 사람처럼 행동하며 연기하는 대신 사람들과 진정한 관계를 형성할 수 있다. 자기 개방 기법은 직관적으로 이해하기는 쉽지 않다. 하지만 이 기법은 수줍음을 부끄러워하지 않는 모습이 더 인간적이고 매력적이므로, 이 모습이 실질적인 자산이라는 관념에 바탕을 둔다.

45. 추파 던지기 훈련

사람들과 너무 형식적이고 무거운 태도로 교류하기보다, 장난스럽고 편안한 마음으로 시시덕거리는 법을 배운다. 역설적이지만 긴장을 풀고 타인을 너무 진지하게 받아들이지 않는 법을 배울 때, 사람들은 여러분에게 매력을 느끼고 심지어 쫓아다니기 시작할 수도 있다.

46. 거절당하기 연습

수줍음을 타며 거절을 두려워한다면, 사랑하는 상대를 찾으려고 애쓰지 말고 가능한 많이 거절당하려고 노력하는 편이 낫다. 엄청난 용기가 필요하겠지만, 거절당해도 세상이 끝나지는 않는다는 사실을 알 수 있다. 역설적이게도 거절당하기에 대한 두려움이 사라지면, 거절당하는 일도 사라진다.

그 외 대인 관계 노출 기법

수치심 깨기 훈련(18번)은 유머 기반 기법으로 분류되지만 대인 관계 노출 기법이기도 하다. **거절당하는 무서운 상상**을 사용해도 된다. 이 기법은 **무서운 상상** 기법(20번)을 변형한 것이다. 여러분이 몹시 수줍음을 타고 거절을 두려워한다고 해보자. 그럴 때면, 이상한 나라의 앨리스의 악몽 세계로 들어가 최악의 두려움을 현실로 마주한다. 친구나 치료사가 여러분에게 가장 거절을 잘하는 적대적인 상대 역할을 맡는다. 다만 현실의 인물보다 훨씬 더 못되게 행동하며 여러분의 가슴을 후벼 파야 한다. 수용 역설 기법을 사용하여 대응한다면, 적대적인 상대가 어떤 말이나 행동을 하든 동요하지 않고 쉽게 대처할 수 있다. 대처가 어려우면 역할을 바꾼다.

대인 관계 기법

47. 비난/관계 비용 편익 분석

인간관계에서 문제가 발생할 때 다른 사람을 비난하는 행위의 장점과 단점을 나열한다. 나열해보면 장점이 많다는 사실을 알 수 있다.

- 도덕적 우월감을 느낄 수 있다.
- 해당 문제에서 자신의 역할을 살펴볼 필요가 없다.
- 진실이 자신의 편이라 생각한다.
- 죄의식 없이 상대에게 앙갚음할 수 있다.
- 힘이 있다는 느낌을 받는다.

• 친구들에게 상대가 패배자라고 말할 수 있고, 친구들은 아마 그 말에 동의할 것이다.

단점도 있을 수 있다. 문제를 해결할 수 없을 것이고, 여러분을 화나게 한 그 상대와 가까워질 수 없을 것이다. 갈등은 계속될 것이고, 답답함과 분노에 사로잡히는 기분이 들 것이다. 친구들은 여러분의 끊임없는 불평에 질릴 것이다. 그리고 개인적, 정신적 성장을 경험할 여지도 없다.

장점과 단점을 모두 나열했다면, 100점 척도로 점수를 매겨 비교한다. 그런 사고방식의 유익이 더 큰지, 아니면 손해가 더 큰지 생각한다. 계속해서 상대를 비난하기로 결정하면, 관계는 극도로 나빠질 것이다. 기꺼이 비난을 멈추고 자신의 책임을 돌아보는 일은 더욱 만족스러운 인간관계를 발전시키는 열쇠다.

48. 인간관계 일지

인간관계 일지는 가족과 친구, 동료들과의 관계를 개선할 수 있는 다음의 다섯 단계로 구성된다.

1단계: 상대방이 내게 한 말을 적는다.

2단계: 다음으로 내가 한 말을 **정확하게** 적는다.

3단계: 2단계에서 적은 내용을 분석한다. 내가 한 말은 좋은 의사소통의 예인가, 나쁜 의사소통의 예인가?

4단계: 2단계에서 적은 말의 결과를 생각한다. 상대는 어떤 생각을 하고 어떤 기분을 느꼈을까? 그 말에 대해 상대는 뭐라고 말할까? 내 반응은 상황을 호전시킬 것인가, 악화시킬 것인가?

5단계: 효과적인 의사소통 비결 다섯 가지를 사용하여 더 효과적인 반응을 만들어낸다.

49. 효과적인 의사소통 비결 다섯 가지

효과적인 의사소통 비결 다섯 가지는 사실상 인간관계에서 어떤 문제든 빠르게 해결하는 데 도움이 된다. 이 기법은 상당한 연습이 필요하고, 진심으로 행하지 않으면 역효과를 내기도 한다.

① **무장 해제 기법** 상대방이 하는 말이 완전히 불합리하거나 불공정해 보이더라도, 그 안에서 일말의 진실을 찾는다.

② **공감** 상대방의 눈으로 세상을 이해하려고 노력한다. 상대의 말을 다른 말로 바꾸어 표현하고(**생각의 공감**), 그의 말을 바탕으로 그 사람이 느꼈을 감정을 인정한다(**감정의 공감**).

③ **질문** 상대방이 어떤 생각을 하고 어떤 기분을 느끼는지 더 자세히 알 수 있는, 조심스럽고 탐색적인 질문을 던진다.

④ **'나는'으로 문장 시작하기** 자기 생각과 감정을 직접적으로, 세련되게 표현한다. '너'로 시작하는 문장("네가 화나게 하잖아!")보다는 '나'가 주어인 문장("나는 기분이 좋지 않아")을 사용한다.

⑤ **달래기** 상대 때문에 답답하거나 화가 나더라도 존중하는 태도를 전달한다. 한창 싸우는 중이라도 진심으로 긍정적인 표현을 찾는다.

50. 1분 훈련

상대방과 짝을 이루어 번갈아가며 말하는 사람과 듣는 사람의 역할을 한다. 말하는 사람은 인간관계 문제에 관한 자기감정을 30초 동안 표현한다. 듣는 사람은 말하는 사람의 표현을 가능한 정확하게 반영하여 다시 말한다. 말하는 사람은 듣는 사람의 정확성을 0에서 100까지의 백분율로 평가한다. 듣는 사람이 95퍼센트 이상의 점수를 받으면 역할을 바꾼다.

이 기법을 사용하면 거의 완벽한 의사소통을 할 수 있다. 비난과 자기방어, 적대감의 패턴을 빠르게 깨고, 더 큰 약점과 친밀감을 나누는 단계로 대화를 이끌어간다.

그 외 대인 관계 기법

대인 관계 의사 결정 누군가와 불화를 겪을 때 세 가지 선택을 할 수 있다. 현 상황에 만족하거나, 더 나은 관계를 만들기 위해 노력하거나, 어울리기 힘든 상대방을 떠나거나. 대개 사람들은 자신이 무엇을 원하는지 잘 알지만, 때로는 헛갈리기도 한다. '약혼해야 할까? 아니면 관계를 깨고 더 설레는 다른 사람을 찾아야 할까?', '이혼해야 할까? 아니면 결혼 생활을 더 잘하기 위해 노력해야 할까?' 같은 고민도 할 수 있다.

의사 결정 도구(32번)는 마음을 정하기 어려울 때 선택지를 정리하는 데 도움이 된다. 패턴은 매우 폭넓게 나타날 수 있는데, 각 패턴은 고유의 해결책으로 이어진다.

부정적인 왜곡과 긍정적인 왜곡 대조표

이 대조표는 가장 일반적인 인지 왜곡 10가지를 정의한다. 모든 긍정적인 왜곡은 우울감과 불안을 유발하는 부정적 왜곡과 정확히 대척점을 이룬다. 부정적인 왜곡과 반대로, 긍정적인 왜곡은 조증, 나르시시즘, 인간관계 갈등, 폭력 등을 유발한다.

긍정적인 왜곡은 보상이 뒤따르고 기분을 좋게 만들기 때문에 반박하기가 더 까다롭다. 반대로 부정적인 왜곡은 끔찍한 기분을 자아내므로, 대체로 반박하고 무너뜨리는 데 훨씬 더 동기부여가 잘 이루어진다.

왜곡	부정적 사례	긍정적 사례
1. **전부 아니면 전무라는 생각** 세상을 흑과 백, 전부 아니면 전무의 범주로 나누어 바라본다. 회색 지대는 존재하지 않는다.	실패하면 자신이 완벽한 패배자라고 생각한다.	성공하면 자신이 승자라고 생각한다.
2. **지나친 일반화** 한 번의 부정적인 사건을 영원히 반복되는 패배처럼 여기거나, 한 번의 긍정적인 사건을 영원히 계속되는 성공처럼 여긴다.	소중한 사람에게 거절당하면, 자신이 사랑받지 못할 패배자로 **영원히** 혼자일 거라 생각한다.	우울증에서 회복되어 기분이 좋을 때, 이제 문제는 모두 해결되었고 영원히 행복하리라고 생각한다. 이런 생각은 심각한 충격을 노정한다.
3. **정신적 여과** 부정적인 면에 집착하여 긍정적인 부분을 걸러낸다. 또는 긍정적인 면에 집중하며 부정적인 부분을 모두 걸러낸다.	몇 가지 단점에 집착하며 자신의 긍정적인 자질은 무시한다. 잉크 한 방울이 컵에 든 물 전체를 물들이는 것과 같다.	자신이 이룬 성공을 곱씹으며 실패하거나 좌절했던 일을 간과하여, 상황을 지나치게 긍정적인 시각으로 본다.
4. **긍정적인 면 무시하기/부정적인 면 무시하기** 특정한 부정적 사실 또는 긍정적 사실은 중요하지 않다고 생각한다. 자신이나 상황에 대해 일반적으로 부정적인 또는 긍정적인 심상을 유지한다.	누군가 칭찬하면, 자신을 기분 좋게 해주기 위해 그랬다고 생각한다(**긍정적인 면 무시하기**).	맛있는 음식을 먹고 싶을 때, '딱 한 입만 먹어야지'라고 생각한다(**부정적인 면 무시하기**). 이런 생각을 얼마나 자주 했으며, 그 생각을 얼마나 실행했는가? 이를 부인이라고도 한다.
5. **성급한 결론짓기** 뒷받침할 사실 근거도 없이 곧장 결론으로 직행한다. • **독심술 오류** 다른 사람들이 생각하고 느끼는 바를 자신이 안다고 가정한다. • **예언자적 말하기 오류** 미래를 부정적으로 또는 긍정적으로 예측한다.	수줍음을 타는 사람은 불안한 마음을 들키면 사람들이 자신을 안 좋게 볼 거라고 생각한다(**독심술**). 우울감을 느낄 때, 자신의 문제는 절대 해결할 수 없고, 자신이 영원히 우울하리라고 생각한다(**예언자적 말하기**).	다른 사람이 자신에게 정말 짜증을 낼 때도 인간관계가 좋게 유지되고 있다고 생각한다(**독심술**). 또는 술자리에서 스스로 절제할 수 없을 때도 '딱 한 잔만 마셔야지'라고 생각한다(**예언자적 말하기**).

6. **극대화와 극소화** 무언가의 중요성을 과장하여 부풀리거나 부적절하게 축소한다. 나는 이 왜곡을 '쌍안경 속임수'라고 부른다. 쌍안경처럼 어느 쪽으로 보느냐에 따라 대상이 훨씬 커 보이기도 하고 작아 보이기도 하기 때문이다.	어떤 일을 미룰 때, 자신이 미루어놓은 일을 **전부** 생각하며 그 모든 게 얼마나 **버거운지** 생각한다(**극대화**). 또는 자신이 오늘 노력해야 할 일이 양동이의 물 한 방울쯤이라고 생각하며 뒤로 미룬다(**극소화**).	유혹과 싸울 때 '이 아이스크림은 정말 맛있을 거야!'라고 생각한다(**극대화**). 그러고는 '한 입만 먹는 건 괜찮아!'라고 생각한다(**극소화**). 하지만 정말 한 입만 먹고 멈춘 적이 얼마나 될까?
7. **감정적 추리** 자기감정에 따라 추론한다. 감정은 외부의 현실이 아닌, 전적으로 자기 생각에서 비롯된 것이기에 잘못된 추론을 내릴 수 있다.	'패배자가 된 **기분**이야. 그러니까 나는 패배자가 **틀림없어**' 또는 '가망이 없는 것 **같아**. 그러니까 정말 가망이 없는 게 **틀림없어**'라고 생각한다.	'운이 좋은 것 **같아!** 대박을 터뜨릴 것 **같아!**'라고 생각하며 복권을 더 사거나 슬롯머신에 돈을 쏟아붓는다.
8. **해야 한다는 생각** 줄곧 **해야 한다, 반드시 해야 한다** 등으로 자신이나 타인을 불행하게 만든다. 자신을 향한 해야 한다는 죄책감과 수치심, 우울감, 무가치함 등의 감정을 만든다. 타인을 향한 해야 한다는 분노와 관계 문제 등을 촉발한다. 세상을 향한 해야 한다는 답답함과 권리 의식을 유발한다.	'내가 그렇게 엉망으로 해서 그런 어리석은 실수를 저지르지 **말았어야 했어**'(**자신을 향한 해야 한다**) 또는 '이렇게 차가 막힐 때 저 얼간이가 내 앞을 가로막으면 **안 됐어.** 본때를 보여줘야지!'(**타인을 향한 해야 한다**)라고 생각한다. '이렇게 급할 때 기차가 늦으면 **안 되지!**'(**세상을 향한 해야 한다**) 같은 생각도 있다.	'오늘은 힘든 하루였어. 술 한잔할 **자격이 있어**'(**자신을 향한 해야 한다**) 또는 다른 사람들이 자신이 원하는 대로 자신을 **대해야 한다**고 생각한다(**타인을 향한 해야 한다**). 자신은 열심히 일하는 좋은 사람이므로 좋을 일이 **일어나야 한다**고 믿기도 한다(**세상을 향한 해야 한다**).
9. **낙인찍기** 구체적인 문제에 초점을 맞추기보다 자신이나 남들에게 꼬리표를 붙인다. 자기 자신이나 다른 사람을 완전히 열등하거나 우월한 존재로 바라본다.	자신 또는 자신과 잘 지내지 못하는 타인을 '패배자'나 '이기적인 얼간이'라고 낙인찍는다.	어떤 일에서 이겼거나 어떤 일을 아주 잘 해냈을 때 자신을 '승자'라고 생각한다.
10. **비난하기** 온 힘을 다해 자기 탓을 하거나(**자기 비난**) 다른 사람을 탓한다(**타인 비난**).	문제가 있을 때 창의적인 해결책을 찾는 대신 자신의 실수와 단점을 인정사정없이 비판한다(**자기 비난**).	인간관계에서 발생하는 문제를 상대방 탓으로 돌리며, 자신이 문제에 기여한 부분은 간과하고 스스로를 무고한 피해자라고 생각한다(**타인 비난**).

역할극 기법

기법	환자 이름	치료사 이름	역할 바꾸기
이중 기준 기법	환자 실명	치료사 이름	없음
목소리 외재화	환자 실명	환자와 성별이 같은 상상 속의 친구 (단, 환자가 실제로 아는 사람의 이름은 피할 것)	있음
무서운 상상	환자 실명	환자가 두려워하거나 환자에게 비판적인 인물의 이름	있음
악마의 변호	환자 실명	환자가 습관이나 중독에 굴복하도록 유혹하는 매혹적인 악마	없음
강제 공감	환자와 사이가 좋지 않은 사람의 이름	환자와 사이가 좋지 않은 사람의 신뢰할 수 있는 친구	없음

역기능적 사고를 물리치는 전략

전략	치유 방법	부정적인 생각	부정적인 생각을 물리치는 방법의 사례
자기방어 패러다임	**승리.** 부정적인 생각과 논쟁하고 사실이 **아니**라고 주장하여 그 생각을 물리치거나 깨뜨린다.	회복된 지 몇 주 만에 증상이 재발한 환자는 이렇게 생각한다. '결국 그 치료법은 효과가 없었고, 나는 사실 가망 없는 환자라는 뜻이야.'	'그건 말도 안 돼. 어젯밤에 나는 배우자와 싸웠어. 그러니 속상한 게 당연해. 치료는 효과가 아주 좋았고, 지금은 내가 배운 치료 도구들을 다시 사용해볼 좋은 기회야.'
수용 역설	**항복.** 부정적인 생각을 받아들이고 **사실**이라고 주장함으로써 그 생각을 물리친다. 이 방법을 사용할 때는 유머 감각과 편안한 마음을 잃지 말아야 한다.	불안정한 순간에 치료사는 '나는 치료사라면 마땅히 그래야 할 만큼 잘하지 못해'라고 생각할 수 있다.	'사실 나는 결점이 아주 많고, 배워야 할 것도 많아. 내가 85살이 된다 해도 여전히 배우고 발전할 여지가 많을 거야. 조금 신나는 일이지.'
구체적으로 생각하기	**현실.** 전체 자아에 결함이 있다고 낙인찍지 말고, 구체적인 결함에 초점을 맞춰 지나친 일반화나 낙인찍기를 깬다.	'나는 패배자야' 또는 '나는 부모로서 실패자야' 같은 생각을 할 수 있다.	'내가 실수하거나 실패한 게 구체적으로 뭐지?' 또는 '부모로서 내가 한 일 중에 그렇게 잘못한 게 뭐가 있지?'라고 묻는다.
긍정적 재구성	**저항 없애기.** 부정적인 생각과 감정의 장점, 여기서 알 수 있는 자신의 긍정적이고 멋진 면을 보여준다.	'나는 패배자야' 또는 '나는 불완전해' 등의 생각을 한다.	• 나는 엄격한 기준을 가지고 있다. • 나는 실제로 결점이 많으므로 현실적이다. • 나는 다른 사람을 비난하는 게 아니므로 책임감이 있다. • 나는 겸손하다. 게다가 엄격한 기준 덕에 평범함에 안주하지 않고 열심히 일하도록 동기를 부여한다.
실험 기법	**진실.** 부정적인 생각의 타당성을 실험으로 검증한다.	수줍음이 많은 환자라면 '이렇게 느끼는 사람은 **나뿐일 거야.** 내게 뭔가 문제가 있는 게 틀림없어!'라고 생각할 수 있다.	친구들에게 그들도 사회생활에서 수줍음을 느끼거나 불안하거나 불편한 적이 있었는지 물어볼 수 있다.
이중 기준 기법	**연민.** 사랑하는 가족이나 친한 친구에게 이야기하듯, 현실적인 태도로 연민을 가지고 친절하게 스스로에게 말한다.	말기 암 진단을 받은 여성은 '내가 가족들을 실망시키고 있어'라고 생각했다.	치료사는 환자에게 같은 문제를 겪는 친한 친구한테 그렇게 말할지 묻는다. 아니라면 어떤 말을 해줄 것인가? 그리고 자신에게도 기꺼이 같은 태도로 말을 건넬 것인가?

TEAM-CBT에서 치료사 자아의 네 가지 큰 죽음

TEAM 단계	큰 죽음의 유형	설명
T=검사 Testing	확신과 효능감에 찬 자아	매 치료 전과 후에 검사하면 다음과 같은 점을 알 수 있다. • 환자의 증상이 나아지지 않았다. • 치료사의 개입이 도움이 되지 않았다. • 공감 및 도움 척도에서 낙제점을 받았다. • 환자가 매긴 점수는 타당하다. • 환자가 어떤 기분인지, 치료사를 어떻게 생각하는지에 대한 치료사의 인지는 정확하지 않았다. 치료사는 다른 사람이 어떤 기분인지를 특별히 민감하게 알지 못한다. 충격적인 실패로 여겨질 수도 있는 이런 평가는 매우 바람직하다. 환자를 대하는 방식을 근본적으로 수정할 수 있기 때문이다.
E=공감 Empathy	동정하고 이해하는 자아	평가지를 처음 사용한 치료사라면 공감 척도에서 낙제점을 받을 것이다. 이런 결과는 치료사의 자아에 타격을 줄 수 있다. 특히 자신이 뛰어난 공감 기술을 가지고 있다고 (잘못) 믿고 있는 치료사라면 더욱 그렇다. 효과적인 의사소통 비결 다섯 가지를 사용하여(특히 무장 해제 기법) 환자의 비판적 평가에 담긴 고통스러운 진실을 인정할 수 있다. 이런 태도는 전통적인 치료법과는 완전히 다르다. 과거에는 환자의 비판을 병적인 증상의 표현(예컨대 '전이')으로 여겼다. 예를 들어, 환자가 치료사가 무능하다거나 환자의 속마음은 신경 쓰지 않는다고 주장하면, 그 환자는 진실을 말하는 것이다. 그저 치료 관계에 대한 왜곡된 인식이 아니다. 실제로 일어나고 있는 일이다. 환자의 비난에서 진심으로 진실을 찾아낸다면, 치료사의 자아는 죽지만 즉각 환자와 서로 더 가깝게 느낄 것이고, 이는 치료의 돌파구로 이어질 수 있다. 이 뜻을 이해하려면 직접 경험해야 한다. 화를 내며 도전하는 환자들은 어떤 의미에서는 치료사를 죽이려고 한다. 물음에 답해보자. '환자를 위해 기꺼이 죽을 것인가?'
A=저항 평가 Assessment of Resistance	돕고 구조하는 자아	환자의 변화를 도우려는 노력을 중단한다. 대신 환자가 지닌 저항의 목소리가 되어 바뀌지 말라고 주장한다. 환자가 심리 치료 숙제나 불안감 치료를 위한 노출 기법 사용 등 변화에 필요한 노력을 거부할 때는 점잖게 최후통첩을 날린 뒤, 두 팔 벌리고 앉아 기다려야 하는 수도 있다. 하지만 많은 치료사가 이렇게 하기를 꺼린다. '도와주려는' 자아의 죽음을 용인할 수 없기 때문이다. 그들은 환자에게 가장 좋은 것이 무엇인지 알고 있다고 믿으며, 도움을 주고 '친절하게' 행동해야 결실이 따른다고 생각한다. 치료사의 자아도취와 환자에 대한 지나친 정서적 의존은 이따금 치료를 방해하기도 한다.

M=방법 Methods	권력과 기술을 가진 자아	회복 서클 중심 원에 부정적인 생각을 넣고 나면, 목표는 성공이 아니라 최대한 빨리 실패하는 것이다. 빨리 실패할수록 환자의 삶을 변화시키는 기법을 더 빨리 찾을 수 있기 때문이다. 하지만 그러려면 특정 문제가 있거나 특정 진단을 받은 환자를 도와줄 최고의 방법을 '아는' 자아의 죽음을 받아들여야 한다.

TEAM-CBT에서 환자 자아의 네 가지 죽음

목표	큰 죽음의 유형	설명
우울증	특별한 자아	환자가 회복하려면 '특별한' 자아의 죽음, 즉 특별하거나 가치 있는 존재가 되려는 노력을 중단해야 한다. 자신이 사실 특별하지 않고 우월하지도 않으며 특별히 가치 있지도 않다는 사실, 실제로는 결점과 모자란 점이 많으며 대체로 '평균'에 가깝다는 사실을 받아들인다. 또한 사랑과 인정, 성공 등 '필요'하다고 생각하는 대상 없이도 믿기 힘들 만큼의 행복감과 성취감을 느낄 수 있다는 사실을 받아들이고 이해해야 한다. 운이 좋다면, '무조건적인 자존감', 심지어 '자아'조차도 필요치 않다는 사실을 깨달을 것이다.
불안증	두려워하는 자아	어떤 형태의 불안에서 회복하려면 자신이 가장 두려워하는 괴물을 정면으로 마주하고 항복해야 한다. 공개석상에서 말하기나 높은 장소, 세균 또는 미쳐가고 있다는 불안감 등 어떤 두려움이든 마찬가지다. 많은 사람이 그러하듯 괴물을 피하려고 하거나 자신의 불안감을 통제하려 할 때, 상황은 더 나빠진다. 이해는 간다. 죽고 싶거나 산 채로 잡아먹히고 싶은 사람은 아무도 없으니까! 반대로 괴물을 직시하고 극심한 불안감에 항복하면, 그 괴물에게 이빨이 없다는 사실과 자신의 두려움이 실은 실체 없는 장대한 농담이었다는 사실을 알게 된다. 그 순간 깨달음을 경험할 것이다. 그리고 두려워하는 자아가 '죽음'으로써, 해탈을 경험할 것이다.
관계 문제	화내고 비난하는 자아	몇 년 동안, 심지어 수십 년 동안 불평해왔던 인간관계 문제에 사실 자신이 원인을 제공하고 있었다는 사실을 발견한다. 내 경우에는 이것이 가장 고통스러운 죽음이었다. 이 큰 죽음은 극도로 충격적이고 굴욕적이며 수치스럽게 느껴질 수 있다. 하지만 자아가 죽는 순간, 갈등을 겪던 상대방과 훨씬 더 다정하고 의미 있는 관계를 만들 수 있다. 또한 자신과 상대방이 '하나'이며 좋든 나쁘든 스스로가 자신의 대인 관계 현실을 매일 매 순간 만들어왔다는 사실을 이해하게 된다. 자신이 문제를 만들어왔다면, 훨씬 더 애정 어린 관계도 만들 수 있으므로 이 깨달음은 권능을 얻는 것과도 같다.
습관과 중독	권리와 쾌락을 추구하는 자아	회복에는 권리와 쾌락을 추구하는 자아의 죽음이 요구된다. 이 말은 먹는 것, 마시는 것, 마약, 미루기 등 삶에 행복, 기쁨, 즐거움, 만족감을 주는 주요한, 어쩌면 유일한 원천을 잃는다는 의미로 들리기도 한다. 물론 어떤 사람은 사랑, 인정, 성공 같은 것에 중독되기도 한다. 우리가 행복이나 성취감을 느끼기 위해 '필요'하다고 생각하는 것은 많은데, 이러한 '필요'는 많은 고통의 근원이 될 수 있다. 이 큰 죽음에서 우리는 '필요'하다고 확신했던 것들이 실은 정말 필요한 게 아니었다는 사실을 깨닫는다.

옮긴이 후기

우울증 탈출을 위한 최고의 치료서라 불리며 많은 사람에게 큰 영향을 미친 데이비드 D. 번즈 박사의 《필링 굿》이 처음 출간된 지 벌써 40여 년이 지났다. 1980년에 첫 출간된 이 책은 당시 새로운 우울증 치료법으로 떠오른 인지행동치료를 독자들에게 알기 쉽게 설명하고 실생활에 적용할 수 있는 방법들을 제시하여, 세기를 넘긴 오늘날까지도 심리적으로 고통받는 사람들에게 훌륭한 지침서로 다가가고 있다. 번즈 박사는 그 이후 수천 번의 심리 치료를 받고도 증세가 호전되지 않는, 또 《필링 굿》을 읽고도 부정적인 감정의 수렁에서 탈출하지 못하는 많은 환자를 보며 심리 치료의 성패를 가르는 요소가 무엇인지 알아내고자 숱한 연구를 진행했다. 그러한 연구와 경험 끝에 '답'을 발견했다고 믿었고, 그 답을 업데이트하여 내놓은 작품이 이 책 《필링 그레이트》다.

우연한 기회로 이 책을 국내에서 가장 먼저 정독할 행운을 누렸다. 관련 정보를 찾아보기 위해 들어간 인터넷에는 전작 《필링 굿》을 읽은 독자와 전문가들의 간증이 넘쳐흘렀다. 데이비드 번즈 박사가 해외의 독자들에게 직접 피드백을 받았듯이, 국내에서도 이 책으로 십수 년 동안 시달렸던 우울증에서 점차 벗어났다는 후기를 많이 만날 수 있었다.

그런데 '필링 굿'을 넘어 '필링 그레이트'라니!

이 책은 전작 《필링 굿》과 마찬가지로 인지행동치료에 바탕을 둔 자가 치료서다. 번즈 박사는 이 책에서 전통적인 인지행동치료법이 더욱 강력한 힘을 발휘할 수 있도록 발전시킨 'TEAM' 모델을 소개한다. Testing, Empathy, Assessment of Resistance, Methods의 네 단계로 구성된 이 모델은 우울 장애나 불안 장애를 지닌 사람들이 변화를 회피하고 고통스러운 감정에 고착을 보이는 패턴을 효과적으로 무너뜨려, 의식의 영역에서 생각을 재구성하고 스스로 변화와 성장을 이룰 수 있는 치료법이다. 우울과 불안, 인간관계 갈등, 습관과 중독 문제를 겪는 독자들이 이 과정을 스스로 시도할 수 있도록 활용할 수 있는 치료 기법 50가지를 제시하기도 한다. 실제로 이 기법을 사용한 예시와 실제 사례를 통해 TEAM-CBT 치료법을 구체적으로 설명하고 있어, 정신 건강 문제로 힘들어하는 사람이나 그런 환자에게 도움을 주고자 하는 전문가가 참고할 수 있는 내용이 가득하다.

《필링 그레이트》는 단순히 부정적인 감정에 시달리는 사람들을 위로하고 이들에게 희망을 주고자 하는 책이 아니라, 그 자체로 우울증 치료제의 역할도 하는 책이다. 번즈 박사의 의도를 따라가다 보면, 고통스러운 감정을 효과적으로 치료할 수 있을 뿐만 아니라 그 효과를 즉각적으로 체감할 수 있고 또한 지속해서 누릴 수 있다. 실제로 번즈 박사가 공개 워크숍에서 직접 치료에 나섰던 환자들은 수십 년 동안 심각한 증상을 겪으며 항우울제로도 진척이 없었는데도 불구하고 단 하루 만에 인생이 뒤바뀌는 경험을 했다고 증언한다. 번즈 박사의 팟캐스트 〈필링 굿〉에서 그 증언을 확인할 수 있다. 물론 의구심이 들 수 있다. 또 이 치료법에 숙련된 치료사와 함께하는 게 아니라면 환자 혼자서 전문가만큼의 효과를 끌어내긴 힘들 거라 생각할 수도 있다.

각자의 판단과 선택에는 정답이 없다. 다만 향정신성 약물의 부작용을 견디며 수십 년 동안 고통스러운 감정 문제에 시달려온 사람과 가벼운 우울증 증상이 지속되지만 전문가를 찾아가 볼 생각은 하지 않는 이른바 '현대병' 환자가 많은 것은 분명한 현실이다. 나는 그들에게 이 책을 책꽂이에 꽂아두는 '치료 비용'을 기꺼이 감수해보라고 권하고 싶다.

독서가 의사의 진단을 대신할 수 없고, 활자가 처방을 대체할 수 없다는 사실은 자명하다. 하지만 늘 손이 닿는 곳에 자습서 한 권쯤 놓아두고 일상적으로 자신의 감정을 진단할 수 있다면, 객관적인 기준에 따라 스스로를 긍정하고 포용해준다면, 자신에게 효과적인 기법을 표시해두었다가 필요할 때마다 참고할 수 있다면, 번즈 박사가 말하듯 일주일에 5일은 즐겁고 2일은 형편없이 지나가는 평범한 일상이 좀 더 수월하게 우리를 찾아오지 않을까 생각한다.

옮긴이 박혜원

실현 불가능하더라도 꿈이 있다면 자신을 던져봐야 한다는 신념으로 길고 긴 시간을 돌아 어릴 적 꿈이었던 번역에 입문했다. 영어와 글쓰기를 좋아하고 공감과 몰입에 능하며 꼬리가 긴 사색을 즐긴다. 현재는 전문 번역가로 활동 중이다. 옮긴 책으로는《문명 이야기 4》,《크리에이티브》,《퀸(40주년 공식 컬렉션)》,《젊은 소설가의 고백》,《자기만의 방》,《본능의 경제학》,《다이어트 심리학》,《똑똑한 뇌 사용설명서》,《5분 심리게임》등이 있다.

필링 그레이트

우울과 불안을 치료하는 새롭고 혁명적인 방법

1판 1쇄 발행 2023년 6월 12일
1판 4쇄 발행 2024년 9월 10일

지은이 데이비드 D. 번즈 옮긴이 박혜원
펴낸곳 (주)문예출판사 펴낸이 전준배

편집 박해민 백수미 이효미 디자인 최혜진
영업·마케팅 하지승 경영관리 강단아 김영순

출판등록 2004.02.11. 제 2013-000357호 (1966.12.2. 제 1-134호)
주소 04001 서울시 마포구 월드컵북로 21
전화 393-5681
팩스 393-5685
홈페이지 www.moonye.com
블로그 blog.naver.com/imoonye
페이스북 www.facebook.com/moonyepublishing
이메일 info@moonye.com
ISBN 978-89-310-2318-3 03180